Der große Ratgeber für KINDERERZIEHUNG
vom Baby- bis Teenageralter

**Vermittlung von Werten, Regeln
und Grenzen OHNE Stress!
Lösungsstrategien für den Alltag!
Gewaltfreie Kommunikation mit Kindern!
Wie man eine positive Eltern-Kind-Beziehung
aufbaut!**

2. Auflage

Inhaltsverzeichnis

VORWORT

Sie beginnt nicht mit der Frage: Soll ich mein Baby, wenn es schreit, lieber gleich auf den Arm nehmen oder doch noch eine Minute mit hochrotem Kopf brüllen lassen? Und sie endet auch nicht mit dem Kampf um eine vernünftige Abendregelung oder mit den ersten Möglichkeiten, abends rauszugehen, im Teenageralter. Erziehung und die Eltern-Kind-Beziehung sind Themen, die seit der Etablierung der Begriffe für Kinder die Gemüter bewegen, die Besserwisser auf den Plan rufen und so mancher Mutter Magenschmerzen und dem Vater die ersten grauen Haare bescheren. Dabei sind sie so süß, noch ganz klein, quasi frisch geschlüpft!

Wir wollen Dir als Elternteil in Deinem täglichen Bemühen um die richtige Balance zwischen Deinen und den Bedürfnissen Deiner Kinder den Rücken stärken. Wir mahnen nicht und stehen auch nicht mit erhobenem Zeigefinger vor Euch als Eltern. Wir wollen Euch ermutigen, Euren individuellen Weg zu finden. Wir geben Euch einen Einblick in Erziehungsstile, Methoden, Vor- und Nachteile sowie die passende Schul- und zuvor schon Kita-Auswahl. Denn es muss alles zusammenpassen: Dein Bauchgefühl für Dein geliebtes Baby, die Absprache mit dem Partner, den Großeltern oder weiteren helfenden Anverwandten und die Zeit, die Deine Nachkommen mit fremden Menschen verbringen.

Wir wollen Dir Erklärungen, Tipps und Tricks aus eigener Erfahrung liefern, aus den verschiedenen Forschungen und Erkenntnissen von Kinder- und Jugendpsychologen sowie aus diversen Elternratgebern. So gewinnst Du einen Überblick über Deine Möglichkeiten in stressigen Situationen. Schließlich willst Du stolz auf Deine Kinder sein und in Zukunft auch auf Deine Leistung, aus diesen liebenswerten, hilflosen Wesen einen Menschen geformt zu haben, der sich in der heutigen Zeit zurechtfindet, mit beiden Beinen auf dem Boden steht, aber dennoch alle seine Chancen erkennt. Wer wünscht sich nicht erfolgreiche und selbständige Kinder, gleich welche Berufe oder Lebensziele sie verfolgen? Wir wollen unsere Kinder glücklich sehen und mit diesem Buch wollen wir Dir helfen, die Beziehung zu Deinen Lieben von Anfang an so zu gestalten, dass die Zeit der Erziehung eine Zeit der gegenseitigen Entwicklung einer Beziehung zueinander ist. Einer liebevollen, einer vertrauensvollen Beziehung, die auch einmal stressige Zeiten tragen und schadlos überstehen kann.

Ob Du dieses Buch zur Hand nimmst, weil Du für verschiedene bekannte und häufig auftretende Phänomene in der Kindheit eine Lösung suchst, einen Ansatz, warum eine Situation womöglich eskaliert ist oder ob Du dieses Buch in Vorbereitung auf die schöne Zeit mit Deinem neuen Liebling liest: Du wirst viel Wissen mitnehmen, das Dir und Deiner Familie zu einer gesunden und erfolgreichen Beziehung verhelfen wird. Vertrauen ist die Basis für die Entwicklung Deiner Babys und wie Du dieses aufbaust, ausbaust und ein Leben lang erhalten wirst, das wollen wir Dir zeigen und Dir mit Tricks aus Situationen heraushelfen, in denen Du an Dir zweifelst

Natürlich kann man Kinder nicht über einen Kamm scheren. Es gibt aber Muster, die sich im Laufe der Zeit herauskristallisiert haben. Diese kann man sehr wohl erkennen und bewältigen, ganz gleich, ob Deine Tochter oder Dein Sohn ihre erste Trotzphase nun mit 2 oder 4 Jahren hat. Es ist weniger die Genetik als vielmehr der heutige Einfluss, der die Entwicklung Deines Kindes begleiten und diese fördern oder behindern kann. Wir haben es mit kleinen, eigenständigen Individuen zu tun und diese müssen wir auch als solche akzeptieren und anerkennen, sonst wird das mit der vertrauensvollen Beziehung nichts und Dich erwartet ein jahrelanger Kampf um die Vorherrschaft zuhause. Auch wenn die kleinen Tyrannen zwischendurch lieb sein können und zum Kuscheln kommen!

Kinder sind Spiegelbilder, Deine Spiegelbilder! Mache Dir bewusst, welche eventuellen Eigenschaften und Handlungsweisen Du an Dir selbst und möglicherweise auch an Deinem Partner nicht magst. Versuche, Dir diese abzugewöhnen und nimm Dir genügend Zeit für diese eigene, persönliche Entwicklung. Kinder lernen aus Beobachtung! Du kannst von Deinen Kindern nichts verlangen, was Du nicht selbst tust. Sie werden nicht verstehen, warum sie beispielsweise täglich nett am Tisch sitzen sollen, um zu essen, wenn Du Dir selbst zwischendurch immer wieder etwas in den Mund schiebst und das Essen für Dich eher eine Nebensache ist! Kommst Du täglich gut gelaunt vom Job nach Hause? Du kannst nicht von Deinen Kindern erwarten, mit lachenden Gesichtern das Heim zu stürmen und Dir haarklein alles über ihren Tag zu berichten, wenn Du selbst nicht redest und von Dir und Deinem Tag erzählst. Woher sollten sie es lernen? Es klingt zwar in Ratgebern immer sehr einfach, die Dinge mit etwas mehr Humor zu nehmen und sich selbst auch ab und zu an die eigene Nase zu fassen, aber die tägliche Umsetzung ist nicht immer so einfach. Das wissen wir!

Nichtsdestotrotz werden wir Dich immer wieder darauf hinweisen, worin Trotzreaktionen bei den Kleinen begründet sein können, zum Beispiel in Deinem eigenen Verhalten ihnen gegenüber oder auch in Situationen, in denen Du Dich unbeobachtet fühlst, denn wirklich unbeobachtet bist Du während der Zeit der Kindererziehung niemals. – Du hast Deine Kinder ja schließlich auch immer im Blick!

1. ENTWICKLUNGSSCHRITTE

1.1 *Die Entwicklungsphasen des Kindes von der Schwangerschaft bis zur Pubertät*

Auch wenn jedes Kind, so wie auch jeder Erwachsene, eine eigene Persönlichkeit ist und sich in seiner Entwicklungsgeschwindigkeit und seiner Richtung von allen anderen unterscheidet, so gibt es doch Lebensabschnitte mit ähnlichen Mustern, die von der Medizin und Psychologie definiert werden.

Es wird von manchen Wissenschaftlern behauptet, dass 50 % dessen, was uns ausmacht als Mensch und Person, in den Genen liegen soll. Dem gegenüber stehen allerdings namhafte Psychologen und Kinderärzte, welche bis zu 90 % der Umgebung und den Vorbildern zuschreiben. Die erste Umgebung eines kleinen, neuen Menschen sollte selbstverständlich eine liebende Familie sein, ganz gleich, wie diese sich zusammensetzt! Die Vorbilder sind neben den Eltern ältere Geschwister und Anverwandte oder auch Freunde und Babysitter, mit denen das aufwachsende Kind in einem regelmäßigen Kontakt ist und von dem es zumindest stundenweise betreut wird.

Wir werden uns diesem Thema der Vorbildwirkung und des Lernens der Kinder noch intensiver in einem späteren Kapitel widmen. Aber wir möchten Dir schon einen Überblick bieten, welche Dinge Dein Kind in welchem Alter entdeckt, welche Leistungen es schon abrufen kann und wo auch das körperliche Wachstum samt Koordinierungsfähigkeiten liegen sollte. Ob eher ruhiges Kind oder ausgemachter Wirbelwind, gewisse Lernfortschritte sollten allein schon aufgrund von unseren gesellschaftlichen Normierungen vor dem Eintritt in eine Kita oder später in die Schule abzusehen sein. Dein Wonneproppen kann sich in dem einen Fall gerne rascher entwickeln und sich in einem anderen Fall mehr Zeit lassen, wie gesagt, es geht hier nur um einen Überblick! Spätestens wenn Du ein zweites Baby bekommst, wirst Du feststellen, dass Dein Latein der ersten Kindererziehung möglicherweise beim zweiten Wunschkind zu Chinesisch wird!

Zudem werden wir in diese folgende Erklärung die Maslowsche Bedürfnispyramide einbauen, damit Du besser verstehen kannst, was womöglich hinter so manchen Verhaltensweisen liegt und wie Dein Kind im jeweiligen Altersabschnitt diese an Dich kommuniziert. Du liest also nicht nur über die körperlichen Schritte, sondern bekommst auch erste Hinweise auf die Kommunikationsmöglichkeiten mit Deinem Nachwuchs. Bis zum richtigen

Gebrauch aller Worte dauert es nämlich noch einige Jahre, wenn Du jetzt gerade noch Deinen Säugling im Arm hältst! Mimik, Gestik, aber auch Schreien und Weinen sind für den kleinen Wonneproppen die ersten Möglichkeiten, mit Dir in Kontakt zu treten und zu vermitteln, was er gerade braucht! Auch wenn er sich noch nicht verbal ausdrücken kann! Verstehst Du diese Bedürfnisse besser und hast Dich mit dieser Pyramide angefreundet, kannst Du auch Deine eigenen Reaktionen besser interpretieren und Dich wirklich von althergebrachten Erziehungsansätzen lösen. Also Muster, die wir von unseren Eltern (auch wenn wir sie immer vermeiden wollten) übernehmen, wenn wir einmal ratlos vor dem Sprössling stehen und nicht mehr wissen, was wir am besten tun sollen.

Lass uns nun aber zuerst einen Rahmen setzen, der Dir zeigt, welche geistigen und motorischen Fähigkeiten Dein kleiner Liebling im Laufe der nächsten Jahre entwickeln wird und lass Dir gesagt sein, dass Denken und Bewegen untrennbar miteinander verbunden sind. Sinnliche Wahrnehmung durch Entdecken, Anfassen, Fühlen, Riechen und Schmecken trägt zur Entwicklung des Denkens bei. Eindrücke werden gesammelt und verarbeitet und dies passiert gerade bei Kleinkindern im Zusammenhang mit Bewegung. Erst im Laufe der Jahre lernen Kinder, dass sie auch aufnahmefähig sind, wenn sie sitzen und z. B. zuhören oder lesen.

1.1.1 *Die Entwicklung des Kindes in der Schwangerschaft*

Kein weiteres Wesen kommt so unfertig und unselbständig auf die Welt, wie der Mensch, und dennoch macht er schon im Mutterleib eine schier unglaubliche Entwicklung mit.
Etwa ab der 5. Schwangerschaftswoche ist Dein Baby über die Nabelschnur fest mit Dir und der Gebärmutter verbunden. Sein Herz beginnt zu schlagen und die ersten Organe sowie sein Kopf bilden sich aus.
Ab der 7. Schwangerschaftswoche sind erste Gliedmaßen auf dem Ultraschall erkennbar und Dein Baby macht sich auch via größer werdenden Bauchumfang bemerkbar. Rasant geht die Entwicklung nun Richtung Wachstum aller Glieder weiter und schon ab der 10. Schwangerschaftswoche spürst Du Bewegungen, denn Dein Baby schläft nicht mehr den ganzen Tag. Ab der 11. oder 12. Schwangerschaftswoche sind deutlich die Geschlechtsmerkmale erkennbar und auch erste Gesichtszüge haben Gestalt angenommen. Dein Baby braucht immer mehr Raum und auch Nährstoffe von Dir und bewegt sich auch immer mehr in seiner Blase. Du hast durch Handauflegen auch schon erste Kontakte mit ihm geknüpft und es kann sein, dass es beginnt, darauf zu reagieren und auch auf Deinen Rhythmus einzugehen.

Ab der 21. Schwangerschaftswoche entwickelt sich das Gehirn zu seiner Geburtsgröße und alle Gliedmaßen sowie weitere individuelle Erkennungsmerkmale sind deutlich ausgebildet und via Ultraschall mitzuverfolgen. Körperlich kommt es nun zu keinen großen Entwicklungen mehr, außer, dass Dein Baby natürlich in Deinem Bauch wächst.

Ab der 29. Schwangerschaftswoche bereitet sich Dein Baby mehr und mehr auf die Geburt vor und übt auch schon das Atmen. Legst Du oder Dein Partner, auch ein älteres Geschwisterchen, die Hand auf den Bauch, so reagiert es und boxt schonmal freundschaftlich dagegen. Väter erwarten stolz ihren Fußballstar, sollte es regelmäßig seine Beinchen gen Bauchdecke strecken und die älteren Geschwister können kaum mehr erwarten, endlich mit dem Baby zu spielen.

1.1.2 *Die Entwicklung des Kindes von 0 – 2 Jahren*

Kaum ist Dein Baby auf der Welt, beginnt für Mutter und Kind die erste spannende Phase des Entdeckens und Liebens. Du kannst Dein Kind im ersten halben Jahr gar nicht genug auf den Arm nehmen, es streicheln oder massieren und ihm durch Lächeln und Zuwendung Deiner Liebe und Deines Schutzes versichern. Doch damit nicht genug, denn Du gibst ihm auch eine Umgebung, in der es sofort beginnen kann, die Welt zu entdecken, auch wenn diese erst einmal auf die nächste Umgebung beschränkt ist.

Es kann sehr schnell Deine Mimik lesen und weiß auch, dass Du auf seine Laute, welche zu Beginn nur aus Schreien bestehen können, reagierst. Ist der Schrei oder lautes Weinen die ersten Wochen tatsächlich ein reines Nahrungsbedürfnis, so wird daraus mit den weiteren Wochen auch der Ruf nach Aufmerksamkeit. Schone die Nerven von Dir und Deinem Baby, indem Du es, wenn Du zuhause bist, einfach immer in einer Wippe im selben Raum mit Dir hast. Lass es ruhig schlafen, wenn es die Augen schließt, sprich mit ihm und streichle es, wenn es wach ist. Nimm es auch in regelmäßigen Abständen, in einer gewissen Ritualform, welche zur Routine wird, aus der Wippe und kuschle mit ihm. Babys merken sich diese Abläufe sehr schnell und finden darin eine gewisse Sicherheit. So gibst Du Deinem Kind auch von Anfang an gewisse Tagesabläufe vor.

Wenn das Schreien nach Aufmerksamkeit tatsächlich einmal gar nicht mehr zu stoppen ist und Du gerade wirklich gar nicht mehr kannst, dann rufe eine weitere nahe Bezugsperson zur Hilfe, das kann vom Vater über die Großmutter bis zur großen Schwester, welche das Baby schon auf dem Sofa sitzend auf dem Schoß halten kann, jeder sein und gönne Dir eine Auszeit von wenigen Minuten. Dann findest Du auch die Kraft, dem kleinen Schreihals wieder die Zuwendung zu geben, die er oder sie sich gerade wünscht.

Sobald Dein kleiner Liebling beginnt, durch Sitzen, auf dem Boden robben oder rollen die Welt zu entdecken, kannst Du ihn oder sie weiter in Eure alltägliche Routine miteinbeziehen, indem das Baby schon mit am Tisch sitzt beim gemeinsamen Essen und an weich gedünstetem Gemüse lutscht.

Wenn Du, nur so nebenher, nicht in diesem Alter beginnst, Deinem Kind ständig Kekse oder andere angeblich wichtige Babynahrung in die Hand zu drücken, dann musst Du ihm oder ihr auch hinterher nicht das Naschen und ständige Suchen nach dem nächsten Snack wieder abgewöhnen! Ab dem 6. Lebensmonat oder eben ab dem Moment, wo sie sitzen können, können Babys gut Karotten, Kartoffelstücke, Brokkoli und ab dem etwa 8. Monat auch Äpfel oder Bananen lutschen, ihre ersten kommenden Zähnchen ausprobieren und keiner Gefahr von Karies dabei begegnen.

Achte beim Essen auch auf Deine Mimik, denn Dein Kind merkt sehr schnell, wenn Du ihm etwas fütterst, was Du selbst gar nicht essen magst und versteht dann auch nicht, warum es dies selbst essen soll. So wirst Du spätere Probleme am Esstisch oder im Restaurant von Anfang an umgehen. Du kannst Deinem Kind nichts anerziehen, was es nicht von Dir vorgelebt bekommt.

In diesem Alter entdeckt der süße Nachwuchs nicht nur seine Umgebung und wird durch diese Neugier auch mobil, sondern er studiert auch Dein Verhalten, das der Geschwister oder Großeltern und wird zum Nachahmer. Tatsächlich ist es ein rein natürlicher Vorgang, denn letztlich lernen alle Lebewesen durch Sehen und Nachahmungsversuche auch so manchen Misserfolg. Trau Deinem Liebling also durchaus auch etwas zu. Du musst das Spielzeug nicht ständig bringen, lass Dein bewegungsfreudiges Kind ruhig ein paar Anstrengungen unternehmen, um das interessante Spielzeug, die Rassel oder den Ball, was auch immer zu erreichen.

Ab dem ersten halben Jahr beginnen Kinder auch zu verstehen, was Du genau sagst. Reagieren sie zuvor mehr auf den Tonfall als auf das Wort, so beginnt nun die Zeit, Worte mit Taten oder Zuständen in Einklang zu bringen. Sprich also mit Deinem Kind von aller Anfang an in klaren Worten und Sätzen. Du bist keine Taube, Du musst nicht gurren! Niemals trifft es mehr zu, dass man sagt „Der Ton macht die Musik". Je klarer Du selbst mit Deinem Kind sprichst, desto klarer kann es die Worte nachsprechen, wenn es sich selbst an Sprache beginnt zu versuchen. Die kann natürlich auch ein regionaler Dialekt sein, denn es macht keinen Sinn, mit den Kindern Hochdeutsch oder gar Englisch zu sprechen, wenn Du selbst eigentlich ganz anders sprichst. Es geht hier rein um die klare Aussprache. So herzig es auch sein mag, in Babysprache zu blubbern und zu gurren, spätestens in der Kita oder im Kindergarten willst Du, dass Dein Nachwuchs ordentlich spricht und was Du ihm vorher nicht aus falsch verstandener Nachsicht anerziehst, musst Du ihm hinterher nicht wieder mühsam aberziehen. Dies gilt nicht nur für Sprache, sondern für alle Bereiche. Es mag Dir süß, herzig, allerliebst erscheinen, wenn Dein Kind noch etwas tollpatschig versucht zu helfen. Zeige bei Unglücken Humor, aber zeige auch, wie etwas richtig gemacht wird, dann wird es nach einer ersten Probephase für den Rest des Lebens klappen und du musst dich nicht ärgern, wenn nach

2 Jahren die Milch immer noch neben anstatt in dem Glas dafür landet! Lasse Marotten gar nicht erst zu und drücke nicht die Augen vor Verhalten zu, welches Dir nicht gefällt, weil Du meinst, Dein Nachwuchs sei noch zu klein. Lenke mit sanfter Hand von Anfang an die Bahnen, welche Du Dir vorstellst und erkläre gerne, warum Du etwas wie haben willst. Wir neigen vor allem zu Beginn von Beziehungen, und nichts anderes ist Dein Verhältnis in diesem Alter zu Deinem Baby, dazu, Dinge zu wohlwollend zu übersehen und mit einem Lächeln darüber hinwegzugehen. Irgendwann geht Dir aber das herumliegende Spielzeug ebenso auf den Geist wie die nicht zugeschraubte Zahnpastatube Deines Partners. Hast Du die ersten Monate durch die rosarote Brille eine liebenswerte Marotte gesehen, so wirst Du doch irgendwann ein Gespräch darüber geführt haben. Ebenso verhält es sich mit Deinen Kindern. Wenn Spielsachen aufräumen immer ein Teil des Spieles ist, bei dem Du am Anfang dabei bist, dann wird auch das Zimmer aufräumen im Teenageralter nicht zum Kriegsschauplatz. Die Grundsteine dafür legst Du schon in den ersten zwei Jahren.

1.1.3 *Die Entwicklung des Kindes von 2 – 5 Jahren*

Jetzt entdecken Kinder das eigene ICH, den eigenen Willen und sie beginnen das funktionale Denken. Das heißt beginnen, Funktionen zu verstehen. Hat es vorher einen Stuhl über den Boden geschoben, so hat das einfach eine Zeit lang Spaß gemacht. Jetzt verschiebt es den Stuhl, weil er damit eine Funktion ausübt (und damit womöglich auch die Keksdose leichter erreichbar ist!). Oft kann man beobachten, dass auch Erwachsene nun an die Hand genommen und gezogen werden oder sie werden geschoben, auch hier kann die Richtung durchaus im Sinne der Bedürfnisbefriedigung, also in Richtung Schokolade gehen. Kinder leben in diesem Alter nach wie vor im Augenblick.
Nun können sie sich auch stundenlang allein beschäftigen und Du als Mutter Deiner Koffeinsucht beim Zusehen frönen. Klötze werden gestapelt, fallen wieder in sich zusammen, bis das Verständnis dafür entwickelt wird, dass größere Klötze als Grundlage dienen sollten und kleinere obenauf passen und halten. Nimm Deinem kleinen Baumeister dies nicht ab, lass ihn dies ruhig selbst herausfinden.
Zähne wollen nun selbst gebürstet werden und Haare gekämmt, auch ein bestimmtes Mitspracherecht bei der Bekleidung taucht nun auf. Die Kombinationen mögen Dir noch etwas wundersam erscheinen, aber solange sie niemandem schaden, können Gummistiefel durchaus ein Sommerkleid komplettieren oder wilde Farbunterschiede zu einem Lächeln führen. Lass die Kinder walten! Mode ist heute ohnehin so vielfältig, wie sie nur sein kann, und wenn Du Dich entsprechend kleidest, dann werden Deine Kids Dir früher oder später in eine elegantere oder gediegenere Richtung folgen. Diskussionen über zu viel rosa oder grün, zu viele Fußballtrikots oder andere geliebte

Konstellationen und Stücke führen nur zu ständigen, nervtötenden Auseinandersetzungen. Triff dagegen Absprachen mit Deinen Kids! Wenn Ihr ins Restaurant zum Essen geht oder die Oma besucht, dann bestimmst Du, was getragen wird und den Rest dürfen sie selbst bestimmen.

Viele Sätze des Kindes beginnen nun mit „Ich will …!" Das mag im ersten Moment süß sein, aufregend ist es für die Eltern sowieso. Es bedeutet aber auch den Beginn der Erklärungen, dass man als Elternteil ebenso einen eigenen Willen und Wünsche hat und diese kannst und musst Du nun auch gegenüber Deinem Kind formulieren!

Deine Grundsteine in Routine, welche Du im Kleinkindalter gelegt hast, kannst Du nun festigen und weiter ausbauen. Dies beginnt bei Putzritualen und geht über das tägliche Ritual der passenden Bettzeit bis hin zum Waschen, Zähne bürsten und Naschen! Du bestimmst die Regeln, erklärst sie aber auch und zeigst die Konsequenzen auf, wenn diese nicht befolgt werden. Hier geht es weder um Strafen noch Schimpfen, sondern hier werde klare Absprachen getroffen und das Kind wird ernst genommen als Gesprächspartner. Nicht zuletzt lernen sie hier auch zu argumentieren, was nicht heißt, dass sie mit guten Argumenten dich umstimmen sollen in Deinem Rahmen, den Du vorgibst.

„Meine Freunde dürfen das alle!" ist übrigens kein Argument mit durchschlagender Kraft, zumal, wenn Du zum Telefon greifst und sagst, na dann frage ich doch bei den Eltern der Freunde gleich einmal nach! Dieses Argument und glaube uns, Du wirst es hören, bei mehr als nur einer Gelegenheit, gibt Dir aber eine Steilvorlage, um die Unterschiede von Haushalten und Ansichten zu vermitteln. Je früher Du beginnst, Deinem Kind Deine Sicht der Dinge zu erklären, und dass andere Familien, andere Menschen durchaus andere Einstellungen zu Dingen haben können, umso früher wird Dein Nachwuchs Unterschiede einordnen können und eigene Bewertungen vornehmen. Damit baust Du Deinen Kindern ein Fundament in einer sich ständig und rasant wandelnden Welt, in welcher gewisse Werte aber immer Gültigkeit haben, wie beispielsweise die Anerkennung anderer Meinungen und Lebensweisen. Du förderst damit auch das Verständnis für andere Kulturen und die Gesellschaft, in welcher wir leben, an sich.

Mit den ersten Freunden aus dem Kindergarten und später aus der Schule lernt Dein Kind andere Verhaltensmuster kennen, auch diese gilt es frühzeitig zu besprechen. Die soziale Anerkennung ist auch für Kinder ein wichtiger Faktor und es bedarf einer großen Menge Humor und eines feinen Fingerspitzengefühls, um erste Freundschaften, gebrochene Freundschaften und Streitigkeiten Deiner Kinder zu begleiten. Versuche hier, am besten nur die Gründe für mögliche Auseinandersetzungen und getrennte Wege zu verstehen. Bewerte nicht und ergreife so wenig wie möglich Partei, außer, Dein Kind fragt Dich um Deine Unterstützung, denn so schnell, wie Freunde in diesem Alter kommen und gehen und wiederkommen können, so schnell kannst Du Dich oft gar nicht auf die geänderten Gegebenheiten einstellen. Dein Kind ist dabei, seinen Platz in der Welt und seinem nahen sozialen Gefüge zu suchen, zu finden und auch zu behaupten. Reiche eine helfende Hand, wenn es notwendig ist, aber nimm ihm diese Aufgaben nicht ab! Das wichtigste in dieser Phase im Leben Deiner Kinder ist Dein offenes Ohr. Höre zu und beachte auch ihr Verhalten, dann kannst Du frühzeitig durch Gespräch oder sanftes Führen in die Dir genehme Richtung eingreifen und musst im Teenageralter keine Kämpfe befürchten.

Ab 2 oder 3 Jahren, je nachdem, wie geschickt und motorisch weit entwickelt Deine Kinder sind, solltest Du sie neben den täglichen Ritualen auch zur Vor- und Nachbereitung derselben heranziehen. Helfen in der Küche macht Spaß und kann ab diesem Alter durch die Übernahme kleiner Aufgaben langsam in den Zuständigkeitsbereich der Kinder übergehen. Das kann sein, dass sie den Geschirrspüler ausräumen oder dass sie, wenn Hausputz angesagt ist, sich um ihr Zimmer kümmern und mit dem Staubsauger die Wohnung saugen. Auch im Garten können sie helfen, vor allem, wenn Du auch Obst und Gemüse selbst ziehst. Unkraut jäten können sie sehr früh und bei der Ernte helfen macht den meisten Kleinen schon Spaß, wenn sie dabei auch naschen dürfen!

1.1.4 *Die Entwicklung des Kindes von 6 – 9 Jahren*

Deine Kinder kommen nun mehr und mehr in der Realität an und verlieren langsam ihren Glauben an Fantasie und Magie. Sie erkennen schnell, wie sie verhandeln können und setzen dieses Geschick auch sehr bald ein. Sie entwickeln einen gewissen Gerechtigkeitssinn, der aber immer noch sehr ICH-zentriert ist. Die ganze Welt ist ungerecht! Wünsche werden größer und auch mit viel mehr Vehemenz geäußert. Hier wird auch Dein Geschick am Verhandlungstisch gefordert, denn natürlich dreht sich die Welt nicht um Deinen Sprössling allein. Er entwickelt aber den Ehrgeiz, sich durchzusetzen und auch durch eigene Leistungen zu glänzen.

Schon vor dem Eintritt in die Schule beginnen Kinder zu zählen, sich mit Zeit zu beschäftigen und ihre Sprache weiter zu entwickeln. Der Wortschatz vergrößert sich täglich und Synonyme finden Einzug in den Gebrauch. Fördere diese Veränderungen und stehe bei Fragen zur Seite. Zusammenhänge werden nun viel besser erkannt und Geschichten merken sie sich ebenfalls viel besser. Wenn Du Richtlinien mit Konsequenzen bei Nichteinhaltung aufgestellt und mit Deinen Kindern ausgehandelt hast, so wird es nun umso wichtiger, diese auch tatsächlich umzusetzen, denn Schwankungen werden gnadenlos aufgegriffen und Bedingungen dann sofort neu verhandelt. Hast du beispielsweise für das Fernsehen oder Computer spielen einen bestimmten Zeitrahmen vorgegeben, welcher bei Überziehung als Konsequenz eine verkürzte Zeit am Folgetag hat, so halte diese Regelung unbedingt bei. Sonst wird die Überziehung schnell zu einer Grenzdiskussion und schon sind neue verlängerte Zeiten auf dem Plan. Deine Kinder nageln Dich nun wirklich auf Dein Wort fest. Dies gilt selbstverständlich auch für Versprechen, welche Du möglicherweise verschieben musst oder letztlich aus anderen Gründen nicht zeitgemäß einhalten kannst. Kläre verschobene Ausflüge oder Wünsche sofort und sage Deinen Kindern auch das Warum. Findet einen neuen Zeitplan, den Du dann auch wirklich einhalten kannst oder sei sehr vorsichtig dabei, Dich auf bestimmte Uhrzeiten und Wochentage festzulegen, wenn nicht sicher ist, dass Du sie einhalten kannst. Deine Kinder in diesem Alter können die Uhr lesen und haben mittlerweile auch einen realistischen Zeitbegriff, was morgen oder übermorgen sein kann. Hier hilft die Erklärung, noch einmal oder mehrmals Schlafen gehen, bis es soweit ist, nicht mehr!

Hast Du keine alltäglichen Routinen zuvor aufgebaut und gemeinsame Rituale geschaffen, dann ist jetzt der ideale Zeitpunkt, um dies nachzuholen, denn Dein Nachwuchs braucht, um in der Schule konzentriert zu sein, nun einen festen Tagesablauf. Vom Aufstehen täglich um dieselbe Uhrzeit bis zu den Zeiten für Hausaufgaben, Freunde, Essen und Schlafen gehen solltest Du nun alles regeln. Damit werden langatmige Diskussionen und ständige Verzögerungen vermieden und insgesamt ein entspannterer Tagesablauf erreicht. Wenn es Dir möglich ist, dann plane auch eine halbe Stunde oder Stunde gemeinsames Kuscheln und Plaudern auf der Sofalandschaft mit ein. So hast Du immer die Möglichkeit, im Leben Deiner Kinder auf dem Laufenden zu bleiben und stehst nicht urplötzlich vor den Scherben einer Freundschaft oder einer schlechten Note, weil Ihr Euch keine Zeit mehr für Gespräch und Zärtlichkeiten nehmt.

Langsam, aber sicher werden Deine Kinder selbstständiger und können sich dadurch auch im gemeinsamen Haushalt besser einbringen. Oft ist dies auch die Zeit, wo der zuvor zuhause gebliebene Elternteil wieder voll in die Arbeitswelt einsteigt. Erkläre Deinen Kindern dann, was sich alles ändern wird und wie Ihr alle zusammen helfen werdet, um die Umstellung und die neuen Gegebenheiten zu meistern. Sie werden Verständnis dafür haben, dass sie in die Schule gehen und Du ins Büro. Plant Eure Jausen gemeinsam und auch die Einkäufe und gemeinsamen Essen, so dass ihr nach getaner Arbeit oder nach der Schule Zeit füreinander habt. Den Kontakt nicht zu verlieren ist nun enorm wichtig!

Was Du bei der Schulauswahl und möglichem Schulwechsel bedenken sollst und welche Erziehungs- respektive Unterrichtsstile es gibt, erklären wir Dir in einem der folgenden Kapitel.

Spätestens in dieser Zeit wirst Du auch bemerken, welche Interessen und Talente Dein Kind an sich entdeckt. Wenn es Dir möglich ist, dann fördere beispielsweise das Interesse für Musik durch eine Mitgliedschaft in einem Chor oder das Erlernen eines Musikinstrumentes. Stundenlange Computerspiele hingegen sind kein Anzeichen dafür, dass Du einen zukünftigen IT-Experten zuhause sitzen hast. Sportliche Leistungen und Interessen gilt es ebenso herauszufinden und viele Vereine und auch Schulen bieten in Form von Schnupperstunden oder Schnupperkursen die Möglichkeit, sich zu informieren und herauszufinden, ob eine Sportart wirklich zu einem passt. Wenn Du selbst lieber Fahrrad fährst, Dein Kind aber lieber läuft, so könnt Ihr dennoch gemeinsame Ausflüge gestalten, auch umgekehrt. Bist Du selbst Mitglied in einem Sportverein, so hast Du Deinen Nachwuchs sicher schon die eine oder andere Stunde in der Jugendgruppe desselben gehabt, und sei nicht traurig, wenn er sich nicht für dasselbe interessiert. Bleibe aufgeschlossen für andere Möglichkeiten und berücksichtige auch hier, dass Interessen durchaus auf soziale Bindungen zurückgeführt werden können. Wenn alle Freunde Fußball spielen, wird auch Dein Sohnemann dies lieber tun wollen, als allein in einen Handballclub zu gehen und sich dort fremd zu fühlen. Wichtig ist, dass sich Kinder weiterhin viel bewegen, denn auch in diesem Alter, eigentlich das gesamte Leben lang, gilt, dass Bewegung die Denkfähigkeit positiv beeinflusst!

Zeigt Dein Nachwuchs besondere Begabungen in der Schule und anhaltendes Interesse für gewisse Fächer, besprich Dich mit den Lehrern und Schulleitern, wie man dieses entsprechend fördern kann. Es gibt heute viele Variationen von Förderungen, nicht nur für Kinder, welche gehandicapt sind.

1.1.5 *Die Entwicklung des Kindes von 10 – 14 Jahren*

Auch wenn sich die Entwicklungszeiten von Kind zu Kind unterscheiden und bei so manchem erste Anzeichen zur Pubertät schon mit 9 erkennbar sind, so wird das Alter zwischen 10 bis 14 doch noch immer als Vorpubertät bezeichnet. Noch nicht ganz Teenie und irgendwie auch nicht mehr das Kuschelmonster von früher, können sich in diesen Jahren die Tendenzen zu einer stürmischen Jugend herauskristallisieren. Um Deinen Anschluss an Deine Kinder nicht zu verlieren, sind Deine Beobachtungsgabe und Dein Einfühlungsvermögen gerade jetzt gefragt.

Puppen fliegen in die Ecke und die Eisenbahn wird plötzlich auf den Dachboden geräumt, Poster tauchen auf den Wänden auf und Laute, welche teilweise nur entfernt an Musik erinnern, beginnen aus dem Kinderzimmer zu dröhnen. Grenzen werden getestet und verschoben, Freunde immer wichtiger und eventuell kommen auch neue Vertrauenspersonen ins Spiel. Begreife Dein Kind schon als kleinen Heranwachsenden und sorge für entsprechende Freiräume, die eigene Persönlichkeit weiter zu entwickeln. Gehe mit offenen Augen und Armen auf Deine Kinder zu und warte mit Gesprächen oder auch Verhandlungen über neue Regeln nicht zu lange. Die Luft könnte sich sonst als explosiv herausstellen.

Dein Kind entdeckt nun zunehmend seinen eigenen Körper und auch die Unterschiede der Geschlechter. Die körperlichen Veränderungen gehen Hand in Hand mit den hormonellen Anpassungen und der Festigung der eigenen

Gedankenwelt und Selbstsicht. Die Gedanken werden konstruktiver und freier, Zusammenhänge ganz neu festgestellt und erkannt. Eine spannende Zeit zu beobachten, wie aus dem Kind, welches gestern noch auf der Couch mit Dir bei Trickfilmen gekuschelt hat, heute danach fragt, ob es das Taschengeld aufbessern kann, um blaue oder pinke Strähnen ins Haar zu färben. Freunde Dich langsam mit dem Gedanken an, Schritt für Schritt loszulassen und begegne Deinem Nachwuchs spätestens jetzt mehr und mehr auf Augenhöhe! In der Sicherheit der Familie können Auseinandersetzungen versucht werden, weil man um die liebenden Arme weiß, in die man nach wie vor als Kind flüchten kann. Diskussionen werden heftiger, vielleicht sogar erbitterter geführt und Rituale versucht aufzuweichen, allen voran Schlafenszeit-Regelungen, Medienkonsum und Freizeit abseits von Schule und Heim. Da in dieser Zeit zumeist auch ein Schulwechsel ansteht, können neue, in Deinen Augen auch schräge Freundschaften entstehen. Bleibe immer noch dran und sieh Dir diese an! Du kannst Deine Kinder nicht mehr vor allem beschützen, Du kannst aber immer noch regulierend eingreifen, wenn Du Deine Gesprächsbasis zu Deinen Kindern nicht verlierst.

Dass Hormone schwanken, ist medizinische Tatsache und durch nichts zu umgehen. Deine Kinder haben damit ebenso zu kämpfen wie Du. Versuche, zumindest Dich zurückzuerinnern, wie es bei Dir war und stelle Dich auf eine Vielzahl von Fragen ein. Lass auch in Zeiten von Internet und Google, Facebook und Twitter nicht zu, dass Deine Kinder ihre Neugier und ihren Wissensdurst über die Veränderungen in ihrem Körper und ihre Sicht auf die Welt nur davon prägen oder dadurch beantworten lassen. Habe nach wie vor ein Auge darauf, in welchen Bereichen des Internets sich Deine Kinder bewegen und überarbeite gegebenenfalls die Kinderschutzeinrichtungen und Zeitbeschränkungen, lasse aber noch nicht komplett los, dazu ist wirklich auch zu viel Mist in den Weiten des Netzes zu finden.

Manche Kinder sind regelrecht orientierungslos und wissen selbst nicht, ob sie lieber mit Dir streiten oder kuscheln wollen. Leistungsdruck in der Schule oder bei Dir im Job können hier dazu führen, dass man nicht mehr genügend Rücksicht aufeinander nimmt und interessanterweise befassen sich nur sehr wenige Ratgeber oder Psychologen mit diesem Alter. Nach und nach wird auch der Wissenschaft bewusst, wie tiefgreifend die Veränderungen in diesem Lebensabschnitt sind, denn der Beginn dieser Vorpubertät hat sich vergleichsweise enorm verfrüht im Laufe der letzten Jahre. Genau jetzt wird aber der Grundstein gelegt, die kommende Sturm-und-Drang-Zeit als Familie gut zu überstehen und eine wahrlich tiefe Bindung auch im späteren Leben beizubehalten. Nichts ist für Eltern schlimmer, als einen Studenten außer Haus gehen zu lassen, der nur ungern und unregelmäßig zu Hause aufschlägt. Die Zeit dies zu vermeiden, ist jetzt!

Gestehe Deinen Kindern eine gewisse Eigenverantwortung zu und seht Euch gemeinsam an, wie damit umgegangen wird. Dann kannst Du weitere

Entscheidungen zu mehr Freiheit und Selbstbestimmung in den folgenden Jahren einfacher treffen.

Es ist auch die Zeit der Aufklärung. Hat Dein Kind früher bei der Frage, wo Babys herkommen, sich noch mit der Antwort begnügt, dass es aus Deinem Bauch herauskam, so wollen sie nun auch wissen, wie das Baby da hineingelangt ist. Überlasse die Aufklärung nicht der Schule oder anderen Erziehungsinstituten, bringe Dich aktiv ein und frage Deine Kinder, ob sie noch etwas dazu wissen wollen. Aufklärung bedeutet aber auch, ruhige Gespräch über Alkohol und Drogen zu führen. Gruppenzwang und Mobbing sind heute noch weiter verbreitet als zu unserer Zeit, denn sie finden nicht mehr nur in der persönlichen Begegnung statt, welcher man sich noch entziehen kann, sondern auch in den diversen Sozialen Medien. Kläre auch die Frage von Freundschaften im wahren Leben und virtuellen Freundschaften. Man kann mit Mobbing und Erwartungshaltungen auch besser umgehen, wenn man sich bewusst macht, dass der Druck womöglich aus einer Ecke kommt, welche man nur in der Welt des Netzes besucht und im Alltag gar nicht integriert hat!

1.1.6 *Die Entwicklung des Kindes vom Teenager zum jungen Erwachsenen*

Die geistige Entwicklung Deines Kindes ist mit 14 Jahren auf dem Höhepunkt und quasi abgeschlossen, auch wenn dies nicht heißen soll, dass man sich nicht danach noch entwickeln kann und darf. Aber das rationale Denken ist gelernt, auch wenn es nicht immer mit dem entsprechend rationalen Handeln gepaart ist. Mädchen haben in diesem Alter ihre erste Periode hinter sich und Jungs die feuchten Träume kennengelernt. Der erste Partner wurde geküsst und die Überlegungen der Jugendlichen gehen langsam über das Händchenhalten hinaus. Nach wie vor spielen die Hormone leicht verrückt, was nicht zuletzt an der ersten aufkommenden Liebe hängt. Zudem stellen Jugendliche nun verstärkt fest, zu welchem Geschlecht sie sich hingezogen fühlen. Gehe sorgsam mit Deinen Beobachtungen dazu um und sei nach wie vor der sichere Hafen in der Sturmflut der Gefühle. Auch wenn sie Dich als Eltern das eine oder andere Mal verleugnen mögen und es nur ungern zugeben, aber sie brauchen Dich und Dein liebendes Herz nach wie vor!

Kommunikation ist in diesem Alter alles und Humor wird Dir das Leben mit einem Teenager erleichtern. Nimm seine Stimmungen ernst, aber bewerte Gefühlsausbrüche nicht über. Ein Zwinkern oder wissendes Lächeln können so manchem sich aufbauenden Gewitter die Spitze nehmen. Freiheiten werden eingefordert und sollten je nach Verantwortungsbewusstsein tatsächlich zugelassen werden. Immer noch in Abstufungen und schrittweise besprich neue Regelungen samt den damit zusammenhängenden Konsequenzen offen und ehrlich mit Deinem jungen Erwachsenen. Konsequenzen können durchaus sein, dass weitere Schritte in die Freiheit und

Eigenverantwortung nicht so schnell gesetzt werden, wenn Du bemerkst, dass der zuletzt erlaubte Schritt zu Chaos führt! Eine Möglichkeit, Eigenverantwortung sehr schnell umzusetzen und auch zu testen, sind abgeschaffte Bett-Geh-Zeiten. Hast Du nur mehr mürrische und unausgeschlafene Gesichter vor Dir, dann besprich mit Deinem Jugendlichen, dass auch Du als Erwachsener, obwohl Du grundsätzlich die Nächte durchmachen könntest, wer wollte es Dir verbieten, dennoch Deine eigene Routine und Deine Rituale hast, um im Berufsleben zu bestehen.

2. WIE DAS KINDLICHE (DAS MENSCHLICHE) GEHIRN SICH ENTWICKELT UND LERNT

Um Dir noch einmal zu verdeutlichen, wie wichtig eine gute „Be"ziehung zu Deinem Kind ist, um Deine „Er"ziehung erfolgreich umzusetzen, wollen wir Dir auf den folgenden Seiten erklären, wie ein Baby die Welt erfährt und was notwendig ist, damit sich das menschliche Gehirn und die Psyche ordnungsgemäß, sozusagen natürlich, entwickeln können. Wir sprechen heute viel von lebenslangem Lernen, aber auch das Lernen muss erlernt werden, sonst funktioniert es im Alter nicht mehr. Frei nach dem Motto „Was Hänschen nicht lernt, lernt Hans nimmermehr!" und in Anlehnung an die vielen deutschen Wörter, welche wir haben, um das Lernen bzw. das Gelernte zu verdeutlichen, wie beispielsweise be"greifen", erleben, erfahren, aber auch Ausdrücke wie gesammeltes Wissen, Lebensweisheit und Kompetenz, erläutern wir nun das Gehirn, seine Funktionen und Entwicklungen im Laufe der ersten etwa 17 bis 25 Lebensjahre, denn dann ist der Grundaufbau, sind die Grundverbindungen in der grauen Masse angelegt, auf welche den Rest des Lebens weiter aufgebaut werden kann.

Das menschliche Gehirn hat bezüglich des Wissens eine unendliche Speicherkapazität, im Vergleich zu einer Festplatte eines Computers. Ist eine Festplatte zu 50% voll, passen nun einmal nur mehr dieselbe Menge Daten darauf, welche schon gespeichert sind. Ist im menschlichen Gehirn die Entwicklung zu 50% aufgebaut, so ist dies der Grundstein für unendlichen zusätzlichen Wissensaufbau. Hast Du schon 2 Fremdsprachen gelernt, dann kannst Du noch einmal 10 draufpacken, oder auch 20. Hast Du bis zum 20. Lebensjahr keine oder nur eine Fremdsprache rudimentär gelernt, wird es nahezu unmöglich oder sehr lange Zeit dauern, eine zweite Fremdsprache dazuzulernen. Je mehr Fremdsprachen Du lernst, desto schneller lernst Du sie von einer zur nächsten! Die Festplatte ist eventuell nach der 5. Fremdsprache voll. Du kannst keine weitere Sprache mit ihrem gesamten Wortschatz und ihren Regeln mehr darauf speichern. Im Gehirn aber kannst Du aufgrund der Datenautobahnen, welche für die fremden Sprachen angelegt wurden, wenn es Deinem Wunsch entspricht, alle Sprachen dieser Erde draufpacken!

Faszinierend, oder etwa nicht?

Noch im vergangenen Jahrhundert vermuteten Wissenschaftler, dass auch das Lernvermögen mit den Genen zusammenhängen würde. Neueste Technologien, um die Funktionsweise des Gehirns zu untersuchen, zeigen uns allerdings, dass die Gene nicht daran beteiligt sind, ob ein Mensch letztendlich viel Wissen aufnehmen kann oder nur wenig. Hier spielen tatsächlich nur die Einflüsse der Eltern und der weiteren Umgebung eine Rolle.

Basis für eine gelungene Entwicklung eines Babys zu einem selbstbestimmten und sich selbst organisierenden Erwachsenen ist das erste Wissen, sind die ersten Verbindungen, welche im Gehirn Deines Babys noch zu Zeiten als Fötus in Deinem Bauch angelegt werden. Dazu gehört das Gefühl der Verbundenheit, der Nähe, der Zusammengehörigkeit. Außerdem erkennt das Gehirn die ersten Extremitäten, also seine Arme und Beine, und lernt diese zu bedienen, zu bewegen. Sobald Dein Kind beginnt, Dich zu treten oder Du spürst, dass es beginnt, sich in Deinem Bauch zu bewegen, lernt es täglich neue Bewegungen und Abläufe dazu. Diese sind rein sensorisch und motorisch und darin liegt auch gleich das Geheimnis von Bildung. Babys und Kinder wollen ihre Umgebung entdecken und begreifen. Dies können sie am besten in einer liebevollen Umgebung, also einem Zuhause, in dem das Gefühl von Zusammengehörigkeit und Nähe auch außerhalb des Mutterbauches bestehen bleibt.

Nun lernt der Säugling außerhalb dieser ersten inneren Welt die größere äußere Welt kennen und erfährt sie erst einmal über Gefühle. Angenehm fühlt sich die Nähe zur Mutter, selbstverständlich auch zum Vater oder den Geschwistern, an, das Stillen, das Streicheln. Unangenehm fühlt sich die volle Windel an. Mit Strampeln und Schreien macht das Baby auf diese ersten Wahrnehmungen aufmerksam und eine beobachtende, intuitiv reagierende Mutter erkennt sehr schnell, was genau das Baby braucht, worauf es aufmerksam macht. Eine abgelenkte Mutter, auf das Smartphone konzentriert, kann dies natürlich nur schwer erahnen und fühlt sich womöglich von den Bedürfnissen des Kleinen belästigt. Leider finden sich heute selbst auf dem Land einhändige Mütter im Straßenbild wieder. Einhändig am Kinderwagen, weil die zweite Hand das Smartphone halten muss, um nur ja nichts im Netz zu versäumen!

Durch diese Gefühle und die Bewegungen beim Strampeln werden erste zarte Verbindungen zwischen den Nervenzellen im Gehirn verstärkt und aus kleinen Pfaden werden Gassen und später Datenautobahnen, weil sich Muster verfestigen und Dein Kind Bewegungsabläufe lernt. Nach wenigen Wochen ist auch die Sicht des Babys soweit fortgeschritten, dass es Mimik erkennen und ein Lächeln erwidern kann. Auch diese Verbindungen festigen sich. Weiter geht die Entdeckung des eigenen Körpers. Babys können stundenlang nur mit ihren Fingern oder Zehen spielen. Diese bewegen, sie dabei beobachten und immer wieder angenehme und unangenehme Bewegungsabläufe speichern. Dann kommen erste Gegenstände dazu. Rasseln werden geschüttelt, gedreht, von allen Seiten betrachtet und auch in den Mund geschoben. So werden langsam, aber sicher Gegensätze erkannt und im Gehirn abgelegt. Hart und weich, warm und kalt, süß oder sauer.

Kinder lernen also durch Wiederholung und Entdeckung. Begeisterung ist die treibende Kraft dahinter und sollte gefördert, aber nicht überfordert werden. Lenke Dein wissbegieriges und lernendes Baby nicht von der ersten Rassel ab, indem Du ihm nach 5 Minuten schon weitere Dinge in die Hand drückst, um diese zu untersuchen. Du wirst sehr schnell merken, wenn es sich langweilt und ein neues Spielzeug braucht, um dieses zu entdecken. Das menschliche Gehirn lernt am Anfang intensiv und sehr schnell durch ein Zusammenspiel aller Sinne. Sensorisch und motorisch. Setzt Du ein kleines Kind schon vor einen Bildschirm, so wird es weit weniger lernen, denn es kann die Dinge, die es dort nur sieht und hört, nicht be"greifen"! Erst wenn wir viele verschiedene sensorische und motorische Erfahrungen gemacht und in unserem Gehirn entsprechend verbunden haben, können wir rein aus dem gesprochenen Wort und aus den Bildern lernen.

Das erste Wort, welches Kinder aussprechen, ist zu nahezu 90% MAMA, in der jeweiligen Sprache selbstverständlich. Dies liegt nicht unbedingt daran, dass es einfach ist, sondern daran, dass die ersten Lernerfolge immer auch mit einem Gefühl verbunden sind. „Mama" verbindet sich direkt mit dem Grundbedürfnis nach Liebe und Schutz. Darum wird es als erstes gelernt. Auch die weiteren ersten Worte werden mit Gefühlen verbunden und so im Gehirn angelegt. Je mehr Du Dich mit Deinem Kind unterhältst und ihm gleichzeitig die Freiheit der Entdeckung der Welt zugestehst, umso mehr Wörter und Gefühle und damit Datenautobahnen werden in seinem Gehirn angelegt. Designte Kinderzimmer und Spielplätze mit vorgegebenen Entdeckungen können Kinder in ihrem Drang nach Wissen regelrecht behindern!

Wenn Du einen eigenen Garten hast, kannst Du sicher beobachten, dass Kinder gerne mit Dir in der Sandkiste spielen, weil Du sie dazu animierst. Lässt Du sie aber allein spielen, graben sie Erde aus dem Blumenbeet oder dem Gemüseacker um. Sie sammeln die Steine darin auf und entdecken die unterschiedlichen Konsistenzen. Sitzen sie nur in einer Sandkiste, können sie diese Erfahrung gar nicht machen. Wenn Du keinen eigenen Garten hast, dann versuche doch, etwas Zeit mit Deinem Kind in der Natur, im Wald und auf Wiesen zu verbringen und gib ihm damit die Möglichkeit, die Welt zu entdecken. Auch wenn dabei Dinge in den Mund geschoben werden. Überbehütest Du Dein Kind, nimmst Du ihm von Anfang an die Möglichkeit, sich selbst zu beweisen. Selbstverständlich sollst Du es mit 2 Jahren nicht von meterhohen Bäumen springen lassen, aber bei kleinen Hürden reicht es aus, daneben zu stehen und notfalls helfend einzuspringen. Aufstehen kann man nur lernen, wenn man zuvor gefallen ist. Kinder lernen auch nur so ihre eigenen Grenzen und körperlichen Leistungsfähigkeiten kennen. Nur wenn sie diese kennen, können sie sie nach und nach ausdehnen und sich langsam zu weiteren Leistungen und weiterem Können vorantasten. Sie springen erst von einer Stufe und das hundertmal, bevor sie den Sprung von der zweiten Stufe in Angriff nehmen. Sie springen nicht von Anfang an eine gesamte Treppe hinunter! Rennst Du aber wie eine Glucke ständig hinterher und belehrst sie, dass sie es nicht können, kann es durchaus passieren, dass sie sich selbst oder Dich herausfordern und die Sache in Angriff nehmen.

Erste Krabbelversuche, Stehversuche und die Entdeckung der eigenen Mobilität fördern nicht nur die Verbindungen der einzelnen Nervenzellen im Gehirn. Bewegung regt auch das Wachstum neuer Nervenzellen an. Dies gilt für das gesamte Leben. Bewegung ist tatsächlich Fortschritt im Sinne von mehr Nervenzellen im Gehirn und damit der Möglichkeit, mehr Wissen zu sammeln, abzuspeichern und abrufbar zu haben. Es gibt mittlerweile unzählige Bücher darüber, wie Bewegung mit der Gehirnleistung zusammenhängt und was man selbst im fortgeschrittenen Alter noch für sich und sein Gehirn mit moderater Bewegung erreichen kann.

Die Devise muss also lauten: Sport statt Smartphone! Durch Bewegung wird gelernt, weswegen es auch dramatisch ist, wenn Sport in Schulen abgeschafft und in Kitas kleingeschrieben wird. Richte Dich bei der Auswahl Deiner Betreuungsplätze auch nach deren Bewegungsangeboten für die Kleinen und Größeren. Doch dazu später noch mehr. Essenziell für das Lernen und Verarbeiten von gesammelten Informationen durch Ertasten, Erleben und Erkennen ist ausreichender und guter Schlag. Denn erst dann geht das neue Wissen vom Hippocampus (vergleichbar mit dem Arbeitsspeicher, also dem eher kurzzeitigen Gedächtnis) in den Speicher, also quasi die grauen Zellen über. Üben und Wiederholen trägt dann dazu bei, dass die benutzen Gehirnregionen weiter vernetzt werden und immer mehr Nervenzellen für die Verarbeitung und Speicherung dazukommen. Dabei verändert sich unser Gehirn ständig. Zwar niemals mehr so intensiv wie zu Beginn des Lebens, aber dennoch kontinuierlich. Sobald Du denkst, finden Umbauprozesse in Deinem Gehirn statt. Ebenso beim Fernsehen, beim Lesen und beim Spazierengehen, mit dem kleinen Unterschied, dass beim Bewegen auch neue Nervenzellen gebildet werden, welche dann wiederum für mehr Speicherung verwendet werden können.

Neben dem Selbst-Begreifen der Welt spielt auch das Imitieren eine große Rolle. So wie Du Dein Kind beobachtest beim Spielen oder Lernen oder manchmal auch nur beim Schlafen, so beobachtet Dich auch Dein Kind. Stehen, gehen oder laufen wird nur gelernt, weil man erkennt, dass andere das können und man das selbst auch können will! Zur Wichtigkeit der Vorbildwirkung kommen wir noch ausführlich. Hier sei nur der Vollständigkeit halber erwähnt, dass im menschlichen Gehirn für das Imitieren die Spiegelneuronen zuständig sind. Sie sorgen unter anderem auch für Empathie. Lächeln oder Lachen und auch vor Wut verzerrte Gesichter werden ebenfalls durch Beobachtung der Umgebung und Zuordnung zu den gerade erlebten Gefühlen abgeguckt.

Mit etwa 4 Jahren beginnen Kinder, Fragen zu stellen. In diesem Alter beginnen sie auch, aus dem gesprochenen Wort zu lernen und können verstehen, wenn Du sagst, das will ich nicht, das will ich haben! Du wirst beobachten, dass Dein kleiner Engel dieselbe Frage mit einem sehr unschuldigen Blick verschiedenen Personen stellt. Nun gilt es, die Fragen nach bestem Wissen und Gewissen zu beantworten und auch zuzulassen, dass Dein Wissenssammler Fragen an die gesamte Umgebung stellt. Über die Jahrtausende hat das Sammeln von Wissen und damit die Entwicklung bis zu unserem heutigen technologischen Stand auf dieser Art basiert! Fragen wurden gestellt, an einen möglichst großen Personenkreis unterschiedlichen Alters, bewertet und abgelegt. Der Grundstein zur eigenen Meinung wird in diesem Alter gelegt. Nimm Dir wirklich Zeit, die Fragen Deines wissbegierigen Nachwuchses zu beantworten, auch wenn die Antworten sofort weitere Fragen nach sich ziehen. Du vermittelst ihnen damit nicht nur Freude am Lernen, sondern ermöglichst Deinem Liebling, auch eigene Interesse auszubilden und zu vertiefen. Ein Sprichwort in Afrika besagt, dass ein Kind großzuziehen die Aufgabe eines ganzen Dorfes ist! Hier kann man noch ablesen, dass das Sammeln von Wissen aus mehreren Quellen ganz natürlich und intuitiv erfolgt.

Der kleine Wonneproppen entwickelt sich neben einem lernbegierigen Wesen auch zu einem Erfolgshungernden, wenn es die Möglichkeit hat, mit eigenen Leistungen zu glänzen. Lass Dein Kind selbst herausfinden, wie es Bauklötze, Schachteln oder Töpfe am besten stapeln kann. Teile die Freude mit ihm, wenn es endlich gelungen ist, 2 Dinge aufeinanderzustellen. Nicht Lob oder Strafe sollten hier eingesetzt werden, wenn der kleine Erfinder und Entdecker begeistert seinen Turm präsentiert, sondern geteilte Freude. Damit förderst Du die Wissbegier, denn es wird das gelernt, was begeistert! Lobst Du ständig und belohnst auch noch die kleinste Kleinigkeit, wird Dein Kind sehr schnell die Dinge zu tun wissen, für welche es Lob und Süßigkeiten gibt. Es wird sich aber nicht mehr um seine Entdeckungen und Begeisterungen, also Talente und Interessen kümmern. Selbstverständlich kannst Du sagen, das hast Du gut gemacht. Du könntest aber auch sagen: „Ich freue mich, was Du ganz allein geschafft hast!" oder „Ich freue mich, dass Du so viel Spaß hast, Dein Können einzusetzen."

Etwas mit den eigenen Händen zu tun verstärkt die Verbindungen der verschiedenen Gehirnregionen und Nervenzellen. Zeichen, Malen und später auch Schreiben tragen intensiv dazu bei, Lernstoff zu vertiefen. Etwas, das man mit der Hand auf einem Blatt Papier notiert, vergisst man oft weit langsamer als etwas, das man schnell in Kürzeln irgendwo hin getippt hat oder in ein Aufnahmegerät gesprochen hat. Vielleicht ist Dir selbst schon aufgefallen, dass Du eine Einkaufsliste notierst, sie aber dann im Supermarkt überhaupt nicht benötigst oder nur für diese Dinge, welche andere Familienmitglieder noch auf die Liste gesetzt haben. Dies liegt daran, dass Wissen verbunden mit Bewegung sich tiefer in unserem Gehirn verankert. Schreibe selbst so viel wie möglich mit der Hand und animiere auch Deine Kinder ab dem Schulalter dazu.

Hausaufgaben sind oft ein leidiges Thema und ungeliebt, weil sie Freizeit stehlen. Versuch doch einmal, Deinem kleinen Verweigerer zu erklären, dass, wenn er oder sie die Dinge einmal oder zweimal geschrieben hat, sie nur mehr schwer vergisst und dann hinterher nicht mehr so viel lernen muss! Du wirst sehen, wenn er seine Freude am Lernen noch nicht ganz verloren hat, aufgrund von Ablenkungen und zu wenig früherer Förderung in dieser Hinsicht, dann wird er sich das Gesagte zu Herzen nehmen. Selbst Teenagern kann man noch mit dem alten „Schummelzetteltrick" das Lernen schmackhaft machen. Hast Du selbst in Deiner Jugend und Schulzeit diese kleinen Spicker geschrieben? Dann wirst Du wissen, dass das, was dort draufstand, später beim Test auch schon im Gedächtnis war. Schade war immer nur, wenn man nicht dazu kam, alle Aufgabenbereiche für die Prüfung sinnvoll auf ein kleines Stückchen Papier zu bringen. Der Effekt des Lernens durch Spicker Schreiben wird teilweise sogar von Lehrern unterstützt, weil sie wissen, dass erstens ein sinnvoller Spicker ein Durcharbeiten des Lernstoffs erforderlich macht, zweitens ein wenig Nachdenken dabei hilfreich ist, die Themen so zusammenzufassen, dass man mit einem Stichwort auch weiß, was man damit eigentlich merken wollte und drittens schreibt man Spicker mit der Hand!

In unserem Kapitel über die digitale Welt schreiben wir viele Tipps und Ideen zu Beschäftigungen abseits der diversen Bildschirme, so dass Du Deinem Kind vielfältige Themengebiete eröffnen kannst und Dein Nachwuchs ganz für sich allein erforschen kann, wo seine Interessen und Talente liegen könnten. Sei mit unterstützender Begeisterung dabei. Installiere ein gewisses Belohnungssystem für erbrachte Leistungen tatsächlich erst dann, wenn sonst keine Anreize zum Lernen mehr verfangen.

Wissenschaftliche Untersuchungen haben ebenfalls festgestellt, dass Lernen für Kinder in einem sozialen Kontext einfacher und besser verläuft. Projektarbeiten in Gruppen mit Planung, Materialbeschaffung, Testversionen, Endversionen, eventuell auch misslungenen Versuchen und abschließend Präsentation und Besprechung lehren Kinder viel mehr als Frontalunterricht ohne emotionales Erlebnis. Der Austausch mit anderen bringt uns dazu zu lernen und uns damit auch weiter zu entwickeln. Wichtig ist hier auch ein Austausch unter den Generationen oder zumindest nicht nur mit Gleichaltrigen und Gleichgesinnten, denn ein wissbegieriger Geist, sollte, solange er sich noch formen lässt, so breit wie möglich Wissen angeboten bekommen. Das kann das Internet für Kinder nicht liefern und auch soziale Medien oder Freundschaftsplattformen nicht, das Geschäftsmodell der Internetgiganten steht diesem im Wege. Wir erklären Dir das auch in einem eigenen Kapitel noch einmal genauer.

Wünschst Du Dir also, dass Deine Kinder später einmal im Haushalt, im Garten oder wo auch immer mithelfen, dann lade sie von Anfang ein, bei Dir zu sein, Dich bei der Arbeit zu unterstützen und bringe ihnen durch Vorzeigen, gemeinsam Machen und allein Nachmachen lassen bei, wie Du in diesem Fall die Dinge erledigt haben möchtest. Vom Geschirrspüler ein- oder ausräumen über das Mülltrennen bis hin zum Tomaten pflücken oder Unkraut jäten. Der Trick besteht aus intuitiver Führung und Anleitung. Macht es Deinem Kind Spaß, dann leite es sanft weiter an. Beobachtest Du, dass es, statt den Geschirrspüler einzuräumen, lieber den Tisch decken und abräumen mag oder andere Dinge versucht zu erledigen, dann nimm Dich dieser Hilfestellung an und frage einfach etwas später nach, ob sie nicht vielleicht doch auch bei der anderen Kleinigkeiten mit anfassen möchten. Wie Du das am besten formulierst, beschreiben wir Dir im Kapitel über Kommunikation.

Nicht zuletzt erledigen Kinder gerne Dinge für Erwachsene, zu denen sie ein Näheverhältnis haben. Also Menschen wie die Mutter, die Erzieherin oder auch der Lehrer, bei denen sie sich sicher, geborgen und verstanden fühlen. Dann schreibt man den Aufsatz, auch wenn er keinen Spaß macht, weil man der Frau Lehrerin eine Freude machen möchte oder der kleine Knirps erklimmt die Küchenregale, weil er der Mama helfen möchte, schneller mit dem Haushalt fertig zu sein. Eventuell auch mit dem kleinen Eigennutz, dass sie dann mehr Zeit zum Spielen und zum Kuscheln hat.

Noch kurz ein Wort zur Sprache und weil es immer wieder vorkommt, dass Eltern meinen, sie könnten ihren Sprössling zweisprachig erziehen, obwohl beide Elternteile dieselbe Muttersprache haben. Zweisprachig aufzuwachsen funktioniert nur in Familien mit zweisprachigen Muttersprachlern! Die Kinder beginnen eventuell etwas später zu sprechen, haben dann aber den Wortschatz beider Sprachen vollwertig intus. Dies gelingt nicht, wenn man selbst eine Fremdsprache spricht und der Meinung ist, dem Kind damit etwas Gutes zu tun. Reaktionszeiten sind damit zu langsam und zum Teil auch nicht natürlich. Kinder merken, dass da etwas nicht stimmt.

Zudem ist es beim Thema Sprache wichtig zu wissen, dass Kinder, mit welchen zuhause viel gesprochen wird, mit einem ungleich größeren Wortschatz die Schule beginnen und damit einen Vorteil in der weiteren Bildung haben, als dies bei Kindern beispielsweise aus den unteren sozialen Schichten der Fall ist. Es scheint, als würde in diesen Kreisen allgemein weniger gesprochen. Ganz gleich, zu welcher Schicht oder Klasse, welchem sozialen Bereich Du Dich selbst zuordnest, sprich mit Deinem Kind und Deiner Familie, überlasse das gesprochene Wort nicht dem TV, YouTube oder Netflix! Denkst Du, Dein eigener Wortschatz wäre zu gering, dann fange an, Bücher zu lesen, welche auch immer, es müssen keine Ratgeber sein und auch keine Fachbücher oder Wörterbücher. Versuche vor allem, in ganzen Sätzen zu sprechen. Wir lassen im Alltag leider unsere Sprache sehr verkürzen und auch vereinfachen. Vielleicht macht es Dir ja doch Spaß, beispielsweise in einem Buch über Synonyme zu lesen, um zutreffendere Worte zu finden. Dies kann in Zukunft auch bei der Rückkehr in das Berufsleben ein Vorteil sein. Die deutsche Sprache verfügt über einen Wortreichtum, den wir uns durch die Vereinfachung mit englischen Begriffen nicht nehmen lassen sollten.

Schließlich ist Deutsch immer noch bekannt als die Sprache der Dichter und Denker!

2.1 *Die Bedürfnispyramide nach Maslow*

Während wir als Erwachsene unsere Bedürfnisse zu stillen wissen, diese aber auch unterdrücken oder umdeuten können, was vor allen Dingen aus gesellschaftspolitischen oder marketingtechnischen Gründen geschieht, leben Kinder Bedürfnisse noch voll aus und anhand ihrer Entwicklung kann man die Pyramide auch sehr schön erkennen und in Stufen unterteilen lernen.

Grundbedürfnisse: Essen, Trinken, Schlafen sind instinktiv die Bedürfnisse eines Babys und stellen auch die Basis der körperlichen Gesundheit dar. Durch lautes Schreien kommuniziert Dein Baby mit Dir, um diese Grundstufe der Pyramide erfüllt zu bekommen.

Ebenfalls zu den Grundbedürfnissen, dennoch schon eine Stufe darüber, gehören Schutz und Sicherheit. Für Dein Baby wie auch Deine langsam größer werdenden Kinder sind dies zuerst die Arme der Eltern, dann das Gefühl für die Wohnung und den Schutz der vier Wände. Hier kann sich Dein Sprössling ungestört entdecken und entwickeln, denn er weiß genau, hier ist er sicher, behütet von Dir als Mutter oder Vater oder der gesamten Familie.

Etwa mit dem Entwickeln eines Gefühls für das eigene Selbst starten die

Kulturbedürfnisse: soziale Bindung und Anerkennung, sowie Verständnis fallen hierunter. Dein Nachwuchs besucht die Kita und will dazugehören, baut erste Kontakte und Freundschaften auf, macht auf sich aufmerksam und versucht, Lob für geleistete Hilfen oder erledigte Aufgaben zu sammeln. Zuhause gehört hier auch dazu, dass Du Deinen lieben Kleinen zeigst, dass Bindung und Zusammengehörigkeit ein Geben und ein Nehmen sind. Beziehe sie in die Haushaltsarbeit mit ein, sie können schon kleine Dinge erledigen wie zu helfen, den Tisch zu decken, Müll zu trennen oder eben ihre eigenen Besitztümer aufzuräumen. Lebst Du ihnen diese Dinge vor und lässt sie daran teilhaben, auch wenn vielleicht am Anfang mal etwas schief geht und noch nicht gelingt, dann wirst Du Dir später so manche Diskussion ersparen und Konfliktsituationen erst gar nicht aufkommen lassen.

Mache Dir bewusst, dass durch die neuen sozialen Bindungen aus Kindergarten und später Schule, durch die Suche nach Anerkennung vor allem in stark erscheinenden Gruppen, Dein Kind auch einmal mit Verhaltensmustern oder Worten noch Hause kommen wird, welche Du ganz sicher nicht sehen und hören willst. Nimm dies niemals einfach so hin oder belächle das als eine Phase! Nimm Dein Kind sofort zur Seite und besprich mit ihm, welches Verhalten in Eurer Familie nicht gewollt ist und warum.

Ebenfalls zu den Kulturbedürfnissen, Hand in Hand mit der sozialen Komponente, kommt der Bedarf nach der Wertschätzung. Nicht mehr nur Anerkennung für kleine alltägliche Dinge, sondern das umfassende Gefühl, seelisch und körperlich vollkommen in Ordnung zu sein. Hier kann oftmals Fingerspitzengefühl gefordert sein, zumal, wenn Dein Kind einem gewissen Mobbing ausgesetzt ist, weil es in seiner Entwicklung nicht ganz in den vorgegebenen Rahmen passt, welchen klassische Kindergärten und Schulen immer noch anwenden. Auch wenn immer mehr versucht wird, alle Kinder einer Klasse oder Gruppe auf den kleinsten gemeinsamen Nenner oder Wissenstand zu bringen. Achte auf Anzeichen für Unbehagen oder Unwillen, wenn Dein Kind plötzlich nicht mehr lachend auf dem Weg zur Schule oder in den Kindergarten ist, sondern anhänglicher wird oder gar den Besuch komplett verweigert. Ob nun Lernschwierigkeit oder Langeweile, weil eben aufgrund der Gruppenzusammensetzung zu langsam im Unterricht vorgegangen wird, ob körperliche Defizite wie zu unsportlich oder noch mit dem Babyspeck kämpfend, Verhaltensänderungen Deines Nachwuchses können vielfältige Ursachen haben. Gehe ihnen auf den Grund, sobald Du sie bemerkst, besprich sie und versuche, sie gemeinsam mit Deinem Kind zu lösen.

Luxusbedürfnisse: Gerade das schnellere Lernen oder Anzeichen von Unterforderung in Schule und Kindergarten fallen nahezu schon in diesen Themenbereich, welcher vor allem daraus besteht, dass man nach Anregungen sucht, Leistungen beweisen und letztendlich sich selbst verwirklichen will. Diese Bedürfnisse werden etwa ab dem 10. bis 12. Lebensjahr verstärkt auftauchen und finden ihren Höhepunkt in der Pubertät. Stimmt die Basis für Deine Kinder, so werden sie nun nach dem Luxus der freien Gestaltung ihrer Zeit, ihrer Zukunft, ihrer sozialen Kontakte, etc. streben. Unterstütze sie dabei, aber lenke nach wie vor aus dem Hintergrund mit sanfter Hand, indem Du Gespräch und Nähe nach wie vor anbietest.
Bei gravierenden Änderungen im Leben der Familie, sei es eine Änderung der Konstellation durch Scheidung oder neuen Partner, durch Umzug oder Unglück, können vor allem die Grundbedürfnisse Schutz und Sicherheit ins Wanken kommen und zu einer auffälligen Verhaltensänderung Deiner Lieben führen. Mache Dir bewusst, dass die Situation, so schwierig oder einfach sie sich auch für Dich gestaltet, enormen Einfluss auf das Leben Deiner Kinder hat und lasse sie durchaus an dem Prozess und der Entwicklung teilhaben. Versuche, nicht so sehr vor dem Problem an sich zu schützen, sondern arbeite mit ihnen gemeinsam an einer Lösung, vor allem, wenn es um geänderte Familienzusammensetzung geht.

2.2 Die Bedürfnisse der Eltern, allen voran des betreuenden Elternteils

Wenn wir über Bedürfnisse schreiben, dann darf an dieser Stelle nicht unerwähnt bleiben, dass selbstverständlich auch Mütter, Väter, eigentlich alle erziehenden und helfenden Familienmitglieder auch eigene Bedürfnisse haben! Lass es uns hier anhand einer Mutter erklären und setze für Dich selbst, ob Du nun der Vater bist oder die große Schwester, die Oma oder die Tante, Deine ureigensten Interessen ein.

Nur, wenn es Dir gut geht, kannst Du dafür Sorge tragen, dass es auch Deinem Baby, Deinem Kleinkind oder Teenager, Deiner gesamten Familie gut geht. Wenn Du selbst ständig gestresst und unentspannt bist, kannst Du keinen lächelnden und fröhlich vor sich hin strampelnden Säugling erwarten. Du wirst dann eher in einer weiteren Stressspirale landen, weil Du Deine Anspannung auf Dein Kind überträgst, ob Du nun willst oder nicht, und damit ein unruhig, quengeliges Baby zu versorgen haben.

Der Tipp, in schwierigen Situationen erst einmal tief durchzuatmen, bis 10 zu zählen oder einen Kaffee zu trinken, wirkt auch in der Erziehung manchmal Wunder. Trotz all unserer Hinweise für Dich, auf die Bedürfnisse Deines Kindes, Deiner Kinder zu achten und Deine Intuition miteinzubeziehen, funktioniert dies doch nur, wenn Du Deine Intuition auch spüren kannst. Wenn Du auf Dein Bauchgefühl hören kannst. Bist Du gestresst oder genervt, dann wirst Du nicht intuitiv reagieren können. Dann kann Dein kleiner Quälgeist auch einmal eine, später zwei, fünf oder mehr Minuten mit sich selbst zu Rande kommen und Du nimmst Dir die Zeit, Dich zu sammeln, zu Dir selbst zu finden und eine angemessene Reaktion aus Deiner Eingebung zu holen.

Die Zeiten, wo Kinder, auch Babys, ruhig lange laut schreien, ja brüllen sollen, damit sich ihre Lungen entwickeln, sind zwar vorbei und vor allem die Nützlichkeit auch wissenschaftlich widerlegt. Bevor Du Dein Kind aber anschreist oder negativ und mit Strafe reagierst, ist es für alle Beteiligten besser, Du ziehst Dich erst einmal zurück. Tief durchzuatmen kann den Puls wieder runterbringen, Deine Denkfähigkeit wiedereinsetzen lassen und womöglich auch Dich erkennen lassen, dass das kleine Malheur oder die Quengelei nicht gegen Dich gerichtet ist, sondern einfach passiert ist oder einem Bedürfnis Deines Lieblings entspringt.

Bemerkst Du Stress an Dir, so nimm Dir die Zeit, zu analysieren, woran er liegen kann. Suche Dir Hilfe, um die Betreuung Deines Babys oder Kindes kurzfristig zu organisieren und nimm Dir eine Stunde, um zu überlegen, warum Du überreizt reagierst. Lasse dazu am besten Smartphone und andere Ablenkungen weg. Gehe raus in die Natur oder zumindest eine Runde um den Block. Bist Du dreifach belastet mit Familie, Job und Haushalt? Wann reagierst Du überreizt? Hast Du qualitativ hochwertige Zeit für Dein Kind, Deine Familie und wenn nicht, wie kannst Du sie organisieren? Qualität geht immer noch vor Quantität und Dein Liebling kann gerne auf Dich für ein paar Stunden des Tages verzichten, wenn er oder sie weiß, dass Du wiederkommst und dann aber nur für sie oder ihn da bist und Dich darauf konzentrieren kannst. Ist Dein Kind zwar ständig um Dich, Du aber gedanklich woanders und mit einer Hand ständig am Smartphone, dann ist dies keine qualitativ hochwertige Zeit. Wie wir Dir im Kapitel Kommunikation noch ausführlich schildern werden, beruht eine gelungene Kommunikation in einer gelungenen Beziehung, damit die Erziehung irgendwann auch als gelungen betrachtet werden kann, darauf, dass sie störungsfrei, konzentriert und aufmerksam abläuft. Glotzt und wischt jeder nur auf der glatten Oberfläche seines Lieblingsendgerätes herum, könnt ihr Euch die Kommunikation auch sparen. Nebenher gesagte Sätze kommen nicht an! Womit wir auch gleich wieder bei der Vorbildwirkung sind. Sieht Dein Kind, dass Du nach einem kleinen Missgeschick seinerseits erst einmal tief Luft holst und die Sache kurz überdenkst, wird er oder sie selbst anfangen zu reflektieren und Dein Verhalten zu übernehmen. Damit sind eine ruhige Erklärung und danach das Üben der danebengegangenen Handlung beispielsweise möglich. Den Klassiker der hundertmal verschütteten Milch können wir gerne in diesem Zusammenhang anführen.

Sorge für Freiräume für Dich und Deine Interessen. Organisiere den Babysitter innerhalb der Familie oder Deines Freundeskreises, um Deinen lieb gewonnenen Tätigkeiten, Hobbies oder dem Sport auch weiterhin nachgehen zu können und so der ruhige, gelassene und intuitive Mensch zu sein, den Dein Nachwuchs braucht, um sich genauso zu entwickeln, wie Du es Dir wünschst für ihn. Bist Du alleinerziehend und hast keine Familie zur Unterstützung greifbar, dann suche Dir Hilfe auch über die Kita. Oft genug gibt es dort andere Mütter mit ähnlichen Sorgen. Entweder könnt Ihr Euch gegenseitig helfen, die Kinder zu betreuen, damit Ihr eben auch einmal Freizeit habt, oder Ihr findet womöglich Wege, um gemeinsam mit den Kindern abzuschalten. Gehe dafür offen durch die Welt, durch Deine nähere Umgebung und scheue Dich nicht, um Hilfe zu fragen. Nur wer Fragen stellt, kann auch Antwort und Hilfe bekommen!

3. DIE GESCHICHTE DER KINDHEIT

Gerade wenn Großeltern oder andere Verwandte bei der Versorgung und Erziehung der Kindern helfen, kann es sinnvoll sein, sich nicht nur mit den verschiedenen Erziehungsstilen auseinanderzusetzen, sondern sich auch ein wenig vor Augen zu führen, wie deren Kindheit ausgesehen hat. Natürlich ist jede Erinnerung individuell und gerade Omas und Opas erzählen den Enkeln gerne aus ihrer eigenen Jugend, dennoch hier ein paar Worte über die Möglichkeiten und Ansichten der letzten Generationen.

3.1 *Die Kindheit in den 1950er Jahren*

Verklärt durch die vergangene Zeit erzählen Großeltern heute gerne von ihrer glücklichen und freien Kinderzeit in den 1950er Jahren. Tatsächlich gab es insgesamt weniger Regeln und Vorschriften, an die man sich halten musste. Autos hatten noch keine Sicherheitsgurte und Airbags waren noch lange nicht erfunden. TV-Geräte gab es, wenn, dann in schwarz-weiß im Wohnzimmer und wurden meist nur für die Nachrichten angestellt, und Schokolade war ein Geschenk zu besonderen Anlässen. Omas und Opas erzählen, wie sie im Wald und auf der Wiese, auch im Hinterhof oder auf der Straße gespielt haben, wie ihre Fantasie sie zu immer neuen Erlebnissen und Abenteuern gebracht hat und sie gar nicht verstehen können, warum die Kinder heute nurmehr vor einem Screen sitzen und sich beschäftigen können. Baumhäuser und Seifenkisten gibt es kaum mehr, stehen in Museen oder sind heute für Spielplätze hoch abgesichert designt.
Die sogenannte Nachkriegsgeneration blieb während ihrer Freizeit nahezu unbeaufsichtigt und die Eltern wussten meist auch nicht, wo genau die Kinder gerade waren. Handyüberwachung war noch eine ferne Zukunft und Mobbing wurde durch Prügeleien schnell geklärt. Geprügelt haben sich aber nicht nur die Kinder untereinander. Prügelstrafen waren gang und gäbe, zuhause ebenso wie in der Schule. Dort gab es Regeln, an die man sich als Kind zu halten hatte und Punkt! Übertretungen wurden sofort und schwer geahndet und kaum einer hat sich Gedanken darüber gemacht, was dies in einer Kinderseele angerichtet haben könnte. Oft gehen ältere Erwachsene noch heute mit einem Schulterzucken darüber hinweg und meinen, die Schläge hätten ihnen nicht geschadet. Drakonische Strafen rührten nicht zuletzt auch aus dem Soldatenleben so mancher Lehrer und Väter her. Schulerziehung glich nicht selten eher einem Kasernenhof und in der Ecke stand man bei Fehlverhalten schon im Kindergarten.
Verantwortung mussten Kinder zu dieser Zeit früher übernehmen. Sei es tatkräftige Mithilfe im Haushalt, das Beaufsichtigen der kleinen Geschwister oder die Mitarbeit auf dem Bauernhof. Es war in so manchen Gegenden

Zentraleuropas nach wie vor eine entbehrungsreiche Zeit, denn das Wirtschaftswachstum und die Wunder der Neuzeit waren erst im Anfang begriffen, Technik noch überschaubar in den Haushalten vorhanden. Talente gingen sicherlich verloren, weil man sie weder erkannt noch entsprechend gefördert hat, eventuell in reicheren Bürgerfamilien wurden Mitgliedschaften in Sportklubs abgeschlossen oder das Spielen eines Musikinstrumentes erlaubt. In ärmeren oder Mittelstandsfamilien war dafür gar keine Zeit und nicht selten wurde eine Schulausbildung zugunsten eines Arbeitsplatzes und der Möglichkeit des Geldverdienens abgebrochen.

Eines gab es jedenfalls nicht: dicke und wohlstandsverwahrloste Kinder – eher waren noch die einen oder anderen Mangelerscheinungen unterwegs. Ärzte wurden ebenfalls eher spärlich konsultiert und hauptsächlich mit Hausmitteln und einem „wird schon nicht so schlimm sein" kuriert. Für Kinder der heutigen Zeit ist eine Jugend wie damals kaum vorstellbar!

3.2 Die Kindheit in den 1970er Jahren

Die wilden Siebziger Jahre waren ebenfalls ein Paradies von Freiheit für die heranwachsende Generation. Nach wie vor konnten Eltern die Kinder in der Freizeit nicht überwachen und das Nachhausekommen vom Spielplatz oder ähnlichem wurde einfach per Uhrzeit oder Sonnenstand bestimmt. Telefon gab es, wenn, dann ein einziges mit viel Schnur je Haushalt und Fernseher in mehreren Zimmern waren immer noch abhängig von Einkünften und sozialem Status der Familie. Fahrrad oder Rollschuh fahren lernte man auf der Straße und auf Schutzausrüstung wurde weitestgehend verzichtet, denn die Vorschriften dafür gab es noch nicht. Bei langen Autofahrten in den Urlaub turnten die Kids nicht selten auf der Rückbank herum und die Eltern rauchten nach wie vor leidenschaftlich bei heruntergekurbeltem Fenster.

Mit dem Einsetzen eines gewissen Wohlstandes, der sich in den 1970er Jahren so richtig etablierte, begannen auch erste Psychologen und Psychiater, sich mit Kindererziehung intensiver auseinanderzusetzen. Prügelstrafen in Schulen wurden verboten, die „gesunde Watschen" grassierte allerdings immer noch in vielen Haushalten, denn die jungen Eltern kannten es gar nicht anders. Kinder hatten sich zu benehmen, schon allein, weil die Großeltern anderes Verhalten nicht verstanden hätten.

Mit der 68er-Bewegung kam eine gravierende Richtungsänderung in die bürgerlichen Erziehungsmethoden und „antiautoritär" war das Schlagwort des Jahrzehnts. Laissez-faire hat diesen Stil dann noch einmal getoppt und die Rebellion von Kindern aus nach wie vor autoritären Haushalten nahm kaum ein Ende. Der Zeitgeist, die Mode und auch die Musik haben die geänderten Lebensumstände gespiegelt. Schrill und laut zogen sie sich bis in die 1980er Jahre und wurden auch zum Markenzeichen von Feministinnen und

Homosexuellen-Gruppen, welche damals noch intensiv um Anerkennung fochten!

Auch der Speisezettel hat sich in diesem Jahrzehnt gravierend verändert und die ersten Küchenmaschinen fanden Einzug in den Alltag, was auch Auswirkungen auf die Verantwortung und Mithilfe der Kinder hatte. Süßigkeiten konnte man sich nun täglich leisten, Taschengeld gehörte zur Erziehung dazu und trotz Twiggy in den 1960er Jahren rannten in den 70ern und 80ern die ersten Teenager noch mit dem sogenannten Babyspeck durch die Lande. Durch die verstärkte Arbeitsquote von Frauen wurde der Begriff der „Schlüsselkinder" geprägt und Essen kam aus Tüten und Dosen. Aufgeklärt wurde die Jugend damals von Bravo und Co, an die Eltern wurden diesbezüglich kaum Fragen gestellt und die Sexualität entdeckte man gemeinsam mit Freunden, im Ferienlager oder spätestens in kommunenhaften Strukturen in den Studentenwohnheimen.

3.3 Die Kindheit in den 1990er Jahren

Gameboy, Fahrradhelm und Knieschützer, der Beginn einer gänzlich anderen Kindheit und Jugend, so könnte man die 1990er Jahre im Vergleich zu vorher kurz beschreiben! Halloween und McDonalds wurden fix in unserer Gesellschaft etabliert und sind Bestandteil unserer Kultur und Erziehung geworden. Sicherheitsgedanken bestimmten nach und nach den Alltag der Eltern und so manches Kind wurde überbehütet, übergefördert oder schlicht in Watte gepackt und den halben Tag von A nach B gefahren.

Technik hielt mehr und mehr Einzug in die Kinderzimmer und die Carrera-Autobahn oder das Barbie-Haus mussten Platz machen für den eigenen Computer und die ersten Spiele und Spielekonsolen. Handys kamen auf und übervorsichtige Eltern drückten diese schon 6jährigen in die Hand, um sie auch tatsächlich laufend erreichen zu können. Spielplätze wurden mehr und mehr mit Sicherheitsregeln bedacht und Stubenhocker waren gang und gäbe, was auch unschwer an den seit damals explodierenden Zahlen adipöser Kinder festgemacht werden kann. Süßigkeiten und Snacks mit sogenannten gesunden und gesundheitsfördernden Inhaltsstoffen wurden ohne einen Blick auf die tatsächliche Zutatenliste in Schulranzen gepackt und dafür die Schokolade zuhause rationiert. Taschengeld wurde ausgegeben und nicht mehr in das Sparschwein gesteckt, beide Elternteile gingen einem Beruf nach und die ersten Babys fanden sich in Krabbelstuben ein.

Internetsicherungen gab es noch nicht und der Fernseher wurde nicht selten dazu benutzt, um die Kinder für eine gewisse Zeit ruhig zu stellen. Pädagogisch wertvolle und dem Kinderalter angepasste Sendungen wurden gespielt und noch heute rätseln Eltern, ob die Teletubbies damals tatsächlich gut für die Sprachgewandtheit ihrer Kinder waren. Anstelle von Walkmen wünschten sich die Kinder eine X-Box, einen MP3-Player und Großeltern waren kaum mehr in der Lage, zu verstehen, wovon die Kinder eigentlich auf ihren Wunschlisten reden. Harry Potter hat für etwas Magie in der Welt der Kinder gesorgt und aus dem antiautoritären Erziehungsstil wurde nach und nach ein demokratischer oder freundschaftlicher. Erziehungsratgeber zuhauf erblickten das Licht der Welt und Pädagogen von der Kita bis zur Oberstufe bildeten sich in Erziehungsfragen weiter, denn diese wurde zum Teil dahin ausgelagert! „Kinder an die Macht" von Herbert Grönemeyer symbolisiert wie kaum etwas das neue Mitspracherecht der Jugend bei der Planung von Tagesablauf, Urlaub oder Ausflügen. Statt Taschengeld kamen Bankomatkarten und eigene Konten für Jugendliche, was nicht nur zu einem Anstieg von Schulden in privaten Haushalten, sondern auch zu ganz eigenen Beratungsstellen für spielsüchtige Kinder führte.

Wald, Wiese und Garten hatten als Spielplatz ausgedient und Baumhäuser der Elterngenerationen wurden aufgrund mangelnden Interesses nicht mehr vererbt, gab es doch Computerspiele, in welchen man ganze Häuser, Dörfer oder Städte kreieren konnte. Allerdings mussten auch Jugendschutzbestimmungen für manche Actionspiele verschärft werden und erste Zweifel am Sinn von Computerspielen kamen mit Beginn des neuen Jahrtausends auf.

3.4 Die Kindheit heute

Sieht man sich die Anzahl von Ratgebern wie unseren an, welche sich mit dem Thema Kindererziehung befassen, dann könnte man den Eindruck bekommen, es war noch nie so schwierig Eltern, aber auch Kind zu sein! Tatsache ist, dass die heutige Generation von Kindern kaum etwas mit den vorangegangenen gemein hat und erschreckende Zahlen und Statistiken führen junge Eltern dazu, sich anstatt auf ihr Bauchgefühl lieber auf wissenschaftliche Forschungen zu verlassen.

Was also sind die großen Unterschiede, selbst zur Generation kurz vor oder rund um die Jahrtausendwende? Spricht man heute mit einem Angestellten aus dem Bereich Marketing und Werbung, dann wird man erfahren, dass Informationen so kurz wie möglich sein müssen und am besten in Bildern ausgedrückt werden. Aufgrund der Reizüberflutung durch das ständige Online-sein und die beständige Berieselung mit Nachrichten, Werbebotschaften und Unterhaltung ist die Aufmerksamkeitsspanne extrem gesunken und nur mehr sogenannte „starke" Bilder bleiben länger in den Köpfen der Konsumenten hängen. Selbst in die Firmenkommunikation haben sich heute Emoticons eingeschlichen und sind fast schon zulässig. Kein Wunder also, dass Kinder heute in frühester Jugend via Kurzschrift, Smileys und Abkürzungen aus der englischen Sprache kommunizieren können, aber bei Deutschaufsätzen versagen und das 10-Finger-System auf der Tastatur nicht mehr beherrschen. Rechenaufgaben übernimmt nurmehr der Computer und es hapert schon beim kleinen Einmaleins! Sprachbilder verschwinden zunehmend und werden durch ursprünglich englische, eingedeutschte Begriffe ersetzt, welche in ihrer Ursprungsbedeutung kaum mehr verstanden werden. Der Schulsport wurde eingestampft und Bildung an den meisten Schulen nach dem schwächsten Schüler ausgerichtet. Förderung muss quasi privat stattfinden und bleibt mehr und mehr den sozial und finanziell höhergestellten Familien vorbehalten. Privatschulen verzeichnen übermäßige Anfragen und die Ergebnisse bei Schul- und Bildungsvergleichen im öffentlichen Raum rutschen mehr und mehr auf das Niveau der Dritten Welt.

Es ist ein Balanceakt zwischen leistungsorientierter sowie schnelllebiger globalisierter Welt und einfühlsamer Führung, welchem sich Eltern heute ausgesetzt sehen. Selbstverständlich wollen wir unseren Kindern nur das Beste angedeihen lassen und ihnen einen positiven Start in ein gutsituiertes, selbstbestimmtes Leben ermöglichen, wie aber mit den Herausforderungen der Zeit umgehen, wenn sich das Wissen und die Technik alle 5 Jahre verdoppeln und man als Elternteil schon gefordert ist, den Anschluss nicht zu verlieren. Wie das lebenslange Lernen beibringen und die Kombination mit Sport oder Bewegung, wenn wir größtenteils in Betonwüsten wohnen und Natur nur aus dem Urlaub kennen? Niemals zuvor war man als Kind allein draußen so gefährdet wie heute und selbst drinnen am PC ist äußerste Vorsicht geboten. Kein Wunder, dass mehr und mehr Therapeuten sich dem Thema Familie und Kommunikation widmen und immer mehr Beratungsstellen wie Pilze aus dem Boden schießen. Demokratische Erziehung, freundschaftliche Beziehung zu den lieben Kleinen schön und gut, aber Führung und Regeln müssen auch in unserer internationalen Informationswelt aufgestellt werden, um der Überreizung nur zweier Sinne zu begegnen!

Bevor wir uns in den folgenden Kapiteln gemeinsam der Herausforderung stellen, einen Menschen zu formen aus Deinem süßen Baby, welcher in dieser rasch sich wandelnden globalisierten Zukunft selbstbestimmt und glücklich leben kann, werden wir noch kurz auf die aktuellen Erziehungsstile, alte und neue Familienstrukturen sowie gesellschaftspolitische Entwicklungen eingehen.

4. DIE GESCHICHTE DER ERZIEHUNGSPÄDAGOGIK

Die ersten detaillierten Aufzeichnungen zur Erziehung finden sich, wie so vieles, im antiken Griechenland. Während Sparta vor allem für seine Knabengymnasien bekannt war, hatte Athen auch philosophische und politische Richtungen in Erziehung und Bildung. Unsere Einteilung in Altersklassen vom Kindergarten bis zum Studium beruhen noch heute auf Platons Schule. In hellenistischer Zeit wurde Bildung für alle freien Menschen großgeschrieben und auch Sport, Kameradschaft und Philosophie wurden neben Mathematik und Sprache gefördert!

Weite Teile des griechischen Systems wurden auch in den Bildungsaufbau im Römischen Reich übernommen. Hochschulen befassten sich mit Philosophie, Redekunst und Mathematik. Kinder ab 7 Jahren wurden in Gemeindeschulen unterrichtet, soweit sie nicht adeliger Herkunft oder Sklaven waren. Dennoch wurde auch Sklaven in Griechenland sowie im Römischen Reich Bildung zugestanden!

Im Zuge der Christianisierung ging dann wesentliches Wissen verloren oder wurde von der Kirche unterdrückt. Bildung war fortan nicht mehr allgemein zugänglich und die Erziehung blieb in erster Linie der Familie überlassen, was zu dieser Zeit mit Mitarbeit und Bibelgeschichten aufsagen gleichzusetzen war. Höhere Töchter und Söhne, allen voran Adel und Klerus (ja auch diese hatten eine Kinderschar) wurden in Klöstern oder von Privatgelehrten unterrichtet. Nur ein geringer Prozentsatz der Bevölkerung beherrschte Schrift und Mathematik. Erst langsam entdeckte man die Kindheit als eigenen Lebensabschnitt wieder und es dauerte bis in das späte Mittelalter, dass Kinder, dann vor allem aus dem Bürgertum, wieder Erziehung und Bildung bekamen. Ländliche Regionen sahen in der Kindheit noch länger eine kleinere Erwachsenenversion, welche einfach leichtere Arbeit zu tragen hatte.

Erst mit der Renaissance und der beginnenden Neuzeit kam Bewegung in die Sache. Erfindungen sowie geographische Entdeckungen führten zu einem wiedererwachenden Bewusstsein für Altersabschnitte und Lebenseinstellungen. Bildung wurde aber nach wie vor durch Klöster und religiöse Gemeinschaften vermittelt. Es sollte bis Martin Luther dauern, bis die Forderung nach einer allgemeinen Bildung und einem Schulwesen samt Erziehung wiederaufkamen. Griechische Vorbilder wurden aufgegriffen, aber die ständige Kriegszeit auf dem Kontinent machte ein breites Bildungsangebot, vor allem während der Gegenreformation, nahezu unmöglich. Erst im 17. Jahrhundert erhoben erste Fürstentümer den Schulbesuch zur Pflicht und öffneten mit dem Schulwesen auch die Wege in Forschung, Wissenschaft und Philosophie. Erste Werke über Kindheit und

Kindererziehung blieben also hauptsächlich Philosophen überlassen und diese ersten Ansätze finden sich noch heute in manchen Stilen.

Die Aufklärung brachte uns mit Rousseaus „Emile" dann das erste Werk über selbstbestimmte Kindheit und den Einfluss von Erziehung auf die Entwicklung eines Menschen zu einem wertschöpfenden, aber kreativen Wesen. Das aufkommende Industriezeitalter hätte Schulen aufgrund von Armut in den wachsenden Städten beinahe wieder zu Fall gebracht. Philosophisch und forschend ging es danach allerdings Schlag auf Schlag und mit Beginn des 19. Jahrhunderts wurde Bildung nicht mehr nur den Kirchen, sondern auch ausgebildeten Lehrern überlassen. Nun begann auch die Zeit der Erziehungsstile, denn Kinder als eigenes, Ich-bezogenes Wesen flossen in die Betrachtungen mit ein. Montessori und Waldorf nahmen ihren Anfang als reformierte Pädagogik, welche von streng erzieherischen, rein auf Arbeit abgestimmten Lehrplänen auch Individualität, Talent und Kreativität förderten. Die Weltwirtschaftskrise und der Zeitraum des Zweiten Weltkrieges führten zurück zur Urzelle von Bildung und Erziehung, der Familie, welche vor allem von den Nationalsozialisten gefördert wurden. Der Krieg und das Soldatentum ließen nur eine autoritäre Erziehung zu, das Maß von Recht und Ordnung wurde auch über das Kindsein gestellt.

Es sollte bis in die 50er und 60er Jahre dauern, dass alternative Stile auch anhand von Rudolf Steiner oder Maria Montessori wieder Einzug in die Gesellschaft fanden. Wurden noch in den 1950er Jahren Arbeiter erzogen, so wandelte sich das Bild auch durch die Erziehungsstile hin zu Talenten, Kreativen und lebenslang Lernenden sowie flexiblen Fähigkeiten. Womit wir wieder bei einem MUSS in der heutigen digitalen Welt angekommen sind. Um sich darin zu behaupten, müssen Deine Kinder selbstbestimmt, aber offen für Änderungen und Neuerungen sein, um einen sozialen Status und Sicherheit in ihrem Leben zu erlangen.

4.1 *Die unterschiedlichen Erziehungsstile*

Es gibt keinen allgemeinen, besten Erziehungsstil, denn niemand, der sich damit beschäftigt, kann ganz individuell auf Dich, Deine Werte, Bedürfnisse und Dein Umfeld eingehen. Du kannst Dir auch keinen Erziehungsstil aneignen, nur weil der gut für Dein Kind sein soll! Du musst den Grundgedanken eines Stiles selbst leben, um ihn auch erfolgreich umsetzen zu können. Instinkt, Bauchgefühl oder Intuition, Eltern wissen sehr gut, was ihre Kinder brauchen. Die Frage ist, kann und will man es ihnen auch ermöglichen und in welchem sozial-gesellschaftlichen Bereich bewege ich mich als Elternteil und damit Erzieher?

Um Dir einen kleinen Überblick zu geben, sind hier die aktuell am meisten anerkannten und auch diskutierten Möglichkeiten aufgeführt, Deinem Kind sowohl Sicherheit und Liebe als auch Struktur und einen optimalen Start ins

Leben zu geben. Kombiniere Ansichten und Methoden so, dass Du, Dein Partner und Dein Kind sich wohlfühlen.

4.1.1 „Helikopter"- und „Schneepflug"-Eltern

Beide meinen es sicherlich gut mit ihren Kindern, aber während die einen ihr Leben komplett auf das Kind zentrieren und nicht von der Überwachung und Überbehütung lassen können, vermindern sie die Möglichkeit der freien Entfaltung und auch des Lernens aus auftretenden Misserfolgen. Misserfolgen wollen auch die anderen ihren Kindern nicht aussetzen, um sie vor schlechten Erfahrungen in der Kindheit und Jugend zu beschützen, darum räumen sie wie ein Schneepflug zwar alle Hindernisse aus dem Weg, aber geben ebenfalls ihrem Kind nicht genügend Raum, um die Welt kennenzulernen und sich selbst zu orientieren.

Sicher ist es gut, wenn die Eltern beschützend zur Seite stehen, aber Du darfst Deine Kinder dennoch nicht in Watte packen. Auch Schrammen gehören zum Leben.

4.1.2 Demokratischer Erziehungsstil

Wie der Name schon vorgibt, sind alle beteiligten Personen gleichberechtigt und Entscheidungen und Konsequenzen werden in langen Gesprächsrunden diskutiert. Wenn Du nicht bereit bist, Zeit in diese Gespräche und oftmals intensiven Diskussionen zu investieren, so nimm Dir zwar die Gleichberechtigung zu Herzen, also die Anerkennung der eigenen Persönlichkeit Deines Kindes, aber führe mit strikterer Hand. Dies bedeutet nicht, autoritär zu werden, sondern einfach Regeln samt Konsequenzen bei Übertretung vorzugeben. Um die Erklärung dieser kommst Du allerdings nicht herum und mit fortschreitendem Alter können auch daraus lange und intensive Gespräche werden.

Der Vorteil dieses Stiles ist sicherlich die Teamfähigkeit, da bei einem gemeinsamen Familienbeschluss jeder einmal etwas auf der Strecke bleiben kann, aber doch seine Argumente anerkannt findet. Durch die vielen Diskussionen werden Sprache und Ausdruck wie auch Körpersignale und Empathie gefördert, was in einer sich rasant ändernden Welt bedeutet, sich schneller auf neue Gegebenheiten einstellen zu können. Eine klare Sprache gegenüber Deinen Kindern solltest Du ohnehin immer verwenden und ihren Tatendrang unterstützen, solange er noch von ganz allein gezeigt wird! Noch einen Schritt weiter geht der egalitäre Erziehungsstil.

4.1.3 Egalitäre Erziehungsstil

Es gibt keinerlei hierarchische Struktur und die Kinder dürfen viele Dinge auch allein für sich entscheiden. Eigeninitiative und Selbstständigkeit werden dadurch aktiv gefördert und auch ein Scheitern ist möglich. Hier ist dann einfach der sichere und liebende Hafen der Eltern gefragt, welcher natürlich auch in dieser Stilrichtung notwendig ist. Nachteilig auswirken kann sich hier, dass Dein Kind von klein auf alles und jedes in Frage stellt und bis ins kleinste Detail ausdiskutieren möchte. Eine Mehrheitsabstimmung muss zuvor festgelegt werden, damit auch keine Missverständnisse entstehen können. Konsequenzen oder Ergebnisse von Handlungen und Planungen müssen genau erklärt werden, wenn die Kinder mitbestimmen sollen!

4.1.4 *Antiautoritärer Erziehungsstil*

Dies ist sozusagen der Überbau über allen liberaleren Methoden, seine Kinder großzuziehen, ohne autoritär oder gar autokratisch aufzutreten. Leider wurde dieser Erziehungsstil von so manchen Eltern falsch verstanden und sie setzten gar keine Grenzen mehr. Antiautoritär bedeutet zwar das Gegenteil von autoritär, hat aber dennoch in bestimmten Verhaltensmustern seine Grenzen. Selbstbestimmung und Eigeninitiative sowie eigene Erfahrungen sollen dadurch gefördert werden, aber narzisstische Flegel außer Haus zu lassen, ist nicht das Ziel dieser Erziehung.
Regeln werden mit sanfter Hand und Grenzen mit viel Erklärung gezogen. Konsequenzen werden diskutiert und das Kind wird angehalten, Entscheidungen selbständig zu treffen unter dem Schutz des Familienverbandes. Das Sicherheitsnetz aus Liebe und Familie ist immer in greifbarer Nähe.
Dies ist der große Unterschied zu den sogenannten *Laissez-Faire-Prinzipien*, in welchen Kinder meist sich selbst überlassen werden und sich fast ausschließlich an ihrem weiteren Umfeld orientieren müssen. Ohne Regeln und Grenzen zeigt die Erfahrung wenig Konflikt- und Teamfähigkeit der Jugendlichen und späteren Erwachsenen. Egoistische Persönlichkeiten mit einem Hang zu gefährlichen Experimenten, allen voran Drogen und Alkohol, aufgrund einer fehlenden, lenkenden Hand sind nicht selten das Ergebnis. Psychologen und Therapeuten können ganze Bücher mit diesen Kindern füllen, ebenso wie die Sofas in ihren Praxen sich mit den Familien füllen, welche einen Helikopter-Stil angewandt haben.

Unser Fazit:
Setzt Du Deinen Kindern keine Grenzen und erklärst ihnen keine Regeln, werden sie sich später auch im Leben nur schwer an Vorschriften und Gesetze anpassen können. Regelwerke innerhalb der Familie sind allerdings auch keine Dogmen und können immer wieder neu angepasst werden auf die

gegebenen Situationen. Du willst ja auch keine Duckmäuser großziehen. Höre auf Deine Intuition und nimm Deine Beobachtung zu Hilfe.

4.2 *Die unterschiedlichen Familienstrukturen*

Familien haben sich im Wandel der Zeit von früheren Mehr-Generationen-Haushalten zu den verschiedensten heutigen Konstellationen entwickelt. Sei es, weil Eltern heute nicht mehr unbedingt heiraten und damit Rechte und Pflichten gegenüber Behörden, wie auch Schulen Probleme verursachen können, bis hin zu Patchwork-Ansammlungen mehrerer Menschen aus den unterschiedlichsten sozialen Schichten und verschiedensten Verwandtschaftsverhältnissen. Gleichgeschlechtliche Paare, welche über Adoption oder Samenspenden ihren Kinderwunsch erfüllt bekommen.

Mutter, Vater und Kind unter der Beteiligung von Großeltern und Geschwistern ist vor allem in den Ballungszentren der Städte Geschichte. Mütter mit Kindern von mehreren unterschiedlichen Vätern sind ebenso wenig eine Seltenheit wie homosexuelle Paare mit eigenen oder adoptierten Kindern und Haushalte, welche aus zwei geschiedenen Ehen neu zusammengeführt werden. Läge es nur an den beiden Hauptbezugspersonen, gleich ob Vater und Mutter oder zwei Mütter oder wie auch immer, so wäre der Balanceakt eines harmonischen Familienlebens in Zeiten der digitalen Vernetzung ohnehin schon groß genug. Vielerorts erziehen aber die Väter und Mütter, welche nicht im gemeinsamen Haushalt leben, auch noch mit und hier sind Gewitter oftmals vorprogrammiert. Ein Wochenendvater oder eine Teilzeitmutter erlauben gerne Dinge, welche im angestammten Heim längerer Diskussionen bedürfen und nicht selten nutzen Kinder die Gelegenheit, die verfeindeten Eltern gegeneinander auszuspielen!

So verletzend eine Trennung auch sein kann und so sehr man selbst darunter leidet, zum Kindeswohl trägt ein Fundament aus Respekt und Absprachen existentiell bei. Animositäten unter Erwachsenen liefern ein Vorbild, welches sicherlich keiner geben möchte und sollte unbedingt, je nach Alter der Kinder, auch in gemeinsamen Gesprächen thematisiert werden.

Für Familienkonstellationen außerhalb der nach wie vor anerkannten Form, vor allem auf dem Land und in kleineren Dörfern, müssen Gespräche nicht nur mit dem Kind, sondern möglicherweise auch mit Kindergarten und Schule geführt werden. Es kann nach wie vor eigenartig erscheinen, wenn jemand 2 Mamis hat anstelle von einer und dafür noch einen Papi. Auch wenn das liebevolle Heim für das Kind das Wichtigste ist, solltest Du hier auf eventuelle, immer noch bestehende Ressentiments offen zugehen. Für Deine Kleinen mag es ganz natürlich sein, in einer eher noch ungewöhnlichen Konstellation aufzuwachsen, aber für andere Kinder kann dies von spannend bis unnatürlich alles sein, je nachdem, was diese zu diesem Thema zuhause hören oder auch unbeabsichtigt belauschen können!

Trennungen und Streits auch unter Erwachsenen gehören zum Leben. Beziehe Deine Kinder von Anfang an mit ein und erkläre in verständlichen Worten, dass Liebe auch einmal zerbrechen kann und Du dadurch einen Neuanfang starten wirst. Kindern sind Trennungen oftmals lieber als jahrelange Streits oder Funkstille zwischen den Eltern! Dennoch kann man in Kindergärten immer noch das „Heile Welt"-Spiel unter Kindern beobachten und auch, wie Kinder aus neuen Familien-Konstrukten diese interessiert verfolgen. Der stabile Rahmen muss gegeben sein und auf die Verarbeitung der Trennung viel Zeit verwandt werden, von beiden Seiten.

Ob nun klassisches Familienbild, Regenbogenfamilie, Alleinerzieher oder Pflegefamilie, für die Kinder gilt in jedem Haushalt und in jeder Konstellation, dass Sicherheit und Liebe an erster Stelle stehen müssen. Diese Basiskomponenten, gepaart mit einer gesunden Gesprächskultur zu den heranwachsenden Kleinen sind ausschlaggebend für deren Entwicklung. Ob daran nun 2 oder mehr Väter, Mütter oder Großmütter beteiligt sind, spielt nur eine untergeordnete Rolle!

4.3 *Die unterschiedlichen Umwelteinflüsse*

Wie sich Kinder entwickeln und entfalten können, ihre eigene Persönlichkeit stabilisieren und zu toleranten, aber auch wertschöpfenden Menschen werden, hängt nicht zuletzt auch von äußeren Einflüssen ab. Je nachdem, in welchem sozialen Umfeld Du Dich selbst bewegst, tragen die Werte und Ansichten Deines Milieus auch zur Entwicklung Deines Kindes bei. Frühere Tests und Forschung an Zwillingen, welche aufgrund von Adoption oder weiter räumlicher Trennung durch die Eltern in unterschiedlichen Verhältnissen aufgewachsen sind, lassen vermuten, dass der Einfluss der Umgebung prägender sein kann, als wir dies von den Genen erwartet hatten! Gene werden bei einem natürlichen Entstehungsvorgang nach wie vor nach dem Zufallsprinzip gemischt, so dass wir heute tatsächlich noch nicht vorhersagen können, und hoffentlich auch in absehbarer Zeit nicht wollen, welche Gene unsere Kinder nun genau geerbt haben. Da können Eigenschaften und Persönlichkeitsstrukturen von Urgroßeltern ebenso auftauchen wie körperliche Merkmale aus früher eingeheirateten, unterschiedlichen Kulturkreisen.

Doch der Reihe nach. Welche Einflüsse begegnen uns heute und wie kannst Du Dein Kind vor möglicherweise negativen Strömungen bewahren? Die sozialen Strukturen aus bäuerlicher Landbevölkerung, armer Unterschicht und bürgerlicher Mittelschicht sowie Bildungsbürgertum in den Städten gelten in der Art und Weise des letzten Jahrhunderts heute nicht mehr! Zu vermischt und unterschiedlich können sich Leben und Alltag heute entwickeln und nicht zuletzt haben Förderungsmöglichkeiten des Staates einen sozialen Auf- oder Umstieg enorm erleichtert. Worum also müssen wir uns bei unseren Kindern heute Sorgen machen? Was kann sie negativ beeinflussen und wie bringe ich sie in ein positives Umfeld?

Wir werden noch intensiver die Vorbildwirkung beschreiben und diese auch in Zusammenhang mit der Evolution und Entwicklung der Zivilisation erklären, müssen aber darauf hinweisen, dass Kinder noch sehr intuitiv entscheiden und sich ihre Vorbilder auch sehr genau aussuchen, und zwar nach Kriterien, welche wir noch nicht ganz verstehen, die aber durch eigene Neigungen, gespürte Sicherheit und Zuneigung sowie in etwas späteren Jahren auch durch Anerkennung im persönlichen Umfeld geprägt sein können. Wer also den Kontakt zu seinem Nachwuchs verliert, hat es schwer, bei erkennbaren Fehlentwicklungen und sogenannten schlechten Einflüssen gegenzusteuern.

Gewisse Anlagen und Talente kommen also über die Gene, das nächste Umfeld beeinflusst ebenso wie die Erziehung und Vorbildfunktion der Eltern und nicht zuletzt ist die Persönlichkeitsentwicklung ein lebenslanger Prozess, nicht umsonst sind Seminare, Kurse und Vorträge zu diesem Thema heute gut gebucht und die Teilnahme wird auch von Arbeitgebern massiv gefördert oder gleich von ihnen aus angeboten. Die Thesen von Sigmund Freud haben sich somit überholt und ein Kind aus einem vormals schwierigen Umfeld muss deswegen noch lange nicht zu einem Problembürger werden. Kinder finden in ihrer Umgebung, sei es in der Familie oder auch außerhalb wie in Kindergarten, Schulen oder durch Eltern von Freunden zu Anfang ihrer Entwicklung eine Vielzahl an Möglichkeiten, sich Verhaltensweisen abzugucken und für sich selbst als passend zu bestimmen. Hast Du es heute mit einem aggressiven Kind zu tun oder ist Dein Liebling ein introvertierter Stubenhocker, so heißt dies nicht, dass er oder sie sich nicht noch ein eine gänzlich andere Richtung weiterentwickeln kann!

Wichtig ist also, Deinem Kind auch unterschiedliche Verhaltensweisen zu zeigen und nicht überbeschützend nur die eigenen Theorien und Werte zu vermitteln. Lasse sie ruhig über den Tellerrand schauen, sie werden Dir dies danken und sich dadurch nicht von Dir und Deinen Überzeugungen abkehren, aber vielleicht mehrere Meinungen untersuchen und sich eventuell sogar für später im Leben weitere Muster vorbehalten. So flexibel wir in der heutigen Arbeitswelt sein müssen, so vorteilhaft kann sich diese Wissensförderung für Dein Kind auswirken. Gerade Kinder, welche in Regenbogen- oder Patchworkfamilien aufwachsen, haben eine ganz einfache und natürliche Gelegenheit, unterschiedliche Erziehungsstile, Lebenseinstellungen und auch Wohnmöglichkeiten und damit Möglichkeiten des Zusammenlebens zu erfahren. Besprich dennoch immer wieder, welche Werte und Regeln Du in Deinem Haushalt bevorzugst und argumentiere auch, warum. Dies hilft Deinen Kindern bei der eigenen Orientierung und Meinungsbildung im Moment und im späteren Leben!

4.4 Die unterschiedlichen Wohnsituationen

Die unterschiedlichsten Wohnsituationen sind eng verbunden mit den möglichen Familien-Konstrukten. Eine neu formierte Patchworkfamilie zieht vielleicht vorerst auf engerem Raum zusammen und sucht nach einer größeren Wohnung oder das gemeinsame Heim wird von Anfang an auch gleich örtlich neu bezogen, so dass dies für alle Beteiligten ein Neuanfang bedeutet. Ebenso können Trennungen dazu führen, dass ein gewohntes Raumangebot sich plötzlich verändert und auch verkleinert, da nun weniger Personen im Haushalt leben. Zudem bieten Haus mit Garten nach wie vor andere Möglichkeiten als Wohnungen in einem Riesenwohnblock an der Stadtgrenze oder Altbau in der Innenstadt.

Sind in ländlichen, bäuerlich geprägten Räumen die Wohnung bzw. das Haus gleichzeitig Raum für die Familie als auch Arbeitsplatz, so entwickelten sich die ersten Wohnblocks in den Städten eher zu Mietskasernen mit beschränktem Angebot. Für wachsende Jungfamilien stellt diese auch heute noch eine Herausforderung dar, denn ein Wohnungswechsel muss auch mit Beruf und Mobilitätssituation der Familie in Einklang gebracht werden. Es nützt nichts, sich erst mehr Quadratmeter zuzulegen, um dann kaum Zeit dort verbringen zu können, weil die Wege zu Schule, Kita, Job, Verein, Freunden oder einfach nur dem Lieblingsrestaurant zu weit sind. Für Architekten, Innenausstatter und Möbelhäuser stellt das sogenannte flexible Wohnkonzept heute die größte Herausforderung dar. Eine Wohnung kann nun einmal nicht an Metern so mitwachsen, wie sie möglicherweise an Mitgliedern mit entsprechendem Wunsch nach individuellem Raum wächst. Einerseits sind eingebaute Möbel ein Problem, Räume kurzerhand zwischen Familienmitgliedern oder vom Gemeinschaftsraum zum Individualraum zu tauschen, andererseits bieten neue, findige Möbeldesigner immer wieder Ideen für die optimale Nutzung noch der letzten Ecke.

Gerade Familien mit kleineren Kindern wollen auch Spielplatz und Grünflächen in erreichbarer Nähe haben, was für Städteplaner zu alternativen Lösungsansätzen führt. Es muss nicht zwingend der eigene Garten sein, für den man entweder kaum selbst Zeit hat oder der am Wochenende zusätzlichen Stress durch die Pflege bedeuten kann. Es können auch Wohnanlagen mit gemeinschaftlich nutzbaren Flächen sein. Gemeinschaftsflächen können dabei vom Gemüsegarten über den ohnehin schon seit Jahrzehnten vorhandenen kleinen Spielplatz bis hin zum Grillplatz, Partykeller und Waschraum alles Mögliche sein. Nach dem Vorbild von Kommunen strukturiert sich so manche Familie, beginnend mit dem Patchwork-Bereich, ihre Wohnsituation selbst, um zu gewährleisten, dass ihr Umfeld auch tatsächlich das gewünschte ist. Frei nach dem Motto: „Ich suche nicht nur eine Wohnung, sondern auch gleichtickende Nachbarn.". Es ist ein

Zusammenwohnen von Freunden und trägt nicht selten dazu bei, dass auch die Kinder altersgerechte Spielgefährten in ihrem nahen Umfeld haben.

Der Bedarf an gemeinsamer Zeit in Wohnzimmern muss ebenso abgedeckt werden können wie individuelle Räume für die Kinder, aber auch Rückzugsorte für die Erwachsenen. Gegebenenfalls auch Arbeitsmöglichkeiten, denn nicht selten wird der Kinderwunsch frühzeitig in der Firma besprochen und das Arbeitsverhältnis auf Home-Office umgestellt. Technische Lösungen, kombiniert mit flexiblen Wohnungen und Einrichtungen machen auch in Zukunft noch viele neue und andere Wohnsituationen möglich. Beachte einfach, dass auch in der kleinsten Wohnung Platz für einen bestimmten Stuhl oder eine Ecke ist, die nur einem Familienmitglied alleine gehört und sei vorsichtig damit, Kinder gemeinsam in Räume zu quetschen, ohne vorher das individuelle Raumkonzept mit ihnen gemeinsam zu gestalten. Oft ist ein geteiltes Kinderzimmer gar nicht mehr so problematisch, wenn die Möglichkeit besteht, beispielsweise Schränke als Trennelemente zu verwenden, anstatt sie der Wand entlang zu platzieren. Gerade bezüglich geschwisterlicher Wohnverhältnisse kannst Du noch mehr im entsprechenden, später folgenden Kapitel lesen.

4.5 *Das unterschiedliche Spielzeug*

Lass uns einen Blick zurückwerfen auf die Geschichte vom Spielzeug, was alles dazu gehört und welches Du eventuell auch in die Erziehung und Förderung Deines Kindes miteinbauen kannst. Von den nach wie vor beliebten bunten Holzklötzen über Carrera-Autobahnen, Barbiepuppen, bis hin zu technischen Geräten spannen wir den Bogen.

Steinzeitliche Ausgrabungen brachten neben Pfeifen und Rasseln auch geschnitzte Figuren zu Tage, welche entfernt an Puppen erinnern und möglicherweise damit das erste Kinderspielzeug symbolisieren. In der Antike wurde schon begonnen, nach den beiden Geschlechtern getrennt Spielzeug in kleinerem Ausmaß, also für eher hochgeborene Familien, herzustellen. Ton und Holz waren die bevorzugten Materialien und wurden in Form von Puppen und Tierfiguren mit zum Teil beweglichen Gelenken auf dem Markt angeboten. Selbstverständlich kamen aus den kriegerischen Schulen auch die ersten Miniaturwaffen für Jungs in Gebrauch. Gerade dieser Trend setzte sich bis zur industriellen Revolution massiv fort und wurde nicht zuletzt im Mittelalter von den Kirchen zementiert.

Aus Griechenland, Rom und Ägypten sind auch die ersten Brettspiele bekannt. Karten, Würfel und Stäbe fanden sich über die Jahrhunderte auch in ärmeren Haushalten, wohingegen Puppen schon im Mittelalter mit entsprechendem Zubehör wie Kaffeegeschirr, Bekleidung und Küchen oder Steckenpferde und Mini-Rüstungen nur in betuchten Haushalten zu finden waren. Erst die industrielle Revolution brachte Spielzeug zu geringeren Kosten und damit erschwinglicheren Preisen in die Märkte, Autos aus dünnem Blech und die Modelleisenbahn traten damals ihren Siegeszug an. In ärmeren Haushalten fanden sich hauptsächlich selbstgebastelte Stofftiere und -puppen, wenn überhaupt Zeit für Spiele blieb.

Als Friedrich Fröbel am Ende des 18. Jahrhunderts den noch heute gängigen Typus der Kindergärten präsentierte und für eine kindliche Früherziehung plädierte, stellte er auch die ersten Lernspielzeuge vor. Wurden bis dahin mit dem Spielzeug, durch die Kirchenlehren bedingt, eher die klassischen Geschlechterrollen in ihrer Vorbereitung auf das spätere Leben bedient, so kamen nur Baukästen, sportbasierte Spielgeräte und die Feinmotorik fördernde Steckkästen in die Kinderzimmer. Als dann mit Beginn des 20. Jahrhunderts Plastik seinen Siegeszug um die Welt antrat, wurde auch der Spielzeugmarkt wieder revolutioniert und die Geburtsstunden von Lego, Playmobil oder Barbie bereicherten auf Jahre viele kindliche Wunschbriefe an das Christkind.

Die heutigen Ansprüche an Kinderspielzeug werden angeführt von einem Sicherheitsgedanken, der tatsächlich seinesgleichen sucht. Erste Spielgeräte müssen schadstofffrei und waschbar sein. Dürfen keinerlei Ecken und Kanten aufweisen und dem Baby schon gar nicht schaden, wenn es seine Zähne daran ausprobiert. Lehrreich soll es auch schon sein und dennoch Spaß machen, den Kindern wie den Eltern. Die Konsumgesellschaft der letzten Jahrzehnte hat auch erstmals die Frage aufgebracht, ob wir diese Mengen an Spielsachen für unsere Kinder wirklich brauchen und welches Spielgerät nun das richtige ist für jedes Alter. Darum geben wir Dir einen kurzen Abriss über die üblichen Empfehlungen, wollen Dich aber explizit darauf hinweisen, dass Du durch die Beobachtung Deines Kindes sehr schnell feststellst, welche Spielsachen es immer wieder heranzieht und welche, einmal ausgepackt, schon ihren Reiz verloren haben. Richte Dich danach und frage auch Deine Kinder, welches sie am liebsten mögen. Gib Dein Wissen darüber und Deine gesammelten Erkenntnisse an die schenkende Verwandtschaft und Bekanntschaft weiter oder organisiere den Geschenkekauf selbst und hole Dir von den Schenkungswilligen den entsprechenden Anteil an Geld. So kannst Du nicht nur sanft lenkend Dein Kind in Deine gewünschte Richtung führen, sondern auch seine ersten Interessen und Talente optimal fördern.

Wenn Du Dein Baby oder Kleinkind beobachtest, so kannst Du zusehen, wie sie sich oft stundenlang mit einem einzigen Ding beschäftigen können. Sie ertasten es, sie stecken es in den Mund, sie drehen und wenden es, schlagen womöglich darauf oder entlocken anderweitig Töne, nicht selten in Form von Krach und Lärm. Rasseln sind darum nach wie vor beliebte erste Spielzeuge für die süßen, kleinen Wonneproppen. Oft passiert es aber leider, dass jeder Verwandte mit einer eigenen Rassel vor Deinem Kleinen steht und jeder auch erwartet, dass das Baby nun begeistert entweder mit allen spielt oder sich schnell für einen Liebling entscheidet. Damit ist Dein Baby aber überfordert, dies ist zu viel Auswahl auf einmal. Lenke also Dein Kind nicht von etwas ab, wenn es sich hochkonzentriert und interessiert mit einer Sache beschäftig, nur weil Du oder ein wohlmeinender Verwandter lieber etwas anderes in den Händen des Kindes sähe. Kinder können durchaus auch ohne Tonnen von Spielwaren groß werden und ihrer Kreativität mit Farben, Papier und weiteren Materialien freien Lauf lassen. Es muss nicht immer alles vorgegeben sein. Nimm beispielsweise Legosteine. Hier kauft man meist einen Bausatz für ein bestimmtes Gebäude oder Fahrzeug oder ähnliches. Vor allem Papis entwickeln dann den Ehrgeiz, das abgebildete Motiv auf der Verpackung auch detailgetreu nachzubauen, während Sohnemann oder Tochter schon wild damit beginnen, die bunten Steine zu einem eher surrealen Gebilde zusammenzufügen!

Wenn Du Deine Kleinen von Anfang an auch zu Kreativität und damit eigenen Gedanken und Überlegungen erziehen willst, dann bist Du immer noch am besten aufgehoben in der Ecke der Farbstifte und Kreiden, dem Papier und Malbüchern, sowie Knetmassen und sonstigen Bastelmöglichkeiten. Bis zum vollendeten ersten Lebensjahr solltest Du Dich auf wenige Auswahlmöglichkeiten zum Betrachten, Entdecken und sprichwörtlichen Begreifen beschränken. Das muss gar nicht unbedingt Spielzeug sein. Neben der klassischen Rassel und später auch einem Plastikbilderbuch mit Tierstimmen kann ein Kochlöffel für Babys stundenlang von Interesse sein. Stapelbare Dinge von Klötzen bis hin zu Wegwerfplastikbechern werden ab dem 9. oder 10. Monat interessant und mit dem Entdecken der eigenen Mobilität geht es bezüglich entdeckter „Spielsachen" rasant weiter. Da werden Küchenschränke ausgeräumt und Töpfe aneinandergeschlagen sowie auch der Kleiderschrank in den erreichbaren Fächern neu sortiert. Dies kann dann auch der richtige Zeitpunkt für eine erste Puppe, ein Auto oder was auch immer sein. Viel Beschäftigung bieten auch die sogenannten Lauflernwägelchen und sie verhindern zeitgleich, dass Dein Liebling tatsächlich zu viele Deiner Schränke öffnet.

Bilderbücher sollten immer ein Teil der Spielsachen sein und mit dem Alter und der Wissbegier der Kinder mitwachsen. Grundsätzlich gibt es für jede Altersklasse eigene Bücher in verschiedensten Ausführungen und Verständnis- oder Entdeckergraden. Danach kannst Du Dich zu Beginn richten, bleibe aber nicht an Altersvorgaben hängen, wenn Dein Kind sich für eine bestimmte Gruppe von Büchern besonders interessiert. Es schadet Deinem Nachwuchs nicht, sich auch ein Buch über Tiere oder Pflanzen für ein höheres Alter anzusehen. Gerade bei Geschwistern kannst Du sehr schnell erkennen, wenn das kleinere Geschwisterchen auf die Bücher des Größeren zugreift. Bauklötze, Holzeisenbahnen oder auch Legosteine sind für alle Geschlechter interessant. Oft genug aber bleiben sie unbeachtet, wenn der Entdecker einen Garten zur Verfügung hat. Kinder brauchen Natur! Es ist immer wieder spannend, ihnen zuzusehen, wie sie banalste Dinge in ein Spiel einbauen können und aus Steinen, Ästen oder einfach Erde interessante Gebilde gelegt, gezeichnet oder später auch gebastelt werden. Lasse Deine Kinder nicht nur Plastik, sondern auch Natur begreifen.

Wenn Du in der Spielzeugabteilung stehst, dann frage Dich immer, kaufe ich dies, weil ich es damals gewollt hätte oder kaufst Du es, weil Dein Kind sich tatsächlich dafür interessiert? Leider müssen wir Dir mitteilen, dass hinter so mancher Empfehlung für sogenanntes pädagogisch wertvolles oder Kreativität förderndes Spielzeug nichts anderes steht als eine große, finanzkräftige Lobby mit einem schier unerschöpflichen Werbebudget.

Folgt man den Empfehlungen diverser Elternseiten im Netz, so finden sich die folgenden Einschätzungen zur Nutzung von Technik und Spielemöglichkeiten, mit freundlicher Unterstützung und aussagekräftigem Sponsoring der jeweiligen Hersteller und Vertriebspartner:

Ab dem 3. Lebensjahr könntest Du das Einschlafritual beispielsweise auf Hörbücher vor dem Schlafen umstellen und so langsam Technik einführen. Ein TV-Gerät, Tablet oder das Smartphone sollte nicht als Spielgerät angesehen und die „Langeweile" nicht nur damit bekämpft werden. So lernen Kinder kaum, sich selbst anzustrengen und sich selbst etwas für ihre Unterhaltung zu überlegen. Sie werden von frühester Kindheit an zum Konsumenten und berieselten Menschen, der Werbung, modernsten Marketingtechniken und Propaganda aus allen Ecken gnadenlos und oftmals sogar hilflos ausgeliefert! Ein Werbespot ist für ein Kind ebenso ein Filmchen wie das Disneyvideo und es kann in diesem Alter noch nicht zwischen Werbefilm und realem Leben unterscheiden. Die unterschwellige Werbung, welcher wir selbst oft ausgesetzt sind, wirkt bei Kindern dadurch noch schneller und macht sie auch in Zukunft zugänglicher dafür! Dennoch bieten namhafte Spielwarenerzeuger heute sogar das Töpfchen schon mit Tablet Halterung an und suggerieren ihren Kunden, mit den kostenlosen Lern-Apps würden sie ihren Kindern frühzeitig Gutes für ihren weiteren Bildungsweg tun.

Spätestens ab dem Schuleintritt solltest Du Spiele und auch Computerspiele mit gewissen Lerninhalten mit in Euer Repertoire aufnehmen. Viele Schulen haben Tablets heute im Unterricht und bauen ihre Lehrstoffe in Apps und Lernbegleitern online auf. Ob bei einem gemeinsamen Trivial-Pursuit-Abend oder diversen Verrenkungen bei „Tabu". Die gemeinsam bei Spaß und Spiel verbrachte Zeit baut Dir Deine Basis auch für anstrengende Gespräch in der Zukunft. Diese Empfehlung ist gewiss nicht verkehrt. Sucht Euch Spiele für gemeinsame Familiennachmittage oder - abende auch gemeinsam aus. Verfolgt die Entwicklung der Spiele und die Bewertungen. Damit zeigst Du Deinen Kindern auch gleich, dass man nicht jedem ersten Kaufimpuls nachgeben muss. Dass man eine Investition besser gut durchdenkt und eine kleine Kosten-Nutzen-Rechnung erstellen sollte. Zu Computerspielen mit Lerninhalten wollen wir auf Studien verweisen, welche eindeutig belegen, dass Bewegung das Gehirn viel besser fördert als jedes

Sudoku oder Gehirnjogging via Computer. Das Leben kann man nicht aus einer App lernen!

Wenn Du Deine Kinder frühzeitig mit dem Internet und entsprechenden Endgeräten vertraut machen möchtest oder auch aufgrund eines gewissen Zeitmanagements machen musst, beispielsweise, weil Deine Kinder auch oft bei Veranstaltungen zugegen sind, welche nicht unbedingt kindgerecht zugeschnitten sind, dann sieh Dir die Spiele und Apps, die Du für sie installierst und kaufst, wirklich in Ruhe an. Lasse Dich hier womöglich auch von Eltern größerer Kinder im Bekanntenkreis, in der Kita oder Schule beraten. Wie genau Du mit den neuen Medien und Möglichkeiten umgehen solltest und was Du dabei alles beachten musst, dafür haben wir Dir ein ganzes umfassendes Kapitel zur Digitalisierung und ihren Gefahren sowie ihrem Nutzen geschrieben.

Diverses Spielzeug kann Sammelleidenschaften fördern, wie die eben schon erwähnten Marken, und Dein Kind bleibt diesem Spielzeug jahrelang treu. Dann machen Erweiterungen selbstverständlich auch Sinn und diese werden von den Herstellern auch in alle Richtungen angeboten. Inwieweit man Trends von aktuellen Kinderserien und Sendungen in den Streaming-Diensten und im TV-Programm mitnehmen kann oder will, ist nicht zuletzt auch eine Frage des Budgets. Denn auch wenn mehrere Kinder geplant sind und somit gewisse Spielsachen sicher auch vererbt oder weitergegeben werden, so sind gerade diese kurzlebigen Trends ein reines geldscheffelndes Marketing-Tool und weder pädagogisch noch sonst irgendwie für das Leben wertvoll. Dies kann durchaus mit Kindern besprochen werden. Sie können dann auch leichter verstehen, wenn sie nicht jeden plötzlich auftretenden Wunsch erfüllt bekommen. Denke an unser vorheriges Kapitel, dass Kinder eben noch sehr im Augenblick leben.

Erinnerst Du Dich noch an Deine eigene Kindheit? Tempelhüpfen, Seilspringen und Gummitwist? Wenn nicht, dann eventuell die Nachbarin, die Oma oder eine andere nahe Person. Lass Dir diese Dinge zeigen, beibringen oder übe sie gleich mit Deinen Kids gemeinsam. Es macht mehr Spaß, als Du nun vielleicht glaubst. Es fördert die Bewegung und damit den Aufbau des Gehirns, und es ist tatsächlich qualitativ hochwertig gemeinsam verbrachte Zeit, an welche Du und Deine Kinder sich noch sehr sehr lange erinnern werden. Danach noch Kuscheln mit Kakao auf der Couch und auch das Thema Schlafen gehen wird sich nicht über Stunden hinziehen, wenn die lieben Kleinen wissen, morgen wird wieder ein aufregender Tag.

Weitere Alternativen zu Computer und Co findest Du im entsprechenden Kapitel.

5. DIE KINDERERZIEHUNG ODER WIE BAUE ICH EINE GUTE BEZIEHUNG ZU MEINEN KINDERN AUF?

Nun hast Du viel gelesen über frühere Generationen, mögliche Erziehungsstile und deren Vor- sowie eventuelle Nachteile, aber auch heutige Einflüsse wie geänderte Familienstrukturen und soziale Umwelteinflüsse.

Meist weiß man im Teenageralter sehr gut, was man bei seinen Kindern alles anders machen wird. Schließlich wird man noch irgendwie erzogen oder besser, Eltern haben noch ein gewisses Mitspracherecht und man ist auch gezwungen, auf sie zu hören, oft auch über das Teenageralter hinaus, beispielsweise, wenn man länger im Haushalt der Eltern wohnen bleibt! Dieses Wissen über alles, was die eigenen Eltern „falsch" oder „richtig" gemacht haben, verliert sich im Laufe der Zeit und, wie es meist üblich ist, bringen ein paar Jahre Abstand auch etwas Verständnis für situationsbedingte Konflikte, welche auch Du mit Deinen Eltern ausgetragen haben wirst. Nun aber tauchen diese Überlegungen wieder in Dir auf. Die Geburt Deines eigenen Kindes steht vor der Tür oder eine kleine Persönlichkeit baut sich gerade fordernd vor Dir auf und Ratlosigkeit steht Dir ins Gesicht geschrieben. Du willst nicht in die Verhaltensmuster Deiner Eltern verfallen, weil Dir daran nach wie vor nicht alles gefällt, Du hast Dich aber auch nicht für einen bestimmten, von uns im Ansatz beschriebenen Erziehungsstil entscheiden können. Lass Dir gesagt sein, das ist nicht schlimm. Es geht nicht darum, einer bestimmten Richtung oder Methode zu folgen. Es geht darum, dass es Dir und Deinem Nachwuchs bei allen Regeln, Grenzen und Spaß miteinander gut gehen muss. Erziehung ist keine Einbahnstraße und die Zeiten, wo Mütter zugunsten von Kindern auf ein eigenes Leben verzichten, sind ebenfalls vorbei!

Das Wunder des Lebens hat Dir ein süßes Bündel in den Arm gelegt, welches Du aufrichtig liebst und von dem Du alle Unbill fernhalten willst. Du weißt aber zugleich, dass es Unwägbarkeiten im Leben gibt und man seine Kinder auf Dauer nicht vor jeder Situation, jedem Konflikt und jedem Problem beschützen kann. Also willst Du versuchen, Deinen Nachwuchs zu einer selbständigen, starken Persönlichkeit zu erziehen. Wie aber genau stellt man das an? Wie genau definiert man Persönlichkeit eigentlich? Und wie sieht es eigentlich mit Deiner eigenen Persönlichkeit aus?

Nimm Dir die nun folgenden Abschnitte auch zu Herzen, um Dir selber klar zu werden, wie Du bist und ob Du genauso bist, wie Du sein möchtest, denn es eröffnet sich Dir mit der Geburt Deines Babys ein komplett neuer Lebensabschnitt, welchen Du auch für Deine eigene Persönlichkeitsentwicklung und Dein eigenes Wachstum nützen kannst! Vielleicht hattest Du während Deiner beruflichen Karriere die Gelegenheit, an

Seminaren zu den Themen persönliche Entwicklung, Kommunikation mit und ohne Sprache, Körpersprache und Mimik oder auch Zeitmanagement teilzunehmen, dann hast Du damit gute Voraussetzungen auch für die Erziehung von Kindern, denn Du wirst dies alles benötigen und erleben. Du wirst selbst wachsen und Dich gemeinsam mit Deinem Nachwuchs entwickeln. Du wirst erleben, gleich in den ersten Wochen und Monaten, was Mimik, Gestik und Körperhaltung bedeuten können und wie sie auf Dein Baby wirken. Zeitmanagement zwischen Kuscheln, Windeln wechseln und Breizubereitung kann das A und O Deines Tagesablaufs werden, denn Du musst unbedingt auch immer wieder Minuten und später einmal Stunden für Dich selbst einplanen. Fühlst Du Dich selbst nicht wohl und bist Du unglücklich, kannst Du keine lachenden, glücklichen und zufriedenen Kinder heranziehen.

5.1 *Wer definiert die Persönlichkeit meines Kindes?*

Bevor wir erklären können, wie die Persönlichkeit Deines Kindes zustande kommt, müssen wir den Begriff „Persönlichkeit" an sich klären, denn er wird gerade in diesem Zusammenhang eigentlich als „Charakter" angesehen. Persönlichkeit als Mix aus individuellen Eigenschaften, welche sich im Zuge von Erleben, Erlernen und Reagieren aber auch ändern können. Alle philosophischen und weiteren, auch wissenschaftlichen Betrachtungen zum Thema Persönlichkeit lassen wir in diesem Fall außen vor, denn eine konkrete Einigung unter den verschiedenen Forschern und Anhängern unterschiedlicher Philosophien wurde noch nicht erzielt, so dass eine genaue und fundierte Erklärung für den Begriff Persönlichkeit eigentlich gar nicht vorhanden ist. Nimm als Erkenntnis einfach auch für Dich mit und vielleicht für Deine Beruhigung in nervenaufreibenden Situationen mit dem Nachwuchs, die Entwicklung der Persönlichkeit ist veränderlich und im Laufe eines gesamten Lebens niemals als abgeschlossen zu betrachten, auch wenn gewisse charakterliche Eigenschaften gefestigter sein werden als andere.
Es gibt von außen niemanden, der Dein Kind oder seine Persönlichkeit definieren könnte. Es gibt sogenannte innere Anlagen und äußere Einflüsse, welche eine Persönlichkeit formen und hier sind wir wieder bei den Genen, welche sich nicht nach vorher festgelegten Mustern, sondern immer noch recht frei vermischen, und Deinem Einfluss, Deiner Führung aber auch Liebe zu Deinem Kind. Temperament ist ebenfalls eine innere Anlage. Aus einer grundsätzlich eher ruhigen Person wird niemals ein Temperamentsbündel werden, auch wenn sich eher introvertierte Menschen durchaus einen offeneren Umgang mit ihrer Umgebung antrainieren und angewöhnen können. Körperliche Defizite können die Entwicklung der Persönlichkeit ebenfalls beeinflussen. Dies gilt bei Babys und Kleinkindern vor allem dann, wenn die Motorik stark betroffen ist oder Taubheit und Blindheit vorliegen, denn dann

wird das Erfahren und Erleben etwas länger dauern. Andere, ausgleichende Sinne müssen oft erst trainiert und damit weiterentwickelt werden, was nicht zuletzt eher an der unerfahrenen Umgebung als an dem kleinen Wesen selbst liegt.

Welche Werte, Vorstellungen und Eigenschaften einen Menschen sonst noch prägen und seinen Charakter ausmachen, das formt sich im Laufe eines Lebens heraus. Jemand, der seine gesamte Kindheit über in Watte gepackt war und einen gewissen Freiheitsdrang verspürt, entwickelt sich im Teenageralter konträr zu einer überbehüteten Person mit eher schüchternen Anlagen. Beobachte Deine Kinder nicht nur beim Spielen alleine, sondern auch so früh wie möglich beim Umgang mit anderen gleichaltrigen Kindern und anderen nahen oder fremden Erwachsenen, und Du wirst schnell Tendenzen in der Entwicklung feststellen. Nur so kannst Du frühzeitig eingreifen, wenn Du beispielsweise ein zu herrisches oder zu schüchternes und nachgiebiges Verhalten beobachtest. Eine gewisse egoistische Phase durchlaufen alle Kinder, diese muss Dir noch keine grauen Haare bereiten, aber ein ständiges Durchsetzen der kindlichen Wünsche sollte doch mit sanften, aber bestimmten Mitteln gebremst werden.

Lass uns also sehen, welche Eigenschaften Deine Lieblinge so entwickeln können oder werden.

5.2 *Wie entwickeln Kinder die Persönlichkeit?*

Nach Erik Erikson, einem Professor in Harvard und Yale, der den Begriff der Identitätskrise geprägt hat, entwickelt sich unsere Persönlichkeit in Anlehnung an die Befriedigung der Bedürfnispyramide ein Leben lang weiter. Beeinflusst und gefördert auch von der Psychologenfamilie Freud, beschreibt er 8 Stufen der Entwicklung, welche im Babyalter mit dem Urvertrauen beginnen. In einer liebenden und beschützenden Umgebung kann ein Mensch entdecken, dass seine Bedürfnisse nach Schutz, Sicherheit und Liebe gedeckt werden, und er kann dieses sowohl weitergeben als auch Vertrauen zu späteren Personen außerhalb des engsten Kreises lernen. Findet dieses ursprüngliche Bedürfnis keine Entsprechung, kann der Mensch zeit seines Lebens eine eher misstrauische Person bleiben. Mit der Ausweitung der Umgebung durch nahe Verwandtschaft, Kita und Schule in den ersten Jahren bilden sich daneben auch Motivation, Inspiration und Anerkennung aus. Nur, wer diese Dinge selbst erfährt, kann sie auch weitergeben. Mit dem Einstieg in ein studentisches oder berufliches Leben erweitert sich der beeinflussende Kreis an Personen noch einmal und dann wird die Persönlichkeit soweit gefestigt, dass man im hohen Alter zufrieden auf sein Leben und seine erreichten Leistungen zurückblicken kann. Findet man sich selbst einmal in Situationen wieder, welche sich nicht gut für uns anfühlen, kann man sich heute eigenständig um neue Vorbilder bemühen und so seine Entwicklung vorantreiben und seine Eigenschaften an sich selbst auch beeinflussen.

Das Modell von Jean Piaget sieht nur 4 Stufen der Entwicklung vor. Bei ihm stehen Sinneseindrücke, gepaart mit Mobilität und beginnendem Denken sowie das Begreifen von sich selbst als eigenständiges Wesen im Vordergrund. Lebenslanges Lernen ist auch bei ihm eine Grundvoraussetzung, ebenso wie lebenslange Veränderung. Er geht nur davon aus, dass wir uns kognitiv ab der 4. Stufe nicht mehr weiterentwickeln, weil wir verstandesmäßig alles begreifen können, Wissen sammeln und einsetzen können und somit auch uns selbst dahingehend verändern und entwickeln, wie wir uns gerne sehen möchten oder von anderen gesehen und wahrgenommen werden sollen.

Angelehnt an dieses Modell ist Mitte des 20. Jahrhunderts Lawrence Kohlberg der Frage nachgegangen, wie sich Moral entwickelt und ob dies eine kognitive Fähigkeit ist, welche man anerzogen bekommt und mit welchen Mechanismen sie funktioniert. Als Erwachsene beantworten wir moralische Fragen oftmals mit einem kräftigen Ja oder Nein, tun uns aber hinterher schwer, sie tatsächlich zu erklären. Beispiel: Dein Kind ist todkrank und Du kannst Dir das Medikament nicht leisten, aber Du hättest eine Möglichkeit, es zu stehlen. 90 % aller Befragten würden Dich für das Stehlen nicht verurteilen, Dich und Deine Beweggründe verstehen, könnten aber nicht erklären, warum Stehlen genau in diesem Fall nicht als verwerflich gelten soll. Weil Du kein Geld hast oder weil Dein Kind todkrank ist?

Mit diesen sogenannten Dilemma-Diskussionen, anhand welcher Kohlberg seinen 6-Stufen-Plan erstellt hat, kannst du Deine Kinder in Verhandlungen führen und ihr eigenständiges Denken und Handeln fördern. Sich mit Dilemmata wie eben moralischen Fragen auseinanderzusetzen, fördert die kognitiven Fähigkeiten und baut Egozentrik im Kindesalter schon leicht ab, auch wenn Kinder, wenn sie gerade sich selbst und ihr eigenes ICH entdecken, natürlich ein egozentrisches Weltbild besitzen. Nichtsdestotrotz ist es wichtig, ihnen zu erkennen zu geben, dass auch Du als Mutter und Vorbild Bedürfnisse hast und zu Zugeständnissen bereit bist, wenn Dir Deine Kleinen auch einen Schritt entgegenkommen.

5.3 *Kann man die Persönlichkeit eines Kindes beeinflussen?*

Kinder lernen unter anderem durch Vorbilder und Nachahmen. Gerade Rollenspiele, ob nun Familie als Vater, Mutter und Kind oder Verkaufsladen, animieren Kinder auch dazu, Eigenschaften auszuprobieren und Verhaltensmuster zu festigen. Wiederholungen können dabei dazu führen, dass das Spiel um immer mehr Facetten erweitert wird, immer komplexere

Abläufe bekommt und sich die Persönlichkeit langsam manifestiert. Gefallen Dir Verhaltensmuster und Ansätze in der Persönlichkeit Deiner Kinder nicht, dann frage Dich, wo sie die Anleitung dafür bekommen haben. Versuche, ein eventuelles Fehlverhalten mit ihnen gemeinsam zu klären und bedenke, dass auch die wiederholte Antwort auf Fragen und die wiederholte Erklärung von Konsequenzen bei Fehlverhalten zu Lernerfolgen und Verständnis führt.

Je nach dem Alter und der bereits vorhandenen Denkfähigkeit Deiner Kinder, auch in größeren Zusammenhängen, kannst Du ihnen auch erklären, zu welchem Ergebnis so manches Verhalten im gesellschaftlichen und beruflichen Leben führen kann. Du kannst Dich auch in das Rollenspiel Deiner Kinder mit einbringen, wenn sie das wünschen oder Dich ohnehin danach fragen, ob Du mitspielen oder mit ihnen spielen willst, und kannst dann gleichzeitig unterschiedliche Rollen und deren Verhalten üben. Du wirst erstaunt sein, wie viel Du dabei auch über Dich selbst lernen kannst. Nicht umsonst werden Rollenspiele auch in der Erwachsenenbildung nach wie vor eingesetzt.

Des Weiteren kannst Du darauf achten, wen sich Deine Kinder als Vorbilder erwählen und Personenkreise, welche Dir überhaupt nicht passen, vorsichtig wieder ausschließen, wenn Du dafür die Möglichkeit hast. Wichtig ist, mit Erklärungen und guten Argumenten immer zur Stelle zu sein, denn das Ich-Universum Deiner Kinder erweitert sich in der ganz individuellen Geschwindigkeit und, auch wenn Du als Mutter Anerkennung, Liebe und Vertrauen genießt, wirst Du vor unangenehmen Fragen nicht verschont. Freue Dich eher darüber, denn je mehr Dich Deine Kinder fragen, desto ernster nehmen sie Dich als Vorbild und entwickeln sich in Deine Richtung.

5.4 *Wer erzieht mit und wie koordiniere ich die Er- und Beziehungen?*

Einer der wichtigsten Aspekte in Familien mit nahem Bezug zur Verwandtschaft, allen voran den Großeltern, ist das Mitspracherecht bei der Kindererziehung. In der heutigen Zeit gehören dazu aber auch ältere Geschwister aus möglichen vorherigen Beziehungen, kurz, alle Familienmitglieder, welche Zeit mit Deinem Baby verbringen werden. Nicht Zeit in Deinem Beisein, bei Besuchen, sonntäglichem Kaffee oder auf gemeinsamen Ausflügen und Urlauben. Es ist nach wie vor üblich, dass nahe lebende Familienmitglieder unterstützen, um der Mutter oder dem Vater, nicht nur bei Alleinerziehern, auch ein gewisses Maß an Freizeit zu gönnen. Ist dies bei Dir der Fall, dann mache Dir jedenfalls frühzeitig Gedanken darüber, was diese weiteren Bezugspersonen Deinem Kind erlauben, verbieten oder beibringen dürfen und sollen! Mache Dir anhand der vorangegangenen

Abschnitte auch Gedanken darüber, welche Vorbilder sie Deinem Nachwuchs sein werden.

Hat Dir der Erziehungsstil Deiner eigenen Eltern nicht so richtig gefallen, dann musst Du Dich entweder umso intensiver mit ihnen absprechen oder deren Zeit mit Deinen Kids allein auf kurze Abschnitte beschränken. Selbstverständlich bleibt es nie aus, dass Großeltern die lieben Kleinen verwöhnen und ihnen Süßigkeiten oder Spielwaren, auch gewisse Freiheiten erlauben, welche sie Dir als Kind nie gegönnt haben. Bleibt es bei wenigen Gelegenheiten, dann ist das auch in Ordnung, dass die Omi Schokolade mitbringt oder Kleinigkeiten zum Spielen. Nimmt es überhand, dann musst Du einschreiten. Kinder merken sehr schnell, wenn sie Erwachsene gegeneinander ausspielen können! Sie machen das nicht bösartiger Weise, sie nutzen nur ihre Möglichkeiten und lernen dadurch auch ihre Grenzen kennen und erweitern.

Dasselbe gilt für ältere Geschwister, Tanten und Onkel, aber auch Babysitter müssen instruiert werden, was den Süßen mit dem herzigen Augenaufschlag gegeben werden darf. Spätestens, wenn Dein Nachwuchs mit Lieblingsverwandten ankommt, solltest Du Dir ansehen, warum das so ist. Jeder hat seine persönlichen Vorlieben, aber wir alle sind bestechlich und selbstverständlich besucht man lieber die Tante mit den Süßigkeiten im Schrank als die gestrengere Omama, die auf gute Manieren achtet!

Es kann auch helfen, wenn Du Verwandten oder dem eventuell neuen Partner dieses Buch zu lesen gibst und sie auf Stellen, welche Dir besonders am Herzen liegen, hinweist. Ganz gleich, ob es unsere Tipps zur Lösung von Konfliktsituationen sind oder ob es um die kurze Erklärung der verschiedenen Erziehungsstile geht. Wie Du Deine Erziehungsmethode am besten auch mit Kitas oder Schulen und deren Modellen in Einklang bringst, erklären wir Dir auch noch im entsprechenden Kapitel. Es ist übrigens nie zu spät, sich diese Gedanken zu machen. Auch wenn Dein Spatz schon ein kleines, sehr selbständiges Wesen ist. Lösungen für eventuelle schwierige Situationen sind immer willkommen und spätestens, wenn Du bemerkst, dass aus dem Kindergarten oder der Schule ein Verhalten nach Hause mitgebracht wird, welches Dir nicht gefällt, ist immer noch Zeit, um gegenzusteuern! Diese musst Du Dir dann aber auch beherzt nehmen.

Patchworkfamilien sind heute allgegenwärtig. Kommt „nur" ein neuer Partner des erziehenden Elternteils in die kleine Familie, kann man sich durch intensives Absprechen und Austauschen leicht zusammenfinden und an einem Strang ziehen. Zudem hatte der Nachwuchs sicher schon zuvor Kontakt und konnte ein Gefühl und eine Beziehung zum neuen Mann oder zur neuen Frau im Leben aufbauen. Kommt es aber zu einer Zusammenführung von zwei Familien, ganz gleich ob die Kinder immer im gemeinsamen Haushalt wohnen oder nur vorübergehend oder immer wiederkehrend, können Welten aufeinanderprallen!

Bringe Deinen und den Erziehungsstil Deines Partners miteinander in Einklang, bevor ihr alle Beteiligten unter einem Dach vereint. Hier ist es hilfreich, sich ab und an die Bedürfnispyramide vor Augen zu halten, um zu verstehen, warum manchmal Kinder einen kleinen „Rückschritt" in ihrer Entwicklung zu machen scheinen. Braucht Dein kleiner Liebling plötzlich wieder Hilfe beim Anziehen oder beim Essen, beim Waschen oder auf der Toilette, also Dingen, die er oder sie zuvor schon stolz allein gemeistert hat, dann kann es sein, dass es nur um Aufmerksamkeit geht! Dass Du Deinem Nachwuchs durch Deine Hilfe versichern sollst, dass Du auch weiterhin für ihn da bist, auch wenn es nun neue Menschen mit im gemeinsamen Haushalt gibt. Nimm Dir dies dann zu Herzen und versuche, das Bedürfnis zu verstehen, anstatt womöglich zu schimpfen oder darauf zu bestehen, dass Dein Kind weiterhin die Dinge allein machen muss. Sehen sie, dass Du zur Hilfe bereitstehst, wird diese Zeit nicht lange dauern und beispielsweise beim Anziehen könnt ihr die Aufgaben auch teilen. Du hilfst mit der Jacke, die Schuhe kann Dein Kind allein anziehen oder umgekehrt.

Mache Dir jedenfalls bewusst, dass jede Person mit einem direkten Bezug zu Deinem Kind und entsprechend Zeit mit ihm, sich für Dein Kind als Vorbild eignet und von ihm imitiert werden kann. Ob nun charakterlich oder verhaltenstechnisch, Kinder können durchaus mit verschiedenen Verhaltensweisen auf immer dieselbe Situation reagieren, weil sie versuchen herauszufinden, wie sie ihren Willen am besten durchsetzen können. Hat ein bestimmtes Verhaltensmuster einmal funktioniert, kann es dann auch bei anderen Gelegenheiten zum Einsatz kommen. Manchmal ist es gut, Erziehung auch mit einer gehörigen Portion Humor zu nehmen und dem kleinen ICH vor Dir einfach ein Lächeln zu schenken und zu sagen, Du hast es durchschaut!

6. GEWALTFREIE KOMMUNIKATION: WIE KOMMUNIZIERST DU?

Du hast schon erfahren in unserem Buch, dass es die Wunderbibel der Kindererziehung nicht gibt. Es gibt verschiedene Stile und Methoden in der Kindererziehung, welche zu Anfang aus der Beobachtung eigener Kinder und dann unter Einbeziehung von Psychologie und Forschung definiert wurden. Dabei hat aber niemand dieser Definitoren Deine persönliche Geschichte, Dein Umfeld und Deinen eigenen Werdegang miteinbeziehen können. Auch Deine Wünsche und Vorstellungen sind nicht in diese Beschreibungen eingeflossen, so dass letztlich jeder seinen eigenen Stil, seine eigenen Methoden und seinen eigenen Umgang mit Situationen, seien sie freud- oder leidvoll, finden muss. Eine gewisse Portion Humor wird Dir die Sache erleichtern und ein Lächeln für Dein Kind wird oft mehr bewirken als so manche Standpauke. Wir haben Dir in unserem Kapitel über die Entwicklungsschritte der Kinder schon geschildert, welche Erklärungen und Diskussionen sie jeweils verstehen und wie Du so manchen klassischen Konflikt von Haus aus vermeiden kannst. Lass uns in diesem Kapitel, welches sich eigentlich nur um Kommunikation dreht, versuchen, Dir noch den einen oder anderen Hinweis an die Hand zu geben, damit Du Stress in der Familie so weit wie möglich außen vorlassen kannst.

Der amerikanische Wissenschaftler David Kerr hat herausgefunden, dass Erziehung über Generationen prägt, es aber auch möglich ist, negative Kreisläufe zu durchbrechen, indem man sich selbst und seine Gewohnheiten reflektiert. Für viele gesellschaftliche und auch berufliche Bereiche wurde der Begriff des richtigen „Mind Set" geprägt. Dieses „Mind Setting" ist auch in der Erziehung anwendbar. Gehst Du mit grundsätzlich positiven Gefühlen und Erwartungen an die Sache heran, weil Du Dir Deiner selbst bewusst und in Deinen Ansichten gefestigt bist, dann wirst Du auch die richtige Mischung aus Liebe, Führung und Grenzen für Deine Kinder finden. Lässt Du Dich von zu vielen Meinungen zum Thema Kindererziehung irritieren und vergleichst Dich und Deinen Alltag mit Deinem Nachwuchs zu sehr mit anderen Familien und Erziehenden, kann es zu einer Achterbahnfahrt an Gefühlen, Regeln und Konsequenzen in der Erziehung kommen. Kinder brauchen aber neben Stabilität und Liebe auch eine gewisse Kontinuität, nur dann können sie sich entfalten und gedeihen. Sind die Reaktionen auf gutes oder schlechtes Benehmen immer unterschiedlich, finden sie keine Orientierung.

Lebenslanges Lernen kann in Deinem Fall nun bedeuten, mit den Kindern und den Möglichkeiten der Kindererziehung mitzulernen und auch Dich selbst weiter zu entwickeln. Kommunikation untereinander, sei sie verbal oder nonverbal, ist ein Schlüssel zu einer tragfähigen Beziehung und aufregenden gemeinsamen Zeit.

6.1 *Die Kommunikation mit dem eigenen Kind*

Kommunikation ist nicht einfach nur das gesprochene Wort. Kommunikation geht über die Sprache hinaus und ist dabei, wenn man das Sprechen an sich betrachtet, schon vielfältig. Klangfarbe, Tonfall und klare Ausdrücke sind ein wichtiger Teil der verbalen Kommunikation. Ebenso und gerade für Babys ganz besonders wichtig ist der nonverbale Teil der Kommunikation, schon aus dem Grund, weil Dein Neugeborenes die Worte noch nicht verstehen kann. Es reagiert allerdings auf den Tonfall und vor allem auf Deine Mimik. Körperhaltung, Gestik, Augenkontakt, selbst Berührung und Sinneseindrücke über die Nase sind Teil der Kommunikation. Befrage einmal Werbestrategen, wie vielschichtig Kommunikation ist und vor allem, wie sich welche Formen auf Dein Gegenüber auswirken können. Du wärst überrascht, welche Ergebnisse die Forschung auf diesem Gebiet mittlerweile zu Tage bringt.

Da es in unserem Buch aber nicht darum geht, Dich zu verwirren oder gar, Dich zu verunsichern, sondern wir eigentlich Deine Intuition stärken wollen, verzichten wir hier auf die modernen Auswüchse der Kommunikation und beschränken uns auf die wichtigsten Teile, welche Du in Deiner Beziehung zu Deinem Kind oder auch Deinen Kindern beachten solltest. Schließlich soll die Botschaft ankommen und, wenn möglich, auch im Kindergehirn entsprechend abgespeichert werden. Da Lernen und Wissen untrennbar mit Wiederholung und Übung verbunden sind, können wir Dir hier keinen Trick verraten, wie Deine Kinder bei der ersten Erwähnung einer Regel oder einer Konsequenz diese sofort verstehen, umsetzen und zukünftig beachten können. Du musst damit rechnen, dass Du Erklärungen und Wünsche öfter äußern musst und Handlungen, welche Deine Kinder ausführen sollen, zuvor mit ihnen wirst üben müssen. Anders ist Lernen nicht möglich!

Konzentriere Dich auf den Moment und erledige nicht noch andere Dinge nebenher. Abgesehen davon, dass es Deinem Gegenüber kein gutes Gefühl gibt, eine Nebensache zu sein, wird Deine Botschaft auch entsprechend nicht oder nur rudimentär ankommen. Lege also jedenfalls das Smartphone zur Seite, wenn Du Dich mit Deinem Kind beschäftigen willst oder musst, um Dinge zu klären. Sei auch hier ein Vorbild.

Mimik, Gestik und Körpersprache kann man trainieren. In unzähligen Seminaren wird heute Firmenmitarbeitern eine gute Kommunikationsstrategie beigebracht. Dabei reicht oft ein einfaches Lächeln, eine positive Grundhaltung und damit Ausstrahlung und eine klare, offene Sprache und Körperhaltung. Am Anfang beugt sich jeder mit einem Lächeln über ein Baby und sehr schnell lächelt dieses auch zurück und bringt seine Freude über die Aufmerksamkeit auch durch Strampeln zum Ausdruck. Du erkennst auch schnell, dass die ausgestreckten Ärmchen bedeuten, dass Dein Wonneproppen auf den Arm genommen werden und ein wenig Kuscheln möchte. Lass Dich hier von Deinem Bauchgefühl leiten. Kinder spiegeln das Verhalten von Erwachsenen wider. Beugst Du Dich mit einem eher verkniffenen Gesichtsausdruck über die Wiege, verzieht auch Dein Baby sein Gesichtchen und beginnt womöglich gar zu weinen. Es will Dich damit nicht ärgern, es gibt nur wieder, was es sieht und was es spürt. Strahlst Du selbst Unzufriedenheit aus, kann Dein Baby nicht mit Freude reagieren. Machst Du Dir dies bewusst, dann kannst Du schon sehr früh stressige Situationen ausschließen. Denn bei der Kommunikation spielt auch die Erwartungshaltung eine große Rolle. Erwartest Du Probleme oder erwartest Du, dass das Zähneputzen, das Schlafengehen und das Essen reibungslos klappen? Fürchtest Du gewisse Situationen, weil sie vermeintlich problematisch sind oder sein könnten?

Kommunikation ist also ein sehr weites Feld und passiert laufend, oft unbewusst, durch Mimik, Gestik und Körperhaltung. Für Deine Kinder bist Du das erste Vorbild und der erste Spiegel, mache Dir dies in unangenehmen Situationen bewusst. Frage Dich auch, ob Du nicht manchmal Erwartungen in Deine Kinder projizierst, welche sie noch gar nicht erfüllen können oder die Du ihnen noch gar nicht vorgelebt hast. Gerade wenn es darum geht, Botschaften wie Regeln und ihre Konsequenzen zu transportieren, solltest Du selbst ruhig und gelassen sein. Nur wenn Du mit Dir selbst im Reinen bist und Deine Erklärungen mit Deinem eigenen Verhalten übereinstimmen, werden Deine Regeln, Grenzen und gegebenenfalls Konsequenzen akzeptiert werden. Kinder haben dafür oft ein viel besseres Gespür. Aufgrund eines stressigen Alltags und einer Reizüberflutung durch 24 Stunden Dauerbeschallung und Dauernachrichten und -kommunikation in unserer digitalen Welt verlieren wir selbst dieses Gefühl für unser Gegenüber.

6.2 *Stimme und Mimik beachten*

Ein ruhiger Tonfall und eine entspannte Miene bieten nicht nur Deinem Baby, sondern auch Deinem Kleinkind bis hin zum späteren Teenager den sicheren und liebevollen Hafen, den wir alle brauchen, um uns später alleine in dieser globalisierten Welt zurechtzufinden. Das Urvertrauen in der Kernzelle der Gesellschaft, der Familie (ganz gleich, wie sich diese auch zusammensetzt), gibt den Kindern die Möglichkeit zu einer positiven Entwicklung. Ein Lächeln kann jede Situation entspannen, auch wenn zu einem späteren Zeitpunkt noch ein Gespräch oder eine Diskussion über fehlerhaftes Verhalten geführt werden muss.

Achtest Du auf die Mimik Deines Kindes, so kannst Du sehr schnell feststellen, ob Deine Erklärungen und Wünsche auch angekommen sind. Ob Du dabei nur Deine Zuneigung zu Deinem kleinsten Liebling zeigst oder das Mienenspiel Deines Halbwüchsigen liest. Mimik passiert augenblicklich und nur wenige Menschen haben ihre Mimik tatsächlich unter Kontrolle, nicht umsonst gibt es die Formulierung „entgleiste Gesichtszüge"! Verrutscht Dir einmal das Lächeln auf dem Gesicht, weil Du das Kinderzimmer betrittst und es aussieht wie kurz nach einem Bombeneinschlag, weiß Dein Kind schon, wenn es denn zu Dir hingesehen hat, was nun kommen wird und wird ebenfalls erst einmal das Gesicht verzieren. Möglicherweise wird Deinem kleinen Liebling erst in diesem Moment bewusst, dass es das Zimmer voll ausgenutzt und alle Kisten mit Spielsachen akribisch geleert, weil in das aktuelle Spiel miteinbezogen hat. Eine sofort vom Stapel gelassene Strafpredigt bringt Dir nichts. Ein offensichtlich und langsam durch das Zimmer schweifender Blick wird Dein Kind ganz von allein auf den Gedanken bringen, dass es vielleicht übertrieben hat und einen Teil der Dinge wieder aufräumen sollte. Gehe offen in die Situation!

Hat Dein Kind Deine erstmals entgleisten Gesichtszüge oder Deinen entgeisterten Blick nicht mitbekommen, kann es sogar sein, dass es freudig aufspringt und Dich in sein Spiel miteinbeziehen will oder Dir erklären will, was es denn gerade Tolles spielt und welche Rolle es dabei eingenommen hat. Lasse Dich darauf ein und versuche dabei, das nervige Aufräumen gleich in das Spiel zu integrieren. Du hast nach den ersten Worten Deines Kindes seine volle Aufmerksamkeit und kannst Deine Botschaft transportieren. Freue Dich über die Kreativität Deines Sprösslings, frage ihn aber durchaus, ob die Verwüstung des Zimmers dafür notwendig war und welche Dinge er oder sie womöglich aufräumen kann. Biete auch Deine Hilfe an, dies zu organisieren, damit Dein Kind davon lernen kann. Denn möchtest Du ein bestimmtes Ordnungssystem sehen, dann liegt es an Dir, es Deinem Kind beizubringen und dazu braucht es Vorzeigen, Nachmachen und Üben!

Der erste Eindruck zählt, das erfahren wir im Berufsleben ebenso wie in der Liebe! Der erste Eindruck zählt aber auch bei den Kleinen und Kleinsten. Deine Miene, Deine Gesten und Deine Ausstrahlung sind gerade am Anfang Dein wichtigstes Kommunikationsinstrument. Achte darauf, wie Du diese zum Einsatz bringst. Eine entgegengestreckte Hand von Dir wird Dein Kind immer ergreifen. Selbst bei schwierigen Gesprächen kannst Du mit einer offenen Mimik und Körperhaltung Deine Liebe ausdrücken und gegebenenfalls der Problematik die Spannung nehmen. Beachte dazu auch unsere Kapitel, welche Signale und Worte Kinder in den unterschiedlichen Altersgruppen aufnehmen und verarbeiten können und in welcher psychischen Entwicklungsstufe sie sich gerade befinden. Meistens weiß eine Mutter dies intuitiv und durch den ständigen Kontakt zu seinem Kind lernt man auch die Momente kennen, in welchen sich das Wissen im Gehirn des Kindes manifestiert hat und es bereit ist, einen Schritt weiter zu gehen.

6.3 Die Wirkung von Worten und Sprache auf Kinder

Worte können Waffen sein und der Ton macht die Musik. Mehr müssten wir eigentlich zu diesem Thema gar nicht schreiben. Da in unserer Gesellschaft ein gewisser Sprachverfall zu beklagen ist und auch Schulen mittlerweile zugeben müssen, wie schlecht es um den Sprachschatz der Schüler landauf und landab bestellt ist, vor allem in Zeiten von „denglischen" Neubegriffen, Emoticons und Abkürzungen für die Messenger-Dienste, kannst Du nur zuhause den Grundstein dafür legen, dass eine klare Aussprache mit einem gewissen Wortschatz und unter Vermeidung von Schimpfwörtern bevorzugt wird.

Überlege Dir zu diesem Thema frühzeitig, wie Du mit Deinem Partner und Deiner Familie, mit allen Personen, welche sich regelmäßig in Deinem Haushalt aufhalten, sprichst. Finden Gespräche in lauten und rauen Worten statt, musst Du Dich nicht wundern, wenn Dein dreijähriger Sohnemann oder Deine wissbegierige Tochter sie Dir gegenüber wiederholen und einsetzen! Wird nur nebenher vor sich hin genuschelt und finden Gespräche so gut wie gar nicht statt, musst Du Dich nicht wundern, wenn auch Dein Kind nicht mit Dir sprechen wird, wenn Du es später einmal fragst, wie sein Tag war, wenn es aus Kita oder Schule nach Hause kommt. Zudem wird es definitiv Nachteile in der Schule erfahren, weil sein Wortschatz weniger umfangreich ist. Dieser wird nun einmal von den Eltern, von der Familie übernommen und nicht aus den Cartoons von YouTube, vor denen die Kinder sitzen!

Möchtest Du, dass Deine Kinder Schimpfworte vermeiden, dann gewöhne sie Dir zuerst selbst ab. Kinder hören alles und verstehen sehr schnell, wenn Du versuchst, mit ihnen anders zu sprechen als mit dem Rest der Welt. Du musst authentisch bleiben und nicht zum Schauspieler mutieren. Klare kurze Sätze sind immer noch die besten Anweisungen, Anleitungen und Erklärungen. Langatmige Abhandlungen zu gewissen Themen verstehen sie erst ab dem beginnenden Teenageralter. Wenn Du selbst nicht so genau weißt, wie Du sprichst, dann wirst Du es spätestens bei Deinen Kindern sehen und hören oder Du kannst zuvor Freunde und Deine eigenen Eltern befragen. Sprichst Du ohne Punkt und Komma, muss das allerdings nicht zwangsläufig heißen, dass auch Dein Nachwuchs zu Quasselstrippen wird. Zeigst Du in Deinem vielen, oftmals pausenlosen Reden allerdings einen großen Wortschatz und auch entsprechende Synonyme, kannst Du davon ausgehen, dass auch Deine Kinder diesen lernen werden.

Einer der wichtigsten Hinweise, der bei Kindern wie auch bei Erwachsenen gültig ist: Dein Gehirn weiß natürlich, was das Wort „nicht" bedeutet, aber eingebaut in einen Satz kommt seine Botschaft verspätet an. Versuche, dieses Wort zu vermeiden. Sagst Du Deinem Kind: Wir können heute nicht ins Schwimmbad gehen, kommt bei Deinem Liebling nur das „Schwimmbad gehen" an, das „nicht" wird erst später so richtig verstanden, und zwar im

Hinblick auf das Alter und auch auf die Verarbeitungsgeschwindigkeit des Gehirns. Sagst Du, das Schwimmbad muss heute ausfallen oder das Schwimmbad muss auf morgen verschoben werden, dann kommt bei Deinem Kind zwar der Unmut auf, dass es nun nicht sofort ins Schwimmbad gehen kann, aber es hat auch verstanden, dass es eben „nicht" ins Schwimmbad geht und läuft nicht freudig los, um die Badesachen zu suchen! Vermeidest Du dieses Wort im allzu häufigen Gebrauch, wirst Du auch in der Kommunikation mit anderen Menschen einfacher verstanden! Ob Du noch eine Erklärung nachschiebst, warum der Schwimmbadbesuch vertagt ist, liegt an Dir und Deinem Verhältnis zu Deinem Kind. Je nach Alter oder aktueller Situation kann eine Erklärung dafür sinnvoll sein. Erkläre Dich jedenfalls kurz, wenn danach gefragt wird, und sei dabei ehrlich. Gib gerne auch zu, wenn Du einmal keine Lust hast oder Ruhe brauchst.

Je ruhiger und gelassener Dein Tonfall gegenüber Deinem Kind ist, desto leichter versteht es auch die Botschaft, und da Ausnahmen die Regel bestätigen, führen wir hier an, dass dies bei Teenagern durchaus gegenteilig sein kann. Ruhe und Gelassenheit können diese regelrecht aufstacheln, was eben auch an ihren verqueren Synapsen-Tätigkeiten in diesem Alter liegt! Wirst Du einmal zu laut, weil Dir eine Situation komplett gegen den Strich geht, kannst Du in einer sonst guten Beziehung zu Deinem Liebling die Wogen auch wieder glätten, indem Ihr beispielsweise nach allgemeiner Beruhigung der Nerven gemeinsam mit Kakao auf der Couch kuschelt, Euch in den Arm nehmt und die Situation möglicherweise noch einmal in Ruhe durchgeht.

„Worte sind Waffen" gilt auch für Begriffe, welche uns selbst wahrscheinlich in unserer Kindheit regelmäßig betroffen haben. Schlimm, frech, unordentlich, träge, faul oder weitere negative Eigenschaften rutschen uns womöglich ab und an heraus, weil wir gerade auch anderweitig belastet sind, sollten aber wirklich nicht zum täglichen Sprachgebrauch in der Familie gehören. Zudem sollten sie, wenn sie denn tatsächlich benutzt werden, unbedingt in den Zusammenhang passen! Ansonsten können vor allem Kleinkinder sie nicht zuordnen. Empfindest Du das Kinderzimmer als unordentlich, heißt das noch lange nicht, dass Dein Kind schlampig ist. Hast Du ihm nie gezeigt, wie Du es haben möchtest und ein System für Ordnung mit ihm gemeinsam installiert und geübt, kannst Du nicht erwarten ein „ordentliches" Zimmer vorzufinden.

6.4 *Nutze den Namen Deines Kindes*

Lass uns die Wirkung des Namens bei einem Gespräch mit Deinem Liebling als Beispiel anhand von Maximilian erklären. In einer liebevollen Beziehung oder auch Partnerschaft gibt es neben dem Namen auch noch den Kosenamen oder die Abkürzung des Namens. Dein beispielhafter

Maximilian ist also Dein Liebling, wenn er sich gerade „brav" verhält, etwas für ihn Außerordentliches oder Neues geleistet hat und

65

selbstverständlich auch beim Kuscheln. „Maxi" ist er, wenn er nebenherläuft und gerade nichts Weltbewegendes passiert. Er spielt, erledigt seine Hausaufgaben oder hilft Dir im Haushalt, dann reicht die liebevolle Kurzfassung für die schnelle Kommunikation. Der volle Name wird genannt, wenn Du die gesamte Aufmerksamkeit Deines Sohnemannes in unserem Beispiel benötigst. Du willst ihm eine Regel begreiflich machen, eine Grenze erklären oder sprichst ihn schon das dritte Mal an und er hat zuvor nicht reagiert. Der Name ist in diesem Zusammenhang schon ein Signal an sich und wenn Du die unterschiedlichen Namen oder Anreden Deines Kindes auch konsequent so benutzt, ist es für Dein Kind schon ein erster Hinweis auf das, was in Eurem Gespräch vorkommen wird. Geteilte Freude und Begeisterung, Lob oder Tadel!

In Schulungen zum Umgang mit Kunden wird den Teilnehmern seit Jahren erklärt, diese mit Namen anzusprechen, soweit er bekannt ist, denn es ist auch eine Form der Wertschätzung, den Namen der/des Angesprochenen in die Kommunikation mit einfließen zu lassen. Ob Rezeptionistin im Hotel oder Kassiererin im Supermarkt, man fühlt sich geschmeichelt, wenn man mit dem Namen begrüßt wird. Man erhöht automatisch seine Aufmerksamkeit auf das kommende Gespräch, wenn es mit dem Namen eingeleitet wird und dies gilt selbstverständlich auch für Kinder. Willst Du einen achtsamen Zuhörer haben? Willst Du, dass Deine Botschaft, ganz gleich, ob Lob oder Tadel, tatsächlich ankommt, dann sprich Dein Kind mit Namen an. Der Name, ob gekürzt oder voll ausgesprochen oder die Kosebezeichnung, sind emotional aufgeladen und wie wir schon erklärt haben, ist Lernen oder Wissen aufnehmen in Verbindung mit Emotionen nachhaltiger. Es bleibt besser hängen, um es vereinfacht auszudrücken.

Du hast Deinem Kind einen Namen gegeben, womöglich Dich wochenlang damit beschäftigt, welcher es denn sein soll, Bücher über Namen und deren Bedeutung gewälzt und mit Deinem Partner oder Deiner Familie darüber diskutiert. Letztlich hast Du oder habt Ihr Euch gemeinsam für einen Namen entschieden. Benutze diesen Namen auch. Nicht nur als Wertschätzung und Anerkennung gegenüber Deinem Nachwuchs, auch zur Erziehung hin zu seinem Selbstverständnis und Selbstbewusstsein. Schließlich soll Dein Kind den Namen mit Stolz bis an sein Lebensende tragen.

6.5 Namensfindung leicht gemacht!

Es gibt Mütter, die wissen sofort, wie ihre Kinder einmal heißen sollen und wieder andere Familien oder Paare diskutieren den Namen des neuen Erdenbürgers bis kurz vor der Taufe. Sei Dir bei der Auswahl des Namens jedenfalls über seine Bedeutung bewusst und seinen Hintergrund. Sieh Dir an, wer diesen Namen eventuell vorher schon getragen hat, denn es werden über den Namen oft automatisch Verbindungen gezogen! Außerdem sollte der

Vorname im Klang auch zum Familiennamen passen. Hast Du einen altbekannten deutschen Familiennamen und wählst dazu einen sehr exotischen Vornamen, kann das schon in der Schule zur Erheiterung bei den Klassenkameraden führen und sich nachteilig auf Dein Kind auswirken. Vorsicht ist auch bei sogenannten Trendnamen beispielsweise aus Filmen geboten. Die teilweise irrwitzig anmutende Namenswahl von Künstlern und Prominenten musst Du nicht unbedingt zum Vorbild nehmen. Allzu aberwitzige Namenskonstrukte können auch im späteren Leben noch zu Benachteiligungen führen, weil auch der Name auf einer Bewerbung einen ersten Eindruck hinterlässt.

Vor allem, wenn Du zu einem Namen aus einem anderen Kulturkreis oder einer anderen Sprachfamilie tendierst, solltest Du Dir über die genaue Aussprache und Bedeutung im Klaren sein. Auch wenn in Deutschland bis zu fünf Vornamen erlaubt sind, so wird eher nicht empfohlen, über mehr als drei hinauszugehen. Ein Kompromiss könnten zwei Vornamen sein, so kann sich Dein Kind sogar später einmal aussuchen, welchen davon es sich als Rufnamen aneignen möchte.

6.6 *Achte auf Blickkontakt*

„Die Augen sind der Spiegel der Seele." oder besser formuliert, über die Augen werden neben der gesprochenen Sprache die dazugehörigen Emotionen transportiert, ebenso wie durch Gestik, Mimik und Körperhaltung. Zudem ist auch der Blickkontakt oder das in die Augen schauen ein Zeichen von Respekt, Wertschätzung und nicht zuletzt Ehrlichkeit. Wer seinem Gegenüber während des Gespräches in die Augen sieht, vermittelt Überzeugung. Durch den Blickkontakt zeigst Du auch an, dass Du hinter Deiner Aussage stehst und kannst somit auch unnötige Diskussionen, beispielsweise bei der Verteilung von Aufgaben im Haushalt oder beim Setzen von Grenzen, vermeiden. Richtest Du Deinen Blick auf Dein Smartphone, weil Du auf die nächste WhatsApp wartest oder surfst Du währenddessen durch Facebook, kannst Du Dich auf eine handfeste Auseinandersetzung einstellen. Du hast Deinen Gesprächspartner nicht für voll genommen, warum soll also er oder sie nicht testen, wie ernst es Dir mit Deiner Aussage ist?

Teilst Du die Begeisterung Deines Kindes für eine eigene Leistung mit strahlendem Blick, wird dies den Ansporn, noch besser zu werden und den Turm an Bauklötzen noch höher zu gestalten, noch vertiefen. Kannst Du Deinen kleinen Rebellen und Entdeckern bei der Entscheidung zu einer neuen Grenze tief in die Augen sehen, werden sie diese viel schneller anerkennen, weil sie an Deinem Blick in ihre Augen sehen können, wie ernst es Dir damit ist. Ist Dein Blick traurig, weil Dein Kind wieder nicht beim Tischdecken geholfen hat, dann musst Du auch dies nicht verstecken, aber Du könntest Dich fragen, was Du falsch gemacht hast, als Du den Wunsch oder die Frage nach Hilfe geäußert oder formuliert hast. Blickkontakt unterstreicht die Wirkung der Worte, lass Dir dieses gewichtige Hilfsmittel nicht nehmen, indem Du aus dem Fenster oder in ein viereckiges Kästchen blickst, während Du mit Deinen Kindern oder Deiner Familie sprichst. Es ist nicht nur einfach unhöflich, es drückt ein Maß an Geringschätzung aus, welches Du sicher auch an Dir selbst nicht verspüren möchtest. Gespräch ohne Blickkontakt können übersetzt werden mit „Du bist mir nicht wichtig genug, mich zu 100 % Dir und diesem Anliegen zu widmen!"

Nicht immer bist Du der Initiator eines Gespräches. Kinder in einer funktionierenden und Sicherheit gebenden Eltern-Kind-Beziehung kommen mit tausenden Fragen, aber auch mit freudigen Erlebnissen oder kleinen Sorgen. Dann ist es umso wichtiger, das Smartphone zur Seite zu legen, das TV-Gerät auszuschalten oder den Laptop zuzuklappen. Nichts kann so wichtig sein, wie ein Erlebnis oder eine Frage mit Deinem Kind zu teilen! Das Internet vergisst ohnehin nicht, also wird alles, was Du zuvor dort gesucht, gefunden oder gechattet hast, auch nach dem Gespräch mit Deinem Kind, Deiner gesamten Familie, auch Freunden, noch vorhanden sein! Es ist kein Zeichen von Multitaskingfähigkeit, auf WhatsApp oder anderen Messenger Diensten mit Bekannten zu chatten und nebenher seinem Kind das Leben zu erklären. Uns stellt sich immer wieder die Frage, wie die einhändigen Mütter an den Kinderwägen sehen können, ob es dem Kleinen im Wagen auch gutgeht, wenn sie sich neben der Straße auch noch auf das Telefon konzentrieren müssen. Es verwundert dann nicht, dass diese Kinder sich lautstark äußern müssen, wenn sie bemerkt werden wollen und es verwundert auch nicht, wenn diese dann im Supermarkt die Regale nach ihrem Gusto freiräumen, denn dann ist ihnen Aufmerksamkeit gewiss! Blickkontakt kann allein schon eine ganze Kommunikation sein, denn wir wissen doch alle: „Ein Blick sagt mehr als tausend Worte.". Schenke Deinen Kindern, Deinem Partner und Deiner Umgebung mehr als nur einen Blick.

6.7 Körpersprache – beachte die Reaktion

Zuneigung drückt nicht nur ein Gefühl aus, sie ist auch eine Körperhaltung und damit sind wir auch schon mittendrin in unserer kurzen, aber wichtigen Erklärung zur Körpersprache.

Hast Du schon einmal Menschen in Deiner Umgebung beobachtet, wie sie reagieren, wenn Du mit ihnen sprichst? Neigen sie sich Dir zu oder lehnen sie sich eher zurück? An der Körperhaltung Deines Gegenübers kannst Du schon vor einer Antwort oder einer Gegenrede ablesen, wie diese ausfallen wird. Mit einem Zuneigen wird nicht nur Interesse, sondern kann gleichzeitig auch Übereinstimmung ausgedrückt werden. Mit einem Zurücklehnen, auf Abstand gehen, wird eher ausgedrückt, dass Deine Ansage von wenig Interesse ist und höchstwahrscheinlich auch auf wenig Gegenliebe stößt. Werden dann auch noch die Arme vor dem Körper verschränkt, kannst Du davon ausgehen, dass Dein Gegenüber auch für keines Deiner Argumente zugänglich ist.

Wie verhältst Du Dich beim Zuhören? Neigst Du Dich zu Deinem Gegenüber und bist offen für seine Aussagen oder sitzt Du neutral entspannt? Körpersprache kann man oftmals gar nicht kontrollieren, sie passiert automatisch und wird auch nur unbewusst von uns interpretiert. Beobachte Dich eine Zeit lang selbst beim Zuhören, ebenso beim selbst Reden. Die körperliche Reaktion, verbunden mit einer entsprechenden Gestik, spielt eine große Rolle bei der Aufnahme der Information.

Gerade in der Kommunikation mit Kindern ist eine offene und interessierte Körperhaltung während eines Gespräches wichtig, nicht zuletzt auch, weil sie Dich als erstes Vorbild in ihrem Leben nachahmen werden. Neigst Du Dich zu Deinem Kind, drehst Dich offen zu ihm hin, wenn es Dir etwas erzählt, dann zeigst Du damit Deine Anteilnahme, auch wenn Du womöglich mit dem Gesagten nicht übereinstimmst und ein bestimmtes Verhalten Deines Kindes hinterher ansprechen musst, um es zu korrigieren oder eine Erklärung zu finden. Das mindeste, was Du tun kannst, ist, ruhig, gelassen und offen der Erzählung zu lauschen.

Ausgebreitete Arme signalisieren ohne Worte entweder das Bedürfnis, in den Arm genommen zu werden und Zuneigung, Liebe, Verständnis zu erhalten oder können eine Einladung sein an Dein Kind, Deinen Partner, dass Du bereit bist, dieses zu geben. Dafür bedarf es meist gar keiner zusätzlichen Worte! Wir wissen anhand der Körperhaltung und -sprache intuitiv, was unser Gegenüber, unser Gesprächspartner von uns will. Wir können dies aber nur tun, wenn wir offen dafür sind und nicht abgelenkt, das heißt jedenfalls, sich seinem Kind, Partner oder der Familie zuzuwenden. Geht dies in einem Moment gerade wirklich nicht, weil sonst beim Kochen etwas anbrennen könnte, Du von zu Hause aus arbeitest und gerade mitten in einem Telefonat oder Text steckst, dann drehe Dich einfach kurz zu Deinem Kind, sage ihm, Ihr könnt Euch in 5 oder 10 Minuten unterhalten, gleich wenn Du fertig bist und dann hast Du Zeit, Dich ganz auf sein Anliegen zu konzentrieren. Kinder halten das aus und lernen damit auch, dass nicht immer alles und sofort passieren muss, weil man noch andere Verpflichtungen haben kann. Lasse aber auf keinen Fall zu, dass Du nur mit einem halben Ohr und mit geteilter Aufmerksamkeit einer Erzählung, einer Frage oder einem Wunsch lauschst. Die Fehlerquote Deiner Antworten erhöht sich und die Verwirrung des Nachwuchses kann zu Widerstand führen und zu Streit. Kinder lernen sehr schnell, auch aus der Körperhaltung, wann sie die volle Aufmerksamkeit haben, wann ihr Anliegen tatsächlich aufgenommen und beantwortet wird und wann sie nebenbei schnell eine Erlaubnis von Dir erhalten, welche Du nur wegen der Ablenkung gibst!

Lege von Anfang an für Dich, Deinen Sprössling und die gesamte Familie fest, dass Kommunikation aufgrund eines zeitlich angestrengten Tagesablaufes womöglich festgelegte Zeiten benötigt. Teile Dir diese dann auch wirklich ein. Wenige Minuten für die Zeit, wenn Dein Kind von der Kita oder Schule nach Hause kommt, jedenfalls während des Abendessens und noch danach. Vor dem Schlafen gehen oder dem Abendritual. Sind die Kinder schon etwas größer, können Gespräche auch während des Kochens oder dem Erledigen von Hausarbeiten geführt werden. Auch hier kann die Körpersprache eine Signalwirkung haben, wenn man plötzlich aufhört, im Kochtopf zu rühren und sich dem Nachwuchs zuwendet. Erlaubt es die Essenszubereitung, und Kochplatten lassen sich ja auch in der Hitze minimieren, wenn hier plötzlich wichtige Dinge nebenher angesprochen werden, dann signalisiere nicht nur durch Worte, sondern eben auch durch Deine Haltung: Ich nehme mir nun die Zeit, Dir zuzuhören, mich mit Deinem Anliegen zu befassen. Wollte Dich vor allem Dein Nachwuchs im Teenageralter austricksen und unter der Ablenkung der Arbeit zu einer Antwort verführen, mit welcher sonst nicht zu rechnen wäre, so darfst Du Dein Erstaunen über diesen Trick, diese ausgeklügelte Aktion durchaus auch durch eine sehr aufrechte Position mit eventuell verschränkten Armen ausdrücken. Dein Liebling wird sogleich erkennen, dass er oder sie nun über das Ziel hinausgeschossen hat.

Körperhaltung und bis zu einem gewissen Grad Gestik und Körpersprache in einem Gespräch kann man üben. Stelle Dich einfach vor einen Spiegel, gehe ein Gespräch in Gedanken durch und sieh Dir Deine eigenen Reaktionen an. Versuche aber nicht, eine offene und bejahende Körperhaltung einzunehmen, wenn es eigentlich darum geht, Regeln aufzustellen oder Grenzen neu zu setzen. Intuitiv werden Deine Kinder wissen, dass hier etwas nicht zusammenpasst. Vor allem, wenn Du Deine Kinder in der realen Welt und nicht in der digitalen aufwachsen lässt, haben sie noch weit mehr natürliche Intuition und können Dich womöglich besser lesen als Du sie.

6.8 Berührung in der Kommunikation

Dass Streicheln und Ohrfeige die gegensätzlichen Enden der Skala der Berührungen sind, müssen wir wohl nicht weiter ausführen, und dass die Ohrfeige keinen Platz in der Erziehung mehr hat, wurde schon in den kurzen Abrissen über die einzelnen Erziehungsformen geklärt. Berührung ist und bleibt allerdings ein essenzieller Bestandteil der menschlichen, auch der tierischen, Kommunikation!

Wir nehmen Menschen in den Arm, um sie zu trösten, sie unseres Beistandes zu versichern oder geben ihnen die Hand, um sie zu begrüßen. Andere Kulturkreise verbeugen sich dafür und wieder andere verteilen Küsschen. Je nachdem. zu welchem Du gehörst. ist Berührung in der Kommunikation mehr oder weniger ausgeprägt. Ein fester Händedruck kann einen ersten Eindruck bestätigen oder relativieren und ist damit ebenfalls ein Teil der

Kommunikation, denn er bereitet unbewusst Deine innere Bereitschaft vor, das Gespräch aufzunehmen und Argumente darin anzunehmen.

In ein Spiel versunkene Kinder oder Teenager, welche mit ihren Ohrstöpseln verwachsen scheinen, muss Du manchmal auch sanft berühren, um ihre Aufmerksamkeit zu erhalten. Damit wird ein Gespräch durch eine Berührung eröffnet und die Art der Berührung kann eine Aussage unterstreichen oder Ablehnung hervorrufen. Überlege Dir also genau, wie Du Deine Kinder auf Dich aufmerksam machst, wenn der Name als Signal nicht wirkt. Gerade kleinere Kinder kann man für ein ernstes Gespräch auf den Schoss oder in den Arm nehmen, um einer Botschaft so die Spitze zu nehmen und ihnen trotz einer abschlägigen Antwort der grundsätzlichen Zuneigung versichern. Sie sind dann oftmals auch eher bereit, sich an die Grenze zu halten, auch wenn sie sich etwas anderes vorgestellt haben. Beruhigendes Streicheln über Arme und Rücken kann diversen Aufregungen nicht nur den Schmerz, sondern auch die Aggression nehmen und ein Schulterklopfen oder Tätscheln dem Erfolg und damit Deiner Freude darüber Ausdruck verleihen.

Berührungen, richtig eingesetzt, können so wie Körperhaltung und -sprache Botschaften verstärken und Aussagen darin unterstreichen. Mache Dir dies nicht nur bewusst, sondern setze es auch gewinnbringend in Deiner Kommunikationsstrategie ein. Berührung ist ein wesentlicher Bestandteil für den Beweis von Zuneigung, Schutz und Sicherheit, sie gibt Deinen Kindern den Halt, welchen sie brauchen, damit sie ebenso offen und empathisch auf andere Menschen zugehen können. Der Fels in der Brandung muss nicht eine Vaterfigur mit Muskeln für Gewichtestemmer sein, das kann auch die streichelnde, sanfte Hand der Mutter bedeuten!

Bist Du ein Mensch, der vor Berührungen eher zurückschreckt, womöglich aufgrund von unliebsamen eigenen Erfahrungen, dann versuche, dies zumindest gegenüber Deinen eigenen Kindern abzubauen. Ganz gleich, ob Söhne oder Töchter, die Verbindung zur Mutter, von der Natur durch die Schwangerschaft festgelegt, braucht Berührung zur Stillung der Grundbedürfnisse und vielleicht hilft es auch Dir nach einem stressigen Arbeitstag, wenn Dein Kind Dich in den Arm nimmt.

6.9 Feedback – vergewissere Dich, dass Deine Botschaft angekommen ist

Nun haben wir Dir jeden Teilbereich der Kommunikation versucht zu erklären, so dass Du auch interpretieren kannst, wie Deine Rede an Deinen Nachwuchs angekommen ist. Größere Kinder kannst Du zwar fragen, ob sie auch alles verstanden haben, was Du soeben gesagt hast, aber bis zum 5. oder 6. Lebensjahr ist es gut, wenn Du anhand von Gestik, Mimik und Körperhaltung ablesen kannst, wie die Botschaft angekommen ist. Vor allem in der sogenannten Trotzphase ist es ein Leichtes, Widerstand auszumachen und der Revolution der Knirpse vorzubeugen, indem Du ihr Verhalten spiegelst!

Wie schon ein paarmal von uns angesprochen, ist eine Portion Humor in der Erziehung oft von großem Nutzen und es kann nicht nur hilfreich, sondern auch witzig sein, wenn Du Dich Deinem kleinen Revolutionär in seiner eigenen Manier entgegenstellst. Auch wenn es zum Lächeln anregt, wenn der Vierjährige mit verschränkten Armen und verkniffenem Gesichtsausdruck vor Dir steht. Unterdrücke Dein Lachen und baue Dich ebenso vor ihm auf. Die Luft wird sehr schnell aus dem kleinen Widerständler draußen sein, wenn er seine eigene Pose gespiegelt sieht.

Das Spiegeln, also Nachmachen von Körperhaltung und -sprache, sowie einer gewissen Gestik und Mimik, kann in vielen Lebenslagen, nicht zuletzt auch im Beruf helfen, das Gegenüber darauf aufmerksam zu machen, dass man erkannt hat, dass einem Ablehnung entgegenstrahlt. Genauso kann man aber erfreut eine Körperhaltung spiegeln, welche Zustimmung ausdrückt und so seinen Gesprächspartner dazu zu animieren, sich weiter zu öffnen und zu reden. Achte darauf und hole Dir, so lange Du die nonverbale Kommunikation noch nicht zu lesen weißt, jedenfalls auch eine verbale Bestätigung für das Angekommensein Deines Wunsches, Deiner Bitte oder auch Deiner Regeln und deren Konsequenzen. Da alle diese Gespräche oder Wünsche und Regeln erst mit zunehmendem Alter mehr und größer werden, kannst Du immer danach fragen!

Nicht zuletzt ist das Vergewissern, dass vor allem Regeln und Konsequenzen verstanden wurden, auch ein Ausdruck von Respekt, Liebe und Sicherheit. Du stellst Deine Vorschriften oder Anweisungen für Hilfe im Haushalt oder gewisse Grenzen ja nicht zum Spaß auf. Du hast dir etwas dabei gedacht und zeigst mit Deiner Rückfrage auch gleich mit an, dass Du kein Problem damit hast, diese zu diskutieren. Gerade bei Teenagern kann es wichtig sein, dass diese seit der Kindheit schon wissen, dass manche Regeln keinerlei grundlegender Gespräche mehr bedürfen, weil Du Dir um ihr Wohlergehen Gedanken machst und manche Regeln auch ihrem Schutz und ihrer Sicherheit dienen und nicht dazu, ihnen ihre Zukunft zu verbauen oder ihren Ruf in ihrer Freundesclique zu ruinieren. Diese Gespräche werden kommen wie das Amen im Gebet! Die Gesprächskultur der Kindheit und die Kommunikation innerhalb der Familie während der gesamten Zeit machen den Unterschied, ob Heranwachsende während des Hormonchaos und der Neuverlegung so mancher Leitungen im Gehirn auch zugänglich bleiben.

6.10 *Streitkultur mit Kindern und in der Familie*

Manchmal kann die Kommunikation noch so durchdacht sein, die Argumente noch so gut überlegt und das Gesprächsklima grundsätzlich perfekt sein, es kommt aber dennoch zu einem Streit. Da ausnahmsweise jeder in einem

Gespräch erst einmal von sich selber ausgeht und Kinder bis zu einer gewissen Entwicklungsstufe auch noch ein sehr ICH-bezogenes Weltbild haben, kann es auch in den liebevollsten Familien zu Streitigkeiten kommen und das nicht erst, wenn Geschwister sich um Spielzeug zanken.

Die gute Nachricht vorneweg: In einem ansonsten guten Familienverhältnis kann auch einmal ein Streit passieren, ohne dass gleich alle Kommunikation und die Gesprächsbasis abgebrochen wird. Nicht immer kann man jedes Wort auf die Goldwaage legen, manchmal versagt die Intuition, zumal bei sehr emotionell aufgeladenen Themen, und es soll auch schon vorgekommen sein, dass die Familie dazu herangezogen wird, den Widerstand zu proben. Worauf Du bei einem ausbrechenden Streit achten solltest und wie Du die Gräben hinterher wieder zuschütten und die Situation beruhigen kannst, das wollen wir nun kurz für Dich zusammenfassen:

Wichtig ist vor allem, dass bei jeder Auseinandersetzung, ganz gleich, ob reine Diskussion oder auch Streit, der Respekt voreinander gewahrt bleibt. Schimpfwörter und Beleidigungen sind tabu. Sollte es soweit kommen, dass Ausdrücke fallen, welche sonst in Eurer Familie nicht vorkommen, brich den Streit sofort ab. Nimm Deine Autorität und beende das Gespräch sofort. Ob zum Runterkommen jeder sich in seine Ecke verzieht oder ihr zusammenbleibt und erst einmal bis 10 zählt, wird am Thema und an Eurem grundsätzlichen Umgang miteinander liegen. Manche Familien schaffen es, sich zu streiten und danach gemütlich Kaffee zu trinken. Sollten die Streithähne den Tisch verlassen und auf dem Weg ins eigene Zimmer oder wohin auch immer mit Türen knallen oder sonstwie ihren weiteren Unmut äußern, gehe der Sache sofort auf den Grund. Verbitte Dir dieses Verhalten in Deinem Haus und in Deiner Familie sofort! Ihr könnt über den Grund, den Auslöser später in Ruhe reflektieren, aber eventuelle Schäden an Einrichtung und Wohnung müssen sofort geklärt werden!

Je nachdem, wie viele Personen an dem Streit beteiligt sind, achte darauf, dass jedes Mitglied zu Wort kommt und welche Worte es wählt. Familienstreitigkeiten gehen meist alle etwas an und so sollte auch jeder zu Wort kommen. Dabei muss auch gewährleistet sein, dass Jeder ausreden darf. Gut wäre, die am wenigsten emotional beteiligte Person würde sich darum kümmern, dass gleich erste Ausdrücke unter der Gürtellinie mit einem Verweis geahndet werden und damit unterbleiben. Hältst Du Dich selbst daran, halten sich jedenfalls auch die Kleinen daran. Bei den Größeren kann es durchaus vorkommen, dass Wörter aus dem Freundeskreis benutzt werden, welche zu Hause nichts verloren haben. Verbiete sie für den Moment im Streit und suche ein klärendes Gespräch über diese Ausdrucksweise hinterher, das kann gut auch ein paar Tage später sein, aber mache Deine Teenager jedenfalls darauf aufmerksam, dass sie nicht von Freunden oder Bekannten eine Wortwahl übernehmen sollen, weil diese vielleicht gerade „cool" rüberkommt!

Sollten die Fetzen geflogen sein und jemandem ist ein unbeabsichtigtes Wort herausgerutscht und dieser entschuldigt sich anschließend sofort, so kannst Du dies auch einfach stehen lassen und die Entschuldigung annehmen. Dann war die Hitze des Gefechtes schuld, aber die Erziehung hat bei derjenigen Person sofort angeschlagen. Freue Dich, denn das ist als Leistung durchaus zu würdigen. Hat sich die Lage wieder beruhigt, dann setzt Euch unbedingt noch einmal in Ruhe zusammen, vielleicht bei Kaffee und Kuchen, und besprecht, wie es zu diesem Ausbruch kommen konnte. Reflektiert die Notwendigkeit eines ab und an reinigenden Gewitters. Gerade wenn es ins Teenageralter geht, kann so ein Streit-Gewitter bei aufgebautem Frust aufgrund der vielen Veränderungen im kindlichen Körper Wunder wirken. Betrachte dann die Thematik, und wenn sie nicht unmittelbar mit Dir zu tun hat, dann nimm sie Dir auch nicht zu sehr zu Herzen.

Achte jedenfalls darauf, dass alle Beteiligten kritikfähig bleiben! Sind die Auslöser für Streits immer nur eine eventuelle oder notwendige Kritik an einem Familienmitglied, könnt ihr auch gemeinsam überlegen, warum dies so ist. Wurde die Kritik abfällig geäußert oder wurde die betreffende Person bis dato nie kritisiert? Kritik anzubringen will auch gelernt sein. Kritik kann produktiv sein, indem sie mit einem Lob oder einer Anerkennung, beispielsweise des Versuches zu helfen, verbunden wird. Sie ist allerdings gänzlich kontraproduktiv, wenn sie abfällig und abschätzig geäußert wird und womöglich auch noch aus dem Zusammenhang gerissen auf den Tisch kommt. Hast Du Kritik anzubringen, dann am besten in der Minute, in der das Missverhalten oder der Fehler passieren.

6.11 *Wie formuliere ich Wünsche und Regeln an meine Kinder am besten?*

Wir haben Dir schon erklärt, dass das Wörtchen „nicht" zwar häufig in unserem Sprachgebrauch vorkommt, aber es selten im ersten Moment gleich bei Deinem Gegenüber ankommt oder wahrgenommen wird. Darum gilt für Wünsche an Kinder, ebenso wie für das Aufstellen von Regeln, dass sie positiv formuliert werden müssen, wenn sie erfolgreich sein sollen.

Je nach Alter der Kinder und Situation kannst Du in einem Gespräch auch mehrere Regeln festlegen. Du weißt am besten, wie viel sich Deine Kinder schon merken können, richte Dich danach. Mit Kleinkindern am besten immer nur einen Wunsch oder eine Regel besprechen und die Nächste dazufügen, wenn die Erste sitzt. Wer früh genug damit beginnt, ist hier jedenfalls im Vorteil. Mit Teenagern kannst Du auch 2 oder 3, am besten maximal 5 Regeln oder Verhaltenswünsche besprechen, sonst fühlen auch sie sich überfordert. Sie haben mit ihren eigenen Veränderungen genug zu tun, da musst Du nicht auch noch alle möglichen Vorschriften neu festsetzen. Wollen sie Regeln geändert haben, kannst Du Dich darauf verlassen, dass sie auf Dich zukommen werden, eventuell sogar etwas herausfordernd. Sorge jedenfalls immer für eine angenehme Gesprächsatmosphäre. Rund um den Wohnzimmer- oder Esszimmertisch, mit Getränken und vielleicht sogar kleinen Leckereien. Versuche aber nicht, die Kids zu bestechen, indem Du plötzlich Dinge auf den Tisch stellst, welche sonst eher nicht erlaubt sind. Kinder durchschauen Dich sehr schnell oder wundern sich zumindest über Dein Verhalten. Auch kann das Ergebnis dann nur an dem Wunsch liegen, die Süßigkeiten oder Knabbereien wieder zu bekommen und nicht daran, dass sie Dich und Dein Anliegen verinnerlichen oder verstehen.

Möchtest Du frühzeitig oder mit kleinen Schritten beginnen, dann kannst Du Regeln für Kleinkinder als Wunsch formulieren. Du kannst sowohl sagen, Du wünschst Dir, aber auch, Du freust Dich, wenn beispielsweise die Schuhe beim Nachhausekommen immer gleich ausgezogen und im Schrank verstaut werden. Das versteht auch Dein Dreijähriger, wenn er in die Kita geht oder, wie in diesem Fall, davon nach Hause kommt. Sprich in der Gegenwartsform und nicht in einer Möglichkeits- oder Zukunftsvariante.

„Ich freue mich, wenn Du Deine Schuhe immer gleich in den Schrank stellst."

Oder:

„Ich wünsche mir, dass alle immer gleich die Schuhe in den Schrank stellen."

Niemals:

„Ich würde mich freuen, wenn alle immer die Schuhe in den Schrank räumen."

Durch die Formulierung Du wünschst Dir oder Du freust Dich nimmst Du oft einer möglichen Warum-Frage den Wind aus den Segeln! Jedoch kann auch der Dreikäsehoch die Erklärung vertragen und verstehen, dass Du beispielsweise eine aufgeräumte Wohnung und einen aufgeräumten Eingang bevorzugst. Sie verstehen auch schon, dass man über herumliegende Schuhe stolpern kann. Wichtig ist bei Deiner Erklärung nur, dass Du sie tatsächlich so meinst und vor allem auch, dass Du Deine Schuhe, wie in unserem Beispiel, auch selbst in den Schrank räumst und nicht ab und an herumstehen lässt. Sollte es Ausnahmen einer Regel oder bei einem Wunsch geben, wenn wir beim Beispiel der Schuhe bleiben wollen, wenn es regnet und sie klatschnass sind, dann erkläre dies entweder sofort bei größeren Kindern und lege auch gleich den Platz fest, wo sie dann hingehören, um abzutropfen, oder erkläre die Ausnahme am ersten Regentag, sobald Ihr nach Hause kommt. Dann wird auch der Knirps, der zuvor noch mit Begeisterung in jede Wasserlache gesprungen ist, verstehen, warum sie bei Sonnenschein oder eben trockenem Wetter in den Schrank müssen und an Ausnahmetagen einen Ersatzplatz haben.

Dasselbe gilt auch für die Mithilfe im Haushalt. Je früher Du die Kleinen mithelfen lässt, denn am Anfang tun sie das noch freiwillig, und ihnen Dein Ordnungssystem erklärst, desto besser wird es zukünftig funktionieren. Da Kinder aus dem Tun in Verbindung mit Wiederholungen am leichtesten lernen, macht es Sinn, sich für die ersten paar Mal Mithilfe, beispielsweise beim Zimmer aufräumen, Zeit zu nehmen, es gemeinsam zu machen und erst dann die Aufgabe an das Kind alleine zu delegieren.

Regeln sind auch dazu da, geändert oder bei der Kindererziehung dem Alter angepasst zu werden, und Wünsche können sich ändern, vor allem, wenn sich gewisse Lebenssituationen mitändern, wie ein neuer, anstrengenderer Job und dadurch eine neue Haushaltsverteilung. Oder ein neuer Lebenspartner und dadurch geänderte Bedingungen. Stelle diese Änderungen sofort in den Raum und, je nach Alter, besprich sie mit Deinen Kindern. Vielleicht magst Du sie sogar um Vorschläge fragen, wie sie meinen, Dich in Zukunft besser unterstützen zu können, so dass Ihr einen freundlichen und sauberen Haushalt habt, in welchem sich alle Familienmitglieder wohlfühlen können. Jeder Mensch freut sich, wenn er um seine Meinung gefragt wird, scheue Dich also nicht, auch Deine Kinder zu fragen. Vor allem, wenn Ihr eine enge Verbindung und aufrechte Gesprächsbasis habt, wird dabei zwar ein geändertes Regelwerk, aber zu aller Vorteil herauskommen, denn Kinder wollen ihre Eltern unterstützen!

Wünsche sind weder an Bedingungen noch an Konsequenzen gebunden, das muss Dir jedenfalls klar sein. Denn Du wirst auch die Wünsche Deiner Kinder nicht immer oder im gesamten Ausmaß umsetzen können oder wollen. Regeln, ganz gleich, ob gemeinsam aufgestellt oder von Dir vorgestellt, können sehr wohl mit Konsequenzen bei Nichteinhaltung versehen werden. Je größer die Kinder sind, desto mehr gelten Regeln auch für die Erwachsenen! Aber die Vorbildwirkung sprechen wir ohnehin in jedem unserer Kapitel an. Konsequenzen und Grenzen sind für Kinder wichtig. Einerseits lernen sie dadurch, dass sich die Welt tatsächlich nicht nur um sie dreht, und andererseits vermitteln sie auch ein Gefühl von Sicherheit und Halt. Darum widmen wir dem Kapitel Konsequenzen und Grenzen auch einen ganz eigenen Abschnitt.

6.12 *Vorbildwirkung in der Kommunikation*

Wir können gar nicht oft genug betonen, wie wichtig es ist, Dir klar zu machen, dass alle Gesprächstaktiken oder Strategien nichts nützen, wenn Du Deinen Kindern nicht vorlebst, was Du von ihnen erwartest oder ihnen beibringen möchtest. Wie schon so oft auf den vorangegangenen Seiten angemerkt, bist Du das erste Vorbild Deiner lieben Kleinen, dem sie nacheifern, das sie nachahmen werden. Dies ist völlig natürlich und muss auch so sein, anders könnten wir uns gar nicht entwickeln, aber es bedingt auch, dass Du im Vorleben Dein Bestes gibst.

Bist Du selbst in Gesprächen unkonzentriert und unaufmerksam, können Deine Kinder nicht lernen, dass man einem Vortrag, einer Bitte oder eben einer Diskussion mit Interesse folgen sollte. Dies wird sich nicht zuletzt auf die schulische Leistung auswirken, denn auch dort ist Aufmerksamkeit gefragt. Lege also das Smartphone aus der Hand, klappe Deinen Laptop zu und drehe Dich zu Deinem Kind, wenn es sich etwas von Dir wünscht oder Dir etwas erzählen möchte, oder wenn Du eine Regel, einen Vorschlag oder einen Wunsch äußern möchtest. Sprich in klaren und ganzen Sätzen und vermeide Kraftausdrücke, auch wenn Du vermeintlich gar nicht mit Deinen Kindern sprichst, dann werden sie Deine Ausdrucksweise übernehmen und Du musst Dir auch um den Einfluss des kommenden Freundeskreises weit weniger Sorgen machen. Schau den Kleinen in die Augen, abgesehen davon, dass Du sonst viele Stimmungen versäumst, erspart es Dir auch später noch viele Erklärungen, wenn Regeln in Frage gestellt werden. Ein Blick sagt mehr als tausend Worte und eine Geste kann jede Aussage unterstreichen. Nutze alle unsere Tipps für ein unaufgeregtes Miteinander und spannende Diskussionen sowie Frage-Antwort-Stunden, wenn es soweit ist.

6.13 „Du bist zu laut": So bekommt Dein Kind die laute Stimme unter Kontrolle

Du hast das Gefühl, Dein Kind ist zu laut? Finde die Ursache! Wenn medizinische Gründe ausgeschlossen werden können, Dein Kind aber zu Hause die Lautstärke nicht reguliert, dann finde heraus, ob es das woanders macht, beispielsweise in der Kita, in der Schule oder beim Spielen mit Freunden in deren Zuhause. Lautstärke ist für Kinder ein Mittel, um auf sich aufmerksam zu machen. Das haben sie als Babys schon gelernt und auch, wenn sie größer werden, kann es passieren, dass über die Lautstärke fehlende Aufmerksamkeit von Seiten der Eltern eingefordert wird. Sie benehmen sich dann „schlimm" oder brüllen und schreien eben, anstatt normal zu sprechen.

Begeisterung beim Spielen oder eine neue Umgebung, der Beginn des Besuches einer Kita oder des Kindergartens können Ursachen für eine erhöhte Stimme sein. Dies wird ganz von allein wieder herunterreguliert, wenn Dein Kind sich nicht mehr über die Stimme und damit die Lautstärke durchsetzen muss. Aufgrund des Lärmpegels in einer Kita oder einem Kindergarten kann es sein, dass Dein Kind die laute Stimme einfach aus Gewohnheit beibehält und Du ihm oder ihr zuhause wieder sagen musst, dass es bitte etwas leiser sprechen soll, weil hier keiner schwerhörig ist!

Oft ist der Auslöser für eine erhobene Stimme auch ein kleines Geschwisterchen, welches die wertvolle Zeit mit der Mutter rauben kann. Kläre dann die Konkurrenzsituation, indem Du feinfühlig auf die Bedenken des größeren Geschwisterteils eingehst. Eine geänderte Lebenssituation kann ein weiterer Auslöser für zu laute Kinder sein. Es ist dann die Bitte um Zuspruch. Das Verlangen zu wissen, dass sich die Liebe und der Schutz der Mutter nicht geändert haben. Sobald Dein Kind das begriffen hat, wird es seine Stimme auch wieder regulieren. Verlangst Du aber ständig aus Rücksicht auf neue Familienmitglieder ein leises Verhalten, musst Du mit stärkerem Gegenwind rechnen, denn Rücksichtnahme kann in diesem Fall für den kleinen Mann oder das gewiefte Fräulein auch bedeuten, dass es nun nicht mehr denselben Platz einnimmt wie zuvor.

Es gibt hier keinen Trick 17, Du musst an die Ursache gehen und nicht das Symptom, also die laute Stimme behandeln. Ein ruhiges Gespräch unter vier Augen mit dem Lieblingsgetränk in kuscheliger Stimmung kann hier sehr schnell Abhilfe schaffen. Zeige Deinem Kind, dass es trotz Kitabesuch oder neuem Baby oder auch neuem Familienmitglied in seiner Bedeutung für Dich immer noch an derselben Stelle steht. Dann wird es auch Rücksicht nehmen auf das kleine Baby oder die neue Situation. Je früher Du reagierst und je ruhiger und aufgeschlossener für sein Bedürfnis zu agierst, desto schneller wird die überhöhte Lautstärke auch wieder wegegehen und Du hast die erste Rebellion gut überstanden. Weitere Tipps oder Ursachen für ein sogenanntes „schlimmes" Verhalten, vor allem bei Geschwistern oder neuen Familienmitgliedern, geben wir Dir in den entsprechenden Kapiteln an die Hand.

7. DIGITALE WELT – WERKZEUG ODER LEBENSBEGLEITER?

Weil es gerade so gut zum Thema Kommunikation, Aufmerksamkeit, und in diesem Zusammenhang auch zur Vorbildwirkung passt, lasse uns dieses heiße Eisen aufgreifen und uns über die Vor- und Nachteile der neuen Medien für Kinder, aber auch für Erwachsene, unterhalten.

Ein Blick auf die Statistiken zur Nutzung des Internets vor allem via Smartphone und Tablet im Vergleich zu den Statistiken mit Verhaltensauffälligkeiten, nicht nur bei Kindern, lässt auch für den Laien gewisse Rückschlüsse zu. Es braucht aber gar nicht die eigene Denkleistung zu diesem Thema, denn es finden sich seit 10 Jahren vermehrt Studien, Meta-Analysen und andere Untersuchungen zur Gefährdung diverser sozialer Kompetenzen, der Gesundheit und der Arbeitswelt zu diesem Thema. Das Internet, diverse TV-Sendungen, selbst die Mainstreammedien haben die Gefahr der Sucht nach der digitalen Welt und ihre Auswirkungen auf unsere Gesundheit und unsere Gesellschaft schon aufgegriffen. Nicht zuletzt wird der zunehmend körperliche Verfall bei Jugendlichen an der übermäßigen Nutzung der digitalen Medien fest gemacht. Mehr und mehr Schüler schaffen den Hauptschulabschluss nicht, und wenn sie ihn doch in der Tasche haben, scheitert die Ausbildung an fehlenden sozialen Kompetenzen und einer gestörten Priorisierung von Aufgaben! Nichtsdestotrotz wollen mehr und mehr, nicht nur Schulen, sondern auch Kitas bereits Tablets an die Kleinsten verteilen und sie so auf die neue vernetzte Welt vorbereiten. Ob diese Vorbereitung tatsächlich notwendig ist, darüber streiten sich Fachleute aus der Psychologie, Therapie und dem Schulwesen mit Politikern und Lobbyisten der großen Technikkonzerne.

Lass uns also einen Blick auf die Gefahren, aber auch die Nützlichkeit der Digitalisierung werfen und sehen wir über den Tellerrand hinaus, um die Internetnutzung nicht nur an der Kindererziehung zu untersuchen, sondern beispielsweise auch Erkenntnisse der Bio-Hacker darin einfließen zu lassen. Schließlich sitzen die Marktführer der Bio-Hacking-Szene im Silicon Valley Tür an Tür mit den Konzernen, welche uns, unsere Kinder und damit unsere Zeit und zum Teil, bei Süchtigen, unser Leben beherrschen.

7.1 *Wie ist Dein eigenes Verhältnis zu den digitalen Medien?*

Hast Du Dir selbst schon einmal überlegt wie viel Zeit Du mit dem Smartphone in der Hand, am Computer oder Laptop oder gerne auch mit dem Tablet verbringst? Wenn nicht und wenn Du nicht sofort als Antwort geben kannst,

Du nutzt es nur für die Arbeit und darüber hinaus nicht mehr als 1 Stunde am Tag, dann setze Dich hin und schreibe Dir eine Liste, beobachte Dich selbst und mache Dir bewusst, wann und wofür Du die diversen Endgeräte und die vielen Möglichkeiten des Internets nutzt. Nur, wenn Du selbst ein gesundes Verhältnis zur digitalen Welt hast, kannst Du dieses auch an Deine Kinder weitergeben!

Wie oft kontrollierst Du, ob eine Nachricht auf Deinem Smartphone eingegangen ist? Liegt es ständig griffbereit neben Dir? Hast Du schon einmal beim Kochen etwas anbrennen lassen, weil Du gerade am Handy warst? Postest Du alle Speisen, welche Du selbst zubereitest oder im Restaurant verspeist und antwortest Du auf Deine virtuellen Freunde schneller, als sie Dir Nachrichten senden? Wie oft triffst Du Dich mit Deinen echten Freunden und liegt dann auch das Smartphone auf dem Tisch? Wann hast Du das letzte Mal Dein Telefon weggelegt und Dich tatsächlich nur mit Deinem Partner oder Deiner Familie unterhalten, über das Leben, nicht über die neuesten Gerüchte auf Twitter, wohlgemerkt? Wie oft tauschst Du Deine Endgeräte aus? Müssen sie jährlich auf den neuesten technischen Stand gebracht werden und steuert schon Alexa Deinen Haushalt?

Wie ist Deine eigene Schlafqualität und liegt das Smartphone, vermeintlich als Wecker getarnt, auf Deinem Nachttisch? Dann wird es Zeit, Dir einmal eine Auszeit zu gönnen und der Vernetzung für einige Stunden zu entsagen. Mache einen Spaziergang, am besten in der Natur, zur Not auch in der Stadt, lausche Deinen Gedanken und fühle, wie Du wieder zur Ruhe kommst. Ständige Erreichbarkeit und die Angst, etwas zu versäumen, behindert viele Menschen, am tatsächlichen Leben aktiv teilzunehmen. Zudem versetzt uns das 24 Stunden Onlinesein auch in eine ständige Alarmbereitschaft. Diese sorgt für eine Ausschüttung verschiedener Hormone in ihren unterschiedlichen Stadien und nicht alle diese Hormone sind in ihrer Zirkulation in unserem Organismus ungefährlich. Wie auch beim Essen macht die Dosis das Gift. Wir sind uns sicher, dies möchtest Du für Deine Kinder verhindern, denn das Leben findet nach wie vor außerhalb von Facebook, Google, YouTube, Twitter und wie sie alle heißen statt!

In den folgenden Abschnitten wirst Du erfahren, welche Auswirkungen eine zu frühe Leidenschaft für Smartphone, Internet & Co haben kann. Wir zeigen Dir, was die Werbung uns vermittelt, aber auch, wo die Wissenschaft schon widerspricht, und wir erklären Dir vom Geschäftsmodell der Internetgiganten bis zu den Ansichten der Konzernbosse hinsichtlich ihrer eigenen Kinder und Kindererziehung in Sachen digitale Nutzung so viele Facetten wie nur möglich, um Dir die Entscheidung, ab wann und wieviel Nutzung der Vernetzung leichter zu machen. Denn auch wir erkennen einen gewissen gesellschaftlichen Druck, allen voran bei Teenagern, natürlich an und wie immer kommt es auch darauf an, was Du bis dato erlaubt hast oder ob dieses Thema bei Dir gerade erst am Anfang steht.

7.2 Die digitale Welt als Werkzeug für ein angenehmeres Leben!

Wir wollen hier keinesfalls den Nutzen diverser Endgeräte, Apps und allen voran das Internet als Informationsquelle verteufeln, denn schließlich wurde auch dieses Buch auf einem Laptop geschrieben, mit der Hilfe von Amazon publiziert und die Recherche von Google und weiterer Suchmaschinen unterstützt. Die Kommunikation unter den Autoren findet via Skype, WhatsApp und anderer nützlicher Tools statt und auch privat finden diverse Anwendungen ihre Berechtigung. Ob dies die Steuerung der Tröpfchen-Gieß-Anlage bei unseren leidenschaftlichen Gärtnern ist, das Vorheizen des Autos im Winter via Smartphone App (Wir sind uns ganz sicher dass viele Menschen der Welt genau auf diese App lange gewartet haben.) oder ob es der Alarm der Waschmaschine auf dem Telefon ist mit der Nachricht, sie wäre nun fertig und bereit, entleert zu werden. Leider hat noch niemand eine App erfunden, die die Hausarbeit erledigt und auch Alexa kann die Wäsche noch nicht aufhängen, aber Du kannst sehen, auch wir nutzen selbstverständlich webbasierte Angebote, um uns das Leben zu erleichtern. Wir sind weit davon entfernt, diese Annehmlichkeiten zu verteufeln, es geht uns hier aber um das gesunde Maß der Dinge.

Recherchen im Netz erleichtern vielen Berufsgruppen heutzutage das Leben und Studenten wie Schüler wissen die vielen Angebote an Lernhilfen durchaus zu schätzen. Gerade Apps zur Sicherung des Heimes via Überwachung und eine Möglichkeit der zentralen Steuerung der Elektrik eines Hauses oder einer Wohnung sind groß im Kommen und werden auch von uns freudig angenommen. Amazon macht es möglich, dass heute jeder seiner Leidenschaft für das geschriebene Wort nachgehen und es publizieren kann. Der Market Place kann eine Möglichkeit auch für kleine Gewerbetreibende sein, sich das Internet zu erobern, ohne selbst alle möglichen Abrechnungssysteme, Warenkorbsysteme und weitere notwendige Software zu installieren und zeitaufwändig zu betreuen. Gerade die Corona-Pandemie hat uns gezeigt, dass darin für manche Spezialisten im Handel eine Chance bestehen kann, Ausfälle durch entgangene Laufkundschaft zu ersetzen. Bewertungen werden nicht nur im technischen Sektor gerne von zukünftigen Kunden gelesen, sie haben auch den touristischen Markt komplett auf den Kopf gestellt. Fast 50% aller Urlaubsreisenden geben hinterher ihre Meinung zu Destination und Hotel bekannt und unterfüttern ihre Aussagen oftmals noch mit Bildern. Somit werden viele böse Überraschungen, welche man noch vor 15 Jahren bei der Ankunft am Urlaubsort erleben konnte, ausgeschlossen. Wie oft hat sich damals die „Strandnähe" eines Hotels als 2 Kilometer langer Fußmarsch entpuppt und die „ruhige Lage" als komplett ab vom Schuss!

Selbst wenn das Auto noch ein älteres Modell ist, welches man einfach gerne fährt oder aus wirtschaftlichen Gründen nicht austauschen kann, mit Google Maps hat man sein Navi immer dabei und selbst in einem dichten Wald (gewisse Regionen im leider nicht so wirklich durchdigitalisierten Deutschland ausgenommen) kann man sich heute kaum mehr verirren, wenn man sein Smartphone in der Tasche hat. Die Sammelleidenschaft für Pilze und Beeren kann voll ausgelebt werden, denn Google weiß immer, wo Du bist und wie Du wieder zu Deinem Ausgangspunkt zurückkommst. Die Gesundheits- oder Sport-App verrät Dir hinterher, wie viele Kilometer oder Schritte Du zurückgelegt hast, bei welcher Pulsfrequenz und wie viele Kalorien Du dabei verbrauchen konntest. Der Weg zur nächsten Belohnung für die aktive körperliche Betätigung wird dann zwar oft durch das Anzeigen der nächsten Eisdiele oder Konditorei wieder ad absurdum geführt, aber hey, noch weiß das Smartphone nicht, welche Zuckerbombe Du Dir als Belohnung gönnst! Dies kann sich allerdings durch Bestellungen über ein App-System in Zukunft auch gleich ändern und Du hast Deine gesamte Kalorienbasis ohne mühsames Nachrechnen immer bei der Hand. Ganze Industriezweige sind auf diese Apps von Gesundheit, Ernährung und Sport aufgesprungen und jeder namhafte Koch betreibt heute einen YouTube-Kanal und führt Dich in die Geheimnisse seiner Kreationen ein. Handwerklich halbwegs begabte Mitmenschen finden dort auch die Anleitung zum Bau oder für diverse Renovierungsarbeiten rund um Haus und Garten, und zur Not spielt das Smartphone dieses in Endlosschleife ab. Google, YouTube und andere Seiten, vollgefüllt mit Wissen und Information, bieten Dir mit Folgevideos und Vorschlägen auch gleich Deinen nächsten Renovierungsschritt an und via QR-Codes kannst Du die optimale Verwendung von Material, ob für den Bau oder die Kochkunst, ebenfalls auf Deine Endgeräte holen!

Freunde verliert man nie mehr wieder, man vernetzt sich heute auf Facebook oder verfolgt zumindest in den sogenannten Business-Netzwerken wie LinkedIn oder Xing den weiteren beruflichen Werdegang der ehemaligen Kollegen. In Kontakt zu sein und auch zu bleiben ist heute ein Leichtes und witzige Momente hast Du in Sekundenschnelle via eingebaute Kamera mit Deinen Freunden und der Welt geteilt. Nachrichten, Wetterberichte und sonstige Dir wichtige Meldungen kannst Du Dir via Alarmsignal auf Dein Telefon holen. Du bist immer Up-to-Date und, wie uns ebenfalls Corona gezeigt hat, kann sich via neue Medien und Möglichkeiten in Zukunft auch in der Arbeitswelt noch sehr viel tun. Das Home-Office kann dafür Sorge tragen, dass Arbeitswege entfallen, mehr Zeit für die Familie bleibt und du alle Dinge, welche Du sonst in einem Büroraum erledigen würdest, bequem zu Hause organisierst. Zeiten können flexibler werden und Familien neben dem Frühstück und dem Abendessen vielleicht sogar zu Mittag oder zu einer Kaffeejause am Nachmittag zusammenfinden. Unendliche Möglichkeiten stehen im Raum, wir haben noch nicht einmal die Hälfte aller Möglichkeiten angesprochen, aber wir sehen einer Zukunft entgegen, welche sich gerade arbeits- und haushaltstechnisch von der Vergangenheit unserer Eltern unterscheiden wird.

Wir dürfen nur eines nicht vergessen, nämlich all das als Werkzeuge für unser angenehmes Leben anzusehen. Das Leben, unser Leben an sich dürfen diese Werkzeuge nicht bestimmen!

7.3 *Vorbildwirkung im Umgang mit digitalen Medien und Endgeräten*

Mit allen Tools und Hilfen, welche uns die neuen Medien für die Arbeitswelt in die Hand geben, gelangen natürlich auch Angebote zu uns, welche uns die Freizeit versüßen oder die Langeweile verhindern sollen. Die Frage, die sich jeder stellen muss, lautet, nutze ich das Smartphone und das Internet, um mir das Leben zu erleichtern oder lasse ich mich von meinem Smartphone stressen und stelle für die Firmen im Netz einen zu melkenden Kunden dar?

Je nachdem, wie Du selbst zur Nutzung der digitalen Möglichkeiten stehst, so werden auch Deine Kinder Dein Verhalten und Deine Haltung dazu übernehmen. Selbst wenn Dir gar nicht bewusst ist, dass Du für die Marketingabteilung diverser Branchenriesen ein Gewinn bist! Wie wir einleitend schon erklärt haben, musst Du Dir über Deinen eigenen Umgang mit allen Endgeräten und dem Web klar werden und eine Strategie nicht nur für Deine Kinder, sondern auch für Dich selbst finden und dann auch daran festhalten. Du kannst nicht selbst ständig online und unter Strom sein und Deine Kinder von den neuen Medien und Welten fernhalten wollen. Nur durch Dein eigenes Verhalten, Dein vorgelebtes Verhältnis dazu, können sie selbst ein gesundes Verhältnis zur bunten neuen Welt entwickeln.

Es erschreckt uns als Eltern regelmäßig, wie bedenkenlos andere, zumeist etwas jüngere Eltern, heute nicht nur ihr eigenes Leben, sondern auch das Leben ihrer Kinder ins Netz stellen. War es uns vor 20 Jahren noch peinlich, wenn die eigene Mutter begeistert der nahen und fernen Verwandtschaft sowie Bekanntschaft unsere Babybilder (warum war das eigentlich immer nackig auf irgendeinem Tierfell?) gezeigt hat und selbstverständlich die erste Zahnlücke, den ersten Schultag und das alles auch noch in den damals modernen Klamotten, welche wir heute so niemals wieder tragen würden, so setzen manche Menschen ihre Kinder dieser Peinlichkeit heute ein Leben lang aus. Das Internet vergisst nicht und irgendjemand hat das Foto geteilt, geliked oder gar gespeichert, da nützen alle noch so netten Privateinstellungen der diversen Anbieter der sozialen Plattformen nichts! Teilst Du alles und jedes mit Deinem sogenannten virtuellen Freundeskreis? Willst Du, dass Deine Kinder alle Momente Eures Familienlebens mit ihren Freunden und der Welt teilen? Wie willst Du, wenn Du selbst ständig postest, Deine Kinder auf

Privatleben, Datenschutz und die dunkle Seite des Netzes aufmerksam machen? Wie sie vor eventuellem Missbrauch ihrer Bilder und Messages schützen? Du kannst nicht selbst Dein Leben ins Internet stellen und Deinen Kindern dieses verbieten.

Läuft bei Dir das TV-Gerät ständig im Hintergrund, wirst Du Dein Kind nicht zu einer vernünftigen Nutzung erziehen können. Lässt Du Dich von allen Themen berieseln in der Meinung, Du hörst ohnehin nicht ständig hin, es wäre nur ein Hintergrundgeräusch, so täuschst Du Dich. Unbewusst nimmst Du Botschaften auf und machst auch Deine Kinder zu Opfern des ausgeklügelten Marketingsystems hinter Filmen, Nachrichten und selbstverständlich der Werbung! Die Frage nach dem eigenen Gerät im Kinderzimmer wird nicht lange auf sich warten lassen und nicht selten wird dem stattgegeben, weil im Wohnzimmer ohnehin ein neues, noch größeres, noch besseres Gerät aufgestellt werden muss. Das etwas ältere Modell landet dann nicht selten im Kinderzimmer. Denselben Weg gehen Smartphones, Tablets und Computer, wenn die Eltern immer auf der Jagd nach der neuesten Generation der Endgeräte sind. Welches Vorbild gibst Du damit Deinen Kleinen?

Deine Nervosität aufgrund übermäßigen Konsums von digitalen Medien überträgt sich auf Deinen Nachwuchs, Du verlierst Deine Intuition und Deine Empathie. Du kannst kleinere Probleme nicht mehr aus dem Bauch heraus lösen und hinterfragst ständig Deine Entscheidungen, weil Du Dich aufgrund der Flut an Informationen verunsichern lässt. Auch das überträgt sich auf Deine Kinder. Sie merken die Widersprüchlichkeit und werden zunehmend unsicher, sie verlieren die Orientierung und wir sind uns sicher, dies möchtest Du nicht. Begrenze Deine eigene Zeit mit Smartphone und Co und freue Dich über das Wunder des Lebens, welches Du mit Deinem Partner erschaffen hast. Baue eine Beziehung zu Deinem Baby auf und nicht zu Deinem Smartphone. Du versäumst viel mehr, wenn Du ständig den neuesten Meldungen auf Facebook, Twitter oder sonst wo hinterherrennst, anstatt die Entwicklung und Lebensfreude Deines Lieblings zu verfolgen.

Entwickle ein Gespür dafür, wann es zu viel Zeit ist, welche Du für Dein eigenes Verhalten in den digitalen Medien verbrauchst. Dann wirst Du auch erkennen, dass Deine Kinder diese virtuelle Welt in den ersten 10 Jahre ihres Lebens nicht nötig haben. Zu viele andere Dinge gibt es zu erfahren und zu begreifen. Nur dann können sie das echte Leben vom virtuellen Leben unterscheiden und lernen, Prioritäten zu setzen. Wenn Du selbst Dein Smartphone regelmäßig weglegst, den Fernseher und Computer ausschaltest und Dich Deiner Umgebung, Deiner Familie und allen voran Dir selbst widmest, wirst Du selbständige und unabhängige Kinder großziehen und keine durchnummerierten Kunden für die bunte digitale Welt!

7.4 Das Geschäftsmodell der großen Internetkonzerne

Das Internet kennt Dich! Kennst Du das Netz? Wenn Du diese Frage für Dich mit JA beantworten kannst und Dir sicher bist, dass Du die Prozesse im Hintergrund verstehst, welche ablaufen, während Du im Netz einkaufst, surfst oder nach bestimmten Informationen suchst, dann kannst Du diesen Abschnitt gerne überspringen. Wenn Du an Dir selbst anhand der letzten Abschnitte festgestellt hast, dass Du Deine Nutzung der digitalen Angebote eventuell überdenken solltest, dann lies Dir dieses Kapitel jedenfalls durch und gib es auch Bekannten und Verwandten zu lesen, welche ein Näheverhältnis zu Deinen Kindern aufbauen sollen und als Bezugspersonen und Vorbilder dienen. Denn nur, wenn Du verstehst, was die Algorithmen, mehr oder weniger das Gehirn der Konzerne, mit Deinem Verhalten im Netz anfangen, wie sie funktionieren und Dich manipulieren, kannst Du die Gefahren tatsächlich verstehen und entsprechend reagieren und auch Deine Kinder sowie Deine Familie davor schützen. Viel zu viele Menschen, allen voran Jugendliche, hinterlassen ihre Spuren in den Tiefen des Internets und machen sich keinerlei Gedanken über die Geschäftsmodelle dahinter. Der gläserne Mensch ist schon lange Realität und auch das sogenannte Datenschutzgesetz kann daran nichts ändern!

Wir wollen als Beispiel mit Amazon beginnen, denn seit der Corona-Pandemie bestellen darüber auch Menschen Waren, welche sonst Verfechter für den stationären Einzelhandel waren und dem Verfall der Innenstädte und dem Sterben der kleinen spezialisierten Boutiquen und Geschäfte nicht widerstandslos zusehen wollten!

Amazon hat als Buchversand angefangen und sich seither zu einem der innovativsten und erfolgreichsten Konzerne im Netz, aber auch zu einem sehr umstrittenen entwickelt. Von Anfang an hat Amazon so viele Daten und Vorlieben seiner Kunden gesammelt und daraus Empfehlungen für weitere Einkäufe abgeleitet. Dies ist einerseits praktisch, denn, um bei den Büchern zu bleiben, Du hast bei jeder Neuerscheinung eines Autors eine Mail erhalten, dass Du den nächsten Band oder einen neuen Roman, ein neues Fachbuch nun ebenfalls erwerben kannst. Seit sich Amazon vom Buchhändler zu einem Marktplatz mit eigenem Verkauf und Versand sowie der Möglichkeit für Händler, zu Amazon-Bedingungen zu verkaufen, hochgearbeitet hat, bekommst Du Empfehlungen für Haushaltsgeräte, Bastelartikel, Bekleidung, einfach alles, was es dort an Waren gibt. Bewertungen machen es einfach, die Bedienung und Arbeitsweise von Geräten oder die Passformen von Jeans nachzuvollziehen und selbst Preisvergleiche unterschiedlicher Anbieter kannst Du anstellen und die Betrachtungen von sogenannten unabhängigen Testern darin finden. Zudem zeigt Dir Amazon zusätzlich nützliche Tools für Dein gewähltes Gerät oder passende Kombinationsmöglichkeiten für Deine Hose. Mit dem Hinweis, dass sich andere Kunden auch dafür interessiert hätten oder welche Teile gerne gemeinsam gekauft werden, lassen wir uns nicht selten zu einem größeren Einkauf animieren als wir ursprünglich geplant hatten. Ob diese Art von Werbung den Tatsachen entspricht, können wir nicht wissen! Jedenfalls sammelt Amazon weiter fleißig Deine Daten, Deine Interessen und Deine Einkäufe. Bald täglich bekommst Du eine Mail oder eine Nachricht von Amazon mit für Dich und Deinem Surf- und Einkaufsverhalten angepassten Artikeln. Verbindest Du nun Dein Amazon Konto mit Deinem Facebook Konto, kannst Du Deine Einkäufe auch gleich mit Deinen Freunden teilen und unterstützt so die Marketingabteilung dieses Konzerns! Durch die Verknüpfung der beiden Accounts sammelt Amazon nun aber auch Dein Verhalten und Deine Interessen auf Facebook und Du wirst mit immer besser auf Dich zugeschnittenen Angeboten konfrontiert. Das ist zwar einerseits sehr praktisch, aber auf der anderen Seite kann dies auch sehr einseitig sein für Deine zukünftigen Einkäufe. Produktinnovationen von anderen Firmen könnten Dir entgehen, denn Du bleibst immer bei den vorgeschlagenen und für Dich persönlich herausgefilterten Waren hängen.

Dasselbe Prinzip steckt auch hinter den sozialen Medien. Facebook war einmal eine coole Idee eines Studenten, mit seinen Studienkollegen einfach in Verbindung zu bleiben und weiter am Leben der Freunde teilzunehmen, auch wenn man nach der gemeinsamen Zeit an der Universität in verschiedene Richtungen zieht. Von dieser Idee hat sich der Konzern zu einem der größten Sammler von Werbegeldern gemausert. Die Algorithmen im Hintergrund spielen nicht nur auf Deine Interessen zugeschnittene Werbung in Deinen Account, sie zeigen auch nur mehr auf Deine Interessen oder Meinungen zugeschnittene Posts an. Wie es in einem Freundeskreis nun einmal passieren kann, entwickeln sich Interessen in unterschiedliche Richtungen weiter und plötzlich siehst Du nurmehr die Posts von dem Personenkreis, mit dem Du am meisten übereinstimmst. Du siehst nurmehr Nachrichten, welche Du anhand der Prozesse im Hintergrund zu Deinem Profil passend serviert bekommst. Abweichende Meinungen oder Nachrichten aus anderen Bereichen werden in Deinem Strang nicht mehr angezeigt und wenn Du sie nicht ab und an aktiv suchst, dann bekommst Du diese auch nie mehr wieder zu Gesicht! Das Problem ist, dass Du ein Weltbild serviert bekommst, welches nur mehr aus einer einzigen Meinung besteht. Dies kann Dich nun in Deiner Sicht der Dinge bestätigen, aber es schränkt Dich auch ein, denn Fortschritte und gegenteilige Ansichten werden an Dir vorbeigeleitet.

Google, YouTube, Instagram und wie sie alle heißen, setzen ihre Strategien der Nachrichtenübertragung auf dieselbe Art ein. Du bekommst, wenn Du Dich nicht aktiv um ein breites Spektrum bemühst, nur mehr von den Systemen für Dich ausgesuchte Informationen auf Deine diversen Bildschirme. Die Gefahr besteht nicht nur für Jugendliche, sondern durchaus auch für Erwachsene, dass sie nicht mehr erkennen können, was wirklich rund um sie vorgeht, denn das Internet befeuert nur mehr wenige und sehr spezialisierte Ansichten

Deinerseits. Vor allem Jugendliche erliegen in den sozialen Medien immer mehr dem Eindruck, dass das Leben der anderen schöner, bunter, besser ist. Seit der exzessiven Nutzung der sozialen Medien durch junge Mädchen ist die Selbstmordrate in dieser Altersgruppe um 100 % angestiegen. Sie vergleichen ihr eigenes Leben mit dem Leben von Menschen, welche sie zum Großteil gar nicht persönlich kennen, welche sie aus der Nähe gar nicht bewerten können, denn sie sehen ja nur, was von diesen Menschen gepostet wurde! Schnell kommt da der Eindruck zustande, andere Kids wären nur auf Urlaub, kauften die neuesten Markenartikel und bekämen alle ihre Wünsche erfüllt. Den Hintergrund, die Familie, das Umfeld kennen sie nicht! Mögliche Arbeit, die für allen Luxus geleistet wird, sehen sie nicht, wer postet schon seine 3 Jobs, damit er sich die neue Jeans, das neueste Smartphone oder den Wochenendtrip leisten kann?

Leider erliegen auch Erwachsene immer mehr dem Eindruck, dass andere Menschen auf Facebook ein besseres Leben hätten, denn auch die Generation 30 plus postet nur die schönen Seiten, wenn sie postet. Die Geschäftsreise mit der Möglichkeit, sich die fremde Stadt anzusehen, die Urlaubsreise mit diversen Ausflügen und das Dinner im Restaurant mit ausuferndem Menü. Die matschige Pizza aus der Mikrowelle dann den Rest des Jahres zuhause, das postet niemand! Setzt Du nun ein Like unter einen Urlaubs- oder sonstigen Post Deiner Freunde, landest Du zeitgleich auch in der Liste für zukünftige Werbeposts der dahinterstehenden Firmen. Vom Hotel über das Reisebüro bis hin zum Konzertveranstalter, ausgeklügelte Datenspeicher machen es möglich. Wenn das Internet nicht schon erfunden wäre, die Marketingbranche würde es erfinden, die Spielwiese ihrer Möglichkeiten des Kundenfanges wird täglich größer und die wenigsten Opfer der Werbestrategien verstehen wirklich, was mit ihrem Like passiert!

Du musst Deine Accounts in den verschiedenen Plattformen natürlich nicht schließen, löschen kannst Du oft einmal geteilte Informationen ohnehin nicht mehr, aber sei Dir bewusst, was Dein Verhalten im Netz für die großen Konzerne bedeutet und wie Du und Deine rein privaten Interessen zu barem Geld gemacht werden! Denn über die eingebauten Kameras können innovative Firmen heute anhand der Bewegung der Augen auf dem Bildschirm nicht nur Interesse anhand von tatsächlich getätigten Einkäufen, aufgerufenen Seiten oder Likes ablesen, nein, sie sehen Dir wahrhaftig in die Augen und können speichern, auf welchem Angebot Du mit Deinem Blick länger verweilt bist. Eine faszinierende Welt wird in der Matrix aufgebaut, lasse Dich und Deine Familie nicht vereinnahmen!

Bevor wir dieses Kapitel abschließen und Dir die gesundheitlichen Probleme durch zu viel Nutzung und Zeit im Internet und vor Bildschirmen verdeutlichen, wollen wir noch ein paar Worte über die sogenannten „Influencer" an Dich richten. Niemand stellt einen Blog in das Internet und breitet sein Leben darin aus, der damit nicht auch Geld verdient! Vor allem Jugendliche und junge

Menschen haben diese Chance des Broterwerbes erkannt und ihre Zielgruppe befindet sich zumeist in derselben Altersklasse. Blogger verdienen ihr Geld damit, dass sie über Produkte schreiben, welche ihnen auf der einen Seite kostenlos zur Verfügung gestellt werden und erhalten andererseits Geld für ihre Reichweite. Es ist nichts anderes als eine bezahlte Reportage, welche Produkte in ihrem besten Licht erscheinen lässt. Es beginnt bei Urlaubsreisen und hört bei Kosmetik noch lange nicht auf. Die besten Influencer sind nicht auf eine bestimmte Artikelgruppe und Bildungsschicht sowie Altersbegrenzungen festgelegt, sie schreiben, wofür auch immer sie Geld bekommen. Bei den Kochrezepten aus dem Rewe-Blatt oder deren Webseiten ist Dir vielleicht noch bewusst, dass diese damit den Verkauf ihrer Waren forcieren möchten, jedoch bei der begeisterten Beschreibung einer Reise, Hautcreme oder dem neuesten Modetrend sitzen wir oft dem Glauben einer gewissen Überparteilichkeit auf. Es liegt an Dir zu vergleichen und Dich nicht auf eine einzige Werbebotschaft oder eine einzige hippe Person zu verlassen und dies auch Deinen Kindern beizubringen.

7.5 *Die Gefahren für den Körper bei zu hoher Nutzungsdauer*

95 % aller Südkoreaner sind kurzsichtig und nein, dies liegt nicht daran, dass sie einen asiatischen Gendefekt haben. Dies liegt daran, dass im Samsung-Land Südkorea die Augen so auf Bildschirme fixiert waren, dass das Wachstum der Augen auf kurze Sicht eingestellt und so abgeschlossen wurde. Die Regierung hat die Gefahr erkannt und geht nun gemeinsam mit dem Smartphone-Giganten dagegen vor. Selbst in China werden Smartphones an den Schulen verboten und Tablets erst gar nicht in den Unterricht mit eingebracht. Sie wollen damit vor allem Folgekosten und steigende Zahlen Erblindeter im Alter verhindern.

Die Augen sind aber nicht unser einziges Organ, welches durch zu viel Bildschirmzeit und Sitzen an Computern zum Chatten, Spielen oder Surfen in Mitleidenschaft gezogen werden. Von der Bandscheibe über den Bluthochdruck bis zur Prädiabetes und andauernden Kopfschmerzen mit Schlafstörungen reichen die körperlichen Auswirkungen, und die Patienten werden jünger und jünger! Wie wir schon festgehalten haben, benötigt nicht nur der Körper und Geist der Kinder Bewegung, um sich zu entfalten, sondern auch bei Erwachsenen bilden sich neue Nervenzellen für das Gehirn nur durch ausreichend sportliche Betätigung. Besteht unsere Beschäftigung aber nur mehr aus Sitzen vor einem PC oder sich auf dem Bett lümmeln und mit den Daumen über eine glatte Oberfläche zu wischen, dann verändert sich dabei nicht nur unser Gehirn zu unserem Nachteil, indem Datenautobahnen ausgebaut werden, welche nur mehr den Daumen bewegen, sondern wir nehmen auch mit dem restlichen Körper Positionen ein, für die dieser eigentlich nicht geschaffen wurde. Bandscheibenprobleme und grobe Bewegungsmotorik sind ein Anzeichen für eine falsche Körperhaltung und Körperbelastung. Gepaart mit dem Griff nach kohlehydratreichen Snacks, welche wir dabei unbewusst zum Teil in großen Mengen essen, ist der Weg in die Prädiabetes, jedenfalls aber zum Übergewicht nicht allzu lang. Ärzte schlagen zwar Alarm, dass der sogenannte „Alterszucker", also Diabetes Typ 2, schon bei Kindern im Schulalter festgestellt wird, aber kaum eine Maßnahme wird dagegen ergriffen. Es liegt an Dir, Deinen Kindern den Spaß an Bewegung, Sport und dem Aufenthalt im Freien schmackhaft zu machen und sie zu einer regelmäßigen Ausübung zu animieren.

Kopfschmerzen, Bluthochdruck und Schlafstörungen sind vor allem auf den Dauerstress zurückzuführen, dem wir uns und unsere Kinder freiwillig aussetzen. Wurde noch vor wenigen Jahren vor Stress in der Arbeit gewarnt, so fügen wir uns heute den meisten Stress in der Freizeit zu. Das Spielen von computeranimierten Spielen mit mehreren Levels und in einer eigenen, nahezu geschlossenen Community erzeugt bei Erfolg Hormone im Körper und im Gehirn, welche auf dieselben Systeme wirken, auf die auch Heroin und Kokain Einfluss nehmen und damit Sucht auslösen. Der ständige Blick auf das Smartphone und die Erwartung einer Nachricht halten uns und unseren Körper in einer Spannungslage, welche einer andauernden Gefahrensituation ähnlich ist. Zirkulieren aber diese Hormone und Botenstoffe zu lange und zu ausdauernd in unserem Körper, kann uns deren Wirkung auch schaden. Zu hoher Blutdruck schon bei Kindern und Teenagern aufgrund einer Dauerbelastung ist nur der Beginn eines Teufelskreises.

Kopfschmerzen und Schlafstörungen sind weitere Anzeichen für eine zu intensive Nutzung der neuen Medien. Ganz abgesehen davon, dass das Blaulicht die Ausschüttung von Melatonin, dem Schlafhormon senkt, weil das Auge meint, es wäre noch Tag, befinden wir uns 24 Stunden lang in einem Strahlungsumfeld, welches ebenfalls auf unseren Körper wirkt. Mit Blaulichtfiltern in Brillen und neuen Bildschirmen kann man zwar einige Maßnahmen setzen, um gewisse Schäden abzumildern, aber das Smartphone auf dem Nachttisch macht den dringend notwendigen Schlaf zur Entspannung und Verarbeitung des Tages nahezu unmöglich. Nicht umsonst ist eine der wichtigsten Botschaften der Bio-Hacker, sämtliche Geräte mit Empfangs- und Sendemöglichkeiten aus den Schlafzimmern zu entfernen und die W-Lan Geräte über Nacht, wenn sie ohnehin niemand benötigen sollte, auszustecken, um zu viel Strahlung zu vermeiden. Anwohner von Sendemasten können ein Lied über Schlafprobleme und Migräne singen, wir aber setzen uns der Dauerbestrahlung freiwillig aus und stellen auch die Kinderzimmer noch voll mit allem technischen Schnickschnack!

Wenn Du an Dir selbst Anzeichen für diese Symptome erkennen kannst, dann versuche doch einmal, die Geräte aus Deinem Bereich zu entfernen und sieh, was sich schon nach wenigen Tagen an Erholung einstellen kann. Du wirst niemals in Versuchung geraten, dem Wunsch Deiner Kinder nach TV, Spielkonsole oder Tablet im Zimmer nachzugeben! Können Kinder das angesammelte Wissen im Laufe eines Tages in der Nacht aufgrund von gestörtem Schlaf und außer Takt geratenem Schlafrhythmus nicht verarbeiten, wird sich ein wirklich guter Lernerfolg nicht einstellen können. Eine Spielkonsole und ein TV-Gerät im Wohnzimmer reichen, und wenn Du die Wifi Verstärker über Nacht ausstellst oder sie so programmierst, dann hast Du auch die Gewähr, dass während der Nächte keine unerlaubten Surfübungen im Netz angestellt werden.

7.6 *Die Gefahren für den Geist*

Wir möchten zu diesem und dem folgenden Unterkapitel noch einmal vorausschicken, dass wir sehr wohl anerkennen, dass die Nutzung von Computer und Internet auch für Kinder vor allem zur Wissenssuche interessant sein kann. Es geht in diesen Abschnitten um die Gefahren, welche durch unkontrolliertes Surfen, Spielen und Verweilen in den Sozialen Medien inzwischen in unzähligen Studien nachgewiesen wurden. Ärzte, Psychologen und Therapeuten schlagen Alarm, aber es scheint, als Gesellschaft haben wir die Gefahren noch nicht wirklich erkannt oder bringen sie tatsächlich nicht mit dem Userverhalten in Einklang. Länder, welche in der Digitalisierung viel weiter fortgeschritten sind als Deutschland, sollten uns als Beispiel dienen, wie man es nicht macht oder wie man es nach leidvollen Erfahrungen von Haus aus besser machen kann. Wir müssen nicht erst deren Misserfolge in der Handhabung wiederholen, um dann anhand derselben Untersuchungen zum Ergebnis zu kommen, dass auch bei uns diverse Krankheitsbilder rasant zunehmen. Jahrzehntelang haben unsere Krankenkassen über steigende Kosten geklagt und gerade diese bringen Länder wie China oder auch die USA dazu, in ihrem Verhalten und in ihren Empfehlungen umzuschwenken und Richtlinien oder verschärfte Kinderschutzgesetze zu verabschieden. Wie so oft, kommt der Trend über den Atlantik zu uns, lass uns also versuchen, dem Trend zur Internetabhängigkeit zu begegnen, bevor es soweit ist, denn auch in Deutschland steigen die Zahlen von Kindern, welchen Depressionen, Verhaltensauffälligkeiten jedweder Art und Realitätsverlust diagnostiziert werden!

Wenn schon bei Erwachsenen ein Verlust an Zufriedenheit mit dem eigenen Leben, den selbst geschaffenen Lebensumständen zu messen ist, wenn sie sich zu viel in den sozialen Netzwerken wie Facebook aufhalten und beginnen, ihr Leben mit dem Leben ihrer Freunde oder möglicher Vorbilder zu vergleichen, wie sehr muss dies erst auf Kinder und Jugendliche wirken, welche über ihr Leben noch gar nicht selbst bestimmen und damit ihre Lebensumstände ändern können? Ist es menschlich, dass uns Neid und

Missgunst treffen, wenn es anderen Menschen anscheinend besser geht, wenn sie sich mehr leisten können und müssen wir deswegen aggressiv werden und die freie Marktwirtschaft mitsamt dem Kapitalismus ablehnen? Nicht selten führen andere, vermeintlich erfolgreichere Menschen, welche in diesen Medien beobachtet werden, dazu, dass der Beobachter sich minderwertig und hilflos fühlt, außerstande, dasselbe zu erreichen und ebenfalls den fünften Jahresurlaub zu posten. Kinder mit ihrem noch nicht fertig ausgereiften Verstand verlieren durch die Nutzung von Medien leicht den Bezug zur Realität, und finden sie dann auch in der Familie keinen Ansprechpartner, können sie leicht in Depressionen, Angstzustände und andauernden Stress abrutschen. Die Wartezimmer von Therapeuten platzen aus allen Nähten und der Absatz von Antidepressiva steigt in schwindelerregende Höhen. Wie kann man diesen Teufelskreis wieder durchbrechen und dafür sorgen, dass unsere Kinder ihre kognitiven Fähigkeiten ausbilden, anstatt fremde Leben via soziale Mediä mit zu leben? Dies funktioniert nur, indem sie das reale Leben kennenlernen, bevor sie das virtuelle Leben im Netz entdecken.

Die ständige Flut von Nachrichten, Posts und das Mitverfolgen der Leben anderer führt ebenfalls zu einer verminderten Aufmerksamkeit. Wir und vor allem Kinder können so viele verschiedene und ständig aufeinanderfolgende Nachrichten gar nicht mehr verarbeiten. Wir fokussieren uns nur mehr auf die Schlagzeilen oder Bilder und können uns diese kaum mehr merken. Reizüberflutung ist untrennbar damit verbunden, dass die Konzentration auf eine Sache allein nurmehr schwer möglich ist. Testklassen in Schulen haben mittlerweile gezeigt, dass die Noten der Schüler ohne ständige Aufmerksamkeit auf das Mobile-Netz besser sind als die Versuchsklassen mit Smartphone-Nutzung. Dieser Effekt hält sogar über die nächsten Jahre an. Eklatant wird der Unterschied vor allem bei Schülern, welche ohnehin schon Lernschwierigkeiten haben. Schüler mit guten Noten und ausgereiften kognitiven Fähigkeiten nutzen ihre Smartphones tatsächlich auch zur Wissenserweiterung und legen Wert auf ein aktives soziales Leben, in welchem Freunde tatsächlich persönlich getroffen werden. Schüler mit Schwierigkeiten beim Erlernen von Unterrichtsinhalten verschlechtern sich durch die Nutzung der Medien noch mehr, da sie der Ablenkung leichter anheimfallen und nicht wirklich wissen, wie sie sich gegoogeltes Wissen aneignen können. Auch geraten sie leichter in die Gefahr, den ersten angezeigten Text für bare Münze zu nehmen, anstelle mehrere Texte und Meinungen zu einem Thema zu lesen. Untersuchungen zeigen, dass zu frühe Nutzung des Internets dazu führt, dass kognitive Fähigkeiten wie analytisches Denken weniger ausgebildet werden und sich diese Kinder darauf verlassen, das möglicherweise notwendige Wissen schon im Netz zu finden, sollten sie es denn brauchen. Sie können dann aber nicht unterscheiden, welche Antwort auf eine Frage nun die richtige, die wissenschaftliche oder die manipulierende ist!

Eine weltweit durchgeführte Vergleichsstudie hat nachgewiesen, dass auch die Ausbildung der Empathie zu kurz kommt, wenn anstelle des Lebens Trickfilme oder andere Unterhaltungsprogramm via Tablet, Computer oder Smartphone konsumiert werden. Wer selbst nie in einer schwierigen Situation war als Kind und auch als Jugendlicher oder junger Erwachsener, der kann anderen Menschen in schwierigen Situationen gar nicht helfen, weil er sich der Probleme nicht bewusst ist und somit sein Mitgefühl und seine Hilfsbereitschaft nicht anspringen können. Empathie, also mitfühlen zu können, ist zutiefst menschlich, sie wird von vielen Forschern als genau der Unterschied zwischen Menschen und Tieren festgemacht. Wenn wir aber selbst nie Hilfe, Zuneigung und Mitgefühl erfahren, weil wir das Leben aus einem viereckigen, flachen Kasten lernen, dann können wir dies anhand von Bildern nicht erlernen. Es muss am eigenen Leib erfahren werden, dann kann man empathisches Empfinden auch zurückgeben. Kinder sind im Alter von 2 bis 4 Jahren sehr selbstzentriert. Für sie sind sie selbst der Mittelpunkt der Welt und alles dreht sich um sie! Beginnt zu diesem Zeitpunkt auch eine intensive Nutzung der digitalen Medien, bleiben sie in diesem Weltbild stecken und Du ziehst Dir einen Egoisten groß. Nicht, weil Dein Kind dies so möchte oder weil er eine Veranlagung dazu hat. NEIN, Du erziehst einen Narzissten, weil Du Deinem Kind anstelle des Lebens mit allen seinen Höhen und Tiefen ein kaltes Gerät in die Hand drückst, um eventuell für wenige Minuten Ruhe zu haben und eine Tasse Kaffee zu genießen, ausführlich mit Deiner Freundin plaudern zu können oder weil es vielleicht alle so machen. Du wirst auch die erste Leidtragende des egoistischen oder mindestens empathielosen Verhaltens sein, denn Rücksichtnahme oder Befolgung gewisser Regeln kannst Du dann nur so lange erwarten, solange zumindest noch Nähe und Zuneigung besteht.

Überlege Dir gut, in welchem Stadium der Entwicklung Dein Nachwuchs sich befindet, bevor Du ihn mit der virtuellen Welt konfrontierst, denn kleine Gewohnheiten ab und an können sich leider auch zu ständigen Gewohnheiten und damit zur Sucht entwickeln.

7.7 Suchtgefahr

Natürlich spricht nichts dagegen, den gemeinsamen Familiennachmittag aufgrund von Regenwetter einmal im Wohnzimmer abzuhalten und via Spielekonsole Wettkämpfe im Sport, Tanzen, Singen oder bei virtuellen Autorennen auszutragen. Wie bei vielen Dingen im Leben macht bekanntlich die Dosis das Gift. Findest Du eines Deiner Familienmitglieder aber nurmehr vor einem Spiel, so ist der Weg in die Spielesucht schneller beschritten als Du denken magst. Der Grund liegt wieder an der Ausschüttung körpereigener

Stoffe, in diesem Fall sprechen wir über Dopamin. Es wird ausgeschüttet, wenn wir uns über einen Erfolg in unserem Leben freuen können und wirkt dann auf dieselben Gehirnregionen und im selben Ausmaß, als würde man Heroin oder Kokain zu sich nehmen. Computerscans des Gehirns machen es möglich, dieselben Reaktionen auf den Reiz aus einem Spiel zu beobachten, wie sie schon von Süchtigen nach Rauschmitteln bekannt sind.

Das Internet und seine Möglichkeiten, unter anderem die virtuellen Spielewelten, bergen die Gefahr, süchtig zu werden, ohne dass es Dir im ersten Moment bewusst ist. Wie Drogensüchtige bekommt der Patient aber in seinem realen Leben nichts mehr auf die Reihe, er ist nur mehr auf der Jagd nach dem nächsten erfolgreich absolvierten Level im Spiel oder der ersten geteilten Nachricht eines Influencers in der eigenen Gruppe von sogenannten Freunden, so wie der Rauschgiftsüchtige versucht, an den nächsten Schuss zu kommen. Ein tödliches Wechselspiel zwischen Cortisol und Dopamin setzt ein und es kommt in Folge entweder zu einem kompletten Realitätsverlust oder zumindest einer Realitätsverweigerung. Es sind hiermit vor allem die bunt animierten, fantastischen Spielewelten, welche Du für Deine Kinder so lange wie möglich vermeiden solltest. Siehst Du in Deiner Familie erste Anfänge, indem sich Deine Kinder oder auch Dein Partner nur schwer aus einem Spiel lösen können, dann versuche jedenfalls, durch andere gemeinsame Aktivitäten dem entgegen zu wirken. Animiere Deine Kinder, sich mit Freunden zu treffen oder sie zu sich einzuladen, organisiere für die Mädels die gute alte Pyjamaparty und hole für die Jungs die Carrera-Autobahn oder die Eisenbahn des Papas aus dem Keller! Zelten im eigenen Garten im Sommer können schon die Kleinsten mit ihren Freunden und sie sammeln Erinnerungen, welche sicherlich wertvoller sind, als ein absolviertes Level in einer virtuellen, bunten Welt auf einem Bildschirm.

In unserem Kapitel über alternative Angebote zum Spielen für Deine Kinder und die gesamte Familie wirst Du weitere Tipps für das jeweilige Alter lesen können, denn je nachdem, wie alt Du selbst bist, wirst Du sicher wissen, dass unzählige Generationen von Kindern erwachsen wurden, ohne dabei ständig in ein viereckiges Gerät zu glotzen.

7.8 PC und Bildschirmzeit begrenzen – wo sind die Höchstgrenzen zu setzen

Je nachdem, wie Du selbst mit den digitalen Möglichkeiten umgehst, wirst Du Deine Kinder zur Nutzung derselben erziehen. Eltern, welche selbst gar nicht so viel Internetnutzung aufweisen, lassen sich aber oft verunsichern, wenn es darum geht, wie sie ihren Kindern einen gesunden Umgang damit beibringen können, schließlich wollen uns die umsatzstarken Branchenriesen aus dem Netz regelmäßig weismachen, dass der frühzeitige Eintritt der Kinder in das digitale Zeitalter nur von Vorteil für sie sein kann. Uns wird erklärt, sie würden den Umgang damit spielerisch lernen und wären gerüstet für ein Leben mit immer öfter auf uns zukommenden technischen und digitalen Innovationen. Tatsache ist aber, und das solltest Du nach den letzten Kapiteln erkannt haben, dass aufgeweckte und aktive Kinder aus dem realen Leben und mit Bezug zur Natur und ihrer Umgebung keinerlei Nachteile haben, sondern nur den großen Vorteil, sich bewusster im Datennetz bewegen zu können. Denn mal ehrlich, mit einem Daumen Emoticons zu treffen und über eine glatte Oberfläche zu wischen, benötigt keinerlei motorisch ausgereifte Fähigkeiten! Das muss tatsächlich niemand üben, das hat selbst der Uropa heute noch erlernt.

Ob TV, Smartphone oder sonstige Bildschirmgeräte, bis zum dritten Lebensjahr braucht ein Kind diese ganz sicher nicht. Erst mit Eintritt in den Kindergarten kann es sein, dass auch Dein Kind gerne über die neuesten Trickfilme sprechen möchte, denn es sucht dann selbstverständlich Anschluss an die Gruppe und ist noch nicht selbstständig und ausgereift genug, um den anderen Kindern erklären zu können, dass es so etwas nicht benötigt. Wenn Du Dein Kind schon zuvor mit den laufenden Bildern konfrontierst, dann frage Dich, warum. Parkst Du Dein Kind vor dem Fernseher, um einmal Deine Ruhe zu haben? Drückst Du Deinem Kind das Smartphone in die Hand, um ungestört mit Deinen Freunden plaudern zu können? Warum soll Dein Kind in ein technisches Gerät gucken, anstatt sich mit der Umgebung, der Entdeckung der Welt zu befassen?

Wie also, wenn denn Fernseh- und Computerzeit sein soll oder muss, kann diese gestaltet werden? Hier unsere Empfehlung, erstellt aus diversen verschiedenen Quellen und wirklich auf das Wohl und die natürliche Entwicklung Deines Kindes achtend:

Bis zum vollendeten dritten Lebensjahr solltest Du Deine Kinder besser nicht vor Bildschirme setzen, allein schon der Augen wegen. Lasse sie lieber in die Ferne sehen, dabei Wolkenformationen entdecken, an bunten Blumen schnuppern, Kräuter verkosten, Bälle rollen und Ecken und Kanten von Bausteinen begreifen. Farbstifte und Papier regen die Kreativität ebenso an wie Wollreste oder Stoff, und Du wirst schnell erkennen, dass Deine Kinder gar keine virtuelle Unterhaltung benötigen. Wenn sie den Fernseher dennoch zuvor schon entdecken oder das Smartphone doch einmal zur Unterhaltung herangezogen werden muss, weil die Situation gerade keine andere Möglichkeit erlaubt, dann sieh Dir genau an, was Dein Nachwuchs konsumiert. Ist die Sendung altersgerecht und für Dein Kind geistig zu erfassen? Mache Dich jedenfalls bereit, eventuell auftretende Fragen zum Thema zu beantworten. Dies gilt nicht nur für Kleinkinder, sondern bis hin zum Teenageralter: Je besser Du Bescheid weißt über die Dinge, die sie sich im Fernsehen und Internet ansehen, desto eher kannst Du eingreifen und mögliche falsche Eindrücke über das Leben wieder geraderücken.

Ab dem vierten Lebensjahr bis zum Schulalter sollte die Bildschirmzeit täglich nicht mehr als 30 Minuten betragen. Das ist ausreichend, um eine kurze Trickfilmsequenz zu sehen, über die die Kinder dann mit ihren Freunden sprechen können. Lege hier wirklich Uhrzeit und auch ausgewählte Programme fest. Sieh Dir selbst jedenfalls an, was Deine Kinder via Fernsehen oder Netz serviert bekommen, damit Du auf ihre Fragen besser eingehen kannst und auch rechtzeitig eingreifen kannst, wenn Du feststellst, dass das Programm, die Sendung, der Film oder die Serie nicht Deiner Sicht der Welt entspricht. Besprich dies dann ruhig mit Deinen Kleinen und erkläre, dass Du nicht möchtest, dass sie gewisse Dinge sehen, weil sie nicht mit Deinen Werten, Deiner Einstellung übereinstimmen. Sucht Euch die konsumierte Unterhaltung am besten gemeinsam aus. Selbstverständlich gibt es Trickfilme und andere Unterhaltungsprogramme, welche länger als eine halbe Stunde dauern, beispielsweise die beliebten Zeichentrickfilme aus dem Hause Disney. Kennst Du den Inhalt und siehst keine Gefahr darin, dann spricht nichts dagegen, wenn Dein Dreikäsehoch sich beispielsweise „Bambi" von Anfang bis Ende ansieht.

Ab dem Schulalter bis etwa zum 10. Lebensjahr kannst Du die Dauer auf 45 Minuten oder auch eine Stunde erhöhen und danach auf etwa eine Stunde bis eineinhalb. Die Regeln und Konsequenzen kannst Du dabei beibehalten und auch immer wieder zu wissen verlangen, was Dein Nachwuchs sieht oder gar spielt. In Zeiten von DVDs, Blue Rays und vor allem Streamingdiensten ist es eigentlich nicht mehr notwendig, einen Film zur Gänze anzusehen, so dass Deine Zeiteinteilung gut bestehen bleiben kann und keinerlei Ausnahmen benötigt werden. Die Kinder können leicht am nächsten Tag genau dort fortsetzen, wo sie aufgehört haben. Dies erleichtert Dir auch gleich die Einstellung von Timern, um die Zeit tatsächlich im Griff zu haben. Vor allem Streamingdienste wie beispielsweise Netflix oder Amazon bieten eigene Kinderkanäle, so dass auch gewährleistet ist, dass Dein Sprössling auch wirklich nur die von Dir oder Euch gemeinsam festgelegten Programme konsumiert! Wenn schon digitale Technik genutzt wird, dann auch mit allen Möglichkeiten der Sicherheit, welche zur Verfügung stehen. Ist ein Teil der Zeit für das Internet reserviert, kannst Du je nach Bedarf auch dieses zeitlich begrenzen und die Verbindung automatisch abschalten lassen. Sollte für die Schule im Netz gesucht werden, könnt Ihr dafür auch ein eigenes Zeitbudget erstellen. Mache Deine zeitliche Begrenzung auch davon abhängig, wie Deine Kinder damit umgehen. Schalten sie das Gerät auch freiwillig einmal ab, weil ohnehin nichts Spannendes oder sie Ansprechendes läuft, kannst Du sicherlich auch weniger rigoros in Deiner Regelung sein. Werden gezielt Filme ausgewählt, um einen gemütlichen Nachmittag, beispielsweise bei Regenwetter auf der Coach zu verbringen, dann kannst Du bei einer Filmauswahl, welche Deine Zustimmung findet, immer auch eine Ausnahme machen und sie vielleicht sogar mit Deinen Kindern gemeinsam ansehen und hinterher darüber diskutieren.

Die meiste Nutzung der digitalen Medien findet heute über das Smartphone statt, so dass Du Dir auch hier gut überlegen musst, ab wann Dein Kind dieses Endgerät braucht. Soll es einfach nur für Dich erreichbar sein? Dann reicht die Einstellung des Telefons und das Netz kann gesperrt werden. Willst Du Dein Kind damit sogar überwachen und immer wissen, wo es ist, dann habt Ihr eigentlich ein ganz anderes Problem als eine Regelung für die Smartphone Nutzung. Dann solltet Ihr an Eurem gegenseitigen Vertrauen arbeiten und dieses von Grund auf neu aufbauen!

Auch Teenager müssen nicht ständig am Smartphone kleben, vor allem zu Hause nicht, während der Schulaufgaben, des gemeinsamen Essens und was es alles so an Alltag bei Euch in der Familie gibt. Finde einen Platz im Wohnzimmer mit allen Ladestationen und sorge dafür, dass die Geräte dort auch während der Tageszeit einige Stunden verbringen. Dass sie vor dem Zubettgehen dort deponiert werden, versteht sich von selbst! Dass Kinderzimmer auch nicht für junge Erwachsene, wie grundsätzlich alle Schlafzimmer, ohne technische, strahlende Geräte ausgestattet werden sollen, haben wir schon im Zuge von Schlafqualität und Problemen beim Schlafen erklärt.

Die sinnvollste Konsequenz bei überzogener Zeit ist sicherlich die Kürzung der Zeit am Folgetag. Dies sorgt auch gleich dafür, dass nur ausgewählte Filme, Spiele oder Serien geschaut und probiert werden und keine stundenlange Berieselung stattfindet, welche dann auch aufgrund der Verarbeitung des Dauerbombardements mit Nachrichten, Filmgesprächen, Werbung und weiteren Störungen in der Konzentration und Aufmerksamkeit für einen schlechten Schlaf sorgen kann. Überwache bei einem Zeitbudget für schulische Aktivitäten wie beispielsweise Informationssuche, welche Seiten Deine Kinder dabei im Netz aufrufen und wie sie mit dem gefundenen Wissen umgehen. Eventuell unterstützt Du sie am Anfang dabei und zeigst ihnen auch, dass es Sinn macht, mehr als eine Informationsquelle heranzuziehen und welche Antworten bei einer Google-Suche aufgrund von Werbung oder bezahlter Anzeige auftauchen und was dann davon zu halten ist! Erkläre ihnen im Zuge dessen auch, dass so einiges an Wissen nach wie vor in Bibliotheken zu finden ist und dass dort in Bücher gebundene Informationen nicht so leicht nach ideologischen Aspekten verfälscht werden können, wie dies immer wieder Wikipedia vorgeworfen werden muss.

Keine Regelung ist ewig in Stein gemeißelt und selbstverständlich kannst Du die Änderung von Dauer oder Nutzung der neuen Medien auch anders gestalten. Wenn Du aber eine Regelung samt Konsequenzen dafür aufstellst, dann solltest Du sie auch zum überwiegenden Teil einhalten und darauf achten. Werden täglich Ausnahmen zugelassen, dann passe die Regelungen daran an oder lasse sie bleiben und sorge zumindest dafür, dass in der Nacht nicht weitergeguckt oder weitergespielt und -gesurft wird!

7.9 *Bücher vs. YouTube und Co.*

Oft bemerken wir gar nicht, wieviel Wissen oder Information wir nebenher aufnehmen. Dies ist in Zeiten von Werbung und Internet nicht immer zu unserem Vorteil eingesetzt. Einen Vorteil hat dieses Lernen nebenher aber in jedem Fall, nämlich wenn es darum geht, Wissen in einem Buch zu suchen, ein Wort in einem Wörterbuch nachzuschlagen oder einen Begriff in einem Lexikon.

Nehmen wir als Beispiel eine Fremdsprache, selbstverständlich kann es schneller gehen, das gesuchte Wort in Google einzugeben und dann gezielt genau die Übersetzung für dieses Wort zu erhalten. Wie es aber im Gebrauch von Sprache üblich ist, sind wörtliche Übersetzungen nicht immer sinnvoll, der Zusammenhang muss stimmen und diesen erklärt uns die Google-Übersetzung nicht. Diese steht aber in einem Wörterbuch und nicht nur das. Das Wörterbuch sagt uns auch gleich, welchen Artikel das Wort hat oder wie es gebeugt werden kann. Es liefert möglicherweise und abhängig vom gesuchten Begriff gleich auch noch Redewendungen dazu. Du hast also durch die Suche nach nur einem Wort auch gleich seine allgemeine Bedeutung und Nutzung erfahren, und nicht zu vergessen, Du bist vielleicht bei der Suche im Buch auch auf andere für Dich interessante Wörter gestoßen und hast die Erläuterungen dazu gelesen. Auch wenn Du meinst, Du hättest diese nun nicht ausdrücklich gelernt, Dein Gehirn hat die Informationen jedenfalls registriert und wird sie weiterverarbeiten und, solltest Du die gesuchte Sprache verwenden müssen oder gerade lernen, diese nebenher gefundenen Informationen auch entsprechend verknüpfen.

Eine Umfrage unter deutschen Schülern im Alter zwischen 12 und 19 Jahren hat ergeben, dass fast 50% gezielt in YouTube auch nach Lernvideos und Erklärungen suchen, wenn sie ein Thema in der Schule nicht ganz erfasst haben oder eine andere Erklärung suchen. Viele Verlage und Bildungseinrichtungen haben dieses Interesse am sogenannten E-Learning schon vor Jahren erkannt und bieten entsprechend ganze Kurse an. Von Mathematik und Chemie über Sprachen bis hin zum Erlernen von Musikinstrumenten reicht das Angebot, welches sich nicht nur an Schüler richtet. Leider weisen andere Studien darauf hin, dass gerade diese Kurse, wenn sie auch zum Teil bezahlt werden müssen, eine noch höhere Abbrecherquote haben als unsere Universitäten. Nur etwa 7% aller Teilnehmer bleiben dabei und machen alle Prüfungen mit, um einen Abschluss oder ein Zertifikat dafür zu erhalten. E-Learning bedarf somit eines hohen Maßes an Interesse und Disziplin, dann kann es durchaus sinnvoll sein, die angebotenen Lernstoffe zu nutzen.

Wahrscheinlich ist der richtige Weg in ein neues Bildungsprogramm und die passende Mischung aus Buch, digitalen Medien und Lehrer noch lange nicht gefunden. Es liegt an Dir, Dein Kind zu einer sinnvollen Nutzung zu animieren und sich nicht von reinen Spaßvideos bei der Arbeit ablenken zu lassen. Ob nun Wissen aus dem Schulbuch, dem Lexikon oder einem Video aufgenommen werden soll, um das Üben, Wiederholen und Mitschreiben wichtiger Informationen kommt man bei keinem Angebot herum! Kontrolliere also, ob die Lernvideos auch umgesetzt werden und passe die Internetzeit, wenn sich die Unterstützung als erfolgreich herausstellt, entsprechend an. Es geht darum, die digitalen Medien sinnvoll zu nutzen und nicht so komplett zu verteufeln. Es geht darum, dass Deine Kinder lernen, wo sie Wissen finden können, sowohl in Büchern als auch in den Tiefen und Untiefen des World-Wide-Web.

7.10 *Alternativen zur digitalen Unterhaltung*

Wie versprochen, wollen wir Dir in diesem Kapitel eine ganze Liste Alternativen zur Unterhaltung und Beschäftigung Deiner Kinder und auch Ideen für die gesamte Familie aufzählen. Wir werden sie nach dem Alter gliedern, denn gerade wenn die motorischen und sensorischen Fähigkeiten ausgebildet werden, wie beschrieben bis zum dritten Lebensjahr, solltest Du Deinen Nachwuchs nicht vor einem Bildschirm parken, sondern seine Neigungen, Interessen und Talente suchen und fördern. Du findest sie nur, wenn Du ihm oder ihr die Möglichkeit gibst, viele verschiedene Dinge zu entdecken und im Kleinkindalter zu begreifen, und das kann man nun einmal nicht tun oder lernen, indem man in einen Bildschirm sieht.

Du hast sicherlich schon beobachtet, dass sich Dein Baby oder Kleinkind fasziniert nahezu stundenlang seinen Fingerchen oder Zehen widmen kann. Darum lass uns auch gleich mit Fingerspielen starten und Dir erklären, warum diese nicht altbacken sind oder längst überholt, sondern sinnvoll und lehrend. Die gereimten oder auch gesungenen Verse sorgen nicht nur für das Kennenlernen der Finger und ihrer Namen und der Starthilfe beim Erlernen der Zahlen und damit auch dem Rechnen, sondern geben auch ein besseres Gefühl für Sprache und Rhythmus an Deinen kleinen Liebling weiter. Google einfach Fingerspiele oder suche Dir Bücher dafür. Du wirst erstaunt sein, wie viele Fingerspiele es gibt und mit welcher Begeisterung schon die Kleinsten ihre Fingerchen beginnen zu zählen und auch, Figuren zu bilden. Vielleicht hast Du auch noch eine Oma parat oder eine ältere Nachbarin, welche in ihren Erinnerungen nach Fingerspielen graben kann. Zudem ist es wertvolle Zeit zu zweit, oder bei mehr Kindern auch zu dritt und zu viert, mit jeder Menge Lachen und dem Erfinden neuer Reime. Du wirst erleben, dass Deine Kinder die einmal gelernten Fingerspiele auch weiterentwickeln oder ganz neu definieren.

Bist Du als Mutter mit Kleinkind unterwegs, schleppst Du ohnehin riesige Taschen mit Dir herum, gefüllt mit eventuellen Ersatzklamotten, Getränken und Snacks für den Hunger, der sicherlich dann kommt, wenn grad nichts in der Nähe ist, um schnell einzukaufen, mit Taschentüchern, Feuchttüchern, Cremes und was Du und Dein Zwerg eben für ein paar Stunden außer Haus so braucht. Jedenfalls nehmen ein kleiner Zeichenblock und ein paar altersgerechte Stifte oder einige kleinere Döschen Knetmasse kaum mehr Platz ein als der Schokoriegel und die Kekse, so dass Du für die Langeweile-Attacke gut gerüstet bist und das Plauderstündchen mit den Freunden im Café ebenfalls ruhig ablaufen kann. Dein Liebling kann für jeden am Tisch ein Bild malen, wird sicherlich auch von Deinen Freunden zwischendurch gelobt und ist somit animiert, gleich ein noch schöneres, bunteres Bild zu entwerfen oder Figuren zu kneten. Nicht umsonst hatten viele Gaststätten früher Papiertischdecken oder Platzdecken aus Papier und Stifte für die Kinder parat, um die Wartezeit auf das Essen zu verkürzen. Eine Untersuchung von Kindern bei Schuleintritt in den vergangenen Jahren hat gezeigt, dass unsere heutigen 6-jährigen Schulkinder über Strichmännchen nicht mehr hinauskommen, wohingegen noch die Millennials Menschen gezeichnet haben mit Fingern und Zehen, Ohren und Gesichtszügen, welche mehr zeigten als den Smiley, und auch Kleidungsstücke konnte man damals schon erkennen!

Für die etwas größeren Kinder sind Stifte und Papier immer noch geeignet und mit entsprechenden Malbüchern oder Vorlagen gelingen selbst die kompliziertesten Gebilde. Das Spiel „Schiffe versenken" kann Deine Kinder ebenso beschäftigen, wie Bildergeschichten in einem mitgebrachten Buch anzusehen. Es gibt viele Möglichkeiten, ein oder zwei Kinder leise zu beschäftigen, ohne ihnen das Smartphone oder ein Tablet vor die Nase zu halten, Du musst nur ein wenig danach suchen und in gut sortierten Spielwarenmärkten danach fragen. Sicher können Dir auch die ausgebildeten Erzieher aus Eurer Kita oder Vorschule und Grundschule ein paar Hinweise geben. Auch wenn es hier um die Alternativen zur Internetnutzung geht, so wollen wir doch darauf hinweisen, wie viele Artikel und Tipps Du gerade dort dazu finden kannst.

Tempelhüpfen, Seilspringen und das altbewährte Gummiband tun selbstverständlich mehr für die Entwicklung Deines Kindes als das Ansehen von Sport im Fernsehen. Grabe in Deinen eigenen Erinnerungen und bringe Deinen Kindern alle diese alten Kinderspiele bei. Bewegung kann auch in der kleinsten Wohnung stattfinden, wenn man entsprechende Matten oder Teppiche dafür hat!

Stadt-Land-Fluss, Rätselblöcke für alle Altersklassen und selbstverständlich gute Kinderbücher sollten in jedes Gepäck einer Mutter, ob es nun in den Urlaub oder nur zu Freunden geht, der Nachwuchs aber dabei ist. Es ist allerdings auch möglich, dass Du Deine Kaffeeklatschstunden auf Tage legst, an denen Deine Kids bei Freunden spielen. Vielleicht kannst Du Dich hier mit anderen Eltern in der Umgebung und aus dem Freundeskreis Deiner Kinder absprechen. Für Deine Sprösslinge ist es auch viel schöner, den Abenteuerspielplatz zu besuchen, als im Café zu sitzen und der Mama zu lauschen.

Für die gesamte Familie können Spieleklassiker wie Mensch ärgere Dich nicht, Halma oder Monopoly nach wie vor für lustig-unterhaltsame Stunden sorgen. Sicher ist es auch nett, mit den Eltern während eines Films auf der Coach zu kuscheln, aber Erinnerungen und Zusammenhalt entstehen aus gemeinsamen Erlebnissen und diese können von gewonnen Spieleabenden bis zum gemeinsamen Bauen von detaillierten Legogebilden alles beinhalten. Geht doch vor Weihnachten alle gemeinsam in einen Spieleladen und sucht Euch aus, was Ihr über die Feiertage spielen wollt. Viele Spiele bieten heute auch die Möglichkeit, Erweiterungen zu kaufen, so dass sich die gemeinsam verbrachte Zeit über ganze Nachmittage ausdehnen kann. Dein Kind muss nicht zum Schachweltmeister werden, doch strategisches Denken lernt es mit der Hilfe so mancher Gesellschaftsspiele ebenso, wie es dies später einmal in Actionfilmen sehen wird.

7.11 *Lernspiele und ihre Sinnhaftigkeit*

Viele Eltern rechtfertigen die Nutzung von Computern vor allem mit Lernspielen. Wir wollen also auch darüber einige Worte verlieren und Dir aufzeigen, welche Du tatsächlich im Rahmen der Verwendung von digitalen Geräten einsetzen kannst. Dass unser Gehirn zum Lernen vor allem im Kinderalter auch eine entsprechende Tätigkeit braucht, das haben wir nun hinlänglich erklärt.

Spätestens seit der Corona-Pandemie haben auch die überzeugtesten Eltern sich Gedanken gemacht, ihre Kinder drinnen sinnvoll zu beschäftigen und gerade digitale Lernspiele standen hoch im Kurs. Angeführt wird die Liste der Hersteller von Lerncomputern von Vtech, welche eigene Geräte für Kinder ab 3 Jahren auf den Markt gebracht haben. Entsprechend stabil, überleben sie auch einmal eine aggressive Phase, wenn die Lösung einer Aufgabe gerade nicht gelungen ist. Hebel und Rädchen an diesen Geräten machen das Erforschen der verschiedenen Klangspiele auch zu einem motorischen Erlebnis und Tastaturen können sowohl für Musik als auch für Sprachspiele eingesetzt werden.

Computerisierte alte Spiele, welche wir zuvor genannt haben, können via Computer bedient und gespielt werden. Vielleicht eine Lösung auch für Einzelkinder, welche sich ab und an allein beschäftigen müssen und so zumindest einen virtuellen Herausforderer haben. Auch gezeichnet und gemalt werden kann auf einem solchen Computer und Rätsel können gelöst werden. Eigentlich dasselbe wie auf Papier, aber es wird über eine glatte Oberfläche gewischt, anstatt den Stift tatsächlich in der Hand zu halten. Der

Umgang oder die Navigation mit einer Computermaus wird dabei geübt, ob das Dein Kind tatsächlich braucht, bleibt Deiner Entscheidung überlassen. Notwendig für spätere Erfolge im Leben ist es nicht, auch wenn selbstverständlich die Werbung aller Produzenten das Gegenteil besagt.

7.12 *Alexa und Co – neue Mitglieder bekommen die Haushalte und Familien*

Wer seine Fragen an Google noch nicht mal mehr tippen will oder die Fernbedienung für diverse Geräte wie Radio, TV und weitere angeschlossene Möglichkeiten ohnehin immer verlegt, der hat sicherlich schon eine Alexa adoptiert. Das neue Mitglied im Haushalt gibt Dir Antwort auf Deine Fragen, kann für Dich im Internet bestellen, weiß den aktuellen Wetterbericht und sagt Dir, wann entweder die Waschmaschine oder der Braten im Ofen fertig ist. Sie kann tatsächlich helfen, Termine nicht zu vergessen, weil die Erinnerungsfunktion des Smartphones gerade auf leise gedreht ist. Sie kann aber leider auch dazu führen, dass Deine Kleinen Zugriffe zu Programmen und Antworten auf Fragen erhalten, welche noch nicht ihrem Alter entsprechen. Dasselbe gilt für die artverwandten Produkte. Das Thema Kindersicherung ist noch nicht wirklich geklärt und bei aller Bequemlichkeit, welche die Sprachassistenten bieten, sollten Kinder damit nicht unbeaufsichtigt sein! Je mehr Verbindungen Alexa und Co im Haushalt haben, desto mehr Gefahren können sich für die Kinder und auch den Haushalt selbst ergeben, weil die lieben Kleinen zwar gerne mit Alexa reden, sich aber über Privatleben, Geheimnisse oder Arbeitsabläufe noch keine Gedanken machen. Auch Bestellungen wurden von Kindern schon aufgegeben, weil Alexa selbstverständlich dafür geschaffen wurde, den Umsatz von Amazon noch einmal zu erhöhen. Kinder wollen den lieben langen Tag etwas und werden nicht müde, ihre Wünsche zu artikulieren. Nimmt Alexa diese entgegen, kann schon der nächste Tag wie Weihnachten erscheinen, wenn der Paketbote vor der Tür steht! Wer sich nicht darum kümmert, ein Sprachprofil einzurichten, ab und an das Mikrofon des Gerätes auszuschalten oder den Aktivierungsnamen zu ändern, der wird sich wundern, wozu die kleine Alexa in Kooperation mit den kleinen Lieblingen im Stande ist. Die absolut freie Nutzung nach Werkseinstellung kann hier keinesfalls empfohlen werden!

8. KLARE REGELN & WERTE VERMITTELN – GUTER ALLTAG

Unsere Gesellschaft in Europa ist nach wie vor christlich geprägt und die Zusammengehörigkeit in Familien wird immer noch großgeschrieben und als traditioneller, identitätsstiftender Wert hochgehalten, auch wenn wir hier gerade gravierende Einschnitte erleben müssen und den Versuch, diese Werte nachhaltig zu ändern! Zur christlichen Tradition des Abendlandes gehört nach wie vor, dass Lügen verpönt ist, Stehlen verboten ist und sich Leistung lohnen soll. Hilfsbereitschaft wird geboten und Hilfe kann auch angenommen werden. Eltern werden geachtet, auch Lehrer und Vorgesetzte, weil sie mehr Können oder Wissen angesammelt haben. Es steht jedem frei, sich zu entwickeln wie er möchte und seine Meinung zu äußern und über die verschiedenen Standpunkte zu diskutieren. Soweit zu dem, was unsere Gesellschaft nach wie vor zusammenhält und über die letzten Jahrzehnte dafür gesorgt hat, dass wir Wohlstand aufbauen konnten. Neben der gesellschaftlichen Wertegemeinschaft können individuelle Werte bestehen und um diese geht es zuerst einmal, denn wenn Deine Werte stimmen und Du diese an Deine Kinder weitergeben kannst, dann werden auch sie sich erfolgreich in Beruf, Alltag und Freizeit weiterentwickeln können.

8.1 *Was versteht man unter persönlichen Werten und wie werden sie entwickelt?*

Werte stehen oft für Charaktereigenschaften, Glaubenssätze und Denk- sowie vorherrschende Handlungsmuster. Wir übernehmen sie von unseren Eltern, von unseren Familien und in späteren Jahren teilweise auch von Lehrern und Vorgesetzten. Je gefestigter eine Familie in ihren Werten zusammensteht, desto weniger Einfluss kommt von außen dazu. So haben sich über Generationen auch die diversen gesellschaftlichen Schichten herausgebildet, sie unterscheiden sich in Nuancen in ihren Werten. Nimm Dir ein paar Minuten Zeit und überlege Dir Deine Werte und ergründe, von wem Du diese übernommen hast. Überprüfe, wie wichtig Dir die einzelnen Punkte sind und welche Du vorrangig an Deine Kinder weitergeben möchtest. Zumeist tickt der Partner gleich oder zumindest sehr ähnlich, denn Partnerschaften aus unterschiedlichen Wertesystemen funktionieren nur dann, wenn sich der schwächere oder in seiner eigenen Haltung nicht so gefestigte Partner dem stärkeren angleicht. Du wirst also mit Deinem Partner ziemlich sicher übereinstimmen und Ihr könnt die oben genannten Überlegungen auch gemeinsam anstellen. Die im Eingang erwähnten christlichen Werte haben im Übrigen nichts damit zu tun, ob man zahlendes Mitglied einer christlichen

Glaubensgemeinschaft ist. Viele christliche Werte sind positiv besetzte Haltungen, welche auch von Atheisten gelebt werden!

Werte haben, wie das Wort schon besagt, auch etwas damit zu tun, wie Du eine Sache bewertest oder auch einen Menschen, seine Neigungen, Ansichten und Handlungen. Dies passiert ganz automatisch und läuft zumeist unbewusst im Hintergrund ab, aber wenn Du Dir überlegst, welche Haltung Deine Freunde vertreten, wirst Du schnell erkennen, dass sie den Deinen wiederum ähnlich sind. Der in der westlich zivilisierten Welt geltende Wertekanon besagt beispielsweise, Du sollst nicht lügen, niemandem gegenüber. Tut es jemand dennoch, so kann es als Straftatbestand Betrug gewertet werden und zu Strafmaßnahmen von Seiten unserer Exekutive und Judikative kommen. Auf unseren Werten basieren nämlich auch unsere Gesetze und Regeln für das alltägliche Zusammenleben. In der arabischen Welt ist der Wertekanon ein vollkommen anderer. Im Koran wird das Lügen gegenüber Ungläubigen, also allen Menschen, welche nicht an Mohamed und seine Botschaften glauben, nicht nur ausdrücklich erlaubt, sondern sogar verlangt, um die wahren Absichten des Islam zu verschleiern. Es macht also Sinn, wenn Du Dich auch mit den Werten unserer neuen Mitbürger beschäftigst, denn Deine Kinder werden damit in Berührung kommen und sie benötigen jedenfalls am Anfang Deine Orientierungshilfe in diesen Zeiten der Vielfalt.

Werte sind sinnstiftende Haltungen und Handlungen, welche uns alle Orientierung und Fokussierung bieten, um ein erfolgreiches Leben zu führen. Welches sind also Deine Wertvorstellungen? Welches sind, um einmal eine etwas ältere Umschreibung für Werte zu verwenden, Deine Tugenden? Nur wenn Du Dir selbst im Klaren darüber bist, welche Grundmotive aus Deinem Charakter heraus Du hast, welche weiteren Motivationen Dich antreiben, um Deine Zielvorstellungen zu erreichen, kannst Du diese auch an Deine Kinder weitergeben. Werte kann man selbstverständlich erklären, aber, um zu dem Wort Tugenden zurückzukehren, ein tugendhaftes Leben wird am besten und einfachsten von einem Vorbild übernommen. Du wirst im Zuge Deiner Überlegungen zu Deinen Leitmotiven feststellen, dass Du womöglich in Arbeit und Beruf etwas andere Werte und Ziele verfolgst als Du es in Deiner Freizeit mit Deiner Familie und Freunden tust. Du kannst beispielsweise im Job diszipliniert und loyal auftreten. Privat in einer vertrauten Umgebung aber eher Deine Kreativität und Freiheitsliebe ausleben. Dies ist auch kein Wiederspruch, Deine Kinder müssen nur sehen und erleben können, dass diszipliniertes Arbeiten und Ehrlichkeit, um im Leben voranzukommen, nicht bedeuten, dass man am Wochenende nicht auch einmal ausgelassen feiern und Spaß haben kann. Unterschiedliche Situationen fordern unsere verschiedenen Haltungen und Handlungsweisen heraus. Im Beruf sehr tolerante Menschen können dennoch zu Hause pingelig sein und umgekehrt. Es geht in letzter Instanz auch darum, womit Du Dich gerade am wohlsten fühlst. Ordnungsliebend mit immer peinlich aufgeräumtem Schreibtisch im Büro und eher eklektisch dekorierte Wohnungen können sich gegenseitig unterstützen, weil man das eine zum Arbeiten und das andere zum Entspannen benötigt.

8.2 Wie wichtig ist es, Werte zu vermitteln?

Werte und Regeln sind auch ein Bestandteil von Traditionen und diese wiederum lassen uns zugehörig fühlen, zu einer Familie, zu einem Dorf, zu einer Gruppe oder auch zur Heimatnation oder einer Glaubensgemeinschaft. Sie sind sozusagen identitätsstiftend, denn nur, wenn man weiß, wo man herkommt, wo man steht, dann kann man auch erkennen, dass man eventuell woanders hinmöchte. Hier kann es sowohl um Geografie, Einkommensklasse wie auch um gesellschaftlichen Status gehen.

Ehrlichkeit kannst Du Deinen Kindern am besten dadurch vermitteln, dass Du auch selbst ehrlich zu Dir und zu ihnen bist. Das beginnt beim vermeintlichen Keine-Zeit -Haben. Warum hast Du keine Zeit? Wofür hast Du keine Zeit? Wäre die ehrlichere Aussage nicht manchmal, dir ist etwas anderes, zumindest in diesem Moment, wichtiger?

Toleranz hört dort auf, wo beim Gegenüber die Intoleranz beginnt! Tolerant zu sein bedeutet nicht, seinem Kind jeden Fehler zu verzeihen und dann irgendwann hilflos in einer Situation zu stehen, wo Du nur mit hochrotem Kopf brüllen kannst, weil schon wieder eine Regel nicht befolgt wurde. Toleranz bedeutet, andere Meinungen gelten zu lassen und auch andere Lebensweisen, aber es heißt nicht, dass Du Dich und Deine Gefühle aufgeben musst, um einem anderen zu gefallen. Lehre Deine Kinder, tolerant zu sein, aber dennoch zu ihren Werten und Normen zu stehen, die Sichtweise der anderen Menschen zu akzeptieren, aber nicht, sich diese jeweils nach Lage und Situation zu eigen zu machen!

Hilfsbereitschaft muss man Kindern eigentlich nicht groß beibringen, denn den Menschen, denen sie sich zugehörig fühlen, die sie liebhaben, denen helfen Kinder gerne und von ganz allein. Um Deinen Kindern diese angeborene soziale Fähigkeit und Handlungsweise nicht abzugewöhnen, solltest Du sie helfen lassen, so früh und so oft sie wollen, auch wenn sie dies aufgrund ihres Alters noch gar nicht tun müssten.

Wertschätzung lernen Kinder am besten, indem sie sie an Dir ihnen gegenüber erkennen. Wertschätzung bedeutet nicht, die Kleinen über Gebühr zu loben für Selbstverständlichkeiten, sondern die Anerkennung von Leistungen, welche sie von sich aus erbringen, oder Können, welches sie selbst bei sich vorantreiben.

Glaubwürdigkeit ist eng verbunden mit **Vertrauen** und **Ehrlichkeit**. Vertrauen entsteht in erster Linie durch Nähe und Anerkennung. Ehrlichkeit und Glaubwürdigkeit entstehen nicht zuletzt daraus, dass sie sehen, Du setzt um, was Du versprichst und dazu gehören auch Regeln und Konsequenzen! Lässt Du an einem Tag etwas durchgehen, was Dir aber am folgenden Tag gegen den Strich geht, weil Du schon genervt von der Arbeit nach Hause kommst, dann verlierst Du langsam, aber unerbittlich Deine Glaubwürdigkeit.

Freiheit hängt intensiv zusammen mit *Sicherheit*, vor allem, wenn es um die Entwicklung von Kindern geht. Nur wenn sich ein Kind sicher fühlt, hat es auch die Freiheit, sich zu entfalten, seine Talente und Interessen zu entdecken und sich darin weiterzuentwickeln. Sicherheit geben den Kleinen neben Deiner Nähe und Zuneigung auch Regeln mit Konsequenzen und Grenzen. Innerhalb derselben können sie frei ihren Neigungen nachgehen und wissen, es kann ihnen nichts passieren, wenn sie sich ausprobieren wollen, denn Du bist da und kannst sie schützen und notfalls auch helfend eingreifen.

Loyalität besteht vor allem zu Menschen, denen man sich zugeneigt fühlt. Sie wird Dir von Deinen Kindern ebenfalls automatisch entgegengebracht. Alle Kinder haben das Bedürfnis, loyal zu ihrer Nächsten zu stehen und unterstreichen dies, indem sie sie auch verteidigen. Unterbinde dieses Gefühl nicht, indem Du ständig in Anwesenheit von Freunden und Verwandten und, während Dein Kind auch noch dabei ist und es hören kann, Dich lang und breit über seine Verfehlungen auslässt.

Wir können hier nicht alles aufführen, was als Wert in einer Wertegemeinschaft oder Familie gelebt wird, aber für ein reibungsloses Zusammenleben scheinen uns die oben genannten Tugenden als oberste Prinzipien. Lebst Du diese Werte, wird Dein Kind sie übernehmen und weitertragen, sie verteidigen und dazu stehen, selbst in schwierigen Situationen!

8.3 Regeln festlegen und erklären im Zusammenhang mit Werten

Hier wollen wir Dir 10 Regeln vorstellen, welche Euren Familienalltag erleichtern können und auch den kleinsten Mitgliedern schon beigebracht werden können. So können sie langsam in die Regelwerke unserer Gesellschaft hineinwachsen und sich später auch in unserer immer rascher sich wandelnden Welt zurechtfinden.

Einander zuhören und aussprechen lassen ist nicht nur eine Regel, welche für einen gesitteten Gesprächsablauf sorgt, sondern vermittelt als Wert oder Haltung auch gleich noch *Respekt!* Durch diese Regel lernen die Kinder auch, dass man möglicherweise wichtige Inhalte nicht versteht oder hört, wenn man ständig dazwischen quatscht. Sie erkennen auch, dass das Gegenüber dadurch traurig oder enttäuscht sein kann, weil seine Meinungsäußerung durch die Störung wohl nicht ernst genommen, also anerkannt wird. Sie bekommen allerdings ebenso die Sicherheit, dass, wenn es an ihnen ist zu sprechen, ihre Stimme Gewicht hat und gehört wird. Auch wenn dies nicht automatisch heißt, dass Deine Kinder jede Kleinigkeit mitentscheiden müssen oder sollen!

Jeder im Haushalt hat eine Aufgabe und erfüllt sie nach bestem Wissen und Gewissen. Vorgelebte Demokratie und **Loyalität** können gar nicht schöner sein, als wenn jeder seine Aufgabe kennt und sie ausführt. Hier können Kinder langsam hineinwachsen und mit steigendem Alter auch mehr Arbeiten und Hilfeleistungen übernehmen. Wichtig bei dieser Regel ist, dass wirklich jeder im Haushalt seine Rolle kennt und auch ausführt, nicht nur die Kleinen! Dass das Leben neben den Rechten auch Pflichten mit sich bringt, erlernen so Kleinkinder nahezu im Vorbeigehen.

Jeder hat auch ein Ruhebedürfnis und darf diesem nachgehen bringt Dir vor allem als Mutter auch die ersehnten Pausen von der Fragenflut Deines Nachwuchses. Führe gerade die Kleinsten nach und nach an diese Regel heran, indem Du Deine Ruhepausen mit der Zeit und der Möglichkeit der Selbstbeschäftigung der Kinder langsam ausdehnst. Eine kinderfreie Kaffeepause ist dann auch zuhause möglich und Deine Rabauken werden sich diese fünfzehn Minuten auch ruhig verhalten. Reagiert Dein anhängliches Kleinkind im ersten Moment etwas verstört, dann kannst Du ruhigen Wortes erklären, dass Du nach einigen Minuten Ruhe mit Buch und Kaffee oder was auch immer, wieder bereit für neue Abenteuer mit ihm bist. Größeren Kindern kann man die elterliche Auszeit auch damit erklären, dass Du auch nicht ständig in ihr Zimmer platzt, wenn Du merkst, sie brauchen eine Pause! So lernen alle Mitglieder die Gewohnheiten und Bedürfnisse der Familie zu *akzeptieren* und zu *tolerieren*, auch wenn man nicht immer einer Meinung ist.

Zusammenhalt und Respekt, auch wenn Streit in der Luft liegt, wird jedenfalls nach Außen gelebt. Wir bilden eine Einheit, in der nicht immer alle eine Ansicht teilen müssen. Dies stärkt bei allen Familienmitgliedern den Zusammenhalt, die Sicherheit, aber auch das Gefühl der Freiheit, seine Meinung, seine aktuelle Haltung kundzutun und notfalls auch zu verteidigen. Dicke Luft über dem Familientisch kann schon einmal entstehen, weil Wünsche nun doch nicht wie geplant erfüllt werden können, weil unterschiedliche Prioritäten aufeinandertreffen oder aus zahlreichen anderen Gründen. Eine gelungene Streitkultur trägt dazu bei, dass die Familie nach außen dennoch für alle die schützende und umsorgende Einheit darstellt. Die Kinder wissen, sie können sich auf ihre Eltern und Geschwister verlassen, obwohl sie sich gerade gefetzt haben, wenn die Wortwahl dennoch respektvoll bleibt und nicht von außerhalb aufgeschnappte Schimpfwörter die Atmosphäre vergiften. Sobald so etwas passiert und Du hörst, dass Deine Lieblinge Worte nachplappern, welche bei Dir zuhause nicht ausgesprochen werden sollen und müssen, ist es Deine Pflicht, einzugreifen. Leider werden so manche despektierlichen Begriffe in Kitas und Schulen mittlerweile inflationär ausgespuckt und der Hintergrund oder die Bedeutung für das Gegenüber gar nicht mehr bedacht. Kläre solche Ausbrüche sofort und lasse dies niemals bei Dir einreißen!

Es gibt mindestens eine gemeinsame Familienmahlzeit am Tag! Hier sind nicht nur Deine Kids, sondern auch Dein Organisationstalent neben Beruf, Haushalt und bewusst gestalteter Freizeit gefragt. Aber, wie viele andere Regeln zuvor, stärkt auch diese vermeintliche Nebensächlichkeit in Zeiten von digitaler Vernetzung und eigenen Interessensverfolgungen die Stärke der Familie als Einheit, das Gefühl von Geborgenheit und Schutz sowie die Nähe zueinander. Außerdem ist es eine wunderbare Gelegenheit, in Ruhe über den Tag zu plaudern und eventuell sich aufbauende Probleme frühzeitig anzusprechen.

Nach dem Toilettengang, vor dem Essen – Händewaschen nicht vergessen! Seit dem Ausbruch des Corona-Virus haben Omas alte Sprüche und Gebräuche plötzlich eine neue Bedeutung gefunden, auch wenn uns diese Regel sowieso schon aus ***Respektsgründen*** in Fleisch und Blut übergegangen sein sollte. Bringe den Spruch gerne als Reim Deinen Kindern bei! Sollten die Teenager aufgrund der Neueinführung dieser kleinen Hygieneregel murren, weil Du Dich tatsächlich danach erkundigst, ob sie sich die Hände gewaschen haben, bevor sie an den gedeckten Tisch kamen, so kannst Du sie dazu animieren, den Text versuchen zu rappen, um ihn in die Neuzeit zu transformieren. Nichtsdestotrotz wird für alle Familienmitglieder daran festgehalten!

Es wird miteinander gelacht, nicht übereinander. Kaum eine Regel ist wichtiger in einer Familie für einen reibungslosen Alltag und gerade, wenn mehrere Kinder und womöglich noch aus unterschiedlichen vorherigen Beziehungen in einem gemeinsamen Haushalt leben, umso wichtiger! Schadenfreude zeugt von Neid und Missgunst, zerstört Nähe und **Sicherheit** und will vor allem sicherlich gerade innerhalb des Schutzes einer Familie von niemanden empfunden werden. Selbstverständlich lachst Du Deinen kleinen Liebling nicht aus, wenn er zum zwanzigsten Mal versucht, allein aufzustehen oder seine ersten eigenständigen Schritte zu machen und ständig wieder hinfällt. Erkläre auch den älteren Geschwistern, dass man das nicht macht! Frage auch Kleinkinder, wenn sie beginnen, über das Missgeschick eines anderen zu lachen, ob sie wollen, dass auch über sie gelacht wird. Schadenfrohes Gelächter ist der Beginn von Mobbing und in Zeiten wie diesen innerhalb einer Familie sicher das Letzte, das man sich wünscht. Fördere das gemeinsame Lachen über Filme, über Witze, über gelungene Leistungen, über tolle Erinnerungen. Lachen ist gesund, wenn es aus einem frohen und aus vollem Herzen kommt!

Wir helfen uns gegenseitig und können jederzeit nach Hilfe fragen. Welche Vorbildwirkung für die später im Leben so wichtige Empathie und andere soziale Kompetenzen. Hilfe zu geben und anzunehmen sollte in einer Familie eigentlich üblich sein und gelebte Tradition. *Hilfsbereitschaft* zu signalisieren und Hilfe anzunehmen oder danach fragen zu können, bedeuten Sicherheit in der nächsten Umgebung und geben schon den Allerkleinsten den notwendigen Freiraum, sich auch an schwierigeren Aufgaben zu versuchen. Ein Scheitern sollte unmittelbar mit der zuvor aufgezeigten Regel zusammenhängen und anstelle von Gelächter das Signal von Hilfe, wenn gewünscht oder erforderlich, ausgesandt werden. So werden mit einfachen, für alle Familienmitglieder gültigen Regelwerken die Werte und Haltung vermittelt und das Können und die Talente des Einzelnen gefördert.

Fehler verzeihen und nicht nachtragend sein, wenn eine Entschuldigung ausgesprochen wird. Nach einem Streit wieder zusammenzufinden ist umso leichter, wenn zuvor keine harten Worte gefallen sind. Sich für einen Fehler oder ein Missgeschick zu entschuldigen, gehört zu einem entspannten Zusammenleben dazu, denn dann kann der Betroffene verzeihen und die dicke Luft sich wieder verziehen. Ein offener Umgang mit den Fehlern der anderen und der eigenen Verfehlungen setzen selbstverständlich eine funktionierende Kommunikation voraus, aber, wie schon so oft erklärt, greifen alle Teilbereiche wie auch Regeln ineinander. Fehler einzugestehen und um Entschuldigung bitten zu können bzw. diese anzunehmen und zu verzeihen steigern außerdem das *Vertrauen* innerhalb der Familien und geben auch die notwendige *Sicherheit*, sich einmal etwas zuzutrauen, auch wenn der Erfolg des Unternehmens nicht feststeht.

Die Sachen eines anderen Familienmitgliedes sind nicht Allgemeingut, es muss gefragt werden, ob man sie benutzen darf. Damit wird ebenfalls das **Vertrauen** in den sicheren Hafen Familie gestärkt und damit einhergehend auch ein Vertrauen in eine positive Gesellschaft außerhalb der engsten Umgebung. Wie genau Ihr diese Regel auslebt, liegt nicht zuletzt auch am finanziellen Rahmen, denn ab und an bekommen Geschwister auch Spielzeug gemeinsam geschenkt. Es sollte aber eine Selbstverständlichkeit sein, dass nicht jeder in den Sachen des anderen kramt, denn alle haben und besitzen, was sie benötigen, um ihren Alltag zu meistern und sich sinnvoll zu beschäftigen. Nur allzu oft wird der Schreibtisch von Geschwistern oder eines Elternteils nur darum durchstöbert, weil man sein eigenes Zeug gerade nicht findet. Es geht bei dieser Regelung also ein klein wenig auch um

Verantwortung und *Ordnung* für seinen eigenen Kram. Im Kapitel über Geschwister kommen wir auch noch dazu, dass es eben nicht selbstverständlich ist, dass die Größeren immer alles mit den Kleineren teilen müssen!

Weitere gemeinsame Regelungen können sich damit befassen, dass sich wirklich alle Familienmitglieder an die Verkehrsregeln halten, so dass auch die Kleinen schon von weitem eine rote Ampel oder einen Zebrastreifen deuten können und erst gar nicht in Versuchung geraten, sie aus Abenteuerlust unvorsichtig zu überqueren. Auch über das Einhalten von Versprechen kann man Regeln aufstellen, über das Zubettgehen (darauf gehen wir in unserem Kapitel über Rituale und Routine noch genauer ein) und selbstverständlich auch über das Verhalten bei Tisch, bei Freunden oder im Urlaub. Die zeitliche Begrenzung von TV und dem Konsum anderer Medien fällt ebenso darunter wie die Einhaltung von Uhrzeiten, also dem Wert der Pünktlichkeit, der wiederum mit Respekt zu tun hat.

Regeln können sowohl von Dir als Vorstand des Haushaltes kommen, als auch gemeinsam festgelegt werden. Gerade wenn sich Lebensumstände ändern, kann es sinnvoll sein, alle bestehenden Regeln auf den Tisch zu legen und Uhrzeiten sowie Gewohnheiten beispielsweise beim Urlaub in anderen Ländern anzupassen oder die neue Lebensgemeinschaft miteinzubeziehen. Regelwerke sind selten starr, sie können mit dem Alter der Kinder, der Umstellung von Karenzzeiten auf Arbeit und Schule immer wieder angepasst werden. Vergiss dann aber nicht, auch wenn Deine Kinder dies sicher gerne unter den Tisch fallen lassen, auch die Konsequenzen entweder anzupassen oder darauf aufmerksam zu machen, dass diese trotz angepasster Regelwerke weiterhin bestehen!

8.4 *Braucht der Familienalltag ordnende Regeln?*

Ein reibungsloser und entspannter Familienalltag ist sicher einfacher zu organisieren, wenn die gesamte Familie sich an Regeln hält, welchen auch jeder zustimmt. Du musst selbstverständlich keine Regeln einführen, wenn Du Dich selbst schon nicht daran wirst halten wollen. Du kannst dann einfach alle folgenden Abschnitte ungelesen überblättern und gleich zu den Problemfeldern kommen, welche Du früher oder später zu managen haben wirst. Wir wollen Dir mit den vielen Worten und Kapiteln zuvor das Leben soweit erleichtern, dass viele der bekannten Krisensituationen in Deiner Familie erst gar nicht auftauchen. Wir stellen uns vor, Du sitzt mit anderen Müttern in einer Runde und das Gespräch dreht sich wie immer über kurz oder lang um die Probleme, welche die Erziehung so mit sich bringen kann, Du aber sitzt gelassen dabei und kannst mit einem Lächeln sagen, dass Deine Familie der sichere Hafen ist, den alle benötigen, um sich wohl zu fühlen und sich frei nach ihren Talenten zu entwickeln. Wir wünschen uns, dass alle Deine

Familienmitglieder und selbstverständlich auch Du selbst gerne nach Hause kommen und sich mit einem Lächeln für alle Anwesenden an den Tisch setzen und dies auch in einer fernen Zukunft so sein wird, wenn Dein Nachwuchs nicht mehr in Deinem Haushalt wohnt und womöglich schon die eigenen Sprösslinge mitbringen wird. Wir wollen, dass Ihr eine friedliche, aber freie und unabhängige, eine starke Familie bildet, in der sich jeder seines Wertes und seiner Werte bewusst ist. Es kann turbulent zugehen, weil es sich um eine große Ansammlung von Menschen handelt, es kann manchmal laut sein, aber es soll immer die Zusammengehörigkeit, das Gefühl von Nähe vorhanden sein, auch wenn man über Kilometer entfernt voneinander schließlich sein eigenes Leben lebt!

9. GRENZEN SETZEN LEICHT GEMACHT!

Die ersten Lebensmonate, vor allem, solange Dein Baby und Kleinkind noch nicht wirklich mobil ist, geht es nur darum, seine Bedürfnisse nach Nähe und Zuneigung, Nahrung und Sicherheit zu stillen. Aber je nach Einsetzen der Neugier auf die Erweiterung des erreichbaren Bereiches und dem Entdecken von mehr als der unmittelbaren Umgebung gilt es, den Kleinen auch beizubringen, dass selbst die Mama Bedürfnisse hat und dass es zu seinem Schutz und aus Liebe auch Grenzen gibt. Wie Du Grenzen setzen kannst und warum sie zwingend notwendig für eine gesunde Entwicklung sind, werden wir Dir in diesem Abschnitt genau erklären. Denn langsam, aber sicher können die Süßen auch lernen, ihre eigenen Bedürfnisse etwas hinten anzustellen, also beispielsweise auf das Essen noch ein wenig zu warten, bis alle gemeinsam am Tisch sitzen oder wenn Du gerade kochst und dies nicht für ein Spiel unterbrechen kannst. Auch vor anfänglich gefährlichen Dingen musst Du Dein Kind schützen.

Grenzen bedeuten Verantwortung, für das Kind ebenso wie für die erziehenden und umsorgenden Erwachsenen. Innerhalb einer Grenze kann ein neuer Erdenbürger lernen, selbst die Verantwortung für sein Tun zu tragen. Die Grenze bietet die Möglichkeit der Sicherheit, dass außerhalb derselben die Eltern die Verantwortung übernehmen. Hast Du zum Beispiel einen Garten, so darf sich Dein Kind dort selbstverständlich frei bewegen. Auf die Straße oder auch nur auf den Gehweg, also in die gesamte Umgebung außerhalb des Zaunes, darf es nur in Deiner Begleitung! An diesem Beispiel kannst Du auch gut erkennen, dass Grenzen mit der Zeit, mit der kommenden Reife Deines Sprösslings verschoben werden. War es zuerst nur das Wohnzimmer, in dem der kleine Krabbler ungehindert unterwegs sein durfte, so wird dies nach und nach auf die gesamte Wohnung erweitert, dann wird auch der Garten dazukommen und selbstverständlich wieder eine gute Weile später auch die weitere Umgebung, etwa im Schulalter der Schulweg.

Eine genaue Einteilung, welche Grenzen wann gesetzt werden müssen und wann sie verschoben werden können, gibt es nicht, denn jedes Kind entwickelt sich anders und spätestens, wenn Du zwei kleine Lebewesen um Dich herum hast, wirst Du erkennen, dass sich selbst nahestehende Geschwister nicht im selben Zeitrahmen entwickeln. Es ist also immer noch extrem wichtig, dass Du Dein Kind fortlaufend beobachtest, um einschätzen zu können, wie es mit der Verantwortung in seinem Rahmen umgeht. Es ist nicht die Zeit, die Nase im Smartphone zu versenken und davon auszugehen, dass, wenn die Grenze Garten gesetzt ist, Du dann auf einen festgeschriebenen Zeitpunkt warten kannst, um auch diese Grenze zu erweitern!

Bestehen die Kinder zu früh auf eine Grenzerweiterung, gilt es, hart in Deiner Entscheidung zu bleiben! Gerade kleinere Geschwister bestehen oft darauf, dass sie dasselbe dürfen wie die Größeren. Auch wenn sie Dich damit regelmäßig herausfordern und sich der Kleine vielleicht sogar schneller entwickelt, dies wird teilweise beobachtet, weil kleine Geschwister selbstverständlich den großen nacheifern, darfst Du hier nicht vorschnell agieren. Selten werden zornige Dreikäsehochs einsehen, dass sie etwas noch nicht dürfen und eine Grenze weiterhin gesetzt bleibt, damit musst Du umgehen lernen und Dir vor Augen halten, dass die Zeit der Zentrierung auf das ICH mit etwa 4 bis 5 Jahren vorbeigeht und Dein Nachwuchs gelernt hat, dass auch Du Bedürfnisse hast und eine Grenze auch Dein Bedürfnis ist, ihn vor Gefahren zu schützen, mit denen er womöglich noch nicht umgehen oder die er noch nicht abschätzen kann.

Grenzen können beispielsweise auch Jahreszeiten sein oder Monatsübergänge, vor allem, wenn es um warme Jacken, Mützen oder Schals geht. Hier kann die Lösung der Gegenwehr gegen eine ungeliebte Mütze oder das Argument, dass andere sie auch noch nicht tragen würden, eventuell der gemeinsame Einkauf einer besonders großartigen Mütze sein. Wie auch immer, sie wird getragen, weil Du hier die Verantwortung für die Gesundheit Deines Kindes hast und das kannst Du ihm auch genauso erklären! Die Erklärung der Grenze startet außerdem den Lernprozess, mit Gefahren im Leben, ob nun durch Krankheiten wie eine Verkühlung oder im Straßenverkehr, fertig zu werden, sich ihnen zu stellen und allgemein anerkannte Grenzen oder Regelungen zu akzeptieren. Lasse Dich also nicht verunsichern, wenn andere Eltern andere Grenzen setzen, Du kennst deren Kinder und ihr Verhalten nicht so gut wie Deine eigenen Nachkommen!

Erklärungen helfen aber erst ab einem gewissen Alter und Verständnis der Kinder, ab und an muss es einfach ein NEIN sein und auch, wenn sie sich dann schmollend oder brüllend entweder verziehen oder vor Dir aufbauen, es muss beim NEIN bleiben, denn sonst folgst Du keiner Linie, keiner Grenze, an welche sie sich halten können. Je schneller sie verstehen, dass Dein NEIN auch dann besteht, wenn sie sich ungebührlich benehmen, wird es zum Teil abgestellt, weil sie sehr schnell sehen, dass sie damit nicht weiterkommen, Du solltest dann aber auch bei Schmeicheleien nicht nachgeben. Jedenfalls kommt es zu weit weniger unschönen Szenen außer Haus, wenn sie gelernt haben, NEIN ist NEIN im eigenen Bereich, in der Wohnung, dem Haus oder dem Garten. Wir kennen alle die hilflosen Blicke so mancher Mütter, wenn deren Kinder brüllend durch den Supermarkt toben, weil sie etwas nicht haben können! Sollte es dennoch vorkommen, so haben wir an der passenden Stelle auch dafür Tipps für Dich.

Hilfreich bei gewissen Machtproben bezüglich der Erweiterung von Grenzen oder der Erfüllung von Regeln kann auch eine gewisse Kompromissbereitschaft Deinerseits sein, aber selbstverständlich immer mit dem Kindeswohl im Hintergrund und die Einhaltung der Grenzen und Regeln beachtend. Geht es beispielsweise darum, dass Dein kleiner Liebling schon beim Anblick von Gemüse das Gesicht verzieht, kannst Du ihm die Auswahl überlassen. Gemüse wird gegessen, das ist die Regel, welches er dann essen mag, das darf er selbst bestimmen. Beim Einkaufen könnt ihr beispielsweise festlegen, es gibt eine Süßigkeit oder anstelle von Süßigkeiten Obst und Dein Kind darf wählen, was es möchte. Auf diese Liste an Dingen, die Ihr gemeinsam festgelegt habt einzukaufen, darfst Du dann gerne hinweisen, wenn der Überfluss an süßen Verführungen doch dazu anregt, mehr zu wollen. Je älter Deine Kinder werden, desto mehr und öfter werden die ihnen gesetzten Grenzen in Frage gestellt. Hier kannst Du auf die Bitte um eine Grenzerweiterung auch um Bedenkzeit bitten, Dich dann informieren, wie es möglicherweise andere Eltern handhaben, was Du im Netz darüber findest oder einfach das Verhalten Deiner Kinder reflektieren und in Ruhe überlegen, ob eine Grenzerweiterung auch in Deinen Augen sinnvoll ist. Bei einem guten Verhältnis zueinander kann auch ein gemeinsames Gespräch dafür sorgen, dass alle Beteiligten zufrieden wieder auseinandergehen.

9.1 *Welche Grenzen brauchst Du nun?*

Wie bereits im obigen Text angesprochen, sind Zimmergrenzen und Grundstücksgrenzen automatische räumliche Abgrenzungen, welche einfach gesetzt und mit Regeln hinterlegt werden können. Etwa geschlossene Zimmertüren vom elterlichen Büro oder dem Zimmer der großen Geschwister. Eine geschlossene Tür bildet eine natürliche Grenze und die dazugehörige Regel besagt, dass angeklopft und die Erlaubnis des Eintritts abgewartet wird. Selbstverständlich wird dies auf Unverständnis stoßen, aber schon kleine Kinder wollen ab und an auch ihre Ruhe und ihren eigenen Raum haben und werden schnell verstehen, warum es gilt, diese Grenze zu akzeptieren.
Eine weitere Grenze kann auch die Uhrzeit sein. Du erlaubst Deinem Kind, bis zu einem gewissen Zeitpunkt wach zu bleiben, zu spielen, mit Dir zu kuscheln, einfach am Familienleben teilzunehmen. Um etwa 20 Uhr ist dann Schluss mit lustig und die Regel zur Grenze besagt, jetzt wird Zähne geputzt, der Pyjama angezogen, um dann in das abendliche Ritual überzugehen.
Die Lautstärke der Stimme kann eine Grenze sein. Wir sprechen ruhig miteinander und brüllen uns nicht gegenseitig an, lautet die dahinterliegende Regel. Eine Grenze kann auch gezogen werden, wenn es um die Menge der erlaubten Süßigkeiten am Tag oder in der Woche geht. Manche Wünsche mögen eine natürliche finanzielle Grenze haben, auch diese kannst Du Deinen Kindern erklären und somit setzen. Die dazugehörige Regel kann beispielsweise sein, dass zu Geburtstagen und Weihnachten größere Wünsche erfüllt werden und im Laufe des Jahres nach Möglichkeit die kleinen. Eine wichtige Grenze ist jedenfalls auch die Zeit vor dem Fernseher oder im Internet, und dazu passende Vorschläge haben wir schon im vorherigen Kapitel gemacht.

Du siehst also, Grenzen sind nicht etwa da, um Kinder autoritär zu erziehen, sondern zeigen Deine Liebe, Deine Fürsorge und Deine Verantwortung dem kleinen oder auch schon größeren Familienmitglied gegenüber. Kinder ohne Grenzen aufwachsen zu lassen kann sogar dazu führen, dass sie sich nicht geliebt, nicht umsorgt fühlen und mit ihrem Verhalten dann regelrecht um Grenzen betteln. Keine Grenzen oder Regeln zu setzen kann für Dein Kind auch bedeuten, dass Du ihm gleichgültig gegenüberstehst, dass es Dir gar nicht wichtig genug ist, um Dich mit seiner Erziehung und Entwicklung auseinanderzusetzen. Dies kann sich zukünftig auf das Selbstbild und das Selbstbewusstsein Deines Kindes auswirken und wir wollen doch alle einen starken Nachwuchs, der mit beiden Beinen im Leben steht und versucht, in seinem Rahmen und nach seinen Möglichkeiten das Beste darin für sich zu erreichen! Wie Du Deine Kinder intensiv dabei unterstützen kannst, dieses Selbstvertrauen zu entwickeln, dafür haben wir ebenfalls ein ganzes Kapitel reserviert.

10. KONSEQUENZEN: BRAUCHT MEIN KIND WELCHE?

Was ist der Unterschied von Konsequenzen und Strafen und wie setzt man Konsequenzen erfolgreich um? Wie legt man sie fest und wie bringt man sie von Anfang an seinen Kindern bei?

Konsequenzen sollen auch bei Kindern, oder besser in der Kindererziehung, direkt aus dem Fehlverhalten resultieren. Wenn Du beispielsweise das Taschengeld streichst, weil der Geschirrspüler nicht ordnungsgemäß eingeräumt wurde, dann hat das eine nicht unmittelbar mit dem anderen zu tun, außer natürlich, Du bezahlst Dein Kind auch für zusätzliche Hilfen im Haushalt! Taschengeldentzug könnte aber direkt damit zusammenhängen, wenn Du feststellen musst, dass Taschengeld, welches auch für die Jause in der Schule ausbezahlt wird, nur in Süßigkeiten und Fast Food investiert wird oder Computerspiele, mit denen Du nicht einverstanden bist, weil sie dem Alter Deiner Kinder noch gar nicht entsprechen. Aus einem nicht ordnungsgemäß eingeräumten Geschirrspüler kann nicht ordentlich sauberem Geschirr resultieren, und die Konsequenz könnte damit sein, dass Du Deinem zur Mithilfe unwilligen Heranwachsenden einen schmutzigen Teller auf dem gemeinsamen Abendbrottisch eindeckst. Nur durch in Zusammenhang stehende Konsequenzen können schon die Kleinsten bei Regelverstößen oder Fehlverhalten erkennen, was es damit auf sich hat.

Drohst Du an, die Wäsche nicht zu waschen, wenn sie nicht von den Kindern in die bereitstehenden Wäschekörbe neben der Waschmaschine selbst einsortiert werden, aber nach 3 Tagen genervt die Wäsche aus dem Kinderzimmer holst, dann hast Du Dich auf ein Geduldsspiel und eine Nervenprobe eingelassen. Passiert dies öfter, wissen die Kinder sehr schnell, welche Regeln befolgt werden müssen und bei welchen Regeln Du klein gibst und die Konsequenzen ausbleiben. Konsequenzen sind also keine Strafen, sondern direkt aus einem Fehlverhalten entstehende Missstände. Ist der Fernseher heute zu lange gelaufen, dann bleibt er morgen eben aus!

Überlege Dir also die Konsequenzen für Regeln und deren Nichtbefolgung nicht nur aus der Sicht der Kinder, frei nach der Frage, was könnte sie so betroffen machen, dass die Regel das nächste Mal eingehalten wird, sondern auch danach, ob Du wirklich bereit bist, die Konsequenzen aus einer nicht befolgten Regelung auch einzuhalten! Konsequenzen können durchaus für eine lange Zeit immer dieselben sein, sie müssen nicht zwangsläufig an erweiterte Grenzen angepasst werden. Beispielsweise wird zwar das Taschengeld erhöht und auch erlaubt, dieses für Klamotten auszugeben, aber diese müssen auch Deine Zustimmung finden. Findest Du dann doch einen Rock im Zimmer Deiner Tochter im Teenageralter, welcher eher einem Gürtel gleicht, als kniebedeckend ist, dann kann die Konsequenz des

Taschengeldentzugs auf das Minimum für diverse schulische Artikel und Pausenverpflegung dieselbe bleiben.

Je schneller Kinder entdecken, dass Konsequenzen tatsächlich folgen und unangenehm sein können, desto schneller halten sie die vorgegebenen Regeln ein. Erkläre immer beides gemeinsam, wenn Ihr oder Du Regeln für einen reibungslosen Ablauf zuhause festlegt. Auch wenn sich Konsequenzen für Kinder wie eine Strafe darstellen können, beispielsweise die gestrichene Zeit online wegen zu langen Surfens am Vortag, musst Du dabeibleiben und darfst Dich auch auf keine Verhandlungen einlassen. Mache ihnen klar, dass es auch im richtigen Leben Konsequenzen gibt, wenn die allgemein anerkannten Regeln eines gesellschaftlichen Zusammenlebens nicht eingehalten werden. Man nennt dies dann Gesetze. Bezahlst Du Deine Stromrechnungen nicht, kannst Du auch nicht mit nettem Augenaufschlag Deinen Stromanbieter davon überzeugen, dass Du doch eine ganz Liebe bist. Du musst die Rechnung begleichen und der Strom wird weiterfließen. Greife Dir durchaus, je nach dem Alter und Verständnis Deiner Sprösslinge, Beispiele aus dem Leben. Mache ihnen klar, dass auch Du an Verhaltensweisen gebunden bist und das Nichteinhalten derselben auch für Dich zu Nachteilen führen wird.

10.1 *So schaffst Du positive Verhaltensmuster!*

Je kleiner Dein Kind noch ist, wenn es Dir freiwillig zur Hand gehen möchte, desto einfacher ist es, einen reibungslos funktionierenden Haushalt zu organisieren. Lässt Du Dein Kind, gemessen an seinem Alter und seinem Vermögen, von Anfang an mithelfen, dann musst Du Dir später weit weniger Gedanken um Regeln für den Alltag und für Euer Zusammenleben machen. Dann ist das Abräumen des Tisches, das Decken des Tisches oder das Raustragen des Mülls schon zu einer selbstverständlichen Angewohnheit geworden. Räumst Du mit Deinem Nachwuchs von Haus aus das Zimmer gemeinsam auf, überlässt es dann langsam mehr und mehr ihm alleine und erklärst schon während des gemeinsamen Aufräumspieles, warum nun welches Ding wohin kommen soll, dann wird die zukünftige Vereinbarung, dass das Zimmer beispielsweise mindestens einmal die Woche aufgeräumt und sauber gemacht werden muss, leichter für Dich umzusetzen und durchzusetzen sein.

Ist Dein Kind beim Essenkochen ebenso dabei wie beim Einkaufen und Festlegen des Speiseplans, und darf es womöglich auch Wünsche äußern, dann wirst Du bei Tisch selten Probleme mit schlechtem Benehmen oder Verweigerung des Essens haben. Dann kannst Du mit weniger Regeln und deren Konsequenzen, aber vielleicht mit Kompromissen arbeiten. 5 Tage die Woche kommt auf den Tisch, was gesund ist und Euch alle während Schul- und Arbeitszeit leistungsfähiger macht, und an 2 Tagen der Woche darf Dein

Nachwuchs sich auch einmal Fast Food oder eben seine Lieblingsgerichte wünschen und sich auch Ungesundes zum Nachtisch aussuchen. Letztlich kann aus dem Kompromiss eine Verhaltensregel für die gesamte Familie werden und so kommst Du mit Deinem Wunsch nach gesunder Ernährung ebenso zum Zug, wie Deine Kinder wissen, dass auch sie ab und an zu Süßigkeiten greifen dürfen. Sind sie bei der Zubereitung der gesunden Kost von klein auf dabei, dann werden sie auch willens sein, Dein Gemüse zu essen oder es wenigstens zu verkosten!

Positive Verhaltensmuster erzeugst Du selbstverständlich auch durch Dein eigenes Verhalten vor Deinen Kindern, aber dazu später noch etwas mehr. Essenziell wichtig ist es, Deine Kinder nicht von freiwilliger Hilfe abzuhalten, weil Du denkst, sie wären noch zu klein oder weil Du sie die ersten zwei Jahre, solange Du zuhause bist, verhätscheln willst. Denn dann wird es schwierig, danach Regeln oder Verhalten einzufordern, welches noch niemals von ihnen verlangt oder zuerst abgelehnt wurde. Dies kann zu Missverständnissen und Trotzreaktionen führen, welche noch dadurch erschwert werden, dass Du möglicherweise wieder zu arbeiten beginnst und Dein Kind eine Kita besuchen muss. Verlustängste und plötzlich zu leistende Aufgaben können von Überforderung bis zur massiven Verweigerung alle möglichen Gegenreaktionen auslösen. Nimm also die Hilfe der Kleinen an, sie tun es immer Dir zuliebe, sie wollen Dir helfen, weil sie Dich lieben, nimm ihnen das nicht weg, zolle Anerkennung und gib ihnen Aufgaben die sie bewältigen können! Lass sie sich auch dabei weiterentwickeln und lobe sie für ihre Hilfe und freue Dich mit ihnen gemeinsam, wenn sie etwas leisten konnten, was für sie noch neu war und noch nicht wirklich eingeübt. Wie schon im Abschnitt über die Entwicklung des menschlichen Gehirns beschrieben und wie es auch in einem deutschen Sprichwort so schön heißt, „Übung macht den Meister". Im Falle der Kindererziehung macht sie nicht nur den Meister, sondern vor allem das Zusammenleben stressfrei und für alle Beteiligten zu einem Gewinn!

10.2 „Aber der darf das auch!" Andere Familien, andere Sitten

Welche Regeln es in Eurem Haushalt gibt, liegt nicht zuletzt daran, wie gefestigt Du selbst in Deinem Alltag bist. Sind Regeln erst notwendig, weil schon so manches schiefläuft? War Dein Haushalt bis zur Geburt Deines Kindes eher unorganisiert und musst Du Dich nun auch selbst irgendwie um ein Mehr an Ordnung und ordentlichem Verhalten kümmern? Wann führst Du Regeln ein? Je später Du Dich um ein Fehlverhalten kümmerst und dieses wieder ausmerzen möchtest, desto schwieriger wird es und Deine Kinder werden mit allen Tricks und Mitteln dafür Sorge tragen, dass diese für sie plötzliche neue Ordnung erst gar nicht zur Anwendung kommt. Obiges

Argument erscheint wie ein Standardsatz bei Kindern, spätestens aber bei Teenagern, und so manche Mutter hatte schon den Eindruck, dass Kinder damit geboren werden und versuchen, diesen Satz bei jeder passenden oder unpassenden Situation als Totschlagargument einzusetzen!

Darum ist es so wichtig, dass Du Dir zuerst für Dich selbst genau überlegst, welche Regeln, welche Abläufe und welche Verhaltensmuster Du haben möchtest und was es für Konsequenzen haben könnte bei Nichteinhaltung. Wenn neue Regeln eingeführt werden, müssen diese auch für die ganze Familie gelten und für jeden Beteiligten zu Konsequenzen führen.

Sobald Deine Kinder über ihre Freunde aus Kita oder Schule andere Haushalte erleben, werden sie beginnen, Vergleiche anzustellen. Federe diese Überlegungen von Beginn an ab, indem Du Deine Kinder nach ihren Erlebnissen befragst, sie werden Dir dann sofort erzählen, was in der Familie der Freunde anders gehandhabt wird und Du kannst Dir Erklärungen zurechtlegen, warum Du diese Verhaltensmuster bei Euch im Haus nicht übernehmen möchtest. Es ist auch eine gute Gelegenheit, Deine Kleinen darüber aufzuklären, dass andere Menschen andere Ansichten, Gewohnheiten und möglicherweise auch Werte haben. Dass sie auf andere Kompetenzen Wert legen und warum Du an Deinen festhalten wirst. Du entkräftest das Argument, dass andere dürfen, was Dein Kind gerade möchte, damit gleich zu Beginn und es kann diese Argumentation erst gar nicht mehr anbringen.

Sehr oft wirst Du dieses Argument zu hören bekommen, wenn es um den Konsum von Medien geht, alle anderen dürfen ganz sicher unbegrenzt fernsehen, Computer spielen oder einfach im Netz surfen. Beliebt bei Teenagern ist nach wie vor die zeitliche Begrenzung von abendlichen Ausgängen, selbstverständlich müssen nur Deine Kinder zu einer festgelegten Zeit wieder nach Hause kommen und alle anderen dürfen tun und lassen, was sie wollen. Wenn Du Dich durch dieses Argument verunsichern lässt, weil Du nicht sicher bist, welche Zeiten oder Regelungen Du anwenden solltest, dann kannst Du immer auch zum Telefon greifen und die fraglichen Eltern zu Rate ziehen. Am besten stellst Du das Gerät auf Lautsprecher, so dass Deine Sprösslinge mithören können, warum die Vorschriften und Grenzen bei ihren Freunden vielleicht weiter gesetzt sind, oder dass es gar nicht stimmt, dass sie alle tollen Freiheiten haben, welche Du Deinen Kindern gerade vorenthalten willst. Es kann sogar vorkommen, dass Deine Kids einen Rückzieher machen, wenn Du ihnen sagst, Du erkundigst Dich einmal, ob die angeführten Argumente tatsächlich stimmen. Es soll auch vorkommen, dass sich Kinder gegenseitig ein paar geschönte Versionen ihrer eigenen Regeln erzählen, um im Kreis der Freunde besser zu erscheinen. Auch damit musst Du dann umgehen können und Deinen Kindern zu erklären versuchen, dass ihre Freunde nicht unbedingt große Lügner sind, sondern einfach anerkannt werden wollen in einer Gruppe und dadurch womöglich zu Übertreibungen neigen. Du willst ja nicht, dass sie mit ihren Freunden brechen, außer, Du hast das Gefühl, dass diese Freunde Deinen Kindern tatsächlich nicht guttun, aber das ist ein anderes Kapitel und dazu kommen wir an einer passenden Stelle ebenfalls noch.

Je mehr Du selbst nach den von Dir aufgestellten Regeln und Vorgaben lebst, Dich auch selbst an Grenzen hältst, desto weniger Diskussionen wirst Du führen müssen, dass es anderswo für Kinder besser, freier oder ungezwungener zugeht. Lebst Du ihnen Deine Werte und Ansichten vor, dann werden sie viel besser verstehen, warum bestimmte Regelungen und Grenzen für sie bestehen. Es kommt, wie immer, auf die Vorbildwirkung an, um größeren Trouble erst gar nicht aufkeimen zu lassen.

10.3 *Lege Konsequenzen für Fehlverhalten fest!*

Fehlverhalten kann nur aus gebrochenen oder nicht eingehaltenen Regelungen oder überschrittenen Grenzen bestehen, welche vorher auch besprochen und vereinbart wurden. Fehlverhalten kann somit eigentlich nicht plötzlich auftauchen, sondern hat eine Ursache, welche es dann feinfühlig zu ergründen gilt. Beginnt bei Deinem Kind gerade die Trotzphase oder beginnen die Hormone verrückt zu spielen, dann wollen Kinder ihre Grenzen erweitern und beginnen, an Vorschriften zu rütteln. Es ist dann an der Zeit, manche Regel zu überdenken und gewisse Grenzen vielleicht wirklich etwas weniger eng zu stecken. Dies liegt nicht nur an Dir sondern auch daran, wie Dein Kind sich für gewöhnlich an seine Aufgaben hält!
Überlege Dir also zu jeder Regel, Hilfestellung oder Grenze, welche Du setzt, eine Konsequenz, die direkt damit im Zusammenhang steht. Fliegen die Lieblingsschuhe einfach in eine Ecke, anstatt ordentlich in den Schuhschrank gestellt zu werden, könntest Du sie beispielsweise für einen Tag wegsperren, denn anscheinend liegt Deinem Liebling doch nicht so viel an seinen Lieblingstretern, wenn er sie so lieblos behandelt. Regel – gebrochen – Konsequenz – das versteht auch Dein Dreikäsehoch!
TV- oder Internet-Zeit überzogen, dann folgt eben eine Kürzung des Zeitrahmens am Folgetag um die überzogenen Minuten. Muss der Fernseher ausgeschaltet werden, obwohl die Lieblingsserie noch nicht zu Ende ist, wird Dein Liebling verstehen, dass er sich besser an sein Zeitlimit hält, will er nicht regelmäßig den Schluss versäumen.
Schmutzwäsche soll in Eurem Haushalt jeder selbständig in die Wäschekörbe legen, damit sie wieder gewaschen werden kann? Einfache Konsequenz, wer seine Wäsche nicht zum Waschen bringt, der muss in schmutzigen Klamotten

rumlaufen! Wer allerdings unter Zimmeraufräumen versteht, alle herumliegenden Teile seiner Ausstattung zur Wäsche zu werfen, anstatt sie in den Schrank zu sortieren, wo sie, so lange sie sauber sind, hingehören, der darf nach dem nächsten Waschtag die Wäsche für die gesamte Familie falten. Es gibt zu jeder Regelung die Möglichkeit, eine damit zusammenhängende Konsequenz zu finden und da Konsequenzen nicht Strafen bedeuten, müssen diese auch nicht wirklich schmerzhaft sein. Wobei Dein Teenager es höchstwahrscheinlich als körperliche Folter empfindet, wenn er sich erst eine halbe Stunde später mit seinen Freunden treffen kann, weil die Wäsche Vorrang hat!

Konsequenzen können aber auch mit einer Prise Humor gewürzt werden. Ist Dein Liebling dafür verantwortlich, dass der Müll zur Mülltonne gebracht wird, und quillt der Mülleiner über, aber das Verantwortungsbewusstsein kann den Müll noch nicht riechen? Wie wäre es denn, wenn Du, anstatt resigniert zu seufzen und den Müll selbst rauszubringen oder anstelle einer Gardinenpredigt, weil Du genervt vom Verhalten Deines Nachwuchses bist, den Müll einfach nimmst und in sein Zimmer stellst? Die Beschwerde darüber kannst Du mit einem Lächeln übergehen und an die Regelung oder Aufgabenteilung im Haushalt erinnern!

Hiermit hören wir auch schon wieder auf, Dir Vorschläge oder Beispiele zu nennen, denn wir denken, Du hast das Prinzip, auf das wir hinauswollen, verstanden. Konsequenzen sind keine Strafen, sondern einfach die Folgeerscheinung von nicht erledigten oder nicht ordentlich erledigten Aufgaben sowie übertretenen Grenzen. Hausarrest ist keine Konsequenz, er ist eine Strafe, welche Du Dir sehr gut überlegen solltest, denn wenn diese Zeit zuhause dann nur genutzt wird, um im Internet Zeit zu verbringen, hast Du im Grunde nichts erreicht. Kommt Dein Teenager ständig zu spät nach Hause, dann kannst Du auch diese Zeit gegen die nächste Freizeit aufrechnen und sie sinnvoll verplanen, beispielsweise durch die Mithilfe im Haushalt über die eigentlichen Aufgaben hinaus. Du wirst dann schnell sehen, dass Deine Kinder die Uhr ja doch kennen! Du kannst sie aber auch an den Tisch setzen und ihnen die Timer- oder Wecker-Funktion ihrer Smartphones erklären, dann haben sie keine Ausrede mehr, dass sie die Zeit übersehen hätten. Womöglich führt dies auch zu einem humorvollen Gelächter, weil sie erkennen, wie dumm sie sich in Zeiten des Smartphones verhalten haben.

Was für die Schuhe als Einstieg gegolten hat, dies kannst Du auch bei Kleinkindern schon umsetzen, kann übrigens auch für das Lieblingsspielzeug gelten, welches dann immer irgendwo achtlos herumliegend auftaucht, wo es niemand vermutet und wo es auch nicht hingehört. Ist es dann für einen Tag im Schrank verschwunden, versteht auch Dein Kleinkind, dass es das Teil das nächste Mal mit in sein Zimmer nimmt. Dies funktioniert am besten, wenn ihr zuvor gemeinsam die Plätze für die Spielsachen im Kinderzimmer festgelegt habt und auch ein paarmal gemeinsam aufgeräumt wurde!

Drohungen à la „Das Spielzeug wandert beim nächsten Mal in den Müll!"
verpuffen meist wirkungslos, weil Du das Geld nicht in den Müll werfen wirst.
Lasse sie also von Haus aus weg und arbeite stattdessen mit Konsequenzen!

10.4 Der Klassiker „Ich zähle jetzt bis drei" - Was bringt er wirklich?

Diesen Satz haben wir wohl alle in unserer Kindheit gehört und obwohl er
schon bei uns nicht wirklich geholfen hat, eine Regelung zu verstehen und
einzuhalten, Grenzen zu akzeptieren oder aktiv und freiwillig im Haushalt zu
helfen, taucht dieser Satz doch immer wieder in der Erziehung auf. Du zählst
also bis drei und dann?
Die kurze Antwort auf die Frage, was das Zählen bringt: Nichts! Wenn Du für
Deine Regelverstöße keine Konsequenzen festgelegt und diese auch nicht
erklärt hast, dann musst Du nicht bis drei zählen, denn Dein Kind wird nur
fragend und sich wundernd vor Dir stehen und nicht begreifen, was das denn
nun soll. Bei drei ist weder das Zimmer aufgeräumt, welches Dein Nachwuchs
möglicherweise gar nicht als unordentlich ansieht, der Müll ist dann noch nicht
in der Tonne und die Schuhe werden bei drei auch nicht wie von Zauberhand
im Schrank verschwinden. Das kann alles nur dann funktionieren, wenn Du zu
dem Verhalten, welches Du haben möchtest, auch Konsequenzen erklärst, bei
Nichteinhaltung.
Zähle also bis drei, um Dich zu beruhigen und Dir Gedanken darüber zu
machen, ob Du Deine Aufgaben, Regeln und Verhaltensmuster nicht
ausreichend erklärt hast oder die Konsequenzen Deine Lieblinge kalt lassen,
weil zu locker gehandhabt oder für die Kleinen verschmerzbar. Dann ist es an
der Zeit, Dir Deine Vorgaben noch einmal zu durchdenken und neue
Konsequenzen festzuschreiben, sie zu erklären und dann auch wirklich in die
Tat umzusetzen. Bei Kindern in der Trotzphase oder im kritischen
Teenagerstadium wird das Zählen bis drei zudem nur neue Gegenwehr und
Ungehorsam auslösen. Zudem kann mit der Ansage „Ich zähle jetzt bis drei!"
nur eine Drohung verbunden werden und Du wirst Deinen Kindern nicht
ernsthaft drohen wollen. Bedrohen kann man nur mit Strafen, nicht aber mit
vorher festgelegten Konsequenzen. Solltest Du Dich also dazu hinreißen
lassen, einen Countdown herunterzuzählen oder hinauf, dann solltest Du auch
umgehend die Strafe parat haben, wenn Du Dir sicher bist, dass das
Fehlverhalten nicht an Trotzphasen, verrücktspielenden Hormonen oder
Deinem eigenen Verschulden liegt, weil Du Konsequenzen nicht
durchgezogen hast wie angekündigt. Wir neigen dazu, vor allem bei
Kleinkindern mal Fünfe gerade sein zu lassen und mit einem Lächeln
angesichts des süßen Augenaufschlags über das Fehlverhalten hinweg zu
sehen. Das Ergebnis dessen kann dann nicht sein, dass Du Dich Monate oder

gar Jahre später hinstellst, um bis drei zu zählen, nur weil Dein Sprössling gelernt hat, dass Deine festgelegten Konsequenzen ohnehin nicht umgesetzt wurden!

Zum Abschluss noch die Frage an Dich, was denkst, Du welche Vorbildwirkung Du abgibst mit einem hilflosen „Ich zähle jetzt bis drei!"?

10.5 Vorbildwirkung für ein gelassen-fröhliches Familienleben

Wenn Du selbst mit verkniffenem Gesicht einmal die Woche unwillig Deine Wohnung oder Dein Haus aufräumst, das Badezimmer putzt und die Waschmaschine nur anwirfst, wenn in Deinem Kleiderschrank die Wäsche zur Neige geht, dann wird es schwer für Dich, Deinen Kindern das Aufräumen der Kinderzimmer nahezubringen. Wenn sich die Bügelwäsche über Wochen aufstaut und das schmutzige Geschirr erst wegen Überfüllung der Spüle in die Maschine wandert, dann kann es sein, dass Du nur erstaunte Gesichter erntest, wenn plötzlich eine Regelung dafür getroffen wird, wie dies Deine Kids handhaben sollen!

Gemeinsam seid Ihr nicht nur stark, sondern auch schneller, und jeder könnte den Teil des Hausputzes übernehmen, der für ihn persönlich noch die angenehmste Tätigkeit ist. Einer rennt lieber mit dem Staubsauger durch die Wohnung, der andere wirbelt lieber den Staub auf und der dritte sitzt vor der Waschmaschine wie sonst vor dem TV-Programm. Hinterher kann man sich auch gemeinsam an der geputzten Umgebung erfreuen und dafür bei Tee, Kakao und Kuchen zusammensitzen und die nächste gemeinsame Aktion planen. Dasselbe gilt für das Kochen samt Tischdecken und Aufräumen nach dem gemeinsamen Essen, für diverse Baderituale und Wellnesstage, für die Bügelwäsche und den Garten oder den kleinen Balkon. Jeder freut sich über eine aufgeräumte Umgebung, macht es gemeinsam mit Musik als Untermalung und einem Lächeln in Vorfreude auf die Belohnung für alle, und die Zeit verfliegt, welche für diese so leidige Thematik aufgewendet werden muss. Die Regelung könnte auch lauten: Die Eltern kümmern sich um die Wohnung und die Kinder räumen ihre Zimmer auf. Legt dafür einen oder zwei Wochentage fest, je nach Bedarf, und haltet Euch auch an Euren eigenen Zeitplan. Räumst Du dann zwischendurch im Wohnzimmer auf, beispielsweise Deine Bücher oder Zeitschriften, Deine Utensilien für ein Hobby, dann erkennen die Kinder auch, warum das Aufheben der Dinge auf dem Kinderzimmerboden und das Sortieren der Unterlagen auf ihrem Schreibtisch zwischen den direkten Putztagen sinnvoll ist.

Bist Du selbst frühmorgens schlecht gelaunt und benötigst erst einmal zwei Tassen Kaffee, um ansprechbar zu sein, dann stehe lieber früher auf, trink in Ruhe Deinen Kaffee und wecke Deine Kinder erst danach, wenn Du wirklich ansprechbar bist und Dich zu einem Lächeln durchringen kannst, das ist das Mindeste, das Deine Familie verdient. Erleben sie Dich ständig frühmorgens schlecht gelaunt, wirst Du auf ein fröhliches „Guten Morgen" ihrerseits und einen entspannten Frühstückstisch lange warten. Du kennst sicher das Sprichwort „Wie es in den Wald hineinruft, so schallt es heraus."

Wird zum Frühstück dann nur Süßes serviert in Form des allgegenwärtigen Schoko-Nuss-Aufstrichs, Müslis und Frühstückscerealien sowie Brötchen und anderen süßen Teilchen, dann musst Du Dich nicht wundern, wenn Deine Kinder den lieben langen Tag nach weiterer schneller Energie suchen. Den Mechanismus des Blutzuckerspiegels haben wir Dir schon erklärt. Kommen Sattmacher auf den Tisch wie Eiergerichte oder Nussmischungen mit Beeren und greifst Du selbst gerne zu, dann wirst Du auch Deine Kinder ganz automatisch darauf konditionieren. Wird dabei gerne auch fröhlich lärmend der anstehende Tag besprochen, anstelle langen Schweigens mit Gebrumme, habt Ihr alle schon die erste Hürde genommen und einem erlebnisreichen Tag steht nichts mehr im Wege. Das leidige Thema der Ernährung über Süßigkeiten wird sich auf diese Weise auch nicht so hoch aufbauschen, wenn Du Deinen Kindern gesundes und lange sättigendes Essen zum Frühstück servierst.

In unserem Kapitel über Essverhalten und Benehmen am Tisch, sogenannte Tischmanieren, haben wir auch geschrieben, was die Vorbildwirkung von Abneigungen und Vorlieben zu Speisen Deinerseits bei Deinen Sprösslingen bewirken kann. Dies zieht sich durch den gesamten Tagesablauf und umfasst neben dem Wohnungsputz und damit verbunden dem Kinderzimmer, dem Essen und Mithelfen, nicht zuletzt auch die Neigung dazu, sich in den virtuellen Welten zu verlieren, anstelle der Teilnahme an einem regen Familienleben und anderen sozialen Kontakten. Die Liebe zu Sport und Bewegung haben Kinder von Anbeginn des Laufenlernens, danach liegt es an Dir, sie zu weiterer körperlicher Aktivität zu animieren, sie zu fördern, aber jedenfalls nicht, sie daran zu hindern, auch wenn Du ein eingefleischter Anhänger der These „Sport ist Mord" bist! Alle Kapitel greifen ineinander und jeder Abschnitt wiederholt die Wichtigkeit Deines eigenen Benehmens, Deines eigenen Verhaltens, denn Du bist das erste und für lange Zeit auch das einzige Vorbild, welches Dein Kind anerkennt. Es übernimmt Deine Verhaltensmuster aus Liebe und Zugehörigkeit zu Dir. Nach Dir richtet es sich aus. Du bist der Leitstern, um den Dein Kind kreist, selbst wenn es sich gerade in seiner ICH-zentrierten Phase befindet, Trotzreaktionen zeigt oder als Teenager die Welt nicht mehr begreift. Dies muss Dir vor allem bewusst sein, dann fällt Dir die Erziehung viel leichter und Du kannst diverse Verhaltensweisen, welche Du an Deinen Kindern erkennst, auch mit der notwendigen Portion Humor als von Dir abgeschaute akzeptieren. Wenn Du dann Deine Zeit auch tatsächlich Dir und Deinem Nachwuchs widmest, dann wird Deine Intuition Dich leiten. Lasse Dich weder von zu vielen Ratgebern noch durch vorgeblich wichtige

Nachrichten auf Deinem Smartphone davon abhalten. Es sind Jahre, welche irgendwann viel zu schnell verflogen sind und Du wirst es bereuen, dann festzustellen, dass Du statt Deiner Kinder ein technisches Gerät vor Augen hattest.

Im nächsten Kapitel beschreiben wir Dir Rituale, vor allem für gemeinsame Zeiten zu Hause, noch näher und geben Dir Tipps an die Hand, wie Du sie gestalten kannst. Du erkennst aber auch hier immer wieder den Zusammenhang Vorbild – Nachahmer und damit die einfache Handhabung von Erziehungsregeln, die Einführung von Ritualen und den reibungslosen Ablauf für einen entspannten familiären Alltag.

Gerade das Benehmen wird aus der Vorbildfunktion gelernt und neben der älteren Generation unter uns legen auch Arbeitgeber nach wie vor Wert darauf, dass ein Mitarbeiter grüßt und sich bedanken kann, oder ein „Bitte" voranstellt, wenn er etwas braucht. Ein fröhliches „Guten Morgen" täglich und ein „Gute Nacht" kurz vor dem Schlafengehen gehören nicht nur zum guten Benehmen, sondern auch zu einem störungsfreien Familienleben. Die Bitte, die Milch über den Tisch zu reichen, mit einem kurzen Danke zu beantworten, wird Deinen Kindern in Fleisch und Blut übergehen und sie werden sich in ihrem späteren Leben keine Gedanken über diese wichtigen Alltagsformeln machen müssen, wenn Du sie beispielhaft täglich vorlebst. Du wirst Dir jede Menge Predigten zum Thema Benehmen außer Haus ersparen, wenn ein Gruß, sowie ein Bitte und Danke zu Eurer familiären Kommunikation wie selbstverständlich dazugehören. Kurz gesagt:

Lege auch Du Wert darauf, dass Dein kleiner Liebling von Anfang an lernt, dass diese drei Formeln ein klein wenig Magie enthalten und das Leben komplikationsloser gestalten:

- eine Begrüßung („Guten Tag / Guten Morgen / Guten Abend, Auf Wiedersehen", ect.)
- ein „Dankeschön"
- ein „Bitte"

11. WELCHE RITUALE ERLEICHTERN DEN ALLTAG?

Der eine nennt sie Regeln und mag sie als autoritär verlachen, der andere hält sie für überholt und versucht, sich daraus zu lösen, aber haben wir nicht alle unsere Rituale? Folgen wir nicht tagtäglich Routinen, auch Gewohnheiten genannt, ob wir uns dessen nun bewusst sind oder nicht? Was genau sind Rituale und wie helfen sie uns, den Alltag zu organisieren? Wie beginnt man, ein Ritual zu etablieren? All diese Fragen werden wir Dir in diesem Kapitel beantworten und Dir auch aufzeigen, wie Rituale Dein Familienleben entspannter gestalten können, wie durch sie verschiedene Abläufe automatisiert werden können und wie Deine Kinder somit aus der Übung und Wiederholung lernen können, sich daran festhalten und darauf verlassen können. Aufgrund dieser Verlässlichkeit werden sie ein Urvertrauen entwickeln und dabei in ihrem eigenen freien Raum die Möglichkeit haben, sich selbst und ihre Begabungen zu erkennen.

Rituale können mit Regeln und Grenzen zusammenhängen, sie können sogar Konsequenzen haben, wenn sich nicht alle Familienmitglieder daran beteiligen wollen und sei es nur, dass keine schönen gemeinsamen Erinnerungen geschaffen werden. Rituale können sich zu Familientraditionen auswachsen, welche noch die Enkelkinder übernehmen können und sie stolz auf ihre Herkunft macht. Rituale können Kleinigkeiten sein oder ganze Feiertagsabläufe umschließen. Setze Dich einmal hin und gehe Deinen Tagesablauf durch. Du wirst feststellen, dass er sich aus vielen kleinen, Dir in dem Moment gar nicht bewussten Ritualen zusammensetzt. Gewohnheiten können ebenso ritualisierte Abläufe sein. Stehst Du jeden Tag zu selben Stunde auf und startest mit denselben Handgriffen in den neuen Morgen? Hier hast Du Dein erstes Ritual.

In den folgenden Abschnitten zeigen wir Dir Vorschläge für gemeinsame Familienrituale, welche neben dem entspannten Alltag auch den Zusammenhalt fördern und die Liebe zueinander in kleinen Dingen beweisen. Nicht zuletzt für Kinder sind Rituale auch ein Zeichen von Stabilität! Wir werden beginnen mit Ritualen für jeden Tag, Dir Vorschläge unterbreiten für wöchentlich wiederkehrende Gewohnheiten und selbstverständlich auch die jährlich initiierten Traditionen, welche eben aus kleinen Ritualen und Gewohnheiten entstehen, beschreiben.

11.1 *Morgenroutine*

Wir wünschen uns doch alle, mit einem Lächeln und Vorfreude in jeden neuen Tag starten zu können. Selbstverständlich wissen wir, dass dies an manchen

Tag leichter gesagt als getan ist, aber wie können uns vor allem unseren Kinder zuliebe bemühen, jeden Tag fröhlich und lachend zu beginnen. Ein gemeinsamer Frühstückstisch, an welchem Aufgaben, Pläne und Erwartungen an den Tag besprochen werden können, macht es möglich. Dazu gehört:

- Stelle Deinen Wecker so, dass alle genügend Zeit haben, sich fertig zu machen und dennoch das Frühstück in Ruhe zu genießen.

- Brauchst Du für Dich selbst erstmal eine Tasse Kaffee, um in die Gänge zu kommen, so beginne Deinen Tag eben noch etwas früher!

- Versuche, Deine Kids mit einem Lächeln zu wecken und klopfe auch an die Tür Deiner Teenager, sie mögen sich den Wecker selbst stellen, aber wir alle lieben doch die Snooze-Funktion!

- Wechselt Euch bei der Frühstücksvorbereitung ab, so kann jedes Familienmitglied beispielsweise an einem Tag bestimmen, was gefrühstückt wird und dies erleichtert auch gleich die Einkaufsplanung, wenn Du weißt, Montag macht Papa immer Eiergerichte, Dienstag stellen die Kleinsten den Tisch voll mit Nussmischungen und Früchten für ein selbstgemischtes Müsli, Mittwochs bereitest Du Pfannkuchen oder Waffeln vor, Donnerstag dürfen sich die Kids mit Joghurt und Obst austoben, etc.

- Je kleiner Deine Kinder sind, desto intensiver muss auch das Waschen und Anziehen in das Morgenritual miteinbezogen werden. Ihr könnt damit beginnen, vor dem Spiegel fröhliche Morgengrimassen zu schneiden, um dann gleich festzustellen, dass die Zähne geputzt werden müssen.

Überlege Dir, wenn Ihr bis dato keinen Frühstücksablauf habt, was genau zu Euch passen könnte, oder organisiere doch einmal ein gemeinsames Frühstück und frage Deine Lieben, ob sie dies beibehalten wollen und wie Ihr das organisiert bekommt. Vielleicht wollt Ihr ja einfach auch nur einen Sonntagsbrunch für den Anfang. Wenn Du jetzt gerade noch Dein Baby im Arm hältst, dann hast Du noch einige Monate Zeit, Dir zu überlegen, welche Routinen und Rituale Du gerne hättest und kannst frühzeitig anfangen, diese umzusetzen.

11.2 *Gemeinsame Mahlzeiten*

Ein vieldiskutiertes Thema in deutschen Familien von Flensburg bis an den Bodensee ist das gemeinsame Essen. Abgesehen vom Frühstück, welches vor allem mit kleinen Kindern von Anfang an zu einem Ritual ausgebaut werden sollte, ist es nie zu spät, Familienessen oder eben gemeinsame Mahlzeiten einmal täglich, jeden zweiten Tag, zumindest aber an einem der

Wochenendtage einzuführen. Je nach den schulischen und arbeitstechnischen Gegebenheiten sowie den diversen Freizeitaktivitäten und Vereinsmitgliedschaften sollten regelmäßige Runden am Tisch mit gemeinsamem Essen abgehalten werden. Hier können in entspannter Atmosphäre Themen angesprochen werden, bevor Verhaltensmuster oder Launen lästig für andere Familienmitglieder werden. Es ist die gemeinsame Zeit der Reflexion über den Tag oder auch die Woche, der Planung gemeinsam verbrachter Freizeit vom Ausflug bis zum Urlaub und vor allem auch ein Rahmen, um weitere Rituale anzugehen, beispielsweise wöchentliche, monatliche oder auch nur angepasst an diverse Feiertage.

Wenn Ihr es schafft, ein tägliches gemeinsames Abendessen zu organisieren, vom Mittagessen sind wir in der heutigen Zeit leider weit entfernt, außer vielleicht in selbständigen oder bäuerlichen Familien, dann könnt Ihr speziell für die ganz Kleinen auch die Rituale des Händewaschens vor dem Essen mit einbringen. Und wenn Ihr Euch alle dafür im Gänsemarsch vor dem Waschbecken aufstellt und die Seife oder das Handtuch immer an die folgende Person weiterreicht, bleibt diese Angewohnheit schnell bei den Kleinen hängen und geht ihnen quasi in Fleisch und Blut über, weil das auch noch witzig oder lustig war.

Es ist eigentlich selbstverständlich, dass mit dem Essen gewartet wird, bis zumindest alle sitzen, besser noch, bis jeder etwas auf dem Teller hat, wenn Du nicht portionsweise servieren möchtest. Tischmanieren können geübt werden und damit ein gutes Benehmen beim nächsten Verwandtenbesuch oder einem Essen im Restaurant vorweggenommen werden.

Ein gemeinsames Ritual für ein Familienessen könnte aber auch ein gemeinsamer wöchentlicher Besuch im Lieblingsrestaurant aller sein. Und wenn es zum Kochen einfach ab und an nicht reicht und der beliebte Italiener gerade Ruhetag hat, dann könnt Ihr selbst das Studieren des Lieferdienstes an einem bestimmten Wochentag zu einem Ritual erheben. Die Familie versammelt sich schon einmal um den Tisch, die Speisekarte wird gemeinsam gelesen und den Kleinsten natürlich vorgelesen, je nach der getätigten Bestellung wird dann gemeinsam der Tisch gedeckt und der Kühlschrank darauf überprüft, ob vielleicht die Wartezeit mit einer kleinen Vorspeise verkürzt werden kann.

Der Zusammenhalt innerhalb einer Gruppe oder Familie kann auch durch die Integration des gemeinsamen Kochens in das Ritual des gemeinsamen Essens hergestellt werden. Jeder bekommt seine kleine Aufgabe, es wird geplaudert, abgesprochen, abgeschmeckt, auf besondere Wünsche eingegangen und sinnvolle Zeit miteinander verbracht. Lasse hier Deiner Fantasie freien Lauf, es gibt keine Regeln, Du und Deine Familie müssen sich mit dem Ritual wohlfühlen und sich damit identifizieren können. Das ist, was zählt.

Vielleicht findet Ihr einen Tag in der Woche, an welchem Ihr vom gemeinsamen Kochen über das Essen bis zum gemeinsam verbrachten Abend ein Ritual machen könnt. Bei kleinen Kindern ist es sinnvoll, das gemeinsame Abendessen dann mit dem Abendritual inklusive Wasch- oder Zahnputzritual und Zu-Bett-Geh-Ritual zu verbinden. Dieses kann dann dem Alter der Kinder jeweils angepasst werden und die Familie findet sich auch zu gemeinsam verbrachter Zeit noch im Wohnzimmer zusammen. Selbst die Großen genießen es, wenn sie ab und an noch mit den Eltern auf der Coach kuscheln und plaudern können, selbst wenn sie es in einem gewissen Alter nie zugeben würden! Je früher Du Deinen Nachwuchs daran gewöhnst und dieses Verhalten zelebrierst und mit Kakao oder Tee, was auch immer gerade angesagt ist, untermalst, desto eher werden sie es als Teenager auch noch annehmen und von diesem fremden Wesen in Deinem Haushalt an manchen Tagen noch das geliebte süße Baby durchscheinen lassen!

11.3 *Feste Zeiten für Hausaufgaben*

Der Einstieg in die Kita bedeutet schon eine einschneidende Veränderung für Deinen Sprössling, noch gravierender ist der Schulbeginn. Konnte man nach der Kita seine Zeit noch frei einteilen und seinen Wünschen folgen, auch der Mama mal den Nerv ziehen, so ist mit Beginn der Schule auch ein wenig Pflichtübung zuhause angesagt. Sei Dir dessen einfach bewusst und besprich mit Deinem Kind diese Aufgaben frühzeitig. Je nachdem, wie Eure Tagesgestaltung aussieht und ob noch andere Pflichten wie Training im Sport oder Übungsstunden im Musik- und Tanzverein anliegen, solltet Ihr eine Zeit für die Hausaufgaben fest einplanen. Mancher erledigt sie gerne sofort und widmet sich erst danach den eigenen Bedürfnissen und seiner Freizeitgestaltung, andere müssen erst einmal abschalten, um dann noch einmal durchzustarten. Dies gilt es, in den ersten Wochen nach Schulbeginn herauszufinden. Nehmt Euch die Zeit, herauszufinden, was Deinem Kind am leichtesten fällt und wann es am produktivsten ist. „Ein voller Bauch studiert nicht gern.", sagt ein altes Sprichwort. Vielleicht braucht Dein Kind nach dem Mittagessen erst einmal eine Pause, die frische Luft im Garten oder eine andere Ablenkungsmöglichkeit.
Es gibt auch keinerlei festgeschriebene Empfehlung, wie genau das Erledigen von schulischen Hausaufgaben organisiert werden soll, denn hier musst Du auf die Bedürfnisse und Eigenheiten Deines Kindes achten. Sollte es nicht freiwillig sagen, welche Aufgaben es zu bewältigen hat und dass es eventuell Deine Hilfe braucht, dann musst Du nachfragen und die erste Zeit bei der Organisation helfen. Du musst nicht daneben sitzen und eine eigene Bewertung abgeben, das macht dann schon der zuständige Lehrer, aber Du solltest gewährleisten, dass Dein kleiner Erstklässler seine Pflichten kennt, ernstnimmt und auch erledigt. Sei in der Nähe, um helfend eingreifen zu

können, um Fragen zu beantworten und kontrolliere ab und an, bis Ihr eine Routine entwickelt habt und diese dann für die Zukunft festlegt. Diese Regel muss aber nicht in Stein gemeißelt werden, denn mit der Schule können auch neue Aktivitäten kommen, wie beispielsweise eine von der Schule initiierte oder geförderte Sport- und Musikausbildung. Macht Dein Kind bei diesen Dingen mit, kann es sein, dass Ihr Eure Rituale und Routine daran anpassen müsst.

Habt Ihr Euch auf eine Regelung geeinigt, solltet Ihr allein deswegen schon daran festhalten, weil es sowohl für die Mutter als auch für das Kind die Planung des Tages vereinfacht. Macht Dein Kind seine Aufgaben weitestgehend allein, dann kannst Du Dir auch diese Zeit verplanen, eventuell für eine entspannte halbe Stunde bei Kaffee und Buch oder sogar mit der Erledigung eines schnellen Weges zum Supermarkt.

Stehen die ersten Tests und Prüfungen auf dem Lehrplan, dann biete Deine Hilfe dafür an, gemeinsam zu lernen oder den Wissenstand zu überprüfen. Du kannst Deinem Kind die Arbeit für die Schule nicht abnehmen, aber Du kannst Deine Unterstützung geben, soweit Du aus eigenen beruflichen Gründen dafür Zeit hast, und gegebenenfalls eine andere Hilfestellung organisieren, wenn Du siehst, es hakt.

Ein wichtiger Teilbereich der ritualisierten Hausaufgaben ist auch der Ort des Geschehens. Abgesehen davon, dass Dein Kind ergonomisch korrekt sitzen sollte, spielt hier auch Deine tägliche Hilfe oder Aufpasserpflicht eine Rolle. Soll Dein Kind seine Aufgaben im eigenen Zimmer am dortigen altersgerechten Schreibtisch erledigen, kannst Du nicht alle 5 Minuten hineinplatzen und den Fortgang kontrollieren. Du reißt Deinen Schüler damit nur aus seiner Konzentration und minderst seine Aufmerksamkeit. Ist ein gerütteltes Maß an Kontrolle bei Deinem Sprössling notwendig, dann soll er die Aufgaben doch gleich am Küchen- oder Esszimmertisch erledigen, je nachdem, was sich anbietet und dennoch ein ordentliches Sitzen möglich macht. Der niedrige Wohnzimmertisch fällt also hiermit flach! Ihr könntet beispielsweise vereinbaren, dass die Hausübungen im eigenen Zimmer erledigt werden, Dir aber zur Kontrolle noch einmal vorgelegt werden sollen. Dann kann Dein Kind auch gleich lernen, sich selbst zu organisieren, denn sollten dabei Stunden vergehen, musst Du ein Auge darauf haben und nachsehen, ob die Übungen so lange dauern, oder ob es sich von einem Spiel hat ablenken lassen! Selbstverständlich kannst Du in der Küche anfangen und nach einer Zeit ins Kinderzimmer überwechseln lassen, vorausgesetzt, Du kannst erkennen, dass Dein Kind die Verantwortung übernommen hat und versucht, selbständig zu arbeiten.

11.4 *Gemeinsamer Hausputz – Ordnungsrituale*

Hierzu haben wir schon vieles in anderen Kapitel erwähnt, weil es aber das Zusammenleben enorm erleichtern kann, wollen wir Dir noch einmal einen ausführlichen Rat geben, wie Ihr das Thema der chaotischen Kinderzimmer frühzeitig angehen und in weiterer Folge umgehen können solltet.

Sucht Euch einen Wochentag, an welchem die gesamte Familie für gut eine Stunde Zeit hat und gemeinsam zu Hause ist. Dies kann auch ein Spätnachmittag sein oder der Samstagvormittag nach einem Frühstücksbrunch. Vor dem ersten gemeinsamen Hausputz solltet Ihr Euch zusammensetzen und festlegen, was genau und wie geputzt werden soll. Hier ist Deine Anleitung gefragt, das heißt für Dich, dass Du vor allem die ersten gemeinsamen Putzorgien begleiten musst. Wenn Du Deinem Teenager beispielsweise nicht erklärst, wie er das Bad am besten putzen kann und wie es hinterher aussehen soll, dann kannst Du auch nicht erwarten, dass es Deinen Vorstellungen von Sauberkeit entspricht. Ein Schulkind kann zwar schon gut mit einem Staubsauger durch die Wohnung gehen, aber auch hier ist Deine Anleitung gefragt bezüglich der Ecken und Kanten und der möglichen Reichweite des Stromkabels. Eventuell sollte auch die Reihenfolge der Zimmer festgelegt werden und selbstverständlich müssen in jedem Zimmer zuvor die den Boden bedeckenden Spielsachen, Kleidungsstücke oder auch Bücher und Hobbywerkzeuge entfernt werden, dies kann jeder in seinem Zimmer selbst erledigen. Im Zuge dieser Aufräumaktion darf auch jeder den Staub in seinem eigenen Zimmer bekämpfen, so dass nicht hinterher unterstellt werden kann, ein anderes Familienmitglied hätte Dinge verändert oder in den Sachen gekramt.

Überlegt Euch jedenfalls eine Belohnung für alle nach der erledigten Arbeit und seid nicht zu pingelig dabei. Es geht nicht darum, die Wohnung klinisch rein zu bekommen, sondern allen Beteiligten beizubringen, dass ein Mindestmaß an Ordnung und entsprechende Sauberkeit ein angenehmeres Wohngefühl bedeuten. Ob Ihr Euch danach zuhause auf einen gemütlichen Kaffee, Tee oder Kakao mit Kuchen, im Sommer vielleicht auf selbstgemachte Bowle oder Eis zusammensetzt oder lieber ausgeht, um die neue Ordnung und geputzte Küche nicht gleich wieder zu bekleckern, liegt ganz bei Euch!

Legt nach den Fähigkeiten fest, wer in Zukunft wofür verantwortlich ist und lasst dabei ruhig etwas Musik im Hintergrund laufen. Am besten einen Mix aus den Lieblingsliedern aller Familienmitglieder, so bleibt Ihr auch gleich über die aktuellen Vorlieben Eurer Lieblinge auf dem Laufenden und könnt anhand der Musikauswahl schon erkennen, ob hier Interessen in Richtungen auftauchen, welche Du eigentlich nicht möchtest! Rituale sollen auch Spaß machen, vor allem, wenn es um den Hausputz geht. Gerne könnt Ihr auch die Aufgaben immer neu verteilen oder ein Rad basteln, so dass jeder einmal für jede Arbeit drankommt. Geht aber dabei auf das Können der Kleinsten ein und es zahlt sich auch aus, persönliche Vorlieben zu beachten. Vielleicht bevorzugt die Teenagertochter es, das Badezimmer zu putzen, damit es auch für das nächste Schönheitsritual ihren Bedürfnissen entspricht und der kochinteressierte Nachwuchs kümmert sich vielleicht gerne um die Küche, weil er diese ja auch wieder für seine nächsten kulinarischen Experimente verwenden möchte.

11.5 *Abendgestaltung – „Zu-Bett-Geh-Ritual"*

Je früher Du ein Ritual aus dem Schlafengehen machst, desto besser wird es Dir auch gelingen, Deine Kinder mit fortschreitendem Alter ins Bett zu schicken oder mit den Vorbereitungen dafür zu beginnen. Schließe in dieses Ritual des Zu-Bett-Gehens auch gleich das abendliche Waschritual mit ein. Zähne putzen, Hände und Gesicht waschen sind sicherlich jeden Tag vor dem Schlafengehen notwendig, an sehr aktiven Tagen oder im Sommer kannst Du dieses Ritual um eine kurze Dusche erweitern, das liegt ganz daran, was Ihr den Tag über erlebt und auch erledigt habt. Hast Du eine Gartendusche mit warmem Wasser, kann es das Duschen vielleicht erleichtern, wenn es draußen stattfinden kann, soweit das Wetter es erlaubt, vor allem, wenn Dein Kind nicht unbedingt als Wasserratte zu bezeichnen ist und gewisse Körperteile, meist das Gesicht oder den gesamten Kopf, am besten überhaupt nie mit Wasser in Berührung bringt.

Ob Ihr zum Waschen schon den Pyjama angezogen haben wollt, dies lieber in der Unterwäsche erledigt oder wie auch immer, bleibt Eurer Überlegung zum Ablauf überlassen. Es kann sich im Laufe der Jahre auch ändern, weil sich Dein Kind irgendwann selbst aus- und anziehen kann und auch das Waschen allein erledigt wird und Du nur noch kontrollierst, ob Hände und Fingernägel sowie die Zähne sauber sind.

Dann bringst Du Dein Kind ins Bett, erklärst eventuell noch, dass Du via Babyphone ja immer erreichbar bist und dann widmet Ihr Euch Eurem Einschlafritual. Hier habt Ihr ebenfalls die freie Auswahl, das kann Musik sein mit ruhigen Kinderliedern zum Einschlafen, das kann das gemeinsame Lauschen eines Hörbuches sein oder auch das Vorlesen einer Geschichte. Ihr könnt auch einfach den Tag noch einmal rekapitulieren und Du so Dein Kind dabei unterstützen, die vielen aufregenden Erlebnisse zu verarbeiten. Hat es die Möglichkeit, Dir seine wichtigsten Erkenntnisse des Tages noch einmal zu erzählen, kann dies das Finden von Ruhe erleichtern und während des Schlafens können sich dann die richtigen Synapsen im Gehirn verbinden. Was auch immer für Euch davon in Frage kommt, behaltet es bei vom Ablauf her und auch von der Zeiteinteilung so bei. Je stabiler dieses Ritual ist, desto besser können sich Kinder daran orientieren.

Initiiert Ihr ein solches Ritual, wenn Dein Kind in sein eigenes Kinderzimmer umzieht, dann kann es durchaus vorkommen, dass es noch einmal nach Dir ruft, nachdem Du das Zimmer verlassen hast. Komm dann zurück, damit es weiß, Du nimmst seine Ängste ernst und bist erreichbar. Du musst aber nicht fünfmal wieder zurückkommen, denn dies soll kein Spiel werden, sondern nur dem Wissen um die Erreichbarkeit dienen. Babyphone könnt Ihr im Vorfeld auch gemeinsam testen, indem Du Deinem Kleinkind den Empfänger gibst und es Deinen Geräuschen, Tätigkeiten und Deinen Gesprächen lauschen kann. So wissen die lieben Kleinen auch gleich, dass Du hören kannst, wenn sie wieder aus dem Bett krabbeln, um heimlich weiterzuspielen oder sonst wie im Zimmer herumzugeistern. Wann Dein Kind genau aus dem Elternbett ausziehen soll, dafür gibt es keine festgelegten Regeln und Zeiten, denn es liegt an Euer aller Wohlgefühl, und es gibt Eltern, die diese Zusammengehörigkeit auch so lange wie möglich genießen wollen. Andererseits gibt es schon Babys, welche mit Babyphon überwacht von Anfang an allein schlafen. Mache Dir nur bewusst, dass der Übergang ein wenig dauern kann und Du nicht aus der Haut fährst, wenn Dein Kind nachts dann doch noch ins elterliche Bett findet!

Es finden sich auch immer noch Eltern, welche trotz vermehrter Kirchenaustritte an ihrem Glauben oder ihrer Spiritualität festhalten. Das Gute-Nacht-Gebet anstelle der Geschichte aus dem Märchenbuch hat seine Anhängerschaft noch nicht verloren und mit etwas Kreativität und gutem Willen kannst Du das Gebet auch selbst erstellen oder täglich neu mit Deinem Kind gemeinsam erfinden. Ein Gebet hat auch mit Reflexion und teilweise mit Meditation zu tun. Wenn Ihr Euch ein Rahmengebet schreibt, beginnend mit Dankbarkeit und abschließend mit den guten Wünschen für den kommenden Tag, so kann sich dies sehr positiv auf Euer Leben auswirken. Das Gebet entfaltet eine autosuggestive Wirkung, welche Euch beiden zugutekommen wird. Ob das Gebet an Gott oder Gaia gerichtet ist, spielt keine Rolle, Glaube und Überzeugung müssen hinter den dann folgenden Worten stehen. Beispielsweise könnt Ihr Euch bedanken für einen erfolgreichen Tag, einen neuen Freund in der Kita oder dass die Oma zu Besuch war. Anschließend wünscht Ihr Euch gegenseitig gute Dinge, wie einen weiteren guten Freund, den Du Dir für Dein Kind wünscht und Dein Kind sich einen stressfreien Arbeitstag für Dich. Zum Schluss darf auch noch jeder einen persönlichen Wunsch für sich selbst anbringen. Dass der Unterricht in der Schule spannend ist, weil das Zuhören dann leichter fällt oder dass die Sonne scheint, damit der Sportunterricht draußen stattfinden kann. Ihr bringt Euch damit in eine gute und entspannte Stimmung für den Schlaf und für den nächsten Morgen. Versucht dabei, die guten Seiten des Lebens zu betonen, auch wenn das nicht täglich gelingt, und sucht Euch auch Bitten und Danksagungen, welche Ihr täglich wiederholt. Je öfter solch Autosuggestionen ausgesprochen und gehört werden, desto besser können sie ihren positiven Einfluss ausspielen und sich im Unterbewusstsein verankern.

11.6 *Sonntagsbrunch*

Wenn Du es nicht schaffst, während der Woche alle gemeinsam an einen Tisch zu bringen, weil die Arbeitszeiten und Interessen so unterschiedlich sind oder die Kinder langsam beginnen, das Haus zu verlassen, so kannst Du zumindest einen Fixpunkt am Sonntag setzen. Am beliebtesten ist hierbei der Brunch und er wird auch dazu genutzt, selbst die Studenten außer Haus oder die Großeltern in das Familiengeschehen miteinzubeziehen. Es bleibt wie immer ganz Dir überlassen, was Du daraus machst, aber es könnte sich von einem kleinen Ritual zu einer wunderbaren Tradition ausbauen lassen, wenn Ihr hier zumindest einmal die Woche in Ruhe zusammenkommt, um Euch auszutauschen, auf den neuesten Stand zu bringen oder aufkeimende Probleme innerhalb der Familie anzusprechen.

Ab einem gewissen selbständigen Alter, meist so ab Beginn des Schulalters, lieben es Kinder auch, diesen Brunch eigenständig vorzubereiten und so den Eltern eine Freude zu machen. Ihr könnt also wählen, gemeinsam in der Küche zu stehen und verschiedene Köstlichkeiten und Lieblingsgerichte vorzubereiten oder es reihum zu machen, so dass jeder auch die Gelegenheit, hat den Sonntag zu nutzen, um etwas länger im Bett zu liegen, zu schlafen oder einfach nur den lieben Gott einen schönen Tag sein zu lassen. Vergesst nicht, dabei für jedes Familienmitglied auch ein kleines Extra vorzubereiten. Das kann bis zum nahtlosen Übergang zu Kaffee und Kuchen bis hin zur scharfen Chilisauce über gebratenem Speck alles bedeuten, was die verschiedenen Wünsche und Vorlieben betrifft.

Sollten wirklich gravierende Probleme zu besprechen sein, dann warte damit, bis alle entspannt etwas zu sich genommen haben und die Atmosphäre dafür geschaffen ist, auch schwierige Sachverhalte anzugehen. Das kann auch durchaus erst gegen Ende, sozusagen bei der Abschlusstasse Tee, Kakao oder Kaffee der Fall sein. Du willst niemandem das Essen verleiden, aber je angenehmer das Gefühl für jeden ist, desto höher ist auch die Gewähr, dass eine Situation geschaffen ist, um Dinge zu bereinigen, welche ansonsten womöglich zu einem handfesten Familienstreit mutieren. Selbstverständlich heißt das nicht, dass Du die Familie nur immer dann zu einem Brunch zusammenrufst, wenn Du missliebiges Verhalten besprechen möchtest, denn dann ist der Sinn und Zweck der Veranstaltung verfehlt. Die Gelegenheit ist nur günstig, wenn alle entspannt und freundlich zueinander am Tisch sitzen. Etwa einmal im Monat dabei auch ein Problem zu wälzen, dürfte niemandem etwas ausmachen.

11.7 *Wochenend- oder Sonntagsausflug*

Wie in den vorangegangenen Kapiteln schon beschrieben, sind Bewegung und eigenes Begreifen für Kinder, aber auch für Euch Erwachsene wichtig. Deshalb kann ein Sonntagsausflug, vielleicht ein Waldspaziergang im Anschluss an den Brunch, zu einem schönen Ritual für alle Beteiligten werden. Vor allem, wenn Ihr in der Innenstadt wohnt oder Deine Kinder nicht einfach frei umherlaufen können, weil selbst der Besuch eines Spielplatzes logistisch geplant werden muss, kann ein Sonntag abseits der städtischen Betriebsamkeit erholsamer Balsam für die Seelen der Familienmitglieder sein. Nicht umsonst wird in der Bio-Hacking-Szene die Heilwirkung von Waldspaziergängen immer wieder betont und Bäume zu umarmen, das Barfußlaufen im Wald oder einfach nur in einem Steinkreis oder an Baumstämmen zusammenzusitzen auch therapeutisch empfohlen.

Der Sonntagsausflug kann bei Regenwetter aber auch ins Schwimmbad, im Sommer selbstverständlich ins Freibad oder an einen nahegelegenen Badesee sowie ins Kino führen. Ihr müsst Euch hier im Vorfeld nicht auf ein und denselben Ausflug für jeden Sonntag festlegen, sondern könnt ihn je nach Wetter oder Lust immer wieder neugestalten. Wichtig ist nur, dass Ihr ihn jeden Sonntag macht. Ist einer von Euch vielleicht Mitglied in einem Verein, zum Beispiel Sport, Musik oder Feuerwehr, so sind ab und an Veranstaltungen, Auftritte oder Wettkämpfe für den Sonntag angesetzt und Ihr könntet auch als Fangruppe den Ausflug damit verbinden und Euch so in gegenseitiger Unterstützung bestärken. Dies kann auch zu mehr Verständnis führen innerhalb der Familie, wenn eventuell Trainingseinheiten oder außerplanmäßige Vereinstätigkeiten das Familienleben in seinem gewohnten Ablauf stören.

11.8 *Sommerbeginn*

Zu einem jährlich wiederkehrenden Ritual kann man beispielsweise die erste Grillparty gestalten. Vielleicht habt Ihr das aber auch schon gleich mit dem Frühlingsbeginn und dem damit zusammenhängenden Frühjahrsputz oder dem ersten Umgraben der Gemüseflächen im Garten veranstaltet. Es macht einfach auch den Kleinsten Spaß, wenn es neben Weihnachten und Neujahr auch noch eine sommerliche Tradition innerhalb der Familie gibt. Auf welches Datum Ihr Euer Sommerritual legt, bleibt ganz Euch überlassen. Familien mit eigenem Garten und Freude am Anbau von diversem Gemüse und Obst feiern auch gerne die ersten Ernten zusammen und planen dann verschiedene Gerichte genau aus den frisch vom Feld oder Gemüsebeet geholten Sorten. Wenn Ihr einen Badesee in der Nähe habt, den Ihr im Sommer alle gemeinsam gerne besucht, dann könnt Ihr auch den ersten Besuch des Jahres dahin zu einem Ritual machen. Da wollen Schlauchboote und Luftmatratzen gecheckt werden. Wasserbälle vorbereitet und Spritzpistolen auf ihre Tauglichkeit getestet werden. Selbst das Einkaufen der neuesten Badeklamotten könnt Ihr zu einem gemeinsamen Erlebnis umfunktionieren, nicht zu vergessen die passenden Brillen und Kopfbedeckungen.

Hast Du die Möglichkeit, für die Kids ein Planschbecken in Deinem Garten aufzubauen oder nehmt Ihr einfach nur die Gartendusche für den anstehenden Sommer in Betrieb, so kann jedes dieser Ereignisse zu einer Tradition werden, an der alle Spaß haben und sich einbringen können mit Ideen, Hilfe und erwartungsgeladener Anwesenheit. Vielleicht besprichst Du gleich beim nächsten Sonntagsbrunch mit Deinen Lieben, ob Ihr nicht auch ein solches Frühling- oder Sommer- oder Herbstritual einführen möchtet. Solange die Kinder noch nicht an Hormonschwankungen und ersten Abnabelungserscheinungen laborieren, wirst Du sie für Deine Idee begeistern können. Ist das Ritual erst einmal geschaffen und hattet Ihr jahrelang Euren Spaß dabei, samt vieler wertvoller Erinnerungen, wird auch der maulige Teenager sich weiterhin daran beteiligen. Über negative Kommentare zu diesen Ritualen und einem Gesicht wie sieben Tage Regenwetter kannst Du generös hinwegsehen, denn das ist dann einfach mal wieder ein Tag, an dem Dein Teenie gar nicht weiß, was er will. Einerseits mault er über spießige Familienveranstaltungen, aber andererseits brauchen sie auch in dieser Zeit den verständnisvollen Zusammenhalt in der Kerngruppe der Familie!

11.9 *Schiurlaub oder Sommerfrische, gern auch beides!*

Wunderbare Erinnerungen und jede Menge Speicherplatz für Bilder oder althergebrachte Fotoalben kann man auch sammeln, indem man so lange wie möglich an gemeinsamen Urlauben festhält. Zudem beobachtet die Reisebranche wieder mehr und mehr, dass generationenübergreifend Familien zusammen ihre wertvolle Freizeit verbringen. Gehst Du oder Ihr alle gemeinsam es taktisch klug an, dann kann auch mit rebellischen Teenagern ein Kompromiss im Ferienziel gefunden werden, welches allen Beteiligten zusagt und neben den individuellen auch die gemeinsamen Abenteuer befeuert. Lass Dich also nicht entmutigen, denn noch gilt: Du bezahlst, Du bestimmst also auch, für wen!

Es muss nicht gleich das spezialisierte Baby- und Kinderhotel sein, in welchem Deine Kleinen von früh bis spät bespaßt werden und Du Deine Zeit frei einteilen kannst, aber Du solltest Dir schon auch Zeit allein oder zu zweit, je nach Deiner aktuellen Lage gönnen! Abenteuerliche, sportlich aktive oder naturkundliche Führungen und Schnupperstunden nur für Kinder bieten heute viele Hotels in Kooperation mit örtlichen Vereinen oder Stätten an, so dass Du hier den Interessen Deiner Kinder leicht entgegenkommen und sie animieren kannst, auch etwas neues zu versuchen und dabei selbst eventuell etwas ganz anderes in der näheren Umgebung Deines Urlaubsortes entdeckst! Beim gemeinsamen Essen kann dann begeistert über die verschiedenen Erlebnisse berichtet werden und vielleicht beschließt die Familie ja auch, die eine oder andere Schnupperstunde einer der vielen neuen Trendsportarten gemeinsam zu versuchen.

11.10 *Weihnachten*

Kinder lieben Weihnachten und das hat nicht nur etwas mit den Geschenken zu tun, sondern auch mit liebgewonnen Ritualen und Traditionen. Wenn Du uns nicht glaubst und schon größere Kinder hast, dann versuche doch einmal, nur das Menü an Weihnachten zu ändern, du wirst auf Widerstand stoßen! Ganz gleich, welche Rituale bei Dir zur Weihnachtszeit stattfinden, ob althergebracht oder von Dir umgestaltet, wichtig ist, dass Du sie auch beibehältst. Du wirst erleben, dass die Vorfreude der Kinder und der ganzen Familie auch am gesamten Ablauf des Tages oder der Feiertage hängen. Wenn Du Dich zu einem opulenteren weihnachtlichen Essen entschließen solltest, dann mache am besten auch gleich die Vorbereitung dafür zur Tradition. Das kann schon im Laufe des Advents das Backen von Keksen ebenso umfassen, wie das Ansetzen von Bowle oder das Einlegen von Fleisch, dem Marinieren des Lachsfilets oder was auch immer Du letztendlich zaubern möchtest. Selbst das Einkaufen der Geschenke gemeinsam mit den Kindern an einem bestimmten Tag, beispielsweise Anfang Dezember, wenn noch nicht alles überlaufen ist, kann in die Tradition miteinfließen. Der Besuch eines Weihnachts- oder Christkindlmarktes kann ebenfalls ein Fixpunkt in Eurem Ritual werden, das muss dafür nicht erst am Nachmittag des 24. stattfinden.

Abläufe wie oben geschildert kannst Du zu allen von Dir gewünschten Feier- und Festtagen abhalten. Ostern und Geburtstage bieten sich hier immer an, Erntedank ist ebenfalls ein schönes Fest, wenn man selbst ein wenig Anbau betreibt und wenn es nur ein Kirschbaum im Garten ist oder das Gemüsebeet außerhalb der Stadt. Suche Dir einfach Deine Fixpunkte, verteile sie gut im Jahr oder nimm sie, wie sie kommen und mache für Dich und Deine Familie erinnerungswürde Rituale daraus, welche immer noch stattfinden werden, wenn Deine Kinder einmal selbst Kinder haben. Vergiss also auch nicht, Deine Familie, Deine Eltern oder Geschwister zumindest zum Teil in Eure neuen familiären Festivitäten einzubinden.

11.11 *Rituale aus der Religion/dem Glauben*

Viele Rituale in der klassischen Familie der letzten Jahrhunderte haben sich aus den religiösen Ritualen der Kirchen gespeist. Vom Feiern des Weihnachtsfestes über die Taufe bis hin zur Hochzeit und diversen Feiertagen laut Kirchenkalender. Wie wir schon geschrieben haben, können Rituale täglich eingeführt werden, sich wöchentlich wiederholen oder im Jahreswechsel stattfinden. Gerade in Zeiten weit verstreut lebender Familien und bunt gemischten Lebensgemeinschaften, die sich als erweiterte Familien verstehen, kann es sinnvoll sein, sich aus den verschiedenen Glaubensrichtungen der Familienmitglieder zu bedienen, um den Zusammenhalt der Gemeinschaft zu stärken.

Da wir nach wie vor in einem christlich geprägten Land leben und der Feiertagskalender der evangelischen und katholischen Glaubensgemeinschaften einander ähnlich sind, wollen wir uns für unsere kurzen Beispiele daraus bedienen.

Die Taufe
Durch die Taufe wird ein Kind in die Gemeinschaft der Gläubigen aufgenommen und dem Schutz Gottes anbefohlen. Man kann zur Kirche und zur Religion stehen, wie man mag, aber gerade in unseren ländlichen Gebieten ist eine Taufe ein Grund zur Feier, für die Gemeinde ebenso wie für die Familien. Das neue Mitglied wird begrüßt und herzlich aufgenommen. Wer sich mit seinen Angehörigen ansonsten nur noch selten trifft, für den sind es gerade diese kirchlichen Rituale, welche das Gefühl der Zusammengehörigkeit bestärken, wenn sich aus nah und fern die Verwandtschaft zu diesem Ereignis einfindet. Das Taufkleid wird von Generation zu Generation weitergegeben. Der Taufspruch wird vom Vater auf den Sohn übertragen oder von der Oma auf die Enkeltochter. Traditionen werden begründet oder weitergeführt und auch diese geben Deinem Kind in der Zukunft die Sicherheit und Stabilität, die es benötigt, um sich optimal zu entwickeln und seine Fähigkeiten auszuleben.

Die Kommunion (kath. Glauben) oder Konfirmation (ev. Glauben)
Die Aufnahme Deines Kindes in die Glaubensgemeinschaft als vollwertiges Mitglied und die Teilnahme am Abendmahl sind weitere Meilensteine in unserem christlichen System. Die Verbindung zu Gott wird bestärkt und wieder ist es ein Anlass, zusammenzukommen und Freundschaft, Verwandtschaft und Tradition oder eben das Ritual zu pflegen. Da sie altersmäßig mit dem Beginn der Teenagerzeit zusammenfallen, bedeuten sie nicht selten auch einen großen Schritt zu mehr Freiheiten für Dein Kind. Es darf am Abend eine Stunde länger mit den Freunden ausgehen. Das Taschengeld wird angepasst und ein Schulwechsel kann die Selbständigkeit noch zusätzlich fördern. Vom traditionellen Menü bis hin zu den Geschenken folgen diese Feierlichkeiten ebenfalls oft einem überlieferten Ablauf innerhalb der erweiterten Familie.

In den Ballungszentren des Landes mögen diese Rituale aus der Mode kommen. Für viele Familien aber bedeuten sie immer wieder die

Zusammenkunft zu freudigen Ereignissen. Man tauscht sich aus über das Leben, seine Erfahrungen und erfreut sich am Zusammenhalt. Wir sind als Menschen soziale Wesen, wir brauchen die Zusammenkunft und diesen Austausch. Überlege Dir also gut, welche Traditionen Du von Deinen Eltern übernehmen willst und auch Deinen Kindern als denkwürdige Erinnerungen mit auf ihren Lebenswegen gibst.

Abschließend bleibt festzustellen, dass in unseren Breiten der Wechsel der Konfessionen jederzeit möglich ist. Solltest Du Dich, aus welchen Gründen auch immer, gegen die Kirche und ihre Rituale entscheiden, kann Dein Kind später problemlos in diese eintreten, wenn es das möchte. Auch kirchlich geführte Kindergärten oder Schulen verlangen heute keine unbedingte Zugehörigkeit mehr zu ihrer kirchlichen Gemeinschaft. Du musst aber damit rechnen, dass Dein Kind beispielsweise in einer katholischen Schule auch die katholische Religion kennenlernt.

12. KINDERWÜNSCHE – WIE GEHT MAN AM BESTEN DAMIT UM?

Es gibt Tage, da scheint die Wunschliste unserer Kinder so lang, dass selbst der Äquator vor Neid erblassen müsste und so vielfältig, dass Du Dich fragst, woher kommt denn dieser Wunsch, wo haben sie das gesehen, erfahren oder gehört. Dasselbe gilt für Fragen. Plötzlich wirst Du damit bombardiert und solltest über das gesammelte Wissen von Google verfügen, um der Neugier Deines Kindes gerecht zu werden. Die immer gleichen Überlegungen von Eltern drehen sich darum, welche Wünsche soll ich nun erfüllen, immer auch im Hinblick auf den finanziellen Rahmen. Mit welcher Wunscherfüllung verwöhne ich meine Kinder zu sehr? Welche Antworten kann man einem Dreikäsehoch nun geben, wenn er wissen will, wie der Strom in die Steckdose kommt und warum er nicht darin bohren soll? Welche Antwort versteht er schon und wie kann man sie formulieren, so dass er das Interesse an seinen Bohrversuchen verliert?

Abgesehen von Deiner wirtschaftlichen Lage musst Du sicher nicht jeden Wunsch Deiner Kinder erfüllen. Auch gilt es, zwischen den Wünschen zu unterscheiden, denn ein Kinderwunsch kann ebenso eine Momentaufnahme sein. Ähnlich wie bei uns selbst, wir sehen etwas, wünschen es uns zwar kurz, haben es dann aber auch schon wieder vergessen, weil man, was auch immer kurz die Aufmerksamkeit geweckt hat, vielleicht doch nicht so dringend benötigt. Je öfter allerdings ein und derselbe Wunsch an Dich herangetragen wird, desto mehr kannst Du Dich damit beschäftigen und Dir überlegen, ob Du ihn erfüllen willst. Gerade in der berühmten Trotzphase kann ein Wunsch zum Nervenkrieg werden, den es zu gewinnen gilt. Hast Du aber einen Wunsch einmal abgeschlagen und erklärt, warum er nicht erfüllt wird, so bleibe dabei, auch wenn Du Dich einem zornigen kleinen Wesen gegenübersiehst, das seine Macht versucht auszuspielen, indem es die ganze Umgebung miteinbezieht und beispielsweise im Geschäft beginnt zu brüllen oder sich, mit den Fäusten trommelnd, auf den Boden wirft. Lasse Dich von den Blicken der anderen Kunden nicht beirren, sondern bleibe bei Deinem Nein und gehe eventuell kurz mit Deinem Kleinen hinaus, damit sich alle wieder beruhigen können, um dann den Einkauf abzuschließen oder fortzusetzen.

12.1 *Welche Wünsche haben Kinder?*

Wir kennen alle die Werbestrategien für Produkte, welche auf Kinder abgestimmt sind und wir wissen auch, dass die kleinen Packungen Bonbons darum an der Kasse zum Verkauf angeboten werden, weil Eltern dabei gerne schwach werden und, um der lieben Ruhe willen, dann doch noch dem Einkauf des einen Überraschungseis zustimmen. Dies sind allerdings eben diese Wünsche aus dem Moment heraus und gerade diese musst Du tatsächlich nicht ständig erfüllen. Manchmal reicht hier auch der Hinweis an Deinen kleinen Süßigkeitsfanatiker, dass zuhause noch genug Naschereien vorrätig sind. Dasselbe gilt für Spielzeug oder auch T-Shirts, Kappen oder sonstige Dinge, welche sich Dein Kind quasi im Vorbeigehen wünscht.

Daneben gibt es dann die großen Wünsche, welche Du mit Weihnachten und Geburtstag zusammenbringen kannst, indem Du die Erfüllung beispielsweise des Wunsches nach einem Fahrrad auf einen dieser Tage legst. Solltest Du aus finanziellen Gründen solche Wünsche nicht erfüllen können, dann kannst Du dies Deinen Kindern auch erklären. Ein Fahrrad ist zu teuer, aber Rollschuhe wären möglich. Versuche dann einfach, in der richtigen Kategorie zu bleiben. Die Markenpuppe ist zu teuer, Deine kleine Puppenmama kann sich aber eine andere Puppe aussuchen.

Wünsche, welchen Du gerne stattgeben kannst, sind zum Beispiel ein Mitspracherecht bei der Wahl der Kleidung, wenn es um die Farben geht, oder bei der Planung der gemeinsamen Mahlzeiten, wenn es um das Lieblingsessen geht. Hierbei können die Kinder auch lernen, dass Wunsch nicht gleich Wunsch ist und die Erfüllung mancher Wünsche einfach auch länger dauern kann.

12.2 *Wünsche prüfen*

Von früh bis spät werden die Wünsche Deiner Kinder an Dich herangetragen und während wir uns über die Erfüllung des Wunsches nach einem Croissant zum Frühstück kaum Gedanken machen und ihn einfach erfüllen, gibt es Wünsche, wie das eigene Haustier, das neue Fahrrad, die Markenjeans und das neueste Modell auf dem Smartphone-Sektor, welche nicht nur zu überlegen, sondern auch zu prüfen sind.

Warum möchte Deine Tochter ein Pony? Was verspricht sie sich davon oder hat sie einfach nur einen Film gesehen, in welchem auch ein Pony vorkam? Hat eventuell eine Freundin ein Pony? Wozu benötigt Dein Teenager plötzlich eine Markenjeans, wenn ihm zuvor ganz gleich war, was er angezogen hat und in welchem Zustand die Klamotten waren. Hat er neue Freunde, welche ihre Freundschaft daran festmachen? Wird er gemobbt?

Vor allem, wenn ein Wunsch immer wieder auf den Tisch kommt, musst Du beginnen, ihn zu hinterfragen und herauszufinden, wie ernst es Deinem Nachwuchs mit dem Wunsch ist. Zum Haustierwunsch haben wir ein eigenes Kapitel, welches Du unter den Problembehandlungen finden kannst. Bei der neuesten Technik und dem Wunsch danach wirst Du nicht darum herumkommen, auch Dein eigenes Verhalten heranzuziehen. Kaufst Du auch für Dich regelmäßig die neueste Generation an Geräten und zieht sich dieses Kaufverhalten von den digitalen Medien über neueste Küchengeräte bis hin zu

Markentreue, dann wird es Dich nicht wundern, wenn Deine Kinder dies übernehmen und dann wird es schwer, den Wunsch argumentativ abzusagen, denn warum genau sollen Deine Kinder auf etwas verzichten, was Du selbst Dir ständig gestattest?

12.3 *Die verschiedenen Wünsche richtig erfüllen*

Mittlerweile schreiben viele Kinder ihre Wünsche nicht mehr nur zu Weihnachten in Form einer Wunschliste. In Zeiten von vermehrten Einzelkindern und dem Willen der Eltern, diesen einzelnen Söhnen oder Töchtern Dinge zu ermöglichen, welche sie selbst in ihrer Kindheit vermisst haben, geraten Wunschzettel schnell zu Bestellungen. Dies gilt es jedenfalls zu verhindern, denn ein altes und nach wie vor stimmiges Sprichwort besagt: „Das Leben ist kein Wunschkonzert." Wenn alle Wünsche schnellstens von den Eltern oder auch Großeltern und anderen nahen Verwandten erfüllt werden, dann lernt Dein Kind weder Vorfreude noch Frust kennen und wird auch keine Frusttoleranz entwickeln können. Diese ist aber für das spätere Leben sehr wichtig, denn wenn man als Kind nicht gelernt hat, mit frustrierenden Situationen umzugehen, dann wird man auch im Weiteren und vor allem im Berufsleben scheitern. Der Wunschjob wäre womöglich in greifbarer Weite, wenn man sich etwas gedulden würde und auf einer tieferen Ebene in einer Firma die Möglichkeit zum Einstieg wahrnimmt. Vorfreude ist bekanntlich die schönste Freude und erinnern wir uns zurück, wie es für uns war, wenn wir wussten, zu Weihnachten kommt das ersehnte Geschenk. Wir haben die Tage gezählt, die Größe der versteckten, von den Kindern aber dennoch gefundenen Geschenke gecheckt und überlegt, ob denn auch das richtige Geschenk, der richtige Wunsch erfüllt werden wird. Wir waren neugierig, welcher der Wünsche von einer auch damals schon langen Liste uns erfüllt werden würde. Da wir wussten, dass nicht alle Wünsche erfüllt werden konnten, haben wir uns sehr genau überlegt, was wir uns wünschen und welcher Wunsch für uns der Wichtigste war.

All das nimmst Du Deinem Kind und hemmst es in seiner Entwicklung zu einem Menschen, der sein Leben meistern wird und mit Rückschlägen wird umgehen können, wenn Du umstandslos jeden Wunsch und jede Idee Deines Kindes erfüllst! Es gibt gar Eltern, die sich finanziell fast übernehmen, nur, um den Wünschen ihrer Kinder nachzukommen oder anderweitig Verzicht üben, weil sie denken, sie müssten vorrangig die Wünsche ihrer Kinder erfüllen, damit diese sich auch in ihrer Umgebung behaupten können. Damit erziehst Du Dir aber nur einen Egoisten, der auf die Bedürfnisse von anderen Menschen später einmal keine Rücksicht nehmen wird.

Neben der finanziellen Überlegung bei der Wunscherfüllung und den zuvor schon beschriebenen unendlichen Ideen, was Kinder sich den lieben langen Tag so wünschen, kann es hilfreich für Dich sein, wenn Du beobachtest oder beim Mitspielen aufmerksam beachtest, womit Dein Kind sich wirklich beschäftigt, was immer wieder sein Interesse weckt. Damit hast Du eine gute Strategie für die zukünftige Wunscherfüllung. Wünscht sich Dein Kind beispielsweise ständig ein Haustier, aber es ist bei aller Liebe in Eurer Wohnsituation nicht möglich, könntest Du ein Buch über Hunde oder Katzen oder Pferde schenken. Du könntest einen Tag Mitarbeit in einem Tierheim organisieren oder Dein Kind mit einem Besuch in einem Zoo überraschen.

Erfülle die Wünsche Deines Kindes, welche aufgrund Deiner Beobachtung und Deiner Beziehung zu Deinem Nachwuchs auch Dir sinnvoll erscheinen und lass die lieben Kleinen durchaus auch einmal länger darauf warten oder gemeinsam auf die Erfüllung hinarbeiten. Wünsche kann man sich, je nach Alter Deines Kindes, nämlich auch selbst erfüllen und gleichzeitig etwas über den materiellen Wert der Dinge lernen. Braucht Dein Schulkind oder Dein Teenager aufgrund seiner Freunde und seines Umgangs ständig neue Klamotten, dann biete ihm doch an, sich den Wunsch selbst zu erfüllen, indem er oder sie beispielsweise durch Taschengeldaufbesserung einen Teil zu diesem Wunsch beitragen. Vermehrte Hilfe im Haushalt kannst Du ebenso mit ein paar Euros mehr abgelten, wie für das Rasenmähen, soweit Ihr einen Garten habt, und ähnliches.

12.4 *Wer hat eigentlich mein Kind verwöhnt oder verzogen?*

Da steht er nun wieder, der Dreikäsehoch mit hochrotem Kopf und brüllt sich die Seele aus dem Leib, weil Mami nicht gleich springt, wenn sich der Nachwuchs etwas wünscht. Hier sprechen wir noch gar nicht von materiellen Dingen oder überteuerten Geschenken. Der Kinderwunsch kann ebenso sein, dass die Mama den lieben Kleinen von vorne bis hinten bedient, und kommt das Glas Limonade nicht sofort serviert, wird Alarm geschlagen. Gerade als Mutter sind wir fast schon genetisch darauf programmiert, unsere Lieben auch zu verwöhnen, aber es ist tatsächlich notwendig, hier ein gelungenes Mittelmaß zu finden.

Unter Verwöhnen und Verziehen fällt neben der ständigen Erfüllung aller möglicher Wünsche auch das Nichteinhalten von Grenzen und Regeln. Bist Du hier am Anfang zu nachlässig, weil Du denkst, sie sind ja noch so klein, dann kann sich diese Einstellung in der berühmt-berüchtigten Trotzphase in regelrechte Machtkämpfe wandeln. Achte also darauf, was Du erlaubst und was nicht und welche Wünsche tatsächlich erfüllt werden können und welche nicht!

Habe vor allem auch ein Auge darauf, welche Wünsche Dein Kind von anderer Stelle erfüllt bekommt. Großeltern neigen immer wieder dazu, dem Enkelkind Dinge zu erlauben oder zu gönnen, welche sie den eigenen Kindern, also Dir, vorenthalten haben oder an diverse Regeln geknüpft haben. Koordination und Absprachen sind hier ebenso gefragt wie beim Babysitter oder der Tagesmutter und der Kita. Du musst wissen, was genau Dein Kind wo darf und Du musst darauf achten, was Deinem Kind wo erlaubt ist und ob dies auch zu Deinen Regeln und Wertvorstellungen passt. Nicht zuletzt musst Du Dich auch selber an die Nase fassen, denn auch wir neigen dazu, vielleicht aus einem gewissen Zeitmangel heraus, denn der Job ist gerade sehr herausfordernd und zeitraubend, die Lebenssituation hat sich geändert, was auch immer, wir neigen dazu, ein dadurch auftretendes schlechtes Gewissen durch Geschenke, welche letztlich gar nicht notwendig wären, zu kompensieren!

Anstelle der fehlenden Zeit, welche Du durch Geschenke oder überzogene Wunscherfüllung zu kompensieren versuchst, solltest Du auf die Qualität der gemeinsam verbrachten Zeit achten. Die Äußerung von vielen, auch absurden Wünschen von Seiten Deines Kindes kann auch einfach eine Bitte um Aufmerksamkeit sein. Das heißt, es wird seine Forderungen immer weitertreiben, bis Du endlich Nein sagen und Dich mit Deinem Kind wieder direkt auseinandersetzen musst!

12.5 *Wenn Du es mir nicht kaufst, dann geh ich eben zum Papa!*

Da die Anzahl der Scheidungs- und Trennungskinder nach wie vor im Steigen begriffen ist, müssen wir Dich auch hier darauf hinweisen, dass, so schmerzhaft eine Trennung für beide Seiten sein kann, Ihr Euch zum Wohle der Kinder doch soweit solltet unterhalten können, damit Erpressungsversuche wie der oben genannte Satz erst gar nicht auftauchen können!

Leider neigen wir, wie schon im vorangegangen kleinen Kapitel erwähnt, dazu, uns mit der Hilfe von Geschenken und erfüllten Wünschen ein gutes Gewissen zu erkaufen. Darauf basieren ja auch sämtliche Werbestrategien der Hilfs-NGOs dieser Welt, welche uns ständig vorgaukeln, wie gut wir selbst leben und wie schlecht andere und darum spenden wir! Auch wenn Du nun denkst, dieser Vergleich wäre nicht passend, so zeigt er absolut konkret, warum es funktioniert. Wir erkaufen uns das gute Gewissen, alles für unsere Kinder zu ermöglichen, weil sie ohnehin schon, ebenso wie eigentlich auch wir selbst, die Trennung ertragen und verarbeiten müssen. Haben wir uns selbst dann auch noch durch eine Shoppingorgie getröstet, bei welcher wieder einmal Dinge gekauft wurden, von denen wir spätestens zuhause wussten, dass wir sie weder brauchen noch die Kleidung beispielsweise jemals tragen werden, so wird es schwierig, die Kinder von Wünschen und Forderungen abzuhalten.

So lange der Vater oder in manchen Fällen auch die Mutter weiterhin regelmäßigen Kontakt zum gemeinsamen Sprössling hat, muss für den Umgang mit Wünschen und auch mit Fragen, zu denen kommen wir nächsten größeren Kapitel, eine Strategie festgelegt werden. Vor allem der Elternteil, welcher zukünftig weniger Zeit mit dem Kind verbringt, gerät leicht in die Falle und versucht, sich das Wohlwollen des Kindes zu erkaufen. Qualitativ hochwertig gemeinsam verbrachte Zeit kann aber weder das neueste Spielzeug noch das neueste technische Gadget oder eine neue Garderobe ersetzen, und Wünsche des Kindes aus Rache am ehemaligen Partner zu erfüllen, kommt zum Teil noch oben darauf. Es nützt hier alles nichts, Du musst Deinem Kind hier vorleben, und auch der Ex-Partner muss seinen Teil als Vorbild nach wie vor beitragen, dass Rache und Schmerz zu verarbeiten sind und nicht durch materielle Ersatzbefriedigungen kompensiert werden können! Am besten wäre natürlich, Ihr könntet Euch schon im Zuge der Trennung absprechen, was zukünftig mit den Wünschen und Fragen der Kinder passiert. Sollte dies in Deinem Fall absolut nicht möglich sein, so versuche vorsichtig und, ohne den verlorenen Elternteil des Kindes vor diesem schlecht zu machen, Deine Einstellung zu Wünschen und den vorher erwähnten Erpressungsversuchen zu erklären. Wenn Du auch mit Deinem Schmerz, Deiner Enttäuschung oder Deiner Eifersucht offen umgehen kannst, ohne damit Dein Kind zu belasten, dann wird es verstehen, dass es hier nun mit Erpressungsversuchen nicht weiterkommt. Womöglich musst Du Deinen Kindern auch schonend beibringen, dass gewisse Wünsche nun schwerer zu erfüllen sind, weil die gemeinsame Haushaltskasse fehlt! Auch hier kann eine Koordination bezüglich der Kinderwunschzettel hilfreich sein. Notfalls kannst Du solche Dinge schon in den Scheidungskrieg und die Papiere zum Urteil miteinfließen lassen. Wenn Du mit Deinen Vorschlägen zu diesem Thema und einer möglichen Einigung kein Gehör findest, musst Du zum Wohle Deiner Kinder den Rechtsweg bestreiten!

13. KINDERFRAGEN BRAUCHEN ANTWORTEN!

Es ist immer wieder faszinierend, welche Fragen den süßen Kleinen den lieben langen Tag im Kopf herumgeistern und Du kannst uns glauben, wenn wir Dir sagen, dass sie diese zum Teil länger mit sich herumtragen und versuchen, die richtige Formulierung zu finden. Andere Fragen wiederum werden einfach herausgeschossen und können sich an manchen Tagen und zu den absurdesten Themen auch wie ein Wasserfall über Dich ergießen. Dabei kann es auch vorkommen, dass dieselbe Frage an mehrere Familienmitglieder gestellt wird oder auch außer Haus die Umgebung miteinbezogen wird, vom Nachbar hinterm Gartenzaun bis zum Lehrer oder Kitabetreuer, Großvater bis Onkel oder Tante, die gesamte Umwelt Deines Kindes wird mit Fragen bombardiert. Du kannst daran auch erkennen, dass es für uns Menschen eigentlich ganz natürlich ist, mehrere Meinungen einzuholen und uns dann ein Bild über die unterschiedlichen Antworten zu machen und diese womöglich mit eigenen Erfahrungen zu vergleichen.

Ob die Frage nun nach dem Warum bei einer gezogenen Grenze lautet oder naturwissenschaftlicher Art ist oder ganz allgemein gehalten wie „Wo kommt der Strom denn her und warum kommt die Milch der Kuh in eine Verpackung?", das hängt nicht zuletzt davon ab, wofür Dein Kind sich in diesem Moment interessiert und wo sein Interesse dann hängen bleibt. Sollten sich die Fragen zu einem Thema häufen, dann macht es sicher Sinn, Wünsche dahingehend zu erfüllen, dass mehr Wissen angehäuft werden kann in Form von Büchern, Ausflügen in ein Museum oder, wenn die Kinder das Internet häufig nutzen dürfen, auch mit einer Erlaubnis, nach den Antworten zu Googlen. Gerade, wenn sie ihre Wissbegier auch über das Internet stillen dürfen, dann musst Du soweit dabeibleiben, dass Du siehst, auf welchen Seiten sie das Wissen abfragen oder ihr Interesse befriedigen, denn nicht alle Antworten im Netz stimmen auch und sehr viele sind heute leider auch ideologisch anstatt wissenschaftlich gefärbt. Es liegt dann an Dir, Dein Kind anzuleiten und ihm aufzuzeigen, dass es mehrere Antworten lesen kann oder soll, um sich tatsächlich eine Meinung zu bilden und den aktuellen Wissenstand zu ergründen.

Sind sie noch kleiner und können nicht selbständig nach Antworten fahnden, sondern benutzen Dich als Universallexikon, dann ist es kein Problem, eine Antwort auch einmal auf später zu verschieben oder die Frage mit einem „Das weiß ich selbst gar nicht." zu beantworten! Weißt Du keine erschöpfende Antwort oder weißt Du nicht, wie Du die Sachlage Deinem Sprössling beibringen sollst, kannst Du ihn natürlich auch weiterschicken zu jemandem, der die Antwort kennt oder rückfragen, wie es denn auf diese Problemstellung kommt. Was Du auf keinen Fall machen solltest, ist, die Frage als Belästigung abzutun und sie lieblos, also unzureichend, selbst für das Alter, zu beantworten. Die Frage einfach zu ignorieren, indem Du gerade „keine Zeit" hast, wird dazu führen, dass Dein Kind beginnt, sich anderweitig zu orientieren und nach Antworten zu forschen. Sie Dir bewusst, dass Du damit riskierst, dass Dein Kind Informationen bekommt und Ansichten lernt, welche möglicherweise mit Deinem eigenen Weltbild nicht im Einklang sind.

13.1 *Die Frage der Kinder nach dem Warum?*

Warum ist der Ball rund? Warum ist die Sonne gelb? Warum musst Du arbeiten gehen? Warum muss ich in den Kindergarten oder in die Schule gehen? Warum ist Opa so alt? Warum muss ich jetzt schlafen gehen und Du nicht? Warum ist Eis so kalt? Warum darf ich den Herd nicht anfassen? Warum darf ich nicht von der Mauer springen? Warum bekomme ich eine Schwester/einen Bruder? Warum ist der Himmel blau? Warum sind meine Augen blau? Warum? Warum? Warum?

Es gibt Eltern, die sind tatsächlich davon überzeugt, dass ein Kind das Fragewort: „Warum" erfunden haben muss. Mit Begeisterung rennt Dein Nachwuchs, ab dem Zeitpunkt, indem er gelernt hat, sich zu artikulieren, hinter Dir her, um auch wirklich jede Kleinigkeit zu hinterfragen und nicht selten stellt man sich als Mutter selbst die Frage, ja warum ist das denn nun so? Zudem kommt noch die bange eigene Frage, wie viele Fragen mit Warum gibt es eigentlich und wo ist der Knopf, um die Fragen abzustellen? Hast auch Du einen vor Wissbegier nur so strotzenden Sprössling zuhause, dann wirst Du nachfühlen können, was wir soeben beschrieben haben. Abgesehen davon, dass Du die Fragen nach bestem Wissen und Gewissen beantworten solltest und Dir dafür auch die notwendige Zeit nehmen und die Reaktion auf die Antwort beobachten solltest, musst Du auch noch damit rechnen, dass jede Antwort eine neue Frage, quasi eine tiefergehende Frage auslösen kann. Es kann aber auch passieren, dass Dein Kind während der Beantwortung das Interesse verliert, weil es gerade etwas Neues entdeckt hat. Oft genug beobachtet bei Spaziergängen im Wald, beim Besuch beispielsweise eines Zoos oder auch eines Erlebnisparks. Ab und an musst Du abwägen, ist dies eine Frage und die passende Zeit, um eine ausführliche Antwort zu geben oder ist Dein Kind gerade im Fragemodus, weil es vor Begeisterung fast überquillt. Gerade bei Ausflügen kann es gut möglich sein, dass Du um eine Beantwortung der aktuellsten Fragen herumkommst. Bleibt das Interesse Deines Kindes allerdings bestehen oder besprecht Ihr den Ausflug eventuell als Abendritual vor dem Schlafengehen, so wie Ihr immer den Tag rekapituliert, dann werden die für Dein Kind spannendsten Fragen wieder auferstehen! Kümmere Dich womöglich zeitgerecht um Antworten, indem Du beispielsweise für Ausflüge im Vorfeld einen Prospekt liest oder die Umgebung im Internet besuchst. Touristisch spannende Regionen und vielbesuchte Gegenden bieten oft Erklärungen zu Geschichte und Natur für verschiedene Altersstufen an, nütze diese Angebote als Hilfestellung zur Beantwortung des Fragenbombardements.

Kannst Du Dir für die Beantwortung gerade tatsächlich keine Zeit nehmen, weil Du gerade mit einer anderen, wirklich wichtigeren Sache beschäftigt bist, dann verschiebe die Fragestunde auf einen günstigeren Zeitpunkt. Halte dieses Versprechen aber dann ein, denn Dein Kind wird seine Fragen kaum vergessen und wenn, dann kommen eben zur Kakaojause oder vor dem Schlafengehen oder wann auch immer Ihr Zeit habt zu plaudern, neue Fragen auf Dich zu! Also befasse Dich schon einmal damit, warum der Himmel blau, die Sonne gelb und die Rosen in Eurem Garten rot, die im Garten von Oma aber lila sind. Such Dir eine Erklärung für das Problem von Strom und Steckdose und warum Dein Liebling da drinnen nicht bohren soll. Überlege Dir den Unterschied zwischen rund und eckig, einfarbig und bunt und vergiss vor allem nicht, Dir für Deine Regeln, Rituale und Grenzen die richtigen Argumente vorzubereiten und die dazugehörigen Konsequenzen, sie werden früher hinterfragt als Dir manchmal lieb ist.

Eine ausgesprochen schlechte Idee ist es auch, die Kinderfragen mit der Aussage abzuschmettern, sie wären noch zu klein um etwas zu dürfen, zu tun oder zu wissen. Dies führt unweigerlich zur Frage, wann sie denn alt oder groß genug wären, um die Frage erneut zu stellen und sie werden mit dieser Frage ganz sicher dann auch andere Menschen konfrontieren, um zu erfahren, ob jemand dabei ist, der sie nicht mit mehr für zu klein hält. Dies führt unweigerlich wieder dazu, dass Du Dich fragen musst, an welche Informationen sie dann möglicherweise kommen!

13.2 *Was tun, wenn Du die Antwort selbst nicht weißt?*

Du kannst Dich nicht auf alle Fragen vorbereiten, selbst, wenn wir Dir sagen könnten mit welchen Fragen genau Dein Nachwuchs auf Dich zukommen wird. Spätestens bei Deinem zweiten Kind wird Dir auch klar, dass sich nicht alle Fragen wiederholen, weil diese sich natürlich sowohl aus den Erfahrungen wie auch aus den Interessen und Talenten des jeweiligen Kindes speisen.
Wie schon zuvor bei der Frage nach dem passenden Zeitpunkt für eine ruhige Beantwortung der Fragestunde, kannst Du auch mangels Wissen auf einen späteren Zeitpunkt verweisen. Je nach Alter Deines Kindes und dem Verständnis für Deine eigenen Bedürfnisse und die Situation kannst Du diesen späteren Zeitpunkt auch mit dem Hinweis versehen, dass Du Dich zu diesem Thema erst selbst schlau machen musst. Bei Fragen von Schulkindern kannst Du aber auch mit dem Kind gemeinsam Google zu Rate ziehen und dabei

gleich darauf aufmerksam machen, wie viele Antworten es zu manchen Fragen gibt und wie man die richtigen Antworten finden kann und nein, Wikipedia liefert nicht immer die korrekte Antwort, da sich hier jeder mit seinem Wissen verewigen kann und leider auch viele ideologisch eingefärbte Erklärungen zu finden sind.

Für gewöhnlich sind wir den Fragen des Kleinkindes durchaus gewachsen und haben eine Antwort parat, diese darf allerdings nicht lauten: „Weil es eben so ist!" Dies zieht nur das nächste Warum nach sich. Warum ist die Sonne gelb und der Himmel blau? Du weißt die Antwort nicht, dann überlege Dir eine plausibel klingende Erklärung, wie beispielsweise, damit man besser sieht, wo die Sonne gerade steht. Warum sind alle Blätter grün? Weil das Blut der Pflanzen grün ist, man nennt es Chlorophyll. Warum gehen Menschen auf zwei Beinen, die Katze aber auf vier? Weil sich der Mensch in Jahrmillionen so entwickelt hat und nur deshalb heute die Welt beherrschen kann. Warum kommt der Strom aus der Steckdose? Weil eine Leitung vom Kraftwerk diesen dorthin leitet und wir ihn von dort dann für unseren jeweiligen Gebrauch entnehmen können. Du siehst, es geht nicht um eine hochwissenschaftliche Abhandlung, denn so weit reicht das Interesse noch nicht, es geht darum, das Interesse für den Moment zu befriedigen. Selbstverständlich nicht mit einer Unwahrheit, aber mit kurzen und prägnanten Sätzen zum Thema. Warum darf ich die heiße Herdplatte nicht berühren? Weil Du Dich verbrennen kannst und das Schmerzen bedeutet, weil Du dann weinen musst und wir zum Arzt fahren müssen! Kurz und verständlich für das Kind ohne große Ausführungen, sei es zum Induktionsofen oder Gasherd, dem Waffeleisen oder dem Grill.

13.3 *Kinder zu offenen, selbst denkenden Menschen erziehen*

Du solltest Dich jedenfalls darüber freuen, wenn Dein Kind unzählige Fragen stellt, denn dies ist ein Beweis für seine Bereitschaft, sich mit den Dingen zu befassen und sie zu hinterfragen. Die Dinge zu begreifen und nicht als gegeben anzunehmen. Dies ist positiv, denn große Errungenschaften und Innovationen, neue Entdeckungen und Erfindungen wurden nur deshalb gemacht, weil sich die jeweiligen Personen nicht mit den langläufigen Antworten zufrieden gegeben haben, weil sie das „Es ist, wie es ist." hinterfragt haben, weil sie genau wissen wollten, warum etwas ist, wie es ist.

Ohne die menschliche Neugier wären Fortschritt und Innovationskraft nicht möglich und diese Neugier ist uns angeboren. Sie ist es, was uns als Menschen, neben der Empathie, so besonders macht und unter den anderen Geschöpfen heraushebt. Natürlich ist auch eine Katze neugierig und beschnuppert beispielsweise neue Gegenstände, hier geht es aber eher nur um die Einteilung, kann es gefressen werden oder nicht. Ist bei einem

Menschen die erste Stufe der Bedürfnisse erfüllt, kann sich die Neugier frei entfalten, denn wir wissen um den Rückhalt von Liebe und Schutz in der Familie. Dein Kind kann sich mit seinen Fragen an Dich und seine weiteren nahen Bezugspersonen wenden, später auch an die Pädagogen in Kindergarten oder Schule und noch etwas weiter in der Zukunft, an den Professor, den Ausbildner, den Abteilungsleiter, Vorgesetzten oder Chef. Viel Wirbel wird heute gemacht um das lebenslange Lernen, auch dazu ist eine fortgesetzte Neugier auf das Leben und seine Möglichkeiten notwendig, das Hinterfragen, ob man schon alles erreicht hat, was einem möglich ist oder ob da nicht noch etwas wäre. Der Grundstein dazu wird in der Kindheit gelegt. Würge die Fragen nicht ab oder gib Deinem Kind zu verstehen, dass es mit seiner unglaublichen Neugier auf die Welt, mit seiner Wissbegier um den Hintergrund der Dinge lästig wäre. Dies kann sogar verursachen, dass das Interesse an Wissen und Bildung verloren geht und das Kind zu einem Schulverweigerer oder zu einem eher unwilligen Schüler wird.

Fördere die Neugier mit der Beantwortung der Fragen und öffne Deinem Kind die Möglichkeit, weiteres Wissen zu erwerben, indem Du es in eine Bibliothek mitnimmst oder in ein Museum oder auf deren Seiten im Internet hinweist. Freie Entfaltung beginnt nicht zuletzt in der Möglichkeit, Fragen zu stellen und Antworten einzufordern. Selbstständiges Denken beginnt immer mit einer Frage. Vorgekaute Antworten und Erklärungen, ohne die Fragen der Person zu kennen, sind ein Dilemma unserer Bildungssysteme und können leider auch mit den vielen Einrichtungen zur frühkindlichen Förderung nicht dazu beitragen, unsere Kinder zu frei denkenden und sich frei eine Meinung bildenden Menschen zu erziehen. Nimm die Fragen Deiner Kinder an und versuche, ihre Begeisterung nachzuvollziehen, welche hinter einer Frage steht, denn ohne diese würde es die Frage gar nicht stellen. Vergiss nicht, Lernen ist nur mit Freude, mit Begeisterung möglich. Versuche doch, die Welt durch die Augen Deiner Kinder zu sehen und entdecke sie mit ihnen gemeinsam ganz neu!

14. WELCHE FREIHEITEN SOLLEN KINDER HABEN?

„Die Freiheit unserer Kinder hat als Grenze die Gemeinschaft, denn Freiheit bedeutet nicht, dass man tut, was man will, sondern Meister seiner selbst zu sein!" Soweit die Philosophie von Montessori-Schulen. Es geht also nicht darum, den Kindern alles zu erlauben, sondern sie sich ihm Rahmen ihrer Grenzen frei entfalten zu lassen. Im späteren Leben einmal sind diese Grenzen unsere gesellschaftlichen Regelungen für ein friedliches Zusammenleben und selbstverständlich auch unsere gesetzlichen Vorgaben. Innerhalb dessen können wir uns frei entfalten, unseren Interessen nachgehen, den Beruf nach Wunsch ergreifen oder lebenslang studieren. Innerhalb der von uns als Gesellschaft anerkannten Grenzen können wir tun und lassen, was wir wollen! So sehen auch die Freiheiten der Kinder in der Erziehung aus. Die Grenzen und Regelungen triffst in diesem Falle Du und nicht ein gewähltes Parlament oder eine gesellschaftliche Übereinkunft, über die Jahrhunderte gewachsen und zum Teil als überlieferte Traditionen und Lebensweise anerkannt.

Dass Grenzen selbstverständlich für Kinder, angepasst an ihre Entwicklung und ihr Alter, erweitert werden, haben wir schon geschrieben. Du kannst die von Dir gesetzten Grenzen so lange erweitern, bis sie mit unseren Gesetzen und den ungeschriebenen gesellschaftlichen Regelungen übereinstimmen. Alles bis dahin ist als Erziehung zu verstehen. Sie ist die Vorbereitung auf das spätere Leben, die spätere Freiheit in eben diesem Rahmen.

14.1 *Meinung der Kinder beachten*

Eine unserer wichtigsten Freiheiten und im Grundgesetz verankert ist die freie Meinung und auch deren Äußerung, ohne Strafe oder Vergeltung dafür zu befürchten, selbstverständlich ebenfalls in einem gesamtgesellschaftlich gesetzten Rahmen, denn niemand ist begeistert, wenn eine Meinung einer Todesdrohung ähnelt! Wenn Du Deine Kinder zu selbständig denkenden und handelnden Menschen erziehen möchtest, dann musst Du frühzeitig beginnen, ihre Meinung zu achten. Du musst nicht darin übereinstimmen und ihr sicher auch nicht folgen, aber Du sollst sie natürlich nach ihrer Meinung befragen, sie hinterfragen und sie als selbst gebildet, wenn es denn so ist, auch beachten, eventuell sogar, bei guter Argumentation, in eine Entscheidungsfindung miteinfließen lassen!

Im Zuge der Freiheit solltest Du Deinem Kind auch ermöglichen, sich andere Meinungen anzuhören. Seid Ihr in Eurem Familienzusammenhalt gefestigt und konntet Ihr Eure Werte an Eure Kinder übermitteln, spricht nichts dagegen, sondern ist es eher förderlich, wenn sie sich auch mit anderen Meinungen zu verschiedenen Themen auseinandersetzen dürfen. Zudem wird, wenn Du offen damit umgehst, Dein Kind mit der neu gehörten oder erfahrenen Meinung ohnehin zu Dir kommen und die Vor- und Nachteile derselben sowie die Unterschiede zu den von Dir vertretenen Standpunkten besprechen wollen. Nur so kann Dein Kind auch wachsen und erkennen, dass man sich durchaus andere Ansichten anhören oder anlesen kann, und diese achten, aber dennoch dem eigenen Weg folgen kann.

14.2 *Lasse schon die Kleinen einfache, erste Entscheidungen treffen!*

Du wirst Dir Dein Leben in den folgenden Jahren ungemein erleichtern, wenn Deine Kids von Anfang an ein paar Entscheidungen treffen und dann verantwortlich tragen dürfen. Das geht über das Akzeptieren der Meinung hinaus und hat nichts damit zu tun, alle möglichen oder unmöglichen Wünsche zu erfüllen. Wir beschreiben Dir hierzu ein paar Beispiele, an denen Du Dich orientieren kannst und aus denen Du Dir für Eure Situation sicher noch die eine oder andere **Entscheidungsfreiheit** ableiten kannst.

Die **Auswahl der Gemüsebeilage** umgeht das leidige Thema des ungeliebten Grüns so mancher Kinder und der endlosen Diskussionen darüber am Mittags- oder Abendtisch. Dürfen sie die Gemüsesorte auswählen, also die Entscheidung darüber treffen, welches Gemüse auf den Teller kommt, dann können sie sich erstens hinterher nicht darüber beklagen und lernen zweitens, dass man hinter einmal getroffenen Entscheidungen auch stehen muss. Selbstverständlich muss man eine Entscheidung nicht wiederholen, wenn man feststellt, das Gemüse sieht zwar lustig aus, aber es schmeckt nicht. Nur zur Hilfestellung für kochtechnisch eher unbegabte oder noch nicht so versierte Eltern: Kartoffeln fallen in diesem Fall nicht in die Kategorie Gemüse. Wir sprechen hier von der Entscheidung, lieber Brokkoli oder Blumenkohl, lieber Spinat oder grüne Bohnen. Die Pommes aus Sellerie oder aus Kohlrabi?

Kinderkleidung gemeinsam einzukaufen und die lieben Kleinen bei der Auswahl von Farben und Schnitten mitentscheiden zu lassen, kann dazu führen, dass das morgendliche Frühstück viel entspannter abläuft, weil nicht erst um die Wahl der Kleider für den Tag gestritten werden muss. Gibt der Schrank von Töchterchen oder Sohnemann ohnehin nur Teile her, welche Ihr gemeinsam ausgesucht und eingekauft habt, dann kannst Du sie auch in Ruhe, am besten schon am Vorabend, heraussuchen lassen, was sie gerne tragen möchten. Da wir in Deutschland oder Zentraleuropa nach wie vor gewissen Jahreszeiten folgen, kannst Du einen kompletten Fehlgriff vermeiden, indem Du in der Mitte von Frühling und Herbst die Bekleidung etwas umsortierst. Im Zuge des kindlichen Wachstums halten gewisse

Kleidungsstücke ohnehin meistens nur eine Saison! Bei besonderen Gelegenheiten kannst Du zwar eingreifen, aber auch hier empfiehlt es sich, den Anzug oder das Kleid für die Hochzeit der Tante beispielsweise gemeinsam auszusuchen und dann Dein Kind entscheiden zu lassen, welches Teil es denn nun sein soll. Dies hat nichts damit zu tun, dass im Winter jedenfalls eine warme Jacke, Mütze und Schal getragen werden müssen und bei Regen die Gummistiefel aus dem Schrank geholt werden. Hier geht es darum, dass, wenn es dazu kommt, dass ohnehin ein oder zwei neue Jeans und T-Shirts oder Pullover gekauft werden müssen, Du am besten Dein Kind mitnimmst in den Laden und es selbst entscheiden lässt, was es nun davon haben möchte.

Ebenso kannst Du über diese Methode der eigenen *Entscheidungsfindung mit Süßigkeiten* verfahren. In Schweden gab es lange die Tradition der Samstagsbonbons, teilweise gibt es dies in Familien immer noch. Samstags werden Bonbons gekauft, die Kinder dürfen gerne bei der Auswahl mitentscheiden, die Menge bestimmst natürlich Du und dann dürfen sie auch selbst entscheiden, ob sie am Samstagabend schon alles aufbrauchen oder ob sie sich die Bonbons bis zum nächsten Samstag einteilen. Die Entscheidung der Kinder. Du musst allerdings klarstellen und dann auch einhalten, dass es unter der Woche keinen Nachschub gibt, sondern eben erst wieder am nächsten Samstag. Ihr könntet dies beispielsweise immer mit einem größeren Wocheneinkauf zusammenlegen, ganz gleich, welcher Wochentag es ist. Für Kinder ist die Entscheidung, wie sie mit den Bonbons verfahren, nicht so einfach, aber sie können daraus nur lernen und wenn es schmerzlich ist, weil Samstagabend entweder Bauchweh ansteht oder Mittwoch eines der Geschwister noch Bonbons hat. Wenn es später einmal ans Taschengeld geht, werden sie von Anfang an verstehen, dass eine gute Einteilung die Sache wesentlich erleichtern kann.

14.3 *Freie Entfaltung und Förderung von Talenten*

Wir wünschen uns für unsere Kinder eine glückliche Zukunft, in welcher sie selbstbestimmt und in Übereinstimmung mit ihren Werten, Talenten und Interessen leben können und damit auch zufrieden und gefestigt ihren Weg gehen werden. Dazu ist es allerdings notwendig, ihre Interessen und Talente freizulegen und zu fördern. Dies passiert allerdings nicht dadurch, dass wir sie zu Unterrichtseinheiten chauffieren in Sachen Musik, weil wir das selbst gerne gemacht hätten oder ihren Lebensweg vorzeichnen, indem wir sie unbedingt dazu anleiten, etwas zu studieren, in der Hoffnung des hinterher vermeintlich besseren Lebens.

Du setzt Deinem Kind Grenzen und für Deine Familie Regelungen und Rituale, damit sich jeder darin selbst entfalten, ja sich verwirklichen und seinen Neigungen folgen kann. Die zuvor erwähnten Grenzen und Regelwerke dienen dem friedlichen und freundlichen Zusammenleben, dem reibungslosen Alltag. Aber alles, was diesen nicht betrifft, fällt unter die Freiheit des einzelnen Mitgliedes, auch die Freiheit Deiner Kinder, sich für Dinge zu interessieren, sich auszuprobieren und Herausforderungen anzunehmen. Gegebenenfalls zu scheitern und neu Anlauf zu nehmen, um das Ziel dennoch zu erreichen. Damit Deine Kinder dies tun können, müssen sie wissen, wie weit sie gehen können und in welchem Rahmen sie sich austesten dürfen und wo sie Dich eventuell um Erlaubnis oder Hilfestellung bitten können. Das Infragestellen der Grenzen und der Versuch, diese zu erweitern ist somit eine natürliche und von Dir geförderte Möglichkeit der Entfaltung, denn gewisse Grenzen, wie wir nun oft genug betont haben, weiten sich mit dem Alter und der Erfahrung der Kinder aus.

Talente zu fördern heißt nicht, Dein Kind mit einem Überangebot von Nachmittagsgestaltung in Form von frühkindlicher Erziehung in diversen Institutionen bis hin zu sportlichen Aktivitäten und Musik einzuengen, sondern sie zu beobachten und ihnen zu ermöglich, die Welt in ihrer Entwicklungsgeschwindigkeit zu begreifen. Es braucht dazu keinen Designerspielplatz mit angeblich pädagogisch wertvollen Anleitungen zum Gebrauch der unterschiedlichen Gerätschaften, sondern nur Dich mit Deiner Zeit und ein Stück Natur. Es braucht Dich als aufmerksamen Beobachter Deiner Kinder beim Spielen oder auch beim Helfen. Stellst Du fest, dass es Dinge immer wieder versucht, auch wenn es noch daran scheitert, dann kannst Du von einem gewissen Interesse ausgehen. Beschäftigt es sich gerne mit Papier und Stiften, könntest Du einmal einen Besuch in einem Kunstmuseum oder einer Ausstellung anregen. Du kannst in weiterer Folge und bei gleichbleibenden oder mehr werdendem Engagement Deines Kindes selbstverständlich letztendlich auf Förderung durch Kurse oder Spielgruppen zurückgreifen, aber stelle erst fest, woran es von sich aus Interesse zeigt, denn jedes Kind ist anders und nur, weil der Sohn Deiner besten Freundin ein Instrument erlernt, muss Deiner dies nicht auch tun. Du möchtest Dein Kind zu einem selbständigen Menschen erziehen, der selbstbewusst durchs Leben geht und um seine Fähigkeiten weiß, Du bist nicht im Wettstreit mit anderen Eltern darum, wer seinem Kind die meisten außerschulischen Unterrichtsstunden aufbürdet!

14.4 Welche Talente gibt es und wie kannst Du sie zuhause fördern?

Wir unterscheiden grob zwischen künstlerischen Talenten wie Zeichnen und Malen, musikalischem Talent, Schreibtalenten und naturwissenschaftlichen Talenten. Im folgenden Abschnitt stellen wir Dir die Anzeichen vor und geben Dir erste Hinweise auf eine Förderung, ganz ohne den Tag gleich mit

Unterrichtsstunden vollzustopfen. Erkennst Du, dass Dein Kind das wünscht und braucht, weil sich die Entwicklung eines Talents tatsächlich rasend schnell vollzieht, dann kannst Du Dich immer noch nach möglichen Gruppen umsehen, vor allem aber die Wahl von Kindergarten, Vorschule und Grundschule danach ausrichten.

Ein **Kunsttalent**, und das heißt nun gar nicht, dass Dein Kind dann künstlerischer Maler werden muss, denn dieses Talent kann in vielen Bereichen, auch handwerklichen Berufen, hervorragend umgesetzt werden, erkennst Du an einem frühen zielgerichteten Zeichnen. Kinder fangen für gewöhnlich mit 2 bis 4 Jahren zu kritzeln an und lassen erste Strichfiguren entstehen, um dann zwischen 4 bis 7 Jahren schon erkennbare Personen, Tiere und Gegenstände auf Papier zu bringen sowie danach auch alle gezeichneten Figuren im Zusammenhang darzustellen. Überspringt Dein Kind einzelne Phasen oder ist schon mit 4 Jahren soweit, erkennbare Gesichter und Geschichten zu malen und kommen auffallend viele verschiedene Motive in einem Bild frühzeitig zusammen oder wird ein Thema immer wieder neu aufgerollt und beispielsweise mit verschiedenen Farben dargestellt, mal mit Buntstiften, mal mit Wasserfarben, mal als gebastelte Gebilde, so kannst Du von einem gesteigerten Interesse und, damit verbunden, auch einem Talent ausgehen.

Siehst Du, dass Dein Kind viel und gerne und auch gut zeichnet, Dir die Zeichnungen auch anschaulich erklärt und sich mehr Papier und Farben wünscht, dann stelle ihm nach und nach immer mehr Materialien zur Verfügung. Verliert es das Interesse nicht und zeichnet schon auch einmal aus Langeweile nur mit einem Stift auf einen Notizblock, kannst Du Dir überlegen, das Interesse durch Besuche von Museen, Ausstellungen oder Kursen weiter zu fördern. Kunst wird heute viel zu therapeutischen Zwecken eingesetzt, zeichnet und malt Dein Kind gerne, kann es sich so auch im späteren Leben entspannen. Versuche auch, Dein Kind nicht von Dingen abzuhalten, weil es laut Alter etwas noch nicht kann. Greift Dein Kind im Spielwarenladen nach dem Malen nach Zahlen für Erwachsene, ist aber erst 8, dann soll es sich doch versuchen, wer weiß, welches kreative Kunstwerk hier entstehen kann.

Musikalität erkennst Du daran, dass Dein Kind schon im vierten oder fünften Lebensjahr Melodien halten und nachsingen sowie sich auch Texte gut merken kann. Rhythmus wird dann schon mit 3 anstelle von 6 Jahren unterschieden und mit einfachen Hilfsmitteln nachgespielt. Hört es dann auch noch fasziniert Musik aus allen Richtungen, also von Klassik über Jazz und Country bis hin zu aktuellen Hits, kannst Du davon ausgehen, dass neben dem Interesse an Musik auch Talent vorhanden ist.

Fördern kannst Du dieses, indem Du ihm Zugang zu vielerlei Stilrichtungen bietest, was in Zeiten von Spotify oder Amazon Music nicht besonders schwer ist, auch wenn es nicht Deinem eigenen Geschmack entspricht! Mit ersten Spielzeuginstrumenten kann die Feinmotorik sehr gut beobachtet und gefördert werden, welche später notwendig ist, um dieses Instrument tatsächlich zu lernen. Viele Musikschulen bieten hier auch Schnupperstunden und Leihgeräte an, so dass es nicht notwendig ist, sich gleich zu Anfang in enorme Kosten zu stürzen. Musikalität und ein gutes Gefühl für Rhythmus heißt nicht automatisch, dass Dein Kind dann Opernsänger oder der neue Chartstürmer werden muss, auch die Karriere in der Philharmonie ist damit nicht vorgezeichnet. Ein Talent dafür kann sich neben der Mitgliedschaft in einem Verein und der lebenslangen Entspannung bei musikalischen Darbietungen auch in einem Job wie beispielsweise der Werbebranche niederschlagen.

Das *Talent zum Schreiben und für Sprache* macht sich bemerkbar, wenn Dein Kind schon ab dem zweiten statt dem vierten oder fünften Lebensjahr in längeren Satzkonstruktionen sprechen kann. Es hat einen ungleich größeren Wortschatz als seine Altersgenossen und verwendet diesen auch. Viele dieser Talente können schon ab dem vierten, spätestens aber fünften Lebensjahr aus eigenem Antrieb schreiben und lesen! Sie haben auch ein Gefühl für Rhythmus und sind nicht selten auch leicht musikalisch begabt. Zudem hören sie gerne Dokumentationen oder Filme frühzeitig in anderen Sprachen und ahmen auch diese nach. Schreib- oder Sprachtalente sprechen Fremdsprachen im weiteren Leben nahezu akzentfrei und haben in vielerlei Branchen enorme Vorteile für ihren Berufsstart und ihre Karriere.

Interesse an Sprache und dem Schreiben erweckst Du, indem Du Deinem Kind viel vorliest. Sehr schnell kann es Dir dann diese Geschichten auch wiedergeben oder erkennt bei nochmaligem Vorlesen, dass Du etwas ausgelassen oder dazugedichtet hast! Fördere es auch, indem Du solche „Fallen" immer wieder einbaust und frühzeitig Bilderbücher mit kurzen Texten kaufst, damit Dein Kind diese selbst lesen und begreifen kann. Sobald Du erkennen kannst, dass Dein Schreibtalent dabei ist, erste Buchstaben auf Papier zu malen, kannst Du es mit Büchern und entsprechenden Unterlagen dazu unterstützen. Animiere etwas ältere Kinder auch dazu, beispielsweise Tagebuch zu führen. Du wirst erstaunt sein, wie viele Gedichte sich in solchen Büchern finden lassen und wie schon dort mit Sprache experimentiert wird. Interesse an Fremdsprachen kann man auch mit Bilderbüchern oder Comics in diesen Sprachen fördern und den Disneyfilm einmal im Original anhören mit deutschen Untertiteln. Schon viele Kinder und Jugendliche haben ihren Wortschatz auf diese Art und Weise gefestigt und ausgebaut in englischer, französischer oder spanischer Sprache. Solltest Du eine verschüttete Sprache wiedererwecken wollen, kannst Du übrigens dasselbe tun. Streamingdienste bieten sich dafür an, sich Serien oder Filme in anderen Übersetzungen anzusehen und Amazon liefert Bücher in bald jeder Landessprache. Sei auch nicht überrascht, sondern unterstütze die Forderung nach immer neuem Lesestoff, auch wenn er schon über das Alter der Kinder hinausgeht. Ein lern- und wissbegieriges 7-jähriges Kind kann durchaus schon ein Buch lesen, welches eigentlich erst ab 10 Jahren empfehlenswert scheint. Befasse Dich einfach vorher etwas mit dem Inhalt, damit du nicht hinterher zu viele Fragen zu beantworten hast. Du kannst hier beispielsweise auch einen Kindle oder ein ähnliches Gerät einsetzen und dieses von der Nutzung der digitalen Medien und den Regeln dazu ausnehmen, weil hier ein Interesse gedeckt wird und nicht Langeweile bekämpft oder Zeit verbraucht wird, um sich berieseln zu lassen!

Ein **naturwissenschaftliches Talent** wird ebenfalls schon früh mit einer gewissen Sprachgewandtheit und eigenen Gedankenwelten auf sich aufmerksam machen. Es löchert Dich zudem mit Fragen zu naturwissenschaftlichen Themen und will den Dingen frühzeitig auf den Grund gehen. Du wirst immer wieder von logischen Denkansätzen überrascht, die eigentlich erst mit dem Schulalter kommen sollten und Dein Kind kann sich stundenlang mit Phänomenen beschäftigen und Versuchsreihen immer wieder neu aufbauen. Bei der Frage um Hilfe und weiteren Informationen zu einem Thema lässt es sich nicht mit einfachen Sätzen und Erklärungen abspeisen, sondern fordert Dich geradezu heraus, Dich auch selber mit der Sache zu befassen, damit Du Dein Kind mit weiteren Diskussionen zum Gegenstand des Interesses füttern kannst.

Fördere ein solches Talent nicht nur durch die Experimentierspiele und - baukästen aus dem nahe gelegenen Spielwarenladen, obwohl diese ein interessanter Einstieg sein können, sondern befriedige nachhaltiges Interesse auch durch Bücher und Dokumentationen zum Thema. Videos dazu können beispielsweise vom normalen Medienkonsum ausgenommen werden, weil Dein Kind eventuell eine Versuchsreihe von YouTube nachbauen und weiter entwickeln möchte! Besorge dann auch die richtigen Materialen und lasse Dich eventuell von einem Lehrer eines naturwissenschaftlichen Fachs dazu beraten. Hinterfrage bei der Präsentation der neuesten Erkenntnisse auch die Lösungswege und freue Dich gemeinsam mit Deinem kleinen Entdecker und Forscher über die immer neuen Ansätze und Erfolge. Rege ihn bei Misserfolgen an, nach anderen Lösungen zu suchen und biete Deine Unterstützung an für schwierigere Unterfangen. Auch hier werden Museen und Ausflüge zum Thema der gesamten Familie Spaß machen, wenn die Kinderaugen aufgrund der neuen Informationen und Inhalte zu leuchten beginnen.

14.5 *Traue Deinen Kindern ruhig etwas zu!*

Nicht nur bei einem Kind, dessen Talent gerade neu entdeckt wurde, sollte man Freiheiten erlauben, sich zu entdecken und auszuprobieren und auch einmal an seine körperlichen Grenzen zu gehen. Du musst nicht den ganzen Tag wie ein Wachhund neben Deinem Kind verbringen, Du kannst es in seinem vorgegebenen Rahmen gerne auch einmal machen lassen.

Misserfolge führen bei Kindern oftmals zu Ehrgeiz und wiederholten Versuchen, sie haben noch nicht gelernt, dass Scheitern in unserer Kultur verpönt ist und man darum lieber gewisse Dinge erst gar nicht wagt! Scheitern gehört zum Leben und oft lernt man durch einen Misserfolg mehr als durch einen Erfolg, welchen man sich nicht wirklich selbst bereitet hat oder der zu einfach zu erringen war. Hier ist uns der angloamerikanische Lebensraum tatsächlich um Meilen voraus, dort gibt es eine Kultur des Scheiterns und auch jemand, der einmal wirtschaftlich auf die Nase gefallen ist, erhält eine neue Chance. In Europa ist dies komplett anders angelegt und darum versuchen viele Menschen erst gar nicht, ihre Träume zu verwirklichen, weil die Angst des Scheiterns, allem voran natürlich des finanziellen Versagens, zu groß ist. Lass nicht zu, dass Deine Kinder ständig eine Sicherheitsleine benötigen, vor allem, wenn es darum geht, erst einmal zu lernen und zu entdecken. Wer frühzeitig lernt, mit Misserfolgen fertig zu werden, wird auch im Leben immer wieder aufstehen, ein sogenannter Kämpfer werden und sich nicht von kleinen Rückschlägen unterkriegen lassen. Was also darfst oder sollst Du Deinen Kindern unbedingt zutrauen, immer im Hinblick auf ihr Alter und ihren Entwicklungsstand?

Zutrauen hat viel mit Vertrauen zu tun. Bist Du ständig um Dein Kind herum und nimmst ihm eventuell gefährliche Küchengeräte oder andere Dinge aus der Hand, darf es die Leiter nicht erklimmen, um die Rutsche zu erleben oder das Klettergerüst nicht hinauf, um die Aussicht zu genießen, dann untergräbst Du sein Selbstvertrauen und auch gleich sein Vertrauen in Dich. Es kann nicht mehr lernen, seine körperlichen Grenzen zu akzeptieren, weil es sie nie erfährt. Es erkennt aber, da ist eine Mama, die nimmt mir alles ab, ich kann wohl nichts und darf auch nichts! Es vertraut Dir nicht mehr, anstatt dabei zu sein und notfalls Unterstützung zu erhalten, zu lernen und zu begreifen, hast Du die Dinge verboten oder aus der Hand und aus der Verantwortung genommen. Wie soll Dein Kind lernen, diese im späteren Leben zu übernehmen?

Irgendwann willst Du, dass Dein Kind mit dem Besteck richtig umgehen kann und nicht mehr mit den Fingern isst, Du musst also früher oder später die Benutzung eines Messers erlauben. Wenn Du damit erst beginnst, wenn die Schnitzel auf dem Tisch stehen, wirst Du nur wieder zum Schneiden aufgefordert werden. Traue Deinem Kind also schon früh zu, sich das Butterbrot selbst zu bestreichen und zu belegen, ganz gleich, wie es dann hinterher nach den ersten Malen aussieht. Es ist sein Butterbrot und es wird es stolz verzehren und mit der Zeit die Butter auch gleichmäßiger auf der Brotscheibe verteilen können! Kinder sind Nachahmer, wie wir schon oft betont haben, und nehmen sie das Messer zur Hand und haben es gut im Griff, wie sie es bei Dir gesehen haben, dann können sie auch beginnen zu lernen, wie man damit umgeht.

Dein Zwerg will die Rutsche hinunterrutschen auf dem nahegelegenen Spielplatz, also muss er vorher die Leiter erklimmen. Du kannst Dich die ersten Male selbstverständlich daneben platzieren und die Bewegungen beobachten, aber lasse es klettern! Dein Kind hat zuvor schon andere Kinder beobachtet, hat gelernt zu gehen, zu laufen, hinzufallen und wieder aufzustehen. Es wird auch die Leiter meistern. Zudem haben heutige Spielplätze besonders gesicherte Geräte, und Blessuren kommen nicht mehr in dem Ausmaß vor, wie es noch zu Deinen oder unseren Zeiten der Fall war. Eine Schramme hat auch noch kein Kind davon abgehalten, nicht doch noch die Rutsche zu testen. Übertriebene Ängste Deinerseits können sich aber auf Dein Kind übertragen und es vor dieser kleinen Herausforderung zurückschrecken lassen. Eventuell wird es auch versuchen, die Rutsche samt Leiter zu testen, wenn Du gerade nicht dabei bist. Dann doch besser die ersten Male unter Aufsicht! Dasselbe gilt für Schaukeln, Wippen und Klettergerüste. Lasse Deine Kinder diese kleinen Erfolge feiern und freue Dich mit ihnen. Lobe sie auch gerne, wenn sie etwas das erste Mal allein geschafft haben. Sie können dadurch nur in ihren Talenten und in ihrer Entwicklung wachsen und bekommen ein gesundes Selbstvertrauen und Verständnis in Bezug auf ihr Können.

Wie wir schon das eine oder andere Mal betont haben, helfen Kinder ihren geliebten Bezugspersonen, was ja meistens immer noch die Mutter ist, gerne und ohne Aufforderung. Lasse sie also helfen, auch wenn Du im ersten Augenblick der Meinung bist, dass sie etwas noch nicht können. Sie wollen bei der Vorbereitung zum gemeinsamen Abendessen helfen, dann lasse sie doch den Tisch decken, lasse sie die benötigten Teile zum Tisch bringen, notfalls auch einzeln. Lasse sie den Geschirrspüler ausräumen und wenn die gespülten Teller und Tassen nur von dort auf die nächste Abstellfläche gelangen. Sei eventuell helfend dabei, dann kannst Du ihnen gleich zeigen, wie Du möchtest, dass der Tisch gedeckt und die Tassen richtig verstaut werden. Machen sie etwas richtig, ohne dass Du es ihnen vorher groß erklärt hast, einfach weil sie Deine Handlungen, welche sie ja täglich beobachten können, nachahmen, dann darfst Du sie gerne auch für die kleinen Errungenschaften loben. Sei stolz auf sie, wenn sie sich beweisen wollen, dann werden sie Dir auch in späteren Jahren noch helfend zur Hand gehen und großartige Regelungen mitsamt Konsequenzen musst Du Dir beispielsweise für den Haushalt erst gar nicht groß überlegen!

Auch beim Kochen selbst darfst Du Deine Kinder schon in jungen Jahren zur Hand gehen lassen. Ganze Generationen haben das Kochen gelernt, weil sie neben Oma auf einem Schemel oder Stuhl am Herd standen und Suppen, Saucen oder Eintöpfe umgerührt haben. Es muss ja nicht der Anfang damit gemacht werden, dass die Karotten klein geschnippelt gehören, sondern beispielsweise mit dem Waschen derselben und schrubben mit der Gemüsebürste, das macht kleinen Wasserratten Spaß und das Gemüse wird ihnen dadurch vielleicht sogar besser schmecken! Lasse sie auch Dinge abmessen oder wiegen. Kinder erkennen Zahlen schneller als Du denkst, auch wenn sie sie noch nicht in einen großen Zusammenhang bringen können. Viele Kochbücher auf dem Markt befassen sich heute mit kinderleichten Gerichten, welche auch schon von den Kleinen und Mittelgroßen zubereitet werden können. Lass Deine Kinder werkeln und freue Dich über den Pfannkuchen oder die Waffel, welche sie selbst fabriziert haben. Sie haben es aus Liebe zu Dir gebacken und nicht, weil sie die Küche damit verunstalten und in ein Schlachtfeld verwandeln konnten. Räumt hinterher gemeinsam auf und besprecht möglich Verbesserungen oder erkläre, wie Du beispielsweise schon, während der Pfannkuchen bräunt, diverse Küchengeräte wieder wegräumst oder in die Spülmaschine schichtest.

14.6 *Die Messlatte bei Kindern richtig setzen*

Wir haben Dir zuvor erklärt, wie Du eventuelle Talente frühzeitig erkennen kannst. Laufe Deinem Kind jedoch nicht ständig hinterher und interpretiere jede Aktion von ihm als eine mögliche Interessensbekundung oder Talentprobe. Dein Kind muss weder von allein schreiben noch lesen lernen, noch muss es schon mit 3 Jahren im Taktschlagen auf den Kochtöpfen seine Musikalität beweisen. Talente und Begabungen lassen sich auch im späteren Leben noch entdecken und fördern, denn wenn in Eurer Familie gerade einmal zwei Sprachen gesprochen werden, nämlich der örtliche Dialekt und ein schlampiges Hochdeutsch, dann kannst Du ein Sprachtalent auch nicht mit vier Jahren erkennen und wenn es vor Dir steht.

Viel zu viele Eltern versuchen heutzutage, mit allerlei frühkindlicher Förderung die besondere Begabung auszuloten, anstatt das kleine Wesen die Welt in seinem Tempo und nach seinem Interesse erkunden zu lassen. Kompensieren wir eventuell eigene Wünsche und Träume, die wir als Kinder hatten, heute über unsere eigenen Kinder?

Zudem haben wir seit etwa 30 Jahren auch noch das statistische Problem, dass die europäischstämmige Durchschnittsfamilie aus gerade einmal 3 bis 4 Personen besteht. Wenn also nur mehr 1,2 Kinder pro einheimischer und über Generationen hier verwurzelter Frauen geboren werden, dann versuchen wir auch alles, um diesen Einzelkindern ein später sorgenfreies und erfolgreiches Leben zu ermöglichen. Allzu oft mit den völlig falschen Mitteln, aber hier gilt wohl die alte Weisheit: zumindest alles versucht! Wo früher bis zu 5 und 6 Kinder durch den Garten oder die Straßen tobten und der eine zum Studium ging, der andere den elterlichen Hof übernahm und der dritte ein Handwerk lernte, konnte die Familie also locker alle möglichen Berufs- und Ausbildungswege sowie Begabungen in sich vereinen. Sollen die Einzelkinder von heute das Beste aus ihrem Leben machen, ohne Rücksicht auf Verluste. Es ist aber gar nicht gesagt, dass der Langzeitstudent einer brotlosen Kunst später einmal im Leben tatsächlich erfolgreicher ist als ein guter und auf dem letzten Stand der Entwicklungen stehender Handwerker.

Wir haben heute so viel Material gesammelt, was ein Kind genau wann können soll, dass wir darüber ganz zu vergessen scheinen, dass wir alle Individuen sind und wir allein schon darum nicht über einen Kamm geschert werden können. Wir sind nun mal nicht alle gleich, auch wenn uns manche Ideologie dies so weismachen will. Wir sind alle verschieden und das ist auch gut so, denn sonst hätten wir uns nicht dahin entwickeln können, wo wir technologisch heute stehen. Höre also auf, Dein Kind und seine Entwicklung anhand von Tabellen und allgemeinen Erklärungen zu verfolgen und höre vor allem auf, Dir Sorgen zu machen, wenn ein anderes Kind im selben Alter vermeintlich mehr kann. Dein eigenes Kind wird sicherlich in einer anderen Disziplin dafür weiterentwickelt sein als das Kind der Freunde oder Bekannten.

Fördere weiter die Interessen Deines Kindes und biete Deine Hilfe an, wenn es bei einem Projekt, bei den Hausaufgaben, bei was auch immer nicht allein weiterkommt. Eine Begabung in einer der vorher ausgeführten Disziplinen kann auch dazu führen, dass andere Bereiche eher vernachlässigt werden, weil einfach kein Interesse dafür vorhanden ist. Mache Deinem Kind dann einfach klar, dass es nicht schadet, auch die Mathematik in ihren Grundzügen zu verstehen, obwohl es mehr an Sprachen interessiert ist. Naturwissenschaftliches Interesse sollte beispielsweise dennoch mit dem Erlernen von Fremdsprachen kombiniert werden, auch wenn dieses nicht so leicht von der Hand geht, weil gerade hier dann weltweit darüber diskutiert und geforscht werden kann. Entwicklungen zu verfolgen in der Sprache des jeweiligen Forschers kann zu weit mehr Einsichten führen, als immer nur verkürzte Zusammenfassungen in Übersetzungen zu lesen. Mit einer Erklärung wie dieser wird Dein Kind auch verstehen, dass es sich doch auch in anderen Fächern etwas Mühe gibt. Rechne einfach damit, dass es dort dann zu keinen herausragenden Leistungen kommen wird. Nimm Dein Kind so, wie es ist, Dein Kind nimmt auch Dich an, so wie Du bist, einfach weil Ihr zusammengehört, eine Einheit seid, eine Familie bildet. Wir müssen nicht ständig anhand von Tabellen oder Gesprächen vergleichen!

14.7 *Freiheit und Verbot*

Welche Freiheiten genau Du Deinen Kindern gewähren willst oder sollst, kann Dir ebenfalls eine Tabelle nicht wirklich sagen, denn Du und Deine Familie müssen mit den Freiheiten ebenso leben wie mit den dadurch gesetzten Grenzen oder Verboten. Um Deinem Kind freie Entwicklung in einem passenden Rahmen zu gewähren, muss dieser selbstverständlich abgesteckt sein, also von Grenzen umgeben oder durch Verbote eingerahmt. Verbote können dann mit dem Älterwerden und Fortschreiten der Entwicklung aufgehoben werden, so wie Grenzen ihre Erweiterung erfahren. Dürfen Kinder beispielsweise am Anfang nur im eigenen Garten toben, so bildet der Gartenzaun als natürliche Grenze auch gleich die aktuelle für das Kind samt dem Verbot, die Straße allein zu betreten. Später kann dann der Fußweg zum nächsten Spielplatz und der Spielplatz selbst diese freie Zone erweitern und damit kann die Grenze neu gezogen werden. Verboten bleibt aber weiterhin das Spielen auf der Straße und dem Gehweg an sich und das Betreten anderer Stadtteile.

Ein anderes Beispiel für Freiheit, mit Verbot oder Grenze umrahmt, kann auch die Kleidung sein. Je nach Jahreszeit gibt es für Dein Kind eine Auswahlmöglichkeit, welche die Freiheit symbolisiert, die es hat. Umrahmt wird dies von dem Verbot, im Sommer eventuell ohne Schuhe zu laufen oder im Winter auch bei Sonnenschein die Mütze nicht zu tragen. Wenn Du Freiheiten gestattest, dann mache immer klar, wo die Grenzen dieser Freiheit aktuell verlaufen und welche Verbote damit verbunden sind. Dies kann auch für die Küche gelten, wenn Du kleine leidenschaftliche Köche und experimentierfreudige Gourmets Dein Eigen nennst. Gewisse Küchengeräte sind erlaubt in der Benutzung, je nach Alter und Koordinationsfähigkeit Deiner Kinder. Es muss aber hinterher die Küche wieder saubergemacht werden. Es ist also verboten, die Küche als Saustall zu hinterlassen.

Verbote schließen Freiheiten nicht aus, sie umrahmen die Freiheit und können, wie beschrieben, nach und nach aufgehoben werden. Es ist also kein Problem, mit Verboten zu arbeiten und diese den Kindern zu erklären.

Ein Verbot kann sich auch auf den Umgang Deines Kindes erstrecken. Wenn Du bemerkst, dass neue Freunde Dein Kind negativ beeinflussen und sich Entwicklungen in Sprache und Benehmen ablesen lassen, die Du nicht sehen und hören möchtest, dann kannst Du den Umgang mit diesen Freunden auch verbieten! Setze Dich dazu aber mit Deinen Kindern auseinander und bemühe Dich zu verstehen, warum sie diese Freunde überhaupt gewählt haben. Wenn es gar keine Möglichkeit für andere, Dir angenehmere Freunde gibt, weil die Mitschüler Deiner Kinder beispielsweise alle nicht Deinen Vorstellungen entsprechen, dann hilft dieses Verbot nicht wirklich, dann musst Du Dich darum kümmern, dass Deine Kinder überhaupt die Möglichkeit haben, einen anderen Umgang, einen besseren Freundeskreis aufzubauen. Wir schreiben dazu noch so manchen Tipp in einem unserer Bonuskapitel.

Ängstige Dich nicht davor, Verbote auszusprechen! Erkläre sie und erkläre vor allem auch, dass sie aus Deiner Verantwortung für Dein Kind entstehen und nicht, weil Du ihnen hier etwas nicht gönnen würdest. Erkläre ihnen auch, dass Verbote aufgehoben werden können, sobald Du erkennst, dass sie einen Teil Verantwortung für sich übernehmen können. Hier gibt es keine festen Regeln, denn es liegt an Dir und Deinem Kind in seiner Entwicklungsgeschwindigkeit, wann Du etwas erlaubst und wann Du etwas verbietest oder noch verbieten musst für den Moment.

15. KINDERÄNGSTE UND WIE DU DAMIT UMGEHEN KANNST

Zuerst einmal kommen Ängste nicht plötzlich aus dem Nichts. Sie haben entweder einen Auslöser in Form eines nicht gut verarbeiteten Erlebnisses, dies kann auch ein Film oder eine Nachricht aus den Tiefen des Internets gewesen sein, oder sie bauen sich über einen längeren Zeitraum auf, um dann in einem der folgenden Beispiele zu Tage zu treten. Ängste können sich auch von den Eltern auf die Kinder übertragen, allen voran Trennungsängste und Versagensängste. Gerade die Versagensangst, bekannt auch als Prüfungsangst und Angst vor sozialen Kontakten, kann auch aufgrund zu hoher Erwartungen und zu viel Druck von Seiten der Eltern aufgebaut werden. Begleiterscheinungen zu den Ängsten sind auch körperliche Symptome wie Schwitzen, Zittern, Unwohlsein in Form von Bauchschmerzen bis hin zu Erbrechen und Kopfschmerzen. Diese Symptome treten nicht nur in der angstmachenden Situation auf, sondern häufig schon in deren Vorfeld. Bauchschmerzen vor dem Schlafengehen und verschwitzte Pyjamas am Morgen können Anzeichen für nächtliche Ängste, wie vor der Dunkelheit oder einem Monster im Schrank sein. Kopfschmerzen, Bauchschmerzen und Schweißausbrüche eröffnen ebenso den Tag vor wichtigen Prüfungen oder in einer neuen Umgebung, sie es der erste Schultag mit der damit verbundenen Trennungsangst oder die Mathematikprüfung, gepaart mit Versagensängsten. Nimm diese Warnhinweise ernst und setze Dich mit den Ängsten Deines Kindes frühzeitig auseinander, wenn Du bemerkst, dass Symptome immer öfter auftauchen. Erst wenn Gespräche und Zuwendung keine Erfolge zeigen und sich die Ängste damit nicht in den Griff bekommen lassen, dann ist es Zeit, damit einen Arzt oder Psychologen zu konfrontieren!

Leider trifft man in den Wartezimmern der Kindertherapeuten oft gestresste Eltern mit Kindern, welche diesen Besuch erst gar nicht nötig hätten, wenn zuhause der Rückhalt gegeben wäre und die mütterliche und väterliche Intuition noch funktionieren würde. Die ansteigenden Zahlen von Kindern mit diversen Ängsten in den Statistiken der Krankenkasse sind auch zurückzuführen auf eine generell ängstlichere Gesellschaft. Eltern haben heute vielfach größere Angst davor, ihre Kinder könnten versagen oder nicht gut genug sein, als das in früheren Generationen der Fall war. So wird auch oft versucht, das Problem mithilfe von Außenstehenden zu lösen, statt innerhalb der Familie. Schließlich will man ja nur das Beste und dies möglichst konform zu den aktuellen gesellschaftlichen Strömungen. Gerade der unselige Vergleich der eigenen Kinder mit vermeintlich besseren, in ihrer Entwicklung schon weiter fortgeschrittenen Kindern baut in den heutigen Eltern Ängste auf, welche sich dann auch auf ihre Kinder übertragen und dort erst unterschwellig und später mit körperlichen Reaktionen auf sich aufmerksam machen. Sollte also eine Therapie in Anspruch genommen werden, bedarf es immer auch einer Selbstreflexion der erziehenden Erwachsenen!

15.1 *Das Monster im Schrank und unter dem Bett*

Diese Form der Angst verliert sich für gewöhnlich mit zunehmender Reife und Entwicklung rationellen Denkens wieder. Diverse Ängste gehören zum Leben, wollen und sollen gemeistert werden und stärken damit später auch das Selbstvertrauen und Selbstbewusstsein, denn man hat sich seinen Ängsten gestellt, sie bekämpft und ist als Sieger vom Platz gegangen. Je stabiler die familiäre Struktur und je größer das Vertrauen in die Eltern, desto besser können Ängste verarbeitet werden und so ein Teil des Erwachsenwerdens sein. Mit dem Wissen, dass Mama oder Papa in Rufweite sind, kann das Kind sich daran machen, vorsichtig die Schranktür zu öffnen und zu kontrollieren, dass auch wirklich nur das darin ist, was hinein gehört oder sich über den Bettrand neigen, um dann festzustellen, dass das Monster unter dem Bett Staub heißt und beim nächsten Putzritual entfernt werden kann.

Du könntest Deinem Kind, das Angst vor diesen Phänomenen hat, auch anbieten, das Babyphon unters Bett oder in den Schrank zu stellen, so dass schon das leiseste Geräusch die Hilfe auf den Weg schicken könnte, ohne dass das Babyphon noch zur Überwachung des kleinen Angsthasen gebraucht würde, sondern in diesem Fall, um Sicherheit zu geben. Ihr könnt in Euer Zu-Bett-Geh-Ritual auch die Kontrolle aller relevanten Monsterverstecke einbauen und so für Gewissheit sorgen, dass dieser Geist nur in der blühenden Fantasie des kleinen Sohnemannes oder Töchterchens vorkommt. Gut macht sich hier, wenn der Papa dies übernehmen könnte, da in uns angelegt ist, dass der männliche Part der Familie für Schutz zuständig ist. Wir können in manchen Fällen unser biologisch-evolutionäres Verhalten und intuitives Verständnis der Zuständigkeiten innerhalb einer klassischen Familie nicht ablegen. Während die Mami tröstend im Arm hält und die Wärme und Zuneigung gibt, kann der schützende Papi das eventuell auftauchende Monster bekämpfen und vertreiben.

Solltest Du herausfinden, dass das Monster unter dem Bett nur dem Vorwand dient, doch noch nicht gleich schlafen zu müssen, dann könnt Ihr Euch die Jagd nach demselben auch sparen und auf das Ritual und die angemessene Schlafenszeit pochen. Sollte sich die Angst nicht legen und nicht eher nur Ablenkung sein, dann setze Dich jedenfalls auch mit dem Medienkonsum Deines Kindes auseinander. Ängste sind auch eine Frage der Verarbeitung von Informationen und als solche musst Du unbedingt wissen, was den Gedanken an ein Monster unter dem Bett ausgelöst haben könnte! In allen Büchern über das Bio-Hacking und seine Grundlagen wird für Erwachsene beschrieben, dass der Konsum von Medien kurz vor dem Schlafengehen zu vermeiden ist, um eine bessere Schlafqualität zu garantieren. Wir kommen an anderer Stelle noch ausführlich auf das Thema Schlafqualität zu sprechen, aber es soll schon an dieser Stelle erwähnt sein, dass, was für Erwachsene gilt, in noch größerem Ausmaß für Kinder gelten sollte! Achte also darauf, welche Geschichten vor dem Schlafen vorgelesen, im TV angeguckt oder via Computerspiel simuliert werden und lege einen Zeitpunkt fest, mindestens eine halbe Stunde vor dem eigentlichen Schlafengehen, zu welchem die Medien ausgeschaltet werden! Nütze diese halbe Stunde für ein Gespräch, eine Runde Familienkuscheln auf der Couch mit einer schönen Tasse Tee, auch hier gibt es Mischungen, welche die gesamte Familie „runterkommen" lassen und das Einschlafen erleichtern.

15.2 *Angst vor der Dunkelheit*

Interessanterweise verliert sich diese Angst nicht so leicht und es gibt genügend Erwachsene, welche immer noch den Lichtschein einer Lampe beim Einschlafen bevorzugen! Es wird nur ab einem bestimmten Alter nicht mehr über diese Angst gesprochen, weil man sie meist nicht erklären kann. Das Monster im Schrank und unter dem Bett wurde erfolgreich ins Reich der Fantasie verbannt, aber eine diffuse Angst vor der Dunkelheit bleibt. Es wäre aber gerade die Dunkelheit, welche wir zum Einschlafen benötigen, denn mit Licht produziert unser Körper nun einmal weniger von dem Schlafhormon Melatonin.
Hat auch Dein Kind Angst im Dunkeln und hast Du ausgeschlossen, dass es sich bei der Erklärung der Angst um eine Verzögerungstaktik handelt, dann findest Du hier ein paar Tipps, wie Du Dich der Sache annehmen kannst und gleichzeitig das Selbstvertrauen Deines Kindes stärken sowie den Glauben an Deine Liebe und die gebotene Sicherheit zementieren kannst:
Abgesehen davon, dass Du Deinem Kind selbstverständlich versichern wirst, dass es keine Angst haben muss, weil es in der Wohnung und in seinem Zimmer sicher und geborgen ist und Du da bist und auf es aufpasst, kannst Du Dein Kind auch positiv motivieren. Angst und alle dazugehörigen Gefühle sind negativ beladen und versetzen uns und auch unsere Kinder in eine gespannte Erwartungshaltung, dass nun etwas Schlechtes passieren wird. Arbeitest Du mit positiven Assoziationen, kannst Du diese Deinem Kind auch für sein späteres Leben mitgeben und sie zu bewusstseinsfördernden Begleitern entwickeln. Sätze wie:
Du bist mutig! Du schaffst es, Deine Angst zu besiegen! Komm zu mir, wenn Du Hilfe brauchst! Du kannst über Deine Angst mit mir sprechen und wir gehen sie gemeinsam an! Vielleicht kommt es Dir heute etwas gruselig vor, aber morgen freust Du Dich wieder, Dein Zimmer ganz für Dich allein zu haben, das ist doch etwas Schönes, ein eigenes Zimmer zu besitzen! Ich kann sofort zu Dir kommen, wenn Du Dich weiterhin ängstigst! Wo sitzt die Angst, in welchem Körperteil? Was genau macht die Angst?

Mit kleinen Kindern kannst Du versuchen, die Angst zu visualisieren. Findet gemeinsam heraus, ob die Angst vielleicht ein Tier ist und was dieses Tier möchte? Ist es einsam? Ist es gefährlich oder vielleicht selbst in Gefahr? Angst kann man nicht unterdrücken, aber man kann versuchen zu verstehen, was einem Angst macht und dann beginnen, dagegen anzugehen, auch schon als Kind. Das kann beispielsweise ein beschützendes Kuscheltier in Form eines Löwen, Krokodils oder Bären sein, vor dem sich die Dunkelheit vielleicht auch fürchtet. Dies kann auch die Taschenlampe sein, damit das Kind sich zwischendurch versichern kann, da ist nichts im Dunkeln! Die Dunkelheit kann auch Ängste aus Nachrichten oder Filmen verstärken, also besprich diese angstmachenden Themen mit Deinem Nachwuchs, damit Du diese relativieren, erklären oder sogar ganz ausräumen kannst.

15.3 *Angst vor der Trennung*

Die Trennungsangst gehört immer wieder zur normalen Entwicklung eines Kindes dazu. Etwa im 8. Lebensmonat, wenn Kinder schon gut unterscheiden können, zu wem sie gehören und bei wem sie sich wohlfühlen, kann das sogenannte „Fremdeln" beobachtet werden. Auch dies ist ein Teil der Trennungsängste und zeigt an, dass es sich auf dem Arm oder in der Nähe eines Menschen nicht wohlfühlt, den es nicht als seine unmittelbare Familie begreift. Fremdeln ist somit nichts anderes als die Angst, nicht auf den Arm der Mama zurückzukommen. Sie drehen das Gesicht dann sofort weg und hin zu Mutter oder Vater, zur nächsten Bezugsperson, bei welcher sie sich geborgen und sicher fühlen. Erst wenn sie gelernt haben, dass sie immer wieder zurückkommen, dann können sie sich mit einem neuen Menschen beginnen anzufreunden.

Wenn sie lernen zu laufen, dann lernen Kinder auch das Abschiednehmen. Es ist ein großer Sprung in ihrer Entwicklung, denn sie können sich nun selbstständig fortbewegen, also entfernen. Trennungsängste tauchen hier meistens dann auf, wenn sie sich soweit fortbewegen, dass sie die Mama, zu der sie ja wieder zurückkehren wollen, in ihrem Entdeckerdrang aus den Augen verlieren. Diese Ängste sind ganz normal und gehören zur gesunden Entwicklung dazu. Sie gehen von allein wieder weg, wenn einmal feststeht, dass die Wohnung aus mehreren Räumen besteht und nicht die Mama, sondern das Kind selbst sich entfernt und zurückkommen kann. Anders ist es, wenn das Kind in eine Kindertagesstätte gegeben wird oder in den Kindergarten kommt. Hier gibt es kein selbständiges Zurück, sondern maximal ein banges Warten auf die Rückkehr der Mama und damit den sicheren Hafen. Ein paar wenige Tränen an den ersten Tagen werden von vielen Eltern und Erziehern in den Kitas und Kindergärten eingeplant, und hat das Kind einmal erkannt, dass es entspannt spielen kann und irgendwann die Mama wiederkommt, sind die Tränen oft vergessen und viele Kinder gehen dann auch gerne zum Spielen mit den anderen. Hier ist es einfach wichtig, richtig auf die Angst zu reagieren und es langsam angehen zu lassen. Vielleicht kann die Mama den ersten Tag einfach dabeibleiben oder die Zeit nicht sofort voll ausnützen und mit wenigen Minuten und dann erst mit Stunden beginnen, das Kind in eine andere Obhut zu geben. Wenn es also notwendig ist, aufgrund Deiner beruflichen und finanziellen Situation, dass Du Dein Kind schon sehr früh in Betreuung gibst, dann gilt es, wirklich den perfekten Ort dafür zu finden und Dich und Dein Kind langsam daran zu gewöhnen. Gute Kitas und Kindergärten sind darauf eingestellt.

Neue Situationen wie ein Umzug, eine Scheidung oder der Wechsel vom Kindergarten in die Schule können neuerliche Trennungsängste auslösen. Wo früher oft die gesamte Gruppe aus dem Kindergarten in dieselbe Schule gewechselt ist und man sich mit seinem Freunden schon die gemeinsame neue Zeit ausmalen konnte, ist dies heute oft mit einschneidenden Änderungen verbunden und der beste Freund aus dem Kindergarten kommt nicht unbedingt in die neue Schule mit. Hierauf gilt es einzugehen und positiv auf die Angst zu reagieren mit aufbauenden Sätzen anstelle von „Das wird schon werden!" Tage der offenen Tür und andere Veranstaltungen laden schon frühzeitig Schüler und Eltern dazu ein, die neue Lokalität kennen zu lernen und sich daran zu gewöhnen. Eventuell können dabei auch schon neue Kontakte geknüpft werden. Unterstütze Dein Kind dabei, indem auch Du Dich mit den neuen Eltern anfreundest oder sie zumindest ebenso kennenlernst. Versuche jedenfalls, die mögliche Angst in eine positive Vorfreude zu wandeln. Ortswechsel aufgrund von neuen Partnerschaften der Eltern oder Trennungen sind ein immer häufiger auftretender Auslöser für Trennungsängste und werden leider nur allzu oft auch übersehen oder nicht ausreichend gewürdigt, weil man als Elternteil selbst damit befasst ist, sich in der neuen Situation zurechtzufinden. Sollten hier Trennungsängste, beispielsweise auch als Schulverweigerung, beobachtet werden, musst Du einschreiten und notfalls mit einem Therapeuten an die Sache herangehen, vor allem, wenn sie schon länger bestehen und innerhalb der Familie nicht thematisiert wurden! Unbehandelte fortbestehende Ängste in der Kindheit können zu psychischen Problemen im Erwachsenenleben führen und sei es das Unvermögen, selbst eine Beziehung aufzubauen, weil die Trennungsangst verhindert, dass man sich emotional wieder an jemanden bindet, der vielleicht gehen könnte. Ein gut untersuchtes Phänomen unserer Zeit.

15.4 *Leistungsangst – Versagensangst*

Es steht eine Prüfung an oder die Abgabe einer Projektarbeit, Dein Kind soll ein Referat halten, aber es ist krank. Bauchschmerzen und Unwohlsein gipfeln in Erbrechen oder der Kopfschmerz wächst sich langsam zu einer Migräne aus? Dann hinterfrage den Druck und die damit verbundene Angst Deines

Kindes, den Gang in die Schule zu verweigern. Trotzdem die schulischen Anforderungen immer weiter abgesenkt werden und kaum ein heutiger Abiturient noch die Aufgaben von vor 20 Jahren verstehen könnte, leiden mehr und mehr Schüler an Versagensängsten! Der Auslöser dafür kann in der Familie liegen, auch wenn Du bewusst keinen Druck auf Dein Kind versuchst auszuüben. Es kann an den eigenen Erwartungen Deines Kindes hängen oder eben auch an der Erwartungshaltung von Dir, Deinem Partner, ja sogar den Großeltern. Wir wollen hier gar nicht darauf eingehen, dass Kinder von Akademikern selten zu einer handwerklichen Karriere animiert werden, sondern es geht um das heute um sich greifende Bild, dass ein Abitur, ein Studium, eine Note den weiteren Lebensweg bestimmt! Obwohl alles dafür getan wird, auch die halbjährliche Leistungsbeurteilung vor allem in den Grundschulen von einem Notenschlüssel wegzubekommen, geht es nun einmal ohne Hausaufgaben, Fragebeantwortungen im Unterricht oder kleinen Leistungsfeststellungen nicht.

Trägt sich Dein Kind mit Versagensangst, weil Du zu viel Druck aufbaust, beispielsweise für einen Wechsel in ein Gymnasium? Dann kannst auch nur Du den Druck und die Angst wieder rausnehmen, indem Du Dich mit Deinem Kind beschäftigst und feststellst, warum es trotz fleißigen Lernens während der Prüfung versagt, das Gelernte quasi wie weggewischt von der inneren Tafel erscheint. Gelingt es Euch nicht, ohne Hilfe aus dieser Sackgasse herauszukommen, kann auch ein Coaching helfen. Hier wird dem Schüler Entspannung beigebracht und ihm vermittelt, wie er dadurch auf sein vorhandenes Wissen wieder zugreifen kann. Versagensangst führt zu Blockaden bis hin zu Anzeichen von Burnout. Ablenkung in Form von Sport und Natur können helfen, diese wieder zu lösen. Frage Dich auch, was Du genau von Deinem Kind erwartest. Die Erfüllung eines Traums, welchen Du selbst geträumt hast, aber nicht verwirklichen konntest? In letzter Konsequenz kann auch ein Schulwechsel helfen, hin zu einer Schule, welche besser auf die Bedürfnisse und Talente Deines Kindes eingeht.

Schulverweigerung und Versagensangst kann aus Deiner Vorbildwirkung entstehen, auch wenn Du nicht bewusst Druck aufbaust. Ständig gestresste und mit der aktuellen Situation unzufriedene Eltern sorgen oft dafür, dass Kinder versuchen, es noch besser zu machen und dann an ihren Ängsten scheitern. Sie nehmen sich womöglich zu viel vor oder versuchen, Wünsche der Eltern vorwegzunehmen, weil sie aus Gesprächen und Wortmeldungen herauslesen, dass nur ein guter Schüler, ein Gymnasienabgänger es im Leben zu etwas bringen kann. Es kann aber auch ein gewisser Gruppenzwang bestehen, weil sich die Clique Deines Kindes ständig gegenseitig zu übertreffen versucht. Auch hier musst Du die Gründe für die Angst erfragen und vorsichtig an das Thema herangehen. Siehst Du, dass Dein Kind sich versucht, vor der Schule zu drücken, aber nicht mit der Sprache herausrückt, dann spielt zusammen ein Spiel. Fülle verschiedene Kleinigkeiten in eine

Schachtel, das können von Reiskörnern bis hin zu Nüssen oder Büroutensilien alle möglichen Dinge sein. Borge Dir ein paar Legosteine heimlich und nimm diese. Drücke Deinem Kind die Schachtel in die Hand und lasse es raten, was sich darin befindet, nur anhand des Geräusches. Kaum ein Kind wird den Inhalt erraten, wenn es nicht zufällig zuvor beobachtet hat, was Du eingefüllt hast. Sage Deinem Kind, Dir geht es genauso mit ihm. Du kannst erkennen, es ist etwas in ihm, aber Du weißt nicht, was, und kannst darum weder die richtige Hilfe anbieten noch adäquat auf die aktuelle Situation reagieren. Es führt Deinem Kind bildlich vor Augen, dass Du zwar nicht alles weißt, aber Anteil nimmst und da bist, helfend, liebend und umsorgend.

Lässt Dein Kind sich auf den Versuch ein, gemeinsam zu Lernen, Deine Unterstützung anzunehmen, kannst Du mit Deinem Lob über richtig beantwortete Fragen das Selbstbewusstsein stärken und das Vertrauen Deines Kindes in sein eigenes Wissen wieder aufbauen. Ihr könnt auch gemeinsam herausfinden, wie Dein Kind am besten Wissen aufnehmen kann. Benötigt es absolute Ruhe, dann schaffe den richtigen Rahmen. Braucht es den Dialog, dann gründet doch gemeinsam eine Lerngruppe. Oft bleibt Wissen im Gespräch viel besser hängen als einfach nur hundertmal gelesene Seiten einer trockenen Materie, die einen womöglich auch gar nicht interessiert. Vielleicht hilft ein Nachhilfelehrer? Studenten können Wissen oft darum besser vermitteln als ausgebildete Pädagogen, weil ihre Schulzeit selbst noch nicht so lange vorbei ist und sie sich noch gut an ihre Probleme im Schulalltag erinnern. Selbstverständlich kannst Du auch Rücksprache mit dem Lehrer oder der Schule halten und Ihr versucht, gemeinsam eine Lösung zu finden, damit Deinem Schüler sowohl die Schule als auch das Lernen wieder mehr Spaß machen.

Führe keinesfalls ein Belohnungssystem in Form von erhöhtem Taschengeld oder sonstigen Bestechungen ein, denn dies erhöht nur den Druck und die Angst, welche die Vergabe von Noten ohnehin schon bei Deinem Kind auslösen. Durch das Versprechen der neuesten Markenklamotten, dem neuen Smartphone oder anderer materieller Dinge machst Du die Sache nur schlimmer. Du musst Deinem Kind zeigen, dass Du es liebst, dass Du es annimmst, wie es ist und eine Benotung nur eine momentane Situationsdarstellung ist, welche Ihr gemeinsam wieder in eine andere Richtung führen könnt.

Vorbildwirkung ist hier auch im Umgang mit Niederlagen, wie eben einer schlechten Note, gefragt. Bist Du selbst nervös, wenn Du ein Gespräch mit Deinem Chef auf Deiner Agenda hast und können Deine Kinder dies erkennen, dann sprich mit ihnen auch einmal über Deine Ängste. Erkläre ihnen durchaus auch, dass Du gerade nicht weißt, warum er Dich sprechen will, dies aber gar nichts Schlimmes bedeuten muss, schließlich erledigst Du Deine Arbeit immer nach bestem Wissen. Und nur das allein zählt!

15.5 *Erlernte Ängste*

Ein Gutteil der heute kursierenden Ängste bei Kindern wie bei Erwachsenen sind erlernte oder über die Nachrichten vermittelte Ängste! Wir wollen also im Abschluss auch noch darüber reden, welche Ängste Deine Kinder von Dir übernehmen könnten, die in weiterer Folge wiederum zu Problemen in deren Erwachsenenleben führen können.

Springst Du kreischend auf einen Stuhl, wenn eine Spinne über den Fußboden krabbelt und jemand anderes muss sie entweder töten oder einfangen und in die freie Wildbahn entlassen, dann kann es sein, dass Deine Tochter dieses Verhalten und diese Angst vor einer ekligen Spinne mit ihren vielen Beinen und den Facettenaugen übernimmt. Dasselbe gilt auch für Dein Unbehagen gegenüber Gewittern. Kuschelst Du dann am liebsten mit einer Decke über dem Kopf in einer Sofaecke und kontrollierst, wie in alten Zeiten, ob die Elektronik ausgesteckt ist, dann kann auch diese Angst übernommen werden. Kinder lernen Verhalten und übernehmen dieses, genauso wie Ängste, ebenfalls von ihrem Vorbild und dies ist nun einmal in erster Linie die Mutter, die Eltern, die Familie.

Weitere Ängste können übernommen werden bei der Ausübung von Sportarten, wenn alles, was über Radfahren und Wandern hinaus geht, als zu gefährlich angesehen wird. Im Straßenverkehr, wenn überängstlich auf ein hohes Verkehrsaufkommen reagiert wird und Umwege deswegen in Kauf genommen oder gar Ausfahrten gestrichen werden. Dies beginnt schon damit, die Kinder in Watte zu packen, wenn sie lernen Rad zu fahren oder Rollschuh zu laufen. Ein gewisser Schutz mag heute angebracht sein, aber wenn Du Dein Kind wie ein Michelin-Männchen einpackst, damit es sicher keine Schramme abbekommt, wird es den Verkehr und damit verbundene Aktivitäten immer als etwas Gefährliches, etwas Angstmachendes wahrnehmen.

Dazu kommen noch in der Familie kursierende Ängste über eine unsichere Zukunft aufgrund beruflicher und wirtschaftlicher sowie damit verbunden finanzieller Situation. Seit Corona ist vieles nicht mehr, wie es war, und eine große Erholung in der globalisierten Wirtschaftswelt bis dato nicht in Aussicht. Bangen um den Job und die Bezahlung der nächsten monatlichen Rechnungen laden auch Kinder nicht ein, freudig in die Zukunft zu blicken. Die Medien tun ihr Übriges, um diese Ängste weiter zu schüren! Frei nach dem alten journalistischen Motto „Nur eine schlechte Nachricht, ist eine gute Nachricht.", weil diese die Auflage, die Klickrate oder den Zuschauerkreis erhöht, wird hauptsächlich ein Schrecken nach dem anderen verbreitet, die täglichen Todesopfer eines Virus sind uns allen noch in guter Erinnerung und das nächste Virus wartet nur darauf, in Erscheinung zu treten. Trägst Du Dich selbst mit Ängsten davor, wirst Du diese automatisch auf Deine Kinder übertragen, obwohl gerade viele Krankheiten nur dann tödlich enden müssen, wenn schon eine gewisse Anzahl an Vorerkrankungen vorhanden ist. Nur, wenn Du selbst ein positives Bild hast und Dir einen gewissen Grad an Optimismus bewahren kannst, können Deine Kinder dieses übernehmen. Überlege Dir also gut, welche Ängste Du in Dir selbst verspürst und gehe ihnen auf den Grund. Es gibt heute gute Angebote, auch kostenlos im Netz, diese zu überwinden und wieder zurück zu sich selbst zu finden. Nutze sie, damit Deine Kinder trotz Schwierigkeiten ihr weiteres Leben mit einem positiven Ziel vor Augen antreten können.

Spätestens, wenn die Kinder ins Teenageralter gelangen und langsam flügge werden, beginnen viele Eltern, sich tagaus und tagein Sorgen zu machen und Ängste zu spüren, welche sie nie gedacht hätten durchleben zu müssen. Dies beginnt bei den Schulnoten: Schafft das Kind einen ordentlichen Schulschluss und hat damit die Chance auf einen guten Ausbildungsplatz oder den gewünschten Studiengang? Haben die Kinder den richtigen sozialen Umgang, um auch in der Zukunft von ihren Kontakten profitieren zu können? Wohnt Ihr in der Nähe eines sogenannten sozialen Brennpunktes und kursieren Alkohol und Drogen in Eurem Umkreis, sind Deine Kinder möglicherweise gefährdet? Es entstehen Ängste, welche sich unsere Eltern höchstwahrscheinlich in diesem Ausmaß nicht aussetzen mussten. Sprich also mit Deinen Kindern. Halte eine stabile und offene Beziehung zu ihnen aufrecht, auch wenn das im Alter von etwa 13 bis 17 unwahrscheinlich schwierig erscheint. Nur wenn Du weißt, wie es Deinen Kindern geht, kannst Du helfend eingreifen und Ihr könnt gewissen Ängsten gemeinsam begegnen!

In Zeiten von kostenlosen und anonymen Beratungsstellen sollten diese, wenn alle Stricke reißen auch genutzt werden. Wie schon des Öfteren in diesem Buch erwähnt, ist es nie zu spät zu versuchen, ein gutes Verhältnis zu Deinen Kindern aufzubauen und Deine Liebe, Deinen Schutz und Deine Anteilnahme anzubieten. Weder musst Du mit Deinen Ängsten allein sein, noch darfst Du Deine Kinder mit den ihren allein lassen. Gerade im eben erwähnten Alter mit all seinen Veränderungen und Neuausrichtungen, sowohl in körperlicher als auch in geistiger Hinsicht, ist es wichtig, dass Du am Geschehen beteiligt bleibst.

15.6 *Albträume*

In der Nacht oder besser, wenn wir schlafen, verarbeitet unser Gehirn viele Informationen und Impulse, welche es im Laufe des Tages empfangen, aber nicht bewusst gemacht hat. Wir können bewusst nur einen Bruchteil der Impulse verarbeiten und das ist auch gut so, denn wir sind auch damit schon einer Reizüberflutung ausgesetzt. Die Verarbeitung dieser Impulse oder unbewusst aufgenommener Informationen verarbeitet unser Gehirn zum Teil in Träumen. Erwachsene träumen hier nicht weniger als Kinder.

Kinder leben allerdings noch in einer fantasievollen, fast magisch anmutenden Welt. Sie müssen erst lernen, die Realität von ihrer überbordenden Vorstellungskraft zu trennen, und genau das macht die Albträume für Kinder so grässlich.

Grundsätzlich kann man das Träumen nicht verhindern und sollte man auch nicht. Man kann aber mit seinem Kind gemeinsam die Träume verarbeiten. Wenn Ihr unseren Tipps zur Albtraumbewältigung folgt, dann kann es eine gute Idee sein, auch über die schönen Träume zu reden. So zeigst Du Deinem Kind gleichzeitig, dass man sich vor dem Schlaf und dem Träumen nicht fürchten muss, denn es gibt viele schöne, abenteuerliche und magische Träume. Leider kann man Albträume nicht gänzlich vermeiden. Gerade Kinder im Grundschulalter sind davon vermehrt betroffen. Wenn Du aber bemerkst, dass Dein Kind öfter aus Träumen aufschreckt oder Dir Albträume berichtet, dann kannst Du mit geänderten Abendritualen reagieren. Beispielsweise eine Pause von mehr als einer halben Stunde zwischen Bildschirmgucken und Schlafen einbauen. Gewöhnt Euch eher an, gemeinsam in dieser Zeit ein Spiel mit der gesamten Familie zu spielen. Oder lest gemeinsam ein lustiges Buch, jeden Tag darf jemand anderes daraus vorlesen. So wird dem Gehirn auch Zeit gegeben, die Informationen aus dem letzten Film, der letzten Serie oder dem Computerspiel etwas zu verarbeiten, bevor es ins Bett geht. Sieh Dir auch das Programm dabei an. Erkennst Du Figuren aus den Erzählungen über die Träume wieder, wäre es ein guter Gedanke, das Fernseh- oder Spieleprogramm zu ändern. Herrscht in der Schule oder der Familie Stress, so versuche, die Situation zu entspannen. Schulstress kann aufgrund von gehäuft auftretenden Prüfungen vor einer Zeugnisverteilung auftauchen. Ändert dann vielleicht Eure Lernmethoden und baut genügend Zeit zum Entspannen ein. Gib Deinem Kind das Gefühl, dass es gut lernt und sich keine Sorgen um die Noten machen muss. Du vertraust ihm und seinen Leistungen. Alles das kann dazu beitragen, dass die Albträume zwar nicht komplett verschwinden, aber zumindest in der Anzahl wieder zurückgehen.

Wenn nun angstmachende Traumsequenzen öfter auftauchen oder Du Dein Kind aus dem Schlaf aufschreien hörst, dann versichere ihn erst einmal Deines Beistandes. Geh in sein Zimmer und zeige ihm, Du hast es gehört und bist sofort zur Hilfe und Unterstützung sowie zum Trösten gekommen. Beginnt keine Monsterjagd im Zimmer, denn dies regt nur wieder die Fantasie an und bringt die Schlafphasen durcheinander. Setze Dich zu Deinem Kind aufs Bett, nimm es in den Arm und bleibe vielleicht auch, bis es wieder eingeschlafen ist. Außerdem besprichst Du den Traum noch einmal mit ihm oder ihr am nächsten Tag. Ein Kindergartenkind kann zum Beispiel die furchteinflößenden Gestalten aus dem Alb malen. Ein Schulkind kann das Traumerlebnis als Geschichte aufschreiben.

Sie Dir Geschichte oder Bild dann an und überlege gemeinsam mit Deinem Kind, welchen Schluss oder welche überraschende Wendung Ihr einbauen könntet, um dem Traum seinen Horror zu nehmen. Im Bild des Kindergartenkindes könnt Ihr einzeichnen, welche Hilfe sich Dein Kind vorstellt. Sollst Du als Mama mit auf das Bild oder der Papa mit einem großen Hammer? Wird eine hohe Mauer zwischen die Monster und das ängstliche Kind gezeichnet? Was auch immer es ist, rege den Gedanken daran an, eine Lösung zu finden, lass aber Dein Kind letztendlich entscheiden, was es für den besten Abschluss der Geschichte oder das beste Hilfsmittel auf dem Bild benötigt.

Seht Euch das Bild dann täglich an und lasse Dein Kind sich daran erinnern, die Eltern kommen jedenfalls zur Rettung. Lest auch die Geschichte mit dem Schulkind und lasst den neuen Schluss, das positive Ende, seine Wirkung entfalten. Nützt dies nach etwa zwei Wochen gar nicht, dann kannst Du einen Therapeuten oder ein Schlaflabor hinzuziehen. Erkundige Dich bei Deinem Kinderarzt nach den richtigen Ansprechpartnern.

Manchmal ist es einfach eine Phase mit vermehrten Albträumen, weil Dein Kind ein Erlebnis verarbeiten muss. Hier ist wichtig, dass Du, wenn Bedarf besteht zum Ausweinen, zum Anlehnen, zum Trösten und Kuscheln sowie zum Reden bereit bist. Lies Dir bei diesem Problem auch unser letztes Bonuskapitel über den Sleep Talk von Joane Goulding durch und versichere Deinem Kind vor dem Einschlafen, dass es jetzt gut schlafen wird, einen schönen Traum haben wird und danach erfrischt und mutig aufwacht, bereit für einen Start in einen weiteren tollen Tag. Je positiver Deine Aussagen und Deine Gute-Nacht-Geschichte oder Euer gemeinsames Gebet sind, desto höher kann die Schlafqualität sein.

16. ES REICHT JETZT! WARUM ELTERN SCHIMPFEN ODER STRAFEN

Die Jacke wird beim Nachhausekommen einfach in die Ecke geworfen, die Schulsachen fliegen hinterher und Schuhe werden malerisch über den Vorraum verteilt! Eine klassische Situation, in welcher Eltern beginnen sich aufzuregen und zu schimpfen, weil wieder nicht befolgt wurde, wieder nicht beachtet wurde, was die Eltern wollen, und Dir als Mutter oder auch als Vater platzt der Kragen. Es reicht jetzt!

Auch wenn wir um die Wichtigkeit der guten Kommunikation zu unseren Kindern wie auch zu unserem Partner oder der Familie generell wissen, es gibt diese Tage, da ist einem alles zu viel und es geht über die Hutschnur.

16.1 *Was passiert da eigentlich, wenn Eltern beginnen zu schimpfen?*

Bevor wir uns den Gedanken und Gefühlen widmen, was mit und in der Gefühlswelt unserer Kinder passiert, wenn wir mit ihnen schimpfen, sie anbrüllen oder gar bestrafen, lass uns einmal sehen, warum Du Dir so hilflos vorkommst, dass Du keine andere Möglichkeit mehr siehst als via Machtausübung (nichts anderes ist Beschimpfung und Bestrafung) die Beziehung zu Deinem Kind zu beschädigen.

Seit wann wird die Jacke nicht mehr ordentlich an die Garderobe gehängt? Seit wann fliegen Schultasche und Schuhe im Hausflur herum? Ist das Verhalten neu? Kommt dieses Verhalten immer oder nur gelegentlich vor? Wann und mit welchen Worten hast Du Deinem Kind beigebracht, die Jacke auf dem richtigen Platz zu verstauen und die Schuhe an ihren Platz zu stellen? Bleiben wir bei diesem Beispiel, dann überlege Dir, wie Du selbst agierst, wenn Du nach Hause kommst. Hängst Du Deine eigene Jacke sofort in den dafür vorgesehenen Schrank oder auf ihren gewohnten Bügel? Ziehst Du sofort die Schuhe aus und möglicherweise Hausschuhe an? Hängst Du vielleicht doch manchmal die Jacke einfach über einen Stuhl, weil Du noch Einkäufe oder Arbeit aus dem Büro an der Hand hast und betrittst die Wohnung erstmal nicht ausgezogen? Streifst Du Deine Schuhe ab, während Du Dich erstmal seufzend auf die Couch fallen lässt? Selbstverständlich räumst Du Deine eigenen Sachen nach wenigen Minuten auf, aber da hat sich Dein Sprössling wahrscheinlich bereits in seinem Zimmer verkrochen und bekommt nicht mehr mit, dass Jacken und Schuhe nicht per Fernbedienung in die Garderobe kommen, sondern Du mit verkniffenem Gesichtsausdruck die Dinge wieder ordnest.

Hast Du Dein eigenes Verhalten erst einmal analysiert, dann hast Du eine bessere Grundlage zur Kommunikation mit Deinem Kind. Du kannst dann erklären, wie es Dir geht, wenn er oder sie sich nicht an die Regeln halten. Es geht nicht an, gegenüber den Kindern zu explodieren, nur weil sie das Verhalten der Eltern imitieren! Dein Kind wird sich dann zurecht ungerecht behandelt fühlen und auch am nächsten Tag noch nicht verstanden haben, warum es seine Jacke aufhängen muss, wenn Du es doch offensichtlich auch nicht immer sofort machst.

Gehe in einer ruhigen Minute durch, wann Du beginnst zu schimpfen und was genau die Auslöser dafür sind. Analysiere auch erst einmal für Dich die problematischen Situationen und schließe aus, dass Du selbst sie provoziert hast.

16.2 *Gründe für das Schimpfen*

Kinder sind nicht grundsätzlich bösartig. Sie werden dies auch nicht von einer Minute oder einem Tag auf den nächsten. Hast Du vielleicht bis zum Schulalter die Jacken und Schuhe Deiner Kinder immer aufgeräumt und von heute auf morgen sollen sie das selbst machen?

Schimpfen kann für Dich selbst ein Signal sein, dass Deine persönlichen Grenzen zu oft überschritten wurden. Es kann sein, dass Du Dich mit einer Situation oder einer Antwort überfordert fühlst, welche Dein Kind gar nicht böse Dir gegenüber meint. Schimpfen kann auch ein Zeichen von Hilflosigkeit sein. Eltern beginnen gerne zu schimpfen, wenn sie sich machtlos fühlen oder greifen mit dem Schimpfen auch auf alte Erziehungsmuster ihrer eigenen Jugend zurück. Schimpfen ist so allgemein üblich, nach wie vor, dass sich Eltern in Gesprächen oft sogar darüber austauschen, wann sie schimpfen. Hast Du womöglich schon einmal geschimpft, weil es üblich ist? Wie schimpfst Du?

Abgesehen davon, dass das Schimpfen einer Art Deklaration gleichkommt, einer Ablage in eine Schublade, hilft es nur selten wirklich beim Kampf gegen das Übel, in unserem Fall der Jacke, den Schuhen und den Schulsachen, welche sich nie oder fast niemals an ihrem angestammten Platz befinden! Wie schimpfst Du? Was genau sagst Du, wenn Du mit Deinem Kind schimpfst? Bezeichnest Du es als faul, als zu langsam, zu unordentlich, zu laut oder zu schlimm? Benutzt Du diese Worte für verschiedene Situationen oder immer ein bestimmtes Schimpfwort zu immer der gleichen Problematik? Hat sich Dein Kind schon mit Deiner Kategorisierung abgefunden und ruft sie Dir zurück? Wird es nun auch noch frech und antwortet nach Deinem Geschimpfe mit: Du weißt doch schon, dass ich faul bin?

Es gibt keinen Grund, keinen einzigen wirklich guten Grund, um mit Deinem Kind zu schimpfen und es damit herabzuwürdigen.

16.3 Lösungen für das Schimpfen

Da Schimpfen keine Lösung darstellt, zumindest keine für beide Seiten tatsächlich befriedigende und dauerhafte, wollen wir uns ansehen, wie Konflikte gelöst werden können:

Autoritäre Konfliktlösung:
Hier wird möglicherweise sogar weitergeschimpft, jedenfalls aber der Machtanspruch des Erwachsenen betoniert und das Kind hat sich einfach, ohne weitere große Erklärung an die Vorgaben zu richten. Die Jacke wird aufgehängt, die Schuhe in den Schrank gestellt und ob man es selbst so vorlebt oder nicht, ist zweitrangig, denn es geht ja darum, dass Dein Kind die Sachen ordnungsgemäß verstaut.

Antiautoritäre Konfliktlösung:
Hier sind die Machtverhältnisse umgekehrt. Dein Kind weigert sich einfach weiterhin, seine Jacke und Schuhe an ihren Platz zu bringen, höchstwahrscheinlich in dem Wissen, dass Du ohnehin kapitulieren wirst und nach etwas verstrichener Zeit, möglicherweise auf das Kind schimpfend, die Dinge aufräumst, so wie Du sie haben willst.

Ein Konfliktlösung mit beiderseitiger Achtung und Respekt, sowie Liebe und Verständnis füreinander:
Abgesehen davon, dass immer zu beachten ist, wie oft die Jacke und Schuhe Deines Kindes den Weg blockieren, anstatt feinsäuberlich Eure Garderobe zu zieren, liegt es an Dir, vorzuleben, wie Du die Dinge geregelt haben möchtest und dies auch mit Erklärungen zu unterfüttern. Diese können und sollen schon sehr früh beginnen, spätestens aber mit dem Erreichen des Kindergartenalters kann daran gearbeitet werden. In den Kitas und Kindergärten haben die Kids meist ihren angestammten Platz und auch dort wird Wert darauf gelegt, dass die Dinge sich dort befinden, alleine schon, damit sie nicht vertauscht werden können und schnellstmöglich wiedergefunden werden, wenn es ans Spielen oder Spazieren im Freien geht. Dieselbe Ordnung kannst Du mit einer geeigneten Kindergarderobe auch zu Hause herstellen und am Anfang dabei mithelfen, diese auch einzuhalten.
Wird Deinen Spielregeln dann doch einmal nicht gefolgt, dann frage nach, was denn passiert ist, bevor Du beginnst zu schimpfen, Macht auszuüben oder überrannt zu werden! Auch Kinder können einen schlechten Tag haben, es liegt an Dir, herauszufinden, was los ist und zu erklären, dass dies kein Grund ist, die Jacke und Schuhe nicht doch noch aufzuräumen, auch wenn Du Verständnis für die Situation Deines Nachwuchses empfindest. Sind Deine Kinder gewohnt, dass Du Dich für ihre Belange interessierst, werden sie ohne

zu murren ihre Sachen verstauen wie immer, nachdem sie sich Dir anvertraut haben!

16.4 *Wenn statt Schimpfen Strafen angewendet werden*

Strafen zu verhängen ist die Steigerungsform des Schimpfens und mit Sicherheit auch der Gipfel der Hilflosigkeit gegenüber seinem eigenen Kind. Es ist weder ein Zeichen dafür, dass Du eine funktionierende Beziehung zu Deinem Nachwuchs hast, noch wirst Du über Strafen jemals eine solche aufbauen können.

Wie willst Du denn ahnden, dass die Jacke nicht an der Garderobe hängt und die Schuhe so im Flur liegen, dass der nächste an der Tür darüber stolpern kann? Willst Du die Jacke zur Strafe in den Müll werfen, damit sie nicht mehr in der Ecke landen kann? Damit riskierst Du, dass Dein Kind am nächsten Tag friert. Willst Du Deinem Kind Hausarrest geben? Soll es dafür nun auch noch sein Zimmer aufräumen? Muss es den Müll rausbringen? Welche Strafe ist für eine unordentliche Garderobe angemessen und was genau soll sie bewirken? Zu einer Einsicht bei Deinem Kind wird sie nicht führen. Sie kann zu weiteren Konflikten, zu weiterer Nichtbeachtung Deiner Regeln und vor allem zu einem weiteren Beziehungsabbruch führen.

Wie willst Du außerdem die nächste nicht aufgehängte Jacke unter Strafe stellen? Durch noch längeren Hausarrest? Taschengeldentzug? Du setzt durch das System Strafe nicht nur Deine Kinder unter Druck, sondern auch Dich selbst!

Es gibt in jedem Alter den Weg zurück, das sei schon einmal die positive Nachricht. Wie dieser Weg aussehen kann und was es Dich kostet, ihn zu gehen, beschreiben wir im letzten Abschnitt dieses Kapitels. Wir erzählen Dir aber auch, was es Dir bringen kann in jedem einzelnen Altersabschnitt Deiner Kinder, denn Du hast sie nicht in Welt gesetzt, um sie zu verlieren!

16.5 *Wie lange funktioniert das Erziehungssystem Strafe?*

Schimpfen und Strafen basieren auf dem Erziehungsprinzip Angst! Wenn Kinder danach plötzlich folgsam sind, dann nicht, weil sie Dich als Erwachsenen, als Mutter oder Vater respektieren, sondern weil sie die Bestrafung fürchten. Strafen werden oft aus dem Affekt heraus verhängt. Sie verlieren mit der Zeit ihre Wirkung und müssen somit jedes Mal härter ausfallen. Dieses Prinzip in der Erziehung wird Dich nicht in eine Beziehung zu Deinen Kindern bringen und beginnt auch, etwa ab dem 10. Lebensjahr wirkungslos zu werden. Gerade in der Pubertät, wo es wichtig ist, eine gute Beziehung zu seinen Kindern zu haben und als Respektsperson und Vorbild anerkannt zu sein, wirst Du diesen Status nicht mehr aufbauen können, der Zug ist durch das Schimpfen und Strafen abgefahren!

16.6 *Der Weg aus der Strafverfolgung*

Schimpfen und Strafen auszusprechen ist eine nervliche Dauerbelastung und sollte zum Wohle aller Beteiligten, der gesamten Familie vermieden werden. Helfen kann hier nurmehr, miteinander zu reden, denn dafür ist es nie zu spät! Je nachdem, wann diese Belastungsprobe ihren Anfang nimmt, ist es leichter und schneller möglich, diesen Teufelskreis zu durchbrechen.

Wie Du ein Verhaltensmuster bei Deinen Kindern aufbaust, welches Du an ihnen sehen möchtest, das erklären wir Dir im folgenden Kapitel. Wenn aber Verhalten entsteht, welches Du auch nicht vorlebst, dann kannst Du immer mit Deinen Kindern über die Gründe reden. Zugegeben, das benötigt Zeit, und je älter Dein Sprössling ist, auch Geduld und es bedarf zuvor auch noch einer gewissen Selbstreflexion und einer Absprache mit Deinem Partner oder zweitem Elternteil.

Selbstverständlich kannst Du Deine Kinder immer fragen, warum sie etwas tun und warum sie etwas gegen Deinen ausdrücklichen Wunsch tun. Eine Antwort wirst Du allerdings nur dann bekommen können, wenn sie wissen, dass sie einem Wunsch von Dir zuwiderhandeln und wenn sie es gewohnt sind, Probleme mit Dir zu besprechen, welche möglicherweise ihre Handlungen begründen.

Bekommst Du keine Antworten auf diese Fragen oder seid ihr gerade alle „am Kochen", weil die Situation eskaliert, dann gib Dir und Deinen Kindern etwas Zeit, wieder aus dem Gewitter aufzutauchen und sucht Euch eine ruhige Minute für ein klärendes Gespräch. Hat es diese zuvor in Eurer Familie niemals gegeben, so schaffe dafür eine angenehme Atmosphäre und beginne damit, Deine Gefühle und eventuell auch Dein Verhalten zu erklären. Nur so kannst Du Deine Kinder dazu bringen, auch über sich selbst und ihr Verhalten zu reden. Nur dann kannst Du erfahren, warum die Jacke auf dem Boden landet, anstatt im Schrank und die Schuhe zu Stolperfallen mutieren! Frage sie jedenfalls auch, ob sie dieses Verhalten denn von Dir gelernt haben. (Nur wenn Du sicher bist, dass Du Dich nicht selbst so verhältst.)

Versucht, gemeinsam eine Lösung zu finden, sowohl für die herumliegenden Kleidungsstücke als auch für das zugrunde liegende Problem. Sei offen und mutig genug, Dir Hilfe zu suchen, wenn es Euch allein nicht gelingt! Ob durch Coaches oder andere Familienmitglieder, bleibt Euch überlassen, aber gerade, wenn es um Teenager geht, lasse sie dabei mitentscheiden.

17. SELBSTBEWUSSTE KINDER ERZIEHEN

Jede Mutter, jeder Vater wünscht sich, dass ihr Kind oder ihre Kinder selbstbewusst und selbstständig durchs Leben gehen werden. Wie aber bekommst Du das Selbstbewusstsein in die kleinen Racker oder die Prinzessin mit dem herzerweichenden Augenaufschlag?

Wie Du Deine Rolle als Vorbild noch weiter unterstützen kannst, wenn Du Deinen Kindern ein selbstbewusstes Leben vorlebst und ihnen neben dem Selbstvertrauen auch noch ein hohes Selbstwertgefühl mitgeben möchtest, dann haben wir hier noch den einen oder anderen Tipp für Dich. In den Kapiteln über Kommunikation hast Du schon erfahren, dass Du aktiv und ihnen zugewandt mit Deinen Kindern reden solltest, denn die damit ebenfalls übermittelte Wertschätzung trägt viel zu einem hohen Selbstwertgefühl bei. Wir beobachten leider nur zu oft, wie Menschen, auch im Gespräch unter Erwachsenen miteinander reden und nebenher noch auf ihre Smartphones gucken. Nicht selten fällt dann der Satz: „Sprich ruhig, ich kann Dir zuhören, während ich hier noch schnell etwas erledige!" Dies ist aber nicht nur unhöflich, sondern übermittelt dem Gegenüber auch das Gefühl, nicht erst genommen werden, nicht wichtig genug zu sein mit seiner Mitteilung. Wenn Dir Deine Kinder also von ihrem Tag berichten möchten, ihre kleinen Erfolge oder auch ihre Missgeschicke, dann lege alles andere aus der Hand, wende Dich ihnen aufmerksam zu und höre Dir ihre Erlebnisse an. Animiere sie dazu, ausführlich über ihren Tag zu erzählen und zeige damit Deine Anteilnahme, Dein Interesse und Deine Liebe. Dies stärkt das Vertrauen in sie selbst, denn sie erkennen, ich bin wichtig, die Mama legt jetzt das Telefon weg! Wenn Du tatsächlich noch etwas Wichtiges fertigstellen musst, weil Deine Beschäftigung mit dem Smartphone oder Tablet mit Arbeit zu tun hat, dann sage dies Deinem Kind, erledige die Aufgabe und nimm Dir danach die Zeit, den aufregenden Abenteuern Deines Dreikäsehochs zu lauschen.

Selbstbewusstsein können Kinder nicht von den Erziehern oder Betreuern in der Kita oder von den Lehrern in der Schule beigebracht bekommen. Sie müssen die Wertschätzung, die Anteilnahme und die Aufmerksamkeit im Elternhaus, in der kleinsten Zelle der Einheit erfahren. So gestärkt können sie dann locker neue Freundschaften finden, wenn die Zeit der Unterbringung außerhalb des Zuhauses für einige Stunden täglich beginnt. Wir wissen, dass in vielen Familien beide Elternteile arbeiten gehen müssen, um alle Rechnungen zu begleichen und einen gewissen Lebensstandard zu ermöglichen. Da spricht auch nichts dagegen. Es sollte aber zwischen dem Abholen aus der Betreuung und dem Zu-Bett-Gehen genügend Zeit bleiben für eine qualitativ hochwertige Beschäftigung mit den lieben Kleinen. Für eine Runde Ballspielen im Garten, ein wenig Kuscheln auf der Couch, ein gemeinsames Abendessen und eben den Gesprächen über den aufregenden

Tag, den jeder in der Familie hatte. Fehlt diese Anerkennung und hat niemals jemand tatsächlich Zeit für das Kind und seine Sicht der Dinge, so kann sich kein gesundes Selbstvertrauen bilden!

Ein weiterer wichtiger Aspekt wurde im Kapitel über die Freiheiten und auch im Abschnitt über die Förderung von Talenten, Begabungen oder Interessen angeschnitten. Kinder können ein viel höheres Selbstvertrauen erhalten, wenn es ihnen erlaubt ist, innerhalb ihrer Grenzen zu experimentieren und sich auszuprobieren. Wenn sie auf den Baum klettern dürfen, wenn sie in der Küche helfen können und selbst Kleinigkeiten organisieren dürfen, wenn sie ihre Interessen am Begreifen der Dinge ausleben können. Wichtig ist in diesem Zusammenhang auch der Kontakt zur Natur. Es kann von den Experten gar nicht oft genug betont werden, wie gesund und entwicklungsfördernd ein Ausflug aufs Land für die gesamte Familie ist. Da können Steine erklommen werden und Bäume, da können Blätter, Sträucher und Beeren gefunden und gesammelt werden. Da kann in die Weite geblickt werden, wenn es denn ein paar Hügel in der Umgebung gibt oder wenn man im Urlaub einmal einen Berg erklimmt.

Das Fundament eines gesunden Selbstvertrauens mit hohem Selbstwertgefühl muss in der Familie gelegt werden und beginnt schon in der frühesten Kindheit, und nicht erst Schulalter. Dazu gehört auch, die Kinder sich selbst behaupten zu lassen, beispielsweise auf dem Kinderspielplatz. Wenn Du bemerkst, dass Dein Kind von einer Schaukel vertrieben werden soll oder an der Rutsche ständig ansteht, weil andere Kinder schneller und bestimmender in ihrem Vorgehen sind, dann greife nicht immer sofort ein. Springst Du Deinem Kind jedes Mal bei, gibst Du ihm das Gefühl, dass es gewisse Dinge sowieso nicht selbst regeln kann. Es wird dann später auch in der Schule oder schon im Kindergarten Probleme bekommen und eventuell zu einem Mobbingopfer. Selbstverständlich musst Du solche Szenen beobachten, aber lasse Deinem Kind die Möglichkeit, sich selbst um die Situation zu kümmern. Siehst Du, dass dies am Anfang nicht funktioniert, dann besprich die kritische Situation noch einmal zuhause mit ihm oder ihr und überlegt Euch gemeinsam, wie Dein Kind beim nächsten Mal reagieren könnte. Achte dabei darauf, dass die Vorschläge zur Lösung der Situation auch von Deinem Kind kommen und Du ihm nicht den gesamten Ablauf quasi vorkaust. Sei beim nächsten Mal zwar zur Stelle, aber etwas abseits und sieh Dir an, ob Dein Kind die Situation dann besser beherrscht. Hier ist in jedem Fall Lob angesagt, wenn es seinen Platz auf der Schaukel danach erfolgreich behauptet hat!

Dinge selbst regeln zu dürfen, aber auch Entscheidungen mit all ihren Konsequenzen treffen zu können, unterstützt diese Entwicklung ebenfalls, und wenn es um solche Kleinigkeiten geht wie die Auswahl des Frühstücks. Hat sich Dein Kind beispielsweise dafür entschieden, Müsli zu essen und beschließt dann, es schmeckt ihm doch nicht, dann kannst Du ruhig darauf bestehen, dass es heute das Müsli aufessen muss. Am nächsten Tag kann es sich dann gerne etwas anderes aussuchen zum Frühstück, aber auch dies muss dann aufgegessen werden. Gib Deinem Kind eventuell eine Wahlmöglichkeit, aber je nach Alter des Kindes nicht mehr als 2 oder 3, denn sonst wird die Entscheidung für einen Dreijährigen zu schwierig.

17.1 *Wie man seinen Kindern helfen kann, selbstbewusst zu werden!*

Mit den folgenden kleinen Tipps kannst Du Dein Kind noch zusätzlich unterstützen und fördern:

Du kannst Dich sicher noch gut daran erinnern, welche Freude Du versprüht hast, als Dein Baby seine ersten Schritte selbständig gelaufen ist. Du hast es sicherlich gelobt, Dich mit ihm zusammen über diesen Meilenstein gefreut und es dann täglich dazu angespornt, noch ein paar Schrittchen mehr zu gehen. Dasselbe ist passiert beim ersten Wort, das halbwegs verständlich über die Lippen Deines kleinen Wonneproppens kam. Da wurde Beifall geklatscht und gar ein Freudentränchen zerdrückt und danach geübt für das nächste Wort und das übernächste ebenso. Kurz darauf hattest Du ein laufendes Plappermäulchen um Dich herum, hast Du Dich dann auch gemeinsam mit ihm gefreut, als es die erste Treppe allein gemeistert hat? Hast Du Dich über das erste Warum ebenso gefreut, wie über das erste „Mama"? Hast Du applaudiert, als Dein Kind entdeckt hat, dass es Möbel selbständig verschieben kann? Vor allem Stühle stehen in einem gewissen Lebensalter der Kinder gerne einmal dort, wo man sie nicht unbedingt erwartet. Oder hast Du begonnen, Dein Kind zu tadeln? Die Stühle waren Dir im Weg, das zweite oder dritte, Warum war auch schon das erste Warum zu viel? Die Treppe wurde jedenfalls für zu gefährlich erklärt? Damit hast Du, vielleicht gänzlich unbewusst, begonnen, das gerade erwachende Selbstvertrauen Deines Kindes wieder zu untergraben!

Kehre um, kehre zurück zur Freude und zum Lob, wenn erste Dinge allein erledigt werden! Lasse die Kinder mithelfen in Küche und Haushalt, sie wollen ein anerkanntes Mitglied der Gemeinschaft, genannt Familie, sein und sie wollen ihren Beitrag leisten. Und wenn etwas zu Bruch gehen sollte, während sie lernen, den Tisch zu decken, dann drücke ihnen Besen und Schaufel in die Hand und erkläre ihnen, vielleicht etwas langsamer zu laufen oder vorsichtiger zu sein. Zeige ihnen, dass Missgeschicke passieren können, dass man sie aufräumt und sich neu anstrengt, dieses Mal besser zu sein. Bekommen die Kleinen diese Möglichkeit, können sie mit den Aufgaben wachsen. Nicht nur Motorik und Synapsen im Gehirn verbessern sich, sondern sie können nach einigen Tagen auch sagen, ich habe eine schwierige Situation gemeistert und schau, jetzt kann ich es schon besser und bin bereit für den nächsten Schritt!

Wir haben Dir schon gesagt, dass Du Dein Kind besser nicht mit anderen Kindern in einen Vergleich setzt oder andauernd Statistiken und Erklärungen dafür suchst, was Dein Kind in seinem aktuellen Alter unbedingt können sollte. Nimm Dein Kind mit bedingungsloser Liebe an, so wie es ist, und finde gemeinsam mit ihm heraus, welches seine Interessen und Begabungen sind. Lasse dafür zu, dass es Deinem Kind auch einmal langweilig ist und es sich eine Beschäftigung suchen muss, abseits von Fernsehen, Internet oder Gaming Station. Du bist auch nicht der Alleinunterhalter Deines Kindes, Du hast als Mutter auch andere Aufgaben zu erfüllen. Es ist kein Problem, auch schon von einem Zweijährigen zu erwarten, dass er eine halbe Stunde allein spielen oder sich eben langweilen kann! Oft werden gerade aus der Langeweile Interessen geboren und Talente entdeckt. Zudem gehen wir davon aus, dass Dein Kind seine Lieblingsspielsachen immer um sich herum und griffbereit hat, so dass eigentlich gar kein Grund zur Langeweile bestehen sollte. Fragt es Dich dennoch danach, was es denn tun soll, dann gib die Frage zurück und höre Dir an, was es vielleicht gerne tun würde. Je nach Wunsch kannst Du der Sache nachgeben oder eben riskieren, dass eine halbe Stunde Langeweile herrscht. Stellst Du fest, dass Dein Kind die Zeit überbrücken kann und selbständig etwas gefunden hat, womit es sich beschäftigen kann, dann ist jedenfalls auch Lob angebracht und Interesse Deinerseits an seiner Beschäftigung.

Wenn Du bemerkst, dass Dein Kind eher still und schüchtern ist, dann übertrage ihm kleine Aufgaben, die es selbständig erledigen kann. Den Müll in die Tonne werfen können sie oft schon sehr früh. Ihr Spielzeug sortieren und aufräumen ebenfalls. Polster auf dem Sofa aufschütteln genauso. Dann kannst Du sie loben und ihnen weitere kleine Aufgaben übertragen und zusehen, wie sie an ihren kleinen Erfolgen wachsen. Hat Dein Kind aufgrund seiner Schüchternheit noch keine kleinen Freunde gefunden, dann sucht Euch doch auf dem Spielplatz gemeinsam jemanden aus, mit dem Dein Kind gerne spielen würde und ermutige es, den Kontakt erst einmal über den Blick herzustellen. Es ist hier allerdings abzuraten, das am wildesten spielende Kind für eine erste Annäherung auszusuchen! Du kannst Dir gemeinsam mit Deinem Kind schon im Vorfeld oder zuhause, auf dem Weg zum Spielplatz oder in die Kita Gedanken darüber machen, wie Dein kleiner Liebling es schaffen kann, einen kleinen Freund zu gewinnen. Überlegt Euch, wie das Gespräch gesucht und begonnen werden kann. Übt vielleicht auch die Sätze, welche Dein Kind gerne sagen möchte. Bleibe entweder selbst in der Nähe und beobachte den Vorgang oder weihe die Betreuungsperson in Euren Plan ein, allerdings soll auch sie nicht eingreifen, sondern nur notfalls tröstend, jedenfalls aber lobend bereitstehen, wenn es gelungen ist. Klappt es beim ersten Mal doch noch nicht so richtig, ermuntere Dein Kind, dennoch nicht aufzugeben und ermögliche ihm oder ihr auch andere Plätze, um Freunde und Anschluss zu finden, nicht nur die Kita, den Kindergarten oder die Schule. Sei es durch die Mitgliedschaft in einem Verein, weil Dein Kind trotz Schüchternheit musikalisch oder sportlich interessiert ist oder durch Ausflüge und Urlaube. Lobe und unterstütze Dein Kind dann auch, wenn es zumindest erste Schritte in Richtung möglicher neuer Freunde gemacht hat, auch wenn es dann vielleicht doch noch nicht zu einem ersten Plaudern gereicht hat. Habe hier Geduld. Bleibe aber am Ball.

Gerade für die Mütter von kleinen Prinzessinnen ist es wichtig, dass sie sich selbst lieben und so annehmen, wie sie sind, auch wenn das gleich nach der Schwangerschaft vielleicht nicht ganz so funktioniert, weil man sich erst wieder in seinen Körper hineinfinden und ihm wieder die richtige Form geben muss. Wenn Du Dich selbst ständig hinterfragst und jedem Gesundheits- und Sport- sowie Diättrend hinterherhechelst, gibst Du Deiner Tochter ein schauriges Beispiel dafür, wie man mit seinem Körper nicht umgehen sollte und vor allem auch, dass man sich selbst nur lieben kann, wenn man perfekt aussieht. Da sich über Perfektion bekanntlich trefflich streiten lässt und das Gefühl für Schönheit ebenfalls ein sehr subjektives ist, musst Du lernen, mit Dir selbst zu leben und Dich selbst zu lieben. Ansonsten ziehst Du ein Mädchen groß, welches möglicherweise aufgrund des falschen Vorbildes dazu neigt, sich nur über sein Aussehen zu definieren! Erkennst Du, dass dies auf Dich und Deine Tochter zutrifft, dann setze Dich erst einmal mit Dir selbst auseinander und finde die Dinge beziehungsweise Körperteile und Stellen an Dir, die Dir gefallen. Die Augen, der Mund oder die Form Deiner Lippen, schön geschwungene Unterschenkel oder sanft gerundete Hüften? Viele Einzeldinge können auf Deiner Liste erscheinen. Hast Du für Dich selbst gefunden, was schön oder attraktiv für Dich ist, dann kannst Du denselben Vorgang mit Deiner Tochter wiederholen, wenn Du erkennst, auch sie hat ein Problem mit sich. Dies kann vor allem im Teenageralter schlagend werden, wenn die ersten körperlichen Veränderungen auftauchen!

17.2 *Kann man eigentlich zu viel loben?*

Lob heißt nicht automatisch auch Belohnung, und Lob muss richtig eingesetzt werden, damit es auch bewusst ankommt und weiter motiviert, dass sich Dein Kind entweder anstrengt oder neue Dinge ausprobiert. Dem Thema der Belohnung widmen wir uns im Abschluss dieses großen Kapitels noch einmal intensiver. Hier wollen wir Dir erklären, wie Du mit Lob das Selbstbewusstsein Deines Kindes weiter stärken und gegebenenfalls auch Begabungen oder Interessen weiter fördern kannst.

Lob ist ein Mittel, um Dein Kind zu erfreuen und sich seiner Erfolge bewusst zu werden. Lob bedeutet Anerkennung von Anstrengungen. Loben sollte man nicht für selbstverständliche Dinge, wie der Mithilfe im Haushalt beispielsweise allgemein. Wenn also Dein Kind dafür zuständig ist, den Tisch für das familiäre Abendessen zu decken, dann musst Du es dafür nicht extra loben, denn es handelt sich hier um die Ableistung der ohnehin zugeteilten Aufgabe oder der Teilhabe an einem Ritual, bei welchem jedem Familienmitglied eine Erledigung auferlegt wurde. Loben kannst Du aber dann, wenn Dein Kind beispielsweise bemerkt, Du kochst heute etwas ausgefalleneres oder auch mehrere Gänge und es sich von allein dafür interessiert, darauf einstellt und den Tisch ohne extra Anweisung dennoch passend deckt. Auch wenn der Tisch einen eigenen Schmuck bekommt oder Servietten neu gefaltet werden, kannst Du dies lobend hervorheben und erwähnen. Gelobt wird also bei Erledigungen abseits des Üblichen.

Loben kannst Du Dein Kind auch für Schulnoten, welche nicht erwartet wurden. Lernt Ihr vielleicht zusammen für einen Test oder eine Prüfung und kannst Du dabei erkennen, dass als Note eine 3 zu erwarten sein wird, Dein Kind kommt aber dann mit einer 2 nach Hause, welche in diesem Fach eher unüblich ist, dann kannst Du gerne loben und eventuell auch belohnen. Kommt die erwartete 3 für den Test, dann kannst Du Dir das Lob sparen, aber anmerken, dass Du der Meinung bist, das nächste Mal könnte vielleicht sogar eine 2 kommen, weil der Test wirklich gelungen ist.

Das Lob muss außerdem direkt auf die gelungene Situation, Note im Test, sportliche oder musikalische Leistung, was auch immer positiv und herausragend aus alltäglichen Erledigungen geleistet wurde, erfolgen. Lob ist nichts, das man sich ein paar Tage aufspart! Du bist eigentlich sauer auf Dein Kind, weil es nicht ordentlich in Deinem Sinne aufgeräumt hat, aber es hat eine gute Note nach Hause gebracht, dann musst Du die Note dennoch loben, auch wenn Du bezüglich der Unordnung tadelst. Du musst allerdings nicht loben, wenn Dein Kind zuerst etwas nicht ordentlich erledigt hat und dann dafür beispielsweise versucht, bei der nächsten Aufgabe zu glänzen. Bleiben wir beim Zimmeraufräumen, dies wurde nicht so erledigt, wie Ihr das eigentlich gemeinsam festgelegt habt, der Tisch für das Abendessen wurde dann aber von Deinem Kind extra liebevoll gedeckt. Dafür musst Du Dein Kind dann nicht loben, aber Du kannst die Geste anerkennen als seine Entschuldigung, zuvor nicht ganz richtig gehandelt zu haben. Du musst außerdem in diesem Fall klar machen, dass Du dennoch willst, dass das Zimmer ordnungsgemäß oder vereinbarungsgemäß aufgeräumt wird!

Noch ein Beispiel für ein Lob direkt aus der Situation heraus: Wir haben vorhin über schüchterne Kinder geschrieben und wie Ihr es gemeinsam in Angriff nehmen könnt, dass es über seinen Schatten springt und ein anderes Kind auf dem Spielplatz anspricht. Hat Eure Übung dafür funktioniert und Dein Kind hat sich erfolgreich getraut, Kontakt aufzunehmen, dann solltest Du es direkt auf dem Heimweg loben und auch sagen, wie stolz Du bist, dass es diese Situation gemeistert hat. Du musst nicht hinspringen und in das erste Kindergespräch platzen, um zu loben. Du kannst Dein Kind aber, wenn es den Blickkontakt zu Dir sucht, schon einmal erfreut anstrahlen, mit einem Lächeln und einem Nicken oder einem erhobenen Daumen bedenken!

Aus welcher Situation heraus auch immer Du Dein Kind lobst, beschreibe ihm genau, warum Du es nun lobst oder besser, was genau an seinem Verhalten Du nun loben möchtest. Dein Kind kann nur am Lob wachsen, wenn es weiß, wofür ihm die Anerkennung gezollt wird. Handelt es sich um eine Leistung oder eine Bemühung, auch wenn diese vielleicht noch nicht ganz so gelungen war? Gehen wir also noch einmal zurück zur Spielplatzsituation. Du hast mit Deinem Kind ein kleines Rollenspiel geübt, wie es Kontakt aufnehmen kann oder mit einem anderen Kind ins Gespräch kommen kann, um neue Freundschaften zu schließen, aber das entsprechende Kind, also der mögliche zukünftige Freund, wurde von jemand anderem gerufen, bevor Dein Kind ihn ansprechen konnte. Dein mutiges Kind war aber schon auf dem Weg. Dann kannst Du Dein Kind jedenfalls dafür loben, dass es den Versuch unternommen hat, auch wenn es dieses Mal noch nicht geklappt hat. Oder ein anderes Beispiel: Dein Kind wollte den Tisch ganz besonders decken, aber es sieht irgendwie nicht wirklich gelungen aus. Du kannst für die Bemühung jedenfalls loben! Du kannst lobend erwähnen, dass Du die Bemühung erkennst und, ohne Kritik im negativen Sinne zu üben, Deine Hilfe anbieten für die nächste Gelegenheit und dann Deinem Kind zeigen, wie es den Tisch vielleicht schöner decken oder Servietten gelungener falten kann, was auch immer. Sei also in Deinem Lob präzise.

Ganz wichtig beim Loben ist auch, dass Du es ernst meinen musst und Dein Kind dabei ansiehst, also aktiv mit ihm kommunizierst und nicht nebenher etwas sagst wie „Super!" oder „Das war brav!" Lob kommt nur dann richtig an, wenn es ehrlich und aus dem Herzen, der Situation angemessen kommt! Alles andere kannst Du Dir sparen, denn ein „Super!" einfach so nebenher klingt mehr nach „Lass mich in Ruhe!"

Es geht beim Loben nicht darum, es überhaupt zu tun oder zwischendurch einmal zu tun oder Dein Kind damit auf einen Sockel zu heben, auf den es nicht gehört. Gelobt werden Bemühungen, Anstrengungen oder außerplanmäßige Hilfen und Arbeiten, ganz gleich, ob diese von Erfolg gekrönt wurden oder nicht. Gelobt wird nicht, brav zu sein oder für Selbstverständlichkeiten.

17.3 *Misserfolge gestatten*

Persönlich wachsen und ein gesundes Maß an Selbstvertrauen kann nur entwickeln, wer auch scheitern darf, wer lernt mit Misserfolgen umzugehen und erkennen kann, dass eine gescheiterte Unternehmung, eine fehlerhafte Anstrengung nicht das Ende ist, sondern maximal ein Umdenken erfordert oder gar einen Ansporn darstellen kann. Darum haben wir auch zuvor erwähnt, wie wichtig es ist, nicht nur das Ergebnis, sondern auch den Weg dahin zu loben.

Wer in der Kindheit sich geschätzt und geliebt fühlen durfte, auch wenn ihm oder ihr nicht alles gleich auf Anhieb gelungen ist, der bekommt sein Selbstwertgefühl gestärkt und weiß, dass Selbstliebe und eigener Wert nicht immer nur mit herausragender Leistung zusammenhängen. Vor allem für Teenager ist es wichtig, dass Misserfolge gestattet sind und Teilbereiche einer Aufgabe gelobt werden, denn sie finden sich plötzlich in einer Welt wieder, die ohnehin auf dem Kopf steht und wo kein Stein auf dem anderen bleibt, wenn wir von den hormonellen und synaptischen Veränderungen sprechen. Gerade dann brauchen sie auch weiterhin den Zuspruch und das qualifizierte Lob sowie die Möglichkeit, auch einmal daneben zu liegen mit ihrer Einschätzung. Beispielsweise eine schlechte Note, weil man dachte, man hätte ohnehin alles im Kopf. Tadel oder gar Strafe bei einem Schüler, der sonst eigentlich bessere Noten gewohnt ist, sind hier fehl am Platz. Verständnis und ein Gespräch darüber, wie denn die schlechte Note passiert ist, führen dazu, dass Dein Teenager das nächste Mal doch wieder die Nase in die Bücher steckt, anstatt sie unter das Kopfpolster zu legen und auf diese Wirkung zu vertrauen!

In Zeiten von wirtschaftlichen Schwierigkeiten sind eine gute Ausbildung, gute Noten und gutes Benehmen leider keine Garantie mehr dafür, auch einen guten Job zu erhalten. Deine Kinder müssen also damit umgehen lernen, dass ihre Wünsche womöglich nicht gleich zu Beginn in Erfüllung gehen oder es mehr Anstrengung dafür bedarf. Wer von klein auf auch Missgeschicke gelernt hat zu verschmerzen und auch einmal in einem Experiment oder einer Bemühung scheitern durfte, der steckt später schwierige Lebenssituationen besser weg und wirft die Flinte nicht zu schnell ins Korn. Scheitern zu dürfen und es zu können bedeutet letztlich auch, sich wieder aufrappeln zu lernen und weiterzumachen oder den Schritt unter neuen Vorzeichen zu wiederholen und das Ergebnis damit zu verbessern.

Welches sind die Misserfolge, welche Du Deinem Kleinkind gestatten solltest, denn schon da fängt es mit dem Lernen an? Dein Baby versucht sich schon einmal am Stehen, was bedeutet, es beginnt damit, sich an Stühlen, Sofaecken oder anderen Hilfsmitteln in der Wohnung hochzuziehen. Springst Du nun jedes Mal bei, weil Du Angst hast, es könnte hinplumpsen und sich verletzen, wie soll es dann jemals Stehen, Gehen oder Laufen lernen? Die ersten Lernschritte in unserem Leben sind geprägt von Misserfolgen. Durch das Ausschlussprinzip lernen wir! Wenn Du also feststellst, dass Dein Kleines beginnt, sich selbständig zu machen, dann bekämpfe Deine Ängste bezüglich Verletzungen und mache einfach den Bereich rundherum „kindersicher". Ein weiteres Beispiel für das Lernen durch Misserfolg ist das Essen. Du fütterst Deinem Baby höchstwahrscheinlich, so wie 75% aller deutschen Mamis, Breigerichte neben der Muttermilch, so ab dem 5. oder 6. Lebensmonat. Da spricht am Anfang auch nichts dagegen. Irgendwann gibst Du aber den Löffel an Dein Kind weiter und ein fröhlich grinsender Wonneproppen versucht nun, mit dem Kinderlöffel in der Hand und vorzugsweise auch noch etwas Brei darauf, den Mund zu finden. Das kann eine kleine Weile dauern und ein breiverschmiertes Gesicht von den Augenbrauen über die Ohren bis zum Halsansatz bedeuten. Willst Du aber, dass Dein Kind einmal lernt, ordentlich mit Besteck zu essen, dann musst Du die Misserfolge, also dass es den Mundes nicht trifft, bei den ersten Versuchen zulassen.

Mütter, welche dem Baby-led Weaning anhängen, also keinen Brei füttern, sondern eher etwas länger warten mit der Beifütterung und dann weich gekochte Gemüsestücke reichen, um das Baby von Anfang an alleine essen zu lassen, wissen um die Wichtigkeit der motorischen Fähigkeiten, welche dazu benötigt werden.

Wir können nun so weitermachen und Dir seitenweise Beispiele beschreiben, wie Babys und Kleinkinder aus Misserfolgen, aus Trial und Error, wie es im Englischen so schön heißt, lernen. Wir denken aber, Du hast das Prinzip verstanden und wollen Dir hier nur noch kurz aufzählen, welche Misserfolge Du ohne großen Tadel zulassen kannst:

- Eine einmalig schlechte Note bei einem sonst guten Schüler. (Meistens muss man ihn ohnehin eher trösten anstatt zu tadeln.)

- Verschüttete Milch oder Getränke, weil das Glas noch nicht so richtig getroffen wird beim Einschenken. Du kannst aber die Regel festlegen, dass Gläser beispielsweise nur in der Küche und am besten an der Spüle gefüllt werden dürfen, damit keine Sauerei quer durch die Wohnung entsteht.

- Verbrannte Waffeln oder Pfannkuchen bei den ersten eigenen Kochversuchen: Vor allem, wenn Dein Kind sich um das Saubermachen bemüht, ist hier eher Trost und Aufmunterung sowie Motivation, es noch einmal zu versuchen, angesagt statt groß zu tadeln wegen dem angebrannten Geruch in der Küche.

- Sandburgen sollte Dein Kind jedenfalls auch allein bauen. Weltmeisterschaften im Sandburgbauen mit allerlei fantasievollen Anlagen oder Nachbauten bekannter Plätze sind eine Disziplin für Erwachsene! Fällt alles in sich zusammen und Dein Kind ist traurig, kannst Du Hilfe anbieten oder nachfragen, ob Dein Kind gerne ein paar Tipps hätte. Dasselbe gilt für Bauklötze oder Legogebilde, welche dann nicht genau so aussehen, wie auf der Verpackung abgebildet.

- Zerbrochene Freundschaften, aus welchen Gründen auch immer, sei es, weil der Freund mit Familie umgezogen ist oder ein Schulwechsel bei Deinem Kind vorgenommen wurde. Du kannst anbieten, dass Dein Kind gerne neue Freunde vermehrt einladen kann, aber es muss mit dem Verlust selbst umgehen lernen und sich auch selbst einen neuen Freund suchen. Ist die Freundschaft aus anderen Gründen zerbrochen, das kann im Teenageralter schon einmal vorkommen, wenn die Freundinnen in den gleichen Typen verschossen sind, kannst Du nur ein Gespräch anbieten, aber überstehen muss Deine Tochter diese Krise allein.

Mache Deinem Kind klar und lebe Deinem Kind auch vor, dass ein Missgeschick und ein Misserfolg eine Chance sind, es noch einmal neu und dieses Mal besser zu versuchen. Eine Testnote macht noch keinen Jahresabschluss und ein verkohlter Palatschinken ist selbst schon Meisterköchen passiert!

17.4 *Lob und Tadel – das richtige Maß*

Wir fassen noch einmal kurz zusammen: Dein Lob solltest Du bewusst einsetzen, und zwar für Verhalten und Leistungen, welche Du aktiv mit Deinem Kind kommunizierend auch ansprichst. Lob darf nicht davon abhängen, ob Du gerade einen guten Tag hast oder schlecht gelaunt von der Arbeit nach Hause kommst. Leider erwischt man sich aber immer einmal wieder dabei, dass man an „sonnigen" Tagen weit mehr lobt, vielleicht sogar zu viel, als an „Regentagen"! Reflektiere hier also einmal Deine Angewohnheit oder beobachte Dich die nächsten Tage selbst, wie und wann Du Lob einsetzt.
Tadel ist das Gegenteil von Lob. Es braucht aber auch ab und an Tadel, damit die Kinder verstehen, dass sie etwas falsch gemacht haben. Tadeln hat dabei nichts damit zu tun, dass eine Strafe verhängt wird und Tadeln hat auch nichts mit Konsequenzen zu tun, diese ergeben sich einfach aus Deinem festgelegten Regelwerk für die Familie. Du fragst Dich vielleicht, was und wann soll oder darf ich denn nun tadeln? Lass uns Lob und Tadel einmal anders benennen, nämlich das Lob als positive Kritik und den Tadel als negative Kritik. So kannst Du vielleicht schon selbst erkennen, worum es geht. Kritik an sich ist weder positiv noch negativ. Kritik ist eine Besprechung einer Leistung und je nachdem, wie diese ausgefallen ist, wird die Besprechung positiv oder negativ.

Wichtig für das Tadeln ist, ebenso wie für das Loben schon erwähnt, dass Du dabei ganz auf die Situation und das Gespräch mit Deinem Kind konzentriert bist. „Du bist heute schlimm!" nebenher gesagt und den Blick eigentlich auf den Bildschirm vom Fernseher, Smartphone oder Tablet gerichtet, hilft Deinem Kind nicht zu verstehen, was genau an seinem Verhalten oder an seinem Tun nun schlimm ist. Das Signal, welches Du gibst, ist eher „Du störst oder nervst, ich mache gerade etwas anderes und darum bist Du schlimm!". Aktiv zu tadeln ist verbunden mit Augenkontakt, zugeneigtem Körper und klarer Sprache. Schenke Deinem Kind und seinem Tun Deine volle Aufmerksamkeit und besprich in Deinem Tadel das Fehlverhalten oder misslungene Tun. Nur dann weiß Dein Kind, was genau Dir nicht passt und was es in Zukunft besser machen soll und auch, wie es die Sache besser machen kann. Dies kann sich ebenso auf das Benehmen beziehen wie auf einen missglückten Versuch, selbst zu kochen, und geht über Hausaufgaben, die vergessen wurden, bis hin zur Verwendung von Schimpfworten, welche Du in Deinem Haus, innerhalb Deiner Familie nicht hören willst. Tadel ist keineswegs etwas Bösartiges und solange er mit ruhiger Stimme ausgesprochen wird und aktiv Kontakt zum Kind besteht, ist er nützlich und sinnvoll, um zukünftiges Fehlverhalten seitens Deines Kindes zu vermeiden. Wenn Dein Kind also die verbrannten Pfannkuchen aus der ersten eigenen Produktion serviert und dabei die Küche als Schlachtfeld hinterlässt, dann ist der Tadel angebracht für die Situation in der Küche, nicht aber dafür, dass die Pfannkuchen in diesem ersten Versuch noch nicht perfekt gelungen sind! Gut wäre es, wenn Du den Tadel auch noch in der Küche aussprechen kannst und genau darauf hinweisen kannst, was Dir nicht passt und wie Du Dir das in Zukunft vorstellst. Es geht ja nicht darum, Deinem kleinen Küchenchef die Kochexperimente generell zu verbieten, sondern es geht darum, die Küche selbstverständlich hinterher aufzuräumen. Gerne könnt Ihr, wenn Dein Kind das Kochen und Hantieren mit Lebensmitteln mag, eine Regelung für die Benutzung der Küche aus diesem Tadel heraus erfinden. Dann bleibt Deinem Kind ebenso wie Dir diese unangenehme Situation in Zukunft erspart, aber die Freude am Kochen bleibt erhalten!
Bezüglich der verbrannten Pfannkuchen könntet Ihr vereinbaren, es noch einmal gemeinsam zu versuchen und danach Deinem Kind das Zepter in der Küche über die Pfanne oder auch das Waffeleisen wieder anzuvertrauen. Bei dieser Gelegenheit kann auch gleich geübt werden, wie während oder nach dem Kochen die Küche wieder saubergemacht wird.

17.5 *Belohnung richtig einsetzen*

Es gibt Familien, welche richtige Punktesysteme für Belohnungen führen, und wenn Du Dir unsicher bist, wie Du Belohnungen richtig einsetzen kannst, dann ist die Beschäftigung mit so einem System zum Finden eigener Ideen sicher eine gute Möglichkeit, um sich zu informieren. Belohnung ist grundsätzlich etwas Schönes, jeder mag Belohnungen in Form von Süßigkeiten, Kinobesuchen, neuen Klamotten oder Smartphones, auch Geld in Form von mehr Taschengeld. Wichtig ist dabei, dass auch diese Belohnungen richtig eingesetzt werden und nicht je nach Lust und Laune vom Himmel regnen oder ausgeschlossen sind!

Belohnungen dürfen nicht eingesetzt werden für Erledigungen oder Beschäftigungen Deines Kindes aus seiner eigenen Motivation, Inspiration und Initiative heraus. Dies würde ein vollkommen falsches Signal an Dein Kind senden und möglicherweise auch die Freude an der Eigeninitiative bremsen, denn Kinder haben noch ein ausgeprägtes Gespür dafür, wann sie gelobt werden sollten und sie wissen eigentlich auch ganz genau, wann Tadel folgen wird. Ein Belohnungssystem kann eingerichtet werden für Aufgaben oder Erledigungen, welche allgemein unbeliebt sind, aber darum dennoch ausgeführt werden müssen. Dein Kind hilft beispielsweise gerne bim Kochen oder Tischdecken, kurz, bei der Vorbereitung für die gemeinsamen Familienessen, weil es das Gefühl der Gemeinschaft und Zusammengehörigkeit in der Familie schätzt. Es mag aber nur ungern und unter mehrmaliger Aufforderung den Müll hinausbringen. Gehört diese Müllentsorgung nicht zu seinen zugeteilten Aufgaben, sondern ist Extraarbeit, so kann diese gerne belohnt werden. Wir belohnen uns doch auch gern selbst nach der Erledigung von Dingen, vor denen wir uns lieber drücken würden. Es gibt genügend Mütter, die sich nach einem großen Hausputz dann selbst mit einem kleinen Shoppingausflug oder anderen Dingen verwöhnen, je nach Interesse, Veranlagung und selbstverständlich finanziellen Möglichkeiten.

Belohnungen richtig eingesetzt können einen starken Anreiz darstellen, sich irgendwo zu verbessern, obwohl man das Thema oder die Arbeit nicht so gerne mag. Belohnungen wirken kontraproduktiv, wenn sie eingesetzt werden für freiwillige Aktivitäten. Will Dein Kind ein Instrument lernen und hat es schon vor dem Unterricht versucht, seinem Lieblingsinstrument erste korrekte Töne zu entlocken, dann musst Du das Üben für die musikalischen Unterrichtsstunden nicht extra belohnen, denn so etwas gehört natürlich zum Lernen dazu, das hast Du Deinem Kind ja auch vor dem Bezahlen des Musikunterrichts klargemacht. Belohnen könntest Du aber beispielsweise einen Auftritt vor größerem Publikum, obwohl Dein Kind eigentlich sehr schüchtern ist. Dann hängt die Belohnung nicht mit der Musik zusammen, sondern mit der erfolgreichen Überwindung dieser Hemmschwelle und kann dazu animieren, auch in Zukunft bei Veranstaltungen mitzuwirken.

Für erledigte Hausaufgaben und das Lernen für Tests oder Prüfungen sollte eigentlich kein Belohnungssystem eingerichtet werden. Vergisst Dein Kind aber bis dato immer seine Hausaufgaben oder macht sie schlampig nebenher, kannst Du versuchen, mit einer kleinen Belohnung größere Anstrengungen zu forcieren. Beispielsweise vergibst Du für jeden Tag, an welchem Dein Kind seine Hausaufgaben freiwillig und vollständig, sowie sauber erledigt hat, einen Stern auf einem Blatt Papier, grundsätzlich könnte es aber auch eine Strichliste an der Kühlschranktür sein. Sind 10 Sterne erreicht, gibt es die Belohnung in Form einer Kleinigkeit wie einem Extra-Eis oder einem Kinobesuch, dies liegt ganz an Dir und Deinem Kind. Am besten wäre, Ihr würdet Euch für die Belohnungen etwas suchen, das gleichzeitig auch gemeinsam verbrachte Zeit bedeutet, wie eben ein Kinobesuch oder auch ein Ausflug ins Schwimmbad. Sei hier kreativ und ziehe bei der Einführung des Belohnungssystems gerne auch Dein Kind und seine Interessen zurate. Eine Belohnung muss keine finanzielle Mehrbelastung bedeuten und könnte auch in einem gemeinsamen Filmabend am Wochenende bestehen, anstatt dass die Kinder ins Bett geschickt werden und die Eltern allein in den Fernseher gucken. Es kann ein gemeinsam verbrachter Abend bei einem Spiel sein, bei Bastelarbeiten oder auch beim Backen, beispielsweise der Weihnachtskekse.

Hier noch kurz unsere Ideen, für welche Dinge Du mit Belohnung arbeiten kannst:

- Zusätzliche Hilfe im Haushalt, soweit sie über die übliche Aufgabenverteilung hinausgeht und nicht freiwillig angeboten wird.

- Möglicherweise für schulische Leistungen, als Anreiz, ordentlicher oder besser und konzentrierter für die Schule zu arbeiten. Sehr vorsichtig auch für außergewöhnlich erfolgreich absolvierte Prüfungen oder Tests.

- Erledigungen je nach Alter, wie Kleinigkeiten einkaufen zu gehen, das Auto zu waschen, den Rasen zu mähen oder ähnliches.

- Gutes Benehmen außerhalb des Zuhauses im Restaurant, bei Besuchen der Verwandtschaft, im Urlaub, welche zuvor eher etwas schwierig waren.

Was Du keinesfalls extra belohnen solltest, in Form von Extra Süßigkeiten oder mehr Taschengeld:

- Üben oder trainieren für ein Instrument oder eine Sportart, welche sich Dein Kind selbst ausgesucht hat.

- Arbeiten, welche laut Eurer Aufteilung der Mithilfe im Haushalt und Garten zu den Aufgaben des Kindes gehören.

- Aus Eigeninitiative erledigte Arbeiten wie das Angebot, Dir in der Küche zu helfen oder das freiwillige Decken des Tisches!

Wenn Du die oben erwähnte Dinge belohnst, dann kann Dir passieren, dass Dein Kind beim nächsten Mal wieder beispielsweise den Tisch deckt und dann die Forderung nach der Belohnung kommt. Jedenfalls wird aber eine Kleinigkeit von Dir erwartet!

18. TEENAGER, WELCH SPANNENDE ZEIT FÜR DIE GANZE FAMILIE!

Die gute Nachricht vorneweg, auch diese Zeit im Leben von Eltern und Kindern geht vorüber. Wer eine gute Basis mit seinen Kindern aufgebaut hat, wird auch die kleinen und großen Dramen der Teenagerzeit überstehen und einige Jährchen später gemeinsam darüber lachen können. Glaub uns das bitte, denn wir haben erfahrene Eltern mit mittlerweile erwachsenen Kindern im Team! Sei es zu Familienzusammenkünften anlässlich von Feiertagen und dem damit verbundenen Schwelgen in Erinnerungen oder das kurze Telefonat, um über das Leben des Kindes auf dem Laufenden zu bleiben, es kommt die Zeit, in der man wieder ganz normal mit seinem Kind kommunizieren und die kritischen Situationen rückblickend mit einem Lächeln betrachten kann.

Hast Du gerade einen wütenden, orientierungslosen oder experimentierenden Teenager vor Dir stehen, wird Dir diese unsere Aussage und gleichzeitig unser Versprechen für die Zukunft natürlich utopisch erscheinen, denn so manche kleine Prinzessin entwickelt sich über Nacht zum vampirartig aussehenden Wesen und der brave Musterschüler rasiert sich den halben Schädel kahl oder versucht, aus seinem sprießenden Bartwuchs einen aktuell modernen Wallebart zu kreieren. Du reibst Dir die Augen und denkst Dir, gestern war er oder sie doch noch so lieb und wollte sich in meine Arme kuscheln, jetzt steht ein Wesen vor Dir, wie von einem anderen Stern! Wir geben zu, auch uns es ist passiert, dass wir unsere Teenager betrachtet haben und dachten: „Ok, Zombies gibt's wohl wirklich!"

Mit Beginn der körperlichen Veränderungen und der Neuverdrahtung des Gehirns verlieren Kinder gerne ihre Orientierung und fangen an zu bekämpfen, was bis gestern noch alltäglich und üblich war. Sie verstehen sich oft selbst nicht mehr und wechseln ihre Stimmung häufiger als ihre Unterwäsche, wobei Du bei vielen Teenagern die aktuelle Laune auch an der Bekleidung ablesen kannst. Zu diesem Thema schreiben wir Dir auf den folgenden Seiten noch ein ganzes Unterkapitel, denn das Schlimmste, was Du tun kannst, ist, in dieser neuen Phase in Eurem Zusammenleben die Nerven zu verlieren. Es gibt auch Eltern, die die Liebe ihrer Kinder in Frage stellen, weil sie es nicht mehr schaffen, vernünftig mit ihnen zu kommunizieren. Das fröhliche Plappermäulchen mutiert über Nacht in eine wortkarge und dunkle Gestalt, welche wenn, dann nur Gemurmel von sich gibt und die Interpretation dieses kaum zu verstehenden Genuschels Dir überlässt. War bis dato am Wochenende der Familienausflug das Highlight der Woche für alle Familienmitglieder, so bekommst Du ein unausgeschlafenes und unwilliges Wesen wie einen Teenager nun nur noch anhand von Drohungen oder Versprechungen dazu, die Radtour oder Wanderung mitzumachen. Kennst Du solche und weitere unangenehme Szenen und Situationen, so werden wir nun versuchen, Dir in den folgenden Abschnitten Ideen zu geben, wie Du damit umgehen kannst. Vergiss jedenfalls Deinen Humor nicht, mache Dir bewusst, was sich im Leben Deines Kindes gerade verändert und baue jedenfalls auf den guten Kontakt und die liebevolle Basis, welche Ihr bis dato hattet, denn sie ist das Fundament, welches Euch in dieser schwierigen, aber auch spannenden Zeit für alle Beteiligten, trägt und die Zukunft bestimmt. Hast Du bis hierhin unsere Ratschläge zu Ritualen, Kommunikation und Grenzen beherzigt und an Eure familiären Gegebenheiten angepasst, auch umgesetzt, dann wirst Du auch in der Zeit vom Kind zum Erwachsenen den Zugang zu Deinen Lieblingen nicht verlieren. Sie benötigen manchmal auch die Zeit allein, um mit sich und ihren Veränderungen klar zu kommen und sich auf den Rückhalt in der Familie zu besinnen. Ist Euer Verhältnis bis zum Beginn der Teenagerzeit ein liebevolles und verständnisvolles für beiden Parteien, dann kommen sie mit ihren Fragen auch wieder zu Dir und werden spätestens beim ersten Liebeskummer auch wieder mit Dir auf der Coach kuscheln wollen, sich mit Kakao und Keksen trösten lassen und Dir den Herzschmerz schildern! Ziehen sie sich wortkarg in ihre Zimmer zurück und der Zutritt ist Dir verboten, so akzeptiere ihre gesetzte Grenze. Dies gibt Dir außerdem das Betonen der eigenen Grenzen in die Hand und Du kannst damit in schwierigen Diskussionen diese gesetzten Grenzen, angepasst an die jeweilige Situation, auch einmal ausdehnen oder beginnen zu versetzen. Der gegenseitige Respekt ist in dieser Phase wichtig. Respektiere die Grenzen, die Deine Kinder Dir plötzlich setzen, poche aber auch auf die Grenzen, welche Du nach wie vor setzen musst! Neue rebellische Verhaltensweisen und Angewohnheiten, die Änderung des Styles sind zum Teil diesen Grenzverschiebungsprozessen und dem Ausloten, wie weit es möglich ist zu gehen, geschuldet. Erinnere Dich zurück an Deine eigene Teenagerzeit und führe Dir vor Augen, dass Deine zurückliegenden Verrücktheiten sich auch wieder gelegt haben und trotz eigener Experimente in Sachen Stil, Frisur, Musik und Schulbildung ein wertvolles Mitglied der Gesellschaft aus Dir geworden ist. Hast Du bis jetzt ein positives Vorbild abgegeben, dann wird diese Vorbildwirkung mit ihren Routinen und Verhaltensweisen von Deinen Kindern nicht vergessen werden, nur vorübergehend negiert. Gerade wenn wir zum Umgang mit Drogen wie Alkohol und Nikotin kommen, wird Deine Vorbildfunktion der vergangenen Jahre ausschlaggebend dafür sein, was Du Deinen Kindern zutrauen kannst und wann Du tatsächlich eingreifen musst.

18.1 *Sind es wirklich nur die Hormone?*

Kommt es zu einem Gespräch über die Pubertät, vor allem unter den leidtragenden Müttern, dann wird viel Schuld für das neue Verhalten der Teenager auf die Hormone geladen. Tatsächlich sind sie aber nur für einen

Teil der vielen Umstellungen und Ausbrüchen von Fehlverhalten verantwortlich. Wie die Forschungen der letzten Jahre gezeigt haben, seit man die Funktion und die Datenströme im Gehirn besser versteht, weil man sie messen und sichtbar machen kann, ist der letzte Umbau im Gehirn zum größeren Teil in die Stimmungsschwankungen und Verhaltensänderungen eingebunden.

Etwa ab dem 8. Lebensjahr bei Mädchen und dem 9. oder 10. Lebensjahr bei Jungen werden in den jeweiligen Körpern die Hormone Östrogen oder Testosteron vermehrt produziert und ausgeschüttet. Erst wenn dieser Prozess angelaufen ist, können sich die körperlichen Veränderungen bemerkbar machen. Sollte sich zu früh etwas in dieser Richtung bei Deinem Kind tun, dann kannst Du Deinen Arzt zu einer Hormonbehandlung befragen. Dasselbe gilt, wenn Du bei Mädchen im 14. und bei Jungs im 15. Lebensjahr noch keine ersten Veränderungen festgestellt hast. Auch dann kann eine Einnahme von Hormonen den Prozess anstoßen oder in die richtige Richtung lenken. Vom Beginn der vermehrten Produktion der sogenannten Sexualhormone bis zur ersten Periode oder dem ersten Samenerguss ist es allerdings noch ein längerer Weg. Die Hormone müssen zuerst einmal die Produktion der Eizellen und der Samenzellen anstoßen und dazu auch noch dafür Sorge tragen, dass die Sexualorgane fertig ausreifen.

Inzwischen kappt das Gehirn so manche Datenverbindung oder Synapse und beginnt damit, neue Verbindungen und auch Nervenzellen anzulegen. Denkprozesse werden dabei neu geordnet und gekürzt. Während dieser Zeit werden die Emotionen verstärkt gefühlt, denn das Gegengewicht des rationalen Denkens fehlt zu gewissen Teilen. Vom Himmel hoch jauchzend bis zu Tode betrübt ist also ein explosiver Cocktail aus vielen neuen Emotionen, unterstützt von den neuen Hormonen und körperlichen Veränderungen, gepaart mit einem kurzfristig verminderten Denkvermögen. Erst mit etwa dem 19. Lebensjahr ist die gesamte Umstellung komplett abgeschlossen, wobei auch hier die Mädchen mit 16 oder 17 die Nase vorne haben können.

Auf den folgenden Seiten findest Du nun ein paar klassische Probleme, mit welchen die Eltern von Teenagern seit Jahrzehnten und auch heute noch zu kämpfen haben, denn das Wissen um den natürlichen Vorgang, den es zur Reife braucht, bewahrt leider niemanden vor dem Gefühlschaos, welches damit einhergeht und in welchem neben den Kindern auch die Eltern landen.

18.2 *Von introvertiert zu exaltiert*

Wenn der Bücherwurm und experimentierfreudige, zukünftige Chemiker oder die Musterschülerin mit Vorzugsnoten und einer einzigen besten Freundin von heute auf morgen Teil einer riesigen Clique sind und bisherige Aufgaben und Interessen vernachlässigt werden, kannst Du davon ausgehen, das Gefühlschaos des Teenageralters hat Dein Kind voll erfasst! Es ist nun auf der

Suche, neben der Orientierung des Elternhauses sich selbst zu finden und in der Welt außerhalb der geschützten Umgebung einzuorden. Dies geht nicht immer ohne Reibung vonstatten, aber wie schon erwähnt, beruhigt sich der Sturm im Hormonhaushalt wieder und auch die neuen Synapsen im Gehirn werden ihrer Aufgabe nach mehr oder weniger aufregenden Jahre wieder gerecht!

Wie wir Dir in den Kapiteln über die Entwicklung von Kindern und ihrem Gehirn schon erklärt haben, ist dies auch die Phase, in der neue Vorbilder am Horizont erscheinen und die Bedürfnisse nicht zuletzt auch auf Anerkennung gepolt werden. Diese Anerkennung wird nicht zuletzt in der gleichaltrigen Gruppe gesucht und kann dann dazu führen, dass die angestammten, anerzogenen und eigentlich verinnerlichten Verhaltensweisen über Bord geworfen werden, um ganz neue Wege zu gehen und zu versuchen, ob man auch mit weniger Leistung für die Schule und dafür mehr Spaß mit den Freunden durchs Leben kommen kann.

Reagierst Du nun mit Vorwürfen und absolutem Unverständnis, so wirst Du nur gegen eine Mauer laufen und weiteres rebellisches Verhalten hervorrufen. Musterschüler oder zumindest wirklich interessierte Schüler, welche zum Teil ihren Berufswunsch schon festgelegt haben, kommen auch wieder zu ihren Leistungen zurück und fangen sich nach dem Sturm der Gefühle wieder ein. Die Neuausrichtung ihrer Synapsen wird die Phase der schlechteren Noten schnell auch wieder vergessen machen. Wie sich dieses exaltierte Verhalten manifestieren kann, dazu findest Du nun, wie wir hoffen, nicht nur Ideen, sondern auch humorvoll gestaltete Abschnitte, denn gerade Deinen Humor und Deine Erinnerungen an die eigenen Jugendjahre solltest Du in dieser Phase zur Hand haben, um Situationen besser bewerten zu können. Vertraust Du Deinem Kind dann auch soweit, dass Du diverse Experimente zulässt, weil es sich bis hierher als verantwortungsbewusst in seinem Rahmen gezeigt hat, dann werden pinke, grüne oder lila Haare wieder auswachsen und nachtschwarze Kleidung einfach ein Accessoire in einem ansonsten wieder ordentlichen Kleiderschrank. Noten werden sich wieder verbessern und der erste Rausch oder auch die Zigarette werden zur Seite gelegt, weil die Kids feststellen, dass ständiger Alkoholkonsum und Rauchen eigentlich gar nicht so cool sind. Dabei hilft Dir sogar der heutige Zeitgeist mit seinem Trend, gesünder zu leben.

18.3 *Die „schwarze Phase"*

Gestern konntest Du für Deine kleine Prinzessin noch die quietschbunten T-Shirts, Röcke und Hosen kaufen und sie gemeinsam mit ihr für den nächsten Tag bereitlegen und plötzlich sucht sie sich selbst nur mehr die dunkelsten und stumpfesten Farben heraus und bei jedem Einkauf bezahlst Du für jede Menge schwarze Klamotten? Willkommen in der „schwarzen Phase"!

Diese haben übrigens nicht nur Mädchen, sondern können auch Jungs betreffen, obwohl sie sich kurz zuvor entweder überhaupt nicht dafür interessiert haben, was sie am Körper tragen oder einen bunten, trendigen Stil bevorzugten. Wenn Du ausschließen kannst, dass eine neue Freundesclique dafür verantwortlich ist, dann ist diese kurzfristige Wandlung im Kleidungsstil eher mit Rebellion gegen alles Althergebrachte in Verbindung zu bringen. Interessanterweise werden zur selben Zeit oft die Haare bunter, Ohrringe tauchen auf und diverser Statement-Schmuck sorgt für Auflockerung des tristen Schwarzes. Mit viel gutem Zureden schafft man es als Mutter, dunkelblaue, rote oder grüne Töne unterzumischen, so dass der Wochenendbesuch bei Oma trotzdem stattfinden kann. Selbstverständlich kann die „schwarze Phase" auch einen anderen als rebellisch aufzufassenden Kleidungsstil beschreiben. War es zuvor eher elegant in Naturfarben gehalten, mischen sich nun Neon- und weitere strahlende Farbnuancen unter. Jeans und T-Shirts benötigen entweder dringend ein Label einer angesagten Marke oder dürfen überhaupt kein Anzeichen der modernen Konsumgesellschaft zeigen. Jedenfalls merkst Du, worauf wir hinauswollen: Der Kleidungsstil, die Frisur und der Schmuck sowie weitere Accessoires sind Teil der Auflehnung gegen die ordnenden Regeln des Elternhauses, auch wenn dies der Liebe zu den Eltern und dem nach wie vor bestehenden Bedürfnis nach Zugehörigkeit keinen Abbruch tut!

Vielerorts starten Diskussionen um Piercings und Tattoos. Sollte dieses auch bei Euch der Fall sein, so kannst Du hier bis zur Volljährigkeit zwar noch einschreiten und Dich als Gegner etablieren, helfen wird es gegen die allgemeine Rebellion aber nicht. Je nachdem, ob Du und inwieweit Du noch Zugang und Gehör bei Deinem Teenager findest, kannst Du auf die Gefahren in einem Gespräch aufmerksam machen, jedenfalls aber Broschüren darüber besorgen und diese Deinem Fan von angesagtem Körperschmuck in die Hand drücken! Ein verantwortungsbewusster Leiter eines Tattoo- oder Piercingstudios wird Dein Kind unter dem geforderten Mindestalter keinesfalls verzieren. Trägst Du selbst Tattoo und Piercing und hast mit Deinem Kind auch über mögliche Gefährdungen und vor allem auch darüber gesprochen, dass Löcher in Körperteilen und Farben dauerhaft sein werden, so liegt es in Deiner Verantwortung, ein gutes Studio dafür zu finden.

Wie verrückt Bekleidung, Frisur oder Schmuck auch sein mögen, damit kann man als Mutter oft immer noch besser umgehen als mit einer inneren Auflehnung gegen die alteingesessenen Regeln und Rituale. Eine schwarze oder zerrissene Jeans ist immer noch leichter zu ertragen als ein komplettes Absacken in der Schule oder Ausbildung sowie die neue Freundesclique mit nicht zulässigen Umgangsformen und zweifelhaftem Einfluss. Trage den Stilwechsel eher mit stillem Humor oder einem leisen Lächeln. Es soll auch schon geholfen haben, die Bilder der eigenen modischen Verfehlungen mit dem Teenager zu teilen, um ihn davor zu bewahren, sich selbst lächerlich zu machen für die Zukunft.

18.4 *Musterschüler verlieren den Faden*

Gestern erschien noch alles logisch, heute ist Mathematik absurd und Rechtschreibregeln haben sich urplötzlich in Luft aufgelöst. Biologie wird zum interessantesten Fach, soweit es den menschlichen und nicht irgendeinen insektoiden Körper betrifft, und Geschichte sowie Geografie werden in den Augen Deines Kindes überbewertet. Die Veränderungen im eigenen Körper wollen beobachtet sein und mit der besten Freundin oder dem Freund geteilt. Und blöde Jungs entpuppen sich als spannende Objekte der Begierde. Doofe Mädchen haben plötzlich Rundungen, weitaus spannender als jede Geometrie. Die Konsequenzen daraus sind sich verschlechternde Noten und eine Abnahme am Interesse daran. Da wird das verzweifelte Gesicht der Mutter über die Benotung jenseits der 4 gerne einmal mit einem „Nimm's locker, Mum!" abgetan und in Deinen Augen spiegeln sich die Fragezeichen, wo denn Dein Musterschüler abgeblieben ist.

Durch diese Situation müssen fast alle Eltern von Teenagern durch. Wirklich ehrgeizige Kinder und auch solche mit einem ausgeprägten Interesse für ihren zukünftigen Beruf oder lange trainierten Talenten kriegen sich meistens am schnellsten wieder ein und kehren zu ihren Lernzielen zurück. Sie gleichen ihren Notenschnitt wieder aus, auch wenn es vielleicht zwei oder drei Jahre dauern sollte. Andere drehen möglicherweise sogar eine Ehrenrunde, landen in einer neuen Gemeinschaft und sehen die Schule dann doch wieder mit den Augen des zukünftigen Erwachsenen. Hier mit Vorwürfen, Nachhilfe und Hausarrest zum Lernen als Reaktion zu arbeiten wird nur weiteren Widerstand hervorrufen und das Verhältnis zu Dir als Elternteil weiter verschlechtern.

Versuche, in einem Gespräch herauszufinden, ob das Interesse für die Zukunft sich tatsächlich gewandelt hat. Dazu benötigt es aber keiner Versammlung am Familientisch, denn dies wird nur in verstocktes Schweigen ausarten. Besser wäre es, in einer lockeren Atmosphäre, welche so überhaupt nicht nach einem belehrenden Gespräch schreit, die Sache zur Sprache zu bringen und nachzufühlen, wie es um die schulischen Leistungen bestellt ist und um die Ansicht des Rebellen über seinen Abschluss. Dies kann eine Autofahrt sein, beispielsweise, wenn Du ihn oder sie zur Schule fährst, zu einem Training oder auch nur zur Freundin. Zeige Dich interessiert und offen, auch für auffällige neue Ideen, aber poche nicht auf einen augenblicklichen Lernerfolg, denn er wird nicht kommen. Biete Deine Hilfe an, für den Fall, dass die Stimmung in eine andere Richtung umschlägt, gerne dann auch in Form von ausgesuchter Nachhilfe oder sonstiger Förderung. Im Zweifelsfalle bleibt immer noch der zweite Bildungsweg, welcher schon vielen Menschen zum Erfolg verholfen hat, die in ihrer Jugend eher sonstigen Experimenten zugeneigt waren, als schulischen Erfolgen und musterhaftem Verhalten. Teenager müssen bis zu einem gewissen Grad rebellieren und sich neu erfinden, um ihren Platz in der Welt zu finden und zu behaupten, dazu gehören eventuell auch ein paar falsch genommene Abbiegungen!

War Dein Kind bis dato sportlich engagiert, möglicherweise sogar in einem Verein, dann kann es sein, dass dieses Interesse sich verliert. Du musst einfach damit rechnen, dass körperliche Veränderungen auch Auswirkungen haben können auf sportliche Leistungen und das Potential nicht über die Teenagerzeit hinaus mitgenommen werden kann. Animiere Dein Kind, sich weiterhin zu bewegen und sportlich aktiv zu bleiben, auch wenn nicht der nächste Olympiasieger vor Dir steht. Wichtig ist hier einzig und allein, dass die Liebe zur Bewegung erhalten bleibt.

18.5 *Funkstille*

Gestern haben sie Dir noch jeden Schwank aus ihrem Leben erzählt, ihre Erfolge und Misserfolge mit Dir geteilt und Ihr konntet stundenlang über Gott und Welt quatschen. Heute kommt ein grummelndes Etwas von der Schule nach Hause, verzieht sich sofort in sein Zimmer, schließt die Tür in einer Lautstärke, die natürlich bedeutet, „Ich will meine Ruhe.", und taucht dann wortlos am Familientisch auf, um das gemeinsame Mahl ebenso wortkarg hinter sich zu bringen.

Im schlimmsten aller Fälle versuchst Du nun krampfhaft, an den alten Zeiten festzuhalten und belagerst Deinen mundfaulen Teenager mit vielerlei Gesprächsangeboten und diversen Bestechungen, sich wieder zu öffnen. Mehr und mehr zieht sich das stimmungsschwankende Kind aber in sich zurück und gibt bald gar nichts mehr von sich preis. Akzeptiere, dass Dein Teenager mit dem Gefühlssturm in seinem Inneren, den Veränderungen an seinem Körper erst einmal allein zu Rande kommen muss oder sich lieber seinen Freunden mitteilt als Dir! Dies bedeutet keine allgemeine Ablehnung Deiner Liebe und Zuneigung, eher hat es etwas mit Scham und Peinlichkeit zu tun. Der Freund oder die Freundin machen zur selben Zeit dasselbe durch und erleidet dieselben oder zumindest ähnliche Gedanken und Emotionen, hier kannst Du nicht Teil der Welt Deines Kindes sein, dafür bist Du nun schlicht und ergreifend zu alt.

Sollte Dein Teenager schon ältere Geschwister haben, welche gerade diese Sturm-und-Drang-Periode verlassen oder hinter sich haben, kann es sein, dass auch dort Rat gesucht oder sich ausgetauscht wird, vor allem, wenn immer ein gutes Verhältnis zwischen den Geschwistern bestand. Versuche dann nicht, Dich als Privatdetektiv zu betätigen oder als geheimer Nachrichtendienstagent, welcher mit dem Verhör des älteren Bruders oder der Schwestern verzweifelt versucht, den Anschluss an sein Kind nicht zu verlieren. Dann blocken nur beide Kinder Dich ab und schließen Dich für eine Zeit aus ihren Gedankengängen aus.

Gerade wenn es darum geht, dass ein Familienmitglied zum Vertrauten mutiert, das kann auch ein Cousin oder eine noch junge Tante sein, dann wirst Du es schon erfahren, wenn ernsthafte Schwierigkeiten am Horizont auftauchen sollten. Ansonsten freu Dich darüber, dass Dein Kind jedenfalls einen Ansprechpartner für etwaige auftauchende Fragen hat, auch wenn es nicht Du bist und Du Dich doch dafür gerüstet hast! Die einen kommen nicht zu den Eltern, weil sie ihre Fragen und Anliegen als zu peinlich verstehen und sich schämen für die Gefühlsschwankungen und sich zum Teil auch selbst nicht mehr kennen. Die anderen befürchten, dass es ihren Eltern peinlich sein könnte und vor den Freunden kann man schon gar nicht zugeben, in dieser Phase, dass man immer noch ein gutes Verhältnis zu seinen Altvorderen hat! Auch hier gilt, Gespräche sind durchaus möglich in den unglaublichsten Situationen. Sei es beim gemeinsamen Kochen oder der allgemeinen Hausarbeit, wiederum den Autofahrten oder plötzlichen freundlichen Anwandlungen des Teenagers im Zuge eines gemütlichen Sonntagnachmittages bei Kaffee und Kuchen. So mancher verstockte Teenager taucht auch gerne bei Mutter oder Vater auf wie ein Geist, wenn er ihn oder sie allein erwischen kann, um dann doch noch den Mund aufzumachen und aus seinem Leben und den aktuellen Umstellungen zu berichten. Nimm diese Situationen an, dränge aber bitte nicht am nächsten Tag wieder darauf. Sie müssen allein kommen und sie werden wiederkommen, unser Wort darauf!

18.6 *Erste Liebe – erster Sex*

Ist Dein Teenager ohnehin zu einem wortlosen Geschöpf mutiert, der mit jedem spricht, nur nicht mit Dir, dann musst Du ihn oder sie auch nicht in ein peinliches Aufklärungsgespräch zwingen. Abgesehen davon, dass sie in der Schule heutzutage frühzeitig mit diesem Thema konfrontiert werden, hat noch jeder von uns verstanden, wie es denn funktioniert und letztlich auch selbst herausgefunden, was Spaß macht. Aufklärung heutzutage sollte eher damit verbunden sein, auf die nach wie vor vorhandenen Gefahren von Krankheiten hinzuweisen und interessanterweise tatsächlich auch noch auf die Gefahr einer frühzeitigen Schwangerschaft. Leider geistern hier immer noch Gespinste in den Hirnen unserer Kinder und Teenager, welche davon ausgehen, dass ihm oder ihr das sowieso nicht passieren kann und man außerdem „aufgepasst hat", keinen Samenerguss oder was auch immer hatte. Zu viele 16-jährige sind dennoch hinterher Mütter geworden.

Habe also, wenn ein Gespräch nicht möglich erscheint, eine Broschüre bei der Hand oder deponiere diese einfach auf dem Kopfpolster im Kinderzimmer. So besteht die Möglichkeit, dass doch noch ein Blick darauf geworfen wird.

Gerade bei Mädchen mit dem ersten Freund und der Frage nach einem Besuch beim Frauenarzt solltest Du Dich über die Freiwilligkeit freuen, wie auch immer das Ergebnis nach dem Besuch aussieht, denn nicht jede 15-jährige kommt mit dem Rezept der Antibabypille wieder aus der Ordination heraus. Vielmehr gibt es Dir die Möglichkeit, den Arzt Deines Vertrauens hinzuzuziehen und diesem einen Teil der Erklärungen zu überlassen.

Du kannst es drehen und wenden, wie Du willst, Deine einzige Chance zu einem guten weiteren Verhältnis zu Deinem Teenager besteht darin, sie oder ihn nach wie vor, auch ohne große Erklärung, vor Schaden zu bewahren und Deine Hilfe zwischendurch immer wieder anzubieten und zu zeigen, dass Du da bist und ein offenes Ohr für alle Probleme und Fragen hast. Letztlich müssen sie durch das Chaos der Gefühle und die zeitweise verminderte Denkfähigkeit allein durch. Ein starkes soziales Netz in Form einer liebenden Familie, auch wenn es gerade problematisch und manche Szene durchaus kritisch ist, sind die Stabilität, die ein Teenager braucht. Vorwürfe für ein Verhalten, das sie selbst nicht verstehen, helfen Euch nicht weiter.

Der erste Sex oder erste sexuelle Erfahrungen hängen natürlich intensiv zusammen mit der ersten Liebe und nicht selten auch sehr schnell mit dem ersten Herzschmerz. Sei gewappnet, aber stelle Dich darauf ein, dass Du nur Beobachter bist und nicht Beteiligter. Regiere auch nicht gleich panisch, wenn Du feststellst, Dein Teenager hat gerade nur mehr Herzchen in den Augen und klebt an seinem Smartphone fest, um auch nicht den leisesten Mucks der oder des Auserwählten zu versäumen. Der erste Schwarm ist in den seltensten Fällen auch das erste Mal. Da werden noch so manche Herzchen auftauchen, bis es soweit ist.

In manchen Fällen sind Papa oder Mama bei Herzschmerz doch gefragt, nämlich wenn mitsamt der Liebe auch eine Freundschaft zerbricht. Es gibt Cliquen, da werden die Freunde schneller gewechselt, als man sich überhaupt kennenlernen kann, es gibt aber auch Kindergartenfreundschaften, welche an einem Schwarm und seiner Entscheidung, selbstverständlich für die Falsche, zerbrechen können. Dann ist wieder Mamas Arm, die Couch und der tröstende Kakao angesagt. Jungs tauchen in solchen Fällen gerne beim Papa auf, um ihren Herzen Luft zu machen. Sei einfach da und lausche. Halte Dich mit Ratschlägen weitestgehend zurück, denn so manche Freunde kommen reumütig wieder, wenn die Liebe nach wenigen Tagen doch erkaltet oder der Schwarm sich als Macho oder der süße Engel sich als Zicke herausgestellt haben.

Sollte sich die erste Liebe vertiefen, dann spricht nichts dagegen, sie einzuladen zu einem Essen oder Nachmittag und sie in Augenschein zu nehmen. Du musst diese Personen nicht sofort ins Herz und in Deine Arme schließen, aber Du kannst oftmals daran feststellen, dass Dein Rebell oder Deine Oberzicke irgendwann doch wieder zur Vernunft zurückkehren. Sind diese ersten Beziehungen in Deinen Augen komplett daneben, bleibt Dir nur die Hoffnung, dass sie bald in die Brüche gehen, was ja in diesem Alter auch nicht unwahrscheinlich ist. Unternehmen kannst Du herzlich wenig dagegen, willst Du nicht, dass Euer Verhältnis zerbricht.

18.7 Welche Gefahren lauern denn noch? (Alkohol, Drogen, falsche Freunde)

Da wir gerade bei der ersten Liebe und der eventuellen Unperson sind, welche Dein Sohn oder Deine Tochter stolz an Deinem Tisch präsentiert, lass uns dieses Kapitel gleich mit den falschen Freunden beginnen!

Der Beginn der Pubertät oder deren Höhepunkt fallen in vielen Fällen auch mit einem Schulwechsel zusammen und gerade dieser kann immer zu neuen, eben auch den falschen Freunden führen. Wie Du damit umgehen kannst, wenn Du befürchtest, dass Dein Teenager in Kreise geraten ist, welche Du Dir für Dein Kind nicht wünschst, ist ziemlich schnell erklärt: Lade die Freunde zu Euch ein oder lasse Deinen Teenager eine Party bei Euch zuhause feiern. Zugegeben, das funktioniert einfacher, bewohnt man ein Haus und hätte dazu noch einen Garten, aber dennoch ist es auch in der Stadt die schnellste und einfachste Methode, festzustellen, welchen sozialen Hintergrund der neue Umgang Deines Kindes hat. Anhand von Kleidung und mehr oder weniger vorhandenem Benehmen wirst Du schnell erkennen, ob die neue Clique zwar auch in der aufbegehrenden Phase, aber trotzdem grundsätzlich wohlerzogen ist, oder ob sie aus einer sozialen Schicht kommen, welche Du mit ihren Verhaltensweisen und Ausdrucksweisen ablehnst. Dann macht es erst Sinn, Dein Kind ins Gebet zu nehmen und zu versuchen, sie oder ihn wieder auf die richtige Spur zu bringen. Hier kannst Du helfen, indem Du vielleicht über die Eltern der alten Freunde die Kontakte nicht abreißen lässt oder Dich auch in der Schule engagierst, um zu sehen, welche Kreise für Dein Kind passender wären. Erzwingen kannst Du nichts, denn mit Zwang wirst Du gerade in dieser Phase das genaue Gegenteil erreichen, aber Du kannst natürlich versuchen, und als Mutter oder Vater ist es ja auch Deine Pflicht, lenkend einzugreifen.

Helfen kann im Fall von falschen Freunden, welche dann eben in zu vielen Versuchen von Drogen und Alkohol ausarten können, eine Mitgliedschaft in einem Verein. Hier haben eben mehrere Personen ein Auge auf Deinen Teenager und Partys im Vereinsheim arten selten in Drogeneskapaden aus, da der Verein immer eine verantwortliche Person dabei stellen muss. Eltern sind vielleicht unerlaubt, aber der junge Trainerassistent geht als Aufsicht durch und wird seine sportlichen Schützlinge nicht mit allerhand süchtig machenden und letztlich leistungsmindernden Substanzen experimentieren lassen. Dasselbe gilt auch für Musikvereine oder -gruppen, vor allem in einem eher traditionellen Rahmen.

Schützen kannst Du Dein Kind weder vor dem Versuch, eine Zigarette zu rauchen noch davor, dass sie irgendwann das erste alkoholische Getränk freiwillig zu sich nehmen. Gestern haben sie noch festgestellt, dass die Getränke der Eltern gruselig schmecken und schon morgen können sie mit dem ersten Schwips oder Rausch nach Hause kommen. Zigarettenrauch wird zwar gerne auf rauchende Freunde geschoben, vor allem, seit in Bars und anderen Lokalitäten absolutes Rauchverbot herrscht, aber es ist dennoch davon auszugehen, dass Dein Kind zumindest den Versuch übernimmt. Mit Moralpredigten erreichst Du hier nicht viel. Eher kommt es beim Umgang Deines Kindes mit Alkohol und Zigaretten auf Deine Vorbildfunktion während der letzten Jahre an. Wie willst Du Deinem Teenager den Alkohol und die Rauchwaren verbieten, wenn Du selbst regelmäßig einen Aschenbecher zu leeren hast oder leergetrunkene Flaschen entweder der Entsorgung oder dem Pfandsystem anvertraust? Sind die Kinder gewohnt, dass zuhause die Eltern täglich bei Wein oder Bier zusammensitzen, dann ist die Hemmschwelle, selbst zu trinken, selbstverständlich niedriger, als wenn sie bis heute nur erlebt haben, dass Alkohol zu festlichen Abendessen in Form von teuren Weinen zur Begleitung gereicht wird, aber ansonsten nicht angerührt wird.

Ein aufklärendes Gespräch in jungen Jahren, solange sie noch mit allen möglichen und unmöglichen Fragen zu Dir kommen, kann auch seinen Teil dazu beitragen, dass die Exzesse im Teenageralter sich in Grenzen halten. Darum sprich mit Deinem Nachwuchs, solange es geht, denn es kommt die Zeit, da wollen sie Deine Meinung nicht hören und haben zudem die Anfragen an Dich eingestellt!

Aufklärung über Drogen und deren Missbrauch ist heute mindestens so häufig zu finden, wie über Alkohol und Zigaretten. Schulen bieten neben dem Unterricht auch in dieser Beziehung reichlich Informationsmaterial und Hilfe bei weiteren Fragen an. Hast Du einen Verdacht auf Missbrauch von Seiten Deines Kindes, dann kannst Du Dich dort zuerst einmal informieren. Anonyme Hilfe gibt es auch im Netz und via Telefon. Gerade das Ausprobieren diverser Substanzen, entweder aus dem Garten oder einem Chemielabor, ist leider nicht auf eine einzige soziale Schicht oder Klasse beschränkt, so dass hier eine Privat- oder Eliteschule ebenso wenig vor Erfahrungen in dieser Hinsicht bewahren kann, wie ein Internat. Eventuell ist die Qualität der verbotenen Substanzen eine bessere, aber das beruhigt auch nicht wirklich.

Wie schon in der Kindheit, bleibt Dir auch in der Teenagerzeit nicht viel anderes übrig, als Dein Kind gut zu beobachten und neben den rebellischen Allüren die tatsächlichen Probleme herauszufiltern. Was Du auf keinen Fall versuchen musst, ist eine Wandlung von Vater oder Mutter zum Freund oder zur Freundin. Es kommt nicht an und ist vor allem nicht das, was sie brauchen. In dieser zum Teil orientierungslosen Zeit brauchen Teenager Eltern und deren gesetzte Grenzen, um sich zu reiben, und nicht die Mutter, die versucht, auf einer Fete von Teenagern ihre eigene Jugend wieder einzufangen!

18.8 *Wie hat man seinen Teenager trotzdem lieb?*

Die Antwort auf diese Frage erscheint täglich anders, denn es gibt auch lichte Tage, an welchen durchschimmern kann, dass der Punk, der Goth oder der aktuelle Schulverweigerer einmal das süße Baby war, das von allen Seiten nur Zuneigung geerntet hat. An den meisten Tagen erscheinen Teenager, wie ein Autor einmal so treffend bemerkt hat, stachelig wie ein Kaktus und Du weißt als Mutter nicht, wie die Arme darum herumschlingen, um die notwendige Stabilität zu geben und die Liebe zu beweisen. Erinnere Dich zurück an Deine eigene experimentelle Zeit, an Deine Umtriebe und Erfahrungen und ruhe in Dir und der Gewissheit, dass Du die vergangenen Jahre alles richtig gemacht hast. Solange das Elternhaus der liebende stabile Hafen bleibt, den auch Teenager noch brauchen, so lange kann Deinem Rebellen oder Deiner Punk-Prinzessin nichts geschehen.

Kuscheln vor dem Einschlafen oder bei schnulzigen Romanzen vor dem Bildschirm auf dem Sofa sind allerdings für die nächste Zeit passé. Sie können wiederkommen, wenn Du Deinem Kind den Freiraum zugestehst, sich auszutesten und die Grenzen erweiterst. Es ist immer noch möglich, Kompromisse zu finden, beispielsweise über die Ausgehzeiten. Wenn die Woche über die Zeiten eingehalten werden, drück wegen einer halben Stunde ab und an ein Auge zu, dann können am Freitag und Samstag die Uhrzeiten für das Nachhausekommen gerne verschoben werden. Besorge Dir die aktuellen Jugendschutzrichtlinien, informiere Dich durchaus über die gängigen Partylokale und auch über die angesagten Drinks. Sei bereit, helfend einzugreifen und schenke auch dem muffeligsten Teenager Dein Lächeln, ab und an kommt es selbst während dieser Phase zurück und Türen werden wieder mit normaler Lautstärke geschlossen sowie Verbotsschilder, das Betreten betreffend, von den Türen der nun fast erwachsenen Kinder entfernt.

Verliere Deinen Humor nicht und sorge dafür, dass die ganze Familie etwas zu lachen hat, auch Teenager lachen gerne mit und Dein Herz wird aufgehen, wenn Du siehst, irgendwo darunter steckt es noch, das einstmals so süße Baby!

18.9 *War ich ein schlechtes Vorbild?*

Über unsere verschiedenen Beispiele und Erklärungen wollten wir Dir aufzeigen, was passieren kann, wenn Dein heutiger Dreikäsehoch oder die Prinzessin im rosaroten Kleidchen ins Teenageralter kommen. Vielleicht hast Du aber auch schon mit dem einen oder anderen Problem zuhause zu kämpfen oder erste Anzeichen von Rebellion erkannt. Wann die Pubertät einsetzen kann, hast Du ebenso erfahren. Lasse Dich auf keinen Fall entmutigen, auch wenn Du Dich fragen musst, wo so manches unleidliche Verhalten plötzlich herkommt. Stehst Du zu Dir und Deinem Verhalten, dann warst Du auch kein schlechtes Vorbild und die Muster, welche sich Deine Kinder von Dir abgeschaut haben, werden früher oder später auch wieder zu Tage treten. Setze Dich eine Minute hin und überlege Dir, wogegen Du selbst zu Deiner Zeit und mit welchen Mitteln rebelliert hast. Überlege dann weiter, welche Rituale, Routinen oder eben Verhaltensweisen und Werte Du dennoch Deinen Eltern verdankst, auch wenn vielleicht das eine oder andere erst wieder aufgetaucht ist, als Du selbst Mutter wurdest. Es bleibt viel mehr hängen, als wir manches Mal vermuten. Dein Reden muss mit Deinen Handlungen übereinstimmen, dieses Geheimnis gilt nicht erst ab der turbulenten Zeit der neuen Hormone und Verbindungen im Teenagergehirn.

Selbstverständlich sollst Du Deinen Teenager nicht auslachen, aber so manche grummelige Verhaltensweise kann Dir von Dir selbst bekannt vorkommen und Dir ein Lächeln entlocken. Dieses wissende Lächeln dürfen sie gerne sehen, denn sie erkennen durchaus selbst, wenn sie sich danebenbenehmen. Kannst Du dies milde belächeln, anstelle zu einer Strafpredigt auszuholen, wirst Du ihnen für die nächste rebellische Anwandlung womöglich den Wind aus den Segeln nehmen. Vergiss nicht, der rebellische Teenager benötigt die Eltern, um dagegen zu rebellieren. Steigst Du auf diverse Provokationen erst gar nicht ein, dann haben sich verschiedene ungehörige Handlungen auch schnell wieder erledigt. Gewisse Wortmeldungen kannst Du also gerne auch einmal ins Leere laufen lassen. Du bist von Deinem Tun überzeugt, Du hast Dein Leben im Griff, Dein Teenie muss sich erst beweisen, das kannst Du ihm gerne zeigen.

19. GESCHWISTERLIEBE = GESCHWISTERHASS

Trotzdem deutsche, österreichische und auch fast alle anderen europäischen Frauen statistisch gesehen nur 1,2 Kinder bekommen, gibt es sie noch, die kinderreicheren Familien. Was ja logisch ist, wenn man bedenkt, wie viele Frauen sich heute generell gegen Kinder entscheiden. Kinder, das haben wir in den letzten Kapiteln immer wieder betont, kosten Zeit und ja, sie kosten auch Geld. Meist ist es aber nicht der finanzielle Punkt, der Frauen oder Paare heute vor Kindern zurückschrecken lässt, sondern der Zeitfaktor. Wir haben so viele Dinge, um die wir uns kümmern müssen: der Job samt Karriere, das Zweitauto und das Traumhaus oder die Wohnung wollen zeitgerecht finanziert werden, Urlaub wollen wir auch noch machen, an den schönsten Flecken der Welt und die Kurzreisen in die Metropolen dieser Erde noch gar nicht mitgerechnet. Wir haben vielerlei Interessen abseits vom Beruf und auch diese benötigen unsere Aufmerksamkeit.

Interessanterweise kommen Mehrkindfamilien in den sozial schwächeren und in den sogenannten besseren Schichten am häufigsten vor. Die kinderloseste Klasse ist der Mittelstand. Während die High Society alles daran setzt, beide Geschlechter in die Welt zu setzen, schließlich hat ein Kind in diesen Kreisen auch einen gewissen repräsentativen Wert, haben sozial eher benachteiligte Familien mehrere Kinder auch oft noch aus Tradition. Wie auch immer der Fall bei Dir gelagert ist, denn Ausnahmen bestätigen bekanntlich die Regel, ist es wichtig, Dein Erstgeborenes frühzeitig an der Entwicklung teilhaben zu lassen. Wird das zweite Kind geplant, dann kann man, je nach Alter des bereits vorhandenen Kleinen, auch nachfragen, was es denn davon halten würde, ein Geschwisterchen zu bekommen. An der ersten Reaktion kannst Du oft schon ablesen, wie das Verhältnis sich später entwickeln wird. Ganz unabhängig vom Altersunterschied. Es gibt grundsätzlich keine Faustregel, wann genau nach dem ersten Kind man am besten das Zweite in Angriff nehmen sollte, denn die Familienplanung hängt bekanntlich von vielen verschiedenen Faktoren ab, nicht zuletzt auch von dem Platz und eben den Finanzen und dem Zeitmanagement.

Das zweite Baby mit wenig Abstand zum Ersten in die Welt zu setzen bedeutet, dass Du irgendwann die Windeln wirklich aus dem Haus hast. Jemand anderes bevorzugt vielleicht, mehr Zeit mit dem jeweiligen Baby und Kleinkind verbringen zu können und ein paar Jährchen dazwischenzuschieben. In der heutigen Zeit der wechselnden Partnerschaften und neuen Familienformen sind auch größere Zeitabstände mehr und mehr zu beobachten. Lagen zwischen dem ersten und letzten Kind vor 100 Jahren zwar auch schon bis zu über 15 Jahre, so waren diese aber angefüllt mit anderen Geschwistern. Heute ist es durchaus üblich, ein Kind mit dem ersten

Partner zu bekommen, sich zu trennen, einen neuen Partner, möglicherweise auch schon mit Kindern aus einer Vorbeziehung, zu treffen und die Familienplanung noch einmal gemeinsam ganz neu anzufangen. Dein Erstgeborenes ist dann wahrscheinlich schon im Schulalter, hat mit dem neuen Vater oder der neuen Mutter noch ein paar Stiefgeschwister bekommen und soll sich nun auch noch auf ein neues Halbgeschwisterchen einstellen. Es ist kein Wunder, dass Kinder hier schon vor der Pubertät rebellieren oder sich die Trotzphase über das 5. und 6. Lebensjahr hinaus erstreckt.

Der Wunsch der Eltern ist ein harmonisches Familienleben, ganz gleich in welcher Partner- oder Familienkonstellation. Damit die Kinder mit an Bord sind, bedarf es einer Menge Gespräche und Vorbereitungen. Grund für die rebellischen Anwandlungen so mancher großer Schwestern und Brüder ist eine gewisse Trennungs- oder auch Verlustangst. Sie können schnell erkennen, dass die Mama nun noch weniger Zeit für sie hat, als sie sich insgeheim wünschen, auch wenn sie es wahrscheinlich nicht so formulieren, sondern eher durch ein „Schlimm"-sein, um die Aufmerksamkeit zu erringen.

Kommt das zweite Kind in derselben Familie wie das erste Kind, dann beziehe Dein Kind also langsam in das Geschehen mit ein. Ein paar Tipps dazu erhältst Du von uns im nachfolgenden Abschnitt. Kommt der kleine Bruder oder die kleine Schwester in einer für Dein Kind neuen Familienkonstellation dazu, dann wäre es gut, mit der Planung dieses zweiten Kindes zu warten, bis Ihr wirklich zu einer Familie zusammengewachsen seid und Du auch sehen kannst, wie der Umgang von Stiefvater oder Stiefmutter mit dem Stiefkind, also Deinem Kind ist. So könnt Ihr Euch auch frühzeitig über die Erziehung des gemeinsamen Kindes unterhalten und zu Kompromissen finden. Du wirst nur selten erleben, dass Dein neuer Partner seine Kinder genauso erzogen hat, wie Du Dein Kind zu erziehen trachtest. Zu viele Abstufungen und Mischformen an Erziehungsstilen sind dafür in der Gesellschaft etabliert und zu individuell sind die Auffassungen zu Grenzen, Regeln, Ritualen und Vorbildwirkung. Zu oft wird immer noch beobachtet, dass man seine eigenen schlechten Angewohnheiten nicht an die Kinder weitergeben will, aber daran scheitert. Man lebt sie zwar vor, will sie aber bei den Kindern durch Verbote und Einschränkungen verhindern. Wir haben Dir schon an vielen Stellen in diesem Buch erklärt, das wird nicht funktionieren. Ein langes und ausführliches Gespräch mit Deinem Partner zum Thema Kindererziehung bleibt Dir also nicht erspart. Dabei ist es ganz gleich, ob es nun um das erste Kind, das zweite Kind oder den Umgang mit Stiefkindern geht.

Mit Liebe und Anerkennung, mit einer guten Kommunikation und Aufmerksamkeit den Kindern und dem Partner gegenüber ist alles zu schaffen und die Freude über den neuen Nachwuchs wird bei allen Beteiligten groß sein!

19.1 *Ich bekomme ein Geschwisterchen*

Wir gehen in den folgenden Kurzabschnitten von einer klassischen, oder besser, traditionellen Familie aus, wo das zweite oder auch dritte Kind mit derselben Mutter und demselben Vater aufwachsen. Im Abschlusskapitel zu Geschwistern gehen wir dann noch auf die neuesten Familienverbände ein.

Ist Dein kleiner Liebling in seiner Kita oder im Kindergarten mit Freunden konfrontiert, welche Geschwister haben, dann wird er oder sie sich schnell eine Meinung zu diesem Thema gebildet haben. Entweder es wird der entschiedene Wunsch nach einem Geschwisterchen an Dich herangetragen oder Dein Dreikäsehoch stellt nach einem Besuch bei einem Freund mit kleinem Baby als Geschwisterchen fest, dass er das ganz sicher nicht haben will. Kinder, man mag es kaum glauben, tauschen sich zu diesem Thema schon ab dem Alter von 4 Jahren untereinander aus! Mache Dir also die Mühe, wenn Du gerade dabei bist, mit Deinem Partner ein weiteres Kind zu planen, Deine älteren Kinder zu ihrer Meinung zu befragen. Du kannst nur so einer ablehnenden Haltung frühzeitig entgegenwirken oder die Freude über den neuen Spielgefährten mit in Deine Erklärungen nehmen. Kinder vergessen schnell, dass sie selbst einmal ein Baby waren und wie lange sie gebraucht haben, um selbst laufen zu lernen und Fußball spielen zu können. Sie können schnell enttäuscht sein, wenn der neue kleine Bruder noch so gar nichts mit einem Ball anfangen kann und eigentlich die ganze Zeit nur schreit oder schläft!

Gerade sehr anhängliche und auf Dich als Mutter sehr fixierte Kinder, welche auch schon Probleme damit hatten, ein paar Stunden ohne Dich in den Kindergarten zu gehen, werden auf die Nachricht über ein neues Geschwisterchen eher ängstlich reagieren, sie können sehr schnell erfassen, dass Du dann auch Zeit mit dem anderen Kind verbringen wirst. Es muss also sehr behutsam, je nach Kind und Reife vorgegangen werden in der Erklärung zum neuen Familienmitglied. So wie sich in Deiner Beziehung und Partnerschaft viel verschoben hat und ganz neue Aufgaben und Arbeiten auf Euch zugekommen sind, so wird es nun wieder sein und gerade für einen 2 oder 3-jährigen ändert sich damit seine ganze Welt. Du musst auch mit der Frage rechnen, ob er oder sie zu schlimm war und Du darum ein neues Kind möchtest und Du musst mit der noch schmerzhafteren Frage rechnen, ob Du Dein aktuelles Kleinkind denn nicht mehr liebhabst. Kinder denken vollkommen anders als Erwachsene, das haben wir ja schon erklärt. Gehe behutsam mit diesen Fragen um, kümmere Dich um alle Sorgen und Ängste, welche in Deinem ersten Kind auftauchen können. Widme ihm oder ihr so viel Zeit wie möglich, um alle Bedenken hinsichtlich der Liebe und Gefühle und Zeit für ihn auszuräumen.

Dämpfe aber auch, wie schon angedeutet, eine zu überschäumende Freude, denn das zweite Baby wird auch eine gewisse Rücksichtnahme des älteren

Geschwisterchens benötigen und auch darauf musst Du vorbereiten! Das neue Geschwisterkind ist weder sofort der Fußballkamerad noch die lebensechte Puppe, die man pausenlos mit sich rumschleppen kann!

19.2 *Kinder mit in die erste Zeit einbeziehen*

Ist einmal der Entschluss gefasst, ein zweites Kind zu bekommen und sind die ersten Wogen der Aufregung darüber geglättet, dann ist es wirklich wichtig, Dein Erstgeborenes oder die größeren Geschwisterchen in der Schwangerschaft schon miteinzubeziehen. Sie dürfen sich schon einmal an ein wenig Ruhezeit gewöhnen, die während der Schwangerschaft die Mama benötigt und später einmal das Baby. Ob Ihr das in Form eines Mäuschenspiels, die Kinder sollen sich dabei leise auftretend bewegen und flüsternd unterhalten, erst einmal spielerisch und lustig in den Alltag miteinbringt oder bei größeren Kindern euch darauf einigt, dass eine Stunde am Nachmittag jeder sich mit sich selbst beschäftigt und entweder ruht oder leise spielt, bleibt Euch überlassen.

Jedenfalls sollten sie sowohl mit der werdenden Mami als auch mit dem Baby im Bauch so viel wie möglich kuscheln dürfen und dabei gerne auch Pläne schmieden, wie es denn mit dem neuen Geschwisterchen sein wird. Je nach Alter der Kinder oder des ersten Kindes könnt Ihr auch die Namensfindung im Familienkreis abhalten. Über das gemeinsame Kuscheln und das Gefühl, überall miteinbezogen zu sein, schaffst Du es, dass Dein Kind das neue Geschwisterchen annimmt, noch bevor es auf der Welt ist und es auch in seine Überlegungen miteinbezieht. Ihr könnt auch gemeinsam für das Baby einkaufen gehen oder bestehende Kleidung aussortieren, welche für das neue Wesen geeignet erscheint, wundere Dich aber nicht, wenn dabei lustige Kombinationen entstehen, welche Dir von Deinem Kind vorgeschlagen werden. Sie werden auf diese Art und Weise auch gerne ungeliebte Kleidungsstücke sowie Spielsachen los. Da wird ganz großzügig auf Dinge verzichtet, welche Dein Dreikäsehoch ohnehin nicht mag. Kläre auch hier von Anfang an, dass der neue Bruder oder die Schwester nicht dafür da ist, ausrangierte oder kaputte Dinge zu übernehmen, aber sicher gerne den alten Lieblingspullover, der heute nicht mehr passt, probieren wird.

Ist der Kontakt schon durch die Bauchdecke hergestellt und kommt es dann zur Geburt, musst Du auch frühzeitig klären, bei wem sich Dein größeres Kind befinden wird, während Du im Kreißsaal liegst. Omas bieten sich selbstverständlich dafür an, Tanten ebenfalls. Der nahe Verwandte oder die beste Freundin, zu der Dein Kind ohnehin eine gute Beziehung wie zu einer Tante haben wird, ist dann auch dafür verantwortlich, den nun großen Bruder oder die große Schwester ins Krankenhaus zu bringen, um das neue Familienmitglied zu begrüßen. Wie auch immer Ihr dies organisiert haben wollt, macht Euch die Gedanken schon einige Wochen vor dem

Geburtstermin, damit auch hier alles funktioniert und das ältere Geschwisterkind nicht erst Kontakt bekommt, wenn Mama und Kind zu Hause ankommen. Es gibt für das spätere Geschwisterverhältnis nicht schlechteres, als dem Älteren das Gefühl zu geben, nun für ein paar Tage abgeschoben zu sein!

Bist Du dann mit Deinem Baby zu Hause, beziehe auch das größere Geschwisterchen in die Kuschelstunden mit dem Baby mit ein. Eine große Sofalandschaft, wie sie heute ohnehin in den deutschen Wohnzimmern steht, lädt dazu ein, das Baby in die Mitte zu nehmen oder die Mama in der Mitte zu haben. Lass Deinen Dreikäsehoch auch helfen, wo es altersmäßig möglich ist. Beim Windelwechsel, beim Fläschchen oder Breizubereiten und Füttern, selbst beim Schlafritual können sie still dabei sein. Lasse Deinen Knirps auch den Kinderwagen schieben und den Schnuller reichen. Erkläre immer wieder, warum Du etwas tust, das schafft das Verständnis für die Ruhestunden, welche Dein neues Baby braucht. Erzähle dem Größeren auch, dass Du dasselbe für ihn oder sie gemacht hast. Glaube nicht, dass Dein größeres Kind weiß, dass Du Deine Kinder automatisch gleichbehandelst. Beweise es immer wieder.

19.3 *Geschwister gleich behandeln*

Du denkst jetzt im ersten Moment, das werde ich ohnehin tun oder das tue ich sowieso, beide Kinder oder alle Kinder gleichbehandeln und gleich liebhaben. In der Realität sieht es dann aber oft ganz anders aus. Selbstverständlich hast Du Beide gleich lieb und natürlich versuchst Du alles, um allen die gleiche Behandlung, die gleichen Regeln und die gleichen Rituale angedeihen zu lassen, aber setzt Du wirklich Deinem Kleinen dieselben Grenzen wie dem Großen im selben Alter? Passiert es nicht vielmehr öfter, dass der Kleine die vorhandenen Grenzen des Großen übernimmt?

Lasse uns ein Beispiel anführen, dann wirst Du verstehen, was genau wir meinen, denn Geschwisterneid wird tatsächlich unbewusst von den Eltern gefördert, wenn sie nicht achtgeben. Der oder die Große musste sich eine Grenzverschiebung hart erkämpfen und sich und sein Verantwortungsbewusstsein beweisen, der oder die Kleine läuft aber ohne diesen Kampf in der jetzigen Freiheit des Großen mit. Ihr habt einen Garten mit Schaukel und Rutsche. Dein Großer durfte diese benutzen am Anfang, wenn Du dabei warst, ansonsten durfte er oder sie zwar im Garten spielen, aber gewisse Dinge waren allein noch tabu. Durch den Beweis, dass er gut klettern kann und auch beim hundertsten Mal nicht von der Rutsche gefallen ist, durfte diese dann auch bespielt werden, wenn Du gerade einmal nicht im Garten warst. Dein größeres Kind hat Dir zeigen müssen, dass es das kann und dann wurde die Grenze von Dir verschoben. Wie ist das nun mit dem kleineren Geschwisterchen? Darf das Kleine dasselbe wie der oder die

Große? Setzt Du die Grenze für beide? Muss das größere Geschwisterchen vielleicht zurückstecken und nun wieder warten, bis Du im Garten bist, damit dann beide schaukeln und rutschen dürfen? Wie genau handhabst Du diese Situation im Sinne von Gleichbehandlung und dass jeder sich seine Freiheiten selbst erarbeiten muss?

Es kommt in den meisten Familien vor, dass die Großen die Kämpfe führen um neu gezogene Grenzen, mehr Freiheiten und mehr Selbstverständnis. Die kleinen oder nachkommenden Geschwister müssen dies selten tun. Sie wachsen schon in die nun vorhandenen Grenzen und Freiheiten der Großen hinein. Problematisch wird es vor allem dann, wenn die großen Geschwister dies bemerken und Dich und Deine Gleichbehandlung dann in Frage stellen. Ganz abgesehen davon, dass es auch für die Kleinen nicht gut ist, wenn sie ihre Kämpfe nicht selbst austragen müssen!

Gleichbehandeln heißt, für jedes Kind die Grenze setzen, die er oder sie braucht und diese kann auch bei Geschwistern unterschiedlich ausfallen oder zu unterschiedlichen Zeiten neu verhandelt werden. Wo der eine verantwortungsbewusst die Verkehrsregeln gelernt hat, um die 200 Meter zum Spielplatz allein zurücklegen zu dürfen, läuft der Kleine einfach hinterher, ohne dass bei ihm so intensiv darauf geachtet wird, ob er dasselbe Verantwortungsbewusstsein an den Tag legt wie der große Bruder oder die große Schwester. Ab und an werden Freiheiten erlaubt nach dem Muster der vorangegangenen Geschwister, ungeachtet dessen, ob die Nachkommenden diese überhaupt so wollen oder benötigen. Man hat gewisse Dinge einfach in diesem oder jenem Alter auch dem Großen erlaubt, also bekommt es auch der Kleine. Es ist ein Drahtseilakt zugegeben, nichtsdestotrotz immer wieder notwendig zu hinterfragen.

Zur Gleichbehandlung gehört auch, vor allem, wenn ein etwas größerer Altersunterschied da ist, von 3 oder mehr Jahren, und das ältere Geschwisterkind sich als sehr verantwortungsbewusst erweist, dieses nicht automatisch als Babysitter einzusetzen! Wurde beim ersten Kind noch darauf geachtet, die Oma oder die Tante oder auch einen Babysitter zu engagieren, damit die Eltern auch einmal eine freie Stunde für sich und ihre Partnerschaft haben, so wird bei mehreren Geschwistern oft davon ausgegangen, dass die Großen ja auf die Kleinen aufpassen können! Natürlich können sie das und in den meisten Fällen werden sie das auch gerne tun oder gar von sich aus anbieten, je nach Alter und auch Verständnis dafür, dass auch Mama und Papa mal „frei" brauchen. Es ist aber nicht die Aufgabe der großen Geschwister, die Kleinen zu beaufsichtigen, nur weil dies einfacher zu organisieren ist und im Vergleich zum Babysitter kostenlos. Auch dies ist eine Ungleichbehandlung, denn dem Kleinsten wird dies wohl nie passieren! Überlege Dir das, bevor Du automatisch davon ausgehst, dass große Geschwister auf Kleine aufpassen sollen oder sich darum kümmern sollen und wenn es nur um eine halbe Stunde geht.

Gleichbehandlung heißt auch, jedes Kind nach seinen Talenten und Interessen zu fördern und nicht den Kleinen in den Sportverein zu stecken, weil der Große auch schon da ist oder der kleinen Schwester ein Instrument in die Hand zu drücken, weil die Große davon träumt, Konzertpianistin zu werden. Wenn Du also von Anfang an eine Familie mit mehreren Kindern planst, muss Dir auch bewusst sein, dass Du unterschiedliche Talente wirst fördern müssen und dies neben jeder Menge Zeit auch Geld kosten wird. Der eine muss zum Training, die junge Dame zum Ballett und der Kleinste zum Musikunterricht oder umgekehrt oder ganz was anderes. Willst Du alle Deine Kinder gleich behandeln, musst Du sie alle individuell beobachten und auf ihre ureigensten Bedürfnisse eingehen, nur selten zeigen alle Geschwister dieselben Talente oder Veranlagungen. Sicherlich kommt es vor, dass die Kleinen den Großen nacheifern, das muss aber nicht heißen, dass Beide Fußball oder Tennis spielen oder dass Beide musikalische Talente sein müssen. Nacheifern kann auch heißen, dass Dein zweites Kind beim Üben oder Trainieren dem Ehrgeiz des Älteren folgt.

Das Gleichbehandeln gilt übrigens auch für die emotionale Ebene. Es gibt die Kuschelkinder, die immer wieder ankommen und ihre Streicheleinheiten einfordern und stundenlang mit Dir auf der Couch liegen können. In Deinen Armen, streichelnd und schmusend, selbstverständlich ohne irgendwelche kranken Hintergedanken, nur um dies dezidiert festzuhalten. Und dann gibt es die Kleinen, die auf ihrer Selbständigkeit und Unabhängigkeit beharren, ihre eigenen Ansichten sehr früh entwickeln und die Aufmerksamkeit der Eltern weniger in Kuschelstunden, denn in Frage-Antwort-Spielen fordern. Daneben gibt es immer wieder auch die Interessensgemeinschaften. Die Kinder teilen sich quasi unter den Eltern auf und haben eine engere Verbindung zu dem Elternteil, mit dem sie auch die größte Überschneidung an Hobbies und Interessen spüren. Ganz klassisch steht dabei die Tochter mit der Mama in der Küche und der Sohn schraubt mit Papa am Motorrad. Was aber, wenn Dein Kind sozusagen „aus der Art geschlagen" ist und vollkommen andere Dinge begehrt?

Es ist ein Drahtseilakt, allen Kindern dieselbe emotionale Nähe angedeihen zu lassen. Dies hat mit Liebe nichts zu tun, es passiert oft schleichend, dass man sich einem Kind mehr zuwendet als einem anderen. Achte einfach darauf, dass der Diskutant dennoch dieselbe Anerkennung erhält wie der Kuscheltiger. Aufmerksamkeit bedeutet Liebe, auch wenn Dein Kind Dir lieber Fragen stellt und Gespräche anregt, als mit Dir aneinandergelehnt vor dem Fernseher zu sitzen.

Unser Fazit:
Behandle Deine Geschwisterkinder / Zwillinge nicht nur in finanzieller und in psychischer Form (beispielsweise Taschengeld oder Geschenke im ungefähr

gleichen materiellen Rahmen) gleich, sondern auch in emotionaler Hinsicht (z.B. durch Zuneigung und Liebe).

19.4 *Wie können sich Geschwister miteinander beschäftigen*

Je nach Altersunterschied und Interessen ergeben sich aus Geschwisterbeziehungen lebenslange Freundschaften oder bleiben in einem Verhältnis von naher Verwandtschaft stecken. Wir wollen Dir hier aufzeigen, wie Du das Gemeinschaftsgefühl zwischen Geschwistern stärken kannst und gleichzeitig auch etwas Gutes für die gesamte Familie tust.

Finden sich die Geschwister nicht allein zum Spielen zusammen, dann kannst Du durch ein gemeinsames Spiel den ersten Anstoß geben. Das kann beispielsweise im Sommer in der Sandkiste passieren. Setze Dich dazu und baut gemeinsam an der Sandburg. Koordiniere dabei ein wenig, was das größere und was das kleinere Geschwisterchen jeweils bauen kann und lasse sie dann nach und nach allein weitermachen. Dasselbe kannst Du im Wohn- oder Kinderzimmer mit Bauklötzen beginnen. Achte dabei darauf, dass Du dem Kleinen erklärst, dass es nur für ihn lustig ist, den Turm umzuwerfen, den der Größere gebaut hat. Erkläre aber Deinem älteren Kind auch, dass ein umgeworfener Turm nicht zwangsläufig böswillig war. Mit schon etwas größeren Kindern oder in einer Patchworkfamilie kann ein gemeinsamer Abend mit einem Gesellschaftsspiel den Anstoß geben, sich besser kennenzulernen und später auch gemeinsam zu spielen. Es gibt jede Menge Spiele, von Trivial Pursuit oder Monopoly für Kinder bis hin zu Halma oder Mensch Ärgere Dich nicht, welche auch in großen Runden gespielt werden können. Achtet als Eltern dann darauf, dass es nicht zu einem Konkurrenzkampf der verschiedenen Familien wird und setzt Euch schön bunt durcheinandergewürfelt rund um den Spieltisch.

Perfekt eignen sich selbstverständlich auch Ausflüge auf den Spielplatz, ins Schwimmbad oder einfach zu einem Spaziergang in den Wald, um das gemeinsame Familiengefühl zu stärken. Du wirst dabei erleben, dass das ältere und größere Kind automatisch und ohne Aufforderung etwas Verantwortung für das kleinere Geschwisterkind übernimmt. Darauf kannst Du in Zukunft aufbauen, ohne dass Du extra darauf hinweisen musst, denn wie schon gesagt, das ältere Kind ist nicht zwangsläufig der Babysitter oder Aufpasser des kleineren Kindes. Es muss nach wie vor die Möglichkeit geben für das Erstgeborene, seine Freunde allein zu treffen und nicht immer den kleinen Bruder oder die kleine Schwester im Schlepptau zu haben. Muss sich das größere Kind zu oft um das Kleine kümmern, kann sich das negativ auf das gemeinsame Spielen zu Hause auswirken. Je näher sich die Kinder im

Alter sind, desto einfacher wird es für sie natürlich, gemeinsame Freunde zu finden. Ist der Altersunterschied allerdings 3 und mehr Jahre, so wird es für den oder die Großen irgendwann beschwerlich, wenn immer ein Dreikäsehoch am Rockzipfel hängt. Du nimmst dann vor allem auch dem kleinen Bruder oder der Schwester die Möglichkeit, eigene Freundschaften zu erobern und zu pflegen.

Gemeinsame Interessen von Kindern sollst Du selbstverständlich gemeinsam fördern, das wird Dir wenig Schwierigkeiten bereiten. Gehen die Interessen auseinander, was oft an der Auswahl der in Frage kommenden Ausflugsziele oder der ausgesuchten Lieblingsspiele schon abzulesen ist, dann sorge dafür, dass Kompromisse geschlossen werden und jeder reihum oder abwechselnd seinen Vorschlag durchsetzen kann. Versuche, durch das Beobachten der Interessen frühzeitig herauszufinden, welche Spiele oder Beschäftigungen Du allen oder eben beiden Kindern anbieten kannst. Basteln, Zeichnen oder Malen kommt bei fast allen Kleinen gut an, auch wenn vielleicht bei dem einen das Interesse und die Begeisterung dafür größer ist.

Versuche auch hier, keine Unterschiede zwischen den Kindern zu machen und halte Dich auch mit Vergleichen zwischen den Geschwistern zurück, vor allem, wenn es darum geht, dass ein Kind etwas schon konnte in einem gewissen Alter, das andere aber noch nicht ganz so weit ist. Auch schulische Leistungen gehören absolut in dieses Vergleichsverbot!

19.5 *Geschwisterneid und Geschwisterstreit*

Beziehst Du das ältere Kind oder die älteren Geschwister von Anfang an in Deine Schwangerschaft mit ein und versuchst Du, alle gleich zu behandeln, dann sollte Geschwisterneid eigentlich nicht auftauchen. Es passiert natürlich aber immer wieder, dass man zu einem seiner Kinder ein besseres Verhältnis hat als zu einem anderen. Dies kann mit aktuellen Situationen zusammenhängen, beispielsweise der rebellischen Phase der Pubertät. Es kann aber auch vorkommen, dass eines Deiner Kinder Deine Interessen und Begabungen teilt und das andere Kind eher weniger oder gar keine Begeisterung dafür aufbringen kann. Oft kann man auch beobachten, dass die älteren Geschwister nach der Ankunft des Babys vermehrt den Papa als Bezugsperson suchen, weil sie auch sehen und erkennen, dass das Baby eine gewisse Menge Zeit und Kraft der Mama braucht. Dies ist ein ganz natürlicher Vorgang und die Zuwendung zu weiteren Personen beginnt ohnehin im etwa 3. Lebensjahr, wenn Kinder beginnen, selbständiger zu werden.

Neid kann vor allem dann entstehen, wenn Ungleichbehandlungen passieren und wenn Vergleiche zwischen den Kindern angestellt werden, auch wenn versucht wird, dies zu vermeiden. Zu leicht rutscht einem auch als liebender Mama mal ein Satz raus, wie: „Kannst Du Dich nicht ebenso in der Schule anstrengen, wie Dein Bruder oder Deine Schwester?" Auch sehr beliebt:

„Kannst Du nicht ebenso brav oder ordentlich sein?" Aussagen wie diese, so sehr wir sie auch vermeiden wollen, passieren uns ab und an. Das Ergebnis ist dann weiterer Streit und Neid unter den eigenen Kindern.

Wenn Deine Kinder ohne ersichtlichen Grund zu streiten begonnen haben, dann beobachte diesen Streit erst einmal und sieh, ob sie sich auch allein wieder vertragen. Streiten sie weiter, musst Du eingreifen und alle beteiligten Kampfhähne an einen Tisch bringen. Deine Aufgabe dabei ist der Schiedsrichter, denn es geht nun darum, Kompromisse zu finden, mit denen alle leben können und die möglicherweise von Dir noch einmal den Kleinen erklärt werden müssen. Richte niemals und erspare Dir auch die Frage, wer den Streit angefangen hat, denn es geht um eine Lösung eines Problems und nicht um eine Schuldklärung. Es geht auch nicht darum, dass die Älteren und Klügeren, in Anlehnung an ein deutsches Sprichwort, nachgeben müssen, denn dies wäre ungerecht und führt wieder zu einer Ungleichbehandlung.

Du kannst Streit unter Geschwistern nicht vermeiden. Du kannst aber dafür Sorge tragen, dass in Deiner Familie eine Streitkultur herrscht, die es ermöglicht, dass beim Abendessen alle wieder an einem Tisch sitzen und sich in die Augen sehen können. Wenn eventuell eine Aussage Deinerseits als Streitgrund vorliegt, dann kannst Du Dich nur entschuldigen und weiterhin betonen, dass Du erstens alle gleich lieb hast und Dich zweitens redlich bemühen wirst, alle Geschwister gleich zu behandeln.

Beachte auch, wie Du mit Deiner eigenen Verwandtschaft umgehst. Sprichst Du abfällig über Tante oder Onkel vor Deinen Kindern, dann werden sie dieses Verhalten ihren eigenen Geschwistern gegenüber gerne übernehmen, schließlich müssen sie nun Ressourcen teilen, welche sie gerne für sich allein hätten. Niemand freut sich, wenn er plötzlich Dinge teilen soll, die gestern noch ihm allein gehört haben, von Geschwistern erwarten wir dies aber!

19.6 *Gibt es einen optimalen Altersunterschied?*

Wie wir schon angedeutet haben, spielen viele Faktoren in der Planung von Kindern eine aktive Rolle, nicht zuletzt natürlich auch, wieviel Bestand die Beziehung zu Deinem Partner hat, mit dem Du Dein erstes Kind bekommst. Nicht immer lassen sich die Träume von Familie so verwirklichen, wie man sich dies in jungen Jahren oder in den ersten Tagen der rosaroten Brille, gerne auch gemeinsam, ausgemalt hat.

Wir wollen in diesem Abschnitt auch gar nicht auf eine tatsächliche Regelung eingehen oder irgendwelche Statistiken zitieren, sondern Dir einige Vor- sowie Nachteile vom geringen und vom großen Altersunterschied aufzeigen. Wie auch immer Du Dich entscheidest oder wie auch immer es in Deinem Leben laufen wird, wir bewerten hier nicht, wir schreiben rein aus der Erfahrung unseres Teams und der Experten in Sachen Erziehungswissenschaften, welche Du auch im Internet finden kannst. Die Listen erheben keinen

Anspruch auf Vollständigkeit, sie sollen Dir nur ein paar Ideen und Hinweise liefern.

Die Vorteile eines geringen Altersunterschiedes:

- Du kannst Deine Babypause kompakt gestalten und bist die Windeln, wenn, dann tatsächlich ein für alle Mal los.

- Ein geringerer Altersunterschied kann die Geschwister schneller zu Spielgefährten werden und die gleiche Gruppe von Freunden finden lassen.

- Verwandtschaft und Babysitter können sich darauf einstellen, dass anstatt eines Kindes gleich zwei bei ihnen geparkt werden, damit auch die Eltern etwas Zeit für sich finden können. Omas nehmen oft Geschwisterkinder lieber, in der Annahme, dass diese auch zusammen spielen können und die Oma ihren täglichen Routinen dabei nachgehen kann.

- Ausflüge und Urlaube lassen sich leichter organisieren, denn beide Kinder können relativ zeitgleich das Radfahren, Schilaufen oder Schwimmen lernen.

- Die Gleichbehandlung fällt oft leichter, da das Ältere noch nicht so alt ist, dass es vermehrt Verständnis für die Bedürfnisse des Jüngeren entwickeln muss.

Die Vorteile eines größeren Altersunterschiedes, 3 Jahre und mehr:

- Die älteren Geschwister sind nicht mehr so viel auf die Mama angewiesen und haben sich auch schon an den Besuch des Kindergartens oder der Schule gewöhnt.

- Ältere Geschwister entwickeln oft automatisch eine Verantwortung für die Jüngeren, ohne dass sie extra dazu aufgefordert werden müssen.

- Die älteren Geschwister, wenn der Unterschied groß genug ist, können gegen ein Mehr an Taschengeld auch gut als Babysitter eingesetzt werden und die Mama kann das Haus auch einmal ohne große Planung allein verlassen.

- Größere Kinder kannst Du einfacher in die Pflege und Betreuung des Babys miteinbeziehen und so genügend Zeit mit beiden Kindern verbringen.

19.7 *Zwillinge*

Streitereien und Eifersüchteleien können zwar auch bei Zwillingen vorkommen, werden bei vielen aber ohne Einwirkung der Eltern wieder beigelegt. Manchmal ist es sogar besser, sich nicht einzumischen, um dann nicht plötzlich einer gemeinsamen Front gegenüberzustehen. Dies kann zwar auch bei normalen, altersunterschiedlichen Kindern vorkommen, passiert aber laut Interviews von Zwillingseltern bei diesen um ein Vielfaches häufiger.

Was uns bei Zwillingsgeschwistern für Dich wichtig erscheint, ist die Frage nach der Kita und der Schule. Gemeinsam in einer Gruppe oder Klasse? Getrennt, weil sich dann jeder besser individuell entwickeln kann? Wir haben uns Interviews mit Experten und Eltern angesehen sowie diverse Forschungen zu diesem Thema verfolgt. Die Entscheidung liegt ganz allein bei Dir, oder besser gesagt, bei Deiner Familie. Denn Du kennst Deine Kinder am besten, Du kannst am besten sehen, ob einer der Zwillinge eine Führungsrolle innehat und es somit vielleicht besser wäre, sie getrennt zu unterrichten, um auch dem „schwächeren" Zwillingsgeschwister freie Entwicklung zu ermöglichen. Du weißt, wie nah sich Deine Kinder stehen und ob sie sich gegenseitig mit ihren Interessen befruchten und helfen können. Einige Argumente für oder gegen getrennte Gruppen oder Schulklassen wollen wir Dir hier anführen.

Je früher die Zwillinge in eine Kita kommen, desto eher ist dafür zu plädieren, dass sie zusammenbleiben. Die Trennung von den Eltern ist im ersten Moment für alle Kinder schmerzhaft. Zwillinge haben den Vorteil, sich durch die Anwesenheit des anderen nach wie vor ihres Schutzes und ihrer Liebe zu versichern.

Dem Kitapersonal sollte in jedem Fall bewusst sein, dass sich auch Zwillingsgeschwister unterschiedlich entwickeln können und gegebenenfalls eine differenzierte Betreuung oder Förderung benötigen. Zudem ist zu unterscheiden, ob es sich um eineiige oder zweieiige Zwillinge handelt. Ob es zwei Jungs oder Mädchen oder ob das Zwillingspaar aus unterschiedlichen Geschlechtern besteht. Freundschaften in der Kita werden, wie bei anderen Kindern auch, aufgrund von gemeinsamen Interessen und Sympathie geschlossen. Es ist nicht gesagt, dass Zwillinge auch dieselben Freunde haben müssen!

Der Wechsel in die Grundschule ist ein einschneidender Schritt im Leben aller Kinder. Erkennst Du, dass sich Deine Zwillinge schon etwas voneinander wegentwickeln und jeder seinen eigenen Freundeskreis hat, so kann man über eine Trennung der Beiden nachdenken.

Bleiben Zwillinge auch in der Schule zusammen, können sie sich gegenseitig helfend zur Seite stehen. Selten haben sie auch exakt dieselben Interessen und Fähigkeiten, so dass der Lernerfolg oftmals erhöht wird, wenn die Schulinteressen ausgeglichen verteilt sind.

Getrennte Gruppen oder Klassen können auch getrennte Aktivitäten bedeuten. Dies kann für Dich heißen, dass Deine Kinder unterschiedliche Tagesabläufe entwickeln und Du musst entscheiden, ob Du dafür auch Zeit hast, um die Wege für sie und mit ihnen zu gehen.

Beziehe Deine Zwillinge in die Entscheidung mit ein. Erkläre ihnen ihre Möglichkeiten und versuche sie, so individuell zu fördern wie möglich, ganz gleich, ob sie getrennt oder gemeinsam in die Schule gehen.

Unser Fazit:
Es ist psychologisch gesehen so, dass es egal ist, ob man Zwillinge (ob eineiig oder zweieiig) ab der Grundschule trennt oder nicht. In beiden Fällen sind sowohl in der Entwicklung als auch in der beruflichen Zukunft keine Defizite oder Unterschiede zu erwarten. Ob eine Trennung in der Grundschule oder erst auf der Höheren Schule oder überhaupt eine Trennung erfolgt, entscheiden letztendlich die Eltern UND die Kinder. Die Mitsprache und die Interessen der Zwillinge sollten berücksichtigt werden. Man sollte auch bedenken, dass sich die Zwillingsgeschwister auch bei unterschiedlichen Talenten immer eng miteinander verbunden fühlen werden. Dies kann eine räumliche Trennung weder verhindern noch fördern.

19.8 *Stiefgeschwister und Halbgeschwister*

Blut ist dicker als Wasser und damit beginnt in Patchworkfamilien oft das Problem, denn selbstverständlich erwartet Dein eigenes Kind von Dir mehr Unterstützung als das angenommene, noch fremde Kind. Es benötigt viel Zeit und Einfühlungsvermögen, um ein Kind oder auch mehrere Kinder auf eine Patchwork-Konstellation einzustimmen, vor allem, wenn auch der Partner Kinder mitbringt und als Manifestation der neuen Liebe und Familie ein weiteres Kind geplant wird. Hattet Dich Dein Einzelkind bis dato ganz für sich, so muss es Dich plötzlich mit Fremden und auch noch mit einem Kind teilen und mit der dazugehörigen Eifersucht samt vieler Fragen umgehen. Die Fragen zielen, wenn Du Deinem Kind aufmerksam zuhörst, in die Richtung von Liebe und Zugehörigkeit. Wird das schon vorhandene Kind genauso geliebt und genauso Teil der Familie wie das neue Kind der nun auch neuen Familie?
Wir können nur noch einmal betonen, hier keinen Schritt zu überstürzen und den bereits vorhandenen Kindern etwas Zeit zu geben, sich aneinander zu gewöhnen und gewisse gemeinsame Rituale zu entwickeln, bevor Du an die Erweiterung der jungen Patchworkfamilie denkst. Besprecht dies dann in großem Rahmen und nicht jeder Elternteil mit seinen eigenen Kindern für sich. Dieses Gespräch allein kann schon einen Beitrag zum späteren

Zeitmanagement und Zusammengehörigkeitsgefühl leisten. Erwarte im ersten Moment nicht allzu viel Kompromissbereitschaft von Seiten der Kinder und rechne auch damit, dass sich eine Front der Stiefgeschwister gemeinsam gegen das neue Baby bilden kann. Die neue Situation bedeutet für alle eine neue Bewertung ihrer Stellung innerhalb der Familie, und Ängste erwachen, welche Du lange überwunden glaubtest.

Sollten Trotzphasen wieder ausbrechen oder sich pubertäre Anwandlungen noch verstärken, kann Dir nur die Zeit helfen oder, wenn Du gar keinen Rat mehr weißt, eine außenstehende Person in Form eines Therapeuten oder Familienberaters. Du musst verstehen, dass Du für Deine Kinder, auch wenn sie gerade mitten in ihrer rebellischen Phase stecken, der sichere Hafen bist. Die zementierte Liebe, an der man sich wieder aufrichten kann, der Fels in der Brandung, an dem man sich reibt. Ein neues Baby durch neues Liebesglück kann bei Deinen vorhandenen Kindern die Gefühle von Sicherheit und Geborgenheit durcheinanderbringen. Achte auch darauf, wie sich die Kinder Deines Partners verhalten und besprich Dich intensiv mit ihm über Interessen, Begabungen und Talente. Tauscht Euch aus und findet Mittel und Wege, allen dieselben Möglichkeiten zu gewährleisten. Seid Euch vor allem auch bewusst, dass gemeinsame Kinderzimmer für Stiefgeschwister und Halbgeschwister ihre Zeit benötigen und dies vor allem mit dem Einsetzen der Pubertät und den körperlichen Veränderungen auf Widerstand von Seiten der Kinder stoßen wird.

Alle guten Ratschläge helfen nicht, wenn Du und Dein Partner Euch nicht einig seid über die genauen Erziehungsmittel wie Rituale, Grenzen und Konsequenzen. Möglicherweise benötigt Ihr mehrere Wochen und Monate als Familie, um alle ehemaligen und neuen Regeln in Einklang zu bringen und Euch über die Erziehung Eures gemeinsamen Babys einig zu werden. Nehmt Euch diese Zeit und bezieht Eure bereits vorhandenen Kinder soweit wie möglich und angepasst an Euren Erziehungsstil mit ein.

20. LÖSUNGSVORSCHLÄGE ZU TÄGLICHEN PROBLEMEN

Im nun folgenden zweiten Teil unseres Buches wollen wir Dir zu altbekannten Problemstellungen verschiedene Lösungsmöglichkeiten aufzeigen. Um es gleich vorweg zu nehmen, die Patentlösung gibt es nicht!

Lösungen hängen nicht zuletzt davon ab, welchem Erziehungsstil Du insgesamt folgst und wie Du bisher mit dem Problem oder problematischen Situationen umgegangen bist, denn eine plötzliche Verhaltensänderung Deinerseits wird zunächst einmal auf Misstrauen und Unverständnis seitens Deines Kindes stoßen. Hast Du ihnen bis dato zu viel durchgehen lassen, bist jetzt mit Deinen Nerven und Deinem Latein am Ende, so wird die Lösung eines Problemfalles höchstwahrscheinlich weiterhin Deine Geduld strapazieren und auch Deiner Disziplin bedürfen, die neuen Wege zu beschreiten und dann auch zu Deinem und Deines Kindes Wohl beizubehalten.

Es ist nie zu spät, Fehler einzugestehen, allen voran Dir selbst, und gegenzusteuern. Überlege Dir ruhig, wie Du Dir Euer Zusammenleben in Zukunft vorstellst, bringe diese Idee ein in eine positive Erwartung Deinerseits. Gehe davon aus, dass es funktionieren wird und, je nach dem Alter Deiner Kinder, erkläre den Hintergrund für Deine neuen Maßnahmen, Regeln und Verhaltensmuster. Es soll durchaus schon vorgekommen sein, dass nach einem klärenden Gespräch alle Beteiligten froh darüber waren, dass kritische Situationen nun neu gehandhabt werden und so den Zusammenhalt der Familie und den Haussegen wieder in die richtige Bahn lenken. Formuliere hier gerne Deine Wünsche, Deine Bedenken und fordere auch die Mithilfe zur Bewältigung von kritischen Momenten ein. Nimm unsere Ideen nicht als 1:1 Umsetzung, sondern eher als Gedankenanstoß, denn wir können natürlich nicht wissen, wie die Gegebenheit in Deiner Familie genau ist und warum eine kritische Situation entstanden ist oder warum sich ein Verhalten einschleichen konnte, welches Du eigentlich ablehnst. Gehe offen mit unseren Erklärungen um, vergleiche die Beispiele mit Deinen aktuellen Möglichkeiten und baue Dir die Lösung so auf, dass sie auch in Euren Familienalltag passt. Es nützt nichts, wenn Du zwar liest, dass wir Rituale empfehlen, diese aber bis dato in Deiner Familie keine Rolle gespielt haben. Du wirst Dir dann erst überlegen müssen, was Du inwieweit bei Euch ändern kannst, und zwar so, dass es auch wirklich beibehalten werden und zu einem positiven Ritual samt Verhaltensänderung werden kann.

Zudem müssen selbstverständlich eventuelle medizinische oder gravierend psychologische Probleme zuvor ausgeschlossen sein! Wir sind keine Ärzte und können hier keine Behandlungen empfehlen. Wir schreiben aus unserem

Wissen, unserer Erfahrung als Eltern, Erzieher und Lehrer sowie aus Interesse an der aktuellen Entwicklung unserer Gesellschaft und ihrer Ordnung. Wir sind uns bewusst, dass jedes Jahrzehnt mit seinen Änderungen andere Lösungswege vorschlagen und einschlagen kann, da auch Erziehung gewissen Trends unterworfen ist, welche nicht zuletzt auch mit der Globalisierung und Digitalisierung zusammenhängen. Darum ist es uns auch so wichtig zu betonen, was sich im Verhältnis von Eltern und Kindern nicht ändern sollte, nämlich das Näheverhältnis, die Liebe und das Verständnis füreinander und für das Individuum. Wir betonen das Einbeziehen der Natur über Ausflüge und Spaziergänge im Wald, weil es jedem Familienmitglied guttut, einmal rauszukommen aus dem Alltagstrott, wieder zu sich selbst zu finden und die Welt ganz neu zu entdecken. Versuche hierbei, die Umgebung mit den Augen Deiner Kinder zu sehen, die Wunder, welche nur darauf warten, untersucht und begriffen zu werden. Genieße die Ruhe der Natur und lasse die Smartphones zumindest für den Spaziergang in bekanntem Gelände im Auto liegen. Beobachte Deine Kinder, fühle Dich in sie hinein und bekomme wieder das berühmte Bauchgefühl dafür, was sie brauchen. Wir sprechen hier nicht davon, den Kindern alles zu erlauben, denn ein gesundes Bauchgefühl, eine funktionierende Intuition wird Dir auch vermelden, wann es Zeit ist, mit Grenzen und Regeln, mit Verboten zu kommen, um die Entwicklung Deines Kindes in geordnete Bahnen zu lenken.

Wir haben dieses Kapitel zwar „Problemfälle oder Problembereiche" genannt, aber sieh es doch einmal im Zusammenhang des gegenseitigen Kennenlernens und gemeinsamen Wachsens. Leider wissen wir, dass nur allzu viele der nachfolgernd geschilderten Aufregungen dadurch entstehen, dass wir uns keine Zeit mehr füreinander nehmen. Wir selbst sind bis obenhin voll mit Arbeit, Aufgaben im Haushalt, etwas Freizeit will man auch noch haben und das Smartphone ist der ständige Begleiter, schließlich will man immer auf dem Laufenden sein. Kinder laufen oft nur mehr nebenher, das taten sie zwar früher auch schon oft, aber damals wurden sie nicht vor einem TV-Gerät geparkt oder ihnen ein iPhone oder Tablet in die Hand gedrückt, um sie mit bunten Bildern zu beschäftigen! Damals sind sie rausgegangen aus dem Haus oder der Wohnung, hatten andere Kinder und jede Menge Geschwister um sich herum und der fantasievolle Raum aller Beteiligten hat Spiele und Abenteuerwelten in den schäbigsten Hinterhöfen entstehen lassen. Diese Möglichkeit steht Kindern heute in vielen Regionen nicht mehr offen, da es auf den umliegenden Straßen zu gefährlich ist oder zumindest erscheint. Kinderspielplätze müssen vielerorts eingezäunt und über Nacht sogar abgesperrt werden, damit auch am nächsten Tag noch fröhlich gerutscht, geschaukelt oder im Sandkasten gebuddelt werden kann. Nimm Dir also die Zeit, die Deine Kinder brauchen! Sie sind Deine Zukunft, sie sind kein Statussymbol.

20.1 *Haustiere*

Sie kommt wie das Amen im Gebet, die Frage nach einem Haustier. Und ist die Wohnung noch so klein, kaum ein Kind wünscht sich keinen kleinen, pelzigen Spielkameraden. Vom Pony bis zur weißen Maus umfassen die Wünsche alles, was das Kinderherz von anderen Kindern hört oder bei Verwandtschaft und im Fernsehen erlebt. Je nachdem, welche Kindersendungen gerade im Trend sind, haben wir vom Collie (Kann sich noch jemand an „Lassie" erinnern?) bis hin zu Zierfischen nach den Abenteuern von Nemo schon alle Wünsche gehört und nicht selten wurden sie auch erfüllt. Hamster oder Meerschweinchen gibt es dann meistens gleich für jedes Kind extra, um dann festzustellen, dass die Begeisterung für den neuen Freund mit fortdauern der Pflichten, vor allem der Sauberhaltung des Käfigs, nachlassen kann. Plötzlich muss Papi täglich morgens und abends mit dem Hund hinaus und die Katze wird bei Oma in die Pflege gegeben. Sollst Du den Wunsch nach einem Haustier nun erfüllen oder nicht?

20.1.1 *Verantwortung lernen*

Wird der Wunsch nach einem Haustier an Dich gerichtet, so kannst Du auch dem Kleinsten schon erklären, dass ein Tier sich nicht selbst versorgen kann, ziemlich freilebende Katzen auf einem Bauernhof einmal ausgenommen! Vergleichst Du die Anhänglichkeit und Abhängigkeit des pelzigen Freundes mit der Deines Lieblings von Dir, dann wird er sehr schnell verstehen, dass der Freund nicht einfach in die Ecke gelegt und hervorgeholt werden kann wie ein Spielzeug, die Puppe oder der Teddybär. Neben Futter benötigt das Haustier etwas Auslauf oder einen Käfig, und zwar täglich, und sauber gehalten muss dies auch noch werden. Oft reicht es schon, die Aufgaben vor dem Kind auszubreiten, damit der Wunsch noch einmal überdacht wird. Steht der Wunsch Deines Sprösslings aber fest, dann gibt es in Tierheimen heute sogar die Möglichkeit, ein Tier auf Probe zu nehmen. Erkundige Dich und nutze diese Offerte, wenn Du Dich dazu entschließt, dem Wunsch stattzugeben, und bereite Dich jedenfalls darauf vor, zumindest am Anfang bei der Versorgung zu helfen.

Deinem Kind muss absolut klar sein, dass Du die Verantwortung für ihn trägst, dies gerne tust und Dir dadurch auch keine Aufgabe zu schwer ist, und dass dies dann in Zukunft für ihn oder sie gegenüber dem Tier gilt. Besucht eine Zoohandlung, ein Tierheim oder einen Bauernhof, um Deinem Liebling zu zeigen, dass der kleine herzige Hundewelpe irgendwann ein ausgewachsener Schäferhund, eine Dogge, oder was auch immer er sich gerade wünscht, werden wird. Erkläre ihm auch, dass sich der Spieltrieb eines Tieres mit den

Jahren verändern kann und auch Arztkosten miteingerechnet werden müssen. Ist Eure finanzielle Situation eher angespannt und weiß Dein Kind, dass nicht alle materiellen Wünsche erfüllt werden können, so besprich auch die Kosten für den lebenden Spielkameraden mit ihm. Es gibt jede Menge Kinder, die für das Haustier bereit sind, auf andere Dinge zu verzichten. Mach dann klar erkenntlich, dass dies nicht nur für den Moment gilt, sondern möglicherweise für die Gesamtdauer des Lebens des neuen Mitbewohners.

Reist Ihr viel, weil beispielsweise regelmäßig Verwandtschaft in weiter entfernten Orten besucht wird oder Ihr Euch auch Wochenendurlaube erlauben könnt, dann musst Du Deinem Kind zu verstehen geben, dass die Katze oder der Hamster nicht mitreisen werden und bei einem Hund zuvor mit der Oma oder der Tante gesprochen werden muss, ob er mitkommen darf und auch die Auswahl der Urlaubsorte in Zukunft von ihm abhängen kann. Dies kann durchaus Einschränkungen bedeuten und spontane Ausflüge vereiteln, wenn Ihr daran gewöhnt seid. Alles das gehört auf den Tisch. Gibt es eine Nachbarin, eine Oma oder Freunde in der Umgebung, welche die Tierpflege während der Abwesenheit übernehmen können, so müssen auch diese das Haustier kennenlernen und Ihr müsst sicherstellen, dass die Versorgung funktionieren wird. Tiere können zudem verschnupft reagieren, wenn Herrchen oder Frauchen mit schöner Regelmäßigkeit außer Haus sind. Da kommt es schon einmal vor, dass die geliebte Katze Dir den Rücken zudreht im Moment Deiner Rückkehr, auch damit muss Dein Kind dann umgehen können. Je nach Alter Deines wünschenden Lieblings kannst Du alle angeführten Punkte intensiver diskutieren, um dem Wunsch auf den Grund zu gehen. Wir haben Dir ja schon erzählt, dass Kinder bis zum etwa 4. bis 5. Lebensjahr sehr Ichbezogen sind, auch erkennen sie den Zeitbegriff erst mit diesem Alter. Erfülle also, wenn Du nicht selbst auch zu einem pelzigen Mitbewohner tendierst, den Wunsch im ersten Moment noch nicht. Kinderwünsche können sich vor dem Schuleintritt noch täglich ändern!

20.1.2 *Welches Haustier für welche Wohnung?*

Möchtest Du dem Wunsch Deines Lieblings stattgeben, dann gilt es wirklich gut zu überlegen, welches Tier Ihr Euch als Mitbewohner aussucht. Selbstverständlich stehen Dir Personal in Zoohandlungen und Pflegeheimen Rede und Antwort und beraten auch zur Wohnsituation und dem passenden Haustier. Es spielt eine große Rolle, wie oft und lange die Wohnung leer steht im Laufe eines Tages und ob am Abend und auch frühmorgens wirklich Zeit ist, mit einem Hund rauszugehen. Katzen oder Meerschweinchen können den Tag über gut allein gelassen werden, vorausgesetzt, ihre Toilette ist gesäubert und genügend Futter und Wasser bereitgestellt. Bei Hunden sollte man sich die Sache noch einmal überlegen.

Fische in einem Aquarium passen in die kleinste Wohnung, sind aber natürlich nicht der Spielkamerad, dem man einen Ball zuspielen kann und der mit einem kuschelt. All das muss Euch bewusst sein, damit der zuerst so sehnlichst gewünschte Vierbeiner oder anfangs gehätschelte Mitbewohner nicht schneller in einer Pflegestation wieder aufwacht, als Ihr Euch zu seinem Kauf entschlossen habt.

20.1.3 *Alternativen zum eigenen Haustier*

Ist aufgrund Eurer Wohnsituation ein eigenes Haustier absolut nicht möglich oder gibt es in Deiner Familie jemanden mit einer Allergie gegen Tierhaare, dann kannst Du immer noch gemeinsam mit Deinem Kleinen eine Tierpatenschaft übernehmen. Viele Tierschutzheime bieten an, dass man mit den Hunden spazieren gehen kann, sich langsam aneinander und an die gegenseitigen Bedürfnisse gewöhnen und bei der Versorgung im Heim helfen kann. Dies wäre eine Möglichkeit, Deinem Kind den Kontakt zu einem Tier zu erlauben und gleichzeitig lernt es, dass man sich darum auch kümmern muss, dass es kein Spielzeug ist, das man in die Ecke werfen und über Tage vergessen kann. Wollte Deine kleine Prinzessin ein Pony und hast Du Reitstunden in einem nahegelegenen Reiterhof organisiert, dann gibt es auch dort die Teilnahme an der Versorgung der Tiere. Striegeln, ausmisten und Füttern sowie regelmäßige Bewegung gehören zum Besitz eines Ponys dazu und oft bemerken die Kinder erst dann, dass die Vorstellung nicht mit der Realität übereinstimmt und sie doch kein Haustier haben wollen. Hast Du dann einen Kurs oder eine Mitgliedschaft mit beschränkter Dauer schon bezahlt, dann kannst Du auch dafür Sorge tragen, dass Deine Möchtegern-Ponybesitzerin den Vertrag erfüllt und zumindest bis an dessen Ende durchhält. Selbstverständlich soll man Kindern die Gelegenheit geben, sich auszuprobieren und viele Dinge zu entdecken, aber das heißt nicht, dass sie heute dies und morgen wieder etwas anderes anfangen können, ohne die Konsequenzen zu kennen!

Ebenfalls eine Idee, ein lebendiges Wesen zu betreuen und beim Wachstum zu beobachten sowie Verantwortung zu übernehmen, indem man sich darum kümmert, ist eine Pflanze. Tomaten beispielsweise gibt es heute in Töpfen auch für Wohnungen. Kleine Sträucher mit vielen süßen oder säuerlichen Früchten können Deinem Nachwuchs auch beibringen, welche Arbeit hinter dem lässigen Kauf diverser Lebensmittel im Supermarkt steckt, und so können sie auch ein Verständnis für den Zusammenhang von Leistung und Geld erlernen. Es ist für Kinder extrem spannend zu beobachten, wie sich aus den Samen nach wenigen Tagen ein kleines Pflänzchen entwickelt, wie es regelmäßig aufblüht, wenn es Wasser bekommt oder sofort die Blätter hängen lässt, wenn man es vernachlässigt. Anstelle von Käfigreinigung können sie lernen, die Pflanze umzutopfen, damit sie weiter gedeihen kann. Dann wartet man gemeinsam gespannt auf die ersten Blüten, hilft einer Zimmerpflanze mithilfe eines Pinsels bei der Bestäubung und sieht dann zu, wie die ersten Früchte sich bilden und nach und nach rot und genießbar werden. Natürlich kann man mit einer Pflanze wie einem kleinen Tomatenstrauch nicht kuscheln, aber man kann sich auch mit diesem unterhalten und anstelle von Spielen später die Früchte davon naschen!

20.2 *Sport und Bewegung*

Weder Du noch Dein Kind müssen zum Ausdauersportler oder Weltmeister einer sportlichen Disziplin werden. Bewegung gehört zum menschlichen Körper, zum Gehen und Laufen wurde er gebaut. Bewegung verbrennt nicht nur Kalorien und sollte darum nicht rein zur Unterstützung von Diäten eingesetzt werden, sonst verliert sich die Lust daran sehr schnell wieder. Bewegung hat auch nichts mit den Körpermaßen zu tun, sondern mit Deiner Gesundheit von der Verdauung bis zum Gehirn. Wie sich Sport oder nur drei moderate Spaziergänge auf Deine Denkleistung auswirken können, haben wir schon mehrfach betont und in einem eigenen Kapitel ausführlicher beschrieben. Für Kinder ist Bewegung essenziell, fördere ihren natürlichen Drang dazu, auch wenn Du eigentlich nach einem langen Arbeitstag keine Lust dazu hast, noch einmal die Wohnung zu verlassen. Eltern mit eigenem Haus und Garten oder in einer Wohnsiedlung mit angeschlossenem Spielplatz sind hier definitiv bevorteilt. Hast Du dieses Glück nicht, dann raffe Dich auf, schnapp Dir ein Buch und lies, während Dein Liebling seine letzte Energie auspowert oder nimm einen Ball mit und bewege Dich gemeinsam mit Deinem Kleinen. Du wirst Spaß daran finden und bleibende Erinnerungen damit schaffen. Dass Du die Zusammengehörigkeit damit stärkst, müssen wir hier nicht mehr extra betonen.

20.2.1 *Deine Vorbildwirkung*

Hast Du das Thema Bewegung und Sport bis dato eher vernachlässigt, so ist heute der beste Zeitpunkt, dies zu ändern und auch Deinen angelernten Stubenhocker dazu zu animieren, die Nase aus dem Bildschirm zu nehmen und frische Luft zu schnuppern. Gehe mit gutem Beispiel voran und überlege Dir, was Euch gemeinsam oder ihm oder ihr allein früher Spaß gemacht hat. Gab es mal ein Fahrrad zu Ostern oder zum Geburtstag und vermodert seither im Keller? Rollschuhe, Skateboard oder Inline Skates? Was hat Dich oder Euch gemeinsam begeistert? Was könnte Euch heute dazu verleiten, wieder öfter raus zu gehen? Es muss auch nicht jeder dasselbe tun, Du kannst Deine Inliner wieder ausprobieren und Dein Liebling Dich auf dem Fahrrad begleiten.

Umgekehrt selbstverständlich genauso. Du kannst auch einfach neben Deinem Kleinen auf dem Rad locker joggen. Vielleicht werdet ihr schon bald kleine Wettkämpfe veranstalten, denn Kinder lieben Herausforderungen, ansonsten würden sie sich auch nicht am Computer von einem Level zum nächsten aufregenden Spieleabschnitt vortasten. Nutze die noch leichte Begeisterungsfähigkeit der Kinder und lasse Dir nicht zu viel Zeit damit, morgen könnte es wieder regnen oder etwas anderes dazwischenkommen. Der beste Moment ist genau jetzt!

Bist Du selbst in einem Verein, wirst Du Deinen Nachwuchs automatisch mitnehmen und ihm die dazugehörende Jugendgruppe vorstellen, ihn schnuppern lassen und herausfinden, ob er diese Sportart auch betreiben möchte. Zwinge ihn oder sie nicht dazu. Es gibt in Deiner Umgebung sicher noch andere Vereine oder Mannschaften mit Kinderkader, welche es ebenfalls wert sind, sich einmal anzusehen und ihr Angebot zu testen. Der Vorteil beim Schnuppern an einer Sportart in einem Verein ist, dass Du erstmal keine Ausrüstung dafür anschaffen musst. Diese kann man sich meist kostenlos oder gegen geringe Gebühren ausleihen und erst, wenn die Feststellung zur Mitgliedschaft erfolgt ist, stürzt man sich in die entsprechenden Unkosten. Bei Fußball-, Handball- oder anderen erfolgreichen Vereinen, zumindest in der Regionalliga, werden Trikots und Schuhe oft von den örtlichen Firmen gespendet, so dass auch für Familien mit eher enger geschnalltem Gürtel die Möglichkeit der Teilnahme besteht. Das Miteinander in einem Team fördert neben der Freude an Bewegung, welche dann meist ein Leben lang anhält, auch die sozialen Kompetenzen. Bälle müssen abgegeben werden und Tore schießen oder werfen muss jeder in der Mannschaft üben. Vor allem Kinder werden nicht so schnell auf bestimmte Positionen festgelegt, wie dies beim Leistungssport der Fall ist.

Wenn Dein Sprössling nun partout kein Mannschaftsspieler ist, so gibt es auch Vereine, Trainingsstätten oder andere Gelegenheiten, um für sich allein Punkte zu sammeln und sich trotzdem zu bewegen und seiner sportlichen Neigung nachzugehen. Biete die Möglichkeiten in Deiner Umgebung an und gehe auch auf die Wünsche Deines Nachwuchses ein, wenn er beispielsweise einen Freund hat, der schon in dem einen oder anderen Club ein regelmäßiges Mitglied ist. Oft hilft es, wenn man zu zweit zu einem Sport tendiert, diesen nicht so schnell wieder aufzugeben, auch wenn das Wetter oder die Laune einmal nicht passen. Selbst Kinder wollen sich hier keine Blöße geben und nehmen vielleicht maulig, aber dennoch am Training teil.

Es kommt nicht darauf an, welche Sportart ausgeübt wird, welche Art von Bewegung am meisten Spaß macht, sie soll nur mehrmals wöchentlich ausgeübt werden, damit die grauen Zellen sich vermehren und die Muskeln sich weiterhin gut entwickeln.

20.2.2 *Sport im Verein – Verantwortung*

Kommt es nach diversen Schnupperstunden und ersten Trainingseinheiten zum Entschluss, einem Verein, einer Mannschaft beizutreten, musst Du Deinem Kind auch klarmachen, dass eine Mitgliedschaft auch Verantwortung bedeutet und er seine Treue zu einer Sportart nicht wechseln kann wie andere Menschen ihre Studienrichtung. Gerade Vereinssport bedeutet nicht zuletzt auch einen gewissen finanziellen Aufwand und vor allem Zeit! Trainingspläne müssen eingehalten werden und Wettkämpfe richten sich nicht nach dem Wetter und dem Bedürfnis des Kindes, sondern nach einem festgelegten, über das gesamte Jahr aufgestellten Plan. In vielen Vereinen ist es auch üblich, dass beim Sauberhalten des Vereinslokals oder der Sportstätte und bei Veranstaltungen alle Mitglieder und deren Familien zusammen helfen. Die Mitgliedschaft in einer Mannschaft kann also nicht nur dem Mitglied an sich Zeit kosten, sondern auch seiner nahen Umgebung. Darüber solltet Ihr jedenfalls sprechen, bevor die Abbuchung für eine eventuelle Mitgliedsgebühr eingerichtet ist!

Training und Wettkämpfe sind in Zukunft auch kein Grund für die Vernachlässigung der schulischen Aufgaben, auch dies muss im Vorfeld abgesprochen und klargestellt werden. Die Konsequenzen einer Mitgliedschaft und einer regelmäßig ausgeübten Sportart gehören klar auf den Tisch, dann spart Ihr Euch viele böse Überraschungen hinterher. Konsequenzen sind keine Strafen, aber Dein Sprössling muss wissen, dass er seine Mannschaft nicht nach Lust und Laune besuchen oder im Stich lassen kann. Spaß am Sport ist vor allem in einem Verein auch eine Verpflichtung, und das kann Dein Kind gleich mitlernen. Zeige ihm einfach in wenigen Worten auf, was passiert und wie er selbst in der Mannschaft erscheinen wird, wenn er sich nicht an die dort verankerten Regeln hält. Begeistert ihn die Sportart und fühlt er sich als Teil der Gruppe wohl nach einigen Schnuppertagen, dann wird er oder sie die Pflichten und die Verantwortung verstehen und sie auch übernehmen. Sicher wirst Du am Anfang noch dahinter sein und auch als Taxi fungieren, aber mit fortschreitender Zeit und dem Alter der Kinder werden sie sich mehr und mehr selbst um diese Aufgaben und Freizeitgestaltung kümmern.

Gemeinsame Erinnerungen und Spaß am Sport können gerade über gesellschaftlich aktive Vereine alle Familienmitglieder aufbauen, selbst wenn nur eines davon ein engagiertes Mitglied ist. Ob das Anfeuern beim Training oder bei Wettkämpfen oder einfach nur das Gespräch über die gelernten sportlichen Regeln und Übungen auf der Fahrt zum Verein oder wieder nach Hause, Dein Interesse und Deine Teilnahme werden den Wunsch Deines Kindes, weiterzumachen, unterstützen.

Auch wenn Dein Sohn oder Deine Tochter ein Talent für die gewählte Sportart zeigt und mit Begeisterung dabei ist, heißt das nicht, dass sie der neue

Superstar oder Weltmeister werden müssen. Nimm ihnen nicht den Spaß an der Bewegung, indem Du sie zu sehr auf höchste sportliche Leistungen trimmst. Die Trainer, selbst in den Kreisklassen kommen auf die Eltern zu, wenn Ausnahmetalente erscheinen und eine weitere Förderung sinnvoll erscheint!

20.2.3 Ein wenig Bewegung passt in jeden Alltag

Viele Menschen bewegen sich zu wenig, weil sie denken, sportliche Betätigung müsste zumindest Joggen sein und sie hätten weder die Zeit dafür noch die richtige Umgebung, weil sie beispielsweise mitten in der Altstadt wohnen oder an sehr viel befahrenen Straßen. Ist dies bei Euch der Fall, dann versucht, eventuell den Weg in die Kita, in die Schule oder nur zum nächstgelegenen Supermarkt zu Fuß oder mit dem Fahrrad zurückzulegen. Ist der Weg dahin insgesamt zu weit, dann kannst Du immer noch eine Station der Öffentlichen Verkehrsmittel zu Fuß gehen und den Rest mit Bus oder Bahn fahren. Hat Euer Supermarkt im Stadtbezirk oder Euer Einkaufszentrum einen am Wochenende gesperrten Parkplatz? Dieser eignet sich perfekt, um dann das Radfahren, das Skaten oder andere Bewegungsgeräte mit Rollen und Rädern auszuprobieren und den Umgang damit zu lernen. Der Gleichgewichtssinn wird gefördert und die gemeinsame Zeit noch lange in Erinnerung bleiben.

Viele Städte fördern die Anlage von Spielplätzen und öffentlichen Gärten oder Naherholungszonen, und diese sind meistens gut an öffentliche Verkehrsmittel, Spazier- oder Fahrradwege angeschlossen. Nutze diese Einrichtungen mit und für Deine Kinder und versuche, zumindest einen Tag am Wochenende dort zu verbringen. Ihr könnt während der lauen Jahreszeiten ganze Tagesausflüge dahin unternehmen und ein Picknick mitbringen oder über mehrere Tage und Wochenenden hinweg alle Imbissbuden und Eisdielen rundherum zum Testessen besuchen, um Euren Liebling zu finden. Wichtig ist, dass Deine Kinder die Gelegenheit bekommen, sich einmal so richtig auszupowern und neue Umgebungen kennenzulernen. Dies wirkt übrigens auch sehr gut auf den anschließenden Schlaf. Wenn es dann der einzige Tag der Woche ist, wo Deine Kleinen freiwillig zu Bett gehen, hast Du schon viel erreicht.

Treppensteigen ist eine hervorragende Bewegung, nicht nur für die Kinder, die springen ohnehin lieber von Treppe zu Treppe, anstatt den Aufzug oder die Rolltreppe zu benutzen. Versuche einfach, mehr Wege zu Fuß in Deinen Alltag einzubauen und ein wenig Gymnastik kann man in der kleinsten Wohnung ausführen und bei Schönwetter dazu das Fenster weit öffnen! Gehe die nächsten Tage mit offenen Augen durch Deine nähere Wohnumgebung und überlege Dir, wie und wo Ihr dieses Mehr an Bewegung und Sport durchführen könnt oder sprich mit anderen Eltern in der Kita und Schule. Oft werden dort auch Mitteilungen von Sportstätten und Vereinen ausgehängt, welche mit der Betreuungseinrichtung Deiner Kinder kooperieren. Nutze diese Angebote und Du wirst weit weniger Diskussionen zur Internet- und Mediennutzung in der nahen Zukunft führen, da Deine Kinder auch andere Interessen und wahre Freundschaften entwickeln und leben.

20.2.4 *Was Dein Kind vor Schuleintritt schon können sollte!*

Schwimmen und Radfahren sind Bewegungsarten, welche viele Schulen in Form von Ausflügen oder als Teil des Unterrichts anbieten. Tue Deinem Nachwuchs den Gefallen und bringe es ihm oder ihr bei, bevor es zum ersten Schwimmkurs oder zur ersten Radtour mit der Gruppe geht! Kinder lieben Bewegung, den ganzen Tag laufen, hüpfen oder krabbeln sie durch Wohnung, Haus und Garten und entdecken die Welt immer wieder neu. Nach 9 Monaten in Mamas Bauch haben sie auch nach wie vor einen besonderen Bezug zum Wasser, so dass als eine der ersten spielerischen Bewegungsarten schon ab einem halben Jahr Babyschwimmkurse für Mama oder Papa mit Kind angeboten werden. Hast Du solche Initiativen in Deiner Umgebung, so nutze sie. Du wirst dann auch gleich beim späteren Lernen von Waschen, Duschen und Zähneputzen weniger Schwierigkeiten erleben!
Laufräder geben ein erstes Gefühl für das Gleichgewicht, wenn gerade nicht auf den eigenen zwei Beinen gelaufen wird. Das Kinderrad mit Stützen wird dann schnell zum geliebten Fortbewegungsmittel und Dein Kind lernt das Radfahren quasi ganz von allein. Viele Eltern klappen einfach die stützenden Zusatzräder mehr und mehr hoch. So hat Dein Kind zwar immer noch die seitliche Hilfe dabei, bewegt sich aber dennoch schon auf den nur zwei dafür gedachten Rädern. Meist haben die Kids beim Fahren an sich keine großen Schwierigkeiten, eher das Aufsteigen, Losfahren und Anhalten sind zu üben. Gib Deinen Kindern die Gelegenheit, auch auf diese Art und Weise selbständig zu werden und die weitere Umgebung ebenfalls zu erforschen. Tauschbörsen und Second-Hand-Shops auch in diesem Bereich machen es einfach, immer das passende Bewegungsmittel samt Schutzausrüstung für die aktuelle Körpergröße und das Können bereit zu haben.

20.2.5 *Bewegung, Denkleistung und Stressmanagement*

Ab dem Zeitpunkt, ab welchem Kinder das Laufen gelernt haben, sind sie ständig auf den Beinen und wollen die Welt für sich erobern. Zum Stillsitzen müssen wir sie erst erziehen, dabei sollten wir es aber nicht übertreiben, denn gewöhnen wir ihnen den natürlichen Bewegungsdrang ab, kann das in Folge dramatische Auswirkungen auf ihre spätere Gesundheit haben und auf ihre Möglichkeiten, mit stressigen Situationen in Schule, Beruf und Alltag umzugehen! Wie so vieles liegt auch dies in unserer evolutionären Geschichte begründet und wir dürfen nicht vergessen, dass wir erst in den letzten etwa 3 bis 5 Generationen von einer laufenden, sich ständig bewegenden zu einer sitzenden Gesellschaft wurden. Erst die Industrialisierung mit ihrer anschließenden Technologisierung hat das Laufen als grundsätzliche Fortbewegungsmöglichkeit abgeschafft und durch das Sitzen ersetzt. Wenn man nun weiß, dass in stressigen Situationen in unserem Körper Cortisol produziert wird, weil uns dies als Menschheit in grauer Vorzeit bei der Flucht und in Gefahrensituationen unterstützt hat, unser Leben zu retten, dann weiß man auch, dass Cortisol grundsätzlich notwendig und nicht immer schädlich ist. Befinden wir uns aber in Dauerstress und dies beginnt heute für manche Menschen schon im Schulalter, dann produziert unser Körper auch andauernd Cortisol, wir können aber den stressigen Situationen durch Davonlaufen nicht mehr entkommen, wir müssen uns ihnen tagtäglich auf ein Neues stellen und geraten dadurch in eine Stress-Spirale. Bewegung und Sport führen ebenfalls zu einer Ausschüttung von Cortisol und es hilft uns in diesem Fall, herausragende Leistungen zu erbringen, aber nach dem Sport senkt sich der Cortisolspiegel auf ein tieferes Niveau ab, als er vor dem Sport mit ziemlicher Sicherheit in heutiger Zeit war. Bewegen wir uns also regelmäßig gezielt und bewusst, dann senkt unser Körper unseren Cortisolspiegel regelmäßig ab. Diese ständige Absenkung auf ein tiefes Niveau führt dazu, dass wir stressresistenter werden und anstatt der Suche nach einem Fluchtpunkt das logisch-analytische Denken wieder in den Vordergrund kommen kann. Denn die Nervenzellen, welche durch Bewegung im Gehirn ständig neu gebildet werden, werden nicht zuletzt zu einem Wachstum unseres Frontallappens führen und dieser ist für das zusammenhängende und damit analysierende Denken verantwortlich.

Erhalte Deinen Kindern die Freude an Bewegung und ermutige sie nach langem Sitzen in Schule, Büro und bei den Hausaufgaben jedenfalls zu Bewegung, zu Sport, denn nur wer regelmäßig, zumindest 3 Tage die Woche Sport betreibt (darunter fällt auch ein Spaziergang in strammem Tempo für eine Stunde), wird auch den Nutzen verspüren. Als positive Nachricht für alle Eltern: Mit Bewegung neu anzufangen, gerade wenn man Kinder hat, hilft auch den Erwachsenengehirnen wieder neu auf die Sprünge und kann auch im fortgeschrittenen Alter noch dafür sorgen, dass mit Stress besser umgegangen werden kann! Beziehe also gerne auch die Großeltern in Euer neues Sport- und Bewegungsprogramm mit ein!

Sport ist weit mehr als das Verbrennen von Kalorien, damit man sich ein Eis oder ein Stück Kuchen erlauben kann. Bewegung liegt uns im Blut, liegt in unseren Genen und unserer Entwicklungsgeschichte. Lasse nicht zu, dass Deine Kinder zu Bewegungsmuffeln, Couchpotatoes oder Grobmotorikern mutieren, nur weil still in einer Ecke sitzende Kinder, mit dem Smartphone spielend, vermeintlich leichter zu handhaben sind! Sie werden es Dir später einmal danken und auch Trotzphasen und die Jahre als Teenager sind möglich leichter zu verarbeiten, wenn sie sich mehrmals die Woche so richtig austoben können. Nicht zuletzt wird durch Bewegungen wie schnelles Laufen, Gehen, Radfahren oder Skaten auch eine große Portion Aggression abgebaut, die sich in uns allen ab und an aufbauen kann. Ganz gleich, ob wir den Ärger aus der Schule, dem Büro oder nur von einem Stadtspaziergang aufgrund einer unliebsamen Begegnung mit nach Hause bringen.

20.3 *Essen zuhause und in Gesellschaft*

Auch beim Thema Essen, Benehmen am Tisch zu Hause oder im Restaurant, selbstverständlich auch bei Oma oder anderer Verwandtschaft liegt es, wie viele andere Dinge, extrem an Deinem Vorbild. Ist das Essen in Eurem Haushalt eher eine Nebensache und jedes Mitglied verzieht sich mit seinem Teller in sein Zimmer vor sein eigenes Medium, dann kannst Du wenige Tage vor einer Einladung oder dem Urlaub mit Essen im Restaurant ein paar Übungsabende ansetzen, an welchem dann alle Beteiligtem sich zum gemeinsamen Essen und Anwenden gewisser Benimmregeln einfinden. Wird das gemeinsame Frühstück, Mittag- oder Abendessen in Eurer Familie ohnehin großgeschrieben, so wirst Du Deinen Kindern sicher auch hier ein gutes Vorbild geben wollen und nicht selbst am Tisch lümmeln, mit den Händen essen (außer natürlich, es gibt Rippchen vom Grill!) oder ständig Deine Augen auf den Bildschirm des Smartphones gerichtet halten. Viele Familien, welche aufgrund von Jobs und Kita sowie Schule ohnehin die meiste Zeit des Tages getrennt verbringen, nützen vor allem die gemeinsamen Mahlzeiten für Gespräche über den Tag, die einzelnen Erlebnisse und auch die Planung der Wochenenden oder sonstiger Freizeitaktivitäten. Sprichst Du selbst nicht mit vollem Mund und sagst Bitte und Danke, wenn Dir jemand Salz, Beilagen oder andere unerreichbare Dinge auf dem Tisch reichen soll, erübrigt sich fast schon jede Erklärung an die lieben Kleinen, denn sie werden Dein Verhalten automatisch übernehmen. Es geht ihnen fast schon von ganz allein in Fleisch und Blut über.

Hattet Ihr bis dato keine gemeinsamen Zeiten bei Tisch, möchtest Du diese aber nun ändern, dann überlege Dir alleine, gemeinsam mit Deinem Partner oder mit der gesamten Familie (je nach dem Alter Deines Kindes), welche Regeln nun bei Tisch befolgt werden sollen und zwar von ALLEN. Ob Ihr diese Regeln aufgrund der Umstellung Schritt für Schritt in Angriff nehmt oder gleich in die Vollen geht, wird auch an der Bereitschaft der Familienmitglieder liegen, dieses neue Benehmen einzuhalten. Je kleiner Deine Kinder sind, desto einfacher wird es sein. Für sie kann diese Neuerung einem Abenteuer gleichkommen, welches ihr gemeinsam in Angriff nehmt und die Zusammengehörigkeit noch einmal fördert. Vergiss nie: Was Du Deinen Kindern vorlebst, wird auch bei ihnen hängenbleiben, auch wenn sie in der

Trotzphase oder anderen rebellischen Abschnitten sich nicht immer daran halten. Bei Oma und im Restaurant werden sie sich sehr wohl zu benehmen wissen!

20.3.1 *Gemüse schmeckt mir aber nicht!*

Die Frage, welche hier zuerst zu klären ist, lautet: Warum schmeckt das Gemüse nicht? Wie hast Du denn die lieben Kleinen gefüttert während der Zeit der ersten Breimahlzeiten und des darauffolgenden Abstillens? Hast Du das Gemüse selbst gekocht und gedämpft, püriert, verfeinert mit Muttermilch, Knochenbrühe oder Butter? Hast Du Fertigbrei und Fertiggemüsegläschen gekauft und diese einfach portionsweise aufgewärmt? Wer seine Kinder an natürliches Gemüse gewöhnt hat und dieses auch noch mit einem freudigen, begeisterten Gesicht serviert und gefüttert hat, der wird kaum Probleme damit haben, seinen Kindern auch später noch Gemüse in den Mahlzeiten und Jausen für die Schule zu servieren oder einzupacken. Hast Du Dein Kind an Fertigprodukte mit Geschmacksverstärkern gewöhnt, auch wenn diese natürlichen Ursprungs waren, dann wirst Du später mit dem eher geschmacklosen Gemüse aus den Tiefkühlsortimenten des Supermarktes auch so Deine Probleme bekommen. Überhaupt spielt beim Essverhalten der Kinder auch eine große Rolle, ob Du die Gerichte selbst zubereitest und mit Leidenschaft am Herd stehst, um Deine Familie gesund, frisch und natürlich zu ernähren, oder ob das Essenzubereiten für Dich eher lästig ist und schnell gehen muss. Kinder, die bei der Zubereitung auch noch helfen dürfen, sind auch eher bereit, die Speise zu verkosten und ein nett angerichteter Teller auf einem ansprechend gedeckten Tisch tut noch sein Übriges.
Die Erklärung, dass Gemüse gesund ist, kannst Du Dir schenken, wenn Du nicht zu hundert Prozent dahinterstehst und Gemüse in allen seinen Variationen selbst liebst. Wenn also Dein gemüseverweigernder Liebling gerade nicht in der Trotzphase steckt und Dich und seine Grenzen mit dem Herumschieben des Grüns auf dem Teller testen mag, dann frag ihn doch, welche gesunde Beilage er bevorzugen würde. Überlege Dir auch, wie Du das Gemüse zubereitest. Denn verkochtes oder zu lange, auch zu kurz gebratenes Gemüse kann durchaus nicht mit dem besten Geschmack aufwarten. Mit Kräutern oder Sauce verfeinert wird auch das Gemüse leichter angenommen. Jubel Deinen Kids doch einmal anstelle der Pommes in Stifte geschnittene und im Ofen gebackene Sellerie oder Kürbis unter. Auch dazu passen Ketchup & Co. Gerade Broccoli, Blumenkohl oder Zucchini schmecken hervorragend, wenn sie im Ofen gebacken werden oder kurz blanchiert und mit den bekannten Saucen, welche sonst für Nudeln zubereitet werden, auf den Tisch kommen. Die Gemüseküche ist heute so vielfältig wie lange nicht, versuche einfach abwechselnd saisonale Sorten, bis Ihr findest, was Euch allen schmeckt. Lass Deine Kinder auch mitbestimmen, was die nächsten Tage zum

gemeinsamen Familienessen gekocht werden soll, nimm sie zum Einkaufen mit und zeige ihnen das bunte Angebot in der Obst- und Gemüseabteilung, anstatt sie durch die Regale mit den bunten Verpackungen wandern zu lassen.

20.3.2 „Man isst nicht mit den Fingern!"

Der Spruch war uns als Kindern allen bekannt und dann kam der Sommer, die Grillsaison, und Papi stand an der Holzkohle und hat die Rippchen zubereitet! McDonalds, Burger Kind und weitere Fastfood-Läden haben das Essen mit den Fingern quasi salonfähig gemacht. Es gab aber selbst in der Haute Cuisine immer auch Gerichte und Speisen, welche man mit den Fingern gegessen hat. Dazu wurde dann in einer Tasse oder kleinen Schale heißes Wasser mit Zitrone und eine frische Serviette gereicht, um die Finger wieder zu säubern, abzutrocknen und für den nächsten Gang wieder frisch zu haben, um mit der nächsten Lage Besteck weiter zu schlemmen.

Du wirst Deinem Kleinen höchstwahrscheinlich am Anfang seiner Essenskarriere im Leben Kekse, Gemüse- und Obststücke in die Hand gedrückt haben, so dass er oder sie daran herumkauen und sein Zahnwachstum animieren konnte. Dann saßen sie plötzlich am Tisch und sollten nicht mehr mit den Fingern essen, nicht mehr begreifen, ansehen, drehen und wenden und letztlich entscheiden, ob Aussehen und Konsistenz dazu taugen, in den Mund geschoben zu werden! Essen mit Besteck will gelernt sein, muss geübt werden und mit der Zeit müssen die Regeln klargelegt werden, welche Gerichte mit den Fingern gegessen werden dürfen und welche nicht. Gut wäre natürlich auch, wenn der täglich gedeckte Tisch neben Tellern, Messer und Gabel auch Servietten umfassen würde und der Umgang damit ebenso trainiert werden kann. Chicken Wings, Pommes, Rippchen oder Burger isst auch zuhause niemand mit dem Essbesteck. Stelle für das Essen mit den Fingern Regeln auf und wenn Du tatsächlich nicht möchtest, dass mit den Fingern gegessen wird, dann verbanne einfach alles, das landläufig aus der Hand gegessen wird, aus Deinem Haushalt und serviere alles mit Besteck. Kinderbesteck zum Lernen gibt es heute in unzähligen Variationen im Handel und macht mit seinen oft bunten Figuren darauf den Kindern auch Spaß, es in der Hand zu halten und zu versuchen, die Erbsen aufzuspießen. Übung macht den Meister!

20.3.3 „Benimmregeln", wie sinnvoll sind sie und wo oder wann?

Gutes Benehmen oder glänzende Manieren öffnen auch heute noch Türen und werden in der Gesellschaft beobachtet und anerkannt. Je nachdem, in welcher gesellschaftlichen Schicht man selbst aufgewachsen ist, hat man mehr oder weniger davon gelernt und von zuhause mitgegeben bekommen. Es gibt aber ein paar einfache Regeln, welche über alle Einkommensklassen und Gesellschaftsschichten Bestand haben und genau diesen wollen wir uns zuwenden. Was Du dann in Eurem Heim daraus machst, wo Du noch mehr gutes Benehmen erwartest und was genau für Dich gute Manieren sind, das musst Dir für Dich und gemeinsam mit Deinem Partner überlegen. Manche Benimmregeln erleichtern das soziale Miteinander und auf gerade diese kommt es an.

Je nachdem, in welcher Region man lebt, begrüßt man sich bei Treffen auf der Straße oder beim Eintritt in ein Haus, eine Wohnung, ein Geschäft, auch im Büro. Vom Hamburgischen „Moin" bis zum österreichischen „Servus" gibt es viele Spielarten. Gegrüßt wird, vor allem in kleineren Ortschaften, noch jeder, den man auf der Straße trifft, in der Stadt kann Dir passieren, dass Du Dein Gegenüber erschreckst. Nichtsdestotrotz solltest Du Deine Kinder darauf aufmerksam machen und ihnen auch erklären, dass man sich in unseren Breiten bei einer Begrüßung die Hand reicht. Vor allem, wenn Du spielerisch drauf eingehst und es bei Rollenspielen mit Puppen etc. ebenfalls anwendest, wird dieser erste Eindruck schnell sitzen und von Deinen Kindern problemlos angewandt werden. Du kannst Dich auch erkundigen, wie andere Nationen oder Weltregionen sich begrüßen und verabschieden und daraus ein Lernspiel kreieren.

„Bitte" und „Danke" gehören nicht nur an den Tisch, wenn man etwas möchte, das von einem selbst weiter weg platziert ist, sondern sind eine Respektserweisung, welche den ganzen Tag über praktiziert werden sollte. Ein kleines Danke, auch für Hilfestellungen oder Tätigkeiten im Haushalt, auch wenn diese zuvor über eine Arbeitsteilung festgelegt wurden, erfreut jeden, denn es ist ein Zeichen, dass Du bemerkt hast, die Aufgabe wurde zu Deiner Zufriedenheit ausgeführt! Bitte und Danke lehrt man seinen Kindern also nicht allein, um die Oma und den Opa damit zu erfreuen. Beobachte Dich selbst, wie oft Du Bitte oder Danke sagst und überlege Dir, ob es mehr Gelegenheiten für diese zwei kleinen Wörtchen geben würde.

Benimmregeln vor allem bei Tisch sind unter anderem, dass nicht zu essen begonnen wird, bevor nicht jeder seinen Teller vor sich stehen hat und man sich einen Guten Appetit gewünscht hat. Es geht hier um vielleicht zwei oder drei Minuten, selbst wenn mehrere Personen am Tisch sitzen, und dieses Zeichen der Höflichkeit und der Rücksichtnahme gehört jedenfalls auch zum guten Ton in einem Restaurant. Nicht zuletzt wird dort immer versucht, alle Speisen eines Ganges zur selben Zeit zu servieren. Und wenn wir schon dabei sind zu klären, was vor dem ersten Bissen passiert, dann können wir gleich auch noch auf die Serviette zu sprechen kommen, welche in Deutschland und Österreich hauptsächlich auf dem Schoß zu liegen kommt und nicht noch schön gefaltet in die Mitte des Tisches geschoben wird. Es sind die Kleinigkeiten, welche später im Leben anderen Menschen, nicht zuletzt

Vorgesetzten, positiv ins Auge stechen. Macht Euch die Mühe, deckt Eure Tische liebevoll ein und nehmt Rücksicht aufeinander, das Gefühl der Nähe innerhalb der Familie wird damit noch wachsen, und Gespräche können in einer entspannten Wohlfühlatmosphäre stattfinden. Gerade Kinder lieben es zu helfen, wenn der Tisch gedeckt werden soll, lasse sie dies tun und unterstütze sie dabei, auch hier kreativ zu werden. Wenn schon Videos gegoogelt werden, wie wäre es denn mit welchen zum Thema „dekorative Servietten falten" und ausgefallene Tischdekoration?

Dass man sein Essen nicht in Sekundenschnelle in sich hineinschaufelt und dann vom Tisch aufspringt, um wieder zum nächsten Bildschirm zu laufen, versteht sich heute leider auch nicht mehr von selbst! Dem hastigen Essen kannst Du durch Gespräche ebenfalls entgegenwirken, wie Deinem eigenen Vorbild, in kleinen Bissen und gut gekaut zu schlucken. Ganz abgesehen davon, dass dies auch der Verdauung zugutekommt, fallen Plaudereien innerhalb der Tischgemeinschaft leichter. Wann jemand nach dem Essen aufsteht, liegt ebenfalls an Deinen zuvor festgelegten Regeln. Es gibt Familien, da darf jeder aufstehen, wenn er fertig ist, nimmt aber seinen Teller mit in die Küche und räumt ihn selbständig in den Geschirrspüler oder stellt ihn zumindest an einen dafür vorgesehen Platz. Wollt Ihr Euer gemeinsames Essen zu einem richtigen Ritual ausbauen, welches zu wertvoller gemeinsamer Zeit für die gesamte Familie wird, dann bleibt jeder am Tisch sitzen, auch wenn er nichts mehr essen mag und beteiligt sich weiter am Gespräch. Sind alle fertig mit dem Essen, wird der Tisch entweder gemeinsam abgeräumt oder Ihr habt vielleicht für die verschiedenen Familienmitglieder jeweils einen festgelegten Tag, wer wann dran ist. Abgeschlossen werden können Familienessen auch noch mit einer gemeinsamen Tasse Tee, Kaffee oder Kakao und, entweder zu besonderen Anlässen oder nach aktivem Tagesablauf der Familie, mit etwas Süßem. Vom selbstgebackenen Kuchen bis zu Pralinen ist hier alles denkbar. Es fördert den Zusammenhalt und Du kannst damit auch gleich eine Regelung für Süßigkeiten oder Süßspeisen festlegen, beispielsweise eben immer nach dem Essen als Dessert.

Zum guten Benehmen gehört auch, dass man nicht mit untergeschlagenen Beinen auf den Stühlen lümmelt, der sogenannte Schneidersitz ist ohnehin viel bequemer auf einem Kissen am Boden, dass man nicht auf Stuhlbeinen balanciert und schaukelt, auch wenn es vielleicht den Gleichgewichtssinn beweist, und dass nur die Unterarme auf dem Tisch liegen und viele weitere Dinge mehr. Es liegt an Dir und Deinen eigenen Gewohnheiten, welche Benimmregeln genau Du an Deinem Familientisch sehen möchtest. Du kannst keinesfalls von Deinen Kindern ein gutes Benehmen erwarten und es selbst gar nicht oder nur zum Teil vorleben.

20.3.4 *Dein Kind mag sich am liebsten von Süßigkeiten ernähren*

Wenn der obige Satz auf Dein Kind zutrifft, dann hast Du ein ähnlich gelagertes Problem, wie schon beim Thema Gemüse angesprochen. Auch wenn Baby- und Kindernahrung heutzutage mit Zuckeraustauschstoffen zubereitet werden, gewöhnt sich der Gaumen doch daran, dass süß gut und Nahrung bedeutet, vor allem, weil dies ja auch von der Mutter oder dem Vater, der zugehörigen Person mit dem größten Näheverhältnis angeboten wird. Schiebst Du Dir dann auch noch regelmäßig Süßigkeiten oder Knabbereien in den Mund, willst aber Dein Kind zu einem gesunden Verhalten erziehen, dann bist Du mit Deinem Versuch zum Scheitern verurteilt. Selbst wenn Du denkst, Du naschst heimlich in Küche oder Büro oder wenn Dein Kind gerade in Kita und Schule ist, glaube uns, Deine Kinder werden es merken und auf Dauer kannst Du Deine heimlichen Süchte nicht mehr verstecken. Süßigkeiten sind heute in aller Munde und als Thema vor allem aufgrund der steigenden Zahlen bei jugendlichem Zahnverfall und Diabetes Typ 2 auch in den Medien. Die Werbung mit gesundheitsfördernden Zusatzstoffen wurde zwar mittlerweile verboten und auch die Mär vom gesunden Fruchtzucker wurde inzwischen als Unsinn enttarnt, nichtsdestotrotz essen wir alle viel zu viel Zucker und weitere ungesunde Lebensmittel, ohne uns tatsächlich über Langzeitfolgen Gedanken zu machen.

Wenn Dein Kind also Deine gesunden, frisch gekochten Speisen auf dem Mittags- oder Abendtisch verweigert und nur nach dem Dessert oder der Schokolade fragt, dann ist es Zeit zu überlegen, wo dieses Verhalten begründet ist. Viel zu leicht lassen sich junge Mütter von der Werbung verführen und natürlich auch von so manchen anderen Müttern, welche ihren Kindern ständig Kinderkekse, Kinderdrinks oder andere Kindernahrung in die Hand drücken. Sie ist aber weder notwendig noch sinnvoll. Wachsen Kinder in einer natürlichen Umgebung auf, dann greifen sie zu Obst und Gemüse, wenn sie naschen wollen und auch, wenn sie Hunger haben. Ab etwa 3 Jahren können sie auch gut ein wenig auf das gemeinsame Essen warten und müssen nicht noch zwischendurch gefüttert werden. Überhaupt sind Zwischenmahlzeiten eine Erfindung der Marketingabteilung großer Konzerne, um Snacks an dem Mann, die Frau oder die gesamte Familie zu bringen, und kein Bestandteil einer ausgewogenen und gesunden Kost. Wenn Dein Kind regelmäßig Süßigkeiten braucht und danach greift, dann kann dies auch mit einem außer Kontrolle geratenen Blutzuckerspiegel zusammenhängen. Kohlehydrathaltige Produkte wie Gezuckertes, Brötchen, Müsli oder Nudeln sorgen dafür, dass der Blutzuckerspiegel ansteigt. Insulin wird ausgeschüttet, um diesen Zucker, der als Energielieferant dient, wieder aus dem Blut zu bekommen und in die Kraftwerke unserer Zellen zu transportieren. Sobald der Zuckerspiegel im Blut sinkt, kommt die nächste Hungerattacke, damit einhergehend auch oft Stimmungsschwankungen, und wenn dann wieder zu kohlehydratreichen Zwischenmahlzeiten gegriffen wird, sorgt das Insulin dafür, dass der überschüssige Zucker als Fett gelagert wird. Denn irgendwann sagen unsere Zellen Stopp. Wir haben genug Energie, wir brauchen gar nicht noch mehr!

Du kannst natürlich Deine Kinder nicht ewig vor Süßigkeiten und Snacks bewahren, denn spätestens in der Kita werden sie sie bei anderen Kindern sehen. Hast Du aber mit einer abwechslungsreichen und sättigenden Ernährung im Baby- und Kleinkindalter einen guten Grundstein gelegt, dann werden sie die Süßigkeiten zwar probieren wollen, aber sie sind weitaus weniger gefährdet, ihnen zu verfallen. Überlege Dir im Zuge dessen auch, ob es wirklich richtig ist, wie viele Eltern es praktizieren, Süßes als Belohnungen anzubieten. Es geht hier nicht darum, niemals wieder Süßspeisen oder Kuchen auf den Tisch zu bringen, sondern es geht um unsere Angewohnheit, immer etwas eingesteckt zu haben, um unseren sinkenden Blutzuckerspiegel wieder zu steigern! Serviere Süßes von Haus aus, als Teil der Menüplanung und nicht als ständig griffbereite Energiequelle, welche niemand benötigt. Zucker liefert die schnellste Energie, darum mag unser Gehirn Zucker und sorgt auch dafür, dass wir ihn ständig nachliefern. Unser Gehirn besteht aber hauptsächlich aus Fett! Fettreiche Ernährung aus Sahne, Käse, Olivenöl und Butter sowie Fleisch und Gemüse, als Süßigkeit Obst, macht lange satt und lässt den Blutzucker nicht 24 Stunden lang Achterbahn fahren. Sind Deine Kinder durch eine eher kohlenhydratreduzierte Ernährung nach dem Essen wunderbar gesättigt und durch das Fett auch leistungsbereiter, dann entsteht die Lust auf Süßes erst gar nicht.

Wenn Dein Kind anstelle der Mahlzeit nun auf seiner Schokolade besteht, weil es diesen Wunsch eventuell schon einige Male durchgesetzt hat, dann hilft nichts anderes, als hart beim Nein zu bleiben und die möglicherweise neue Regel und auch Ernährung kurz zu erklären. Kinder verhungern nicht freiwillig! Sollten sie auf Dein Nein hin das Gericht weiter verweigern, räume den Tisch ab und warte darauf, dass Dein Nachwuchs seinem Hungergefühl nachgibt und nach einer Mahlzeit fragt. Die Schokolade oder andere ungesunde Lebensmittel zu erlauben, aus Angst, dass Dein Kind dann gar nichts essen könnte, ist ein Fehler. Mache Deinen Kindern, auch wenn sie ab und an Naschen dürfen, weil jedenfalls die Verwandtschaft immer wieder Süßes anschleppt, klar, dass Naschen nicht Essen, also nicht Ernährung und Nahrung bedeutet, sondern nur aktuelle Lustbefriedigung. Erst wird gegessen und wenn dann immer noch Hunger da ist, kann eventuell genascht werden. Wenn Du darauf achtest, dass bei Euch beim gemeinsamen Essen langsam und Bissen für Bissen gut gekaut wird, so dass jeder auch sein Sättigungsgefühl noch spüren kann, dann wird der Drang nach Süßem von allein versiegen.

Es kommt hier wirklich sehr auf Deine eigenen Vorlieben an und darauf, welches Verhalten Du Deinen Kindern vorlebst. Wir schieben seit der Entdeckung der Gene gerne viele schlechte Angewohnheiten auf unsere sogenannte Veranlagung, tatsächlich ist es aber nur eine anerzogene oder abgeguckte dumme Handlungsweise, von der wir uns nur schwer und mit viel Anstrengung und Disziplin wieder lösen können. Gehst Du selbst verantwortungsbewusst mit Schokolade und anderen Süßigkeiten um, dann werden Deine Kinder dies von Dir lernen, den Genuss zu schätzen wissen, aber nicht übermäßig daran hängen. Wichtig in diesem Zusammenhang ist auch, dass Du Dir Gedanken über den Stellenwert von Obst und Gemüse in Eurem Haushalt machst und welche Getränke Du Deinen Kindern anbietest. Oftmals führt der regelmäßige Griff zu gesüßten Limonaden und Säften auch zur Abhängigkeit von weiteren Süßigkeiten. Sorge dafür, dass Deine Kinder, wenn sie Lust auf Süßes haben, zu Obst greifen und nicht zu Bonbons oder Limonade. Hast Du diese Lebensmittel erst gar nicht zu Hause, wird es Euch insgesamt sicher leichter fallen. Stilles Wasser, versetzt mit Fruchtstücken, Ingwer oder Minzblättern, Tee in allen Variationen und ab und an ein frisch gepresster Fruchtsaft, verdünnt mit Wasser sollten die Getränke Deiner Wahl sein! Gerade vor Fruchtsäften musst Du Dich und Deine Kinder ebenso beschützen, denn die Fruchtsüße aus dem Saft ohne die dazugehörigen Ballaststoffe der Frucht sorgen ebenfalls dafür, dass man übermäßig davon trinkt. Nimm als Beispiel Orangen. Du hörst nach der zweiten oder dritten Orange auf zu essen, Deine Kinder möglicherweise und je nach Alter schon nach einer halben oder der ersten Orange. Orangensaft hingegen wird aus einem großen Glas sehr schnell komplett geleert, um aber an den Saft für ein 250 ml Glas zu kommen, musst Du je nach Sorte bis zu 6 oder 8 Orangen auspressen!

20.4 *Körperpflege*

Über 9 Monate schwimmt der Fötus oder das dann schon ausgereifte Baby vor der Geburt im Fruchtwasser. Babys sind bekanntlich sehr wasseraffin, das kann man am einfachsten beobachten, wenn man zum Babyschwimmen geht. Warum also haben wir etwa ein Jahr später Probleme damit, unserem Kind die Körperpflege angedeihen zu lassen, von der wir ausgehen, dass sie sie brauchen?

Wenn Deine Kinder Deine eigenen Körperpflegerituale miterleben können und sehen, Du putzt Dir zwei oder drei Mal täglich die Zähne, Du wäscht Dir regelmäßig die Hände, jedenfalls aber nach dem Gang zur Toilette und vor dem Essen, natürlich auch vor der Zubereitung des Essens und dem Tischdecken, dann musst Du weit weniger Predigten zum Thema Waschen, Zähne putzen und zur Toilette gehen halten. Erledigst Du alle diese Dinge, ohne dass Deine Kinder Dich dabei beobachten können, wird es schwierig, ihnen zu erklären, dass es dazu keiner Diskussion bedarf, weil man das einfach genauso macht. Hast Du immer wieder stressige Situationen während der Pflege oder, um Deine Kinder überhaupt dazu zu animieren, dann überlege Dir, wie oft sie Dich dabei beobachten können. Wie wir Dir in einem anderen Kapitel erklärt haben, ist es kein Problem, die Kinder auch einmal für eine halbe Stunde sich selbst zu überlassen, vor allem, wenn ihnen währenddessen nichts passieren kann, weil die Wohnung oder das Haus kindersicher ist. Nimmst Du diese Zeit bewusst, um Dir beispielsweise eine Dusche zu gönnen und kündigst Du diese an, dann wissen Deine Kinder, die Mama macht das auch. Stellst Du immer nur sie unter die Dusche und Deine eigene nimmst Du frühmorgens oder spätabends, wenn sie noch oder schon schlafen, dann entgeht ihnen Deine Vorbildwirkung. Dasselbe gilt für das Hände waschen, das Zähne putzen und selbstverständlich, aber dazu kommen wir intensiver noch einmal im folgenden Kapitel, den Gang zur Toilette.

Bevor wir Dir also nun ein paar Ideen an die Hand geben, um problematische Situationen zu lösen, solltest Du Dir dringend überlegen, wie Du Deine eigene Körperpflege handhabst und inwieweit die Kinder diese miterleben oder beobachten. Es soll auch Eltern geben, welche die Badezimmertür absperren, damit sie ungestört sind. In diesem Fall ist das Zusperren aber kontraproduktiv und führt nur dazu, dass Dein Kind sich möglicherweise sogar ausgeschlossen fühlt und darum auch ablehnt, etwas zu tun, was es nicht selbst durch Beobachtung lernen kann. Greifst Du dann auch noch zur Zahnbürste, zum Shampoo oder zum Waschhandschuh, um das liebe Kleine auch sicher sauber zu bekommen, wird das Geschrei groß. Wenn Dein Nachwuchs also noch klein genug ist und Ihr noch keine Diskussionen bezüglich der Körperpflege habt, dann lasse sie beobachten, lernen und eventuell auch frühzeitig selbst versuchen, mit der Zahnbürste die eigenen Zähne zu putzen. Riskiere hier lieber, dass die Zähne nicht zu hundert Prozent sauber sind, dafür Dein Kind die Angewohnheit aber verinnerlicht. Nach und nach kommen die sauber gebürsteten Zähne aufgrund der verbesserten Feinmotorik ohnehin zustande.

Animierend wirkt für Kinder auch, wenn Du möglicherweise Produkte aus dem Drogeriemarkt für Dich und Deine Pflege ablehnst, wenn sie ihr eigenes Shampoo, ihre selbst ausgesuchte lustige Zahnbürste und selbstverständlich auch ein gut duftendes und kindgerecht verpacktes Duschgel oder Schaumbad haben. Wasserfestes Kinderspielzeug für das Badezimmer findet sich zuhauf im Internet oder in eben den oben erwähnten Märkten und Kinderspielwarenläden, so dass Du hier gerne zugreifen kannst, um die Körperpflege für die Kleinsten in ein Spiel zu verwandeln, welches sie gerne spielen, und zwar, wie das Händewaschen oder das Zähneputzen, gleich mehrmals täglich.

Nicht zu verachten für das tägliche Waschritual und allem, was damit zusammenhängt, ist eine kindgerechte Ausstattung des Badezimmers. Wenn Du beim Zähneputzen vor dem Spiegel stehst und Dir dabei selbst zusiehst, dann will Dein Kind dies selbstverständlich auch, denn Du bist sein Vorbild und es will Dich nachahmen, es will dasselbe tun wie Du, denn es will, zumindest in den ersten Jahren, so werden wie Du. Die Einrichtung des Badezimmers sollte nicht dem Zufall überlassen werden und wenn Du schon in einem Haus oder einer Wohnung mit einem eingerichteten Badezimmer wohnst, dann sieh Dich in den Kinderabteilungen der großen Möbelhäuser nach kindergerechten Zusatzeinrichtungen um. Du musst keinen zweiten niedrigeren Waschtisch installieren lassen, aber Du kannst einen bunten Schemel kaufen, der auf den Fliesen auch nicht verrutschen kann, und Dein Kind kann sich damit selbst das Wasser aufdrehen und im Spiegel bewundern! Einen Klebespiegel kannst Du auch über der Badewanne oder in der Dusche anbringen und das Waschen dann darin oder darüber erledigen.

Lasse Dich dazu wirklich von Möbelherstellern, speziellen Marken für Kinder und wieder dem Internet oder Magazinen zum Thema „Wohnen mit Kindern" inspirieren. Diese kleinen Anschaffungen sind nicht teuer und können später auch für andere Belange zweckentfremdet werden, beispielsweise zum Erreichen höherer Regale, weil ein rutschfester Schemel auch in der Küche nicht zu verachten ist.

20.4.1 *Zähne putzen – nein danke*

Sei einmal ehrlich zu Dir selbst, was gibst Du Deinem Kind vor allem abends noch zu essen, dass Du hinterher die Zähne regelrecht bürsten musst? Weißt Du, wie es sich anfühlt, wenn jemand anderes mit einer Bürste Deine Zähne bearbeitet?

Bevor auch heute Abend das Schlafengehen verweigert wird, weil zuvor das unangenehme Zähneputzen ansteht, drücke Deinem Kleinen einmal die Zahnbürste in die Hand und lass Dir von ihm die Zähne bürsten, bevor Du seine saubermachst. Oft hilft dieser Kompromiss schon dabei, das Zähneputzen in etwas Neues, leicht Abenteuerliches zu verwandeln.

Wir müssen nicht extra betonen, dass ein spielerisches Ritual für das Zu-Bett-Gehen auch das Waschen miteinbezieht. Ob dies nun eine tägliche Dusche beinhalten muss, lassen wir einmal dahingestellt, Du machst es sicherlich auch abhängig von den Aktivitäten des Tages. Jedenfalls wird es damit beginnen, dass die Hände und das Gesicht gewaschen werden sowie die Zähne geputzt. Singt Ihr dabei ein lustiges Lied, passend zum Thema Waschen und Körperpflege, fällt das Ritual den Kindern schon viel leichter. Anleitungen für viele Spiele und Lieder in diesem Sinne finden sich im Netz. Selbstverständlich könnt Ihr Euer ureigenes Ritual auch mit einer Eigenkomposition begleiten.

Spielerisch kann man das Zähneputzen auch als Jagd auf Bakterien oder Karies gestalten. Dabei erklärst Du Deinem Kind immer genau, wo Du die Zahnbürste nun hinführen wirst, weil Du meinst, dort würde sich noch einer der bösen Jungs, also eine Bakterie, verstecken. Dieses Spiel kann weitergeführt werden, wenn Dein Kind selbst bürstet, so dass auch keine Ecke des Mundraumes und kein Zahn vergessen werden zu putzen. Auch für Gedichte oder spielerische Erzählungen dieser Art findest Du Anregungen auf einschlägigen Seiten in den Tiefen des Internet. Versuche gegebenenfalls mehrere Versionen oder lass Dein Kind aussuchen, welche Variante an Fundstücken ihm oder ihr besser gefallen.

20.4.2 *Wasser darf nicht ins Gesicht!*

Kinder lieben es grundsätzlich, mit Wasser zu spritzen, zu spielen, darin zu planschen und es mit Erde oder Sand zu mischen, um zu backen, zu bauen und selbstverständlich auch, um den Dreck dekorativ auf sich selbst zu verteilen.

Wenn Du Deine Kinder mit Wasser spielen lässt, im Sommer im Garten ein Planschbecken aufbaust oder Freibäder, Seen und Badeteiche mit Wasserspielplätzen besuchst sowie beim Babyschwimmen warst, dann wird Dein Kind kaum ein Problem damit haben, sich das Gesicht zu waschen. Problematisch ist oft gar nicht das Wasser im Gesicht als solches, sondern, dass die Mama mit Händen oder Lappen im Gesicht fuhrwerkt und dabei mehr auf die Schmutzentfernung konzentriert ist als auf das Kind und seine Reaktionen. Drücke Deinem Kind den feuchten und wohltemperierten Waschhandschuh also selbst in die Hand und erkläre ihm genau, was er damit bitte waschen oder wischen soll.

Kinder sind immer mehr daran interessiert, etwas selbst zu machen, als still zu halten und etwas an sich machen zu lassen. Ihre grundsätzliche Entdeckerfreude macht hier auch vor dem Waschen nicht halt. Erklärst Du dann auch noch, warum man sich waschen soll, wird es eifrig mitspielen und die Kämpfe um das leidige Thema haben ein Ende. Kinder, welche ihre Eltern immer wieder bei ihren Ritualen beobachten können, übernehmen diese samt den Handlungen und Bewegungsabläufen automatisch. Nimm Dein Kind also mit ins Badezimmer und lasse es beobachten oder wasche Dir eben auch das Gesicht und lasse Dein Kleines dann üben, Dein Tun nachzuahmen.

Suche Dir auch hier kindergerechte Seifen oder Waschlotionen, jedenfalls Pflegemittel, welche weder auf der Haut noch in den Augen brennen, und einen Waschhandschuh in bunten oder den Lieblingsfarben Deiner Kinder. Vielleicht bist Du handarbeitstechnisch begabt und strickst oder häkelst für jedes Familienmitglied seinen eigenen Waschlappen mit lustigen Figuren darauf. Anleitungen dazu finden sich wahrlich in Massen wiederum im Netz oder in einschlägigen Magazinen und Büchern.

20.4.3 *Haare waschen mag ich nicht!*

Das Thema „kein Wasser ins Gesicht", vor allem „kein Wasser in die Augen", wird am häufigsten dann beobachtet, wenn es um das Haarewaschen geht. Hier hilft auch das am besten duftende Shampoo nicht, wenn es in die Augen kommt und möglicherweise brennt, was eigentlich bei einem kindergerechten Produkt oder bei selbsthergestellter Pflege nicht passieren sollte. Hast Du in der Beziehung schlechte Erfahrungen gemacht, so suche Dir Anleitungen aus dem DIY-Bereich zum Thema Kinderpflege und vor allem Kindershampoo. Notfalls kann man Haare auch nur mit warmem Wasser waschen. Dies setzt aber voraus, dass auch sonst keine Mittel an die Haare kommen. Sprüht Deine Prinzessin also fleißig Spray auf ihre Frisur und braucht Dein stylischer Dreikäsehoch schon Gel im Haar, dann kannst Du nicht nur mit Wasser waschen!
Wenn Du noch einen Kinderhochstuhl zur Hand hast, kannst Du diesen vor das Waschbecken stellen und die Haare waschen, wie bei Friseuren üblich, mit zurückgelegtem Kopf. Hierbei sollte bei vorsichtiger Handhabung tatsächlich kein Wasser in die Augen kommen.
Sitzen die Kinder beim Haarewaschen in der Badewanne oder stehen sie unter der Dusche, kann wieder ein bunter Lappen oder Waschhandschuh helfen, welcher vors Gesicht und speziell die Augen gehalten wird, damit keinesfalls Schaum brennen kann.
In die Badewanne wird ohnehin gerne Spielzeug mitgenommen, vor allem, wenn unter der Woche nur schnell geduscht wird und das Bad am Sonntagabend dann dafür ausgiebig auch zum Spielen genutzt werden darf. Nehmt also auch eine kindergerechte Taucherbrille in Euer Baderepertoire mit auf und wascht die Haare, während diese auf ist. Natürlich kann diese auch in die Dusche mitgenommen werden oder direkt dort an einem bunten Haken hängen, damit sie im Zweifelsfalle immer griffbereit ist. Der nächste Sommer kommt bestimmt und dann ist die Taucherbrille auch schnell wiedergefunden und nicht verschwunden, wie dies oft mit den Badesachen der letzten Saison so passiert.

20.4.4 *„Baden oder Duschen – will ich nicht"*

Geht dem Baderitual jedes Mal ein Kampf voraus, weil es nur der schnellen Körperpflege dient und keinen Spaß machen darf, dann wirst Du auch in Zukunft keinen Erfolg haben, dies Deinem Kind näher zu bringen. Wenn Dein Kind allerdings richtig Zeit für das Duschen und Baden aufwenden darf, dann sieht die Sache oft gleich ganz anders aus und wird zu einem frühabendlichen Spaß, der letztlich müde ins Bett führt.
Die größten Probleme mit dem Duschen oder Baden haben auch Eltern, welche meinen, das Badezimmer würde eine größere Überschwemmung nicht

überstehen. Wenn also kein Tropfen Wasser aus der Wanne entkommen kann und man sich am besten noch in der Dusche abtrocknen soll, dann wird es auch in Zukunft schwierig sein, die Kinder zur Körperpflege zu überreden. Darf dabei gespielt werden, auch wenn hinterher gemeinsames Aufräumen angesagt ist, denn die Kinder sollen dabei natürlich helfen, dann haben sich die Streitigkeiten und stressigen Abende schnell in Wohlgefallen aufgelöst.

Wenn Du also bis dato Probleme hast, dann geht erstmal gemeinsam einkaufen und lasse Dein Kind in einem Drogeriemarkt oder gut sortierten Supermarkt sein eigenes Duschgel oder den eigenen Badeschaum aussuchen. Schaum ist wichtig und gib zu, Du liebst lange Schaumbäder ebenso, also gönne Deinem Kind regelmäßig eine Schaumschlacht! Es gibt von vielen guten Marken mittlerweile lustig verpackte Produkte für die sensible Baby- und Kinderhaut ohne toxische Inhaltsstoffe. Habt Ihr Euch erst einmal darauf geeinigt, dann marschiert Ihr weiter in den nächsten großen Spielwarenladen und sucht Euch dort richtige Badewannenspielzeuge aus. Da gibt es von wieder abwaschbaren Kreiden für den Badewannenrand über schwimmende und dann an die Fliesen zu klebende Buchstaben und Figuren alle möglichen Utensilien, um das Badezimmer in ein kleines Spielzimmer zu verwandeln.

Möchtest Du nicht viel Geld ausgeben für eigenes Spielzeug im Badezimmer, so kannst Du auch die Formen aus der Sandkiste gut waschen oder diverse Plastikbecher für den berühmten Kaffee mit Schaum in die Badewanne mitnehmen. Sei kreativ und scheue Dich auch nicht, Dein Kind zu befragen, wie das Baderitual gestaltet sein soll, damit es lieber in die Wanne oder unter die Dusche steigt. Oftmals sind es wirklich nur solche Kleinigkeiten wie, dass Dein Kind gerne selbst Hand anlegen möchte als von Dir geschrubbt zu werden!

Wir sind aufgrund von Werbung und anderen Botschaften aus der Kosmetikindustrie zudem viel zu sehr fixiert auf den Verbrauch allerlei Seifen, Cremes und weiterer Pflegeprodukte, welche unsere Haut bei einer normalen Tätigkeit und im Zuge einer artgerechten Ernährung gar nicht benötigen würde. Wenn also die Diskussion um die Dusche oder das Bad in einen regelrechten Kampf ausartet und das letzte Mal noch nicht über eine Woche zurückliegt, dann kannst Du auch einmal Fünfe gerade sein lassen und Dein Kind ohne Bad oder Dusche ins Bett schicken. Solltest Du Dein Kind dabei erwischen, wie es sich irgendwo kratzt, kannst Du mit einem Lächeln darauf hinweisen, dass das Waschen helfen würde!

20.4.5 *Muss ich wirklich meine Hände waschen?*

Viele Generationen sind mit den Sprichwörtern der Großeltern aufgewachsen und eines über das Händewaschen sollte uns eigentlich Zeit unseres Lebens begleiten. Es ist tatsächlich erstaunlich, dass im Zuge der Corona-Hysterie in den letzten Monaten wieder auf die Wichtigkeit des regelmäßigen Händewaschens, auch abseits vom Besuch der Toilette und dem Setzen an einen gedeckten Tisch hingewiesen werden musste. Was hilft ein Mund-Nasen-Schutz beim Einkaufen, wenn wir währenddessen jede Menge Dinge berühren, zurück daheim den Stoff entfernen und uns dann mit der Hand ins Gesicht fassen, ohne die zuvor gesammelten Viren, Bakterien und sonstigen Verschmutzungen abzuwaschen?

Ist das Händewaschen in Vergessenheit geraten, weil der Großteil von uns keine körperliche Arbeit mehr leistet und das Aufwärmen eines Fertiggerichtes durch die Plastikverpackung ohnehin quasi keimfrei funktioniert, weil also Hände waschen vor einer Essenszubereitung nicht mehr notwendig ist? Während über die Jahrhunderte Frauen und Mütter den Haushalt versorgt haben, gekocht, geputzt und gewaschen haben, war das Händesäubern zwischendurch eine Handlung, über die kaum jemand groß nachgedacht hat. Da es heute kaum mehr Hausfrauen und Mütter gibt, welche sich nur um Familie und Heim kümmern, ist das Händewaschen anscheinend in Vergessenheit geraten und wir mussten es wieder neu lernen.

Beende die Diskussion um das Händewaschen mit Deinem Kind, indem Du selbst regelmäßig und sichtbar Deine Hände wäschst und gerne danach auch pflegend cremst. Gib Deinen Kindern ein anschauliches Vorbild und besorge Dir auch dafür eine kindergerechte Seife, welche lustig aufschäumt und gut riecht, so dass sie sie gerne verwenden. Halte auch für jedes Familienmitglied ein passendes, kleines Handtuch bereit, mit Namen oder Figur darauf, so dass sie mit Freude ein Ritual übernehmen können, welches gegen viele Krankheitserreger helfen kann! Einem Teenager kannst Du, wenn Du feststellst, dass er oder sie immer noch nicht regelmäßig freiwillig die Hände wäscht, erklären, dass Akne oder Hautunreinheiten auch von infizierten oder schmutzigen Fingern herrühren können, mit welchen sich die Jugendlichen regelmäßig ins Gesicht fassen, meist sogar noch, um die Größe der Pickel zu erfühlen.

20.4.6 *Fingernägel schneiden - tut das weh?*

Das Schneiden der Fingernägel fällt in dieselbe Kategorie wie das Zähneputzen und auch, unter der Dusche geschrubbt werden, nämlich: Die Mama macht etwas mit mir. Nur, dass Du hier Deinem 2- oder 3-jährigen Kind die Nagelschere oder den Nagelknipser nicht in die Hand drücken kannst, damit es das selbst macht. Dafür ist die Verletzungsgefahr tatsächlich zu groß. Vor allem, wenn wir von einer Nagelschere sprechen. Die Handhabung derselben ist für viele Menschen selbst schon schwierig genug und umso vorsichtiger geht man selbstverständlich mit seinen Kindern um.

Gerade, wenn Du einen Garten oder eine Sandkiste Dein Eigen nennst, Dein Kind im Kindergarten viel Zeit draußen verbringt und sich somit Sand, Erde und sonstige Dinge unter seinen Nägeln ansammeln können, ist es wichtig, die Nagelpflege in die Köperpflegerituale miteinzubeziehen. Um die Fingernägel einigermaßen sauber zu bekommen, musst Du auch nicht gleich zur spitzen Nagelfeile greifen, hier kann eine Bürste für die Hände helfen und diese können Kinder schon sehr früh selbstständig benutzen. Zeige ihnen einfach, wie es geht und erfinde gleich noch eine Geschichte dazu, was die vielen kleinen Borsten als Jäger der Sandkörnchen unter den Nägeln alles erleben können!

Ist diese Hemmschwelle einmal überwunden und sind die Nägel nicht extrem zu lang, musst Du sie vielleicht gar nicht wirklich schneiden. Du kannst mit einer Glasfeile auch regelmäßig Ecken und Kanten, wie bei Dir selbst, abfeilen und kommst somit womöglich um das Nägelschneiden herum.

Mache aus der Nagelpflege einen Teilbereich der Körperpflege oder nutze die Zeiten, an welchen Du Deine eigenen Nägel pflegst, auch dafür, Deinen Kindern beizubringen, wie sie die ihren gesund und gepflegt erhalten können. Gerade Mädels freuen sich auch immer, wenn sie gemeinsam mit der Mama ein kleines Schönheitsritual abhalten können und hinterher ihre kleinen Fingernägel ebenfalls in den buntesten Farben erstrahlen. Mache Dir diese Experimentierfreude zunutze und besorge Dir dafür Nagellacke, welche sicherlich keine Verfärbungen oder Schädigungen an Nägeln und Haut hinterlassen können. Entsprechende Produkte gibt es heute im gut sortierten Drogeriemarkt oder im Onlinehandel.

Jungs wollen nicht immer die Nägel gefärbt bekommen und hängen in der Beziehung nicht so sehr an den Ritualen der Mutter. Hier kann der Papa nach getaner Arbeit im Garten oder in der Bastelecke als leuchtendes Beispiel fungieren und dem Sohnemann die Benutzung von Bürste, Seife und Feile erklären und vorführen. Sorgst Du Dich regelmäßig um die Nägel Deiner Kinder, wie Du es bei Deinen tust, dann bleibt Dir also das leidige Thema der Nagelschere oder des Knipsers für zu lange Nägel erspart und damit auch so manche Diskussion.

20.5 *Der kleine Kloverweigerer*

In diesem Kapitel wollen wir uns zuerst in den Unterabschnitten mit dem Gang auf das Töpfchen an sich befassen und erst in den folgenden Abschnitten Lösungen aufzeigen, wie man beharrliche Verweigerer des Stuhlganges auf der Toilette dazu bringen kann, doch noch ihr Geschäft zu erledigen. In unseren einleitenden Worten wollen wir Dir etwas über die Verdauung generell erzählen und Deine Vorbildwirkung bezüglich der Benutzung der Toilette. Den Gang zur Toilette zu verweigern, kann viele verschiedene Gründe haben, neben verdauungstechnischen auch anerzogene.

Viele Eltern sprechen bevorzugt beim Windelwechseln mit ihrem Baby. Erstens ist es da wach und zweitens reagieren Babys auf die Stimme der

Mutter oder des Vaters oft mit Beruhigung, und Wickeln ohne Strampeln ist nun einmal einfacher, als die sich windende Schlange auf dem Wickeltisch immer wieder einzufangen und am Herunterrollen zu hindern. Leider bedenken die meisten Eltern nicht, was sie ihrem Baby oder auch Kleinkind, dem sie gerade die Windel wechseln, erzählen. So sind Aussagen wie: „Oh, da stinkt heute aber einer!", gepaart mit einem nur als angewidert zu bezeichnenden Gesicht, keine Seltenheit. Manche halten sich auch noch mit einer Hand die Nase zu, während die zweite Hand die Windel unter dem Baby hervorzieht. Dem Kleinen wird also von Anfang an signalisiert, dass es nun etwas Ekelhaftes, etwas Gruseliges, etwas nicht Schönes gemacht hat. Selten nur wird das Baby gelobt dafür, dass es brav seinem Verdauungsdrang gefolgt ist!

Wie gehst Du außerdem selbst mit Deiner Verdauung und speziell dem Stuhlgang um? Liegen Verdauungsprobleme in der Familie? Gehören Blähungen und Verstopfungen zum Alltag, auch wenn keiner wirklich darüber spricht, sondern lieber irgendwelche Medikamente geschluckt werden, in der Hoffnung auf rasche Hilfe? Vor allem, wer mit seiner eigenen Verdauung auf Kriegsfuß steht und den Stuhlgang nicht als natürlichen biologischen Vorgang sehen kann, sondern nur als etwas notgedrungen und so heimlich wie möglich zu Erledigendes, wird Schwierigkeiten damit haben, seinen Kindern einen natürlichen Zugang zu ihrem Körper und seinen Vorgängen und Mechanismen zu verdeutlichen.

Verstopfung ist heute eine Volkskrankheit unter den Erwachsenen und erschreckenderweise leiden auch schon über 30 % unserer Kinder daran! Die Gründe sind vielschichtig und beginnen jedenfalls mit zu wenig Bewegung, zu wenig Wasser als Flüssigkeit und der falschen Ernährung. Diese Auslöser, gepaart mit einer Tabuisierung der Verdauungswege und der Reinhaltung von Darm und After bilden die Grundlage vieler Probleme. Anstatt den Stuhlgang als etwas Natürliches zu begreifen, müssen Kinder dann zu Ärzten und Therapeuten, um zu lernen, dass es nicht nur natürlich, sondern auch absolut gesund und lobenswert ist, mindestens einmal täglich sein großes Geschäft zu erledigen!

Der Vollständigkeit halber geben wir Dir hier noch einen kurzen Überblick über Lebensmittel, welche Verstopfung auslösen und vor allem auch noch verstärken können. Wenn also diese Beeinträchtigung in Eurer Familie vorliegt, dann koche doch einmal ein paar Tage ohne die folgenden Zutaten und sorge auch dafür, dass Deine Lieben anstelle von Limonaden mehr Wasser oder Kräutertee zu sich nehmen.

- Weißmehlprodukte: viele Menschen kennen das sogenannte Völlegefühl nach dem Essen, aber kaum einer bringt es in Verbindung mit den Speisen, die er zu sich genommen hat. Eher wird davon ausgegangen, man hätte einfach zu viel gegessen. Das Gluten in Weizen und anderen Getreidesorten kann allerdings den Darm angreifen und zu einer Darmträgheit führen, welche dann in Verstopfung gipfelt.

- Milch und Milchprodukte: Laktoseintoleranz ist weiterverbreitet, als man meinen möchte. Wer Milch nicht verträgt und auf den allergischen Schock wartet, um sich sicher zu sein, der kann in vielen Fällen lange warten, denn die Laktoseintoleranz wirkt sich wie eine Glutenunverträglichkeit zuerst auf den Darm aus! Lange bevor weitere körperliche Anzeichen erkennbar sind.

- Fastfood und Fertiggerichte bestehen zu großen Teilen aus den oben genannten Zutaten und transportieren auch noch ungesunde Fette sowie Zucker. Auch sie können zur Verstopfung beitragen.

- Schokolade und Süßigkeiten verschlimmern diese Verstopfung durch die alltäglichen Lebensmittel dann noch weiter.

Lass uns also zu den weiteren Ideen kommen, wie Du das Töpfchen und die Toilette insgesamt interessanter für Dein Kind gestalten kannst.

20.5.1 *Das erste Mal auf dem Töpfchen*

Es gibt hier wieder keine generelle Altersangabe, ab wann ein Kind die Toilette benutzen muss. Manche wollen es schon sehr frühzeitig versuchen, andere wieder verweigern sich länger, zu bequem ist die Windel und zu heimlich wird das gesamte Thema in der Familie angegangen. Ist Dein Kind aus der Beobachtung gewohnt, dass der Gang zur Toilette nur hinter einer verschlossenen Tür stattfindet, wird es wohl wenig begeistert zur allgemeinen Belustigung mitten im Wohnzimmer auf dem Topf sitzen wollen. Das Kinderzimmer mit verschlossener Tür eignet sich dann sicher besser und vergiss auch nicht, Deinem Kleinen Zeit zu geben, sich an die Sitzhaltung zu gewöhnen.
Generell kannst Du auch die Toilette kindergerecht einrichten, indem Du eine Kinderauflage und einen passenden oder einen verstellbaren Schemel dafür kaufst. Mit baumelnden Beinen, quasi ohne Halt auf dem Klo zu sitzen, ist auch für Erwachsene nicht angenehm, wir erwarten es aber zum Teil von unseren Kindern.
So manche Mutter eines besonders anhänglichen Kindes hat schon darüber gestöhnt, dass sie nicht einmal 5 Minuten zur Toilette gehen kann, ohne von ihrem Kleinen verfolgt zu werden. Körperliche Vorgänge sind für die Kinder als Entdecker des Lebens ungemein spannend. Viele dieser Störer finden den Weg aus der Windel schneller, weil sie eben den Vorgang beobachtet haben. Mit Einsetzen der warmen Jahreszeit kann man ein bereits laufendes Kleinkind durchaus auch ohne Windel im Garten, auf der Terrasse oder auf dem Balkon

und in der Wohnung herumlaufen lassen. Das Töpfchen steht als Angebot in einer leicht erreichbaren Ecke und die Windel liegt für den Notfall oder den Wunsch bereit. Haben die Kinder erst einmal dieses freie Gefühl und vor allem auch die freiere Bewegung erkannt, dann wollen sie selten wieder zur Windel zurück. Allenfalls über Nacht kann man sie noch anbieten oder das Sitzen auf dem Topf in das Ritual des Schlafengehens miteinbauen.

Folge hier dem Interesse Deines Kindes und erzwinge nichts!

20.5.2 *Die Toilette ist erobert, nicht aber für den Stuhlgang!*

Meist wird das Töpfchen oder die Auflage der Toilette für Erwachsene angenommen, wenn es um das kleine Geschäft geht. Die größere Erledigung wird von vielen Kindern, obwohl sie schon monatelang auf dem Topf sitzen, in der Windel bevorzugt. Dazu verstecken sie sich dann auch oft. Sie verkriechen sich in Ecken, unter einer Bank oder im Kleiderschrank ihres Zimmers, jedenfalls wollen sie dabei komplett ungestört sein.

Wichtig ist hier, dass Dein Kind die Windel täglich mindestens einmal verlangt, also einen regelmäßigen Stuhlgang hat. Alles andere ist in diesem Fall zweitrangig und auch in einer Kita kann man sich damit arrangieren. Du kannst den Stuhlgang, wenn sonst keine größeren Probleme vorliegen, auch in den Morgenstunden nach dem Frühstück trainieren, indem Du noch vor dem Besuch der Kita oder des Kindergartens die Windel anbietest. Vielleicht hat Dein Dreikäsehoch dort auch schon Freunde, die komplett windelfrei auf die Toilette gehen und will sich dabei keine Blöße geben. Ab 3 Jahren und vor allem, wenn Kinder auch viel mit Gleichaltrigen zusammen sind, dann lernen sie auch Verhaltensweisen von diesen, wenn ihnen diese gelegen kommen.

Erzeuge hier jedenfalls keinen Druck, dass unbedingt Toilette oder Topf benutzt werden müssen, das kommt von ganz allein. Finde eher heraus, warum sich Dein Kind für die Erledigung des Stuhlganges mit der Windel versteckt. Frage also nach, ob es gut funktioniert hat oder ob es anstrengend war, wenn Du Dein Kind nicht dabei beobachten kannst. Je freier Du selbst mit diesem Thema umgehst, desto offener werden Dir Dein Sohn oder Deine Tochter darauf Antwort geben und Du kannst bei Anzeichen von Verstopfung oder Schwierigkeiten schneller eingreifen.

Tatsächlich wäre ein Stuhlgang nach jeder Mahlzeit der natürlichste Vorgang für unseren Körper. Bei manchen freilebenden Tieren kann man dies auch noch beobachten, zum Teil auch bei sehr selbständigen Katzen, welche kommen und gehen können, wie es ihnen passt. Manchmal kann man auch bei Wohnungskatzen noch beobachten, dass sofort nach dem Futternapf das Katzenklo aufgesucht wird und weiß dann sofort, dass man die Erledigung beseitigen kann. In unserer getriebenen Zeit und mit den Gedanken bei tausenderlei Dingen, nicht zuletzt den neusten Nachrichten auf unserem Smartphone, ignorieren wir viele Zeichen, welche unser Körper uns im Laufe eines Tages sendet. So ist es für viele Menschen heute normal, nur jeden zweiten oder dritten Tag Stuhlgang zu haben. Hier wird auch ein Arzt noch nicht von einer krankhaften Verstopfung sprechen, wenn Du nicht über Schmerzen klagend bei ihm auftauchst.

Besprich also diesen natürlichen Vorgang mit Deinem Kind und unterstütze den Stuhlgang jedenfalls, indem Du für ausreichend Bewegung bei Deinem Kind sorgst. Als Getränk sollte jederzeit stilles Wasser oder Kräutertee und Früchtetee erreichbar sein und die folgenden Lebensmittel kannst Du anbieten, wenn Dein kleiner Schatz Dir erzählt, dass es immer sehr anstrengend ist, dieses Geschäft zu erledigen:

- Trockenfrüchte, allen voran Dörrpflaumen und ihr Saft wirken abführend und machen den Stuhl weicher.

- Leinsamen, geschrotet unter das Müsli oder die Frühstücksflocken, gemischt mit viel Flüssigkeit helfen ebenso, die Verdauung und die Darmtätigkeit anzuregen und machen den Stuhl weicher.

- Weintrauben und Wassermelone helfen ebenfalls, wenn noch keine richtige Verstopfung vorliegt. Wenn der Stuhl nur ab und an härter ist oder darüber geklagt wird, dann biete anstelle von Naschereien diese Obstsorten an.

- Ballaststoffe aus Salaten und Brot oder Nudeln aus Vollkornprodukten helfen ebenfalls, den Stuhlgang zu erleichtern!

20.5.3 *Die Anzeichen erkennen*

Je härter der Stuhl ist, desto schmerzhafter kann der Stuhlgang sein und selbst Erwachsene neigen dann dazu, ihn zurückzuhalten! Klagt Dein Kind öfter über Bauchweh, dann frage jedenfalls sofort danach, wann es das letzte Mal auf der Toilette war. Überlasse in diesem Bereich wirklich nichts dem Zufall, denn Dein Kind wird Dir ein Leben lang dankbar sein, wenn Du ihm oder ihr ein natürliches Gefühl für den Körper und seine Vorgänge anerziehst oder vorlebst.

Sind erst ein paar wenige Tage, jedenfalls noch keine Woche vergangen, seit dem letzten Gang zum großen Geschäft, dann streiche sofort alle dafür bekannten verstopfenden Lebensmittel und animiere Dein Kind dazu, die Dinge zu essen, von denen wir alle wissen, dass sie abführend und stuhlauflockernd wirken. Vor allem musst Du dafür Sorge tragen, dass Du sicher weißt, dass Dein Kind auch genug Wasser oder Tee zu sich nimmt. Der übermäßige Zuckergenuss aus vermeintlich gesunden Fruchtsäften und Limonaden und anderen angeblich für Kinder so wohlschmeckenden

Getränken kann ebenfalls für die Verstopfung oder zumindest Verhärtung des Stuhles verantwortlich sein.

Ist Dein Kind die übermäßige Süße schon gewohnt, dann besorge Dir Zucker in Form von Xylit, Du findest ihn heute in jedem gut sortierten Supermarkt. Ein Zuviel an Xylit wirkt ebenfalls abführend und dies ist erstmal wichtiger, als die Zuckersucht Deiner Familie zu bekämpfen! Schicke Dein Kind dann täglich mehrmals zur Toilette oder setze Dein Kleinkind auf den Topf und bleibe dabei. Erzählt Euch Geschichten oder lies etwas vor oder hört gemeinsam Musik. Gib Deinem Kind das Gefühl, dass Ihr das nun gemeinsam in Angriff nehmt und dies ein Klacks in der Erledigung ist und nebenher auch noch mit lustigen Geschichten untermalt wird. Gib Deinem Kind die nötige Zeit und warte noch einmal ein oder zwei Tage ab, ob der Stuhlgang nun funktioniert.

20.5.4 *Wann wird der Gang zum Arzt notwendig?*

Wenn Du feststellst, dass Dein Kind schon eine Woche nicht auf der Toilette war, über Bauchschmerzen klagt und Deine Umstellung der Ernährungs- und Trinkgewohnheiten nicht anschlagen, dann solltest Du einen Arzt aufsuchen. Experimentiere keinesfalls mit rezeptfreien Abführmitteln! Das Anwenden dieser Hilfen wird nur allzu leicht zur Gewohnheit und der Darm des Betroffenen, ob Kind oder Erwachsener, damit nur noch langsamer. Irgendwann gelingt der Stuhlgang dann nur noch mit Hilfe eines immer stärkeren Medikamentes.

Lasse bei diesem Besuch auch gleich eventuelle Nahrungsmittelunverträglichkeiten feststellen oder sprich diese Möglichkeiten zumindest an. Wenn das Problem immer wieder auftaucht und Du beobachtest, dass Dein Kind den Stuhlgang beharrlich verweigert und Du auch mit einem offenen Umgang zu diesem Thema nicht zum Ziel kommst, dann gibt es die Möglichkeit, in einer Klinik unter Aufsicht den Stuhlgang zu erlernen und zu trainieren. Dabei wird der Stuhlgang der Kinder als Erfolg gefeiert und somit enttabuisiert. Wenn Dein Kind von so einem Training nach Hause kommt, wird es Dir jeden Gang zur Toilette freudig berichten und das Thema oft zur Sprache bringen. Feiere die kleinen Erfolge und sorge dafür, dass der Stuhlgang zukünftig nicht mehr zu einer heimlichen, stinkenden Sache degradiert wird.

Der unangenehme Geruch des menschlichen Stuhls ist mit eines der Anzeichen für einen gestörten Verdauungstrakt! Die Beschaffenheit des Stuhls gibt uns viel Auskunft über unsere Ernährung und unsere Gewohnheiten. Mache Dir diesbezüglich Gedanken, egal, ob Dein Kind den Topf annimmt oder nicht. Geht mit einer gesunden und faserreichen Ernährung fitter und leichter durch Euer Leben!

Was sonst noch verantwortlich sein kann:
Seit der Entdeckung der Gene werden mehr und mehr Krankheiten und Symptome auch der Vererbung zugeschrieben. Auch wenn noch nicht abschließend geklärt ist, wie genau die vererbten Anlagen bezüglich des Reizdarmsyndroms aussehen, so wird doch davon ausgegangen, dass es hier eine Korrelation gibt und der Zusammenhang weiter erforscht werden muss. Vererbter Reizdarm kann mit Schlafstörungen, auffälligem Verhalten bis hin zu Depressionen einhergehen und ist somit leider nicht nur auf Durchfall, Blähungen und Verstopfung beschränkt. Mit zunehmendem Alter kann sich der gereizte und oftmals auch ständig entzündete Darm negativ auf weitere Organe auswirken, zuallererst den Magen und nicht zuletzt auch auf das Herz. Besprich auch diese Möglichkeit mit Deinem Kinderarzt.
In einigen wenigen Fällen können auch verkümmerte Nervenzellen für eine verlangsamte Weiterbewegung des Stuhles verantwortlich sein. Auch fehlende Nervenzellen am Darmausgang sind zu beobachten. Findet sich dieses Krankheitsbild auch in einem Promillebereich der Bevölkerung, so muss bei anhaltenden Problemen dennoch abgeklärt werden, ob hier ein Krankheitsbild vorliegt.

20.5.5 *Das Stuhlgangtraining*

Jeder Mensch kann seinen Stuhlgang trainieren! Es gibt jede Menge Leute, welche nur ungern das große Geschäft außer Haus, sprich auf einer öffentlichen Toilette oder auf der Gemeinschaftstoilette im Büro erledigen, weil es nun einmal sehr unangenehm riechen kann. Ein Teil derjenigen kommt mit der Zeit darauf oder googelt sich die entsprechenden Ideen, seinen Darm darauf zu trainieren, sich immer am Morgen vor dem Weg zur Arbeit oder am Abend vor dem Schlafengehen zu entleeren. Das heißt, sie setzen sich zu einer festgelegten Tageszeit, von welcher sie annehmen können, dass sie dann meistens zu Hause sein werden, auf die Toilette und versuchen, ihren Stuhlgang zu erledigen. Es mag ein paar Tage, in manchen Fällen auch Wochen dauern, aber dann funktioniert diese Methode sehr gut. Voraussetzung hierbei ist eine gewisse Regelmäßigkeit und Routine, auch in der Nahrungsaufnahme.
Nach genau diesem Prinzip und wie zuvor schon angedeutet kannst Du Dein Kind trainieren beziehungsweise zum Stuhlgang animieren. Vor allem, wenn Du erkennst, dass es ein Problem damit hat, im Kindergarten oder in der Schule auf die Toilette zu gehen und vermehrt über Unwohlsein und Bauchschmerzen oder aufgeblähten Bauch klagt! Genauso funktioniert auch das Training des Stuhlgangs in den medizinischen Einrichtungen für kleine Kloverweigerer. Sie lernen einfach, nach jedem Essen auf Toilette zu gehen, egal, ob sie dringend müssen oder nicht. Sie geben ihrem Darm damit die Möglichkeit, sich in seinem natürlichen Ablauf zu entleeren.

Psychologen und Therapeuten in diesen Kliniken belohnen die Kinder für einen erfolgreichen Stuhlgang dann gerne mit Sternchen oder anderen Klebebildern, und nach einer vorher festgelegten Anzahl gibt es eine Kleinigkeit, um den Erfolg zu feiern. Dies kannst Du ebenfalls zu Hause einsetzen. Zeichnet einen Wurm oder übernehmt unseren Wurm (siehe unter diesem Abschnitt) und belohnt jeden Gang zur Toilette mit einem kleinen Aufkleber in einem der Segmente. Wenn der Wurm vollgeklebt ist, gibt es eine Kleinigkeit nach Wunsch des Kindes, beispielsweise ein Malbuch oder neue Stifte, den Besuch eines Museums mit kindergerechten Ausstellungen oder das Schwammbad. Sieh in diesem Fall jedenfalls von Süßigkeiten oder dem Besuch einer Eisdiele oder der Pizzeria als Belohnung ab, denn sie könnten der Anfang einer neuen Verstopfung oder zumindest eines verhärteten Stuhlgangs sein und dann macht das Toilettentraining wieder für einige Tage absolut keinen Spaß!

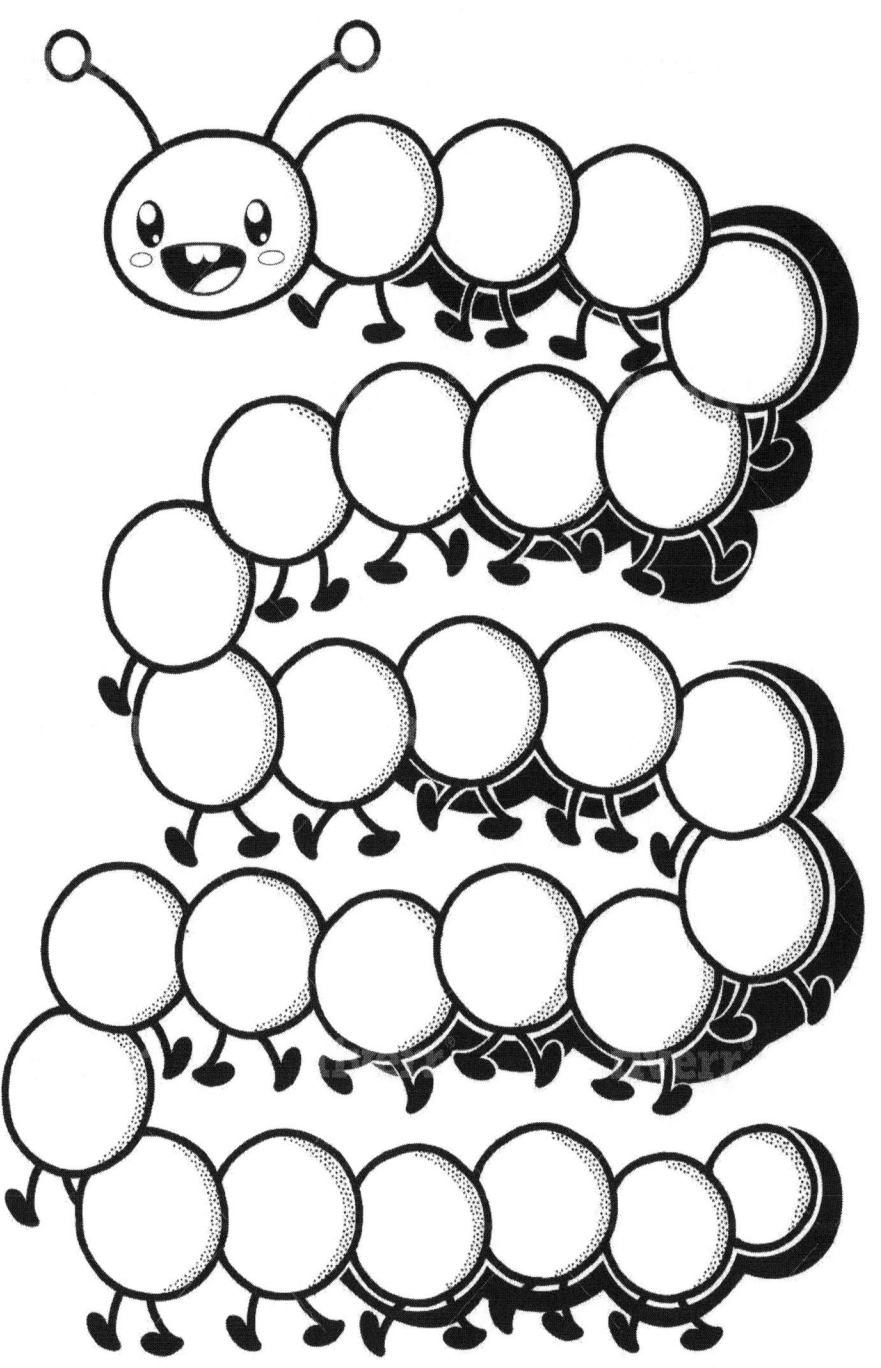

251

20.6 *Schlafzimmer: Zeiten, Orte und weitere Fragen*

Wir haben im Kapitel über die Rituale ausführlich darüber berichtet, dass diese gerade beim Schlafengehen hilfreich sein können. Hast Du es versäumt, einen bestimmten Ablauf festzulegen oder gibt es andere Gründe, dass keine regelmäßige Gestaltung der Abende inklusive des Schlafengehens stattfinden, dann beschreiben wir Dir hier kurz ein paar Ideen für die Lösung kritischer Situationen rund um dieses Thema.

Sie schlafen zwar schon im Stehen ein, aber ins Bett wollen sie nicht. Kaum im Bett, nagt der große Hunger und vor allem der Durst. Ist der Durst gestillt, muss natürlich nochmal auf Toilette gegangen werden. Eigentlich würde Dein Dreikäsehoch ja lieber bei Dir im Bett schlafen und startet eine Diskussion darüber. Sämtliche Wollmäuse unter dem Bett und im Schrank müssen erst eingefangen werden, damit sie im Laufe der Nacht nicht als Monster wiederauferstehen können. Im Fernsehen läuft gerade ein Film, welchen sie immer schon sehen wollten, auch wenn sie gar nicht wissen, was genau im Programm steht und zu guter Letzt wird auch noch eine Besprechung bezüglich der nächsten Pyjamaparty vom Zaun gebrochen! Kommt Dir eines oder mehrerer dieser Argumente und Szenarien bekannt vor, dann wirst Du Dich freuen, wenn wir sie alle kurz behandeln und neben den Lösungen auch Erklärungen dafür anbieten, warum diese Situationen auftreten können.

20.6.1 *Der Klassiker: „Ich bin noch gar nicht müde!"*

Kinder sind grundsätzlich nicht müde, wenn es Zeit für sie ist, ins Bett zu gehen. Sie wären zwar zuvor beim Abendessen beinahe am Tisch eingeschlafen, aber eine halbe Stunde später läuft Dein Liebling wieder wie der Duracell-Hase durch das Wohnzimmer und die Müdigkeit scheint wie weggeblasen.

Tatsache ist, dass wir Menschen mit unserem Bio-Rhythmus auch einem Schlaf-Rhythmus unterliegen. Das heißt nichts anderes als, wir sind nicht immer müde, die Müdigkeit kommt in Schüben, eigentlich in Wellen, welche sogar in Schlaflaboren gemessen werden können, genauso wie die verschiedenen Schlafphasen. Vielleicht ist Dir an Dir selbst schon aufgefallen, dass Du Dich müde fühlst und sofort einschlafen könntest, aber Du möchtest noch einen Film zu Ende sehen, eine Arbeit fertig stellen oder das Buch ist so spannend, Du kannst es trotz Müdigkeit und kleiner Augen gerade nicht aus der Hand legen. Kaum ist der Film zu Ende, die Arbeiten alle erledigt oder das spannende Kapitel Deines Buches gelesen, bist Du hellwach. Gehst Du jetzt ins Bett, weißt Du genau, Du benötigst wieder gut eine halbe Stunde oder mehr, um einzuschlafen.

Solch einem Wach-Müde-Rhythmus unterliegt auch Dein Kind. Eine Lösungsmöglichkeit für Dich wäre, ein paar Tage zu beobachten, um welche Uhrzeit Dein Kind jedenfalls Anzeichen von Müdigkeit zeigt und diesen Zeitpunkt dann für das Schlafengehen auszuwählen und in einem Ritual zu manifestieren. Auch wenn Du damit den Zeitpunkt des Schlafengehens um eine halbe Stunde nach hinten verschiebst, wirst Du insgesamt keine abendliche Zeit für Dich selbst versäumen, denn diese hast Du ja bisher mit der Diskussion verbracht!

Versuche außerdem oder als Einzelmaßnahme, je nachdem, wie es bei Euch zu Hause abläuft, den Konsum von Medien in der letzten halben Stunde vor dem Schlafengehen zu unterbinden. Setzt Euch lieber zu einem Gespräch oder einer Runde Familienkuscheln auf die Wohnzimmer-Sofalandschaft. Abgesehen davon, dass das Blaulicht von Bildschirmen die Produktion des Schlafhormons Melatonin verzögert, kann das Gehirn direkt nach der Aufnahme von Informationen aus den Medien, auch wenn es nur das Ansehen eines kindergerechten Trickfilmes war, nicht sofort zur Ruhe kommen. Die Bilder und Worte müssen erst noch verarbeitet werden. In der gemütlichen Runde auf dem Sofa können Filme, Kinderserien und die Erlebnisse des zurückliegenden Tages noch einmal erzählt und besprochen werden und so die Aktivität des Gehirns langsam auf Verarbeitung geschaltet werden, welche dann im Schlaf in der Nacht passiert. Eine Tasse beruhigender Tee kann das Einschlafen zusätzlich fördern, beispielsweise aus Melisse oder Lavendel.

Dass technische Geräte wie Smartphone, Tablet oder Computer nicht zur Einrichtung eines Kinderzimmers gehören und eigentlich in keinem Schlafzimmer während der Nachtruhe einen Platz finden sollten, müssen wir hier nicht noch einmal ausführlich anmerken. Die Bio-Hacker gehen, wenn sie einer natürlichen Lebensweise anhängen, sogar soweit, die W-Lan Verbindungen in ihren Wohnungen und Häusern über Nacht auszuschalten. Wenn also in Deiner Familie generell Schlafprobleme herrschen, wäre dies eine Möglichkeit, die Qualität Eures Schlafes zu verbessern.

Versuche, ein Abendritual einzuführen, welches sich über eine gute halbe Stunde zieht, weil dann die Möglichkeit am höchsten ist, Dein Kind in einer Müdigkeitsphase zu erwischen und problemlos ins Bett zu bringen. Ein kleiner Spaziergang rund um den Block zur Verdauung oder noch einmal in den Garten, um überschüssige Energien loszuwerden, haben sich ebenso bewährt wie die Kuschelszenen auf der Couch. Und wenn Dein Kind auch nach der Gute-Nacht-Geschichte noch hellwach im Bett ist, dann kann es bis zum Einschlafen seinem Teddybären oder Lieblingskuscheltier noch selbständig eine Geschichte erzählen oder allein in einem Bilderbuch blättern, bis ihm oder ihr die Augen zufallen. Aufgestanden wird jedenfalls nicht mehr!

20.6.2 *Durst, Hunger und Toilette nach dem Ins-Bett-Gehen*

Meist ist das Zähneputzen am Abend auch das Signal für alle Familienmitglieder, dass nun nichts mehr gegessen, auch nicht genascht wird und als Getränk noch maximal Wasser oder ein leichter Tee zur Verfügung stehen. Inkludiere dies auch bei Deinem Kind.

Die Frage nach Wasser oder einem Getränk kurz vor dem Schlafen gehen muss nicht notwendigerweise etwas mit einer Verzögerungstaktik zu tun haben. Viele Kinder trinken im Laufe des Tages zu wenig oder die falschen Flüssigkeiten und mit dem Einsetzen der Ruhephase kann das Signal des Körpers nach Flüssigkeit erst gedeutet werden. Kommt die Frage nach einem Getränk bei Euch regelmäßig auf, dann beobachte die nächsten Tage intensiv, wieviel und was genau Dein kleiner Engel den ganzen Tag trinkt. Ersetze gegebenenfalls Limonaden oder andere zuckerhaltige Getränke durch Wasser, gerne mit Fruchtstücken oder Kräutern versetzt, und Kräuter- sowie Früchtetee. Aus einem kalten Früchtetee mit frischen Fruchtstücken oder Eiswürfeln mit eingefrorenen Beeren lassen sich hervorragende Eistees herstellen, welche eher zur angeratenen Flüssigkeitsmenge über den Tag verteilt taugen, als so mancher Fruchtsaft, auch wenn er frisch gepresst ist. Auch schon kleine Kinder sollten etwa 1 Liter Wasser am Tag zu sich nehmen. Bis zum Erwachsenenalter sollte dies dann auf 2 bis 2 ½ Liter gesteigert werden. Viel Sport und Bewegung erhöhen diese Menge selbstverständlich.

Ein Glas Wasser auf dem Nachttisch ist für viele Menschen normal, zur Not kannst Du auch Deinem Kind ein Glas gönnen, für den Fall, dass es in der Nacht tatsächlich noch einmal Durst haben sollte.

Meldet sich bei Deinem Kind der Hunger kurz vor dem Schlafengehen, so muss auch dies nicht mit einer Diskussion um die perfekte Zeit zum Schlafen zusammenhängen, sondern kann an einer falschen abendlichen Ernährung liegen. Wenn beispielsweise das Naschen nach dem Abendessen erlaubt ist oder ein Dessert Teil Eures gemeinsamen Abendessens ist, kann das Hungergefühl Deines Kindes tatsächlich durch den gesunkenen Blutzuckerspiegel erklärt werden. Je mehr Kohlehydrate in Form von Zucker und Weißmehlprodukten Du am Abend servierst, desto höher schießt der Spiegel des Zuckers im Blut. Insulin sorgt schnellstmöglich dafür, dass der Zucker zur Verbrennung in unsere Kraftwerke in den Zellen transportiert wird und der Rest der überschüssigen Menge als Fett im Körper eingelagert wird. Sinkt der Zuckerspiegel, signalisiert das Gehirn sofort einen Mangel und macht in Form von Hunger wieder Lust auf den nächsten Zuckerflash! Dein Kind will also weder etwas verzögern noch Dir lästig sein, sondern folgt einem Kreislauf, der über die Ernährung und unser zuckerliebendes Gehirn befeuert wird. Die Lösung ist, nicht nur für Dein Kind, sondern eigentlich die gesamte Familie, zucker- und kohlehydratreiche Naschereien und Snacks am Abend zu streichen. Seid Ihr gewohnt, dass der Tisch im Wohnzimmer noch ein paar Leckereien bietet, während das TV-Programm konsumiert wird, dann stelle in Zukunft eher Nüsse, Studentenfutter oder Käse zum Zugreifen bereit. Durch den Fettgehalt hält die Sättigung länger an und Hungergefühle tauchen nicht mehr auf, die Achterbahnfahrt Eures Blutzuckerspiegels ist gestoppt und das Risiko für Diabetes gemildert.

Wenn das Abendessen Euer gemeinsames Familienmahl ist, dann stelle hier sicher, dass keine schnellen Kohlehydrate gegessen werden, sondern langanhaltende Sättigungsgerichte aus komplexeren Kohlehydraten wie Bohnen, Vollkorngetreide und vor allem Gemüse, Fett und Fleisch. Eine Low-Carb-Ernährung kann viel zu einem ruhigen Nachtschlaf beitragen.

Bezüglich des unvermeidlichen Gangs zur Toilette, nachdem Dein Kind sein verlangtes Glas Wasser hinuntergestürzt hat, können wir nur wieder die vorher beschriebenen Punkte anführen. Wenn die dort angeführten Gründe ausgeschlossen sind und ein Klogang ohnehin Teil des Abendrituals ist, dann ist ein weiterer entweder nicht notwendig oder plötzlich doch dringend. Siehe hierzu vor allem auch unsere Tipps zum Stuhlgangtraining. Jedenfalls ist der Besuch der Toilette keine Möglichkeit, das Schlafengehen um Stunden hinauszuzögern, so dass dieser selbstverständlich erlaubt wird und nicht zur Debatte steht. Die Toilette zu besuchen dauert für gewöhnlich nicht länger als fünf Minuten und natürliche Vorgänge sollte man seinem Kind besser nicht abgewöhnen.

Stellst Du fest, dass diese Anfragen nach Getränken, Naschereien (denn Hunger im tatsächlichen Sinne des Wortes nach einem Abendessen kann es ja nicht wirklich sein) und dem Besuch der Toilette nur Verzögerungstaktiken sind, dann kannst Du das Wasser und das schnelle Wurstbrot oder den Keks auch verweigern. Hierzu musst Du, wie vorher schon beim Zähneputzen als Einstieg angemerkt, nur eine Regel einführen und der Fall ist abgeschlossen! Bleibst Du in diesem Fall hart und kompromisslos und Dein Kind darf bei Einschlafschwierigkeiten eben noch mit dem Teddy plaudern oder selbst in einem Bilderbuch blättern, hat sich die Diskussion um andere schlafverzögernde Maßnahmen schnell erledigt.

20.6.3 Mama, darf ich heute in Deinem Bett schlafen?

Die Frage nach dem Schlaf in Mamas Bett kommt am häufigsten vor, wenn Du Dein Kind vom gewohnten gemeinsamen Schlaf im Elternbett langsam an das Schlafen im eigenen Kinderzimmer gewöhnen möchtest. Eine gewisse Angst vor Verlust und Trennung spielt dabei meist die größte Rolle. Die Geborgenheit in Mamas Armen fehlt vor allem in den ersten Nächten. Hier kannst Du gerne anbieten, mit Deinem Kind in seinem Bett zu kuscheln, soweit es groß genug dafür ist, bis es eingeschlafen ist. Eine Erklärung zum Babyphon zuvor mit dem Hinweis, dass Du jederzeit kommen kannst, wenn Du merkst, Dein kleiner Liebling wird unruhig, wird dazu beitragen, dass das Kinderzimmer mit dem eigenen Bett viel besser auch in der Nacht angenommen wird. Am Tag freuen sich die lieben Kleinen noch, dass sie hinter einer verschlossenen Tür ihr Unwesen treiben dürfen, also alles Spielzeug dekorativ quer im Kinderzimmer verteilen, am Abend wird die Sehnsucht nach Mamas Arm aber wieder wach.

Manche Eltern lassen ihre Kinder auch in ihren Ehebetten einschlafen und tragen sie dann schlafend in das neue Bett im Kinderzimmer. Solltest Du Dir diese Variante für Euch vorstellen können, dann weise Dein Kind zuvor darauf hin. Sollte es in der Nacht aufwachen, ist es sonst vollkommen orientierungslos und kann dadurch noch mehr Angst vor dem Alleinschlafen aufbauen!

Kommt diese Frage gehäuft vor, dann versuche, in einem Gespräch mit Deinem Kind herauszufinden, warum es bei Dir im Bett schlafen möchte. Hat Dein Kind etwas in den Medien gesehen der gehört, was es verängstigt oder verstört hat? Hat es etwas Unangenehmes erlebt im Laufe des Tages? Der Wunsch nach Mamas Arm und dem behüteten Schlaf in ihrem Bett kann vielerlei Ursachen haben, und wenn Du nicht herausfindest, welche das sind, dann kannst Du diese weder aus der Welt schaffen noch eine ruhige Situation zum Schlafengehen finden. Es wird zu einem Machtkampf, welchen beide Seiten irgendwann bereuen werden. Vor allem, wenn Dein Kind schon immer in seinem Kinderzimmer geschlafen hat und den Wunsch äußert, heute bei Dir zu schlafen, musst Du der Sache auf den Grund gehen. Gerade dann können damit tiefer sitzende Ängste zum Ausdruck gebracht werden.

Solltest Du Deinem Kind erlauben, aufgrund einer ängstigenden Situation im Laufe des Tages ausnahmsweise bei Dir zu schlafen, dann stelle dies auch klar. Mache Deinem Kind begreiflich, dass es wirklich nur heute bei Dir übernachten darf und Ihr gemeinsam den Auslöser für diesen Wunsch am nächsten Tag in Angriff nehmen werdet. Ob und warum ein Kind im Elternbett schläft, ist Anlass für vielerlei Diskussionen in Elternkreisen und auch die Wissenschaft nimmt sich diesem Thema in seinen Untersuchungen zur Schlafqualität und Entwicklung der Kinder an. Letztlich musst Du entscheiden und wirst aus der Beobachtung Deines Kindes wissen, ob es einen dringenden Grund für die Frage nach dem Schlafen in Deinen Armen gibt oder es sich hier nur um den Versuch handelt, mit Hilfe einer Diskussion das Schlafen hinauszuzögern.

20.6.4 *Familienbett Ja oder Nein?*

Es gibt bezüglich des Familienbettes kein richtig oder falsch, denn es geht hier darum, dass alle Beteiligten sich mit der gewählten Version zufrieden zeigen und ihren guten Nachtschlaf nicht missen müssen. Wer sich aktiv und bewusst für ein Familienbett entscheidet, hat dies meist schon in die Planung des gemeinsamen Schlafzimmers miteinbezogen, es kindersicher gestaltet, ein größeres Bett gekauft und entsprechend mit Polstern und Decken ausgestattet. Sämtliche störende Geräte sind aus dem Raum verbannt und den kuscheligen Stunden als Familie steht nichts im Wege. Viele Eltern berichten begeistert, dass sie nicht mitternächtlich aufstehen müssen, um zu stillen, da das Baby ja ohnehin gleich neben ihnen liegt. Die Menge des Schlafes ist bei Eltern im Familienbett somit höher, wenn sie sich bewusst dafür entschieden haben und darauf vorbereitet sind. Der Kontakt zum Kind wird so lange und intensiv wie nur möglich genossen und das bereitstehende Kinderzimmer dient als Ort des Spieles und Spaßes außerhalb der Ruhezeiten. Selbstverständlich können Kissenschlachten stattfinden und ruhige Gespräche in vertrauter Runde, dennoch wird das gemeinsame Bett nicht zum allgemeinen Aufenthaltsort.

Wer sich bewusst gegen ein Familienbett entscheidet hat, oft berufliche Gründe, seien es unterschiedliche, täglich oder wöchentlich wechselnde Schlafenszeiten oder Schlafprobleme anderer Art. Das Kinderzimmer ist auf das Kleine zugeschnitten und das Babyphon das einzige technische Gerät in beiden Räumen, so dass jederzeit der Raum gewechselt werden kann, wenn das Baby unruhig oder hungrig wird. Viele Paare wechseln sich hier weitestgehend ab, um sich gegenseitig durchgeschlafene Nächte zu gönnen. Soweit, so gut und unproblematisch. Tendierst Du zu einem Familienbett, findest Du viele Berichte dazu und Erfahrungen im Netz. Uns geht es hier nun aber darum, was passiert, wenn aus einmaligen Ausnahmen ein Dauerzustand wird und sich die Eltern plötzlich in einem Familienbett wiederfinden. Solltet Ihr Euch nicht damit arrangieren können, denn auch das kann vorkommen, dass man sich ungeplant dann doch darauf einlässt, weil es der gesamten Familie ein gutes Gefühl gibt, dann müsst Ihr diese Situation so schnell wie möglich wieder auflösen. Es hat keinen Sinn, an seiner eigenen Schlafqualität Abstriche zu machen in dem Glauben, damit dem Kind etwas Gutes zu tun, nur, um dann den ganzen Tag mit eher ungesunder Laune und unausgeschlafen durch die Welt zu gehen. Dies würde sich früher oder später auf das Familienleben auswirken und wäre somit kontraproduktiv. Manche Eltern, vor allem, wenn sie sich nicht bewusst auf gemeinsame Nächte einstellen, schlafen schon allein darum schlecht, weil sie Angst haben, ihrem Kind während der Nacht weh zu tun. Vor allem Menschen, welche wissen, dass sie einen unruhigen Schlaf haben!

Besprich die Situation schnellstmöglich mit Deinem Partner und je nach Alter auch mit Deinem Kind oder Deinen Kindern und versucht, mit einem gemeinsamen Abendritual und Kuschelstunden auf der Couch oder am Wochenende, beispielsweise Sonntagmorgens, die gemeinsamen Stunden doch ab und an aufleben zu lassen. Kinder und Eltern haben von qualitativ hochwertig gemeinsam verbrachter Zeit viel mehr, als grummelnd einer Schlafsituation zuzustimmen, welche keinem ausreichend Ruhe beschert!

20.6.5 „Im Schrank sitzt ein Monster"

Wir haben schon im Kapitel über Kinderängste darüber berichtet, was die Ursachen für diese Monstergeschichten sein können. Kommt die Ansage über Monster im Schrank, unter dem Bett oder vor dem Fenster immer kurz vor dem Schlafengehen, dann kann es sich natürlich auch um eine Verzögerungstaktik handeln. Mache Dich dann daran, gemeinsam mit Deinem Kind noch einmal alle eventuellen Monsterverstecke zu checken und nimm diese Ängste nicht auf die leichte Schulter. Vor allem, wenn Dein Kind die ersten Nächte allein in seinem Zimmer verbringen soll, können solche Aussagen erfolgen. Sie sind dann ein Zeichen dafür, dass sie den Schutz und die Sicherheit in Deinem Bett vermissen. Ein Babyphon oder eine nur angelehnte anstelle einer geschlossenen Tür, so dass Dein Kind weiß, Du kannst jederzeit zu seiner Rettung vor dem Monster kommen, können in diesen Szenen Abhilfe schaffen. Wenn es bei Euch Gute-Nacht-Geschichten gibt im Zuge Eures Abendrituales oder noch eine Trickfilmserie geschaut werden darf, dann musst Du feststellen, dass dort keine Geschehnisse auftauchen, gehört oder gesehen werden, welche die Ängste vor dem Schrankmonster auch noch befeuern können. Auch unverarbeitete Erlebnisse des abgelaufenen Tages können diese Furcht entstehen lassen. Am besten baust Du dann ein kleines Plauderstündchen, schon im Bett liegend, mit Deinem Kind ein. Es kann Dir dann den Tag noch einmal erzählen und gegebenenfalls auch Fragen stellen, für welche im Laufe des Tages keine Zeit war. Eventuell hat es sich auch nicht getraut, im Kreis der Familie mit seinen Ängsten zu kommen, so dass Du diese gemeinsame Zeit aktiv dafür nutzen kannst, vor allem bei mehreren Kindern, mit jedem einzelnen noch zu sprechen oder zu flüstern, wenn Geschwister sich einen Raum teilen sollten.

Tue die Ängste nicht als überbordende Spinnerei Deines Kindes ab, sondern nimm sie ernst, und sollte Dein Kind Dich via Babyphon oder offene Türe rufen, dann reagiere auch darauf und beweise, dass Du kommst, wenn der Monsterjäger benötigt wird. Im schlimmsten Fall kannst Du auch ein kleines Nachtlicht in beruhigender Farbe im Zimmer anbringen, so dass keine absolute Finsternis herrscht, oder die Vorhänge geöffnet lassen, so dass der Schein der Straßenlaterne Zugang ins Zimmer findet. Hier musst Du mit viel Fingerspitzengefühl agieren und Dir wirklich Zeit nehmen, denn wo Licht ist, ist bekanntlich auch Schatten und womöglich ist gerade der umgekehrte Fall bei Euch das Thema. Die Straßenlaterne sorgt für dunkle Schatten im Kinderzimmer und vorbeifahrende Autos mit ihren Scheinwerfern tragen dann auch nicht zur Beruhigung bei! Sie lassen die Schatten erst recht durch das Zimmer wandern. Analysiere die Situation und arbeite als Familie, gemeinsam mit Deinem Partner oder auch den Geschwistern Deines kleinen Angsthasen an einer Lösung.

20.6.6 Darf meine Freundin / mein Freund bei mir übernachten?

Spätestens, nachdem sich die ersten Freundschaften im Kindergarten gefestigt haben und selbstverständlich auch nach dem Konsum diverser Kinderfilme und Serien, wird diese Frage auf Dich zukommen. Zu lustig sind die Szenen der Pyjamapartys in den Medien und zudem haben sich Freunde immer viel zu erzählen und man könnte damit auch die festgelegte Schlafenszeit aushebeln, wenn man noch stundenlang mit dem Freund oder der Freundin unter der Bettdecke flüstern und Pläne für den kommenden Tag schmieden kann.

Sollte diese Frage gerade zum Zeitpunkt des Schlafengehens auftauchen, muss dies nicht immer eine Verzögerungstaktik bedeuten, sondern einfach nur die Erinnerung daran, dass man dies womöglich schon mit der Freundin oder dem Freund besprochen hat. Dann kannst Du die Klärung der Frage ganz einfach vertagen und sie beim Frühstück am nächsten Morgen oder beim gemeinsamen Abendessen besprechen.

Sollte die Frage tatsächlich rein ein Diskussionspunkt sein, um dich davon abzuhalten, zuzudecken und das Licht auszuschalten, dann kannst Du Deinem Dreikäsehoch gerne mit der Bemerkung den Wind aus den Segeln nehmen, dass ein Freund nicht bedeutet, dass es keine Schlafenszeit gäbe!

Wenn Du Dich darauf einlässt, dass Dein kleiner Liebling einen Übernachtungsgast einladen darf, dann kennst Du sicherlich die Mutter des Freundes oder der Freundin und kannst Dich im Vorfeld über das Zu-Bett-Geh Ritual der Familie informieren. Ist es Eurem eigenen nicht ähnlich, kannst Du eine Mischung aus beiden Gewohnheiten für diesen Abend kreieren oder dem kleinen Mann, der jungen Dame und der Mutter Dein Ritual erklären, so dass die Übernachtungsfreunde schon einmal auf die geänderten Regelungen eingestimmt werden können. Dasselbe gilt natürlich auch dafür, wenn Dein Kind eingeladen ist, beim Spielgefährten die Nacht zu verbringen. Erkundige Dich über den Ablauf des Abends in dieser Familie und stelle Dich, wenn er sehr unterschiedlich zu Eurem ist, entweder schon einmal auf Diskussionen hinterher ein oder untersage die Übernachtung mit diesem Argument. Es ist Dein Kind und Du bist für die Regeln und Grenzen zuständig, Du solltest es nicht frühzeitig einer fremden Mutter mit gänzlich anderem Erziehungsstil überlassen.

Wir gehen in einem späteren Abschnitt auch noch darauf ein, was geklärt werden muss, wenn Dein Kind möglicherweise nicht von Dir ins Bett gebracht wird, weil es bei der Oma übernachtet oder Du einen Babysitter engagierst, um auch einmal einen freien Abend zu genießen und der Partnerschaft eine Chance zur Zweisamkeit zu geben.

20.7 *Wohnzimmer*

Ihr hattet alles so schön geplant, ein kleiner Flur, eine Wohnküche für das schnelle Frühstück und die Zubereitung des Abendessens. Ein großes Wohnzimmer mit einem eigenen gemütlichen Essbereich und selbstverständlich fehlten in dieser Planung auch die Rückzugsorte nicht, das elterliche Schlafzimmer und die Räumlichkeiten der Kinder. Die Kinderzimmer sollten dabei mehreren Zwecken dienen, dem gesunden Nachtschlaf der lieben Kleinen, dem ungestörten Spieltrieb für diverse Puppenfamilienplanungen und Mini-Landschaften aus Lego, Playmobil oder sonstigen sich ständig vervielfältigenden Kleinstteilen und in späteren Jahren auch als Studierzimmer für die perfekte schulische Leistung.
Welch schöner Traum! Spätestens mit dem ersten Kind und nach dem ersten Weihnachten ist er ausgeträumt und das Wohnzimmer ist zum Allzweckraum mutiert, in welchem Spielsachen nur so wuchern und die Kleinteile wie vergrabene Minen nur darauf warten, zertreten zu werden, vorzugsweise von Papa, der müde von der Arbeit nach Hause kommt, um dann einen explosionsartigen Weinkrampf auszulösen aufgrund der mutwilligen Zerstörung. Aufräumen? Sortieren? Gar das Kinderzimmer für die nächste Schlacht der Legoarmeen verwenden? Im Kinderzimmer ist dafür meist kein Platz, denn dort streiten sich schon herumliegende Schulsachen mit diversen sonstigen Büchern, Bastelutensilien, soweit diese nicht schon auf den Esstisch umgezogen sind, und bunten Kleiderbergen um die Vorherrschaft. Dann und wann sieht man eine genervte Mutter Dinge einsammeln, in Kartons verpacken und in den Keller verfrachten. Väter sollen schon dabei beobachtet worden sein, wie sie die Rückstände des letzten Indianerkrieges oder der Puppenkaffeestunde vom Sofa gefegt haben, um darauf ihren angestammten Platz zu finden. Die Kinder schlummern derweil friedlich in ihrem heimeligen Chaos und das Elternpaar bespricht, was genau denn eigentlich falsch gelaufen ist und warum das Wohnzimmer regelmäßig einem Bombenkrater ähnlich sieht!
Selbstverständlich stand der erste Christbaum im Wohnzimmer und da steht er seither jedes Jahr. Die Geschenke werden darum herum platziert und sofort nach dem Auspacken der vielen Dinge auf der Wunschliste wird dem Spieltrieb nachgegeben und weil ja Weihnachten ist, baut Papa das neue Raumschiff mit dem Sohnemann auch gleich mitten im Wohnzimmer auf, während Mama für die neue Babypuppe den Wohnzimmertisch kurzerhand zu einer Puppenstation erklärt. Kein Wunder also, wenn das Hangar für die Raumstation im Wohnzimmer verbleibt und der leicht erreichbare, weil niedrige Wickeltisch, ehemals ein Sofabeistelltischchen, seine Funktion auch nach Weihnachten nicht abgeben will. Die Feiertage über kam die Verwandtschaft und die Clique zu Besuch und die Geschenke mussten ausgiebig bewundert werden und jeder durfte mitspielen, dafür eignete sich

nun einmal das Wohnzimmer am besten. Und weil im Kinderzimmer noch ein paar Legobausteine auf ihre Verarbeitung gewartet haben und die Puppe nach dem Wickeln selbstverständlich in ihren Puppenwagen möchte, wurden die Geschenke kurzerhand um die bereits vorhandenen Spielsachen erweitert.

Rund um das Fest der Heiligen Drei Könige verließ der Baum die Wohnung, die Kugeln wurden in Keller oder auf den Dachboden verfrachtet, das Spielzeug aber blieb! Während der Ferien mag dies noch angegangen sein und man hatte die lieben Kleinen auch noch so schön im Blick und hat sich daran erfreut, wie begeistert sie die neuen Spielsachen angenommen und in ihre Spiele integriert haben. Nun wäre aber wieder Alltag angesagt, der Lego-Raumkreuzer könnte ebenso im Kinderzimmer seine Verwendung finden und der Puppenwickeltisch wäre via Karton auch im Kinderzimmer nachzubauen. Warum also zieht das Spielzeug nicht kurzerhand um?

Ausnahmen bestätigen die Regel und genau um diese geht es nun hier. Hast Du für diesen Fall keine Regelung vorbereitet und vor allem auch mit Deinem Partner und Deinen Kindern abgesprochen, stehst Du der Invasion des Wohnzimmers eher hilflos gegenüber und unschöne Szenen und erbitterte Diskussionen werden Euren Familienalltag beginnen zu begleiten! In den folgenden kleinen Abschnitten versuchen wir Dir Lösungen aufzuzeigen für die Überwindung des Chaos in weiten Teilen der Wohnung.

20.7.1 *Wenn das Wohnzimmer auch Spielzimmer ist!*

Vor allem, wenn die Kleinen gerade dabei sind, die Welt zu entdecken, sich stundenlang mit ein und demselben Baustein befassen oder versunken an ihrem Tisch sitzen und Bilder malen, möchte man sie als Mutter im Blick behalten, beobachten, sich an ihren Erfolgen freuen und intensiver Teil ihres Lebens sein. In vielen Wohnküchen, Wohnzimmern oder anderen Bereichen des Hauses finden sich darum Kinderspielecken, um seine Arbeiten erledigen zu können und gleichzeitig ein Auge auf die Entwicklung und die Bedürfnisse seines Kindes zu haben. Hast Du diese Bereiche geplant und auch soweit abgetrennt, dass sie über ihr eigenes Aufbewahrungssystem verfügen, dann spricht nichts dagegen, beispielsweise in der Küche eine Ecke für einen Kindertisch mit Stühlen zu reservieren. Mache Deinem Wonneproppen im entsprechenden Alter dennoch klar, dass das Aufräumen dieser Ecke zu seinen Aufgaben gehört, die Ihr gerne anfangs gemeinsam in Angriff nehmen könnt, aber als sein Bereich eben seiner Zuständigkeit anheimfallen, wie auch das Kinderzimmer. So wird die Spielecke irgendwann obsolet. Mit dem Älterwerden zieht Dein Kind sein Spielzeug von dort mehr und mehr ab und Du hast einen neuen Platz, um ihn stylisch zu verplanen und in die Wohnumgebung passend zu integrieren. Nicht selten entstehen dort dann kleine Bars für die Abende mit Freunden oder werden Weinklimaschränke eingebaut.

Wenn die Spielzeugflut sich auf die gesamte Wohnung verteilt und jeder nur mehr auf Zehenspitzen sich fortbewegen kann, wird es Zeit, einzuschreiten und neue Spielregeln festzulegen! Wie Du diese einführen kannst, so dass alle Bewohner und Familienmitglieder sich wohlfühlen können, kannst Du vorab mit Deinem Partner besprechen und in unserem dazugehörigen Kapitel nachlesen. Wenn Du Tränen über kaputtgegangenes, weil herumliegendes, Spielzeug vermeiden willst, dann mache Deinem Kind klar, dass das Kinderzimmer auch der Ort für ungestörte Spiele ist und Burgen, Indianerdörfer und Puppenstationen dort am besten aufgehoben sind. Niemand kann darüber stolpern und sie können sogar als feste Institution in das Zimmer integriert werden. Im Wohnzimmer muss täglich alles wieder aufgeräumt werden. So schnell kannst Du die Diskussion erledigen und Deinen Kleinen dann dabei helfen, das Kinderzimmer entsprechend zu organisieren. Vergesst dabei aber nicht, dass ein Tag die Woche mindestens dem Aufräumen geschuldet ist und dann der Staubsauger der größte Feind herumschwirrender Kleinteile! Aufräumen und Ordnung halten lernt Dein Kind, wenn es Deine eigenen Ordnungssysteme erkennen und beobachten kann und von klein auf in die Planung der Haushaltsarbeiten miteinbezogen wird. Bauklötze aufsammeln können Kinder ab dem Moment, wo sie sie auch stapeln gelernt haben.

In den meisten Familien und damit auch Wohnungen oder Häusern ist das Wohnzimmer der gemeinsame Ort für die gesamte Familie. Es liegt also nur an Euch, wie Ihr nach Euren Bedürfnissen und selbstverständlich auch vorhandenen räumlichen Möglichkeiten die Nutzung dieses Raumes organisiert und koordiniert. Es gibt, wenn entsprechend aufgeräumt wird oder Platz dafür ist, durchaus die Möglichkeit, das Wohnzimmer auch als gemeinsames Spielzimmer zu nutzen. Sowohl zeitliche als eben auch räumliche Arrangements sind möglich. Seien es Spielecken oder für Laptops digitale Spielestationen. Gerade, wenn sich mehrere Kinder einen Raum teilen müssen, kommt dem Wohnzimmer und seinen Teilbereichen eine wichtige Rolle zu, um doch so etwas wie Privatsphäre gewährleisten zu können. Es gibt hier weder Empfehlungen von Fachleuten noch aussagekräftige Untersuchungen oder Studien, denn es handelt sich um Euren ureigensten privaten Raum und diesen sollt Ihr für Euch genauso organisieren, wie er zu Eurem Leben am besten passt. Einrichtungshäuser und Magazine zum Thema Wohnen bieten heute vielfältige Möglichkeiten, die Räume einer Familie funktional und platzsparend einzurichten, um eine freie Entfaltung zu ermöglichen und jedem Familienmitglied Raum für seine Talente zu geben. Bevor der Kampf um das Wohnzimmer und seine Nutzung eskaliert, macht einen Ausflug in ein großes Möbelhaus und lasst Euch von den fertig aufgebauten Kinder- und Wohnzimmern in den Schauräumen inspirieren, Eure eigene Linie zu finden. Diese Linie muss weder teuer sein noch ewig festgelegt. Familie und das gemeinsame Wohnen sind lebendiger Raum und wenn es Euch Spaß macht und finanziell möglich ist, dann könnt Ihr diesen Raum regelmäßig neu definieren.

20.7.2 *Die Playstation: der Mittelpunkt des familiären Lebens*

War früher einmal der Esstisch der zentrale Punkt einer Wohnung, an dem sich die gesamte Familie täglich, meist mehrmals, versammelt hat, so kommt dieser Aufgabe in vielen Fällen heute die Wohnzimmer-Sofalandschaft gemeinsam mit der Playstation, von welchem Hersteller auch immer, nach. Wir wollen hier auch gar nicht auf der Bedeutung zumindest eines gemeinsamen Abendessens mit anschließendem Gespräch für den Familienzusammenhalt herumreiten, sondern gestehen Euch gerne zu, dass ein Autorennen gegen die anderen Familienmitglieder oder ein Karaoke-Abend mit all seinen schrägen Stimmen und Sangesversuchen ebenso für Spaß und ein Gefühl des gegenseitigen Annehmens sorgen können!

Wichtig ist in diesem Fall, abgesehen von den familieninternen Wettkämpfen, welche natürlich auf das Alter und Vermögen der Kinder abgestimmt sein müssen, dass auch eine Regelung für die Nutzung der Spielekonsolen abseits der Familienabende besteht. Zu welchen Zeiten dürfen die Kinder sie allein oder mit Freunden, zur Not natürlich auch mit den Geschwistern, nutzen und welche Spiele kommen dafür in Frage? Eine klare Regelung hilft hier, Krisensituationen von Anfang an zu vermeiden. Die Kleinen müssen auch lernen, dass sie andere Spiele haben als die Großen, für den Fall, dass es mehrere Kinder gibt und hier möglicherweise die Altersunterschiede höher ausgefallen sind. In Patchworkfamilien muss auch mit den neuen Geschwistern geklärt werden, was die kleinen Brüder und Schwestern spielen können und wie mit Sieg oder Niederlage umzugehen ist. Auch ein Kleinkind kann spielerisch lernen zu verlieren, wenn das Spiel mit dem notwendigen Spaß angegangen wird. Familieninterne Wettkämpfe sind zu vermeiden, wenn damit kleine Geschwister oder neu hinzugekommene Geschwister verunsichert oder veräppelt werden sollen. Hier seid Ihr als Eltern gefragt, der Gerechtigkeit Genüge zu tun und Spiele für alle Begeisterten vorrätig zu haben und dem Alter angemessen die Funktionen zu erklären! Vielleicht seht Ihr zu Beginn von Wettkämpfen mit Score Lists und dazugehörigen Ranglisten ab, so dass auch die Kleinsten mitmachen können. Gerade Karaoke für Kids oder einfache Rennen, sowie Entdeckungsspiele à la die Siedler von Catan, aber für Anfänger, sind dafür geeignet. Bevor Du Deine Kinder allein vor ein Spiel setzt, solltest Du es selbst gesehen und womöglich auch gespielt haben, damit Du weißt, welche Fragen oder, unter Geschwistern und Freunden, Streitigkeiten auf Dich zukommen können.

Habt gemeinsam Spaß im Wohnzimmer, und wenn dazu eine Spielekonsole von Nöten ist, dann achtet einfühlsam auf alle Mitspieler und brecht ab, wenn Ihr erkennen könnt, dass der Familienfrieden dadurch gefährdet werden kann.

20.7.3 „Darf ich TV schauen?"

Grundsätzlich gilt für den Fernseher ähnliches wie zuvor bei der Playstation beschrieben. Für viele Familien ist er der zentrale Punkt im Wohnzimmer und heute auch mit vielen der Streaming-Dienste ausgestattet, welche uns Filme und Serien sehen lassen, auch Dokumentation, zu einer von uns gewählten Uhrzeit. Eltern haben auch ein gutes Gefühl, wenn sie über die Streaming-Anbieter die Kinderkanäle abonnieren in der vermeintlichen Sicherheit, dem Kind würden damit keine gefährlichen oder Angst machenden Inhalte vermittelt.

Viele der heutigen Kindersendungen transportieren mit der Unterhaltung auch strategisch platzierte Werbebotschaften und ideologische Ansichten. Vieles wurde die letzten Jahre der sogenannten Critical Correctness unterworfen und wahrscheinlich würdest Du die Pippi Langstrumpf von heute gar nicht wiedererkennen, wenn Du diese Geschichten als Kind geliebt und gelesen hast. Bedenke also, was Deine Kinder ansehen, vor allem, wenn die familieninternen Gespräche, welche Deine Kinder mithören, andere Werte transportieren, als in diesen so unschuldig über den Bildschirm flimmernden Trickfilmen verbreitet werden.

Wenn der Fernseher auch zur Familienunterhaltung dient, dann sucht die Filme für den Familiennachmittag an einem Winterwochenende bei Tee und selbstgemachten Naschereien oder für ein abendliches Familienkuscheln auf dem Sofa gemeinsam aus. Hier kann die Zeit für diesen Film und die gemeinsame Unterhaltung dann aus dem generellen Medienkonsum ausgenommen werden und quasi als Bonus vergeben werden. Und es ist doch schön, mit der eigenen Tochter oder dem kleinen Sohnemann in den Disney Filmen zu schwelgen, welche auch wir schon als Kinder geliebt haben. Es kann uns noch intensiver verbinden, wenn wir gemeinsam lachen oder an manchen Stellen auch weinen.

Zur Regelung über die Nutzung von Medien haben wir Dir schon ein ganzes Kapitel geliefert. Je nachdem, wie Ihr als Familie generell mit den neuen und alten Medien umgeht, solltest Du die Zeiten und Grenzen auch für die Kleinen setzen. Du wirst sie spätestens nach dem Eintritt in den Kindergarten nicht mehr lange von den bunten Figuren in den Bildschirmen fernhalten können, überlege Dir also schon einmal, wie Du das Familien-TV-Gerät gerecht organisieren kannst. Jungs haben sicher auch ihren Spaß, wenn sie die Sportsendungen mit dem Papa verfolgen dürfen und dies aus dem Rahmen der eigenen Kindersendungen herausfällt, sportbegeisterte Mädels natürlich auch. Katastrophen-Nachrichten, von denen unsere Sender heute leider überquellen, können bis zum Schulalter vermieden werden. Wenn gewisse politische, geografische oder biologische Themen in den Unterrichtsanstalten anstehen, wirst Du auch diese nicht mehr ganz verhindern können. Sei für Rückfragen zur Stelle und beruhige die Lage für den Fall, dass so manche

Nachricht Ängste schürt, auch wenn die Katastrophe am anderen Ende der Welt aufgetreten ist.

20.8 *Kinderzimmer*

Du hast Dir, davon gehen wir aus, viele Gedanken gemacht, wie das Kinderzimmer eingerichtet werden soll. Welche Farben an den Wänden vorherrschen, wie die Möbel beschaffen sein sollen und auch ein flauschiger Teppich wurde verlegt. Ähnelt das Zimmer Deiner Tochter nun dem Traum-Kinderzimmer Deiner eigenen Jugend? Hat der stolze Vater alle seine eigenen verflossenen Wünsche im Zimmer des Sohnes verwirklicht? Da die Kleinen meist noch nicht viel zur Einrichtung ihres Zimmers beitragen können, werden erfahrungsgemäß die Kinderzimmer eine Annäherung an die Ideen und Wünsche der Eltern. Wir können Dir nur wünschen, dass Du es flexibel ausgestattet hast, so dass Du auf Ordnungsideen Deines Kindes später einmal eingehen kannst, wenn das Aufräumen zu einer Dauerkrise wird.

Das Kinderzimmer erfüllt viele Funktionen. Einerseits ist es der Ruheplatz, andererseits ist es auch ein Spielzimmer und nach einigen Jahren kann es zur Studentenbude oder zumindest auch zu einem jugendlichen Arbeitszimmer werden. Inzwischen wurde es wahrscheinlich auch neu eingerichtet und an die Bedürfnisse des älter werdenden Kindes angepasst. Kommen wir aber nun zurück zur Erstausstattung und damit auch gleich zu unserem ersten Unterabschnitt, der Ordnung in diesem Zimmer, welches nicht selten aussieht wie eine Trümmerlandschaft.

20.8.1 *Ich habe aber jetzt keine Lust zum Aufräumen!*

In unserem Kapitel über Rituale haben wir Dir über die Möglichkeit berichtet, ein gemeinsamen Putzritual einzurichten. An diesem Tag wird jeder Raum im Haus oder in der Wohnung wieder auf Vordermann gebracht. Der Staubsauger wird angeworfen, die Regale gewischt und Zeitungen im Wohnzimmer sowie Spielsachen im Kinderzimmer werden sortiert. Habt Ihr einen solchen Tag eingeführt, dann hast Du sicherlich Deinem Kind auch gezeigt, wie es seine Hilfen gestalten soll und wie Du Dir vorstellst, dass das Kinderzimmer aufgeräumt werden soll. Die Ordnung wird also einmal die Woche nach Plan hergestellt und die restlichen Tage muss nur alles Spielzeug zurück ins Kinderzimmer, wenn es denn in der Wohnung verteilt wurde, und die Klamotten in Form von Jacken und Schuhen werden im Flur ordentlich verstaut.

Willst Du, dass Dein Kind auch an einem anderen Tag sein Zimmer aufräumt, dann ist es am besten, du legst auch dafür einen fixen Termin und ein Ritual für dessen Erledigung fest. Mit der Forderung, das Zimmer aufzuräumen, während der Rest der Familie der Freizeit frönt, wirst Du keine positive Resonanz erreichen. Wenn es einen Ordnungstag gibt, warum genau muss Dein Kind dann öfter aufräumen? Ein Zimmer, welches ohnehin kein Aufenthaltsraum für andere Menschen, sondern eben ein Spielzimmer für Deinen Nachwuchs ist?

Wenn Du die Antwort hörst, Dein Kind hätte keine Lust, aufzuräumen, dann stellst Du die Forderung eindeutig zu oft und hast dafür auch keine wie auch immer geartete Regelung. Mütter wollen, dass Kinderzimmer aufgeräumt werden, wenn sie sich selbst an der Unordnung stören! Wie verhält sich dies mit der restlichen Wohnung? Räumst Du ständig Zeitungen, Zeitschriften, Deine eigene Arbeit mit ihren Unterlagen, Deine Utensilien für Deine Hobbys, beispielsweise Stricken, Nähen oder Basteln, auf? Verstaust Du Wolle, Nadeln und angefangenes Werkstück wirklich täglich in einem Schrank oder bleibt es nicht viel eher in einem Karton oder einer Tasche in der Nähe der Couch, auf der Du planst, auch am nächsten Tag wieder zu sitzen und weiter zu stricken?

Dein Kind hat einen ganzen Nachmittag damit verbracht, einen Bauernhof, eine Raumstation, eine Puppenküche aufzubauen und freut sich darauf, morgen damit weiterzuspielen, und jetzt soll es die Arbeit des Tages aufräumen und am nächsten Tag von Neuem beginnen?

Überlege Dir Deine Forderung nach „Aufräumen" genau und habe notfalls auch einen Plan dafür, damit Du diesen mit Deinem Kind gemeinsam umsetzen kannst, ihn dann als Regel aufstellen und danach auch einfordern kannst! Der Bauernhof aus unserem Beispiel darf stehen bleiben, denn Du bist froh, dass sich Dein Kleines damit lange und ruhig allein beschäftigen kann, aber die T-Shirts, Unterhosen, Socken und sonstige Kleidungsstücke werden über einen Stuhl gehängt, in den Wäschekorb verfrachtet, oder wie auch immer Du das festlegen möchtest. Wichtig ist, dass Du es die ersten Male mit Deinem Kind gemeinsam machst, damit es auch weiß, was genau Du eigentlich von ihm verlangst. Erst danach kannst Du auf die Einhaltung einer Regelung mitsamt ihren Konsequenzen verweisen. Ein Aufräumen, weil Dir gerade etwas gegen Strich geht, wird auch genauso wahrgenommen von Deinem Kind: Aha, Mama ist schlecht gelaunt von der Arbeit nach Hause gekommen und darum muss ich nun mein Zimmer aufräumen!

Wenn Du gemeinsam mit Deinem Kind eine Ordnung im Kinderzimmer festlegst, dann beobachte dabei auch oder frage Dein Kind, wie es die Dinge selbst handhaben möchte. Eventuell wolltest Du die Kuscheltiere auf einem Regalbrett sitzen haben, Dein Kind möchte sie aber dekorativ rund um den Kopfpolster drapieren, damit es sie gleich griffbereit hat. Du stellst Dir vor, Lego oder andere Bausteine wandern in eine Schachtel und dann ins Regal, Dein Kind sitzt lieber da und sortiert sie erst nach Farben oder Größen oder Anwendungsbereichen und würde dazu ein paar kleinere Boxen bevorzugen. Dein Ordnungssystem kann nur dann funktionieren, wenn es auch den Bedürfnissen Deines Kindes entgegenkommt, und seien wir mal ehrlich, es ist doch ganz egal, in welche Boxen und wie das Spielzeug in die Regale kommt, die Hauptsache ist, einmal die Woche kommt es weg vom Fußboden, damit der Staubsauger den Kampf gegen die Wollmäuse aufnehmen kann! Darum haben wir zuvor erwähnt, wir hoffen, Du hast bei der Einrichtung des Kinderzimmers ein wenig Flexibilität bedacht, denn sie wird Dir, gerade wenn es um das Aufräumen und das Ordnung halten geht, über viele Jahre das Leben erleichtern. Tipps zur Einrichtung von Kinderzimmern findest Du im letzten Kapitel dieses Abschnittes.

20.8.2 *Bekomme ich meinen eigenen Fernseher?*

Nimm den Fernseher in dieser Überschrift als Platzhalter und setze frei nach den Wünschen Deiner Kinder auch Smartphone, Tablet oder Computer ein. Grundsätzlich geht es hier darum, das Kinderzimmer in einen autonomen Raum umzugestalten, welcher das Familienleben intensiv beeinträchtigen kann.

Wie kannst Du ein natürliches Familienleben erwarten, wenn jeder nur in seinen eigenen vier Wänden mit seinen Augen an einem viereckigen Kasten klebt? Das Abendessen verkürzt sich um die Gesprächsrunden und das gemeinsame Kuscheln auf der Couch ist passé. Das kann zwar im ersten Moment wie eine neue Freiheit genossen werden von den Kindern, weil Du nicht mehr ständig kontrollierst, was sie in den Medien konsumieren, sowie von Dir, weil Du endlich das Wohnzimmer für Dich allein hast und das Programm selbst bestimmen kannst. Aber fördert dieses Verhalten letztlich Euren Gemeinschaftssinn, Euer Gefühl der Verbundenheit und der Zusammengehörigkeit? Ist es hilfreich für den Zusammenhalt innerhalb der Familie oder sorgt es für eine erste Entfremdung?

Ganz abgesehen davon, dass wir hier noch einmal betonen möchten, dass technische Geräte wie Smartphones, Tablets, Computer oder Fernseher kein Teil der Einrichtung eines Kinder- oder Jugendzimmers sein sollten, liegt es natürlich wie immer auch an Deinem Vorbild. Wie gehst Du mit den Medien und ihren Endgeräten generell in der Familie um? Können die Kinder einige wenige Kinderserien zumindest ansehen, um mit den Freunden am nächsten Tag darüber zu plaudern oder läuft zur selben Zeit Deine Lieblings-Soap-Opera, die Aufzeichnung eines Bundesliga Spieles oder warum genau könnt Ihr in Eurer Familie nicht Zeit gemeinsam verbringen anstelle Euch berieseln zu lassen? Selbstverständlich ist eine einfache Lösung für diverse Familienkrisen bezüglich der Auswahl des TV-Programmes oder der Nutzung von Computer und Co, jedem Familienmitglied ein solches Gerät zur freien und alleinigen Handhabung zur Verfügung zu stellen. Wann genau Du dieses tust oder es angeraten ist, dafür können wir keinerlei Regelungen anbieten, denn dies liegt daran, wie Ihr in der Familie mit diesen Geräten und der Nutzung der neuen Medien umgeht.

Versuche jedenfalls, Zeiten des Miteinander, des gemeinsamen Spieles und der Gespräche nach dem Abendessen und an den Wochenenden beizubehalten. Lege auch für die Nutzung der Geräte im Kinderzimmer eine Regelung fest. Es kann nicht sein, dass ein 5-jähriger mitternächtlich nicht schlafen kann und dann einen Fernseher, ein Tablet oder sonst ein Gerät zur Hand nimmt! Sperrcodes, Timer und weitere Tools können hier die Handhabung und das Durchsetzen von Regeln erleichtern. Nutze diese, wenn denn schon eigene Geräte in früher Jungend für die lieben Kleinen angeschafft werden!

Räumen Kleinkinder bis zum Schulalter das eigene Zimmer meist noch auf, um der Mami einen Gefallen zu tun, so sind die Wesen mit der meisten Unlust, aufzuräumen, die Teenager. Wurden gestern noch akribisch alle Puppen in ihre Betten gelegt, um nicht nächtlich darauf zu treten, so fühlt sich die ehemalige Prinzessin, so scheint es, nun am wohlsten, wenn das Zimmer vor Staub und Klamottenhaufen kaum wiederzuerkennen ist. Hat der brave Sohn seine Autos bis dato immer in der untersten Regalreihe geparkt, um sie aus dem Weg zu haben, so zieren heute Speisereste, leere Getränkeflaschen und verschmutzte Unterhosen sowie Socken den ehemals flauschigen Teppich. Es kostet Dich jede Menge Nerven, wenn Du Dich hier einem Machtkampf stellst und auf das Aufräumen bestehst! Drehe den Spieß um. Hat Dein Sohn oder Deine Tochter womöglich auch ein Schild an der Zimmertür angebracht mit so sinnigen Sprüchen wie „Betreten verboten!", „Achtung Sperrgebiet" oder ähnlichem, so bastle oder besorge Dir doch eigene Schilder, um sie an dieser Türe zu montieren. Es eigenen sich Hinweise wie: „Sondermülldeponie", „Vermintes Gelände" oder „Betreten nur mit Gasmaske!". Du kannst auch mit einem Lächeln, selbstverständlich nach einem vorsichtigen Klopfen, die Türe öffnen, die Hände voller Müllsäcke und anfragen, ob Du auch den restlichen Haushaltsmüll in diesem Raum deponieren darfst. Wandert die Schmutzwäsche nicht mehr in die dafür vorgesehenen Körbe, wird Deinem Teenager irgendwann die Bekleidung ausgehen. Du kannst zur Untermalung Deiner Feststellung, wie dir der Raum erscheint, auch einen Korb schmutziger Wäsche der restlichen Familienmitglieder nehmen und über die Klamottenberge Deines Teenies kippen! Wie schon im Kapitel über Teenager angemerkt: Humor und starke Nerven helfen allen Beteiligten, auch diese turbulente Phase zu überstehen und den Wink mit dem Zaunpfahl wird auch der verbohrteste Jugendliche verstehen. Was Du auf keinen Fall unternehmen wirst, ist, das Zimmer in der Abwesenheit Deines Kindes aufzuräumen! Dies wird nur als schwerer Eingriff in die Privatsphäre bewertet und nicht dankbar angenommen, eine weitere schwere Krise wäre damit vom Zaun gebrochen.

Sollte Dein Teenager auch eine gewisse Unlust verspüren beim wöchentlichen Familien-Wohnungsputz mitzumachen, so kannst Du hier durchaus zu etwas drastischeren Maßnahmen greifen. Teenager haben schon einen guten Begriff für Geld und seinen Wert. Rechne ihm oder ihr also gerne vor, dass eine

Putzfrau zwischen 10 und 15 Euro die Stunde nimmt, veranschlage die Zeit für das Aufräumen des Jugendzimmers gerne gleich einmal mit 3 Stunden, eine Stunde zusätzlich für die Hilfe im Rest der Wohnung und dann natürlich mal 4 Wochen pro Monat gerechnet. Das Taschengeld ist somit wahrscheinlich aufgebraucht. Eventuell muss Dein unlustiger oder unwilliger Teenager sogar von seinem Ersparten noch etwas drauflegen, um den Putzdienst bezahlen zu können!

20.8.3 *Darf ich das Bauwerk oder das Spiel stehen lassen?*

Dein Kind hat stundenlang an einem Kunstwerk aus Bausteinen gearbeitet oder eine komplette Puppenlandschaft gebaut. Womöglich bastelt es auch gerne und hat sich selbst noch die diversesten Möbel, Einrichtungen oder Unterlagen erstellt. Gegen Abend kommst Du mit der Forderung, aufzuräumen. Damit nimmst Du Deinem Kind den Erfolg des eigenen kreativen Werkes und die Motivation, sich in Zukunft allein zu unterhalten und erfolgreich zu spielen.
Wozu hat Dein Kind ein eigenes Zimmer, wenn dort kein Platz dafür ist, einen Bauernhof in der Größe eines Industriebetriebes oder eine erweiterte Puppenwohnung stehen zu lassen, um am nächsten Tag das kreative Werken fortzusetzen oder endlich mit dem eigentlich Spiel beginnen zu können?
Lies Dir dazu auch unsere Einrichtungstipps durch, denn Aufräumen oder Putzen, um Schmutz zu entfernen und Aufräumen um des Aufräumen Willens sind zwei Paar Schuhe.

20.8.4 *Spielst Du mit mir?*

Nicht zuletzt richten wir Kinderzimmer auch deswegen ein, weil wir die Hoffnung haben, dass sich unsere Kinder dort wohl fühlen und auch einmal allein beschäftigen und in ihren vielen Spielsachen schwelgen können. Der kleine Spatz kommt aber nun alle fünf Minuten mit der Frage, ob Du nicht mit ihm spielen könntest! Gerade hast Du es Dir mit einem Kaffee oder Tee auf dem Sofa gemütlich gemacht, Deine Lieblingszeitschrift ergriffen oder ein gutes Buch, womöglich auch Handarbeitswerkzeug, oder Du wolltest die Gelegenheit nutzen und von zu Hause aus arbeiten, da steht Dein Dreikäsehoch mit seinem unwiderstehlichen Augenaufschlag und wirft Dir seine geballte Langeweile entgegen. Sie oder ihn zurück ins Zimmer zu schicken nützt Dir nichts, weil Dein Kind nicht gewohnt ist, sich allein zu beschäftigen? Dann wird es Zeit, dass es dies lernt!
Langeweile, wenn dem Kind nicht ständig Spiele oder Beschäftigungen angetragen werden, kann zu Kreativität führen. Es ist auch für ein zwei Jahre altes Kind kein Problem, einmal eine halbe Stunde ohne Beschäftigung oder Spiel zu sein. Früher machte man Vorschläge wie Wolken zählen, Schäfchen,

um das Einschlafen zu erleichtern oder einfach ein Nickerchen zu machen. Du kannst Dein Kind, je nach Alter, wenn es Dir mit Langeweile oder der Anfrage nach Spielen mit Dir kommt, auch fragen, ob es dann im Haushalt helfen will. Je abwegiger Dein Vorschlag, desto kreativer wird Dein Kind werden, sich selbst zu beschäftigen. Es könnte plötzlich seine Bücher, auch Bilderbücher entdecken, sich Papier und Stifte schnappen und zeichnen oder malen oder doch noch aus den Bauklötzen ein fragiles Gebilde erschaffen, welches dann fotografisch für die Nachwelt festzuhalten wäre!

Du bist nicht der Beschäftigungstherapeut Deines Kindes, du bist die Mutter und Du hast ab und an auch andere Aufgaben, als Dich nur mit Deinem Kleinen zu befassen. Das dürfen sie gerne lernen. Arbeitest Du beispielsweise von zu Hause aus und sitzt dabei im Wohnzimmer mit Deinem Laptop, kann Dein Kind mit Papier und Stiften gerne neben Dir sitzen und selbst „arbeiten". Kinder imitieren gerne die Verhaltensweisen der Eltern. Zudem hast Du sicherlich jede Menge Spielsachen gekauft, damit Dein Kind abwechslungsreich seine Zeit verbringen kann. Teile Dir Deine Tageszeit ein, so dass Du sowohl für Arbeit und Haushalt als auch für gemeinsame Spiele Zeitpunkte festlegst. Drücke Deinem Kind bei Langeweile nicht automatisch ein digitales Endgerät in die Hand, Du nimmst ihm damit nur die Möglichkeit, aus seiner Langeweile heraus selbständig zu werden!

Du kannst selbstverständlich auch ein Spiel anstoßen, von dem Du weißt, Dein Kind kann darin dann versinken und Dir somit die Zeit geben, auch andere Dinge zu erledigen. Beispielsweise eben Bauklötze zu stapeln oder die Puppe zu füttern. Ein Bild auszumalen oder eine Zeichnung anzufertigen. Wenn Du dann auch noch einen Platz in Eurer Wohnung geschaffen hast, an welchem die neuesten Kunstwerke ausgestellt, sprich an die Wand gepinnt werden, dann wirst Du selten erleben, dass Dein Kind nicht erfreut ein neues Gemälde produziert. Wichtig ist auch, wenn Dein Kind sich dann allein spielt oder wie auch immer beschäftig, es nicht zu unterbrechen, nur weil Du dann doch noch Zeit gefunden hast!

20.8.5 *Tipps und Tricks für Kinderspiele und Beschäftigungen im Kinderzimmer*

Gerade für Einzelkinder erscheint es manchen Eltern oder Müttern schwer, Spiele zu finden. Wir wollen Dir hier ein paar Ideen mitgeben, welche Spielsachen Du sowohl käuflich erwerben kannst und mit welchen Beschäftigungen Du Dein Kind auch als einzelnes Kind zu Kreativität animierst:

- Zeichnen oder Malen ist sicherlich auch das erste, was Dir einfällt, wenn es darum geht, Dein Kind für eine Weile abseits von Smartphone und Co zu beschäftigen und für gewöhnlich nehmen Kinder diesen Vorschlag auch begeistert auf. Sie können hier dazu animiert werden, ganze Bildergeschichten zu Papier zu bringen, entweder der eigenen Fantasie entsprungen, die Gute Nacht Geschichte des Vorabends in Bilder übersetzt oder die Begebenheiten des letzten Urlaubs oder Ausfluges. Bei Geschwistern kann das Größere die Figuren zeichnen und das Kleinere diese dann ausmalen. Die Bilder können danach entweder an der Wand in Küche, Flur oder Wohnzimmer ausgestellt werden oder in einer Mappe gesammelt werden. Sie können auch als Ideen dienen für zukünftige künstlerische Aktivitäten.

-Wenn wir schon beim Malen sind, gerade für interessierte Kinder kann auch das Malen nach Zahlen spannend sein. Lasse sie dabei das Motiv selbst wählen und besorge Dir schon einmal vernünftige Rahmen für die späteren Kunstwerke. Mit dem Hinweis darauf, dass diese Bilder auch als Geschenk für Oma, Tante oder Freunde genutzt werden können, wird Dein Kind umso eifriger ans Werk gehen.

- Sammle leere Rollen Klopapier, Haushaltspapier, Kartons und selbstverständlich auch Zeitungen und gebrauchtes Geschenkpapier. Damit lassen sich nicht nur Regennachmittag bastelnd überbrücken. Dein Kind kann aus leeren Kartons beispielsweise Aufbewahrungsmöglichkeiten für seine Spielzeugkleinteile selbst herstellen und diese entsprechend bunt gestalten, so dass man auch gleich weiß, für welche Art von Dingen sie zur Verstauung dienen sollen. Gelb besprühte Kartons sind für alle gelben Legosteine. Mit Bildern aus alten Katalogen oder Zeitschriften beklebte Kartons zeigen, dass hier die Puppenkleidung gelagert wird. Etwas größere Kinder können aus Kartons, Papier und auch Plastikverpackungen ganze Wohnungseinrichtungen für ihre Puppen oder Garagen für ihre Autos bauen.

- Sehr große Kartons, zum Beispiel von einem neuen Küchengerät wie der Espressomaschine oder einem Drucker, können auch zu Höhlen umfunktioniert werden. Kinder werden von ganz allein kreativ, wenn man sie nur lässt. Selbst leere Milch- oder andere Getränkekartons können, gut verschraubt und in buntes Papier verpackt oder bemalt, als Riesenbauklötze dienen. Kinder wissen zwar noch nichts von der sogenannten Nachhaltigkeit, aber sie finden die interessantesten Verwendungsmöglichkeiten für einen Teil unseres täglich anfallenden Abfalls.

- Puzzles sind nach wie vor beliebt und begehrt und für Tüftler kannst du gerne auch einmal in eine höhere Altersklasse greifen!

- Im Garten kannst du Deinem Kind ein kleines eigenes Beet geben und lustige Gemüsesorten gemeinsam mit ihm ziehen. Kinder können ihren Karotten, Tomaten oder Apfelbäumen stundenlang beim Wachsen zusehen. Sie gießen begeistert - pass auf, dass sie die Pflanzen nicht ertränken - und lassen sich auch dazu animieren, das Unkraut rundherum zu entfernen.

- Geschwister können auf der Terrasse Tempelhüfen, auf der Wiese Sackhüpfen oder andere Spiele aus Großmutters Zeiten umsetzen. Entweder Du holst die Großeltern als Ideengeber mit an Bord oder Du bemühst Google. Es gibt tausenderlei Möglichkeiten, die Kreativität und die Motorik mit diesen alten Kinderspielen und Beschäftigungsmöglichkeiten anzuregen.

- Wollreste oder Stoffe können bei Mädchen Begeisterung auslösen, wenn sie diese zur Verschönerung ihrer Puppen, Puppenhäuser oder ihres Zimmers allgemein verwenden können. Bist Du selbst einer Handarbeit zugeneigt, wirst Du auch sehen, dass Dein Kind sich dafür interessiert, was Du da tust. Stricken oder Häkeln kann man schon früh beibringen und die alte Strickliesel hat für so manche Puppenmama nichts von ihrer Faszination verloren!

- Seifenkisten bauen Jungs auch heute noch gerne. Selbstverständlich dürfen sie in einem gewissen Alter noch nicht alleine in Papas Garage werken, aber Pläne für das Fahrzeug können sie auch allein entwickeln und sich schon einmal Gedanken um Garben, Form und Beschriftung machen.

Tatsächlich ist es so, dass Du viele Anregungen zur Beschäftigung und zum Spielen in Büchern oder Blogs über frühere Kinderspiele finden kannst. Ganz gleich, ob Du Google, Amazon oder die freundliche Nachbarin im Rentenalter befragst, Du wirst erstaunt sein, wie kreativ auch heutige Kinder mit diesen alten Ideen werden.

20.8.6 *Kinderzimmer kindgerecht einrichten*

Bevor wir dieses Kapitel abschließen, hier unsere versprochenen Tipps zur Einrichtung eines flexiblen Kinderzimmers, abgesehen von Farben und Lage des Zimmers in der Wohnung, denn alles können wir nicht vorhersehen, aber gewisse Richtlinien für die Ausstattung können wir geben.

- Natürliches Licht sollte in einem Kinderzimmer ausreichend vorhanden sein, allein schon darum, weil eine gewisse Sonneneinstrahlung im Sommer auch der Vitamin-D-Produktion Vorschub leistet.

- Planung der Einrichtung ist nicht alles, denn soweit der Platz ausreicht, sollte eben für den neu aufgebauten Bauernhof oder das zukünftige Puppenhaus ebenfalls Platz im Kinderzimmer sein. Vielleicht überlegst Du Dir, diesen Platz zuerst für aufgebaute Spielecken und in späteren Jahren für den Schreibtisch zu reservieren. Sollte bei Euch der Computer eine große Rolle spielen und ist davon auszugehen, dass Dein Kind frühzeitig einen bekommt, dann bedenke den Lichteinfall vom Fenster auf den Bildschirm oder gestalte die Möblierung so flexibel, dass Ihr diverse Schränke oder Regale später verschieben könnt.

- Der Teppich kann sich zwar gut anfühlen, aber ist er auch der richtige Untergrund für Autobahnen, Puppenwägen und Co? Laminat oder auch PVC in der modernen Variante können nicht nur die Reinigung erleichtern, sie können, mit Teppichen und Sitzpölstern versehen, auch kuschelige Ecken schaffen, so dass das Mehrzweckzimmer räumlich unterteilt ist.

- Rechne damit, dass an den Wänden früher oder später selbstkreierte Kunstwerke, Kinderfotos und Poster sowie Fanartikel auftauchen können. Eine wild gemusterte Tapete an allen Wänden kann sich dabei negativ auswirken und wenn sie einem irgendwann nicht mehr gefällt, wird sie umso mehr zugekleistert. Es gibt heute sowohl an Tapeten als auch an Wandfarben Produkte im Angebot, welche abgewaschen und somit kreativ verziert werden können. Lasse Dich hierbei gerne beraten. Für kleine Maler an den eigenen vier Wänden kannst Du auch die erreichbare Fläche regelmäßig mit weißem Packpapier oder ähnlichem ausstatten und so die Kreativität unterstützen.

- Lasse eine thematische Gestaltung des Kinderzimmers am Anfang außen vor und wähle eher neutrale Farben. Nicht jedes Mädchen möchte in einem knallpinken Zimmer seine Zeit verbringen und nicht jeder Junge mag die nächsten 10 Jahre ein Himmelblau an der Wand. Dasselbe gilt auch für die Möblierung, wähle eher neutrale Farben, welche später von Deinem Kind mit Malereien, Postern oder sonstigem verziert werden können. Niemand will auf Dauer in bonbonfarbenen Lackmöbeln wohnen, auch wenn sie auf den ersten Blick zum Baby passen und wahnsinnig süß aussehen. Willst Du das Zimmer nicht alle 3 bis 5 Jahre neu einrichten und gestalten, dann suche Dir ein Kinder-Jugend-Zimmer-System eines namhaften Herstellers, der darauf spezialisiert ist, seine Programme lange anzubieten und immer wieder erweiterbare Stücke für Deine Wahl im Angebot hat. Wickeltische werden später zu Kommoden oder gar zu Schreibtischen umfunktioniert. Je nach Deinen finanziellen Möglichkeiten gibt es eine Auswahl für jede Brieftasche. Lasse Dir Zeit mit der Planung und Entscheidung, vor allem, wenn Ihr eine größere Familie in Angriff nehmen wollt und früher oder später auch ein Umzug anstehen könnte.

- Bei der Wahl von Regalen oder Schränken bist Du auf Deinen eigenen Ordnungssinn angewiesen. Ein Schrank hat den Vorteil, auch Dein Kind kann schnell aufräumen, indem es alles hineinstopft und die Türen verschließt. Ein offenes Regal wiederum kann die Suche nach dem passenden Spielzeug erleichtern, weil es in beschrifteten oder bemalten Kartons oder in einsehbaren Plastikboxen sortiert darin gelagert werden kann. Bücher, Papier und Stifte liegen immer parat und Dein Kind sieht immer auf den ersten Blick, welche Reichtümer es sein Eigen nennt.

- Für die späteren wahrscheinlich auftauchenden technischen Ausstattungen ist es zwar gut, wenn Du an viele Steckdosen denkst, aber im ersten Moment ist die Sicherheit des Zimmers wichtig. Auch hier kannst Du Dich beraten lassen oder Steckdosenleisten unter einer Holzlamelle erst einmal verschwinden lassen. Ecken und Kanten können mit Filzauflagen abgerundet oder sanfter gestaltet werden. Offene Regale müssen jedenfalls so konstruiert sein, dass die Regalbretter nicht kippen oder herausfallen können, wenn Dein Kleines beginnt zu stehen, zu laufen oder gar seine Kletterkünste zu erproben.

- Spielsachen musst Du für die Erstausstattung nicht besorgen und auch sonstige Dekoration wird sich mit der Zeit massiv ansammeln. Zudem kannst Du dadurch auch Geschenke der Verwandtschaft steuern, indem Du bestimmst, was von Oma und Tante eingekauft wird.

20.9 *Freizeit, Einkauf, Urlaub*

Funktioniert das Familienleben zu Hause auch reibungslos und das Benehmen Deines Kindes entspricht Deinen Vorstellungen und Erziehungsmethoden, so kann sich dies schlagartig ändern, sobald Ihr die Wohnung verlasst. Plötzlich will Dein sonst so verständiges Kind jede Süßigkeit, welche werbeträchtig auf Kinderaugenhöhe platziert wurde, der Urlaub gerät zur Katastrophe, weil Dein Kind keine Spiele und Spielgefährten findet und das Hobby, welches Dein Kind begeistern könnte, um das Wochenende aufregend zu gestalten, muss erst noch erfunden werden. Ausflüge bewirken bei Dir Sodbrennen, noch bevor Ihr ins Auto steigt, und Du freust Dich noch vor der Abfahrt auf die Rückkehr?
Wir wissen nicht alle Deine möglichen Krisenherde, aber auf die bekanntesten werden wir hier eingehen und unsere Lösungen dazu erklären. Bevor Du mit Deinem Kind einen großen Ausflug planst oder den dreiwöchigen Sommerurlaub buchst, macht es jedenfalls Sinn, das Benehmen außer Haus schon etwas zu üben, beispielsweise indem Ihr Verwandtschaft besucht, an manchen Abenden in einem Restaurant das Essen einnehmt oder einen Kurztrip auf einen Bauernhof in der Umgebung veranstaltet, eine Reichweite, welche einen Abbruch des Urlaubes erleichtert, wenn alles schiefgehen sollte. Von der karibischen Insel kannst Du nicht morgen wieder nach Hause fliegen, nur weil Dein Kind sein eigenes Bett vermisst! Auch das Leben außer Haus muss von Deinem Kind geübt werden. Besuche auf dem Kinderspielplatz, bei Oma und in der Lieblingspizzeria bieten sich dafür an. Supermärkte sind dann der ultimative Test, vor allem, wenn Dein Kind die Welt der Süßigkeiten schon für sich entdeckt hat.

20.9.1 *Im Supermarkt*

Alleinerzieher oder Mama allein zu Hause mit Kind, der Gang zum Supermarkt bedeutet für viele Mütter einen nervenaufreibenden Ausflug. Abgesehen davon, dass Du Deinen Einkauf planen solltest, muss auch Dein Kind noch halbwegs präsentabel sein, womöglich zuvor umgezogen werden, Straßenschuhe und Jacke an, nichts vergessen? Endlich im Supermarkt angekommen, beginnen die Kinderaugen zu leuchten. So viele bunte Verpackungen und geheimnisvolle Dinge hinter Comicfiguren und in Griffhöhe für Kinder ausgestellt, wollen erkundet werden. Einkaufswagen mit Kindersitz können schon einmal zu nahe an ein Regal herangefahren werden und während Du noch nach den richtigen Nudeln oder der Tomatensauce suchst, hat Dein Wonneproppen den restlichen Platz im Einkaufswagen vollgepackt. Die Schokoladeabteilung wird großzügig von Dir umrundet, aber Dir bricht der Angstschweiß aus, wenn Du an die vielen leckeren Kleinigkeiten denkst, welche vor den Kassen noch platziert und mit jeder Menge Werbung versehen sind. Kaum kommen die sogenannten Kinderprodukte wie Schokoriegel, auch Kaugummis und Kombinationen aus Nascherei mit Spiel in das Blickfeld Deines Kleinen, geht das Geschrei und Weinen los! Wie die Sirene der Feuerwehr bricht Dein Kind in Geheule aus, von dem Du gar nicht wusstest, dass es diese Tonlage erreichen kann und Du erntest böse Blicke von der Kassiererin bis hin zu dem netten Herren, der Dir eben noch freundlich zugelächelt hat und nun anscheinend der Meinung ist, Dein Kind würde von Dir gefoltert. Ruhe und Nerven zu bewahren in dieser Situation ist leichter angeraten als selbst durchgehalten, aber willst Du diese Szene nicht täglich wiederholt erleben und womöglich den Supermarkt wechseln, weil Du die Peinlichkeit der Blicke nicht länger ertragen kannst, dann musst Du mindestens einmal da durch und bei Deinem klaren NEIN zum Überraschungsei bleiben!

Je vorbereiteter Du und Dein Wonneproppen die Einkaufstour starten, desto kampfloser und ruhiger wird sie ablaufen. Dein Kind muss also auch wissen, was auf der Einkaufsliste steht und kann gerne zuhause eine Diskussion mit Dir vom Zaun brechen, warum trotz gefüllter Naschlade immer noch etwas gekauft werden sollte, aber im Supermarkt sind die Fronten bereits geklärt, und sollte Dein Kleines doch versuchen, eine trotzige Rebellion zu starten, kannst Du auch einem zwei Jahre alten Knirps verdeutlichen, dass dies nicht Eurer Abmachung entspricht!

Also, hier unsere Punkte:

-Erarbeite gemeinsam eine Einkaufsliste

Ihr könnt, je nach dem Alter der Kinder und der Anzahl der Familienmitglieder, eine Tafel an der Küchenwand bereithalten, auf der jeder notieren darf, was er sich für den nächsten Einkauf wünscht oder benötigt. Es gibt pro Kind und auch Erwachsenen nur einen Wunsch pro Einkauf und natürlich die Liste mit den benötigten Lebensmitteln für Frühstück, Mittag- und Abendessen.

-Lasse Dein Kind im Supermarkt helfen, gestalte den Einkauf zum Spiel

In einem großen Supermarkt gibt es viele Dinge zu entdecken, nicht nur die Regale der Süßigkeiten und Snacks. Da will das exotischste Obst gefunden werden, das Gemüse mit der am meisten strahlenden Farbe und der frischeste Salatkopf. Nüsse und Oliven wollen entdeckt und nach und nach gekauft und verkostet werden und können so die eher ungesunden Snacks ersetzen. Käse aus aller Herren Länder, wer findet die neueste Sorte im Angebot? Nicht zu vergessen, dass auch die Liste abgearbeitet werden und diese Dinge zusammengetragen werden müssen.

-Bleibe cool und ruhig bestimmt bei Deiner Aussage und Deinem Versprechen von zu Hause bezüglich der Wunschliste Deiner Kinder. Wolltest Du ohnehin Schokolade, Kekse oder sonstige Snacks erwerben, dann dürfen sie sie aussuchen, das ist der Deal und keinen Millimeter weiter.

Was Dein Kind nicht kennt, kann es auch nicht vermissen oder dringend verlangen, wenn es vor seinen Augen platziert wird. Wenn Du also Deinem Liebling nicht von klein auf ständig Kekse in die Hand drückst und Dir beim Konsum von Medien die Werbung ansiehst, um sie zu besprechen, dann wird Dein Kind auch nicht auf seinem Kinderriegel bestehen. Dafür hat es freie Auswahl bei der Liste an Wunschmenüs, bei Obst, Gemüse und allen gesunden Zutaten!

Hattet Ihr einen Machtkampf im Geschäft, dann führe Deinem Kind sein Verhalten zu Hause vor. Sie werden erstaunt sein, wie es sich anfühlt, wenn ein kreischendes und in Weinkrämpfe ausbrechendes Wesen vor ihnen steht. Zeige ihnen ruhig einen Spiegel oder habe einen in Deiner Einkaufstasche und halte ihn Deinem kleinen Gegner noch im Supermarkt vor die Nase. Dann kann er oder sie auch bewundern, wie nett sie aussehen mit rotem, wutverzerrtem Gesicht!

Sollte sich ein wohlmeinender Mensch im Supermarkt in Deine Diskussion einmischen wollen, dann darfst Du auch diese Person auf ihren Platz verweisen, indem Du Deine Spielregeln kurz umreißt und anklingen lässt, dass Dein Kind mit Dir eine Abmachung diesbezüglich hat.

20.9.2 *Wann sind wir denn endlich da?*

Kinder bis zum 4. oder 5. Lebensjahr haben noch einen sehr unbestimmten Zeitbegriff. 5 Minuten kann sich Dein Kind weniger vorstellen als nur mehr kurz. 1 Stunde ist für Dein Kind sehr dehnbar. Vor allem wenn es darum geht, brav angeschnallt im Auto zu sitzen, wird Kindern schnell langweilig und genervt drücken wir ihnen das Smartphone zur Beruhigung und Beschäftigung in die Hand. Manchmal ist dies aber keine Lösung, da es Kinder und auch Erwachsene gibt, die im Auto nicht gut auf Lesen oder Filmsehen reagieren. Besser ist es, Du spielst ein paar alte Spiele mit Deinen Kids oder auch Deinem Einzelkind. „Ich sehe was, was Du nicht siehst!" hat sich noch immer auf langen Autofahrten bewährt und dies können schon die Kleinsten, soweit sie nicht dankenswerter Weise eingeschlafen sind, mitspielen. Geräusche erzeugen und erraten, kann auch der Fahrer. Du kannst aber auch den Reiseleiter spielen und Deine Kinder auf der Fahrt auf Sehenswürdigkeiten hinweisen und Geschichten aus den durchfahrenen Regionen erzählen. Ein deutsches Sagenbuch verkürzt eine Reise ungemein, wenn Du es Dir zuvor angesehen hast und zumeist sind diese Geschichten auch nach Bundesländern oder Orten gesplittet, so dass Du nicht einen ganzen Wälzer deutsche Sagen als Vorbereitung auf Euren Urlaub oder Eure Reise lesen musst.
Größere Kinder kann man damit beschäftigen, dass sie Nummernschilder erraten oder Ausschau nach fremden Nummernschildern halten. Wer die meisten gefunden hat, darf bestimmen, wann die nächste Pause eingelegt wird. Stadt, Land, Fluss kann man auch ohne Papier und Bleistift während einer Autofahrt spielen und wenn das Gespräch, welches Du im Sinne hattest, mit Deinen Kindern während einer Reise zu führen, ins Stocken gerät, dann übt doch das Thema oder eine Geschichte noch einmal aber in englischer Sprache. Synonyme finden für gebräuchliche Worte trägt dazu bei, die Fahrtzeit spürbar zu verkürzen und kann auch für den Wortschatz Deines Kindes bereichernd wirken.
Nützt die Zeit, Land und Leute zu beobachten. Schiebe mehrere kleine Pausen ein, damit Ihr Euch die Beine vertreten könnt und singt gemeinsam Lieder. Abzählreime oder Gedichte können aufgesagt, umgestaltet oder ganz neu erfunden werden. Sei der Stein des Anstoßes, Deine Kinder werden ganz allein kreativ, wenn Du zuerst „Alle meine Entlein" mit ihnen singst und ihnen dann vorschlägst, doch einen neuen Text zu dieser Melodie zu kreieren. Auch hier kannst Du Dir ein Beispiel an alten Kinderspielen nehmen und je nach Fahrzeug, also Auto oder Bahn oder auch Flugzeug, im Vorfeld etwas vorbereiten. Gerade mit der Bahn gibt es viele Möglichkeiten, sogar ein kleines Kartenspiel dabei zu haben oder andere Spiele, um die Fahrt zu überbrücken. Kommt die Frage im Zuge eines Spazierganges, einer Wanderung oder einer gemeinsamen Radtour, kannst Du die Streckenabschnitte verkürzen, indem

Du immer wieder kleine sichtbare Etappenziele vorgibst: „Jetzt fahren wir noch bis zum nächsten Hügel und dahinter kannst Du das Ziel schon sehen!" oder „Wir wandern nun bis zur Trauerweide und machen dort eine Pause, dann können wir auf der Karte nachmessen, wie weit es noch ist!" Übrigens eignen sich Lieder, Zählreime und Geschichten auch dazu, während einer Tour gesungen, geübt und erzählt zu werden.

20.9.3 *Auf dem Spielplatz*

Der Spielplatz ist für viele Kinder die erste Möglichkeit, ihre sozialen Kompetenzen im Umgang mit Gleichaltrigen zu erweitern. Dies gilt selbstverständlich nicht für Kinder, welche im Alter von ein paar wenigen Monaten schon in der Krabbelstube ihre Stunden verbringen, weil die Mama arbeiten und Geld verdienen muss. Du kannst jedenfalls auf dem Spielplatz schnell beobachten, ob Du Dein Kind überbehütest, es auf seinen eigenen Beinen steht oder meint, es wäre hier der Boss. Für alle drei Möglichkeiten zeigen wir Dir in den folgenden Absätzen unsere Vorschläge für eine Verhaltensänderung auf:

Das Mauerblümchen
Wie Du Dein Kind unterstützen und motivieren kannst, Anschluss zu finden, wenn es etwas schüchtern ist, haben wir im Kapitel über das Selbstbewusstsein schon ausreichend erklärt. Hier geht es uns darum, dass Dein Kind möglicherweise keine Freunde auf dem Spielplatz finden kann, weil es nicht allein Rutschen darf, die Schaukel Deiner Meinung nach noch zu gefährlich ist und es sich im Sandkasten nicht beschmutzen soll. Wenn Du also Dein Kind überbehütest und auf alles Mögliche Wert legst, nur nicht darauf, dass Dein Kind sich ausprobiert und dabei eventuell auch auf die Nase fällt, dann wird es auf dem Spielplatz am Rand stehen und nur ein Beobachter von Spaß und Lebensfreude sein!
Wenn andere Kinder im selben Alter die Rutsche erklimmen, du aber noch unsicher bist, dann stelle Dich beim ersten Mal daneben und entferne Dich auf die nächste Bank, sobald Du erkennst, Dein Liebling managt das allein. Dasselbe gilt für die Schaukel. Übertrage nicht Deine eigenen Ängste auf Dein Kind, Du hemmst es damit in seiner Entwicklung und nimmst ihm die Chance auf neue aufregende Freundschaften. Auf einem Spielplatz kann man auch schmutzig werden. Ein bisschen Dreck aus der Sandkiste oder den umliegenden Blumenbeeten hat noch niemanden geschadet und das Sonntagskleid oder der Anzug sind ohnehin der falsche Aufzug für einen Besuch dort.
Stecke also Deine Befürchtungen zurück und beobachte Dein Kind. Lasse es sein Leben auf dem Spielplatz selbst entfalten, dafür sind sie gebaut und entsprechen auch neuesten Sicherheitsvorschriften, ansonsten wären sie

behördlich gesperrt. Sieh Dir lieber an, mit welchen Kindern Deines dort in Berührung kommt und wie deren Erziehung und Verhalten aussieht und entscheide dann, ob Du diesen Spielplatz wieder aufsuchen möchtest oder Dir lieber eine Gelegenheit in einem anderen Stadtteil suchen möchtest. Leider sind Spielplätze heute auch Treffpunkte eher zwielichtiger Gestalten und den Kontakt damit solltest Du weitestgehend vermeiden. Vor allem, wenn Du geplant hattest, dass Dein Kind ab einem gewissen Alter und bei vorhandenen Freunden diesen Spielplatz in der Zukunft auch allein aufsuchen darf.

Der selbstbewusste Zwerg

Hier musst Du kaum eingreifen und kannst Dich in Ruhe mit anderen Müttern unterhalten oder ein mitgebrachtes Buch lesen. Dein Kind sitzt auf der Schaukel, ein anderes Kind kommt und möchte auch schaukeln, Dein Kind steigt ab und macht klar, dass es danach wieder auf die Schaukel will. Die beiden Kleinen machen das unter sich aus und weil immer nur ein Kind in dieser angehenden Freundschaft Schaukeln kann, beschließen sie, einen anderen Bereich des Spielplatzes unsicher zu machen. Gemeinsam wird in der Sandkiste gewühlt oder der Kletterturm erobert und die Rutsche genutzt. Perfekt! Mach ein paar Bilder, Du hast sicher Dein Smartphone bei der Hand. Lehne Dich zurück, Du hast bis dato wohl alles richtig gemacht. Dein Kind nimmt auf andere Kinder Rücksicht und ist zu Kompromissen bereit und sucht von sich aus aktiv Anschluss.

Dein Kind, der Boss

Auch hier nehmen wir an, dass Dein kleiner Liebling gerade auf der Schaukel schwingt. Er gibt sie allerdings nicht ab, wenn ein anderes Kind danach fragt. Er behauptet seinen Platz. Soweit so gut.

Später verliert es dann doch noch den Spaß an der Beschäftigung allein und wandert in die Sandkiste weiter. Dort sitzen schon ein paar andere Kleine und bauen begeistert eine Burg. Schnell bringt sich Dein Kind in das Geschehen ein und hat schon wenig später das Ruder übernommen oder in diesem Fall, die Bauleitung. Nun wird ganz sicher eines der Kinder damit nicht so richtig einverstanden sein und gegen die Übernahme rebellieren und ein anderes Kind sich still und leise zurückziehen. Letztlich sitzt Dein Kind wieder allein in der Sandkiste und baut die Burg fertig oder etwas gänzlich Neues. Auf diese Art werden kaum Freundschaften geschlossen. Hier ist Dein Eingreifen gefragt, denn ganz offensichtlich kann Dein Kind weder teilen noch andere Ideen gelten lassen und sich kompromissbereit in ein bereits laufendes Spiel einbringen. Es möchte immer führen und bestimmen. Leider beobachten wir auch dies bei vielen Einzelkindern, welche nicht zu Selbstbewusstsein, sondern eher zu Egoismus erzogen werden. Sie bekommen zu Hause, was sie sich wünschen und wechseln diese Wünsche schnell auch einmal aus, weil sie feststellen, dass erfüllte Wünsche nicht den Spaß bringen, den sie sich erwartet hätten.

Besprich am Abend oder auf dem Nachhauseweg mit Deinem kleinen Anführer, dass er auf diese Art und Weise keine Freunde finden wird und der Spielplatz für alle Kinder da ist. Frage ihn, ob er denn wirklich allein sein will zum Spielen oder nicht eher versucht, auch einmal auf die Ideen der anderen Kinder zu hören. Womöglich haben auch diese zukünftigen Spielgefährten gute Einfälle und Dein Kind würde etwas vermissen, wenn es diesen nicht zumindest eine Chance einräumt. Mache Deinem Kleinen klar, dass auch andere Kinder Wünsche und Meinungen haben und diese zu akzeptieren sind, wenn man sich mit ihnen vertragen und auf längere Zeit spielen will.

Sollte es auf dem Spielplatz zu gravierenden Streitigkeiten kommen, welche auch in Raufereien ausarten können, dann liegt es an Dir einzugreifen und abzuschätzen, wie sehr die Situation eskalieren kann. Unter gleichaltrigen Kindern gehört ein Streit schon auch dazu, wie sich auch Geschwister streiten. Sind größere oder ältere Kinder beteiligt, solltest Du jedenfalls zum Eingreifen parat stehen, wenn Dein Kind es nicht schafft, sich aus der Menge zurückzuziehen oder gar einer der führenden Streithähne ist. Ein Spielplatz ist auch ein Ort, um Toleranz und Akzeptanz zu lernen, und sicherlich hört dies dort auf, wo die eigene Toleranz auf Intoleranz stößt. Dein Kind muss sich nicht alles gefallen lassen, es muss aber auch nicht immer Recht behalten und Streitereien vom Zaun brechen. Darum nimm die Augen von Deinem Smartphone und beobachte zumindest zwischendurch Dein Kind in seinem Verhalten.

20.9.4 *Geduld lernen und üben*

Etwas Geduld zu lernen, kann Deinem Kind in seinem weiteren Leben helfen, sich besser auf Situationen einzustellen und auch, sich über erreichte Leistungen und Erfolge mehr zu freuen. Wir kennen die Vorfreude auf Geschenke zu Weihnachten oder zum Geburtstag, vor allem, wenn abzusehen ist, dass einige der Punkte auf der Wunschliste ihren Weg unter den Christbaum oder auf den Geburtstagstisch, gleich neben dem Kuchen, gefunden haben.

Geduld hat aber nicht nur etwas mit Vorfreude oder dem späteren beruflichen Leben zu tun, denn darüber haben wir schon berichtet. Geduld hat auch etwas damit zu tun, Dinge fertigzustellen, nicht aufzugeben und auf den passenden Zeitpunkt zu warten. Nehmen wir einen Besuch auf dem Spielplatz, weil es dort gerade so spannend war. Plötzlich hat Dein Kind ein dringendes Bedürfnis, sei es nun die Toilette oder auch Hunger und Durst. Ist aber der kleine Spielplatz im Umkreis Eurer Wohnung nicht mit einem Dixie-Klo ausgestattet, heißt es warten, bis Ihr zu Hause seid. Zugegeben, es gibt auch andere Lösungen, allen voran für die Jungs, aber um diese geht es hier nicht.

Für das Üben von etwas erster Geduld, schon mit den Kleinsten, haben wir Dir hier drei Tipps zusammengestellt:

- Meist ist es ja so, dass Dein Kind gerade dann ganz dringend etwas von Dir will oder Dich zum Spielen braucht, wenn Du gerade kochst, den Abwasch erledigst oder am Telefon sprichst. Du musst nun mitnichten das Telefonat sofort beenden oder Deine Arbeit liegen und stehen lassen, um Deinem Kind den Spielgefährten zu ersetzen. Erkläre kurz und bündig, dass Du gerne mit ihm spielen wirst, wenn Du fertig mit der Arbeit oder dem Telefonat bist und dass Dein Kleines ja schon vorbereiten kann, was Ihr dann gemeinsam spielen werdet. Dies verkürzt die Wartezeit und regt nebenher oft ein alleiniges Spielen an, weil plötzlich doch noch etwas gefunden wurde.

- Der Spaziergang oder die Wanderung sind langweilig und Du bekommst die Frage nach der Ankunft gefühlt alle 5 Sekunden gestellt? Wir haben Dir schon gesagt, dass Du Langeweile auch gerne zulassen kannst. Animiere Dein Kind, die Umgebung zu beobachten. Mehr sollte es nicht brauchen, um nach kurzer Zeit sein Interesse zu wecken. Dies wird zwar die Wanderung nicht unbedingt beschleunigen, aber die Frage nach der Ankunftszeit hat sich damit erledigt.

- Größere Kinder können die Abfahrt Richtung Schwimmbad genauso wenig erwarten wie die Kleinen. Ihnen kannst Du aber damit die Uhrzeit nahebringen, indem sie die Zeiger beobachten und verfolgen können, wie sie sich bewegen und wann genau sie so stehen, dass die Abfahrt nun tatsächlich stattfindet. Eventuell kannst Du einen Wecker stellen und Deinem Kind sagen, wenn er läutet, dann ist es soweit und bis dahin kann es ja ein Bild malen und sich schon einmal vorstellen, was gleich im Schwimmbad an lustigen Begegnungen passieren kann.

Überlege Dir kleine Zwischenschritte bis zu einem großen Ziel oder, wie in unserem Fall, kleinere Zeiteinheiten, bis es dann endlich soweit ist und Ihr den Urlaub oder den Ausflug startet, der Freund endlich zu Besuch kommt oder die Oma, was auch immer es ist, dass Dein Kind vor lauter Ungeduld kaum erwarten kann.
Je weniger hektisch und gestresst Du selbst den Alltag bestreitest, vor allem den Teil, den Dein Kind beobachten kann, desto gelassener ist es aufgrund Deiner Vorbildwirkung. Muss auch bei Dir immer alles sofort und gleich sein, beispielsweise das Zimmer aufgeräumt, dann wird Dein Kind mit dem Begriff Geduld noch lange wenig anfangen können. Dabei erinnern wir uns doch alle gerne zurück, wie geduldig sie sich immer wieder am Stuhl hochgezogen haben, wie geduldig sie ihre ersten Schritte geübt haben, bis das Laufen dann doch noch reibungslos geklappt hat. Kinder kommen gar nicht so ungeduldig

zur Welt, als es manches Mal den Anschein erweckt. Versuche zu ergründen, ob ein Teil der Ungeduld nicht schon anerzogen ist.

20.9.5 *Urlaub mit Kind*

Der Alltag wird gut gemeistert und die erste Urlaubsplanung steht vor der Tür. Was Du dabei beachten solltest und wie er für alle Ruhesuchenden in der Familie zum Erfolg wird, das fassen wir dir hier zusammen:

- Egal, ob Du mit dem Auto, der Bahn oder dem Flugzeug unterwegs sein wirst, überlege Dir schon im Vorfeld anhand der Reisedauer die Beschäftigungsmöglichkeiten für Dein Kind oder Deine Kinder. Auch wenn vielerorts nach wie vor empfohlen wird, mit Baby und Kleinkind die ersten Urlaube im Heimatland zu verbringen, spricht generell nichts dagegen, auch ein Fernziel zu wählen. Wichtig sind hierbei die Bedingungen während der Reise und vor allem der gewünschte Zielort.

- Auch wenn die Angebote von Baby- und Kinderhotels oft verlockend klingen bezüglich ihrer Programme für Groß und Klein, ist ein Urlaub mit Stundenplan nicht jedermanns Sache, und sind die anderen urlaubenden Kinder im Hotel nicht im etwa selben Alter wie Dein Kind, dann wird es wenig Freude damit haben. Eltern, welche viel Zeit zu Hause mit ihren Kindern verbringen, mögen das Angebot sehr zu schätzen wissen. Eltern, welche viel arbeiten müssen oder wollen, versuchen vielleicht gerade im Urlaub, qualitativ hochwertige Zeit mit ihren Kleinen zu verbringen. All dies muss in die Planung des Reisezieles miteinfließen.

- Wichtig für die Auswahl des Zielgebietes ist, eigentlich für alle Urlaube, nicht nur für den ersten größeren Aufenthalt mit Kind, dass alle Familienmitglieder ihre Interessen gedeckt sehen.

- Solltest Du ein Fernziel wählen, dann erkundige Dich auf den entsprechenden Internetseiten oder beim Arzt Deines Vertrauens jedenfalls über die medizinischen Standards im Reiseland und mögliche Impfungen. Eine sehr lange Anreise kann für den Organismus aller Reisenden sehr belastend sein, ganz abgesehen von der Zeitverschiebung. Verstopfung, leichtes Unwohlsein oder Kopfschmerzen sind zwar noch kein Grund, eine Klinik im Urlaubsland aufzusuchen, aber Du kannst Dich via Reiseapotheke dagegen wappnen. Besprich Dich auch hier am besten mit Deinem Kinderarzt, was Du mit einpacken solltest.

- Je nachdem, wie das Hotel, die Pension oder der Bauernhof ausgestattet sind, Du musst im Vorfeld klären, ob Du für Dein Baby oder Kleinkind ein eigenes Reisebett mitnehmen musst, ob Babyphone zum Ausborgen zur

Verfügung stehen, ebenso wie Sterilisatoren für die Fläschchen, Schnuller und dergleichen. Spezialisierte Hotels werden heute gerne von Herstellern von Babynahrung ausgestattet, welche kostengünstige Werbung für ihre Produkte machen. Auch hier musst Du wissen, ob Dein Kind die Nahrung erhalten wird, welche Du Dir wünschst!

- Keinesfalls vergessen solltest Du das liebste Kuscheltier und Spielzeug, das Lieblingsbilder- oder Märchenbuch für die Gute-Nacht-Geschichte und die aktuell am liebsten getragenen Kleidungsstücke. Dies gibt in der komplett neuen Umgebung Deinem Kleinen eine gewisse Stabilität und Sicherheit, so dass er sich unbekümmert an die Entdeckungen machen kann.

-Wir lassen im Urlaub gerne auch bezüglich Regeln oder Grenzen einmal Fünfe gerade sein. Wenn Du dies tust und für einen längeren Zeitraum verreist, dann mach Deinen Kindern vorher schon klar, dass dies nun eine Ausnahmesituation ist und zu Hause wieder alles seinen gewohnten Gang gehen wird. Generell wäre es besser, die Zeiten und Rituale für das Schlafengehen vor allem bei Babys und Kleinkindern beizubehalten, auch im Urlaub. Macht Euch als Eltern wirklich zuvor Gedanken, was im Urlaub erlaubt wird abseits der Regeln und erklärt Euren Kindern auch, warum. Als Beispiel könnten wir anführen, dass der Kinderspielplatz im Hotel auch von den Kindern allein aufgesucht werden darf. Wieder zurück in der Heimatstadt wird aber nach wie vor der Besuch des Kinderspielplatzes mit Mama, Papa, Oma oder Tante geplant und auch von einem erwachsenen Familienmitglied begleitet!

- Gerade wenn Du Deinem Kind auch ein Gefühl für Natur und natürliche Nahrung mitgeben willst und vielleicht regelmäßig einen Kampf um die Gemüsebeilage führst, könnte ein Urlaub auf einem Bauernhof, Deinem Kind die Augen öffnen.

20.9.6 *Wenn die Kinder Ferien haben, die Eltern aber arbeiten müssen!*

Man mag es kaum glauben, aber Tatsache ist, dass Kinder mehr Ferien haben als Eltern generell Urlaub. Selbst Kindergärten und Kindertagesstätten haben ihre Schließzeiten. Wie die lieben Kleinen dann beschäftig halten und wo sie unterbringen, wenn Mama und Papa ihre Zeit der Karriere widmen oder schlicht ihrer Arbeit nachgehen müssen?

Abgesehen davon, dass es in vielen Städten und Regionen Angebote zur Betreuung auch während diverser Ferienzeiten gibt, macht sich in diesem Fall ein guter Kontakt mit Oma oder Tante richtig bezahlt. Verkaufst Du dann

Deinem Kind den Aufenthalt dort als „Urlaub", werden sie sich auch nicht abgeschoben vorkommen. Voraussetzung dafür ist natürlich, dass die Verwandtschaft oder auch die Freunde, welche Dein Kind inzwischen aufnehmen, auch darauf vorbereitet sind und die notwendige Zeit haben, sich wirklich um Deinen Nachwuchs zu kümmern! Eine familieninterne, in der erweiterten Familie mit Großeltern, Tanten und weiterer nahestehender Verwandtschaft oder auch Freunden gut abgestimmte Urlaubsplanung, vor allem während der langen Sommerferien, macht sich hier bezahlt. Wohnen die Großeltern ein Stück weit entfernt, dann können 2 oder 3 Tage gemeinsam dort verbracht werden, dann reisen die Eltern ab und das Kind darf noch eine oder zwei Wochen bleiben. Wichtig ist, dass Ihr Euch auch bezüglich der Erziehungsmethode abgestimmt habt und gewisse Regeln und Konsequenzen auch im sogenannten Urlaub gelten. Ausnahmen dürfen dabei natürlich passieren, immer mit dem Hinweis auch für die Kinder, dass dies nun eine Ausnahme einer Regel ist.

Sind die Kinder schon etwas größer, kannst Du Dir auch Angebote von Kinder- und Jugend-Sommerlagern ansehen. Vielleicht warst Du selbst dabei und hast gute Erfahrungen gemacht. Achte hier, ebenso wie bei der Ersatzbetreuung in Kitas oder Kindergärten darauf, dass die dortigen Erziehungsmethoden und -angebote nicht zu sehr von dem abweichen, was Du Dir für Dein Kind vorstellst. Sprich am besten die betreuende Kita oder den Kindergarten, auch die Schule bei schon größeren Kindern im Vorfeld an, meist haben sie Angebote vorliegen und auch Empfehlungen in ihrem Erziehungssinne. Entscheide keinesfalls zu kurzfristig, sondern suche die Ersatzunterbringung wirklich gleich nach der Festlegung der Urlaubszeiten bei Deinem Partner und bei Dir.

20.9.7 *Besuch bei Freunden und Verwandten*

Eure eigene Wohnung ist kindersicher! Da kann Klein-Maxi das Klettern an den Wohnzimmerregalen üben und Klein-Sofie kann im Garten bei der Umgestaltung helfen. Diverse Geräte, nicht für Kinderhand gemacht, sind sicher verstaut und Ecken, Kanten und sonstige als gefährlich einzuschätzende Ausstattungen von Wohnungen oder Häusern sind entschärft. Der ungetrübten Entdeckerlaune Eurer Dreikäsehochs steht also nichts im Wege und das ist zu Hause auch perfekt so.

Nun steht aber ein Besuch an, bei Freunden der Familie, der Oma oder der Tante. Da diese in einem Haushalt ohne dort ebenso wohnhafte eigene Kinder leben, ist deren Wohnung, Haus und Garten selbstverständlich nicht ganz so gesichert. Die Kinder dürfen also entweder nicht Klettern oder nicht hemmungslos im Garten wühlen. Die Garage ist ein Ort unzähliger Gefahren, das Gewächshaus ebenso und dann verfügen die Freunde oder Verwandten womöglich noch über Extras in ihren Heimen, welche die Kinder von ihrem eigenen Zuhause nicht gewohnt sind. Um hier nur einige Beispiele zu nennen: Pool oder Sauna, begehbarer Keller mit Abstell- und Lagerräumen, unbekömmliche Pflanzen und Heckengewächse, selbständiger Rasenmäher und Bewässerungssysteme. Für Kinder viele neue und interessante Dinge, die es zu entdecken, begreifen und erfahren gilt. Du hast aber für die Benutzung oder den Umgang mit diesen Dingen weder Regeln noch Konsequenzen festgelegt, weil es diese zu Hause nicht braucht. Was also tun, um den Besuch doch noch zum Erfolg zu führen und nicht ständig hinter den Kindern her zu hecheln, um sie vor den Gefahren oder auch dem unwissentlichen Zerstören fremden Eigentums zu bewahren?

Zur Lösung des Dilemmas gibt es zwei Möglichkeiten:

- Du erklärst Deinen Kindern im Vorfeld, dass die Einrichtung und Ausstattung der fremden Umgebung anders ist als gewohnt und dass sie darum dort nicht im selben Ausmaß herumtoben dürfen wie zu Hause. Du sagst Deinen Kleinen auch, dass es dazu keine Regeln gibt, sie also vor der Nutzung und dem Entdecken der neuen Möglichkeiten um Erlaubnis fragen müssen.

-Du erklärst Deinen Kindern im Vorfeld, dass den Bewohnern des Hauses oder der Wohnung, also den Freunden, den Großeltern oder anderen Verwandten ebenso Folge zu leisten ist, wie Deinen eigenen Verneinungen, Warnungen oder Forderungen. Ein „Nein!", ein „Stopp!", ein „Achtung!" sind, von der Oma, der Tante oder den Freunden ausgesprochen, genauso einzuhalten und zu beachten, wie es Deine Aussage wäre. Da muss weder diskutiert noch ein Streit vom Zaun gebrochen werden.

Dieselben Regeln gelten auch, wenn Dein Kind einen Freund aus dem Kindergarten oder der Schule besuchen darf. In Eurem Haus, Eurer Wohnung gelten Eure Regeln und der Freund oder die Freundin Deines Kindes muss sich an die Regeln in Eurer Familie halten. Im Haus, in der Familie der Freunde können andere, ganz unterschiedliche Regeln gelten, aber an diese ist dann Dein Sohn oder Deine Tochter gebunden. Die Eltern der Freunde werden in diesem Fall zu den verantwortlichen Personen auch für auftretende Probleme. Es geht nicht an, dass Dein Kind sich selbst oder die Verantwortlichen für Haus und Garten in Bedrängnis bringt, weil es sich nicht an Regeln und Gebote halten will. Letztlich ist immer der Eigentümer der Haftungstragende bei einem Unfall, auch wenn dieser nur passiert ist, weil Dein Kind nicht auf Warnungen und Gebote gehört hat. Das möchtest Du weder Deinem Kind noch Deinen Freunden oder Verwandten antun.

Zu Deiner Beruhigung sei noch festgestellt, dass Kinder, welche frühzeitig bei Tante, Oma oder Freunden ein- und ausgehen, sehr schnell ein Verständnis für unterschiedliche Regelungen entwickeln, sich dann auch später schneller auf geänderte Situationen einstellen können und zudem auch noch eine höhere Akzeptanz, andere Ansichten und Meinungen zuzulassen, ihr Eigen nennen.

20.10 *Taschengeld*

Viele Eltern, gleich welchen finanziellen Background sie haben, tragen sich frühzeitig mit der Frage nach dem Taschengeld, der angemessenen Höhe und auch dem richtigen Alter, um damit anzufangen. Sind 10 Euro genug, wenn doch ohnehin alles von Mama und Papa gekauft und finanziert wird, was der Junior so benötig? Ist man mit 10 Euro vielleicht knausrig, weil andere Kinder mehr bekommen? Was genau macht das Kind mit seinem Taschengeld? Will ich überhaupt, dass mein Kind 10 Euro pro Woche oder Monat für Süßigkeiten, Comics oder sonstige Zeitungen und Billig-Klamotten ausgibt? Ab wann folgt dann das eigene Jugendkonto bei der Bank und wie sieht es mit der laufenden Erhöhung aus?

Du stellst Dir diese Fragen und noch einige mehr ebenso? Dann wollen wir Dich erstens darauf hinweisen, dass es vom Jugendamt sogar eine Taschengeld-Tabelle gibt, google Dir diese, wenn Du schon Teenager hast, bevor sie selbst sie finden und eine Diskussion über mögliche Erhöhungen starten. Sind sie auch sonst von weitreichender Unlust geprägt, wenn es um bestimmte Tätigkeiten geht, jedoch eine Vergleichstabelle, um herauszufinden, ob sie auch genügend Geld zur Verfügung haben laut irgendwelcher staatlicher Stellen, wo vermutlich kinderlose Beamte das verantwortlich zeichnen, dies finden die jugendlichen Rebellen im Schlaf. Taschengeldverweigerung war irgendwie noch nie Teil der Rebellion!

Taschengeld, und hier sind sich die Experten ausnahmsweise mit den Eltern einig, kann dazu führen, dass die Kinder schon früh einen Sinn für den Wert des Geldes entwickeln. Wir können, nebenbei gesagt, nur hoffen, sie haben bis dahin auch schon einen Sinn entwickelt für den Wert der Familie, dem Glücklichsein und der gegenseitigen Akzeptanz sowie Toleranz. Taschengeld führt also dazu, dass unsere Kinder lernen, ohne Geld spielt keine Musik. Ohne Geld sind all die schönen Dinge aus der Werbung unerreichbar. Taschengeld kann also helfen zu lernen, dass man sich gewisse Dinge sofort und andere Dinge erst durch eisernes Sparen oder Zuverdienste ermöglichen kann. Trotzdem das Jugendamt eine Tabelle für die Höhe des Betrages in Abhängigkeit zum Alter herausgegeben hat, gibt es noch keinen Rechtsanspruch eines Kindes auf das Taschengeld. Du kannst also gerne diese empfohlenen Richtlinien zu Rate ziehen, aber dann komplett selbständig entscheiden, ob Du Dich daran halten willst oder ob Du ein ganz eigenes System für Dich oder Eure Familie etablieren wirst. Wenn Du dies tust, dann überlege auch, was Dein Kind mit dem Taschengeld alles käuflich erwerben soll und ob Du auch einen Teilbetrag für das Sparen geben willst. Es gibt Eltern, welche eher ein etwas höheres Taschengeld ausbezahlen, weil das Kind damit auch Kleinigkeiten für die Schule kaufen soll oder die tägliche Jause am Schulbuffet damit bestreitet. Es gibt Eltern, die zwar erwarten, dass das Kind manche Schulutensilien selbständig kauft, wenn es diese benötigt, aber gegen Rechnungsvorlage den Betrag dann wiedererstatten. Auch musst Du Dir Gedanken darüber machen, wie die Erhöhungen ausfallen sollen im Laufe der kommenden Jahre, möglicherweise auch abhängig vom gewählten Schultyp und seinen Anforderungen. Willst Du das Taschengeld wöchentlich ausbezahlen oder monatlich?

Um Dich in Deinen Überlegungen zu unterstützen, hier nun also die offiziellen Empfehlungen zum Thema:

- unter 5 bis 6 Jahren bis zu einem Euro pro Woche (meist zum Sparen oder für kleine Naschereien)

- 6 und 7 Jahre bis zu zwei Euro pro Woche

- 8 und 9 Jahre bis zu drei Euro pro Woche oder auch mehr, wenn die Kinder damit in der Schulkantine einkaufen dürfen, beispielsweise die Jause

- 10 Jahre bis zu 18 Euro pro Monat, hier spielt auch der Übertritt in eine neue Schule und höhere Stufe eine Rolle

- 11 Jahre, rund 20 Euro pro Monat

- 12 Jahre, rund 23 Euro pro Monat

- 13 Jahre, rund 25 Euro pro Monat

- 14 Jahre, rund 30 Euro pro Monat

- 15 Jahre, rund 38 Euro pro Monat

- 16 Jahre, rund 45 Euro pro Monat

- 17 Jahre, etwa 60 Euro pro Monat

- 18 Jahre und darüber, noch zu Hause wohnend, etwa 80 Euro pro Monat

20.10.1 *Ab welchem Alter sollen Kinder Taschengeld bekommen?*

Auch wenn die Empfehlungen schon beim Alter von 5 Jahren beginnen, musst Du Dich, wie gesagt, nicht daran halten. Mit Eintritt in die Schule ist es vernünftig, Deinem Kind Taschengeld auszubezahlen, allein schon, weil die Schulfreunde zu 99 % Taschengeld bekommen werden und Du Dein Kind ja nicht zum Außenseiter stempeln willst. Am wichtigsten bei der gesamten Thematik Taschengeld ist, dass Du klar machst, wofür das Geld verwendet werden kann und was passiert, wenn schulische Dinge damit eingekauft werden. Übrigens muss in diesem Zusammenhang der Kauf eines Glitzerstiftes nicht unbedingt rückerstattet werden, wenn es ein normaler Bleistift oder Buntstift auch getan hätte. Es gibt also mit Deinem Kind so manche Kaufgewohnheiten zu klären, wenn es darum geht, das Geld selbständig auszugeben.

In Zeiten von Bargeldeinschränkungen und der mehr oder weniger verdeckten Versuche von Seiten der Regierungen, alle Zahlungen auf rückverfolgbare Kreditkarten- und Banktransfers umzuleiten, müssen wir auch Stellung dazu beziehen, wie dieses Thema in den Bereich des Taschengeldes passt. Leider gibt es auf Schulhöfen und rund um die Schulen auch kleinkriminelle Gangs, welche der Versuchung, die eigenen Geldmittel aufzustocken, indem sie es anderen Schülern abnehmen, nicht widerstehen können. Habt Ihr Kenntnis davon, dass dies im Umkreis der Schule Deines Kindes durchaus vorkommen kann, dann ist es sinnvoll, über den Einsatz einer Kredit- oder auch Bankomatkarte nachzudenken. Bargeld hat nun einmal leichter den Besitzer gewechselt, als die kleinen Übeltäter zur nächsten Geldausgabestelle marschieren können. Zudem lassen sich PIN-Codes schnell ändern und Karten auch sehr schnell sperren. Eine entsprechende App ist leicht auf den Smartphones, welches die Kinder ab einem gewissen Alter wahrscheinlich ohnehin ihr Eigen nennen, leicht zu installieren. Vorausgesetzt selbstverständlich, das neue Telefon wird nicht gemeinsam mit der Karte kassiert!

Auch wenn es nicht besonders angenehm ist, solche Begebenheiten anzusprechen, so kann man sie auch nicht durch Ignoranz zur Seite schieben. Zu sehr haben sich Mobbing, Kleinkriminalität und andere vor noch einem Jahrzehnt unglaubliche Verhaltensweisen in unserer Gesellschaft breit gemacht. Lasse also auch diese Dinge, wenn nicht heute mit dem ersten, an den stolzen Sohnemann oder das Töchterlein, überreichten Euro, aber für die Zukunft in Deinem Hinterkopf und beobachte die Entwicklungen in diesem Bereich, vor allem auch im Hinblick auf Schulwechsel oder eigenständige Fahrten der Kinder zum Sporttraining oder Musikunterricht!

20.10.2 *Wie viel Taschengeld ist angemessen?*

Die zuvor genannte Liste sind empfohlene Richtwerte. Sollte es also, vor allem nach einem Taschengeldvergleich Deines Kindes mit seinen Freunden, zu einer Diskussion über die Höhe des Betrages kommen, kannst Du durchaus darauf verweisen und auch betonen, dass Du nicht verpflichtet bist, dieses überhaupt zu zahlen. Schulgeld, Unterrichtsmaterialien, Bekleidung, Verpflegung und selbstverständlich auch das warme Heim werden von Dir bestritten. Dein Kind bekommt auch diverse Wünsche erfüllt und zudem noch Mitgliedschaftsbeiträge in Vereinen, hat möglicherweise ein Haustier, welches auch mit Kosten verbunden ist und nimmt diverse kostenpflichtige Zusatzausbildungen in Anspruch. Zu nichts davon bist Du verpflichtet, das heißt, Du kannst alle diese Dinge, vor allem auch in Streitgesprächen mit Teenagern um das liebe Geld, anführen und vorrechnen. Es kommt ganz bestimmt eine erkleckliche Summe dabei heraus. Kinder sind heutzutage beileibe nicht billig!

Die Höhe des Taschengeldes hängt nicht zuletzt an der finanziellen Möglichkeit der Eltern. Wobei es auch Eltern gibt, welche selbst auf Neuerungen oder andere Dinge in ihrem Leben verzichten, um den Kindern mehr Geld zahlen zu können. Achte darauf, dass nicht nur Dein Kind, sondern auch Du mit der Höhe des Betrages zufrieden bist. Es nützt nichts, auf den wöchentlichen Besuch zu Kaffee und Kuchen mit Freunden in der nächstgelegenen Konditorei zu verzichten, wenn Du dann den Anschluss an diese Freunde verlierst und Dir ein Teil Deines Wohlbefindens und Glücks fehlt. Je unsicherer das Jobverhältnis der Eltern ist, desto eher kann es auch zu Problemen führen, einen zu hoch angesetzten Betrag auszuzahlen. Denn dann die Kinder zu Verzicht zu überreden, kann zu Krisensituationen führen. Dann lieber einen kleineren Betrag bezahlen und bei gut laufenden Geschäften mit einem Bonus arbeiten.

20.10.3 *Zusätzliches Taschengeld verdienen lassen*

Gerade Jugendliche, heutzutage beginnt es aber aufgrund eines gewissen Gruppenzwanges auch schon in der Grundschule, kommen oft mit ihrem Geld pro Woche oder Monat nicht über die Runden. Du bezahlst zwar die gesamte notwendige Grundausstattung und trägst die generellen Lebenskosten, aber die Verführungen zum Konsum werden laufend eher mehr als weniger. Computerspiele, im ersten Moment kostenlos, laden dazu ein, immer neue Levels oder Gadgets käuflich zu erwerben. Diese Kleinstbeträge, oft sind einzelne Fähigkeiten in diesen Spielen wirklich für Centbeträge zu kaufen, läppern sich aber schnell zu tatsächlich ernst zu nehmenden Ausgaben. Eine

Kreditkarte für das Kind kann zwar andere Probleme lösen, kann aber selbstverständlich auch zu weiteren Einkäufen im Netz verführen. Dazu kommen noch diverse kostenpflichtige Apps wie Spotify oder Amazon Music und ihre Abonnements. Bedenken muss man auch, dass Dein Kind sich möglicherweise Klamotten wünscht, welche Du nicht bereit bist zu finanzieren. Warum also den Kindern nicht die Möglichkeit geben, sich ein wenig Taschengeld dazuzuverdienen? Das kann im eigenen Haushalt passieren, indem sie mehr Aufgaben übernehmen als im Haushaltsplan der Familie vorgesehen ist oder über Hilfe bei der Nachbarschaft. Vom Autowaschen, Rasenmähen bis Babysitten gibt es viele Möglichkeiten für Kinder und Jugendliche, ein paar Euro pro Monat zu erhalten, vorausgesetzt die schulischen Leistungen sind davon nicht beeinträchtigt. Mache Deinen Kindern also, wenn Du siehst, dass sie Dinge kaufen möchten, für welche das Taschengeld nicht reicht, einen Plan zum Zuverdienst. Sie lernen dadurch auch Geduld und dass man für größere Ausgaben sparen und somit Zeit berechnen muss. Hier kannst Du innerfamiliär sogar mit einem Kreditsystem arbeiten. Dein Kind möchte gerne 20 Euro mehr und anstatt diese mühsam über einen Monat zu erarbeiten, bekommt es den Betrag sofort und ist dafür verpflichtet, den ganzen Monat den Abwasch zu erledigen. Um hier nur ein Beispiel zu nennen.

Verhindere auf alle Fälle, dass bei knapper Kasse des Jugendlichen die Großeltern oder andere Verwandtschaft als Bank fungieren! Damit lernen sie kaum, dass man für Geld tatsächlich arbeiten muss. Wir wissen heute leider nicht, wie lange wir uns in den westlichen Industrienationen unser Sozialsystem noch leisten können, auch wenn der Gedanke an ein Grundeinkommen ohne entsprechende Gegenleistungen für manche Politiker zum Wahlhelfer wird, so sieht es aktuell nicht danach aus, als könnten wir es wirklich realisieren. Irgendjemand muss das Geld, welches hier verteilt wird, erarbeiten und durch seine Steuern finanzieren. Auch werden ein bedingungsloses Grundeinkommen oder sonstige Sozialleistungen nicht dazu beitragen, diverse Reise- oder andere Kaufwünsche so zu befriedigen, dass man immer genau das sich leisten kann, was man haben möchte. Abstriche sind also gefragt. Da macht es doch mehr Sinn, Deinem Kind Wege zum Geldverdienen zu eröffnen und es dabei tatkräftig zu unterstützen!

Belohnungssystem durch Taschengeld

Es ist ein feiner Grad, auf dem wir hier wandeln, aber es gibt durchaus Kinder und Eltern, welche dieses System für gewinnbringend auf beiden Seiten erachten. Geld gegen gute Noten gibt es wahrscheinlich, seit es das Schulsystem gibt, denn Geld gab es schon zuvor. Wie dieses System auch bei Dir einsetzbar sein könnte, wollen wir Dir nun kurz umreißen:

- Du hast einen grundsätzlich schon guten Schüler als Kind

- Schwankt Dein Kind mit den Noten immer irgendwo zwischen 2 und 4, tendiert aber nur aufgrund von leichter Faulheit immer zur schlechteren Note, schließlich ist sie nicht ganz schlecht und zum Durchkommen ohne größere Anstrengung reicht es allemal, dann kann eine Belohnung für die bessere Note viel Sinn ergeben.

- Dein Kind hat ambitionierte Zukunftspläne

- Es gibt Kinder, die wissen schon sehr früh, was sie einmal werden oder studieren wollen. Auch hier kannst Du die Ambition mit Geld für die herausragenden Noten belohnen.

- Versetzungsgefahr

- Manche Kinder wachen aus ihrem Schulschlaf auf, wenn die Versetzung gefährdet ist. Einerseits wollen sie die Freunde und Klassengemeinschaft nicht verlieren, andererseits gibt es Fächer, die sie partout nicht interessieren und darum mit Verachtung strafen. Findet bei Deinem Kind ein Umdenken statt und nimmt es Hilfe in Form von Nachhilfe oder Lerngemeinschaften an, um die Versetzung jedenfalls zu schaffen, kann ebenfalls mit einer Taschengeldspritze oder einem Bonus die Motivation gefördert werden.

Wann musst Du extrem aufpassen, wenn diese Zuverdienstvariante für das Taschengeld gewählt wird?

- Geschwister mit unterschiedlichen Schulleistungen

Geschwister können sich leicht ungerecht behandelt fühlen, wenn der Bruder oder die Schwester mehr Geld nach der Zeugnisverteilung erhält, weil Du selbstverständlich jede Note mit einem anderen Betrag versehen hast. Natürlich gilt der Note-Geld-Schlüssel für alle Deine Kinder, die Unterschiede bei der Auszahlung können aber eklatant sein. Achte also hier darauf, dass Deine Kinder verstehen, worauf es Dir ankommt und kein Gedanke an Ungleichbehandlung aufkommt.

- Geschwister in unterschiedlichen Schulsystemen

Es gibt Schulen, die vergeben bis zu einer gewissen Klasse gar keine Noten, dies muss ebenso berücksichtigt werden, wie Schulen, welche zwar für die staatlich relevanten Fächer Noten verteilen müssen, aber ansonsten eher zu schriftlichen Bewertungserklärungen neigen. Hat ein Kind Noten in 4 Fächern und das andere Kind die Möglichkeit, Geld für 10 verschiedene Unterrichtsfächer abzustauben, so musst Du Dir auch hier Gedanken über einen Ausgleich machen.

20.10.4 *Warum es grundsätzlich sinnvoll ist, Taschengeld zu verteilen*

Wie oben schon erwähnt: „Geld regiert die Welt!", laut einem alten und immer noch aktuellen Sprichwort. Es macht also Sinn, Deinem Kind den Wert des Geldes beizubringen, indem Du es mit Taschengeld ausstattest und damit auch gleich ein paar Regeln verknüpfst. Beispielsweise: schulische Dinge kaufst Du, Besonderheiten für den Schulbesuch wie Markenstifte, Glitzerstifte, etc. darf das Kind selbst finanzieren. Nur ein Teilbetrag soll für Schokolade, Eis und andere Süßigkeiten ausgegeben werden. Hier kannst Du, wenn Du feststellst, dass nur Naschkram gekauft wird, der Diabetes gegensteuern, indem Du dann keine Süßigkeiten und Snacks mehr innerhalb des Haushaltes anbietest!
Wir haben uns auch hier bei einigen Experten aus der Familien- und Jugendforschung umgesehen und führen von deren Aussagen ein paar Beispiele an, welche wir unterstützen in der Argumentation:

- Die Möglichkeit, eigenes Geld auszugeben, gibt Deinem Kind auch die Lehre mit, welche es aus Fehleinkäufen zu ziehen gilt. Das T-Shirt wurde zwar billigst in einem Shop einer großen Kette gekauft, hat aber den ersten Waschgang nicht gut überstanden und kann nur mehr zum Putzen verwendet werden. Ist es nicht manchmal besser, sich anstelle von zwei billigen T-Shirts aus der Massenproduktion nur eines zu kaufen, an diesem aber lange Freude zu haben? Solche lehrreichen Entscheidungen müssen dem Kind selbst überlassen werden.

- Sparen oder ausgeben? Lieber das Eis oder den Kinobesuch? Viele weitere Entscheidungen sind mit dem eigenen Geld verbunden. Anhand Deiner Vorbildwirkung und Erziehung, gepaart mit der eigenen Entscheidungsfreiheit, lernt Dein Kind noch spielerisch den richtigen Umgang mit seinen Finanzen. Mache Dir also keine Sorgen, wenn die ersten Wochen oder Monate der Taschengeldauszahlung der Betrag schon am nächsten Tag aufgebraucht ist. Dein Kind wird schnell feststellen, dass die restliche Woche oder der verbleibende Monat nicht ganz so spaßig sind.

- Unsere Jugend legt heute viel Wert auf Umweltbewusstsein und Nachhaltigkeit. Mit dem eigenen Geld dafür zu sorgen, wird ihnen auch zeigen, dass gewisse Dinge dadurch teurer sind. Anstelle Dir also ihre Vorträge zu diesem Thema anzuhören, kannst Du sie mit dem eigenen Geld dazu veranlassen, nun ihren Werten zu folgen und zu sehen, ob die gewünschten Marken dann ebenso schnell im Schrank verschwinden, wie durch die Predigt an Dich. Dasselbe gilt neben der Bekleidung auch für Schokolade oder den neuen veganen Trend.

- Nicht zuletzt wird an der Höhe des Taschengeldes unter den Freunden auch gemessen, welche soziale Schicht oder elterliche Berufsgruppe sich die höchsten Beträge leisten kann. Erste Berufswünsche können so entstehen. Die Kinder erkennen sehr schnell, dass der Sohn eines Arbeiters oder Angestellten mit anderen Beträgen umzugehen lernt als die Tochter eines selbständigen Firmenchefs aus dem Handwerk.

- Eher moderate Beträge, wie in der Auflistung zuvor angeführt, können die Bereitschaft zur zusätzlichen Arbeit zur Aufstockung erhöhen. Kommt dazu noch ein eigenes Konto oder eine Plastikkarte, sind die Weichen gestellt für ein erstes Verständnis der Finanzwelt. Sollte sich Dein Kind zum Sparen entschließen, so musst Du noch helfend eingreifen, denn Guthabenzinsen sind heute aus der Mode gekommen. Für die Kleinbeträge, um die es hierbei noch geht, könntest beispielsweise Du die Zinsen ausschütten oder Deinem Jugendlichen Deinen Finanzberater mit entsprechenden Angeboten zum Sparen gegen ein paar Prozentpunkte Zinsen, aber auch Verfügbarkeit nach Wunsch, vorstellen.

20.11 *Sozialverhalten*

In keinem Bereich ist Deine Vorbildwirkung so wichtig, wie sie im Umgang mit anderen Menschen ist. Ist Dein Verhalten geprägt von Verächtlichkeit und verminderter Wertschätzung auch nur weniger Personen gegenüber in Deinem Umfeld und erleben Deine Kinder dies mit, werden sie es automatisch übernehmen. Fast ist es besser, für Deine Kinder sowieso, wahrscheinlich aber auch für Dich selbst, wenn Du den Umgang mit Menschen meidest, welchen Du nicht mit Respekt und Toleranz begegnen kannst.
Wie sich Deine Kinder im Umgang mit den Großeltern, den Verwandten und den Freunden benehmen, liegt nicht zuletzt auch daran, was sie über diese Menschen hören können, wenn Du Dich zuhause mit Deinem Partner über sie unterhältst. Kinder können in diesem Ausmaß noch nicht schauspielern. Ist Dir der sonntägliche Besuch bei Deinen eigenen Eltern oder den Schwiegereltern selbst ein Graus, wie sollen die Kinder dann freundlich und brav dort aufschlagen und sich für die gestohlene Zeit auch noch bedanken? Folgst Du Einladungen zu Personen, welche Du eigentlich gar nicht magst und hast Du auch Deine Kinder dabei, dann werden diese zeigen, was genau Du von diesen Menschen hältst, indem sie sich daneben benehmen, auch wenn Du gute Miene zum bösen Spiel machst. Überlege Dir also gut, was genau Deine Kinder an Bemerkungen und Gesprächen über die Verwandtschaft und die Bekanntschaften belauschen können!
Lass uns ein Beispiel geben:

Ihr seid zu Besuch bei den Nachbarn, es ist Sommer, diese haben einen großen Garten, an der Oberfläche versteht Ihr Euch nachbarschaftlich gut und so wurdet Ihr eingeladen, in ihrem Pool zu schwimmen und danach noch gemütlich zu grillen. Nun sitzt Ihr in der Runde zusammen, besprecht vielleicht geplante Renovierungen und Arbeiten rund um Eure Häuser und Gärten, Geschichten aus der weiteren Nachbarschaft oder ähnliche Dinge. Dein Tonfall macht Deinen Kindern deutlich, dass Du mit den Aussagen Deiner Nachbarn nicht einverstanden bist und Deine Bemerkungen nur mit äußerster Geduld und Toleranz von Seiten Deines Nachbarn als lustig zu bewerten sind. Dein Kind wurde im Vorfeld des gemeinsamen Nachmittages zwar darauf aufmerksam gemacht, dass im Garten des Nachbarn die Regeln des Nachbarn herrschen. Wenn Du nun aber zeigst, dass Du auf seine Aussagen nichts gibst und der Nachbar dann in das Spiel Deiner Kinder eingreifen muss, weil beispielsweise ständig über die Wiese gelaufen wird und danach mit dem Schmutz an den Füßen in den Pool gehüft, dann werden Deine Kinder erstens das Spiel nicht beenden und zweitens die Aussage Deines Nachbarn, der deswegen durchaus freundlich geblieben sein kann, ebenfalls mit Verachtung begegnen! Je mehr Dein Nachbar versucht, auf die Kinder einzuwirken und das Benehmen zu ändern, desto mehr wird das Gegenteil dessen gemacht. Du unterstützt halbherzig seine Bitten um Rücksicht, aber Deine Kinder nehmen auch Dich nicht ganz ernst, will Du ja ganz offensichtlich auch den Nachbarn nicht ernst nimmst! Der nette Nachmittag am Pool endet also ohne gemeinsame Grillparty und zukünftig wird es auch keinen Sprung in das kühle Nass des Nachbarn mehr geben, denn aus dem Verhalten Deiner Kinder und dem Gespräch zuvor kann auch er ablesen, was Du von ihm hältst. War er noch tolerant und hat akzeptiert, dass Du seine Meinung nicht teilst, so konnte er am Verhalten Deiner Kinder schließen, dass Du seine Meinung nicht nur ablehnst, sondern sie auch noch verächtlich machst. Du wirst samt Deinem ungehorsamen Kind freundlich, aber bestimmt verabschiedet. Das nachbarschaftliche Verhältnis ist nachhaltig geschädigt. Dein Kind ist an dieser Situation unschuldig, es hat nur gespiegelt, was es von Dir übernommen hat.

Abgesehen davon, dass Kinder Dein Verhalten imitieren, weil Du das erste und wichtigste Vorbild in ihrem Leben bist, gibt es Phasen in der Entwicklung Deines Kleinen, welche aus der gewöhnlichen Verhaltensnorm fallen. Wie schwerwiegend diese Phasen sich auswirken, liegt selbstverständlich ebenfalls an Deinem Umgang mit ihnen, wir wollen aber dennoch mit ein paar Worten darauf eingehen, wenn Dein sonst so freundliches Kind plötzlich alle Benimmregeln, die Du ihm zuvor mühsam beigebracht hast, vermissen lässt.

Wir gehen in den nun folgenden Kurzabschnitten allerdings davon aus, dass Du es in Deiner Umgebung und in Deinem Umgang mit Menschen zu tun hast, denen Du Wertschätzung und Akzeptanz entgegenbringst. Du bist also in jedwedem Bereich grundsätzlich ein gutes Vorbild. Es funktioniert in gewissen

Altersabschnitten aber nicht! Du kannst zwar gegenüber Deiner erweiterten Familie immer das Argument anbringen, die Trotzphase oder die Pubertät würden für das Fehlverhalten Deines Kindes verantwortlich zeichnen und Deine Umgebung wird dies auch anerkennen und entsprechend bewerten, aber trotzdem haben Eltern in diesen Phasen ein ungutes Gefühl, wenn sie mit den Kindern unterwegs sind. Wir wollen uns also dem Katastrophenfall widmen, wenn er eintritt.

20.11.1 *In der Trotzphase*

Gehen wir in unserem Beispiel davon aus, dass Du ein gutes Verhältnis zum Nachbarn mit dem Pool hast. Ihr könnt an sonnigen Nachmittagen gerne kommen und ein Bad nehmen. Du packst also eine kleine Tasche mit Badetüchern, Schwimmflügeln und Badehose. Fröhlich planscht Dein Kleiner für gut eine halbe Stunde mit Dir im Wasser. Langsam wird er müde und Du beschließt zu gehen. Kaum hast Du Deinen Dreikäsehoch aus dem Wasser geholt, ihn von den Schwimmflügeln befreit und willst ihn in ein großes Badetuch hüllen, damit ihm nicht kalt ist und Du ihn außerdem abtrocknen kannst, geht das Geschrei los. Das Badetuch ist nicht das Richtige. Es ist nicht „sein" Badetuch mit den Piraten darauf. Bibbernd steht der kleine Mann vor Dir, weigert sich aber beharrlich und unter lautem Gebrüll, das falsche Badetuch zu benutzen. Langsam wird die Situation für Dich peinlich, denn Deine Nachbarn beobachten die Szene mit großen Augen.

In der Trotzphase sind die Kinder etwa 2 bis 4 Jahre alt. Sie empfinden zwar natürlich die unterschiedlichsten Emotionen und auch Müdigkeit oder Langeweile oder Unwohlsein, sie können sie aber noch nicht ausreichend kommunizieren. Das Gebrüll und die Weigerung, das falsche Badetuch zu benutzen resultiert in diesem Fall aus der Müdigkeit, welche Deinen Kleinen nach einem langen und heißen Sommertag befällt. Das Badetuch ist ein Zeichen für Einkuscheln und Sicherheit, um die Augen zu schließen und möglicherweise ein Schläfchen zu halten. Wohnt Ihr direkt im Nachbarhaus, kann Dein kleiner Trotzkopf durchaus die paar Meter zornig nach Hause stapfen und sich dort in sein Wohlfühltuch wickeln. Wohnt Ihr doch ein paar Häuser weiter weg, kannst Du nur versuchen, ihn mit dem Versprechen, das Tuch zu Hause sofort auszutauschen, dazu zu bringen, sich nun doch einfangen zu lassen, um nicht weiter vor Kälte zu bibbern. Sprich dabei auf Augenhöhe mit Deinem Kind, beuge Dich zu ihm, suche den Blickkontakt und sprich ihn auch mit seinem Namen an und versichere ihm, dass Du seine Müdigkeit und seinen Wunsch nach dem kuscheligen, eigenen Tuch verstehst. Kinder in der Trotzphase sind dabei, ihren eigenen Willen zu entwickeln. Es fehlen ihnen aber noch jede Menge Ausdrucksmöglichkeiten. Der Einsatz von Emotionen, dies haben sie bis hierher gelernt, verschafft ihnen meist ihren Willen. Hilf ihnen, ihre Wünsche und Bedürfnisse besser zu artikulieren, indem

Du viel mit ihnen sprichst und die von Dir intuitiv erkannten Gefühle benennst. Dann muss die Trotzphase nicht notwendigerweise bis zum 6. Lebensjahr dauern!

Abgelöst wird der erste Ausbruch der Trotzphase, je nach Artikulierungsmöglichkeiten Deines Kindes, von der „Ich will"-Periode. Dieser kannst Du dann aber auch schon mit einem klaren NEIN begegnen und für Wünsche und Begierden Regeln festlegen.

20.11.2 *In der Pubertät*

Spätestens mit Einsetzen der Pubertät ist mit einer weiteren aggressiven Reaktion bei Deinem Kind zu rechnen, wenn etwas nicht ganz nach seinen Vorstellungen funktioniert. Hier kannst Du auch zum Sündenbock für Dinge werden, welche Dich grundsätzlich gar nicht betreffen. Der Teenager weiß einfach nicht wirklich, wohin mit seinem Überschwang an wechselnden Gefühlslagen.

Es ist Sonntagnachmittag und der Besuch bei Oma steht an. Bis jetzt hat sich Deine Prinzessin immer darauf gefreut. Omas Kuchen ist der Beste und ein wenig Taschengeldaufbesserung war auch jedes Mal noch drin. Heute steht ein schwarzes Etwas mit gelangweiltem Gesichtsausdruck vor Dir, von dem Du weißt, dass die Oma weder die Kleidung noch das Verhalten wird verstehen können. Du machst also Deine neuerdings in dunkelschwarz gekleidete Tochter darauf aufmerksam, dass der Oma zuliebe ja auch andere Klamotten ausnahmsweise getragen werden könnten und schon bist Du einer Tirade über Freiheit, die Ungerechtigkeiten dieser Welt und überhaupt Deinem Spießertum ausgesetzt.

Hier mit einer Gegenrede anzukommen ist vergebene Liebesmüh. Bevor Deine Tochter ihre eigenen Gefühle nicht im Griff hat, ist sie keinem Argument zugänglich. Die einfachste Lösung in diesem Fall ist, sie einfach zu Hause zu lassen, sie quasi den Nachmittag über im eigenen Saft schmoren zu lassen und am Abend ein Gespräch darüber zu führen, ob sie der Oma zuliebe nicht doch auf dunkelblau zugreifen könnte. Zwingst Du Deine Tochter, mit verkniffenem, unzufriedenem Gesichtsausdruck mitzukommen, so wird sie sich nur danebenbenehmen und in ihrer Rüpelhaftigkeit aufgrund des Clinches mit Dir die Oma verstören. Einsilbige Antworten sind noch das Netteste, was ein Teenager in diesem Zustand fertigbringt und manchmal ist man als Mutter auch noch froh darüber.

Teenager können gut allein zu Hause bleiben. Bevor Du und Deine rebellische Tochter mit Unwohlsein zu einem Besuch aufbrecht oder nur in die Pizzeria geht, ist es allemal besser für Euer Verhältnis, allein zu gehen und den Teenager mit sich und seinen Emotionen erst einmal allein zu Rande kommen zu lassen. Es nützt keinem von Euch, wenn Ihr Euch in der Öffentlichkeit oder beim Verwandtenbesuch fetzt. Erstelle neue Regeln dafür gemeinsam mit

Deinem Teenager, die da lauten können, zur Oma gehst Du mit, alle anderen Besuche werden dafür gestrichen. Teenager sind durchaus kompromissbereit, wenn Du ihnen das Gefühl gibst, dass sie einen kleinen Sieg davongetragen haben!

20.11.3 *Mit den falschen Freunden*

Falsche Freundschaften können schon im Kindergarten auftauchen. Falsch im Sinne von, Dein Kind lernt und sieht Verhaltensweisen bei seinem neuen Spielgefährten, welche nicht in Deinem Sinne sind. Vor allem können sie Ausdrucksweisen übernehmen, welche dann schockierenderweise, so angebracht werden, dass sie die größtmögliche Aufmerksamkeit erwecken und wo wäre das einfacher als bei einem Besuch der Verwandtschaft oder im Zuge einer Party der Eltern. Dann kommen aus dem Mund des Dreikäsehochs in den passendsten und unpassendsten Momenten Wörter, welche er von Dir und Deiner Familie sicher nicht gelernt hat. Dein Kind weiß auch gefühlsmäßig, dass es diese Wörter nicht verwenden soll, höchstwahrscheinlich hat schon die Erzieherin in der Kita oder im Kindergarten darauf hingewiesen, eventuell auch ein Lehrer in der Schule, wenn Dein Sprössling schon etwas älter ist. Er weiß, es handelt sich um böse Wörter oder Schimpfwörter und weil er sie ja nicht von Dir als Vorbild hat, sondern nur von seinen neuen Freunden aufgeschnappt, verwendet er sie nun kunterbunt und setzt sich damit so richtig in Szene. In diesem Moment kannst Du nur darauf hinweisen, dass Du solche Ausdrücke nicht hören möchtest und dass Ihr darüber bei nächster Gelegenheit ein Gespräch führen werdet. Die Verwandtschaft oder Deinen Besuch musst Du darum bitten, die Ausdrucksweise Deines Kindes zu ignorieren. Wenn er nämlich mit seinen neuen Wörtern nicht die erhoffte Beachtung bekommt, dann hat es sich für diese Gelegenheit auch schnell wieder erledigt.

Damit nun Dein Dreikäsehoch nicht in der nächsten unpassenden Situation mit seinem neuen Wortschatz ankommen kann, musst Du erstens ein Gespräch mit ihm führen und erklären warum Du diese Worte nicht in Eurem familiären Gebrauch haben möchtest. Dein nächster Weg muss in die Kita, den Kindergarten oder die Schule führen, um herauszufinden, wie dort mit Schimpfwörtern bei Kindern umgegangen wird und von welchen Kindern genau Dein Kind diese lernen durfte. Du musst den verantwortlichen Personen in diesen Institutionen klar machen, dass Du dies für Dein Kind nicht wünscht und notfalls versuchen, Dein Kind in eine andere Gruppe versetzen zu lassen, so dass der Kontakt mit den falschen Freunden so eingeschränkt wie möglich ist. Auch ein Wechsel des Kinderhortes ist anzudenken, wenn Du feststellst, dass Dein Sohn oder Deine Tochter nicht damit zurechtkommt, dass in seiner Tagesstätte andere Verhaltensweisen und ein anderer Sprachgebrauch stattfinden als zu Hause.

Über falsche Freunde in Teenagerjahren haben wir im entsprechenden Kapitel schon geschrieben. Versuche bei allen Freunden, welche Deine Kinder finden, Kontakt zu deren Eltern zu bekommen. Du musst Dich deshalb noch lange nicht mit diesen befreunden, aber Elternabende oder andere Veranstaltungen im Laufe eines Betreuungsjahres ermöglichen Dir, diese Menschen kennen und einschätzen zu lernen. Selbstverständlich musst Du nicht die nächste Zusammenkunft abwarten, Du kannst Dir auch einfach Telefonnummer und Adresse über die Kita oder die Schule besorgen und von Deiner Seite aus Kontakt mit den anderen Eltern aufnehmen. Vielleicht ist sogar der eine oder andere darunter, der sich darüber freut, dass dieses Problem angegangen wird. Manchmal ist es nur ein Kind in einer ganzen Gruppe, welche diese Unruhe und falsche Verhaltensweisen in Umlauf bringt, weil er meint, damit Stärke zu demonstrieren!

Du kannst in jedem Alter, solange Deine Kinder bei Dir zuhause wohnen, verbieten, dass diese falschen Freunde zu Euch nach Hause kommen und Du kannst auch Deinem Kind verbieten, diese aufzusuchen! Du hast die Verantwortung und sollst Dein Kind vor Schaden bewahren, ob in der Kita oder in der Oberstufe.

20.11.4 *Respekt vor den Regeln und dem Eigentum anderer*

Wie schon in unserer Geschichte zum Anfang dieses Kapitels hingewiesen, bist Du als Vorbild der leuchtende Stern am Himmel Deines Kindes. Du bist der Orientierungspunkt, von dem sie lernen, wie mit anderen Menschen umzugehen ist. Noch bevor Dein Kind in der Kita, dem Kindergarten oder der Schule lernen kann, dass auch andere Kinder Spielsachen benützen dürfen, dass man gewisse Dinge teilen kann und ähnliches, wird der Grundstein für Respekt vor dem Eigentum anderer und Regeln zu dessen Benutzung gelegt. Gerade Geschwister sind, oft unter Murren, dazu angehalten, Süßigkeiten, Spielsachen und auch das Zimmer zu teilen. Da werden mit Hilfe der Eltern oder auch untereinander Besitzstände geklärt und der kleine Bruder darf die allerheiligsten Puppen der großen Schwester nur aus der Ferne bewundern. Die kleine Schwester darf nur andächtig neben der Autorennbahn sitzen und zusehen, berühren oder gar mitspielen ist verboten.

Durch Besuche bei Verwandtschaft und Freunden wird gelernt, dass andere Familien und Haushalte womöglich andere Regeln haben, an die sich während des Aufenthaltes zu halten ist. Bei Euch zuhause wird beispielsweise kein Wert daraufgelegt, ob Straßenschuhe oder Hausschuhe benutzt werden, da die Türen zum umliegenden Garten das ganze Jahr geöffnet sind und jeder ein- und ausgehen darf, wie es ihm beliebt. Bei der Oma gibt es zwar auch ein Häuschen inmitten eines Gartens, aber vor jeder Türe liegt neben dem Fußabstreifer auch noch ein Teppich, um die Schuhe von draußen dort zu deponieren. Auf den liebevoll gepflegten Teppichen im Haus, sowie dem gebohnerten Parkett wird nur in Socken gelaufen. Sehen Deine Kinder, dass Du Dich bei Oma an deren Regeln hältst, werden sie diese automatisch auch übernehmen und sich daran halten. Irgendwann später, wahrscheinlich im Zuge der Pubertät, muss dann noch mit einer Erklärung bezüglich der Dauer des Hausputzes darauf hingewiesen werden, doch bitte wie üblich die Schuhe auszuziehen!

Abgesehen davon, dass Deine Kinder Dir nacheifern in ihrem Verhalten, solltest Du sie frühzeitig auf geänderte Regeln aufmerksam machen. In der Kita ist der erste Freund gefunden und Dein Kind sieht einem Spielenachmittag mit diesem Freund voller Vorfreude entgegen. Dann mache Deinem Knirps klar, dass dort die Mama des Freundes das Sagen hat. Dass ihren Aufforderungen Folge zu leisten ist und dass Ihr gerne über die interessantesten anderen Regelungen sprechen könnt, wenn er oder sie wieder bei Dir daheim ist. Beim Freund werden diese nicht in Frage gestellt. Auch wird mit den Spielsachen des Freundes sorgsam umgegangen, wenn man wieder eingeladen werden möchte. Ist Dein kleiner Liebling ein sogenanntes Zornbinkerl, der schon Mal etwas in die Ecke pfeffert, wenn es nicht nach seinen Wünschen geht, so musst Du ihm klarmachen, dass dies zuhause schon kein erfreuliches Verhalten ist, andernorts aber ein absolutes No-Go!

20.11.5 *Auch Kinder brauchen Privatsphäre*

Wenn Deine Kinder viel mit Dir unterwegs sind oder Du einen selbständigen Betrieb hast, in dem sie nebenher viel mitlaufen und darin aufwachsen, dann sind sie sehr oft angehalten, sich entsprechend zu benehmen. Das tun sie auch, denn sie ahmen Dich und Dein Verhalten gegenüber den für sie fremden Menschen nach.

Umso wichtiger ist es aber, dass sie auch einen Platz haben, an dem sie durchatmen können, die Türe schließen und einfach singen, tanzen oder springen können. Ein Platz, an dem das Wort nicht auf die Goldwaage muss, sondern auch den überbordenden Gefühlen sein Lauf gelassen werden kann. Das muss nicht unbedingt das eigene Kinderzimmer sein. Das kann in einer Firma ein Aufenthaltsraum sein, der nur der Familie zugedacht ist. Das kann der Garten sein, in dem am Spätnachmittag und Abend noch einmal richtig getobt werden kann. Das ist aber oftmals eben auch das Kinderzimmer, in dem Dein Kind, in seine Gedankenwelt versunken, spielen kann und nicht damit rechnen muss, ständig gutes Benehmen an den Tag zu legen. Beispielsweise könnte Dein Kind einen kleinen Spielbereich in Deinem Büro haben, aber jedes Mal, wenn jemand kommt, möchtest Du vom zukünftigen Juniorchef, dass er auch den Kunden anständig begrüßt. Dein Kind wird also regelmäßig aus seiner Konzentration auf sein Spiel, seine Malerei, was auch immer es gerade tut, gerissen, um „Guten Tag" zu sagen und freundlich zu lächeln. Das ist zwar an sich eine gute Schule für Dein Kind, aber ebenso wie Du selbst, benötigt es die Freizeit, um zu tun und zu lassen, was es möchte, ohne ständig mit neuen, artfremden Situationen konfrontiert zu sein.

Ein anderer Fall von Gebrauch der Privatsphäre, der ureigensten Umgebung kann eintreten, wenn Dein Kind in eine Kita oder in den Kindergarten geht. Nicht nur, dass es hinterher etwas von Deiner Zeit beanspruchen möchte, weil es Dich und den Umgang mit Dir als Bezugspunkt, als liebevollen Stabilitätsfaktor braucht, es braucht nach dem Trubel mit vielen anderen Kindern auch ein bisschen Zeit für sich. Das Erlebte des Tages für sich zu ordnen, um Dich dann hinterher mit Fragen zu bombardieren, Dir zu erzählen, was es den ganzen Tag gespielt hat, erlebt hat und welche neuen Freunde es gefunden hat. Akzeptiere hier, dass auch Kleinkinder schon ein wenig Rückzug haben möchten und auch einmal ungestört sein wollen.

20.11.6 *Die Vorbildfunktion*

Grüßt Du jeden Menschen freundlich mit einem verständlichen Spruch oder nuschelst Du den „Guten Tag" nur so vor Dich hin? Sagst Du wirklich „Bitte" und „Danke" auch im Kreise Deiner Familie, beispielsweise beim Abendessen, wenn Du den Salzstreuer vom anderen Ende des Tisches haben möchtest? Wünschst Du allen eine „Gute Nacht", wenn sie oder Du sich zurückziehen? Gerade wenn es um das Sozialverhalten geht, ist Deine Vorbildfunktion gefragt, wie wir nun schon oft betont haben. Beobachte Dich also selbst oder frage Deinen Partner, Deine Eltern, eventuell auch Deine engsten Freunde um eine Einschätzung, wie Du Dich verhältst und welches Benehmen sie an Dir schätzen und was sie eventuell vermissen. Nur so kannst Du wissen, was Du Deinen Kindern vorlebst und sie von Dir übernehmen können. Es ist viel einfacher, in Erklärungen für die lieben Kleinen darauf hinzuweisen, dass Du selbst dies auch so machst, wenn Du beispielsweise ein Bitte oder ein Danke von ihnen forderst. Wie willst Du dieses aber von ihnen erwarten, wenn Du selbst es nicht für immer notwendig erachtest? Wo sollen sie es dann lernen? Akzeptiere Deine von Dir aufgestellten Grenzen und Regeln auch für Dich selbst, dann werden Deine Kinder kein Problem haben, diese ebenfalls anzuerkennen und sich danach zu richten. Egal ob Begrüßungen, Straßenschuhe im Flur oder das Lächeln zum Dank.

20.12 *Privatsphäre für die Eltern*

Unzählige Beiträge auf diversen Erziehungsblogs wurden schon verfasst zum Thema der gelassenen und in sich ruhenden Eltern und wie man dieses Vorbild schafft. Lass es nur kurz und prägnant zusammenfassen:
Geht es Dir gut, geht es auch Deinem Kind gut!

Was ist notwendig, damit es Dir gutgeht, damit Du gelassen durch die Trotzphase kommst, die Teenagerjahre überstehst und auch so manche andere Krisensituation bewältigen kannst, die im Laufe dieser 18 Jahre inniger Eltern-Kind-Beziehung auftauchen können? Brauchst Du Deinen ruhigen Cappuccino zum Sonnenaufgang? Hattest Du Dir am frühen Nachmittag ein Power-Nap angewöhnt? Sitzt Du regelmäßig mit Deinen Freunden im Lieblingsrestaurant, einer Bar oder einfach in der Eisdiele? Fühlst Du Dich unwohl, wenn Du Deine 5 km Joggingrunde nicht laufen kannst? Was ist es, dass Dich regelmäßig erdet und Dir ein Gefühl von Wohlsein gibt? Was genau sind die Punkte Deines Partners? Eltern ist man selten allein, auch wenn man möglicherweise getrennt lebt.

Bevor wir uns an unsere Bonuskapitel machen, wollen wir Dir noch mit einigen Tipps unter die Arme greifen, wie Du Dein Mutter-, Dein Eltern-Dasein organisieren kannst und in welchen Punkten Du mit Deinem Partner bezüglich Erziehung jedenfalls übereinstimmen musst. Wir wissen alle, ein Elternteil ist meist etwas weicher und ein Elternteil leicht autoritärer. Waren früher die Väter als Herren im Haus und Geldverdiener diejenigen, welche mehr Wert auf gutes Benehmen und Ordnung gelegt haben, so sind es heute zum größeren Teil die Mütter, die genervt mit den Augen rollen, wenn der kleine Liebling mit dem herzigen Augenaufschlag den Papi wieder um den Finger gewickelt hat.

20.12.1 *Schaffe Dir Deine Pausen oder Freiräume, von Anfang an!*

Es ist ganz gleich, ob die Mutter oder der Vater die Hauptbezugsperson des Babys ist. In heutigen Familien wird diese Entscheidung meistens anhand des Gehaltszettels getroffen. Das heißt, derjenige mit dem aktuell niedrigeren Betrag auf der Lohnabrechnung bleibt die mögliche Zeit zu Hause. Hier also unsere Vorschläge, wie Du Dir Deine freien Stunden pro Woche am besten einteilen kannst und was Du dabei beachten sollst:

- Suche Dir frühzeitig einen Babysitter oder nahen Anverwandten, welcher festgelegte Zeiten pro Tag, pro Woche, pro Monat übernehmen kann. Die ersten Kontakte zwischen der betreuenden Person und dem Baby sollten jedenfalls von Dir als hauptsächlicher Bezugsperson begleitet werden, so dass das Kleine erkennt, diese Tante, dieses Mädchen gehören irgendwie zu uns und geben mir ebenfalls Schutz und Wärme.

- Organisiere Deine Termine, beispielsweise Joggingrunden oder Kaffeepausen mit Freunden, dann gemeinsam mit dieser regelmäßigen Ersatzbetreuung. Dein Baby hat die Stabilität, dass es immer dieselbe Person ist und Du musst Deine Richtlinien bezüglich Erziehung und Umgang nicht an zehn verschiedene Personen weitergeben, welche sie dann möglicherweise unterschiedlich interpretieren. Dies führt nur zur Verwirrung bei Deinem Kind und kann gewisse Trennungsängste auslösen, wenn jedes Mal, wenn Du joggen gehst, ein anderer Aufpasser engagiert wird. Gerade wenn während dieser Zeit ein Fläschchen verabreicht werden soll, oder das Baby zwischendurch ein Schläfchen hält, ist es wichtig, bekannte Gesichter zu sehen.

- Verschnaufpausen, während Dein Baby schläft oder sich für einige Minuten mit sich selbst beschäftigt und neugierig seine Fingerchen und Zehen entdeckt, solltest Du wirklich nur dazu benutzen, Dich entspannt auf das Sofa zu setzen, ein Glas Wasser, ein Tasse Kaffee oder Tee, ein gutes Buch oder eine Handarbeit dabei, gerne auch nur mit der Seele zu baumeln. Starte keine große Suche im Netz nach irgendwelchen Informationen oder Gespräche mit Freunden via Messenger Diensten. Die Ruhe durch das Schläfchen oder eigene Spiel Deines Babys kann abrupt enden und Du generierst Dir selbst Stress, wenn dann die nächste Nachricht der Freunde auf dem Smartphone piept, Du aber nun eine Windel zu wechseln hast. Zudem setzt uns das 24-Stunden-Onlinesein oft so unter Stress, dass Dein Baby die nervöse Atmosphäre ungefiltert von Dir übertragen bekommt. Entspannung bedeutet also tatsächlich, Nichts zu tun, einfach den ruhigen Augenblick zu genießen, voll und ganz.

- Genieße die gegebenen Momente bewusst, auch die am Abend mit Deinem Partner. Dir ist vielleicht danach, todmüde ins Bett zu fallen, weil Du neben Deinem kleinen Wonneproppen auch noch einen Haushalt versorgt hast und eventuell stundenweise von zuhause aus Arbeit erledigst, aber eine halbe Stunde Zweisamkeit wirken Wunder. Erzählt Euch ruhig und gelassen von Euren unterschiedlichen Tagen und entwickelt Verständnis füreinander, auch in dieser ersten Zeit, in der das Baby im Mittelpunkt steht und die Partnerschaft vielleicht ein wenig in der Warteschleife kreist.

20.12.2 *Beziehungsstatus*

Auch wenn heute kein Grund mehr zum Heiraten besteht, weil man gemeinsam ein Kind großziehen möchte, solltet Ihr Euch frühzeitig Gedanken um Euren Familienstatus machen. Behördliche Wege, Namensfindungen und Einigungen gehören in unserer überbordenden Bürokratie leider dazu. Es können bei einer eventuellen Trennung Probleme auftauchen, wenn man ohne Trauschein den Kinderwunsch, ohne alle Punkte besprochen zu haben, realisiert. Hier sind im Falle einer Scheidung die Eltern immer noch besser in ihren Rechten geschützt, was Mitsprache bei Erziehung, Schulwahl und Krankheitsfälle betrifft.

Neben den Überlegungen in Sachen Recht und zu erledigenden Behördenwegen wäre es auch gut, wenn Ihr Euch nicht nur verliebt durch die rosarote Brille die heile Welt der Familie ausmalt, sondern ernsthaft über Eure Vorstellungen zur Erziehung, zu Regeln, Grenzen und Konsequenzen sprecht. Es gibt für ein Kind nichts Verwirrenderes als sich widersprechende Aussagen der Eltern. Und Kinder finden schnell heraus, wie sie ihre Eltern gegeneinander ausspielen können, um ihre Wünsche erfüllt zu bekommen, ihren Willen durchzusetzen. Ihr könnt damit beginnen, Euch zu überlegen, wie Eure eigene Erziehung war, was Euch daran gar nicht gepasst hat und ihr somit in Eurer eigenen Familie nicht erleben möchtet. Erzählt Euch gegenseitig Eure Kindheit und Jugend, wenn Ihr sie nicht gemeinsam verbracht habt und Euch nicht daher ohnehin schon kennt. Besucht auch Eure Familien miteinander, soweit dies nicht ohnehin schon geschehen ist oder regelmäßig auf dem Plan steht. Dadurch kann jeder Partner für sich erkennen, wie die Familien heute miteinander umgehen und somit die Erziehungsmethoden der Eltern und Schwiegereltern neu bewerten und in die eigenen Ideen miteinfließen lassen.

Sucht Euch auch gemeinsam die Informationen zu den verschiedenen Erziehungsstilen heraus. Lest sie gemeinsam und findet anhand dieser Erklärungen die individuelle Lösung für Euch. Ihr sollt Euch nicht verbiegen oder Euch zu einer Methode hinreißen lassen, welche sich zwar nett liest, Ihr aber dann nicht schafft umzusetzen, weil sie nicht wirklich mit Euren Werten übereinstimmt. Schreibt also eine Liste Eurer Werte, verseht sie mit einer Reihenfolge und klärt so ab, was Euch Beiden gemeinsam oder was nur einem von Euch wichtig ist. Kompromisse müssen in dieser Beziehung aus vollem Herzen geschlossen werden. Ein halbherziger Kompromiss oder ein Zugeständnis, um eine Diskussion zu vermeiden, wird später im Alltag zu Problemen führen.

Besprecht auch, wie die Hauptbezugsperson, also der Elternteil, der anfangs zuhause bleibt, zu seinen freien Zeiten kommen kann. Es wäre natürlich am allerbesten, wenn diese Zeiten der andere Elternteil in der Betreuung abdecken könnte!

20.12.3 *Verliebte Eltern*

Es gibt tatsächlich für Kinder nichts Schöneres, als zu sehen und zu erleben, dass Ihre Eltern sich lieben, umarmen und küssen. Zugegeben, im Teenagerstadium die Eltern miteinander flirtend in der Stadt zu treffen, kann zu dummen Ansagen seitens des halbwüchsigen Sohnes oder der Tochter führen, insgeheim freuen sie sich dennoch. Es ist für alle Abschnitte der Kindheit ein untrügliches Zeichen von Stabilität für die Kinder.

Leider füllen die Praxen der Therapeuten eine Unmenge von Familien, in denen sich die Hierarchie ungesund verschoben hat. Anstelle des Partners ist das Kind oder sind die Kinder der Lebensmittelpunkt eines der Elternteile. Da kann es dann schon einmal vorkommen, dass die Mami, weil der Sohnemann kaum alleine einschlafen kann, quasi im Kinderzimmer anstelle des elterlichen Schlafzimmers übernachtet. Es ist auch immer wieder zu hören, dass für Kinder extra oder besonders gekocht wird und der Vater nach dem Arbeitstag allein im Kühlschrank fündig werden muss. Für das Kind wird alles stehen und liegen gelassen, der Partner kann warten. Das ist laut Familienpsychologen falsch!

Erstens entwickeln Kinder keine Frusttoleranz, wenn ihnen alles abgenommen wird und die Mama wie eine Sklavin um es herumschwirrt, um auch alle aufkommenden Ideen und Bedürfnisse zu befriedigen. Zweitens ist eine Mutter mit dem Vater verheiratet und nicht mit dem Kind. Das Kind sollte irgendwann selbständig sein und das Haus verlassen, dann bleiben zwei Personen zurück, die nichts mehr verbindet. Drittens kann damit sogar die Autorität des Partners untergraben werden. Lasst es also nicht zu, dass die Kinder den Platz der Person einnehmen, die Ihr als Vater derselben erwählt habt. Selbstverständlich gibt es Situationen, wo das Kind an erster Stelle steht. Beispielsweise, wenn es kränklich ist. Sobald der Gesundheitszustand aber wiederhergestellt ist, zieht entweder das Kind zurück ins Kinderzimmer oder die Mama zurück ins Schlafzimmer. Baut weiter an Eurer Beziehung und lasst Euch auch durch Kinder Eure Zweisamkeit nicht nehmen. Eine Partnerschaft geht man immer noch für ein Leben lang ein. Kümmert man sich nicht darum, dann kann sie nur zerbrechen.

Dies gilt genauso bei Patchworkfamilien. Es kann für die Kinder sehr erleichternd sein, wenn sie die Eltern kuschelnd auf der Couch vorfinden, gemeinsam lachend oder sich gruselnd vor einem Film, gemütlich plaudernd bei einem Glas Wein. Erleben sie die Liebe zwischen dem Elternteil und dem neuen Partner, kann dies neues Vertrauen geben in das Leben. Gewisse Unstimmigkeiten müssen auch Patchwork-Kinder oder Stiefgeschwister allein lösen können. Lasst Ihr Euch hier von den Kindern zu sehr in ihre Diskussionen hineinziehen, kann passieren, dass Blut nun einmal dicker ist als Wasser und sich Fronten zwischen dem neuen Elternpaar auftun. Zeit für die Zweisamkeit ist wichtig, ganz gleich, wie viele Kinder und in welcher Konstellation.

20.12.4 *Der erste freie Abend zu zweit*

Das Baby ist mittlerweile alt genug, auch eine Nacht bei Oma zu verbringen. Milch oder Fläschchenzubereitung sind besprochen und alles wurde dreimal kontrolliert, damit es auch sicherlich zu keinen Panikanrufen der Großeltern kommen kann, weil eine Windel, Feuchttücher, Creme für den kleinen Popo oder der Lieblingsschnuller vergessen wurden. Fröhlich winkend auf dem Arm der Oma hat Euch der kleine Spatz verabschiedet und Ihr seht Eurem ersten langen Abend zu zweit freudestrahlend entgegen. Der Tisch im Restaurant ist reserviert, der Champagner zu Hause ebenfalls kaltgestellt und klammheimlich hat noch jemand Rosenblüten auf dem Ehebett verteilt, weil endlich einmal wieder Zweisamkeit genossen werden kann, ohne Babyphon, Stillzeiten und nassen Windeln mitten in der Nacht.

Bei Kerzenschein sitzen nun die jungen Eltern und anstatt sich verliebt in die Augen zu sehen, kleben diese auf dem Smartphone und noch bevor der Aperitif serviert werden konnte, hat der Erste auch schon zugegriffen und bei den Großeltern angerufen, ob auch sicher alles in Ordnung ist. Zwischen Hauptgang und Dessert bemerkt Ihr, dass Ihr nur Probleme gewälzt habt, bezüglich dem nächsten Arzttermin für die anstehende Impfung, die Nachsorgeuntersuchung und die Einkaufsliste seid Ihr auch noch durchgegangen, weil das Baby langsam mobil wird und noch Teile der Wohnung gesichert werden müssen. Die Stimmung ist etwas angespannt, denn große Erwartungen wurden mit diesem Abend verknüpft und letztendlich erscheinen die Rosenblüten doch etwas kitschig und die Nacht wird dazu genützt, zwar in den Armen des Partners, aber doch ohne die geplanten Aktivitäten, von wegen Champagner im Bett, durchzuschlafen.

Um dieses sehr bekannte Szenario zu vermeiden und Euch einen wirklich gelungenen Abend zu bescheren, haben wir Euch folgende Tipps zusammengetragen:

- Lasst es langsam angehen!
Plant nicht gleich einen ganzen Abend und eine Nacht ohne Baby. Hangelt Euch von einem gemeinsamen Mittagessen, vielleicht während der Pause des arbeitenden Elternteils, in Eurem Lieblingsrestaurant über ein gemeinsames Abendessen oder den Besuch eines After-Work-Umtrunkes mit den Kollegen und Freunden hoch zu einer ganzen Nacht, inklusive Programm.

- Versichert Euch, dass Euer Kind fröhlich und gelassen nach Hause kommt!
Um Euer Baby über Nacht außer Haus unterzubringen, und wenn es bei der liebenden Oma ist, sollte es doch die Umgebung gewohnt sein. Das heißt nichts anderes, als dass Du Dein Baby schon vorher stundenweise dahinbringst. Beispielsweise für die Mittagspause oder einen Kaffeehausbesuch mit Deinen Freunden. Dein Kind lernt damit, ähnlich wie später beim Besuch einer Kita, dass Du immer wiederkommst und es abholst und nach Hause bringst und immer noch Zeit für es hast.

- Deponiere eine Grundausstattung an Babyutensilien am regelmäßigen Übernachtungsort!

Wie wir schon zuvor geschrieben haben, ist ein gewisse Stabilität und Kontinuität wichtig für Dein Baby. Ob bei Oma oder Tante, wenn Dein Kind dort öfter Zeit verbringt und auch übernachten soll, dann wird es Eure Nerven schonen, Deine und die des Babysitters, wenn Ihr gemeinsam eine kleine Grundausstattung für diesen Babysitter besorgt und nicht immer alle Dinge ein-, aus- und umpacken müsst. Die Gedanken kreisen dann nicht so sehr darum, ob Du etwas vergessen haben könntest und Du kannst Dich Deiner so gewonnen Freizeit viel entspannter widmen. Der Babysitter will Dich ja auch nicht unbedingt ständig stören und nachfragen. Wollte er Dir keine Pause gönnen, hätte er sich ja nicht bereit erklärt, sich inzwischen um Deinen kleinen Liebling zu kümmern.

- Wohnung oder Hotel?

Das Baby ist versorgt und Ihr konntet Euer romantisches Dinner so richtig genießen. Zurück daheim liegen Babys Klamotten auf dem Sofa, Du musst noch vorsichtig einen großen Schritt machen, denn diverse Rasseln oder Kuscheltiere dekorieren den Wohnzimmerboden und im Schlafzimmer zerstört letztlich das Babybettchen jegliche erotische Stimmung.

Was spricht dagegen, wenn Ihr Eure Zeit zu zweit und wirklich nur auf Euch und Eure Liebe und Partnerschaft fokussiert, in einem Hotelzimmer feiert? Der Champagner wird auf das Zimmer geliefert, eisgekühlt und gerne auch noch mit ein paar süßen Früchten. Das Zimmer kann auf Bestellung entsprechend gestaltet werden und endlich steht der romantischen Stimmung nichts mehr entgegen.

Entspannt und wissend, dass Eure Partnerschaft funktioniert, auch wenn so manche Nacht noch stressig ist, weil Euer Liebling nicht immer durchschlafen möchte, geht Ihr gemeinsam in die nächsten Wochen.

- Schlechtes Gewissen? Sicher nicht!

Wir kommen im nächsten Abschnitt noch ausführlicher dazu, aber es sei schon einmal so viel verraten. Wer seine Partnerschaft und die dazugehörigen Gefühle nicht pflegt, wird als Familie scheitern! Du musst also kein schlechtes Gewissen haben und Du bist auch keine schlechte Mutter, nur weil Du auch die Zeit mit dem Vater Deines Kindes genießen möchtest. Für den Fall, dass Du alleinerziehend bist und gerade in eine neue mögliche Beziehung startest, ist es ebenfalls perfekt, wenn Du zuvor Zeit allein mit diesem neuen Partner verbringst, wie willst Du sonst entscheiden, ob er sich als Stiefvater eignen könnte? Babysitter vorausgesetzt, aber das hatten wir schon.

20.12.5 Paar – erstes Kind – Familie

Du lebst glücklich in einer Beziehung und diese wollt Ihr nun krönen mit einem gemeinsamen Kind? Ist man dann automatisch eine Familie? Gehört noch etwas mehr dazu?

Ein Paar sind zwei sich liebende Personen, wir wollen hier einmal die Geschlechter außen vorlassen. Sind diese Beiden sich einig in Ihrer Liebe und Beziehung, kommt meist ein Kinderwunsch hinzu. Ein neuer Erdenbürger wird geboren, das Glück scheint perfekt, die neue Kleinfamilie etabliert sich und ihre ureigensten Gewohnheiten. Ist man nun das, was wir landläufig als Familie bezeichnen?

Familie, neben allen Interpretationen und Konstellationen, welche wir heute in unserer sich verändernden Gesellschaft finden, bedeutet vor allem jede Menge Verantwortung. Wir übernehmen sie freiwillig. Wir tragen Verantwortung für das gemeinsame Glück, teilweise auch die Gesundheit, zumindest, soweit es Lebensgewohnheiten und Ernährung betrifft, und wir tragen die finanzielle und liebvolle Verantwortung für unser Kind. Das muss Dir bewusst sein, wenn Du planst, eine Familie zu gründen. Egal, ob es sich um eine Familie im traditionellen Sinne handelt oder Ihr eine andere Form des Zusammenlebens als Familie wählt.

Bis jetzt waren möglicherweise Karriereplanung und Zeit zu zweit sowie mit Freunden wichtige Komponenten Deines Lebens. Ausgiebiges Reisen und der Besuch der angesagten Restaurants und Bars waren die höchste Herausforderung in Deiner Planung, so sind in Zukunft nicht zwei, sondern drei Personen und ihre Bedürfnisse unter einen Hut zu bringen. Die Hauptlast hierbei trägt meist der Elternteil, der beim Baby zuhause ist. Er oder sie organisieren zwischen Fläschchen geben und Windeln, Haushalt und dem gemeinsamen Abendessen auch noch die Termine mit Freunden und Verwandten, erledigen behördliche Auflagen und ziehen die ersten Erkundigungen ein, welcher Hort, welche Schule und welche Reiseziele der Familie am meisten entgegenkommen. Für den Partner, der weiterhin im Job ist und damit auch näher bei Freunden und Kollegen, ist die Umstellung oft nicht ganz so groß. Umso verstörter die Reaktion, wenn verspätet zum Abendessen erschienen wird, weil man sich verplaudert hat oder beim Anblick einer sichtlich müden Mutter, wo sie doch den ganzen Tag zuhause war.

Familie ist nicht einfach die Summe von zusammenlebenden Personen, sei es frei gewählt oder hineingeboren. Familie ist nicht einfach nur eine kleine wirtschaftliche Einheit und der Ort, an dem man sich zurückziehen und von der Außenwelt etwas Abstand nehmen kann, entspannen vom Stress, dem uns die heutige schnelllebige Zeit aussetzt. Familie setzt viel Liebe und Verständnis voraus. Familie bedeutet Verhandlungen und Kompromisse jeden Tag auf ein Neues, damit auf alle Bedürfnisse, Wünsche und Entwicklungsmöglichkeiten eingegangen werden kann. Familie bedeutet

Abschied von der jeweils persönlichen Freiheit und dem Tun und Lassen, was einem gerade durch den Sinn geht. Wir können nicht mehr Umziehen, weil die Karriere es verlangt. Oder von heute auf morgen den Job kündigen oder einen neuen annehmen und nicht genau wissen, wie es finanziell genau morgen aussieht. Aus einem Individuum wird durch die Familie eine Einheit, die bedacht und möglichst nicht bei jeder sich bietenden Gelegenheit auseinandergerissen wird. Dies muss vor allem jenen klar sein, die sich womöglich jahrelang durch ein Studium gekämpft haben und nun täglich auf den nächsten Karrieresprung, auch ins Ausland, warten. Eine Familie ist so schnell nicht umgezogen und ob die Inseln der Südsee dasselbe Urlaubserlebnis mit Baby bieten, wie vormals, das lassen wir nun einfach dahingestellt. Abendessen heißt nicht mehr, schnell ins nächste Restaurant zu gehen und sich notfalls mit Junk-Food über Wasser zu halten, sondern sollte spätestens dann eingestellt werden, wenn das Kleinkind beginnt, das Essen für sich zu entdecken!

Neben Windeln, Feuchttüchern und Schnullern steht nun Gemüse und Obst auf dem Einkaufszettel. Die Frage nach dem Umgang mit Süßigkeiten und Alkohol muss sich ebenso gestellt werden wie nach der Raumaufteilung der Wohnung. Auch wenn das Baby ein wenig überraschend kommt, weil man damit gerechnet hat, dass es länger dauert, bis diverse Substanzen im weiblichen Körper aufgrund von jahrelanger Verhütung abgebaut sind, habt Ihr neun Monate Zeit, um alle oben angeführten Fragen und Ausführungen zu klären. Nützt diese Zeit!

Familie soll der Ort sein, in dem man sich auf den anderen verlassen kann. Familie sind die Menschen rund um Dich herum, mit denen Du Freud und Leid teilen kannst und die Dich annehmen, wie Du bist. Familie ist der Ort, wo jeder er selbst sein kann und seine Potentiale ausschöpfen kann, weil die gegenseitige Unterstützung gegeben ist, vorausgesetzt natürlich, sie kommt wirklich jedem zu und nicht nur einer Person allein. Familie ist mehr als die Summe ihrer Teile, sie ist die Erfüllung der Grundbedürfnisse, die in jedem Menschen stecken. Mache Dir dies bewusst, für den Fall, dass Du Träumen nachhängst, welche mit oder innerhalb einer Familie nicht zu verwirklichen sind. Familie ist kein Experiment, welches Du in Angriff nehmen kannst, wie Du möchtest, denn der Zerfall einer Familie ist mit Schmerzen für alle Beteiligten verbunden, zuvorderst für die Kinder.

Eltern werden ist nicht schwer. Eltern sein dagegen sehr. Deine Gedanken und Deine Prioritäten werden sich ändern, wenn Du und Dein Partner beschließen, eine Familie zu gründen. Dies wird nicht zuletzt auch Auswirkungen auf Deinen aktuellen Freundeskreis haben. Kinderlose, befreundete Paare verstehen oft das Zeitmanagement von Eltern nicht. Kinderlose Kollegen frönen weiterhin dem After-Work-Bier oder -Workout und Du bist wahrscheinlich nicht mehr täglich oder auch wöchentlich dabei. Anstelle des Drei-Sterne-Restaurants bist Du als Vater oder Mutter froh, dass der familienliebende Italiener mit der Pizzeria um die Ecke so viel Verständnis für Euch, eure Kinder und so manches Missgeschick beweist.

20.12.6 *Kinder als Beziehungskitt*

Es hat noch selten funktioniert, denn ein Kind bedeutet ein Mehr an Verantwortung und wenn eine Beziehung nicht gefestigt ist, dann wird diese nicht von beiden Seiten im gleichen Maße getragen. Ganz gleich, ob das erste Kind oder das dritte Kind die Familie zusammenhalten soll. Das Glück über den neuen Mitbürger, das süße Baby überdeckt die grundlegenden Probleme und möglichen Zwistigkeiten nur in den ersten Monaten. Die nächste Zerreißprobe kommt bestimmt und meist ist sie mit der Trotzphase verbunden, welche durch eine Trennung nur noch zusätzliche Nahrung bekommt!
Wie stehen Eltern letztlich zu einem Kind, dass eine verunglückte Beziehung kitten sollte und es nicht geschafft hat? Dem Kind wird eine Verantwortung auferlegt, um die es weder gebeten hat noch die es tragen kann und soll! Was genau soll ein Baby an einer zerrütteten oder unpassenden oder nicht funktionierenden Beziehung retten? Wenn Ihr schon als Paar nicht miteinander klarkommt, wie sollt Ihr Euch dann auf den richtigen Umgang mit Eurem Kind einigen? Wird nicht vielmehr die Unstimmigkeit unter den Eltern auf dem Rücken der Kinder ausgetragen? Kommt es nicht vor, dass die Uneinigkeit dazu führt, dass das Kind weder vernünftige Regeln noch Grenzen kennt? Es kommt in diesem Fall immer wieder vor, dass der eine Elternteil Dinge erlaubt, nur um dem anderen Elternteil eines auszuwischen. Hat ein Kind dies verdient? Wie soll Dein Kind lernen, dass sich an Regeln zu halten ist, dass es Grenzen gibt und darin aber ein vertrauensvolles Miteinander, wenn Ihr als Eltern keine Vorbildwirkung entfalten könnt aufgrund eines täglichen Kleinkrieges?
Hast Du das Gefühl, in Deiner Beziehung kriselt es? Beschleicht Dich der Gedanke, dass Dein Partner noch nicht oder nicht mehr bereit ist für die Verantwortung einem so wichtigen Leben gegenüber, dann ist es tatsächlich für alle Beteiligten besser, Ihr trennt Euch in Frieden und findet eine Regelung abseits eines traditionellen Familienbildes. Denn auch getrenntlebende Eltern, die nur als Paar nicht funktioniert haben, aber freundschaftlich miteinander umgehen können, bilden für Euer Kind den Grundbaustein von Familie. So viele alte Sprichwörter besitzen einen wahren Kern und „Lieber ein Ende mit Schrecken als ein Schrecken ohne Ende!" ist gerade für das Baby, dass Ihr doch beide liebt, wichtiger als das unbedingte Festhalten an einer Lebenssituation, die Ihr eigentlich nicht mehr haben wollt. Versichert Euch der Unterstützung gegenseitig und der Eurer Familien und geht im Leben getrennte Wege, auch wenn Euch das gemeinsame Kind immer verbinden wird. Ein offener Umgang miteinander wird auch die Gründung späterer

Patchwork-Familien-Konstellationen vereinfachen, denn Ihr müsst Euch nicht mehr vor dem Kind gegeneinander ausspielen.

20.12.7 *Ab wann Du Dein Kind auch allein zuhause lassen kannst!*

Manche Eltern wissen intuitiv, ab wann ihr Kind bereit ist, auch eine kurze Zeitspanne allein zuhause zu sein. Andere Eltern engagieren selbst für den 12-jährigen noch einen Babysitter oder alarmieren für den Gang zum Bäcker um die Ecke die Nachbarn. Es gibt hier weder festgelegte Regeln im Gesetzestext noch Tabellen wie beim Taschengeld. Eine Überlegung ist, vor allem für ruhige Wohngegenden mit der Schule und dem Spielplatz in der Nähe, dass das Kind gut für eine halbe Stunde allein im Haus oder in der Wohnung bleiben kann, wenn es die Schule oder den Spielplatz ebenso allein aufsuchen darf. Man könnte also grob geschätzt sagen, ab dem Schulalter ist es meist kein Thema mehr, dass die Kinder auch einmal für eine gewisse Zeit allein zuhause sind. Wir sprechen hier aber von Tageszeit. Dies gilt nicht für einen ganzen Abend.

Die meisten Eltern stellen sich aber die große Frage des Alleinseins nicht für den raschen Einkauf im Supermarkt oder das kurze Gespräch mit dem Nachbarn über den Gartenzaun, sondern eben vor allem für die Abende. Ab wann kann man einer Einladung von Freunden oder der Firma folgen, ohne einen Babysitter zu engagieren oder die Großeltern, Tanten und sonstigen Anverwandten inklusive der Nachbarn zu aktivieren?

Um sein Kind allein in der Wohnung oder dem Haus zu lassen, ist zuallererst beiderseitiges Vertrauen notwendig. Auch musst Du wissen, dass Dein Kind sich an Absprachen mit Dir hält und Regeln befolgt werden, ohne ständig kontrolliert oder vorgebetet zu werden. Es gibt Kinder, die bleiben schon mit 3 Jahren lieber eine halbe Stunde allein in ihr Spiel vertieft zu Hause und die Mama kann rasch in den nahegelegenen Supermarkt gehen. Andere Kinder haben noch mit 14 Jahren ein ungutes Gefühl, wenn die Eltern abends für zwei Stunden das Haus verlassen. In unserer heutigen Zeit mit ihren vielen Brennpunkten und Problemen, selbst in sogenannten gutsituierten Wohnbezirken, ist das Sicherheitsgefühl ein sehr subjektives und so kann sich heute schon ein Erwachsener unwohl fühlen, wenn er alleine in seiner Wohnung sitzt und eine Reihe von Einbrüchen in der Nachbarschaft stattgefunden haben. Alle diese Punkte gilt es heute mitzudenken, wenn man sein Kind kurz allein lassen möchte, das Kind auch kein Problem damit hat und sich grundsätzlich in der Wohnung und Nachbarschaft sicher fühlt!

Folgende Tipps können das Alleinlassen leichter gestalten:

- Geht es minutenweise schon frühzeitig an!

Wenn Du Deine Nahversorger, darum heißen sie ja auch so, in einer kurzen Distanz rund um Eure Wohnung hast, dann kannst Du schon mit einem 3-jährigen absprechen, dass Du, anstatt sein Spiel zu unterbrechen, ihn kurz allein lassen würdest. Erkläre ihm, dass Anziehen, Wegstrecke, einkaufen selbst, Rückweg und wieder ausziehen, mehr Zeit verbrauchen, als wenn Du Dich kurz allein auf den Weg machst. Viele Kinder bevorzugen die Variante, weiterzuspielen. Für das Abschätzen der Zeitspanne kannst Du Deinem Kind eine Eieruhr richten oder eine Sanduhr oder auch einfach einen Timer auf einem Tablet einstellen. Rund um das Signal bist Du dann wieder zuhause. Verplaudere Dich also mit niemandem auf dem Weg, denn wenn Du Dich an diese Zeitvorgabe hältst, dann kannst Du, darauf aufbauend, öfter und auch immer länger wegbleiben und irgendwann sogar eine einstündige Joggingrunde bestreiten.

- Kurzwahlnummern und Nachbarn!

Ist Dein Kind für kurze Wege schon gut allein zu lassen, jetzt wäre aber der Wochenendeinkauf angesagt und Dein Kind hat weder die richtige Lust, Dich zu begleiten, noch möchtest Du im Supermarkt eine Diskussion geführt wissen um die Menge an Schokolade und Snacks, die Dein Kind kaufen möchte, dann kannst Du mit ein wenig Vorbereitung auch dies in Angriff nehmen.

Lasse Deinem Kind ein Telefon zuhause, auf dem es Dich, am besten via Kurzwahl, schnell erreichen kann und sei erreichbar. Informiere möglicherweise die Nachbarn oder auch eine nahe wohnende Freundin oder Familie, welche notfalls schnell zu Deinem Kind kommen kann.

- Essen und Trinken!

Wenn Dein Einkauf die Dauer einer Stunde oder länger erreichen wird, dann sorge dafür, dass Dein Kind leicht erreichbar an ein Getränk und etwas zu Essen kommt. Unnötige Klettereien an den Küchenschränken werden so verhindert und das Getränk zieht keine Spuren von der Kühlschranktür bis auf den Kinderzimmerteppich. Ein Apfel oder anderes Obst und Wasser oder Tee in einem Trinkbecher, wie wir sie heute ohnehin für Kaffee und Smoothie ständig bereitstehen haben, reicht dafür vollkommen aus.

- Der erste Abend!

Habt Ihr die Nachmittage einmal gut im Griff und Dein Kind wächst in seine Verantwortung hinein, wenn es allein zuhause ist, kein Desaster in Küche, Wohn- und Kinderzimmer zu produzieren, dann könnt Ihr langsam auch die Abende in Angriff nehmen. Geht auch hier langsam vor und versichert Euch, dass Euer Kind keine Angst vor der Dunkelheit mehr hat! Am besten wäre es, diese Abende allein in den Sommer oder in Ferienzeiten zu legen, in welchen die Kinder ihre Abende möglicherweise selbst gestalten können und die normalen Rituale ohnehin außer Kraft sind. Vielleicht ergibt sich die Gelegenheit im Sommer bei einer Grillparty mit den Nachbarn. Alles Erwachsene, da ist es für Dein Kind angenehmer, zuhause zu bleiben und es sich vor dem Fernseher gemütlich zu machen. Stelle dazu aber sicher, dass keine Inhalte konsumiert werden, welche Angst schüren können.

Wichtig in diesem Zusammenhang ist und bleibt, dass Dein Kind weiß, wo Du bist, wie es Dich erreichen kann und wer im Zweifelsfalle schneller zur Hilfe eilen könnte!

- Stärke damit auch das Selbstvertrauen Deines Kindes!

Hat Dein Dreikäsehoch die 20 Minuten für den Besuch beim Bäcker gut überstanden und währenddessen auch kein Chaos in der Wohnung veranstaltet, dann sage ihm oder ihr, wie stolz Du bist. Wie sehr Du Dich freust, dass er so brav war und wie „groß" und selbständig er nun schon ist! Das wird Dir die nächsten Erledigungen allein ungemein erleichtern und Dein Kind frühzeitig auch darauf vorbereiten, dass Du ab und an am Abend mit Deinen Freunden auf einen Drink gehen kannst, am Sonntag dem Kaffeekränzchen beiwohnen kannst oder Deinen Partner von der Arbeit abholen und den After-Work-Cocktail ebenso genießen kannst.

- Erzwinge nichts!

Kommst Du von Deinen 20 Minuten beim Bäcker zurück und findest ein weinendes und hilfloses Kind, dann lasse einige Zeit verstreichen, bevor Ihr den nächsten Versuch startet. Vor allem, wenn Du erkennen kannst, dass die Trennung schon für den Besuch der Kita oder des Kindergartens problematisch ist, solltest Du nicht gleichzeitig versuchen, Dein Kind allein zuhause zu lassen.

20.12.8 *Welche Minimumzeiten gibt es für die Beschäftigung mit Deinem Kind?*

Es gibt hier keine Tabelle und keine Vorschriften, noch nicht einmal wirkliche Empfehlungen zu direkten Zeitangaben täglich oder wöchentlich. Das ist grundsätzlich auch gut so, denn jede Zeiteinteilung, jeder Tagesablauf ist anders. Eine Mutter, welche zuhause ist bei ihrem Kind und nur dieses und den Haushalt zu bewältigen hat, kann ihre Zeit anders einteilen als die Mutter, die zwar auch zuhause ist, aber vom Home-Office aus arbeitet. Wieder anders ist es für Mütter, welche für ihren Beruf das Heim verlassen müssen. Wichtig ist einzig und allein die Zeit, welche Du tatsächlich mit Deinem Kind beim Spielen, beim Abendritual oder sonstigen Ritualen verbringst. Diese sollte auch tatsächlich Deinem Kind gehören und nicht von ständigen Blicken auf die Uhr oder auf das Smartphone gestört werden. Hier kommt wirklich Qualität vor Quantität. Kinder haben erst mit zunehmendem Alter einen Begriff von Zeit. Ein Kleinkind kann sich unter fünf Minuten ebenso wenig vorstellen wie unter einer Stunde oder dem ominösen Morgen. Versprichst Du Deinem Kind Zeit mit Dir, dann musst Du also mit greifbaren Begriffen arbeiten, wie wir schon einmal in einem anderen Kapitel erklärt haben. Wenn das Gespräch beendet ist, dann spiele ich mit Dir. Wenn Du noch einmal geschlafen hast, dann gehen wir in den Zoo.

In selbständigen Betrieben laufen die Kinder oft den ganzen Tag nebenher, von Hotels über kleine Geschäfte bis hin zu anderen Dienstleistern. Dies ist auch nicht in allen Branchen möglich. Guter Rat oder eine gute Betreuung sind dann oft teuer. Vor allem dann, wenn kein naher Verwandter seine Zeit zur Verfügung stellen kann. Neben Krabbelstuben und Kitas können hier Au-pairs, Leih-Omas oder auch -Opas eine Lösung darstellen. Erkundige Dich, welche Angebote es in Deiner Umgebung gibt. Meist kann die Gemeinde oder Bezirksverwaltung in diesen Dingen Auskunft geben.

Motte Dein eventuell schlechtes Gewissen bezüglich zu wenig Zeit sofort ein. Verbringe die Zeit, die Du hast, aktiv mit Deinem Kind beim Spielen, beim Vorlesen oder beim Kuscheln und bei Euren diversen gemeinsamen Ritualen. Es gibt kein Regelwerk, welches sich mit minutiösen Vorschlägen befasst!

21. KITA ODER KINDERGARTEN – WELCHER IST DER RICHTIGE?

Spielen, singen und ein kleines Schläfchen halten. Eine gemeinsame Jause essen und den Geschichten der Kindererzieher lauschen. So klar und so einfach waren Kindergärten früher strukturiert. Die Märchen und Geschichten waren dieselben, welche auch Oma schon aus den entsprechenden Büchern vorgelesen hat und zu jedem Feiertag wurde eine Kleinigkeit für die Mama oder den Papa gebastelt.

In Zeiten, in denen Kinder von der ersten Minuten an pädagogisch wertvoll geschult werden sollen, gibt es auch unter den Kitas und Kindergärten verschiedene Richtungen und diese wollen wir uns hier nun ansehen, wie auch die Frage klären, woran es liegen kann, wenn Dein Kind nicht dahin will. Abgesehen von einem kleinen Trennungsschmerz bei den ersten Besuchen, muss eine lange andauernde Verweigerung und ein täglicher Kampf rund um den Besuch intensiver von Dir angesehen werden.

Wichtige Kriterien für die Auswahl der Kita sind:

- Die Kosten der Betreuung sollten nicht den Großteil Deines Verdienstes schlucken, sonst wäre die Möglichkeit zu checken, ob es nicht besser wäre, länger beim Baby zuhause zu bleiben.

- Auch die Erreichbarkeit der Krippe oder Kita spielt eine Rolle. Denn nimmt diese zu viel Zeit in Anspruch oder kostet sie Dich wertvolle Fahrstunden im Auto wöchentlich, dann sind wir wieder bei Punkt eins.

- Passen die Öffnungs- und damit die Betreuungszeiten ohne Stress zu Deinem Job?

- Welches Erziehungskonzept wird in den umliegenden Kitas und Krippen verfolgt und passt es zu Deinen eigenen Ansichten und Werten?

- Kannst Du Dich aktiv in den Elternbeirat oder bei Veranstaltungen einbringen?

- Gibt es für manche Talente und Interessen eine Frühförderung und kostet dieses Extra?

- Wenn Dein Kind dort auch die Mahlzeiten einnimmt, dann wäre es gut, auch hier zu wissen, welche Kost angeboten wird und ob diese Deiner Vorstellung entspricht!

21.1 *Welche Typen an Kinderbetreuung gibt es?*

Die Kita oder der Kindergarten ist eine Form von Tagesbetreuung, welcher sich nicht nur an dreijährige Kinder wenden muss. Kirchen, Gemeinden und private Träger bieten diese Betreuung an und in großen Firmen gibt es das Angebot für die Mitarbeiter ebenfalls, was die Fahrzeiten ungemein verkürzen und damit die gemeinsame Zeit mit dem Kind verlängern kann. Neben den verschiedenen Institutionen, welche sich um die Finanzierung der Betreuung kümmern, gilt es auch noch zu beachten, welche Inhalte spielerisch und erzieherisch vermittelt werden.

Unter den Begriff Kita, also Kindertagesstätte, fallen neben dem Kindergarten auch noch Krippen und Horte. Krippen richten sich an alle Kinder vor dem Kindergartenalter und Horte können auch noch im Grundschulalter als Betreuung fungieren. Viele werden im Zusammenhang mit der Schule geführt. Manche Einrichtungen sind in ihren Zeiten sehr flexibel. Andere wiederum haben feste Öffnungszeiten wie vormittags und nachmittags, das Mittagessen wird dabei zuhause gegessen. Ein verlängerter Vormittag inklusive Mittagessen geht bis etwa 14 Uhr und eine Ganztagesbetreuung kann sogar bis 18 Uhr gehen und neben dem Mittagessen auch Zwischenmahlzeiten beinhalten.

Hier unsere kurze Übersicht:

- Montessori Kindergarten

Ein Konzept mit viel Entscheidungsfreiheit für Dein Kind. Will es lieber bei einer angebotenen Gruppenaktivität mitmachen, sich mit etwas anderem beschäftigen oder mit der Freundin weiterspielen? Die Erzieher sind zwar ständig dabei, sie gehen aber davon aus, dass Kinder ihrer eigenen Entwicklungsgeschwindigkeit folgen sollen und ihre individuellen Interessen entdecken.

- Integrative Kindergärten

Hier soll Dein Kind die Toleranz und Akzeptanz von behinderten oder beeinträchtigten Kindern von klein auf lernen. Berührungsängste sollen abgebaut werden und vor allem die Kinder mit Schwierigkeiten profitieren von diesem Konzept. Es wird auch hier versucht, die Individualität zu fördern.

- Waldorfkindergarten

Rudolf Steiners Idee beinhaltet feste Strukturen und Abläufe, fördert aber vor allem den Bezug zur Natur. Spielzeug aus natürlichen Materialien wird angeboten und den Kindern im Zuge des Umganges mit der Natur und seinen Ressourcen ein positives Vorbild vermittelt. Das Konzept geht von der

Nachahmung und der Vorbildwirkung aus. Es animiert Kinder in diesem Bereich, auch sich selbst innerhalb der Strukturen und Abläufe auszuprobieren, also ein ähnlicher Rahmen wie die Regeln und Grenzen zu Hause.

- Waldkindergarten

Dieses skandinavische Konzept lässt die Kinder das ganze Jahr über im Freien spielen, damit die Natur und der Ablauf der Jahreszeiten erkannt werden. Es ist dem Waldorfkonzept somit verwandt und fördert ebenso den verantwortungsbewussten Umgang mit den natürlichen Ressourcen. Zum Respekt in Bezug auf die Natur gehört auch der vor anderen Menschen und ihrer individuellen Freiheit.

- Zweisprachiger Kindergarten

Nach dem Grundsatz, dass alle Kulturen zu akzeptieren sind und man sie kennen soll, um sie zu verstehen, werden gerade diese Projekte in Stadtvierteln und Orten mit hohem Ausländeranteil gefördert. Hier ist besonders der Trägerverein unter die Lupe zu nehmen!

- Internationaler Kindergarten

Hier gibt es kaum ein bestimmtes pädagogisches Konzept. Meist wird er von Kindern mit fremdsprachlichem Hintergrund besucht. Im Vergleich zum zuvor vorgestellten Modell sind die hier vorzufindenden Sprachen eher dem westlichen Europa als dem arabischen Raum zuzuordnen. Der Grundsatz ist, die zweite Sprache, meist Englisch oder auch Französisch und Spanisch, spielerisch zu erlernen und im Umgang mit anderen Kindern zu verfestigen. Es wird weniger Wert darauf gelegt, ob auch wirklich alle Regeln der Sprache sitzen, sondern auf ihre praktische Anwendung.

21.2 *Ab wann ist es auch für die Kinder gut, stundenweise außer Haus zu sein?*

Selbstverständlich sollst Du nicht Deinen Job vernachlässigen, um bei Deinem Kind den Rest Deines Lebens zuhause zu bleiben. Wenn allerdings finanziell die Möglichkeit besteht, mehr Zeit mit Deinem süßen Nachwuchs zu verbringen, dann solltest Du diese Zeit intensiv nutzen und nicht, weil es heute in vielen Teilen unserer Bevölkerung so üblich ist, Dein Baby zu früh aus dem Haus und damit aus Deinen liebenden Händen zu geben.
Nimm Dir jedenfalls die Zeit, die richtige Betreuung für Dein Baby zu suchen. Sieh Dir alle Angebote in Deiner Umgebung an und entscheide erst nach Besuchen und Gesprächen dort, bei denen Du auch Dein Kind mit dabei hast

und beobachten kannst, wie er oder sie auf diese neue Umgebung reagiert. Dafür haben wir Dir zuvor eine grobe Auflistung der Möglichkeiten gegeben.

Solltest Du Dein Kind aufgrund beruflicher Verpflichtungen oder weil Du alleinerziehend bist und eine Oma nicht helfend zur Seite steht, schon im frühesten Babyalter in Betreuung geben, so haben sich hier Tagesmütter sehr bewährt. Es sind weniger Kinder in der Gruppe und die Tagesmutter hat genügend Zeit, liebevoll auf die Bedürfnisse Deines kleinen Engels einzugehen. Sie kann sich in der Betreuung auch mehr nach Deinen individuellen Wünschen richten, wenn es um Zwischenmahlzeiten geht wie Kekse, Obst oder ersten Babybrei.

Generell gilt, dass Kinder mit etwa drei Jahren beginnen, selbständiger zu werden und sich auch von der Mama entfernen. Dies lässt sich gut an Spielplätzen beobachten. Wollte Dein Kind zuvor noch lieber mit Dir spielen, dann beginnt es nun nach und nach, sich mit den anderen Kindern anzufreunden und braucht Dich nicht mehr, um die Sandburg zu bauen oder auf der Schaukel zu sitzen. Darum gibt es den Kindergarten, seit Generationen geöffnet für dreijährige Knirpse. Auch hier kann es noch ab und an eine gewisse Eingewöhnungsphase geben und die ersten Besuche sind mit ein paar Tränchen verbunden, aber generell machen sich Kinder in diesem Alter daran, neue Freundschaften zu schließen und sich auch nach weiteren Vorbildern umzusehen. Dich ahmen sie schon relativ gut nach, in Deinen Bewegungen und Gewohnheiten, nun kommen neue Aspekte von außen dazu.

Dein Kind geht in diesem Alter auch schon auf die kindergerechten Toiletten im Kindergarten und muss nicht mehr Windeln oder Schnuller parat haben. Es kann sich mit anderen oder sich selbst beschäftigen, wenn ihm eine Auswahl an Aktivitäten geboten wird. Es spricht in ganzen Sätzen und verbreitert seinen Wortschatz täglich. Hier ist zwar Achtung vor Schimpfworten geboten, aber diese kannst Du in ruhigen Gesprächen für gewöhnlich schnell bereinigen, wenn sie bei Euch zuhause nicht ausgesprochen und benutzt werden.

21.2.1 *Mein Kind will nicht in die Kita - was kann ich tun?*

Wenn Dein Kind noch in den ersten Tagen des Kitabesuchs steckt, so ist das Abschiednehmen von Mama schwer. Ungewiss ist für Dein Kind noch, wie der Tag ablaufen wird, Freundschaften sind noch nicht gefestigt und überhaupt will es jetzt lieber mit Dir auf der Couch kuscheln. Legt sich der Widerstand gar nicht, dann kannst Du versuchen, die Zeit dort zu verkürzen. Gut wäre generell, wenn Dein Kind bis dato immer bei Dir zuhause war, Du könntest stufenweise zurück in Deinen Job. Erst einmal einen halben Tag und damit auch nur einen halben Tag Kita. Nach und nach könnt Ihr die Zeiten dann ausweiten oder für den Nachmittag die Oma organisieren, soweit diese die notwendige Zeit zur Verfügung hat. Auch ein kleines Abschiedsritual kann helfen, den Schmerz zu verringern. Eine Abschiedsformel wie, ich freue mich schon, wenn wir uns später erzählen können, was wir beide den ganzen Tag über erlebt haben. Dazu noch die Umarmung der Mama und ein tröstlicher Kakao und Ihr habt gleich auch noch ein After-Kita-Ritual hinzugefügt. Hilfreich ist in jedem Fall auch, wenn Dein Kind von der Kita mit Dir nach Hause geht und nicht erst noch drei Läden zum Einkaufen aufgesucht werden müssen. Dein Kind sehnt sich danach, nun wie gewohnt bei Dir zu sein und Deine Aufmerksamkeit zu haben, die es ganzen Tag vermisst hat. Hetzt Ihr dann aber durch Supermärkte und sonstige Geschäfte, ist Dein Kind wieder nicht der Mittelpunkt und diesen braucht es nun, um zu erkennen, Du bist immer für es da, auch wenn Du stundenweise arbeiten gehen musst.

War Dein Kind eigentlich schon in der Krippe und der Umstieg in den Kindergarten fiel ihm eigentlich leicht? Es hatte schon erste neue Freundschaften geschlossen, begeistert von den Spielen berichtet und die neuesten Lieder vorgetragen und will dann plötzlich nicht mehr in die Kita, dann musst Du die Situation tatsächlich gut analysieren. Dein erster Weg in diesem Fall führt zur zuständigen Erzieherin.

Wichtig ist zu erfahren, wie Dein Kind sich den Tag über in der Kita verhält. Ist es auch dort den ganzen Tag traurig, weil es nicht bei Dir sein kann? Spielt es dann wie immer? Hat sich eine Freundschaft zerschlagen? Sind neue Kinder in die Gruppe gekommen? Bei den Antworten hier kann Dir nur die betreuende Person oder der Personenkreis Auskunft geben, das Problem eventuell weiterhin beobachten und helfend eingreifen. Neue Kinder in einer Gruppe bedeuten oft, dass sich die Erzieher diesen an den ersten Tagen verstärkt widmen und vielleicht fühlt Dein Kind sich dadurch weniger beachtet. Bei einer zerschlagenen Freundschaft kann die Erzieherin helfen, eine neue Freundschaft zu forcieren und sich ansehen, warum die alte in die Brüche ging. Spielt Dein Kind nach dem Abschiedsschmerz wie immer, dann musst Du mit Deinem Kind darüber sprechen, warum es plötzlich ein Problem ist, in die Kita zu gehen.

Stellt sich heraus, dass Dein Kind den Anschluss an die Gruppe verloren hat, dann gilt es, genau zu beobachten, warum dies so ist. Wird es aus einem bestimmten Grund geschnitten, gar gemobbt? Kann die Erzieherin hier eingreifen oder müssen auch die Eltern der anderen Kinder zum Gespräch gebeten werden?

Hast Du Arbeit mit nach Hause genommen und darum am Abend nicht ganz so viel Zeit wie sonst auch? Erledigt Ihr vielleicht zu viele Wege auf der Fahrt nach Hause? Bist Du selbst angespannt, weil Du einen neuen Job erwartest oder planst Du gerade ein neues Geschwisterchen? Hat sich in Eure täglichen Rituale ein Schlendrian eingeschlichen, der Dein Kind verunsichert? Auch wenn Dein Kind vielleicht noch Schwierigkeiten hat, sich richtig verständlich auszudrücken, so kannst Du dennoch mit vielen Fragen in unterschiedliche Richtungen versuchen zu ergründen, woher der plötzliche Weltschmerz kommt. Kinder haben noch feine Antennen und können auch das Unbehagen von uns Erwachsenen übernehmen. Dann kannst Du natürlich keine Antwort erwarten. Du kannst Dich aber hinsetzen und Dir überlegen, ob sich bei Euch in den Abläufen und Gewohnheiten etwas geändert hat.

Manchmal ist es auch hilfreich, Rituale leicht abzuändern. Hat sich ein gewisser Morgenstress etabliert, weil alle gerne 5 Mal snoozen, dann steht wieder etwas früher auf und lasst das Frühstück in Ruhe ablaufen. Beginnen die Streitigkeiten oder die Tränen schon beim Ankleiden, dann lass doch Deinen Sohn oder Deine Tochter die Kleidung selbst aussuchen. Bist Du mit Deinen Gedanken gerade zu sehr in die Arbeit, in ein Projekt vertieft, so versuche, Dir zumindest in den Abendstunden intensiv Zeit für Dein Kind zu nehmen und verschiebe den Job auf die Zeit, wo es schon schläft. Plant Ihr tatsächlich ein Geschwisterchen, einen Umzug oder auch die Trennung und wolltet Euer Kind nicht mit Gedankenspielen belasten, dann klärt die Situation schnellstmöglich!

Die meisten Kinder verbringen aufregende Tage in der Kita. Führt beim Abendessen das Ritual der Tageserlebnisse ein und lasse Dein Kind immer als erstes erzählen, was es erlebt hat, mit wem es gespielt hat und was gespielt, gebastelt und gesungen wurde. Danach sind die Eltern an der Reihe und können berichten, dass sie Änderungen einzuführen gedenken. Vielleicht auch, dass im Job gerade so viel los ist, weil Ihr eine saisonal bestimmte Arbeit habt. Erklärt Ihr die Dinge den Kindern in einer kindgerecht verständlichen Sprache, dann werden sie Euch entgegenkommen und mit Verständnis reagieren, dass auch Mama und Papa nervös sein können. Seid Ihr aber nur angespannt und gestresst, spüren die Kinder, es stimmt was nicht, können aber nicht einschätzen, was genau es ist. Diese Unsicherheit kann sich dann in vermehrte Trennungsängste und Verweigerungen niederschlagen.

22. VORSCHULE

Die Vorschule ist meist in das letzte Jahr des Kindergartens integriert. Es gibt aber auch Vorschulen im Zusammenhang mit den Grundschulen, welche die Kinder auf den Schultypus, der danach besucht wird, entsprechend vorbereitet, so dass alle Kinder auf demselben Niveau starten können. Hierbei geht es weniger darum, dass die Kinder schon schreiben, lesen oder rechnen lernen, sondern eher soziale Kompetenzen entwickelt werden und Emotionen erkannt und beschrieben werden können.

Besucht Dein Kind keine besondere Schule, soll heißen einen bestimmten pädagogischen Stil, dann reicht jedenfalls die Vorbereitung, welche im Kindergarten im letzten Jahr angeboten wird. Kommt Dein Kind aus einem normalen ländlichen Kindergarten ohne besondere Pädagogik und soll dann eine Waldorfschule oder Montessori-Schule besuchen, so wäre es angebracht, das letzte Kindergarten- oder eben das Vorschuljahr schon in der entsprechenden Einrichtung zu verbringen. In vielen Fällen sind Waldorf- oder Montessori-Schulen direkt mit einem Kindergarten zusammengeschlossen, so dass die Kinder schon im Kindergarten sich kennenlernen und entsprechend auch ihre Fähigkeiten entwickeln.

Folgst Du mit dem Schulbesuch einer Empfehlung oder hast Du Dich erst jetzt über die verschiedenen Schultypen und deren Unterrichtsmethoden erkundigt und danach festgestellt, ein bestimmtes Konzept kommt Dir und Deinem Kind entgegen, so ist es nur von Vorteil, wenn Du Dein Kind dann aus dem Kindergarten nimmst und ihm die Möglichkeit gibst, seine zukünftigen Klassenkameraden schon in der Vorschule kennenzulernen. Empfehlungen können sowohl von Freunden, Verwandten oder auch der Erzieherin im aktuellen Kindergarten kommen. Wenn beispielsweise die Oma als Babysitter oder die Begleitung in der Kita ein Talent, ein besonderes Interesse Deines Kindes entdeckt haben, solltest Du Dir die Mühe machen, dies in die Schulplanung und damit auch in die Vorschule einfließen zu lassen. Wir gehen im nächsten Kapitel noch einmal kurz auf die Vor- und Nachteile der verschiedenen pädagogischen Stile für die Schule ein und stellen auch andere Grundschultypen vor.

Aus einem gewissen Übereifer und in der guten Absicht, ihren Kindern einen möglichst einfachen Start in die schulischen Jahre zu gewährleisten, drängen so manche Eltern Wissen auf, welches tatsächlich im ersten Schuljahr gelernt werden soll und nicht schon zuvor. Kommt Dein Kind in die Schule und kann mehr oder weniger gut schreiben und rechnen, so kann es sein, dass es sich die ersten Wochen während des Unterrichts langweilt und abschaltet, also dem Stoff und den Erklärungen des Lehrers nicht folgt. Denn es kann ja schon, was nun gelehrt wird. Dies wird sich später als folgenschwer herausstellen, wenn neuer Unterrichtsstoff dazukommt, denn die ersten Wochen in der

Schule sind auch dazu da, das Lernen zu lernen! Was Dein Kind wirklich beherrschen sollte und wie Du die Sache zuhause in Angriff nehmen oder unterstützen kannst, je nachdem, welche Vorschule Dein Kind besucht und wie dort die Vorbereitungen stattfinden, dies erzählen wir Dir in den folgenden zwei kurzen Abschnitten.

22.1 *Was muss mein Kind können, bevor es in die Schule geht?*

Wie schon im Einstieg betont, sollen vor allem soziale Kompetenzen vorhanden sein, aber was genau bedeutet dies? Nicht zuletzt wird auch am Wortschatz der Kinder gearbeitet, so dass sie dem Unterricht später ohne Verständnisprobleme folgen können. Wenn es um sprachliche Defizite geht, weil die Kinder in einer fremden Muttersprache aufgewachsen sind, so werden in den meisten Bundesländern hier Kurse angeboten, abseits der Vorschulen oder des letzten Jahres im Kindergarten.

Der Wortschatz in Deutsch wird dadurch geübt, dass Geschichten erzählt werden sollen, je fantasievoller und wortreicher, desto besser. Anhand von eigenen Erlebnissen der Kinder, beispielsweise über ihren letzten Urlaub oder den Ausflug vom Wochenende. Teilweise auch über vorgefertigte Bildergeschichten ohne Text. Die Kinder bekommen die Blätter zuerst zum Ausmalen und können sich währenddessen ihre Story dazu überlegen. Es wird den Kindern auch eine erste Idee dazu gegeben, dass mehrere Wörter eine ähnliche Bedeutung haben, wie gehen, laufen, spazieren, wandeln, flanieren und weitere.

Es gibt zwar Vorschulen, welche auch schon erste Buchstaben üben und sie den Kindern bekanntmachen, meistens aber nur, um den eigenen Namen fehlerfrei auf Papier zu bringen und nicht, um korrekt schreiben oder lesen zu können.

Am wichtigsten, wie gesagt, sind die sozialen Fähigkeiten und hier ist es gut, wenn das Kind in demselben Kindergarten die Vorschulgruppe besucht, in dem es auch die letzten Jahre schon verbracht hat. Die Erzieherinnen dort wissen genau um die Kompetenzen jedes Kindes und können entsprechend die Übungen in das Spiel miteinbauen. Kommen wir zurück zum Erzählen von Geschichten, die soziale Komponente hierbei wäre beispielsweise, dass man andere nicht unterbricht, wenn sie sprechen. Auch dass man ihnen nicht ins Wort fällt oder sie auslacht, wenn sie einen Fehler gemacht haben. Still zu sitzen und zuzuhören fällt vielen Kindern schwer, auch dies wird im Zuge der Vorschule geübt. Die Kinder werden spielerisch dazu angehalten, sich einen längeren Zeitraum über mit ein und derselben Sache zu beschäftigen und nicht von Spiel zu Spiel zu wandern, nur weil man gerade keine Lust mehr hat. Begonnene Arbeiten, sei es beim Basteln oder auch Malen, sollen fertig gestellt werden, bevor sich die Kinder wieder anderen Tätigkeiten zuwenden. So soll erreicht werden, dass sie auch die Unterrichtseinheiten durchhalten können und ihre Konzentration auf eine Sache gefördert wird. Sie sollen lernen, sich nicht ablenken zu lassen.

Der große Vorteil einer Vorschule oder eines Kindergartens, angeschlossen an die dann zu besuchende Grundschule, ist sicher, dass die Lehrer aus der engen Zusammenarbeit mit der Kita die Fähigkeiten der Kinder schon besser kennen. Oft können die Vorschulkinder auch am Regelunterricht teilnehmen, um ein Gefühl für die Schule zu bekommen. Der Einstieg soll so erleichtert werden und die Kinder kennen ihre Räume, ihr zukünftiges Gebäude mit allen Möglichkeiten schon. Einem aufbauenden Prinzip über alle Jahre des Besuches folgend, allen voran von Waldorf- oder Montessori-Einrichtungen, können die Kinder dann auch in der Grundschule entsprechend weiter gefördert werden. Ihre Interessen und Kompetenzen sind bekannt und sie werden dazu animiert, sich diesen weiterhin intensiv zu widmen, ohne die anderen Fächer zu vernachlässigen.

22.2 Kann ich zu Hause Vorschulwissen üben?

Hier müssen wir unterscheiden zwischen der Unterstützung der vorschulischen Übungen zuhause oder dem Vorschulunterricht daheim. Willst Du Dein Kind zuhause auf die Schule vorbereiten, so kannst Du zwar viele Arbeitsblätter aus den entsprechenden Internetseiten herunterladen und mit Deinem Kind durcharbeiten, aber die soziale Kompetenz wird dabei nicht so intensiv trainiert. Schließlich sitzt das Kind mit Dir allein am Tisch. Manche Eltern verstehen Vorschule auch falsch und bringen ihren Kindern schon einmal das Alphabet und die Zahlen bis 100 bei, das ist aber Thema der Grundschule und nicht der Vorschule.

Möchtest Du unterstützend zuhause mit Deinem Kind arbeiten, dann erkundigst Du Dich am besten bei den Erziehern und Lehrern, welche Themen Du mit Deinem Kind in Angriff nehmen kannst. Manchmal ist dies kein Arbeitsblatt, sondern eher der Besuch eines Spielplatzes, um mit anderen Kindern besser umgehen zu lernen, eventuelle Schüchternheit abzubauen oder nicht sofort die Position des Anführers zu übernehmen.

Versorge Dein Kind mit jeder Menge Farben, Papier und Stiften und rege seine Kreativität an. Auch Bastelmaterial kannst Du für zuhause bereithalten und so feinmotorische Fähigkeiten weiter üben. Erzählt Euch auch daheim viele Geschichten, animiere vor allem Dein Kind dazu, zu sprechen und mache es auf fehlerhafte oder fehlende Worte aufmerksam. Die Uhrzeit sollte ohne Probleme geläufig sein und ein Besuch der zukünftigen Umgebung, wenn es möglich ist, mehr als einmal auf dem Plan stehen. Wenn Du möchtest und es gefahrlos möglich ist, dass Dein Kind nach den ersten Wochen allein seinen Schulweg in Angriff nimmt, dann kannst Du auch diesen schon einüben in

Form von Spaziergängen und mit den Hinweisen auf die möglichen Gefahrenquellen, wie Kreuzungen.

Wichtig bei aller Vorbereitung ist, dass Du keinen Druck aufbaust. Dein Kind soll sich dem Thema Schule, Konzentration, Stillsitzen und Lernen auf eine spielerische Weise annähern. Es ist nicht notwendig, Arbeitsblätter mit Noten zu beurteilen oder diese hundertmal wiederholen zu lassen, bis sie Deiner Meinung nach perfekt ausgefüllt, ausgemalt oder bezeichnet sind. Der Alltag wird sich durch den Schulbesuch etwas ändern, auch darauf kannst Du Dein Kind vorbereiten, indem Du es die Arbeitsblätter und später die Hausaufgaben zum Teil allein ausfüllen lässt. Diverse Vereinsmitgliedschaften mit ihren Trainingseinheiten oder anderer Unterricht aufgrund von Interessen und Begabungen, welche Dein Kind früh gezeigt hat, gehören mit dem zukünftigen Alltag koordiniert. Auch hier solltest Du keinen Druck aufbauen und darauf achten, wie sich alle Tätigkeiten der Familie unter einen Hut bringen lassen. Wird die Schule zu anstrengend, lieber ein Hobby beiseitelegen und mehr Freizeit und auch Ruhezeit gönnen. Andererseits kann die Mitgliedschaft in einem Sportverein auch Schulfrust abbauen. Hier gilt es, die Waage zu halten.

23. DIE SCHULZEIT

Der Einstieg in die Schule bedeutet für Dein Kind den Beginn eines völlig neuen Alltags und einschneidende Änderungen in seinem Leben. Abseits von der mit Zuckerwerk gefüllten großen Schultüte und der Freude über die neuen Schulklamotten, die trendige Schultasche und den weiteren Utensilien, ist der Besuch der Schule für viele Kinder auch mit einer neuen, noch ungewohnten Umgebung und mit neuen Klassenkameraden und Freunden verbunden.
Lass uns also einen Überblick über die Möglichkeiten der Grundschulbildung geben und kümmere Dich hier frühzeitig darum, dass Du die Schulen aufsuchst, Dir selbst ein Bild machst und gegebenenfalls auch frühzeitig einen Aufnahmeantrag stellst für den Fall, dass die nächstgelegene Grundschule aufgrund der sozialen Struktur dort, für Dich nicht in Frage kommt. Bildung wird in einer technisch-digitalen Welt groß geschrieben und es macht keinen Sinn, einem Kind die Freude am Lernen zu vergällen, indem es in einer Klasse sitzen muss, in welcher die Hälfte der Kinder dem Unterricht entweder nicht folgen kann oder dies gar nicht will!

23.1 *Schulpflicht und Schultypen*

Es gilt bei der Auswahl der Schule dasselbe wie für die Auswahl des Kindergartens. Gerade in der Schule sollte auch die Weltanschauung vorherrschen, welche Du selbst verfolgst und anerkennst. Es könnte schwierig werden, wenn Dein Kind sich mit Unterrichtsstoff plagen muss, welchen Du als nicht wichtig, verfrüht oder nicht mehr Deinen Erinnerungen konform erkennen kannst. In Europa besteht nach wie vor eine allgemeine Schulpflicht, aber welche Schule, das liegt in Deinem Ermessen, Deinem finanziellen Rahmen und selbstverständlich hängt es auch mit dem Weg dahin zusammen und möglicherweise dem Angebot einer Nachmittagsbetreuung.

Ganztagesschulen:

Sie bieten neben dem generellen Unterricht auch Mittagessen und Nachmittagsbetreuung an. Pausenjausen sind allerdings noch für die Kinder einzupacken. Meist steht für die Nachmittagsbetreuung ebenfalls eine pädagogisch ausgebildete Person zur Verfügung, welche bei den Hausübungen helfen kann.

Vorteile: Oft wird der Unterreicht lockerer zwischen Vormittag und Nachmittag verteilt. Durch das längere Zusammensein der Kinder werden die Klassengemeinschaften gestärkt und dies kann durchaus positive Effekte auf den einzelnen Lernerfolg haben.

Nachteile: Freizeit und Spiel könnten zu kurz kommen und auch für außerschulische Aktivitäten könnte die Zeit nicht mehr reichen. Der Einfluss des Lehrkörpers könnte, den der Eltern übersteigen.

Privatschulen:

Diese gibt es nicht nur im Bereich der Grundschulen, viele davon sind gleich weiterführend aufgebaut und nicht wenige auch mit einem Internat versehen. Die Schulen müssen zwar alle gesetzlichen Auflagen erfüllen, wenn es um die Lerninhalte geht, sonst würden ihre Zeugnisse nicht anerkannt, haben aber dennoch die Möglichkeit, intensiver auf die Förderung Deines Nachwuchses einzugehen. Gerade Eltern, welche dem staatlichen Schulsystem misstrauen oder schwierige Verhältnisse in den naheliegenden öffentlichen Schulen vermuten oder kennen, versuchen, ihren Kindern einen besseren Start in das berufliche Leben zu ermöglichen, indem sie sie auf eine Privatschule schicken.

Vorteile: Es gibt zahlreiche Konzepte in diesem Bereich, so dass sich auch eine Schule finden wird, welche nach Deinen Wertmaßstäben unterrichtet. Interessante Kontakte und spätere Netzwerke werden hier früh gefunden.

Nachteile: Neben den höheren Kosten leider auch die Entfernung, was das Angebot eines Internates mit noch einmal erhöhten Kosten notwendig macht.

Waldorfschulen:

Rudolf Steiner hat selbstverständlich in seiner ganzheitlichen Weltanschauung auch ein Auge auf das staatliche Schulsystem geworfen. Es wird fächerübergreifend unterrichtet, was oft einen besseren Einblick und ein tieferes Verständnis in Zusammenhänge gibt. Mathematik, Deutsch oder Fremdsprachen werden allerdings als Fachunterricht geführt. Handarbeiten und Handwerken werden in diesen Schulen immer noch großgeschrieben, allen voran mit natürlichen Materialien. Der enge Bezug zur Natur wird vom Kindergarten in die Schulen übernommen.

Vorteile: Der Schulbesuch dauert zwar genauso lang wie in der Regelschule, aber die Kinder können in ihrem eigenen Tempo lernen und ihre Fähigkeiten intensivieren. Wichtig ist dem Lehrkörper, dass die Schüler eigene Lösungen und Lösungswege für Frage- und Problemstellungen entwickeln.

Nachteile: Ein Schulwechsel vor allem in einem laufenden Schuljahr kann sich schwierig gestalten, wenn Dein Kind nicht in allen Fächern auf dem gleichen Wissensstand ist, wie ihn die neue Schule vorgibt. Dein Kind kann in manchen Fächern viel weiter sein, in anderen aber aufgrund von eher weniger Interesse noch hinterherhinken.

Montessori-Schulen:

Auch hier soll Dein Kind sich nach seinen Interessen und Fähigkeiten entwickeln, da aber Montessori-Abschlüsse ebenso staatlich anerkannt werden wie Waldorfschulen, steht am Ende der Schulbildung derselbe Wissensstand. In Projektgruppen werden vor allem die Naturwissenschaften unterrichtet und hier ist das Angebot ein sehr freies. Die Regelfächer werden eher in Form eines Fachunterrichtes geführt und unterliegen ebenso einer Überprüfung und sind mit Hausaufgaben verbunden.

Vorteile: Die Kinder können sich intensiver mit den Fachbereichen befassen, für die sie sich tatsächlich interessieren, erfahren aber dennoch auch den restlichen Unterrichtsstoff. Kreativität in der Lösungssuche und Individualität stehen auch hier im Vordergrund.

Nachteile: Neben den Kosten, welche sich durchaus an der Höhe des Familieneinkommens orientieren können, kann auch hier ein Umstieg im laufenden Schuljahr kompliziert werden, wenn Dein Kind in keinem Fach eine besondere Initiative oder Motivation zeigt. Grundschulen im Montessori-Stil gibt es zwar viele, Gymnasien leider nur sehr wenige, so dass nach der Grundschule doch eine staatliche Schule auf dem Plan stehen wird.

Um das Thema abzuschließen: Um als Schule in Deutschland anerkannt zu sein, müssen jedenfalls folgende Fächer auf dem Lehrplan vertreten sein, auch wenn die Vermittlung des Stoffes unterschiedlich gehandhabt wird.

- Mathematik

- Deutsch

- Heimat- und Sachkunde

- Musik und Kunst

- Sport

- Werken und textiles Gestalten

23.2 Hausarbeiten und neue Verpflichtungen

Die ersten Tage der Schule sind vorüber, Dein Kind hat sich gut eingelebt und geht auch gerne in den Unterricht. Erste neue Freunde sind gefunden und die morgendlichen Rituale wurden an den neuen Alltag angepasst. Nach den eher lustigen oder aufregenden ersten Tagen, gerne auch Wochen, kommt Dein Kind nach Hause und hat die ersten Hausaufgaben dabei. Die Freizeit am

Nachmittag wird dadurch gekürzt und eine Balance muss gefunden werden zwischen Ruhe, Spiel, Mittagessen und eventuellem anderen Unterricht oder Trainingseinheiten. Dein Kind soll den Spaß am Lernen ja nicht gleich wieder verlieren.

Ist Dein Kind in einer Schule mit Ganztagesbetreuung, dann fallen so manche organisatorischen Aufgaben weg. Wir wollen Dir nun aufzeigen, wie Du Euren neuen Nachmittag gestalten kannst, damit Ihr weiterhin alle Aufgaben unter einen Hut bringt und die Freude am Spiel, den Freunden oder dem süßen Nichtstun jedenfalls erhalten bleibt. Versucht vom ersten Schultag an ein Ritual für den Nachmittag zu erstellen. Beobachte auch, ob Dein Kind gleich nach der Schule noch vor Begeisterung über die ersten gemalten Buchstaben sprüht oder erstmal eine halbe Stunde auf das Bett fällt und erledigt von den vielen Eindrücken ist. Je nachdem kannst Du dann die richtige Zeit finden, wann die Hausaufgaben zu erledigen sind. Es gibt auch die ehrgeizigen Kinder, welche am liebsten sofort alles gelöst haben wollen, um sich dann ausgiebig dem restlichen freien Nachmittag zu widmen. Andere wollen es eher langsam angehen, erst einmal ankommen zuhause, etwas essen und sich mit einem Spiel beschäftigen, bevor sie wieder einen Gedanken an die Schule verschwenden. Was auch immer bei Euch der Fall sein mag, versucht, hier den optimalen Zeitpunkt zu finden und ihn dann die nächsten Wochen und Monate einzuhalten. Solltest Du nach einigen Tagen feststellen, dass die Hausaufgaben immer schleppender erledigt werden, könnt Ihr auch eine Änderung Eures Ablaufs versuchen.

Zum Hausaufgabenritual gehören neben dem besten Zeitpunkt für Dein Kind auch der beste Platz und die möglich Hilfe Deinerseits, vor allem am Anfang, um richtig zu starten und selbstverständlich auch die Kontrolle, ob auch keine Übung vergessen wurde. Frage also immer nach, welches die Hausaufgaben sind. In vielen Schulen wird ein Aufgabenheft dafür geführt, da aber die ersten Wochen noch nicht so viel geschrieben werden kann, haben viele Lehrer oft kleine Merkzettelchen vorbereitet, sie kennen wohl ihre Pappenheimer. Zur Not kannst Du immer noch auch in der Schule nachfragen. Halte aber Dein Kind dazu an, sich selbst um diese Dinge zu kümmern und die Aufgaben auch nach und nach allein zu lösen. Beispielsweise am Küchentisch, während Du den Abwasch erledigst. Es geht nicht darum, dass Du wie Zerberus überwachst, sondern einfach für einen kleinen Schubs in die richtige Richtung vor Ort bist. Hast Du einen Schreibtisch für Dein Home-Office im Wohnzimmer, kann Dein Kind auch dort die Aufgaben abarbeiten und Du bist für Fragen in der Nähe. Ihr könnt auch einen Kinderschreibtisch in Deinem Büroraum aufstellen und diesen, wenn die Aufgaben immer ordentlich erledigt werden, nach einer gewissen Anfangsperiode ins Kinderzimmer transportieren.

Es gibt im Netz jede Menge mehr Beispiele, wie die Hausaufgaben organisiert werden können und welche Rituale man dazu durchführen kann. Wichtig ist auch, dass Ihr beobachtet, wie, und nicht nur wann, Dein Kind am besten lernen kann. Besser still und abgeschottet in seinem Zimmer oder durch lautes Vorlesen mit Zuhörer und Diskussionsrunde hinterher? Mit leiser Musikuntermalung oder den Text noch einmal kopierend, also natürlich per Hand! So individuell wie wir alle sind, gibt es auch hier große Unterschiede, wie ein Mensch sich Lernstoff zu eigen macht. Findet dies frühzeitig im Zuge der Hausaufgaben heraus, dann könnt Ihr bei den ersten Tests und Prüfungen schon auf diese Erfahrungen zurückgreifen und sie noch verbessern oder verfeinern. Noch ganz kurz zum Schluss: Musikuntermalung ja, Fernseher daneben laufen haben nein!

Sind kleinere Geschwister vorhanden, müssen auch diese in die neuen Rituale miteingebunden, also beschäftigt werden, damit die Hausaufgaben auch reibungslos funktionieren. Das Schulheft des großen Bruders ist nicht das Malbuch der kleinen Schwester, auch wenn das gerade lustig erscheint für die Beiden.

23.2.1 *„Hausaufgaben sind doof!"*

Noch gestern hat Dein Sohn oder Deine Tochter akribisch Buchstaben in das Hausaufgabenheft gemalt und heute sitzt sie schon die zweite Stunde unverrichteter Dinge vor einem Arbeitsblatt und findet alles doof. Abgesehen davon, dass auch wir Erwachsenen uns sogenannte Durchhänger gerne einmal erlauben, gilt es hier zu klären, woran dies liegen kann. Ist es nur ein Tagestief? Muss vielleicht der Zeitpunkt der Erledigung verschoben, neu angepasst werden? Hält die Phase länger an?

Grund für diese Unlust können neben Über- oder Unterforderung auch andere Stressfaktoren in der Schule sein. Wie schon bei der Krise im Kindergarten musst Du Dich an die Ursachenforschung machen. Rückt Dein Kind nicht so recht mit der Sprache heraus, dann kontaktiere jedenfalls die zuständige Lehrperson. Sie kann Dir sagen, ob auch die Mitarbeit und Aufmerksamkeit in der Schule nachgelassen haben. Ob sich vielleicht in der Klassengemeinschaft etwas verändert hat oder Dein Kind auf Stress abseits vom Unterricht mit Unlust reagiert. Unterforderung kann nicht nur mit einer hohen Begabung zusammenhängen, sondern auch damit, dass Klassengefährten vorhanden sind, welche den Fortgang des Unterrichts bremsen. Überforderung kann dieselbe Ursache haben, wenn Dein Kind zwar versucht, dem Unterricht zu folgen, der Lärmpegel innerhalb der Klasse aber permanent zu hoch ist. Stress während der Pausen sollte das Aufsichtspersonal ebenfalls beobachten und beurteilen können.

Lässt die Anwesenheit im Unterricht eigentlich nichts zu wünschen übrig, dann versuche erneut ein Gespräch mit Deinem Kind und macht die Hausaufgaben ein paarmal zusammen, damit Du herausfinden kannst, ob Dein Kind eventuell ein anderes kleines Handicap haben könnte. Wir gehen auf manche Störungen wie Legasthenie oder Dyskalkulie im nächsten Kapitel näher ein.

Wenn ein Schulpsychologe vorhanden ist, dann kannst Du Dich auch dort nach möglichen Ursachen erkundigen und Dir Tipps holen, wie Du mit der Sache umgehen kannst. Manchmal kann es auch nur an einer beginnenden Sehschwäche liegen, dass Kinder plötzlich die Lust verlieren oder die Sehschwäche wird erst im Zuge des Schulbesuches festgestellt. Eine kurzfristige Unlust kann auch von einer heraufziehenden Krankheit ausgelöst werden und Dein Kind ist einfach nur müde. Erkundige Dich, ob eine bestimmte Krankheit, ein Virus oder ähnliches gerade in der Schule grassiert. Auch auf die wichtigsten Kinderkrankheiten werden wir noch eingehen.

Alles Verständnis dahingestellt, die Hausaufgaben müssen erledigt werden. Sie gehören also in den Katalog der Regeln, Konsequenzen und Aufgaben innerhalb der Familie integriert, auch im Sinne von ruhigen Zeiten für eine volle Konzentration.

23.2.2 *Neue Freunde und Vorbilder am Horizont*

Der Eintritt in das Schulalter bedeutet für Deine Kinder auch eine Neuorientierung. Die Welt wird größer, reichhaltiger und darum suchen sie auch neue Orientierung. In der Bedürfnispyramide sprechen wir nun auch von der Zeit, in der die erste große Suche nach Anerkennung stattfindet. Soziale Ankerkennung. Dies kann vor allem in der Schule bedeuten: Leistung für Anerkennung vom Lehrer oder Klassenkasper für Anerkennung durch die Klassenkameraden.

Die Umstellung in die Schule bringt neue Freunde mit sich und wie Du hier reagieren kannst, das haben wir schon ausreichend beschrieben. Lasse zu, dass die Freunde eingeladen werden, dann kannst Du sie Dir persönlich ansehen und beurteilen. Hast Du eine entsprechende Schulwahl getroffen, wird hier kein Problem zu erwarten sein.

Wichtiger ist es, dass Du auch die neuen Vorbilder ansiehst und entweder anerkennst und im positiven Sinne mit Deinem Kind darüber sprichst oder eben versuchst, die Faszination dafür zuerst zu verstehen und dann zu unterbinden. Wer kommt nun als neues Vorbild in Frage? Zuerst natürlich der Lehrer oder die Lehrerin. In stärkerem Ausmaß ist die Lehrperson eine Autoritätsperson, als es die Erzieherin im Kindergarten war. Da steht Wissen und Selbstsicherheit vor den Erstklässlern und dies wird selbstverständlich gebührend bewundert und Verhalten, Wortwahl oder auch Kommunikation in Form von Körpersprache nachgemacht. Im Zuge des Unterrichts und des Lesenkönnens kommen mehr und mehr Personen ins Spiel, welche eine Vorbildwirkung entfalten können, die beginnt beim Geschichtsunterricht und endet nicht zwangsläufig bei Karl May. Zudem kommen entweder aufgrund von mehr Zeit vor dem Fernsehgerät und mit dem Smartphone sowie angeregt auch durch die neuen Freunde diverse Celebrities in den Fokus Deines Kindes. War es bis dato noch ein Fußballstar, dem vor allem beim Training im

Sportverein nachgeeifert wurde, so können jetzt auch Sänger, Schauspieler oder weitere Show- und Sportgrößen auftauchen. Es geht vor allem auch nicht mehr nur um deren Talente und Leistungen, sondern auch um deren Gebaren. Hier ist Vorsicht geboten! Wenn Du bemerkst, das Benehmen Deines Kindes läuft aus dem Ruder und nimmt eine Richtung, die Du so nicht magst, dann steuere schnellstens dagegen, bevor sich zu viel Bewunderung eingeschlichen hat. Führe ein ruhiges Gespräch mit Deinem Kind und lasse Dir zuerst von ihm oder ihr ganz genau erklären, was denn nun so toll an dem neuen Vorbild wäre. Versuche dann, die Argumente einfach, aber schlagend zu entkräften und mache Deinem Kind vor allem bewusst, dass diese Schwärmerei sein eigenes Leben nicht verändern wird. Achte darauf, dass nicht irrtümlicher Weise falsche Vorbilder auftauchen. Showsternchen und heute leider auch Sportler sind Profis in Sachen PR und schon Erwachsene können sich schwertun, das Marketing dahinter zu durchschauen! Lasse nur zu, dass Lebensstile nachgeahmt oder bewundert werden, wenn diese etwas mehr geleistet haben, als in einer Teenie-Serie die Cheerleaderin zu geben oder in einem Fußballtor zu stehen. Es gibt genügend Sport- und auch Showgrößen, welche auch abseits des Glitzerlebens etwas geleistet haben und gerade auch viele große Namen aus Wirtschaft und Wissenschaft lassen sich als Vorbilder heranziehen.

23.2.3 *Nachhilfe, wann ist sie wirklich notwendig?*

Abgesehen davon, dass wir wirklich hoffen, dass Du in der Grundschule keine Gedanken daran verschwenden musst, gibt doch die Lerngeschwindigkeit dort einen kleinen Aufschluss darüber, welche Schule weiterführend besucht werden kann oder welche vielleicht nicht für Dein Kind geeignet ist. Schickst Du Dein Kind aufs Gymnasium, obwohl es schon in der Grundschule kein wirkliches Interesse an der deutschen Sprache oder der Mathematik gezeigt hat, dann kannst Du auch gleich den Nachhilfelehrer für die gesamte Gymnasialzeit buchen.

Abgesehen davon, dass eine Extrarunde wirklich kein Beinbruch ist, gibt es lerntechnisch Spätzünder und dafür den zweiten Bildungsweg. Quäle Dein Kind also nicht mit höherer Mathematik und Latein, wenn es lieber bei Dir in der Werkstatt oder Garage steht und mit Dir am Auto, am Motorrad oder was auch immer bastelt.

Nachhilfe ist geboten, wenn:

- Dein Kind wegen einem einzigen Unterrichtsfach tatsächlich versetzungsgefährdet ist, aber ansonsten die Leistungen passen.

- nach einer längeren Krankheit viel Stoff nachzuholen ist und die nächsten Prüfungen vor der Türe stehen.

- Dein Kind einen Teilbereich in einem wichtigen Unterrichtsfach trotz mehrmaligem Nachfragens beim Lehrer nicht verstehen kann. Hier geht es hauptsächlich darum, eine andere Weise der Erklärung zu finden. Es muss dafür vielleicht noch nicht einmal ein Student gefunden werden. Im Netz kursieren mittlerweile zu allen relevanten Themen eine Vielzahl von Erklärungs- und Lösungswegen. Baut erst einmal diese Variante mit ein.

- Dein Kind bei einem Lehrer Schwierigkeiten hat, dem Stoff zu folgen und Du sicher weißt, dass im Folgejahr dieses Fach von einer anderen Lehrperson unterrichtet wird.

- Dein Kind zwar im Unterricht das Gefühl hat, die Thematik verstanden zu haben, dann aber an den Hausaufgaben scheitert. Hier wäre auch eine Möglichkeit, den Freund oder die Freundin zum gemeinsamen Üben einzuladen. Vielleicht wurde nur ein erklärender Satz überhört oder in der Hitze des Abschreibens oder beim Blättern im entsprechenden Unterrichtsbuch etwas versäumt. Ein Abgleich mit den Mitschriften eines guten Mitschülers und ein klärendes Gespräch mit diesem kann hier schon Abhilfe schaffen.

24. AUFFÄLLIGKEITEN BEI KINDERN UND WIE MAN IHNEN BEGEGNET!

Im Kindergarten, spätestens aber im Zuge des Schulbeginns, können bei unseren Kindern Auffälligkeiten oder Schwierigkeiten festgestellt werden, welche beim Spielen und Toben zu Hause und im Garten noch gar nicht richtig aufgefallen sind. Manche dieser nun folgenden Auffälligkeiten manifestieren sich auch eher im Zusammenhang mit größeren Menschengruppen als innerhalb der Familie, das Stottern sei hier zuallererst erwähnt.

Keine der nun folgenden Störungen ist ein Grund, Dein Kind in eine Sonderschule zu geben, denn je frühzeitiger sie festgestellt werden, desto leichter kann man etwas dagegen tun und auch mit seinem kleinen Handicap umgehen und leben lernen. Bedenken sind angebracht, wenn Dein Kind das gewichtsmäßig schwerste der Klassengemeinschaft ist, denn der Weg zum Mobbing ist auch unter Kindern nicht weit, oder wenn Dein Kind tatsächlich eher zu den unbeweglichen Antisportlern gehört. Wobei wir nun hoffen, Du hast auch den Anfang unseres Buches gelesen und somit ist diese Gefahr erst gar nicht aufgetreten. Wenn Du zu diesem Thema mehr Informationen benötigst, so wende Dich an die Schule oder auch Deinen Kinderarzt, sie können Dir Betreuungsstellen und Hilfeseiten nennen. Nicht immer sind langwierige Therapien notwendig!

24.1 *Stottern*

Kinder, die nicht flüssig sprechen können, sondern entweder Silben öfter wiederholen, nach einem Buchstaben eine Pause einlegen und dann erst weitersprechen oder Selbstlaute sehr lange dehnen, nennt man landläufig Stotterer. Bemerkst Du dieses Geschehen schon bei den ersten Worten, dann versuche, sie zu üben mit Deinem Kind. Es muss vor dem zweiten Lebensjahr bei den ersten gesprochenen Worten noch kein Stottern vorliegen. Ein Anzeichen dafür, dass Dein Kind mit dem ordentlichen Redefluss ein Problem hat, ist auch der verkniffen-konzentrierte Gesichtsausdruck und eine weit höhere Körperanspannung als nötig. Kannst Du diese Symptome auch noch nach dem zweiten bis zum fünften Lebensjahr erkennen, dann müsst Ihr Euch um eine Therapie kümmern.

Stottern kann leider auch noch später entstehen. Dein Kind hat schon flüssig gesprochen und beginnt ganz plötzlich abgehackt oder wiederholend oder zu weit gedehnt in den einfachsten Worten und Sätzen zu sprechen, so musst Du sofort an die Ursachen gehen. Ist es nur eine Nervosität, beispielsweise wegen dem Besuch von Kita oder Kindergarten, kann es mithilfe der Erzieherin dort oft schnell wieder abgebaut werden. Dein Kind braucht dann vielleicht nur das Gefühl, auch dort sicher und beschützt und angenommen zu sein. Hält das Stottern an, darauf wird das Personal Dich für gewöhnlich sofort aufmerksam machen, dann ist auch hier Hilfe angebracht. Denn hämisches Lachen von anderen Kindern oder beginnendes Mobbing werden das Problem massiv verstärken. Viele Stotterer ziehen sich dann zurück und stellen das Reden in einer Gruppe komplett ein. Die Angst davor, die Worte nicht flüssig aus dem Mund zu bekommen, kann sie zu noch mehr Stottern bringen, wenn sie dann etwas sagen sollen.

Je früher mit der Bekämpfung der Ursachen und mit der Hilfe für dieses Phänomen begonnen wird, desto leichter ist es in den Griff zu bekommen und zu bereinigen, denn Stottern ist kein lebenslanger Schicksalsschlag, auch wenn in angespannten Situationen im späteren Leben mal ein Hänger auftreten kann. Ehemalige Stotterer lernen in einer Therapie auch, wie sie diese Hürden abbauen können. Viele Kitas oder Kindergärten haben eine Liste mit Kontakten zu Sprachheilpädagogen oder Logopäden, hole Dir dort die erste Beratung. Manche Kitas organisieren auch den Besuch eines Logopäden, damit dieser die Sprachflüssigkeit der Kinder in einer Gruppe beurteilen kann, ab und an im Zuge der Vorschule.

Die Behandlung des Stotterns gründet auf zwei Prinzipien, welche wir Dir nun hier vorstellen werden:

Das Verflüssigen des Redeflusses

Diese Behandlung wird oft auch im Zusammenhang mit einem Aufenthalt in einer Klinik angewandt und arbeitet neben der richtigen Atmung auch mit der Betonung und Aussprache gewisser Silben in den einzelnen Worten. Es ist eine eher langwierige Methode und erfordert hartnäckiges Training.

Die Stotter-Modifikationsmethode

Auch hier lernen die Kinder oder auch erwachsenen Betroffenen, wie sie ihre Atmung besser kontrollieren können. Ferner wird untersucht, in welchen Situationen das Stottern vermehrt oder verstärkt auftritt und mit entsprechenden Übungen eine Entspannung erzeugt werden kann, die das Stottern mindert. Der Redefluss verbessert sich hier oft schon dadurch, weil man lernt, die Angst vor dem Stottern abzubauen.

Was Therapeuten ebenfalls mit ihrem Patienten erarbeiten, sind die Dinge, welche Du bei nur leichten Symptomen zuhause auch erstmal versuchen kannst, jedenfalls aber zur Unterstützung der Therapien verfolgen solltest:

- Motiviere Dein Kind zum Sprechen, schenke ihm die notwendige Aufmerksamkeit und werde vor allem nicht ungeduldig, wenn die Wörter hängenbleiben!

- Führt die empfohlenen Entspannungsübungen durch und versucht dann, eine Geschichte gemeinsam mit dem Kind zu erzählen. Je entspannter Dein Kind ist, desto leichter wird der Redefluss. Merkst Du, dass die Körperspannung zunimmt, kannst Du Dein Kind auch in den Arm oder auf den Schoß nehmen und versuchen, ihm so die Angst zu nehmen, welche sich durch die Anspannung zeigt.

- Vergiss all die guten Ratschläge wie „Sprich langsam!" oder „Hol einmal tief Luft!". Je mehr Aufmerksamkeit und Zeit Du Deinem Kind schenken kannst, desto flüssiger wird es sich ausdrücken lernen. Luftholen und Entspannungsübung sind nämlich zwei Paar Schuhe.

- Unterbrich Dein Kind niemals und verbessere auch nicht die Worte! Höre ihm oder ihr zu, als würde es ganz normal und flüssig zu Dir sprechen.

In Deutschland gibt es ca. 800 000 Stotterer, je früher Du Dich darum kümmerst, desto besser ist es in den Griff zu bekommen. Ein Beinbruch ist es nicht, denn von Aristoteles bis Marilyn Monroe kennt die Geschichte jede Menge bekannter und begabter Stotterer.

24.2 *Rechts und links wird nicht erkannt*

Fast 30 % der Erwachsenen haben ein Problem damit, rechts oder links zu erkennen, ohne erst zu überlegen, mit welcher Hand sie schreiben oder an welcher Hand sie ihre Uhr tragen, ihren Ehering oder was auch immer sie sich im Laufe ihres Lebens als Krücke angewohnt haben. Je schneller es gehen muss, desto peinlicher kann es werden. Zu angestrengtes Nachdenken kann allerdings in manchen Fällen auch zu einem falschen Ergebnis führen, weil man sich selbst mehr und mehr verunsichert! „Rechts ist, wo der Daumen links ist!" mag für jemanden, der sich seiner Sache sicher ist, vollkommen logisch klingen, Deinem Kind hast Du damit aber noch nicht beigebracht, wo denn nun genau dieses Rechts und wo dieses Links liegt!

Oben und unten erkennen wir sofort, vorne und hinten selbstverständlich ebenso, warum haben wir, respektive so viele Menschen, ein Problem mit den Seiten? Warum könnte Dein Kind eines haben? Wie wir in einem unserer ersten Kapitel ausführlich erklärt haben, benötigt das menschliche Gehirn die Bewegung, um sich zu vernetzen, die Denkfähigkeit hochzufahren und letztlich den uns umgebenden Raum zu begreifen. Wir kommen also wieder zurück in das Babyalter und die ersten Versuche der eigenen Fortbewegung.

Manche Kinder robben, andere beginnen frühzeitig zu krabbeln und wieder andere finden Spaß daran, durch die Wohnung oder zumindest den ihnen zur Verfügung stehenden Raum zu rollen. So erkennen Babys den Raum. Sie lernen das Vor und Zurück, sie lernen das Oben und Unten, und wenn Du mit Deinem bewegungsfreudigen Wonneproppen entsprechend sprichst, dann lernen sie eigentlich automatisch auch das Links und Rechts. Gib also Deinem Kind immer wieder Hinweise, wohin es sich bewegt. Lobe es nicht nur für die Bewegung an sich. Flüssiges und ordentliches Sprechen mit Deinem Kind macht ihm nicht nur die Umgebung begreiflich, es führt auch zu einem wachsenden Wortschatz.

Stellst Du fest, dass Du dies verabsäumt hast und Dein Kind Probleme mit Links und Rechts bekommen könnte, beispielsweise im Straßenverkehr, dann kannst Du mit folgenden Übungen dieses Manko wieder ausgleichen:

- Übt Bewegungen über Kreuz. Stellt Euch nebeneinander auf und führt den linken Ellenbogen zum rechten Knie. Sprich dazu und sage, was Ihr gerade macht. Danach wird der rechte Ellenbogen zum linken Knie geführt. Das Hören führt gemeinsam mit der Bewegung dann zu einem besseren Verständnis.

- Für Autofahrten haben wir Euch das Spiel „Ich sehe was, das Du nicht siehst" empfohlen. Auch hier könnt Ihr spielerisch das Verständnis und die Kenntnis von rechts und links einbauen. Schau aus dem linken Fenster, was siehst Du dort? Kommt von links ein grünes oder ein rotes Auto? Rechts von uns kannst Du nun die Burg sehen oder den See oder was auch immer gerade vorbeikommt.

- Organisiere ein schönes Armband für Dein Kind oder bastelt eines gemeinsam. Basteln fördert die Feinmotorik und wenn Ihr dabei darüber sprecht, dass dies das Armband für die linke Hand wird, dann merkt Dein Kind sich diese Seite gleich viel besser. Einige Tage oder Wochen später könnt Ihr dann auch ein Armband für die rechte Hand basteln.

- Besucht beim nächsten Einkaufsbummel ein Schuhgeschäft und lasse Dein Kind nur linke Schuhe probieren. Sage immer wieder dazu, welchen Schuh Ihr nun probiert: „Wir probieren nun den linken weißen Sportschuh." oder „Wir probieren nun die rosarote linke Sandale für die Sommerferien." Verknüpfe die Seitenbezeichnung mit besonderen Ereignissen.

- Auch beim Anziehen kannst Du die Unterscheidung von rechts und links üben. Hilf Deinem Kind ein paar Tage lang immer zuerst in den rechten Ärmel des Pullis, der Jacke und in den rechten Socken sowie Schuh. Übungen aus Bewegung und Erklärung verfestigen die Erkenntnis der Seiten.

Grundsätzlich ist eine Rechts-Links-Schwäche als harmlos anzusehen. Kommt sie aber in Verbindung mit Lernschwächen vor oder permanenter

Schulunlust, dann wäre es gut, wenn Du herausfindest, ob das Schreiben und Lesen auch Schwierigkeiten machen, denn diese an sich harmlose und oft liebenswerte Eigenheit kann ein Anzeichen für Legasthenie sein.

Ein verstärktes Unverständnis für die Seiten, gepaart mit einem Dir übertrieben erscheinenden Bewegungsdrang und einer kurzen Aufmerksamkeitsspanne kann auch ein Anzeichen für ADS und ADHS sein. Hier ist jedenfalls ein Therapeut gefragt.

24.3 *Dein Kind ist Linkshänder?*

Die Zeiten, wo Linkshändern verzweifelt versucht wurde, das Schreiben mit der rechten Hand beizubringen, sind Gott sei Dank vorbei, dennoch wollen wir ein paar Worte dazu verlieren, was Du vielleicht beachten solltest, wenn sich herausstellt, dass Dein Kind Linkshänder ist. Wir beginnen mit einer kurzen Auflistung, woran Du frühzeitig erkennen kannst, dass Dein Kind Linkshänder ist.

- Schon im Babyalter deutet oder greift es mehr mit der linken als mit der rechten Hand.

- Du gibst Deinem Kind den Keks, die Karotte, den Löffel in die rechte Hand, einfach weil Du das von Dir so gewohnt bist, Dein Kind greift um. Es schiebt also den Keks erstmal zum Teil in den Mund und nimmt ihn dann mit der anderen, der linken Hand. Den Löffel behält es womöglich in der rechten Hand, weil es Dich kopiert, ist damit aber ungeschickter.

- Gewisse Gebrauchsgegenstände sind nun einmal mehr für Rechtshänder gemacht und hier hat Dein Kind kleine Bedienungsschwierigkeiten.

Eine Umerziehung beginnt schon im frühesten Alter und wird von den Eltern oft unbewusst ausgeführt. Beobachte Dein Kind also genau: deutet und greift es abwechselnd mit beiden Händen? Dann hat sich die Führungshand noch nicht herausgebildet, gib Deinem Kind Zeit dafür, sie zu zeigen. Dein Kind greift und deutet fast ausschließlich mit der linken Hand, wenn es spontan geschieht? Dann hast Du einen Linkshänder.

Viele Linkshänder können übrigens mit beiden Händen schreiben und auch Besteck wahlweise verwenden. Einfach, weil es antrainiert ist. Schütze Dein Kind aber davor, dass Außenstehende versuchen, dieses nach wie vor als normal geltende Verhalten zu forcieren. Ist Dein Kind nahezu gezwungen, mit der für ihn falschen Hand zu arbeiten, dann kann dies schwere Lernstörungen hervorrufen. Linkshänder sind grundsätzlich ebenso intelligent, begabt und handwerklich herausragend wie Rechtshänder, sie müssen nur die Möglichkeit haben, ihre Führungshand auch entsprechend zu entwickeln und zu trainieren! Kannst Du Dir im Schulalter eine gewisse Lernschwierigkeit nicht erklären, dann beobachte Dein Kind genau. Schreibt es zwar mit der rechten Hand, greift beim Malen aber zuerst eher mit der linken Hand oder lässt eher diese über den Buntstiften kreisen, dann versucht doch einmal, wie es sich für Dein Kind anfühlt, wenn es mit links arbeitet.

Leider müssen wir hier vor allem vor Großeltern und älterem Lehr- und Erziehungspersonal warnen. Es gibt keine „schöne" Hand, beide sind gleich schön! Man reicht aber die rechte Hand, das hat wiederum nichts mit Rechts- oder Linkshändern zu tun. Unterstütze Dein Kind und besorge passende Füller oder andere Utensilien, soweit Du sie für Deinen Linkshänder bekommen kannst!

24.4 *Legasthenie und Dyskalkulie*

Lange wurden Kinder mit der Lernschwäche Legasthenie oder Dyskalkulie als die Dummen dargestellt. So haben Generationen aus ihrem Handicap heraus Tipps und Tricks entwickelt, ihre Schwäche zu verbergen. Nicht zuletzt speisen sich die Therapieansätze für beide Schwächen auch aus den Erklärungen namhafter Legastheniker und Dyskalkulierer. Lass uns auf die beiden Themen getrennt eingehen und erklären, wie Du sie erkennen kannst und vor allem, dass es, wenn frühzeitig erkannt, das Leben Deines Kindes nicht beschweren muss!

Legasthenie, was genau bedeutet das?

Eine Lese-Schreib-Schwäche ist mit vielen Symptomen verbunden, welche heute teilweise von den gängigen Computerprogrammen ausgeglichen werden können. Es gibt bis zu 40 verschiedene Hinweise, welche auf Legasthenie deuten können. Viele Menschen mit dieser Schwäche haben ein unglaubliches Wissen, sind handwerklich begabt, können dies aber nicht zu Papier bringen. In schweren und unerkannten Fällen kann sie zu einem verminderten Selbstwertgefühl führen oder auch als hyperaktiv fehldiagnostiziert werden. Probleme mit dem Lesen und Schreiben können außerdem geballt auftreten oder tageweise fast verschwinden. Stress kann die Anfälligkeit für Fehler enorm erhöhen.

Hier ein Auszug aus den verschiedenen Möglichkeiten, um Dir Hilfe beim Erkennen zu geben, vor allem im Hinblick auf die schulischen Leistungen:

- Trotzdem Dein Kind beim Lernen viel Wissen ansammelt, kann es dieses in schriftlichen Tests nicht beweisen. Mündlich hingegen brilliert es.

- Hausaufgaben dauern ewig, weil mehr aus dem Fenster als auf das Buch geblickt wird. Gerade wenn es darum geht, einen gelesenen Text verständlich zusammenzufassen, Worte wiederzufinden oder ihn einfach nur abzuschreiben, verliert es sich in den einzelnen Buchstaben.

- Projekte in naturwissenschaftlichen Fächern werden leichter umgesetzt und Dein Kind erzählt lebhaft Geschichten, ist quasi der perfekte Verkäufer.

- Buchstaben wollen nicht in der richtigen Reihenfolge auf das Papier.

- Auch eine ungleiche und unleserliche Handschrift kann ein Hinweis sein.

- Auch Kinder mit keiner 100% bevorzugten Hand können diese Schwäche entwickeln.

- Rechnen ist zwar einfach, aber Textaufgaben müssen mündlich erklärt werden, um das Verständnis zu erhöhen.

- Aufgrund seiner Schwäche kann es sich zurückziehen oder zum Klassenclown mutieren. Vor allem, wenn es darum geht, von der Tafel lange Passagen zu übertragen.

- Das Langzeitgedächtnis ist nahezu perfekt organisiert, aber geschichtliche Zahlen in der richtigen Reihenfolge aus einem Frontalunterricht oder einem Buch können kaum gemerkt werden.

- Dein Kind lernt am besten, wenn es über den Stoff diskutieren kann und dabei in Bewegung ist oder einfach auf ein Blatt Papier kritzelt.

Bei nur leichten Problemen kannst Du mit folgenden Hilfen vor allem das Lernen und die Hausaufgaben unterstützen, denn Legastheniker sind selten so schlecht in der Schule, dass sie professionelle Nachhilfe bräuchten, aber in Fächern, in denen es um Schreiben und selbständig Wissen aus Büchern aneignen geht, eher schwach in der Benotung:

- Fördere das Lesen bei Deinem Kind! Trotz der Schwäche mit der Verwechslung der Buchstaben kann Dein Kind Bücher und Texte verstehen lernen, wenn es verstärkt liest. Geht gemeinsam in einen Buchladen oder surft auf den Seiten von Online-Buchhändlern und sucht spannende, altersgerechte Geschichten aus. Zugegeben, das geht einfacher bei Mädchen als bei Jungs, aber die ständige Übung fördert das Leseverstehen soweit, dass in den späteren Jahren auch damit gelernt werden kann. Trainiert wird hier vor allem das grundsätzliche Verstehen einer Geschichte und nicht das Wiederholen Wort für Wort und Buchstabe für Buchstabe.

- Um sich leichter in den Büchern, vor allem den Schulbüchern, zurechtzufinden, soll Dein Kind sich mit Bleistift Häkchen an die bereits gelesenen Zeilen malen. Es soll ihm komplett unverständliche Sätze in einem Absatz unterstreichen, einen Absatz aber fertiglesen und dann sehen, ob es den Sinn verstanden hat, auch ohne diesen einen Satz oder sich der Sinn des Satzes aus dem Gesamttext ergibt. Dazu braucht es Geduld und Zeit von Dir, denn auch Du musst den Text lesen, damit Ihr ihn hinterher besprechen könnt.

- Muss Dein Kind Texte übertragen, so kann es mit einem Lineal immer wieder die Zeile markieren, an der es gerade schreibt. Ist sie fertig kopiert, kommt am Ende wieder ein Häkchen dran.

- Manche Legastheniker erkennen mit der Zeit, welche Buchstabenkombinationen ihnen am meisten Probleme bereiten. Dies müssen gar nicht zwingend lange oder zusammengesetzte Wörter sein, auch wenn sie sich häufen. Diese Kombinationen und Wörter kann man dann vermehrt üben, indem man sie immer wieder einbaut und Ihr vielleicht gemeinsam eine Geschichte damit schreibt.

- Sei geduldig und motiviere Dein Kind, immer wieder weiterzumachen. Vielleicht lest Ihr über die folgenden Personen, denn auch sie waren Legastheniker und haben sich dennoch ihren Weg in unser Gedächtnis geschaffen: Albert Einstein, Galileo Galilei, Jules Vernes, Ernest Hemingway oder auch Agatha Christie.

- Suche Dir notfalls einen Therapeuten über das Legasthenie-Netzwerk in Deutschland, lasse Dich beraten und Dein Kind dabei weiter aufbauen, durch positive Beispiele und Lebensläufe. Gewusst wie, heißt hier die Methode!

Dyskalkulie ist besser bekannt als Rechenschwäche, was macht sie aus?

Begründet kann eine Rechenschwäche auch in einer Legasthenie sein, denn wenn man es nicht schafft, die Zahlen in die richtige Reihenfolge zu bringen oder Zeichen schnellstmöglich zu entschlüsseln, dann kann man zwar grundsätzlich wissen, dass 1 + 1 = 2, aber man kann es nur schwer schreiben oder lesen. Dyskalkulie ist nach wie vor schwer diskutiert, denn es geht hier auch um die Definition von Mathematik und Arithmetik. Es gibt Menschen mit einer sogenannten Rechenschwäche, die kein Problem haben, auch große Zahlen im Kopf zu addieren oder subtrahieren, allerdings in der Mengenlehre scheitern!
Woran Du eine Dyskalkulie oder Rechenschwäche erkennen kannst:

- Dein Kind rechnet mit den Fingern.

- Es findet sich schlecht in Tabellen zurecht.

- Eine Textaufgabe kann nicht in eine Rechenaufgabe umgewandelt werden.

- Dein Kind kann zwar die Malreihen in der richtigen Reihenfolge aufsagen, aber die Frage nach einzelnen Malrechnungen aus derselben Reihe nicht beantworten oder geht im Kopf die Reihe noch einmal durch, bis es an der richtigen Stelle ist.

- Du erkennst auch Symptome von Legasthenie und ADHS bei Deinem Kind.

Stellst Du fest, dass Dein Kind laufend Schwierigkeiten beim Rechnen hat, dann musst Du zuerst mit dem Mathematiklehrer ein Gespräch suchen und danach einen Therapeuten finden, welcher genau bewerten kann, warum es diese Rechenschwäche gibt. Du kannst Deinem Kind in diesem Falle allein und mit Tricks nicht durch 9 lange Schuljahre helfen.

Einen faszinierenden Therapieansatz dafür hat Anfang der 1980er Jahre Dr. Roland D. Davies entwickelt. Und da auch bei Rechenschwäche andere Begabungen verstärkt erkennbar werden, wollen wir uns genau diesem widmen, denn er verbindet in seiner Theorie die Legasthenie, die Dyskalkulie und auch ADHS.

Dr. Davies unterschiedet die Menschen in Wortdenker und Bilddenker. Jemand, der also räumlich-visuell denkt, muss die Funktionen hinter den mathematischen Begriffen verstehen lernen, um sie einsetzen zu können. Sind erst einmal alle Symbole und Begriffe der Mathematik mit einem Bild und damit auch Verständnis versehen, ist auch für die Menschen mit der sogenannten Rechenschwäche die höhere Mathematik kein Problem. Unsere Unterrichtsform vor allem in den staatlichen Schulen kommt dieser Aufgabenstellung leider nicht entgegen, so dass Du hier tatsächlich Hilfe von einem Trainer brauchst. Ein Grund zur Sorge ist die Rechenschwäche nicht, denn auch hier gibt es reichlich Vertreter aus den eher kreativen Berufszweigen, welche erfolgreich auch im wirtschaftlichen Leben stehen.

24.5 *Zappelphilipp oder ADHS?*

Grundsätzlich ist immer noch ungeklärt, was ADHS genau auslöst. Verschiedene Ansätze werden verfolgt, etwa ein Botenstoffmangel im Gehirn. Hier wird vor allem das Fehlen von Omega-3-Fettsäuren diskutiert, welche wichtig für den Stoffwechsel in unserem Oberstübchen sind. Es wurde auch noch nicht vollkommen ausgeschlossen, dass die Vererbung eine Rolle spielen könnte. Allerdings wurden nach Entdeckung der Gene viele Krankheiten auf die Vererbung geschoben und mussten dann doch wieder neu erforscht werden, weil sie nicht damit zusammenhängen. Dr. Davies hat auch hier seine eigenen Ansichten und Therapien entwickelt und geht davon aus, dass das Kind mit angeblichem ADHS einfach keine Chance hat, sich in seinem individuellen Tempo und mit den verschiedenen Möglichkeiten des Begreifens und Erlebens zu entwickeln. Immer wieder ist von Ärzten und Therapeuten zu hören, dass Eltern fragen, ob Ihr Kind ADHS hätte, nur weil es einen höheren Bewegungsdrang hat oder sich einfach nicht für die Aktivitäten in Schule und der Erwachsenen interessiert und darum vor sich hinträumt.

Laut ausgewiesenen ADHS-Kliniken sind folgende Symptome über einen Zeitraum von mindestens 6 Monaten zu zeigen, um die Diagnose ADHS in Erwägung zu ziehen:

- Dein Kind ist ständig unruhig und zappelig.

- Dein Kind kann sich nicht auf eine einzige Sache konzentrieren.

- Dein Kind ist von jedem Geräusch, jeder Bewegung, einfach allem sofort von seiner Aufgabe oder Tätigkeit abgelenkt.

Die Diagnose ADHS muss ein Facharzt feststellen! Ist Dein Kind nur in der Schule der zappelige Pausenclown, zuhause und auf dem Spielplatz auch mit seinen Freunden aber gelassen, dann hat es kein ADHS, sondern ein schulisches Problem, beispielsweise eine Lernschwäche oder Unterforderung. Kann sich Dein Kind zwar stundenlang in ein Experiment vertiefen aber unterbricht laufend Eure Gespräche und folgt einem gemeinsamen Film nicht, dann ist es schlicht an dem Thema nicht interessiert und hat keine Konzentrationsprobleme. Dasselbe gilt auch, wenn es sich von jedem Geräusch von der Erledigung der Hausaufgaben abhalten lässt.

Ganz gleich, ob ADHS festgestellt wird oder Dein Kind nur ab und an als unruhig rüberkommt, ein geordneter, in Rituale unterteilter Alltag kann immer helfen, Situationen zu entspannen. Regelmäßige Bewegung, bei der der kleine Zappelphilipp sich auspowern kann, tragen dazu bei, dass am Abend am Tisch der Stuhl weder ständig verrückt noch geschaukelt wird. Langeweile bei Deinem Kind kann, wenn Du es nicht ständig mit Vorschlägen dazu bombardierst, was es denn tun könnte, dazu führen, dass es seine eigenen Interessen und Talente entdeckt.

25. KINDERKRANKHEITEN UND WIE MAN RICHTIG REAGIERT

Für den Fall, dass Du Dich fragst, was ein Kapitel über Kinderkrankheiten nun genau mit Erziehung zu tun hat, dann geben wir Dir hier die Antwort: Es geht darum, wie Du mit Krankheiten umgehst. Denn wie wir nach allen unseren vorangegangenen Kapiteln nun wissen, liegt ein Hauptgewicht in der Erziehung an der Vorbildrolle, welche Du für Dein Kind übernimmst. Reagierst Du auf jeden Kratzer, jeden Husten oder die rote Nase beim Schnupfen sofort mit Panik und Arztbesuch, wird Dein Kind diese Art des Umgangs mit kleineren Beschwerden übernehmen. Reagierst Du gelassener und greifst erst einmal in die Hausapotheke und zu alten Hausmitteln, um ein aufgeschlagenes Knie und die unausweichliche Verkühlung zu behandeln, dann wird Dein Kind in seinem restlichen Leben ebenfalls ruhiger auf die kleinen Gebrechen reagieren.

Wir geben Dir in den folgenden kurzen Unterabschnitten einen Überblick über die Richtlinien sowie Tipps für eine mögliche Reaktion Deinerseits, und mit welchen Mitteln aus der Küche Du erst einmal an die laufende Nase und die Bauchschmerzen gehen kannst. Wir wollen Dir erzählen, mit welchen Tricks Du auch im Winter Eure Immunabwehr hochhalten kannst, um den verschiedenen Keimen und Viren, welche uns immer umgeben und umgeben werden, zu trotzen. Selbstverständlich aber gibt es die Krankheiten, welche einen Arztbesuch unumgänglich machen und auch über diese werden wir Dich mit ein paar Worten informieren. Ebenso über vorgeschriebene oder empfohlene Impfungen. Diesbezüglich musst Du Dich auch bei Deiner gewählten Kita und Schule erkundigen, denn so manche wollen nur gegen gewisse Krankheiten geimpfte Kinder betreuen. Ohne in die große Impfdiskussion einsteigen zu wollen und eine bestimmte Botschaft transportieren zu wollen, weisen wir dennoch darauf hin, welche Nebenwirkungen bei Deinem Kind nach den gängigen Impfungen auftreten können.

25.1 *Welche Untersuchung ist wann vorgeschrieben und zu erledigen?*

In Deutschland und den umliegenden europäischen Ländern gibt es rund 10 Vorsorgeuntersuchungen, welche in ein gelbes Heft eingetragen werden. Du bekommst dieses Heft nach der Geburt. Diese Untersuchungen sollen die normale Entwicklung Deines Kindes bis zum Teenageralter dokumentieren und auch dann sind noch Vorsorgen im Angebot. Stoffwechsel- oder Hormonstörungen können damit frühzeitig festgestellt werden und entsprechend behandelt sowie die Lebensumstände darauf abgestimmt werden.

Die Praxen der Kinderärzte können Dich hier für rechtzeitige Terminvereinbarungen und bei der Planung beraten. Auch die Impfungen können in diesem Zusammenhang geplant werden, soweit Du diese für Dein Kind wünschst.

25.2 *Impfungen: Welche sind vorgeschrieben?*

Die ständige Impfkommission, angesiedelt im Robert-Koch-Institut, hat einen Katalog erstellt, in dem nicht nur Impfungen gegen schwere Infektionen aufgezählt werden, sondern auch die Erklärungen, warum sie diesen Eingriff in unser System empfehlen. Gerade wenn es sich um eine Impfung gegen eine Krankheit handelt, für welche wir auch in unseren modernen Zeiten noch keine erfolgversprechenden Therapien entwickelt haben, muss das Risiko bekannt und abschätzbar sein. Man kann sicherlich impfkritisch eingestellt sein, aber sein Kind nicht zu impfen und zu denken, da alle anderen wahrscheinlich den Empfehlungen folgen, wird mein Kind nicht angesteckt werden können, ist keine Lösung! Zumal wir leider seit Beginn der sogenannten Migrationskrise feststellen mussten, dass Krankheiten, welche in unseren Breiten als besiegt und nahezu ausgerottet galten, vermehrt wieder eingeschleppt werden. Es macht also Sinn, sich hier mit ruhigem Kopf hinzusetzen und genau abzuwägen, ob man einfach aufgrund ideologischer oder religiöser Einstellungen auf diesen Schutz verzichten will. Zudem handelt es sich bei den meisten Impfungen, welche heute empfohlen und angewandt werden, um Stoffe, welche wir seit Jahren erforscht und angewandt haben, so dass Nebenwirkungen und Risiken bekannt und behandelbar sind.

Rotaviren sind die erste Impfung für Dein Baby und sie wird als Schluckimpfung angewandt. Da diese Viren heftigen Durchfall und Erbrechen auslösen können, besteht vor allem für Babys die Gefahr der Dehydrierung. In Zeiten von ausreichend Hygiene und jeder Menge Sagrotan in unseren Haushalten erscheint uns dies vielleicht übertrieben, aber gerade sie sind leider auch wieder auf dem Vormarsch.

Die zweite Impfung für Dein Baby ist für das vollendete 2. Lebensmonat vorgesehen und sie kommt gleich in geballter Ladung auf das kleine Wesen zu. Denn nicht weniger als 6 Krankheiten zeitgleich werden dabei gespritzt. Neben **Diphterie** und **Hepatitis B** enthält der Wirkstoff auch Antikörper für **Hämophilus influenza, Keuchhusten, Kinderlähmung und Wundstarrkrampf.** Hier berichten fast alle Eltern, dass sie ein leichtes Fieber nach der Impfung bei ihrem Liebling feststellen.

Pneumokokken sind ein bakterieller Erreger, welche für die Hirnhautentzündung, Blutvergiftung, Lungenentzündung, Mittelohrentzündung und Nasennebenhöhlenentzündung verantwortlich sind. Ab dem vollendeten zweiten Lebensmonat wird diese Impfung in drei Schritten durchgeführt. Verabreicht wird sie meist zu Beginn des dritten Monats, des fünften Monats und zwischen dem 11. und 14. Monat das letzte Mal noch als eine Auffrischung.

Maser, Mumps und **Röteln** werden ebenfalls kombiniert geimpft, und zwar zweimal. Man kann sie nach Wunsch auch gleich mit einer Impfung gegen Windpocken kombinieren. Zwischen der Grundimpfung und der Auffrischungsimpfung sollten etwa vier bis sechs Wochen liegen, laut RKI. Gerade diese Impfung wird von vielen Kitas verlangt!

Meningokokken sind ebenfalls bakterielle Krankheitserreger und zeichnen für dieselben Ausbrüche verantwortlich wie Pneumokokken. Allem voran die Hirnhautentzündung. Es gibt bei ihnen ein Dutzend Untergruppen und geimpft wird hier gegen die in Deutschland am gängigsten Untergruppen C und B. Wer aber mit seinem Kind von klein auf auch außerhalb Europas reisen möchte oder sich beruflich neu orientiert und einen Umzug plant, der sollte sich mit seinem Kinderarzt beraten, ob nicht gegen alle Meningokokken-Stämme oder zumindest diese Gruppen geimpft werden sollte, welche in den zukünftigen zu bereisenden Ländern vorherrschen.

Zur Aufzeichnung über die Impfungen bekommt jede Mutter für ihr Baby einen Impfpass. Diesen wirst Du wahrscheinlich in die Kita zur Anmeldung mitbringen müssen. Selbstverständlich können Impfungen auch im Erwachsenenalter noch nachgeholt werden oder im Jugendalter, wenn es darum geht, in unsicherere Länder zu reisen oder in Länder mit niedrigerem Standard in ihrem Krankensystem, beispielsweise für Auslandssemester, Austauschjahre oder einfach als Au Pair. Der Impfpass hat auch Platz für die empfohlenen Auffrischungsimpfungen für Diphterie, Keuchhusten, Tetanus (Wundstarrkrampf) und Kinderlähmung.

Für Mädchen wird außerdem noch die Impfung gegen die Papillom-Viren empfohlen, welche für den Ausbruch von Gebärmutterhalskrebs verantwortlich gemacht werden. Eine noch relativ junge Impfung, welche auch in Fachkreisen nicht unumstritten ist. Fällig ist sie jedenfalls zwischen dem 9. Und 14. Lebensjahr.

Gerade für kleine Risikopatienten wird auch die jährliche Influenza-Impfung empfohlen. Wohnst Du in einer Region mit hoher Zeckenlast und regelmäßiger Warnung davor oder ist Euer Naherholungs- und Wandergebiet eine solche Risikoregion, dann könntest Du Dir auch Gedanken um eine Zeckenimpfung machen. Auch sie ist von den Krankenkassen gedeckt.

Abgesehen davon, dass eine Spritze für niemanden ein Vergnügen ist, solltest Du dennoch nicht mit verkniffenem Gesichtsausdruck in das Gesicht Deines Babys blicken, wenn es die Nadel in den Arm gestochen bekommt. Zeigst Du Deinem Kind einen ängstlichen Gesichtsausdruck, dann erkennt auch ein Baby, dass jetzt etwas ganz Unangenehmes kommt. Lächelst Du es hingegen an und bist während der Prozedur gelassen, dann kann sich Deine Ruhe auch auf Dein Kind übertragen. Halte jedenfalls den Schnuller, das liebste Kuscheltier oder -tuch bereit und rechne damit, dass es zu weinen beginnt und dann Deinen Trost und Deine Zuneigung braucht. Spricht ruhig und liebevoll zu ihm oder ihr, so dass es versteht, dass Du den Schmerz kennst, es aber schnell wieder vorbei ist. Auch wenn Dein Baby den Sinn Deiner Worte noch nicht richtig erfassen kann, der Ton macht hier, wie so oft, die Musik.

Es ist vor allem bei den Kombinationsimpfungen auch mit leichten Nebenwirkungen zu rechnen. Die ersten zwei bis drei Tage mobilisiert der kleine Körper nun seine Abwehrkräfte, denn dies war der Sinn der Impfung. Abwehrreaktionen des menschlichen Körpers sind mit Fieber, Unwohlsein, Müdigkeit und Unruhe verbunden. Auch Kopfschmerzen und lokale Schwellungen können auftreten. Bereite Dich eventuell darauf vor, dass Du diese Tage mit Deinem Kind zuhause sein kannst und es nicht nach der Impfung gleich wieder abgeben musst, um zu arbeiten. Mit welchen Hausmitteln Du diesen Nachwehen der Impfungen begegnen kannst, erklären wir im entsprechenden Kapitel. Wenn diese aber am zweiten Tag nicht greifen und Du das Gefühl hast, das Fieber steigt zu hoch, und wenn die Schwellungen massiv zunehmen und auch noch Erbrechen und Kopfschmerzen dazu kommen, dann suche Deinen Kinderarzt noch einmal auf.

Kommen in Deiner Familie oder auch der Deines Partners diverse Allergien vor, allen voran Eiweißallergien, so besprich dies im Vorfeld der Impfungen mit Deinem Arzt. Auch wenn bei Deinem Baby noch keine Anzeichen für eine ererbte Allergie festzustellen sind, können diverse Begleitstoffe von Impfungen einen Allergieschub auslösen. Du wirst zwar Lebensmittel und andere Stoffe, welche bei Dir und Deinem Partner eine Allergieattacke oder eine Unverträglichkeit auslösen, vermeiden, nichtsdestotrotz müssen diese Informationen mit dem Kinderarzt geteilt werden, damit die Impfungen entsprechend angepasst und eventuelle geerbte Allergien auch frühzeitig festgestellt werden können!

25.3 Kinderkrankheiten

Die ersten Abwehrstoffe bekommt ein Fötus über die Nabelschnur von der Mutter. Dieser Schutz hält etwa drei bis vier Monate nach der Geburt an. Dann ist es Zeit für den kleinen Körper, eigene Schutzstoffe aufzubauen, was wir, wie schon erwähnt, auch über die diversen Impfungen erreichen. Wir können und sollen aber nicht gegen jede kleinste Infektion impfen und Hygiene ist selbstverständlich wichtig, aber in einer klinischen Atmosphäre deswegen aufzuwachsen ist ebenfalls wenig hilfreich. Du musst also mit den klassischen Kinderkrankheiten rechnen und darum wollen wir sie hier kurz beschreiben und aufzählen.

Vor allem ab dem zweiten Lebensjahr häufen sich die diversen Infektionen, was nicht zuletzt daran liegt, dass die Kinder mobiler sind und oft auch schon eine Kita besuchen und auch dort mit der Virenlast der Freunde umgehen lernen. Wir sprechen auch immer wieder davon, dass Krankheiten grassieren. Das ist auch gut so, denn für viele kleine Infekte können wir nur dann einen eigenen guten Schutz in unserem Immunsystem aufbauen, wenn der Erreger diesem bekannt ist. Dies geht nur darüber, dass wir uns diese Viren oder Bakterien einfangen. Hier wird der Grundstein gelegt für ein stabiles Abwehrsystem im weiteren Leben. Reagiere also nicht panisch, wenn Dein Kind immer wieder eine Infektion anschleppt und lasse es nicht von der Kita, dem Kindergarten oder Schule fernbleiben, nur weil eine Krankheit im Umlauf ist. Du schützt Dein Kind vielleicht in diesem Moment, und selbstverständlich auch Deine Nerven, aber nicht auf Dauer und das ist wichtig!

Wir wollen unsere Aufzählung mit dem **Fieber** beginnen. Fieber ist eigentlich keine Krankheit an sich. Es ist eine Begleiterscheinung der körperlichen Abwehr und Babys, Kleinkinder und Kinder fiebern gerne einmal. Ist Dein Baby für die aktuelle Wetterlage oder die Raumtemperatur zu warm oder zu leicht angezogen, kann dies schon einen leichten Fieberschub auslösen. Auch das Zahnen wird gerne mit Fieber begleitet. Ein leichter Temperaturanstieg muss darum auch nicht sofort bekämpft werden, denn er ist als ein Training des Organismus anzusehen. Wenn die Temperatur aber nach zwei Tagen immer noch steigt und weitere Symptome wie Durchfall oder Erbrechen dazukommen, ist es angebracht, um Rat zu fragen. Merkst Du, dass Dein Kind fiebert, dann miss jedenfalls dreimal am Tag, morgens, mittags und abends die Temperatur und sieh, ob es zu Veränderungen kommt. Fällt Dir im Laufe des Nachmittages ein müderes oder angeschlageneres Verhalten Deines Kindes auf, so kannst Du auch dann die Höhe des Fiebers feststellen. Hand auflegen gibt Dir keine genaue Auskunft, dafür sollte bitte ein Thermometer verwendet werden. Von Fieber wird gesprochen, wenn die Körpertemperatur etwa 38 Grad übersteigt. Nähert sich dieser Wert den 39 Grad und darüber, dann muss jedenfalls eingegriffen werden. Genügend Flüssigkeitszufuhr ist in jedem Fall geboten.

Wie das Fieber verlaufen auch die meisten Kinderkrankheiten komplikationslos. Gefährlich sind diese eher für junge Erwachsene und Eltern, wenn diese weder geimpft sind noch als Kinder die Krankheit selbst hatten. Für die Jahrgänge der 1960er und 1970er galt noch, dass sie alle durch Mumps, Masern, Röteln und Windpocken gegangen sind und somit eine eigene Immunität aufgebaut haben. Die großen Impfkampagnen und

Empfehlungen für die künstliche Immunität begannen erst mit Ende der 1970er und in den 1980er Jahren. Diese Krankheiten sind hauptsächlich deshalb so anstrengend, weil nach dem Abklingen der ersten Symptome doch noch länger zuhause geblieben werden soll. Gefährliche Komplikationen können als Bestätigung der Ausnahmen von der Regel auftreten und verliefen vor allem bei Masern oft mit bleibenden Schäden. Da die meisten Kinderkrankheiten auch mit juckenden Hautausschlägen verbunden sind, musst Du Deine Kinder davon abhalten, die Pusteln und Blasen aufzukratzen.

Mumps oder in Deutschland auch Ziegenpeter genannt, ist hochansteckend und wird meist von den Jungen intensiver erlebt. Durch die lange Inkubationszeit und die lange ansteckende Wirkung muss Dein Kind sehr lange daheimbleiben und sollte Ruhe genießen. Fieber und Kopfschmerzen treten mit trockenen Schleimhäuten auf sowie Schwellungen unter den Ohren. Ein Arztbesuch ist angebracht, um abzuchecken, dass der Krankheitsverlauf sicher ohne Komplikationen verläuft.

Masern kündigen sich wie eine Erkältung an und überziehen nach kurzer Zeit die Haut mit kleinen roten Punkten. Sie beginnen hinter den Ohren und können sich schnell über den ganzen Körper ausbreiten. Wer nicht immun oder geimpft ist, sollte sich von Masernpatienten weit entfernen. Auch hier ist die eigentliche Hochphase nach längstens 5 Tagen überstanden und auch das Fieber senkt sich wieder. Die Kinder fühlen sich allerdings noch ein paar Tage länger matt und müde.

Röteln sind zwar auch extrem ansteckend, aber die harmloseste der hier aufgezählten Krankheiten. Die Kinder bekommen, abgesehen von den Hautausschlägen, oftmals gar nichts mit. Das Fieber ist nur leicht erhöht im Gegensatz zu Masern. Am wichtigsten ist, dass ein Kind mit Röteln nicht mit Schwangeren in Verbindung kommt, vorausgesetzt, diese ist nicht nachweislich immunisiert.

Windpocken werden auch durch eine Tröpfcheninfektion übertragen und sind schon ansteckend, bevor auch noch die ersten Anzeichen zu sehen sind. Nach etwa drei Tagen kann die Sache auch schon wieder überstanden sein, auch wenn die Blasen noch abheilen müssen. Bei nur leichtem Juckreiz und kaum Fieber kannst Du Dein Kind einfach ins Bett stecken, aufpassen, dass es sich nicht kratzt und kannst den Arztbesuch für eine schwerwiegendere Krankheit aufsparen.

Allen Erkrankungen ist gemeinsam, dass die Kinder Ruhe und Flüssigkeit benötigen, auch wenn bei Mumps gewisse Schluckbeschwerden bestehen können. Suppen und Tee sowie stilles Wasser sollten immer für sie greifbar stehen und Du musst kontrollieren, dass es auch getrunken wird. Medikamente sind oft nur notwendig, um das Fieber zu senken. Bevor Du nervös wirst und damit Dein Kind noch zusätzlich belastest, geh zum Arzt oder lasse einen Arzt kommen. Hattest Du die Krankheiten als Kind selbst mit einem leichten oder normalen Verlauf, wirst Du entspannter an die Sache herangehen. Wichtig ist dann, dass Du bei Deinem Kind zuhause bleiben kannst. Homeworking, weil Dein Kind die ersten Tage auch viel schlafen wird, wäre dann optimal. Du bist da, wenn es Dich braucht, Du musst aber nicht 24 Stunden Wache halten an seinem Bett!

25.4 *Hausmittel gegen Erkrankungen und andere Wehwehchen*

Ab wann genau Du zum Arzt gehen musst, bleibt Dir und Eurer grundsätzlichen Gesundheit und Konstitution überlassen. Oftmals kann man seinen Arzt auch anrufen, die Symptome schildern, die aktuelle Temperatur des Kindes parat haben oder schon zwei bis drei gemessene Werte über den Tag und nachfragen, ob es Sinn macht, dass man sein Kind einpackt und sich auf den Weg begibt oder ob der Arzt zu Euch kommt. Gerade ein ansteckendes Kind solltest Du nicht durch die halbe Stadt schleppen, nur damit Du einen Arzt konsultieren kannst. Via Telefon kann die Praxis meist feststellen, ob ein Besuch zwingend notwendig ist.

Neben den diversen Krankheiten gibt es auch noch kleinere Unfälle zu bedenken. Schürfwunden, Bisse oder Stiche von Insekten bei Kindern, welche sich viel und gerne im Freien aufhalten, gehören zum Großwerden dazu und benötigen, wenn der Insektenstich keinen allergischen Schock auslöst, keinen Arztbesuch. Altgediente Hausmittel und eine gut bestückte kleine Hausapotheke reichen dafür meist vollends aus. Ebenfalls für Bauchschmerzen, leichten Durchfall, Fieber oder Kopfschmerzen. Bei ständig auftretenden Bauch- oder Kopfschmerzen sowie Verdauungsbeschwerden, solltest Du eher analysieren, was die Ursache dafür ist!

Unsere Liste der besten Hausmittel:

- DU!!!

Nichts geht erst einmal über Deine Anwesenheit, Deine Umarmung, Deine Streicheleinheiten, Dein Kümmern und Umsorgen. Berührungen sorgen für ein Glücksgefühl, auch von Mutter zu Kind, und damit für die Ausschüttung von Hormonen, welche Schmerzen lindern können und das Immunsystem stärken.

- Flüssigkeit

Ganz gleich, ob Dein Kind von Fieber geplagt ist oder sich eine Erkältung eingefangen hat. Viel Flüssigkeit in Form von Tee oder einer leichten Gemüse- oder Hühnerbrühe, perfekt noch in Deine Arme gekuschelt, wirkt beruhigend, entschleimend und sie wirkt auch einer möglichen Dehydrierung bei Fieber vor allem entgegen. Am besten legst Du Dir einen kleinen Vorrat von verschiedenen Kräuterteesorten zu. Allen voran Holunderblüten und Kamille, sie wirken schweißtreibend und damit fiebersenkend, entzündungshemmend und auch schleimlösend. Gerne kannst du diese mit frisch gepresstem Zitronen- oder Orangensaft und etwas Honig zwischendurch servieren.

- Frische Luft

Am besten in Form von einem kurzen Spaziergang. Du sollst nicht Dein Kind unter einen Deckenberg packen und dann das Fenster kippen. Stoßlüften, während Dein Kind vielleicht auf Toilette ist oder sich die Zähne putzt, ist ebenso regelmäßig vonnöten. Zurück zum kurzen Spaziergang: Zieht Euch dem Wetter entsprechend an, nicht zu warm und nicht zu leicht, es ist immer besser, noch etwas zum Darüberziehen mit dabei zu haben, als wenn es zu warm ist und man dann verschwitzt einen Teil der Kleidung auszieht. Genauso kommen ja viele Erkältungen zustande. Ein regelmäßiger Aufenthalt an der frischen Luft würde ohnehin das Immunsystem auch soweit stärken, dass Deine Familie weniger von Verkühlungen im Winter betroffen wäre.

- Vitamin C und Vitamin D

Viel Gemüse und Obst als Süßigkeit und Naschwerk helfen, Euren Vitamin-C-Spiegel hochzuhalten. Neben den bekannten Zitrusfrüchten enthalten vor allem die Gemüsesorten aus der Familie der Kohle eine schöne Menge an diesem Vitamin, das Dein Immunsystem stärken kann. Bringe also nicht nur Zitronensaft mit Tee ans Bett Deines kranken Kindes, sondern auch regelmäßig Brokkoli, Blumenkohl, Weißkohl oder ähnliche Sorten auf den Tisch.

Vitamin D, soweit Ihr Euch als Familie nicht viel im Freien aufhalten könnt, wird vor allem im Winter auch in Form von Pillen empfohlen und hilft nachweislich, den Kampf gegen Infektionen Deines Körpers zu unterstützen.

- Fußbäder

Gerade wenn Dein Kind, oder auch Du selber, eine Verkühlung aufgeschnappt hat, dann können Fußbäder helfen, das Gefühl der Kälte wieder aus dem Körper zu treiben. Fülle dafür Wasser in Körpertemperatur, das ist etwa 37,5 Grad, in eine weite Schüssel und lasse Dein Kind seine Füße darin baden. Nach ein paar Minuten füllst Du heißes Wasser dazu, so dass das Wasser in dem Gefäß bis etwa 40 Grad steigt. Trocknet die Füße dann gut ab, lass Dein Kind in warme, dicke Socken schlüpfen und schicke es dann ins Bett.

- Inhalation

Dafür kochst Du etwa eine Handvoll Kamillenblüten oder Thymian in gut 2 Liter Wasser einmal auf und füllst es in eine Schüssel um. Ist Dein Kind schon etwas älter und bist Du ohnehin dabei, kann es sich auch direkt über den Topf beugen, wenn dieser nun gut erreichbar auf einem Tisch steht. Lege dann ein entsprechend großes Handtuch über den Kopf Dines Kindes und den Topf und lasse es jedenfalls fünf Minuten darüber atmen. Erscheint es zu heiß, dann macht eine kurze Pause und legt inzwischen einen Deckel auf den Topf, wiederholt es dann noch einmal für 5 Minuten oder auch länger, denn nur so kann der aromatisierte Dampf die Verschleimung der Haut in Mund und Nase lösen.

Für ein kleineres Kind kannst Du eine Art Sauna bauen. Stelle den Topf unter den Esstisch und breite ein großes Laken darüber. Setze Dich mit Deinem Kind in diese Sauna, nimm ein Buch mit und bleibt darunter, während Du eine Geschichte vorliest.

- Dampfbad im Badezimmer

Selbstverständlich könnt Ihr das Ganze auch ins Badezimmer, in die warme Wanne verlegen. Allerdings nur, wenn Dein Kind kein Fieber hat. Bereite die Wanne für Dein Kind vor wie gewohnt, vielleicht ein Grad wärmer, damit es nicht zu sehr abkühlt, während Du über die laufende Dusche oder den Wasserhahn nun den Dampf erzeugst. Schließe dafür vorher alle Fenster und Türen. Du kannst in diesem Fall die Kräuter auch in die Badewanne mit hineingeben. Gerade vor dem Schlafengehen wird es Deinem Kind guttun, wenn es durch das Dampfbad wieder voll Luft holen oder den festsitzenden Schleim aushusten kann.

- Zwiebelsäckchen

Um den Nachtschlaf zu verbessern und die Nase nicht sofort wieder zu verstopfen, lüftest Du das Kinderzimmer, während Dein kleiner Patient in der Wanne ist oder über heißem Dampf inhaliert. Inzwischen hackst Du eine Zwiebel klein und füllst sie in ein kleines Tuch, welches Du dann zu einem Säckchen binden kannst. Vielleicht hast Du ein Teesieb aus Stoff, auch dies kannst Du verwenden. Hänge das Zwiebelsäckchen nun etwa einen Meter über das Bett. Die Zwiebeldämpfe sorgen dafür, dass die Nase und der Hals länger frei bleiben und Dein Kind gut einschlafen kann.

Dieses Säckchen kannst Du auch bei Ohrenschmerzen verwenden. Teile die gehackte Zwiebel dafür und wickle jeweils die Hälfte in ein kleines Tuch. Am besten erwärmst Du die Tüchlein zuvor über der Heizung oder auch kurz mit einem Bügeleisen, indem Du darüber gehst, und lege sie Deinem Kind entweder nur auf das eine schmerzende Ohr oder fixiere sie leicht mit einem

Stirnband, wenn Dein Kind über Schmerzen in beiden Ohren klagt. Sie können gut eine halbe Stunde auf den Ohren bleiben und sorgen mit ihrer Wärme für ein gutes Gefühl. Die ätherischen Öle der Zwiebel wirken dabei noch zusätzlich desinfizierend und entzündungshemmend.

- Hustenwickel

Schleimlösender Thymian kann auch als Brustwickel angewandt werden. Übergieße dafür einen guten Esslöffel voll frisch gehacktem Thymian mit heißem Wasser und lasse ihn 10 Minuten ziehen. Seihe den Sud ab und tauche ein weiches Tuch hinein. Wringe es aus und lege es Deinem Kind auf die Brust. Wickle dieses dann mit einem trockenen Tuch fest und lasse ihn, am besten unter einer leichten Decke für 30 Minuten wirken.

- Halswickel

Dieser soll besonders helfen, wenn Dein Kind durch den Husten Halsschmerzen bekommen hat. Nimm dafür eine Wärmeflasche mit Wasser nur leicht über der Körpertemperatur und wärme den in ein Tuch eingeschlagenen Quark damit auf. Ist der Quark warm, wickle das Tuch samt dem Quark Deinem Kind locker um den Hals. Wenn der Quark bröselig trocken wird, nimmst Du ihn wieder ab.

- Lindenblüten gegen Halsschmerzen

Reiner Lindenblütentee oder gemischt mit Kamille hilft ebenfalls gegen Halsschmerzen. Du kannst diesen Tee in einer Kanne machen und ihn Deinem Kind auch gekühlt etwas später noch zu trinken anbieten. Eventuell süßt Du ihn ein wenig mit Honig. Honig ist für seine antiseptische Wirkung bekannt.

- Salbeitee

Diesen kann man ebenso trinken, in kleinen Schlucken oder damit gurgeln. Hacke dafür gut 8 große Salbeiblätter klein. Wenn Du nur mit abgepacktem Tee arbeiten kannst, dann nimm jedenfalls mindestens 2 der kleinen Säckchen auf eine Tasse!

- Wadenwickel bei hohem Fieber

Diese Wickel kannst Du auch in der Kombination mit einem Fiebersenker anwenden, da sie eine erfrischende Wirkung für Dein Kind haben. Tauche dafür zwei weiche Tücher in kaltes Wasser und wickle sie um die Waden Deines Kindes. Decke sie dann mit einem trockenen großen Badetuch ab und warte bis die Wickel sich erwärmt haben. Wiederhole den Vorgang etwa viermal für eine erste Wirkung. Lasse Dein Kind dabei nicht allein.

- Kopfschmerzen

Niemand will einem kranken Kind eine Kopfschmerztablette geben, vor allem, wenn sie noch nicht so genau erklären können, wie stark der Schmerz eigentlich ist. Weint Dein Kind vor Kopfschmerz, musst Du ohnehin zum Arzt. Ist es eher ein Unwohlsein, dann lege einen Zitronenwickel auf die Stirn. Träufle dafür den Saft einer Zitrone auf ein weiches Tuch, lege es Deinem Kind auf die Stirn und fixiere es locker mit einem Stirnband, einer Mütze oder einem dünnen anderen Tuch. Je nachdem, ob Dein Kind eher über zusätzliche Wärme erfreut ist oder die Kühlung gebraucht wird. Gerade Kopf- und Ohrenschmerzen können auch von zu viel Wind ausgelöst werden, wenn der Nachmittag draußen verbracht wurde und die Mütze nicht so richtig über den Ohren saß! Wird es nach einer halben Stunde etwas besser, ist keine Gefahr angezeigt. Halten die Schmerzen an und kommt ein steifer Nacken und Übelkeit dazu, dann mache Dich auf den Weg zum Arzt oder kontaktiere ihn via Telefon.

- Pfefferminztee

Die ätherischen Öle der Pfefferminze haben sich vor allem bei Bauchschmerzen über Generationen bewährt. Vor allem, wenn die Bauchschmerzen daher kommen, dass zu viel genascht wurde! Auch ein Wickel auf dem Bauch, getunkt in Kamillentee, kann zur Linderung beitragen und unterstützend eingesetzt werden.

- Fencheltee

Wenn Dein Kind über Magen-Darm-Probleme klagt oder sich etwas überessen hat, weil der Hamburger und die Lust darauf größer waren als der Magen, dann lasse es in kleinen Schlucken einen Fencheltee trinken. Diesen dann bitte ohne Honig servieren. Du kannst auch Fenchel und Anis mischen und daraus einen Tee zubereiten.

- Durchfall

Getrocknete Heidelbeeren, selbstverständlich ohne Schwefel und Zucker, oder Apfelsud sind Soforthilfen gegen Durchfall. Da Durchfall auch dehydrierend wirkt, ist eine hohe Flüssigkeitszufall unabdingbar. Verdünne also den Apfelsud mit wenig Wasser oder koche einen Tee aus den Heidelbeeren.

Apfelsud stellst Du aus etwa 4 Bio-Äpfeln her, indem Du sie schälst und die Schalen für fünf Minuten mit heißem Wasser aufkochst. Seihe dann ab und gib ihn Deinem Kind über den Tag verteilt zu trinken.

- Verbrennungen

Je nach Schwere der Verbrennung musst Du entweder ins Krankenhaus oder kannst sofort mit Eiswasser und Eispack reagieren. Da dies für die Kinder aber auch bei einer leichten Verbrennung nicht angenehm ist, kannst Du gleich nach einem ersten Kühlen Eiweiß aufstreichen. Trenne dazu ein Ei und streiche das Eiweiß immer wieder auf die entsprechende Stelle. Das darin enthaltene Collagen unterstützt die Haut beim Heilungsprozess.

- Sonnenbrand

Wir freuen uns über die Sonne und springen den ganzen Tag munter durch den Garten, soweit so wichtig für die Produktion des Vitamin D! Wenn Du die Haut Deines Kindes mit Sonnencreme vollkleisterst, kann keine Vitamin-D-Produktion in der Haut gestartet werden. Dazu reichen gut eine halbe Stunde vollkommen aus und bei sonnengewöhnter Haut, also wenn Ihr ab dem Frühling regelmäßig draußen seid, können die Abschnitte immer länger dauern, ohne dass Ihr einen Sonnenbrand befürchten müsst. Solltet Ihr die Zeit doch einmal übersehen, dann kühle die Haut Deines Kindes mit einer Lage Quark. Wickle ein Tuch darüber und lasse den Quark so lange einwirken, bis er sich erwärmt hat. Wiederhole den Vorgang so oft wie notwendig, um Kühlung zu bringen und eine Entzündung zu verhindern. Du kannst zur Not auch Quark mit Joghurt mischen, wenn Du nicht genügend vorrätig hast oder mit dem Quark beginnen und danach noch mit Joghurt weiter die Hautstellen beruhigen.

- Insektenstiche

Zwiebeln, Kamille oder Apfelessig finden sich in jedem Haushalt. Hier kannst Du tatsächlich wählen, welchen Geruch Du bevorzugst. Entweder Du legst eine halbierte Zwiebel auf den Stich, um die erste Entzündung zu dämpfen, während Du Kamillentee abkochst, ihn abkühlen lässt und dann kalte Umschläge daraus machst, oder Du bastelst eine kleine Kompresse, getränkt mit einer Mischung aus Wasser und Apfelessig zu gleichen Teilen.

Insektenstiche im Bereich von Mund oder Augen anschließend einen Arzt ansehen lassen!

- Kokosöl

Der Klassiker unter den Antiseptika, welche sich in jedem Haushalt heutzutage finden, hilft nicht nur bei Kopfläusen, sondern auch nach einem Sonnenbrand, wenn die Haut sich schuppt. Verzichte jedenfalls auf chemische Cremes und Aloe Vera, wenn Du nicht sicher bist, ob dieses auch vertragen wird.

Zur Behandlung der Läuse verflüssigst Du 100 ml Kokosöl und verteilst dieses dann auf dem Kopf Deines Kindes. Achte vor allem auf den Nacken, die Schläfen und den Bereich hinter den Ohren. Schlinge dann ein von der

Heizung angewärmtes Tuch darüber und lasse es eine Stunde wirken, bevor Du die Haare gut auswäschst und mit einem Läusekamm durchgehst. Am besten verwendest Du das Kokosöl als Packung, schon sobald gemunkelt wird, dass die Läuse umgehen, und wäschst es dann maximal mit warmem Wasser etwas aus. Auch wenn die Frisur gewöhnungsbedürftig ist, die Läuse werden den „Kokoskopf" eher meiden. Nicht umsonst werden auch Haustiere gegen diverse Insekten mit Kokosöl behandelt!

Am wichtigsten ist in jedem Fall, egal ob kleine Verbrennung, Mückenattacke oder Fieber, dass Du ruhig bleibst und diese Ruhe auch auf Deinen kleinen Patienten überträgst. Noch bevor Du zum Arzt eilst oder diesen telefonisch kontaktierst, kochst Du Deinem Kind einen der von uns vorgeschlagenen Tees und lässt es diesen in Deinen Armen schluckweise trinken. Je früher Du Dich um so manches Symptom kümmern kannst, desto einfacher könnt Ihr auch mit Hausmitteln Abhilfe schaffen. Hast Du Großeltern oder Nachbarn in erreichbarer Weite, dann kannst Du auch diese nach ihren Ratschlägen und Erfahrungen mit den eigenen Kindern befragen.

Erkennt Dein Kind, dass Du zur Behandlung seiner kleinen Wehwehchen nur einfach in die Küche gehen musst, dann ist alles nur mehr halb so schlimm! Übrigens helfen die von uns genannten Mittelchen auch Erwachsenen, vor allem dann, wenn das Kleine seinen Schnupfen an den Papa übertragen hat. Sich durch eine Männergrippe plötzlich ihrer Sterblichkeit bewusstwerdende Väter brauchen die liebevolle Hand der Partnerin mindestens ebenso sehr. Auch sie freuen sich, wenn Du ihnen Tee kochst und sie in den Arm nimmst und die bösen Kopfschmerzen wegstreichelst.

26. DER SLEEPTALK® GOULDING PROZESS

Du hast nun viele Tipps und Lösungsansätze von uns präsentiert bekommen, aber Du schaffst es dennoch nicht, Deinem Kind den Trennungsschmerz zu nehmen, wenn Du es in der Kita abgibst? Die Hausaufgaben werden nur unter Protest erledigt oder Freunde kaum gefunden? Du hast immer noch das Gefühl, es gibt ein Problem, eine versteckte Ursache für Verhaltensmuster, welche Dir nicht gefallen? Dann lass uns abschließend noch über einen intensiven, aber immer von Erfolg gekrönten Prozess sprechen, wie Du Euren Alltag liebevoller, harmonischer und krisenfester gestalten kannst.

Aus dem Bereich des Mentaltrainings oder den vielen Angeboten zur Steigerung von Erfolg und Selbstbewusstsein von Erwachsenen im Beruf sind Dir vielleicht die Begriffe Suggestion und Auto-Suggestion bekannt. Eher im esoterischen Bereich angesiedelt ist der Begriff der Affirmation. Letztendlich bedeuten beide dasselbe und wollen auch dieselbe Wirkung erreichen. Sie wollen mit positiven Aussagen Glaubenssätze, vor allem negative Glaubenssätze, durch positiven Glauben ersetzen. Dies ist mit zunehmendem Alter ein langwieriger und oftmals auch erfolgloser Weg, weil wir in unseren Annahmen mehr und mehr festgefahren sind. Weil sich unsere Gedanken mittlerweile manifestieren. Kinder sind schon ab dem zweiten Lebensjahr für eine positive Beeinflussung ihres Unterbewusstseins viel offener. Ihre Glaubenssätze bilden sich erst heran und die liebevolle Stimme der Eltern während des Schlafes kann eine Umkehr bewirken.

Bevor wir Dir den Prozess an sich erklären, wollen wir Dir aufzeigen, warum er funktioniert und dass er wissenschaftlich erwiesen ist. Etwa 60.000 Impulse pro Sekunde kommen in unserem Gehirn an. Bewusst können wir aber nur 8 bis 10 verarbeiten. Auf dieser Grundlage basiert auch so manche ausgeklügelte Werbestrategie. Du erlebst es, wenn Du Deinen Einkaufskorb zuhause auspackst und bewusst feststellst, dass Du das Produkt aus der Werbung gekauft hast und nicht das günstigere Dir unbekannte Erzeugnis. Tatsächlich werden alle ankommenden Impulse in unserem Gehirn verarbeitet, abgespeichert und in unseren Datenleitungen festgelegt. Vieles wird erst in der Nacht während des Schlafens zugeordnet. Denn unser Bewusstsein mag schlafen, unser Unterbewusstsein ist hingegen immer wach, immer aufnahmebereit und auch aufnahmefähig. Diese Tätigkeiten unseres Unterbewusstseins im Gehirn können sehr genau nachgemessen und sogar veranschaulicht werden. Aus der Medizin wissen wir auch, dass Komapatienten sich oft erinnern können, was an ihren Betten gesprochen wurde, während wir vermeintlich dachten, alles wäre in einem Ruhezustand. Selbst Patienten, welche unter Vollnarkose operiert werden, können die Gespräche der Ärzte und Schwestern währenddessen aufnehmen, auch wenn sich selten jemand bewusst an alle Aussagen erinnern kann.

Der SleepTalk® Prozess macht sich diese Funktionsweise unseres Gehirns zusammen mit unserem Unterbewusstsein zunutze. Er zeigt uns gleichzeitig auch, wie gefährlich es sein kann, wenn Du mit Deinem Partner oder Deiner Familie ein Gespräch führst und Dein schlafendes Kleinkind ist im selben Raum. Welches Elternpaar hat nicht schon im Auto die Gelegenheit genutzt, ein paar Schwierigkeiten zu besprechen und die Kinder saßen schlafend auf der Rückbank. Und was, wenn nun in diesem Gespräch die erste Aussage war „Gott sei Dank, die Monster schlafen!"

Wie oft haben wir schon etwas ausgesprochen, etwas gesagt in der Meinung unsere Kinder würden uns nicht hören? Sie hören uns, wenn auch nicht bewusst. Und die Information wird verarbeitet, abgespeichert und in einen Glaubenssatz verwandelt. Es geht also bei Kommunikation nicht nur darum, dass Du in bewussten Gesprächen darauf achtest, wie Du mit Deinem Kind sprichst. Es geht auch darum zu beachten, welche Gedanken Du kommunizierst, wenn es schlafend neben Dir ist.

Der SleepTalk® Prozess nutzt diese Möglichkeiten des menschlichen Gehirns, um Probleme zu beheben und er kann auch bei Familien, welche keine großartigen Krisen zu bewältigen haben, die Harmonie noch steigern und den einen oder anderen verbalen Ausrutscher im Laufe eines langen Tages mit Stress in Beruf und Haushalt wieder geraderücken. Der SleepTalk® Prozess ist für alle Familien einsetzbar. Ob Du nur den Zusammenhalt der Familie festigen und Dein Kind positiv unterstützen willst oder ob Du tatsächlich eines der nachfolgenden Szenarien damit angehen und langfristig verändern möchtest, die positiven Suggestionen des SleepTalk® Prozesses halten bei Deinen Kindern ein Leben lang. Sie werden sie als positive Glaubenssätze durch all ihre Lebensjahre begleiten. Lies Dir also auch die letzten Seiten dieses Buches noch aufmerksam durch. Denn es ist einfach schön, wenn die gesamte Familie jeden Tag fröhlich lachend an ihre Aufgaben geht und sich an ihren gemeinsamen Erfolgen freuen kann.

26.1 *Was ist SleepTalk® Prozess und wer hat ihn warum entwickelt?*

Der SleepTalk® Prozess wurde bereits vor über 40 Jahren von der heute in Australien lebenden Engländerin Joan Goulding entwickelt. Sie war damals Mutter zweier Töchter und musste feststellen, dass ihre älteste Tochter sich zu Beginn vermeintlich langsamer entwickelte als ihre jüngere Tochter. Im Alter von 8 Jahren hatte dann endlich ein Arzt herausgefunden, dass ihre Älteste über einen emotionalen und intellektuellen IQ von 45 verfügt, was ein extrem niedriger Bereich ist. Der diagnostizierte Hirnschaden veranlasste die Ärzte sogar, ihr zu raten, ihre Tochter auf ein Leben in einem Heim und

Abhängigkeit vorzubereiten, denn alleine würde sie dies mit diesem EQ und IQ niemals schaffen.

Als ausgebildete Hypnosetherapeutin wusste Joan über die Macht des Unterbewusstseins, aber aufgrund ihres IQ konnte sie mit ihrer Tochter nicht in Hypnose arbeiten. So überlegte sie, das Unterbewusstsein auf andere Weise zu erreichen und entwickelte schließlich den SleepTalk® Prozess. Sie gab ihrer Tochter positive Suggestionen, während diese schlief. Langsam, aber merklich setzte eine Änderung des Verhaltens ein und heute ist diese Tochter bereits seit 30 Jahren glücklich verheiratet und wohnt in ihrem eigenen Haus und kann ihren Haushalt nahezu selbständig bestreiten. Undenkbar für alle Ärzte nach dieser Diagnose.

Angetan von den Möglichkeiten, welche sich für ihre eigene Tochter ergaben, entwickelte sie mit ersten Patienten in den nächsten Jahre einen Prozess, über den Du gerne im Original in ihrem Buch nachlesen kannst oder Dich auf den Webseiten ihrer zertifizierten Berater informieren kannst.

Wenn Du eines der folgenden Problemfelder für Dein Kind in Angriff nehmen willst, dann setze Dich unbedingt mit einem dieser Berater in Verbindung. Wenn Du rein das Selbstbewusstsein Deines Kindes ein wenig heben und ihn Deiner Liebe versichern möchtest, dann halte Dich jedenfalls an unsere Tipps, welche wir dem Prozess entnommen haben. Bedingungslose Liebe zu unseren Kindern wird uns wohl animieren, zwei Minuten Zeit zu haben, um ihnen täglich auch im Schlaf sagen zu können, dass wir sie lieben, dass sie genau richtig sind und dass sie alles erreichen können. Wir können sie täglich im Schlaf darauf vorbereiten, am nächsten Morgen mit einem guten Gefühl zu erwachen und mit Freude in den Tag zu gehen. Und das Beste an diesem Prozess ist, wir suggerieren uns diese Freude, diese Erwartung und Liebe auch selbst!

Diesen Prozess kannst Du also ab dem zweiten Lebensjahr vollumfänglich einsetzen. Deine Liebe und die Schwingung, die Emotion, welche Du damit spiegelst, erreicht Dein Kind aber auch schon früher. Er funktioniert bis in das Teenageralter, also etwa bis 14 oder 15 Jahre. Du kannst ihn also über mehr als 10 Jahre anwenden und damit Deinem Kind neben dem Selbstvertrauen und dem unerschütterlichen Wissen um Deine Liebe und Deinen Schutz auch das Rüstzeug für die Zukunft mitgeben. Suggestion funktioniert, wie eingangs erwähnt, auch als Auto-Suggestion. Du kannst Deine Teenager dann darauf vorbereiten, sich die positive Einstellung zum kommenden Tag und dem Leben allgemein, zur Schule und zur Familie sowie den Freunden und der Zukunft selbst immer kurz vor dem Einschlafen und gleich nach dem Aufwachen vorzusagen. Ihr könnt gemeinsam einen kleinen Text kreieren, welchen Dein Kind dann übernimmt. Zusammengesetzt aus Deiner ursprünglichen Suggestion und seinen eigenen Wünschen. Du kannst auch Dich selbst positiv stimmen, indem Du Dir kleine Sätze vor dem Einschlafen und nach dem Aufwachen vorsagst, angelehnt an die Suggestionen, welche

Du Deinen Kindern erzählst. Abwechselnd mit Deinem Partner baut Ihr so eine familiäre Harmonie, welche Euer gesamtes Leben bereichern wird.

26.2 *Einsatzgebiete des SleepTalk® Prozesses*

Laut den Erfahrungsberichten der internationalen Berater kann der SleepTalk® Prozess eingesetzt werden, um selbst gravierende Verhaltensweisen positiv zu beeinflussen.

- Aggressionen
Beißt Dein Kind oder schreit es regelmäßig Freunde und Familie an? Schlägt es die anderen Kinder in der Kita oder weigert sich, das Spielzeug zu teilen? Hier kann jedenfalls angesetzt werden, ohne dass eine tiefe Ursachenforschung betrieben wird, denn oft betrifft dieses Verhalten noch kleinere Kinder im Alter von 2 bis 4 Jahren, welche Ihre Gewohnheit und Emotion noch gar nicht richtig erklären können.

- Ständige Bauchschmerzen, ohne medizinische Ursache
Auch diese Klage findet sich oft bei Kindern, die noch nicht artikulieren können, dass sie eigentlich unglücklich in der Kita sind oder die ihren Trennungsschmerz nicht zeigen wollen, weil sie wissen, die Mama ist dann auch unglücklich. Schließlich flüchten sie in eine Ausrede, welche bedeuten kann, dass die Mama sich Zeit nimmt, denn Bauchschmerzen beim Kind bedeuten nicht selten, einen Tag lang von Mami verwöhnt zu werden!

- Ängste verschiedenster Ausprägung
Wenn das Monster im Schrank oder unter dem Bett einfach nicht verschwinden will, dann suche Dir für den Prozess ebenso einen zertifizierten Berater wie für Trennungsängste, Schul- oder Versagensängste. Die Gespräche können persönlich, via Online Meeting oder Telefon geführt werden, so dass Du genau weißt, welche Suggestion für Eure Situation die angemessene ist.

- Traumata aufgrund diverser Ursachen
Auch hier ist professionelle Hilfe gefragt, bei Trennung, Scheidung, Unfall oder Todesfall in der engsten Familie.

- Geschwisterproblematiken
Rivalitäten unter Geschwistern sind fast schon natürlich, aber wenn sie in ständigen Streit ausarten oder Dir eines Deiner Kinder den Vorwurf macht, das andere würde bevorzugt werden, ist eine Beratung zur Lösung des Konfliktes angebracht.

- Sprachprobleme wie Stottern

„Heute kommen die Buchstaben viel flüssiger aus Deinem Mund!" wäre eine positive Suggestion, wenn nur ganz leichte Probleme bestehen. Ebenfalls „Heute sprichst Du wunderbar verständlich." Eine bessere Definition kann Dir auch hier ein Berater geben, nachdem Du genau geschildert hast, wie die Worte Deines Kindes bei Dir ankommen. „Morgen kannst Du flüssig sprechen!" ist keine positive Suggestion, sondern maximal Dein Wunschgedanke.

- Unsicherheit zwischen Eltern und Kind
Es gibt sie, die Eltern, die sich Gedanken darüber machen, dass sie gerne daheimbleiben würden und ihre Kinder großziehen, aber aus finanziellen oder anderen verpflichtenden Dingen nicht können. Anstatt Dir dann die verlorene Zeit mit teurem Spielzeug und unangebrachten Erlaubnissen zu erkaufen, wäre es sinnvoll, Deinem Kind täglich zu versichern, dass Du es liebst, dass Du immer für Dein Kind da bist und dass ihr für immer zusammengehört.
Habt Ihr sonst Deiner Meinung nach keine kritischen Situationen oder Verhaltensmuster, dann informiere Dich genau, wie man positive Suggestionen formuliert, nimm Dir an unseren ein Beispiel und setzte Dich zwei Minuten abendlich an das Bett Deines Lieblings.

- Mobbing und mangelndes Selbstbewusstsein
Diese beiden Dinge gehen oft Hand in Hand und sollten mit der Hilfe eines Beraters angegangen werden. Willst Du aber nur Dein Kind dabei stärken, dass es auf dem Spielplatz mutiger auf andere Kinder zugeht, so nimm Dir an unserer Auswahl an Sätzen ein Beispiel.

- ADHS und ADS
Mithilfe eines zertifizierten Beraters und Erfahrung im Umgang mit dieser Diagnose könnt Ihr schon im Laufe von sechs Monaten Fortschritte in den Verhaltensauffälligkeiten erkennen. Je nach Schwere der Störung ist jedenfalls ein Leben ohne Medikamente im Bereich des Möglichen.

- Autismus
Auch hier kann viel für ein selbstständigeres Leben getan werden. Lasse Dich beraten, wie Du Dein Kind noch weiter unterstützen kannst und welche positiven Ergebnisse der Sleep Talk zeitigen wird.

- Harmonisch-glückliches Familienleben
Es geht immer noch ein wenig mehr und es gibt die Tage, da kann man sich trotz aller guter eigener Vorsätze nicht wirklich motivieren und auf den Tag freuen. Schaust Du dann aber in Deine lachenden Kinderaugen, ändert sich auch Deine Laune und Deine Einstellung zum vor Euch liegenden Tag. Diese positiven Suggestionen sollten eigentlich in keiner Familie fehlen. Die Arbeit geht leichter von der Hand und selbst der Schulbesuch wird zu einem freudigen Erlebnis.

- Schul- oder Lernprobleme allgemein
Viele Lernprobleme resultieren auch aus der Form des Unterrichts in unserem Schulsystem. Eine dysfunktionale Klassengemeinschaft kann die Sache noch verschlimmern. Suche Dir hier Hilfe, wie genau passend zu Eurem Problem die Suggestion aufgebaut sein muss. Schulfrust heute muss nicht bedeuten, dass Dein Kind nicht generell Freude am Lernen entwickeln könnte.

26.3 *Der Prozess des SleepTalk®*

Wie genau der Prozess zur Selbsthilfe nun ablaufen wird, wenn Du Dich damit auseinandersetzen willst und wie er auch von der Goulding SleepTalk® Community publiziert wird, ist zwar in zwei Sätzen erklärt, aber wir wollen diese noch mit einigen wenigen Beispielen unterlegen, um Dir die Wirksamkeit dieser Suggestionsmethode zu verdeutlichen und Dich wirklich anzuregen, Dich damit zu beschäftigen. Und wenn es nur darauf hinausläuft, dass Du ein anderes Gute-Nacht-Ritual einrichtest, können sich Verhaltensmuster schon ändern.

Du und Dein Partner nehmt Kontakt zu einem der zertifizierten Berater im deutschsprachigen Raum auf. Hierzu ist nur eine kurze Mail an diesen notwendig für eine Terminvereinbarung. Du musst noch nicht einmal irgendwo hinfahren, denn der SleepTalk® Berater arbeitet mit Euch und nicht mit dem Kind. Ihr vereinbart also einen Termin für ein erstes Gespräch.

Dies ist schon allein deshalb sinnvoll, da Dir der erfahrene SleepTalk® Berater genau sagen wird, wie Du den Prozess einleitest, worauf Du dabei achten solltest, wie Du mit Deinem Kind sprechen und vor allem, was Du Deinem Kind sagen solltest. Er wird Dir auch Hilfestellungen geben, falls es zu Unsicherheiten bei Dir oder aber Problemen bei der Durchführung selbst kommt.

- Feststellung des IST Zustandes
Via Online-Meeting oder Telefon lernt Ihr den Berater oder die Beraterin kennen und erzählt von Eurem Problem und den schwierigen Verhaltensweisen, welche Ihr gerne positiv beeinflussen wollt. Euer Berater erklärt Euch dann genau, wie und warum der SleepTalk® Prozess funktioniert und was dabei zu beachten ist.

Voraussetzung ist, dass Du Dein Kind bedingungslos liebst. Auch Dein Partner sollte mitmachen, damit Euer Kind beide Stimmen im Schlaf hören kann, und weil die Suggestion sich auch auf Euch positiv auswirken wird. Eure Einstellung zum Problem wird sich dadurch ändern. Es wird eine allgemein positive Erwartungshaltung geschaffen. Du solltest außerdem wissen, wann Dein Kind einschläft, nachdem Du es ins Bett gebracht hast, denn die Suggestion funktioniert aufgrund der unterschiedlichen Schlafphasen am besten etwa eine dreiviertel Stunde bis eine Stunde nach dem Einschlafen.

Diese zwei Minuten Zeit für den suggestiven Text solltest Du Dir dann täglich, mindestens aber viermal die Woche reservieren. Schläft Dein Kind also einmal bei der Oma, ist das kein Problem, der Prozess wird dadurch nicht unterbrochen. Bist Du selbst nicht davon überzeugt, dass diese unterbewusste Beeinflussung funktioniert und wirst Du die zwei Minuten täglich nicht schaffen, dann wird das zu behandelnde Problem weiterbestehen. Liebe, Überzeugung und Regelmäßigkeit sind die Grundbausteine, um erfolgreich zu mehr Harmonie zu kommen.

- Die ersten 3 Monate
Mit einem vorgegebenen Text bereitest Du Dein Kind nun darauf vor, dass die Problematik angegangen wird. Dieser Text zu Beginn ist allerdings erst einmal dazu da, um eine positive Atmosphäre zu schaffen sowie Dein Kind Deiner Liebe und Deines Vertrauens zu versichern. Obwohl das eigentliche Problem noch gar nicht angegangen wird, werden sich nach 4 bis 6 Wochen erste Verhaltensänderungen zeigen. Viele Eltern berichten im Laufe dieser Phase schon von ruhigeren Abenden mit ihren Kleinen, weil sie besser zuhören, weil sie nicht mehr so sprunghaft sind oder mit weniger Trotz reagieren. Abschiedsrituale werden angenommen, weil das Wissen darum, dass die Mama das Kind wieder abholt, vertieft wird aufgrund dieser ersten kurzen Textzeilen.
Dein Berater wird in dieser Zeit regelmäßig mit Euch über die ersten Veränderungen sprechen und sich bis zum Ende der Phase den genauen Wortlaut für die Suggestion der Lösungsstrategie überlegen.

- Die zweiten 3 Monate
Nun wird die Suggestion auf die Behandlung des Problems gerichtet. Es ist dabei nicht notwendig, eine langwierige Ursachenforschung zu betreiben. Wichtig ist nur, dass der Text von Dir nicht geändert wird. Durch die zuvor schon eingeleiteten Veränderungen können sich hier erste Ergebnisse sehr schnell einstellen. Bettnässer könnten schon nach vierzehn Tagen trocken aufwachen. Du musst den Prozess aber den gesamten veranschlagten Zeitraum über weiterführen, damit sich die Suggestion wirklich als Datenleitung im Gehirn Deines Kindes verankern kann. Dazu sind 10 bis 12 Wochen notwendig. Ein zu frühes Abbrechen und Angehen eines weiteren Problems kann zu einem Rückfall führen.
Hast Du weitere Bereiche, welche Du verändern möchtest, so könnt Ihr nach den drei Monaten an einer neuen Suggestion arbeiten. Dein Berater wird Dich auch hier begleiten. Es kann immer nur ein Problem nach dem anderen gelöst werden. Du wirst wöchentlich oder 14tägig ein Gespräch über den aktuellen Zustand der Verhaltensmuster führen und Dein Berater wird Dir dabei vor Augen führen, welche positiven Dinge er an Deinem Kind entdeckt. Oft sind Eltern so auf ein Problem fixiert, dass sie andere erfolgreiche Entwicklungen

gar nicht richtig zu würdigen wissen. Der Blick von außen hilft immer, seinen eigenen Blickwinkel neu einzustellen.

Möchtest Du, weil Du keine gravierenden Probleme zu behandeln hast, sondern nur Euren Zusammenhalt stärken willst, die Sache selbst in Angriff nehmen, dann halte Dich dennoch an den zeitlichen Plan. Wie wir Dir schon anhand der Gehirnentwicklung erklärt haben, benötigen die von uns Datenleitungen genannten Verbindungen zwischen den Nervenzellen ein wenig Zeit, um sich aufzubauen und dann zu stabilisieren.

Wie Du selbst eine positive Suggestion erzeugen kannst, erklären wir Dir im folgenden letzten Abschnitt zum SleepTalk® Prozess und wünschen Dir schon jetzt viele anregende Gespräche mit Deinem Partner zu diesem Thema und für Eure individuellen Texte.

26.4 Mögliche suggestive Sätze, um die Familie insgesamt zu stärken!

Du überträgst mit Deinem etwa zweiminütigen Text nicht nur die Worte, sondern auch die dahinterliegende Emotion. Darum ist es so wichtig, dass Du selbst daran glaubst, dass es funktioniert und auch der Satz, den Du bildest, Deiner Einstellung und Deinen Gefühlen entspricht.

- Formuliere immer positiv!
Wenn es Dir um Harmonie geht, kannst Du keinen Satz verwenden wie „Morgen wirst Du nicht mit Deiner Schwester streiten!" Im Gehirn Deines Kindes kommt nur das Streiten mit der Schwester an. Das NICHT wird erst später dazu gebaut. Formuliere stattdessen: „Du hast Deine Schwester lieb und spielst gerne mit Ihr!"

- Formuliere immer in der Gegenwart!
Auch wenn es ein supereinfacher Satz wäre: „Morgen bist Du brav und räumst Dein Zimmer freiwillig auf!", wird er niemals eintreten, weil es ja immer erst MORGEN zu erledigen ist. Formuliere eher einen Satz wie: „Zimmer aufräumen ist einfach und geht ganz schnell!"

- Verbinde den Satz mit Lob und Liebe
Der Text oder die Sätze sollen nicht mehr als zwei Minuten in Anspruch nehmen, aber dies reicht aus, um eine Verbesserung von kritischen Situationen zu erreichen. „Ich bin so stolz auf Dich, dass Du schon so viel gelernt hast und Du Dich in der Kita wohlfühlst. Ich freue mich jeden Tag, wenn ich Dich abholen komme, auf Deine lustigen Geschichten und Abenteuer, die Du dort erlebst!" Der Trennungsschmerz wird dadurch zwar nicht unbedingt so großartig gelindert, Dein Sohn oder Deine Tochter würden immer noch lieber

bei Dir bleiben, aber Du baust mit diesem Satz ihr Selbstbewusstsein auf, anerkennst sie und animierst sie, aktiv am Tag in der Kita teilzunehmen.

Je nachdem, welche Seiten Deines Kindes Du stärken möchtest oder wie Euer Zusammenhalt aussieht, Eure Harmonie, kannst Du einfach einmal für 3 Monate eine der folgenden Textpassagen versuchen. Sie haben garantiert die kleine Nebenwirkung von vermehrt strahlenden Kinderaugen:

- Ich bin stolz auf Dich, weil Du mutig und freundlich auf andere Kinder zugehst, um Freundschaften zu schließen und Spaß auf dem Spielplatz und im Kindergarten zu haben.

- Du bist genau richtig, wie Du bist und ich bin unendlich froh, Dich zu haben und dass wir so viel schöne Zeit miteinander verbringen.

- Du hast schon viel gelernt und viel erreicht und ich weiß ganz sicher, dass Du alles lernen kannst und meistern wirst.

- Wir sind eine große und glückliche Familie. Wir haben uns alle lieb und können auch Fehler verzeihen.

- Jeder Tag ist ein Tag der Freude mit Dir und ich bin unendlich stolz auf Deine Leistungen.

27. ZWÖLF FORDERUNGEN EINES KINDES AN SEINE ELTERN UND ERZIEHER/INNEN

Abschließend wollen wir Euch noch ein paar Wortmeldungen von den Kindern direkt zum Thema Erziehung, erzieherische Maßnahmen und Aussagen im Laufe der Kindheit präsentieren. Da es sich ja um sie dreht und es darum geht, ihr Leben für die Zukunft zu gestalten oder besser gesagt, sie dafür fit zu machen.

1. *Ich muss nicht verwöhnt werden!*
Ich weiß, dass nicht alle meine Wünsche sofort oder überhaupt in Erfüllung gehen, aber sagen kann ich sie Dir ja.

2. *Bleibe standhaft, auch wenn ich Dich ständig herausfordere!*
Es ist wichtig für mich, dass ich mich auf Dich verlassen kann. Das gibt mir Sicherheit!

3. *Ermahne mich nicht, wenn andere Leute es hören können!*
Wenn ich etwas falsch gemacht habe, dann sage es mir leise oder erkläre es mir deutlich hinterher.

4. *„Ich hasse dich!" – natürlich nicht, auch wenn ich es sage!*
Auch mir platzt manchmal der Kragen, wenn Deine Macht größer ist als meine.

5. *Manche Erfahrungen muss ich einfach selber machen!*
Egal ob peinlich oder schmerzlich, ich lerne Dinge am besten aus Erfahrung.

6. *Ständiges Meckern ist nicht notwendig!*
Je mehr Du meckerst, anstatt mich zu beachten, desto mehr stelle ich auf stur.

7. *Versprich nichts, was Du nicht halten kannst!*
Du musst mir nicht ständig etwas versprechen, aber wenn, dann halte Dich daran!

8. *Sei konsequent!*
Auch wenn ich die Grenzen nicht mag, Deine Konsequenz gibt mir den Rahmen.

9. *Beantworte meine Fragen und wimmle sie nicht ab oder höre nur halb zu!*
Du bist mein erster Ansprechpartner, wenn Du nicht antwortest, dann suche ich mir andere Vorbilder.

10. Nimm meine Ängste ernst!

Höre mir zu und lache nicht, wenn ich Angst habe, sondern hilf mir, diese Ängste zu bekämpfen.

11. Entschuldigung kann man auch zu Kindern sagen!

Dir fällt kein Zacken aus der Krone, im Gegenteil, es erhöht mein Vertrauen in Dich, wenn auch Du Fehler eingestehen kannst.

12. Bist Du perfekt und unfehlbar oder tust Du nur so?

Wenn Du es nicht bist, dann spiele es mir nicht vor, denn ich finde es heraus und der Schock und Vertrauensbruch sind dann sehr groß und benötigen lange, um zu heilen!

Ich wachse und lerne jeden Tag, begleite mich dabei und gib auf mich acht, aber lasse mich auch meine Grenzen erfahren. Jede Minute gemeinsam ist wertvoll für mich.

SCHLUSSWORT

Wir freuen uns, Dir mit diesem Buch den einen oder anderen Zweifel an Deiner Erziehung genommen zu haben. Deine Intuition und Deine Liebe zu Deinem Kind sind die bestimmenden Faktoren. Wie schon Karl Valentin sagte: „Du musst Kinder nicht erziehen, sie machen Dir sowieso alles nach!", gibst Du in Deiner Vorbildrolle das Leitbild für das Leben und die Verhaltensmuster Deiner Kinder. Sei Dir dessen immer bewusst und stehe zu Deinem Nein, auch wenn andere Menschen meinen, Du wärst streng oder autoritär. Es sind Deine Kinder, sie sind Deinem Schutz anbefohlen und nur diesem bist Du verpflichtet, keinem Außenstehenden. Ein Nein zur rechten Zeit kann Dein Kind vor Schaden oder schwierigen Gewohnheiten bewahren.

Die wichtigsten Zutaten zu einem harmonischen Leben als Familie, ganz gleich, wie diese zusammengesetzt ist, sind drei Worte: Bitte, Danke und Entschuldigung. Klingt es auch absurd für Dich, versuche es und bringe die Bitte und das Danke vermehrt in Deinen Alltag ein. Nutze die Möglichkeiten einer Entschuldigung, um Situationen zu entschärfen und Spannungen innerhalb der Familie abzubauen. Kannst Du Dich bei Deinen Kindern dafür entschuldigen, dass Dir die Hutschnur platzt, weil die Geschwister das Wohnzimmer wieder zu einem Kriegsschauplatz verwandelt haben, dann werden auch die Kinder lernen, dass es guttut, sich zu entschuldigen, und die Friedensverhandlungen können beginnen, so dass das gemeinsame Spiel wieder in den Vordergrund rückt.

Unsere Lösungsansätze mögen nicht zu hundert Prozent zu Deinem Szenario passen, aber wir freuen uns, wenn es Dir eine Idee an die Hand gibt, wie Du zukünftig mit schwierigen Situationen umgehen kannst. Wir sind alle Individuen und wollen nicht über einen Kamm geschert werden, also kann es keine Patentlösungen geben. Es gibt aber innerhalb von glücklichen Beziehungen den Willen zur Kommunikation und zur Beobachtung. Wer viel miteinander spricht und Reaktionen erkennen kann, Fortschritte beachtet, der hat schon viel gewonnen. Kleine Rituale erleichtern dabei den Alltag und unterstützen das Wir-Gefühl. Vergiss auch nicht Dich und Deine Partnerschaft, denn nur entspannte Mütter und sich liebende Eltern geben das Vorbild ab, das wir uns für unsere Kinder wünschen.

Ganz besonders freuen wir uns, wenn Du eine Rezension hinterlässt und andere Mütter, andere Eltern an Deinen Erfahrungen und Gedanken teilhaben lässt. Nimm Dir alle Zeit, die möglich ist, für das Zusammensein mit Deinem Kind oder Deinen Kindern, denn die Jahre gehen schnell vorbei und die gemeinsamen Erinnerungen sind die Basis für eine lebenslang gute Beziehung unter allen Familienmitgliedern, wie weit auch immer sie sich zerstreuen mögen!

RECHTLICHES

Impressum
Vital children wird vertreten durch:

Marc Wagener
Sassenfeld 6a
41334 Nettetal
Deutschland

Coverbild - Frontdeckel:
Design: fiver.com; Cover: kalinovsky | depositphotos.com

Coverbilder – Rückdeckel:
Design 6 Kinder oben: fiver.com; Cover: SergiyN | depositphotos.com
Design 3 Kinder unten: fiver.com; Cover: SergiyN | depositphotos.com

BUCHEMPFEHLUNG

**Das Kochbuch
für Babys, Kleinkinder & Kinder**

Gesunde Ernährung für Neugeborene bis Schulkind - Alter

Dieses hervorragende Exemplar umfasst einen großen Ratgeberanteil mit folgenden Themen:
▶ Stillen oder Fläschchen
▶ Der Baby – Brei: selbst zubereiten oder aus dem Gläschen?
▶ Brei selbst kochen
▶ Was Dein Baby im ersten Lebensjahr noch nicht benötigt
▶ Wie ernähre ich mein Kind richtig?
▶ Unterschiedliche Formen der Ernährung
▶ Geeignete und nicht geeignete Lebensmittel für Kindergerichte
▶ Die richtigen Portionsgrössen
▶ Kinder und Allergien
▶ Schwierigkeiten beim Essen – was ist zu tun?
▶ Bestimmte Regeln beim Essen sollten eingehalten werden

Die Brei-Rezepte sind ebenfalls in die jeweiligen Monate klassifiziert.

Satte 335 raffinierte Rezepte -inklusive Nährwertangaben, Zeitangabe, Schwierigkeitsgrad und Tipps für jedes Rezept rundes das Ganze ab!

NOTIZEN:

Printed in Poland
by Amazon Fulfillment
Poland Sp. z o.o., Wrocław

23064906R00215